唐五代诗话类编

肖砚凌　编著

上海古籍出版社

图书在版编目(CIP)数据

唐五代诗话类编 / 肖砚凌编著. -- 上海 ：上海古籍出版社，2025. 8. -- ISBN 978-7-5732-1701-1

Ⅰ.I207.227.42

中国国家版本馆 CIP 数据核字第 2025GW7038 号

唐五代诗话类编

肖砚凌　编著

上海古籍出版社出版发行

（上海市闵行区号景路 159 弄 1-5 号 A 座 5F　邮政编码 201101）

（1）网址：www.guji.com.cn

（2）E-mail：guji1@guji.com.cn

（3）易文网网址：www.ewen.co

上海商务联西印刷有限公司印刷

开本 700×1000　1/16　印张 32　插页 2　字数 507,000

2025 年 8 月第 1 版　2025 年 8 月第 1 次印刷

ISBN 978-7-5732-1701-1

I·3944　定价：158.00 元

如有质量问题，请与承印公司联系

序

诗话是一种独特的——即使不能说为中国独有，也是浸透着中国风味的——诗歌赏析评论体裁，是中国诗学不可缺少的组成部分，对于诗歌品评研究具有不可替代的重要作用。一般认为，诗话产生于宋代，历经金元明的衰落而复兴，于清代达到鼎盛。在宋代以前，虽然还没有标准的诗话，但从诗话的滥觞角度讲，则不可不谓源远流长。自诗歌产生之日起，或即有各种言诗品诗的只言片语伴随左右。先宋两千余年，散见于群籍中的此类资料富矣，这就是作者称之为“先宋诗话”的“准诗话”。治中国诗学，如果不对先宋诗话予以充分的重视，就会割断历史，对诗话的认识将成为无源之水，无本之木。然而遗憾的是，既往的相关研究不啻寥若星辰。

针对中国诗学这一薄弱领域，作者立志投身其间，早在攻读博士学位期间，毕业论文即以《隋唐五代诗话研究》为题，这是具有远见卓识的。

研究先宋诗话，首先要在浩如烟海的群籍中系统搜集相关资料，所作的研究方能有坚实的文献基础。这本《唐五代诗话类编》，就是作者在撰写博士毕业论文时所编“隋唐五代诗话材料集”基础上，经重新普查整理而编撰的。该书从一百一十余种唐宋典籍中，辑录唐五代时期阐述诗歌理论，杂录诗事见闻，传授诗歌作法的诗话材料一千六百余条，并根据材料内容与诗话类别进行分类编撰。全书由前言《唐诗话综论》、凡例、正文、征引书目组成。正文部分含“论诗及事”与“论诗及辞”两类诗话，其下又细分为本事类、诠释类、考辨类、作法类、品评类、理论类。每一类诗话材料均以书为目，按经、史、子、集排列。每一书目下则附“叙录”，简介该书作者、内容、版本等，搜罗完备，编次有法。

在资料的全面系统方面，该书大大超越了旧题尤袤《全唐诗话》，孙涛《全唐诗话续编》，王士禛、郑方坤《五代诗话》等，成为首部比较完善的唐代辑录体诗话类编。对唐代零散性、纪事性与边缘性诗学文献的汇集，对该时段非核心诗人群体诗歌活动材料的注重，有助于完善唐代诗学文献建设，揭示唐代诗学的真相和凸显其特征，从而展现唐代诗歌活动的全貌。先宋断代诗话整理虽已有部分成果，如郁沅、张明高《六朝诗话钩沉》，萧华荣《魏晋南北朝诗话》等，但某些朝代仍缺而不备，有待补充和开拓者尚多。本书对唐诗话的界定和分类、唐诗话的特征和诗学价值有着较为独到的认识和深入的阐发，体例严谨周延，其辑录与整理的方法、思路可为后续先宋断代诗话整理提供参考。在版本选择、校勘、标点等环节，本书也比较合理精准，为读者提供了一个方便可靠的唐代诗话资料集。虽然本书还存在进一步完善的空间，如"诗主而话宾"的提法或可商榷，题为唐五代而五代部分略而未言，个别条目的取舍归类有待斟酌等，但总体而言，其于推动中国诗话和诗学研究的积极作用是毋容置疑的。

作者研究先宋诗话与诗学有年。硕士阶段研习古典美学，打下了坚实的理论基础。博士后阶段，由隋唐五代上溯至汉代，完成研究报告《两汉诗话整理与研究》。此后又作为主要研究人员，承担国家社科基金重大招标项目《先秦至隋诗学文献集成校笺》之两汉、北朝至隋两个子课题，并顺利结题。以扎实文献支撑研究，以深入研究反摄整理，观此，这部《唐五代诗话类编》渊源有自，基础之深厚可见一斑。

多年前，我曾提出过古代文献智能检索的设想，即以需求主题而非文献语言单位为检索对象，一劳永逸地把研究者从传统资料搜集的简单劳动中解放出来。同时，又将大力发展专题资料汇编、类编、选编列入中国文献学战略发展的九个重点之一，认为"专题资料汇编在相当长的历史时期中为电子化、数字化力所不能及，因此具有强大的生命力，不是多了，而是少了，应作为今后文献学发展的重点内容"。近年来人工智能迅猛崛起，让我们看到了实现古代文献智能检索的曙光。但 AI 的技术基础是全面数字化和信息化，从该领域的现状出发，要实现上述目标无疑还有遥远的路程。因此，在可以预见的漫长时期里，《唐五代诗话类编》仍将以其嘉惠学林的功能而保持旺盛的生命力，是可以想见的。从更广阔的视野而言，该书的出版又只是千里跬步。两千多年的先宋时段，还有许多诗话的田地等待人们去深耕细作。任重而道远，作者勉旃！

郭齐（四川大学古籍整理研究所教授、博士生导师）

2025 年 7 月

唐诗话综论(代前言)

诗话是一种独特的论诗之体,其兴于宋代,经历了金元明时期的衰落与复兴后,在清代达到鼎盛。唐代未见诗话作品,但在宋代诗话之体诞生后,有人仿效其内容与体例,从古代典籍中辑录诗话材料,汇编成集,如旧题尤袤《全唐诗话》,孙涛《全唐诗话续编》,王士禛、郑方坤《五代诗话》等。唐诗的辉煌使得唐代诗学的成就被忽略,郭绍虞《清诗话·前言》云,“后人每说唐人不言诗而诗盛,宋人言诗而诗衰。其实不然。唐人不是不言诗”,而是“唐人论诗之著,其单篇零札”,没有“单行别出”①。唐代有丰富的论诗之语亟待辑录与整理,这既可完善唐诗学文献整理,亦可丰富唐诗学研究。本书便是参照诗话一体内容与体例的标准,对散落于唐宋典籍中的论诗之语进行辑录与整理,并命名为“唐诗话”。以下将对“唐诗话”的界定、分类、特征与诗学价值加以论述。

一、唐诗话的界定

诗话之体虽诞生于宋代,但宋代以前的典籍中,已有大量的诗话材料。故在诗话一体诞生后,便有了整理、汇集宋代以前的诗话材料而成的诗话作品,除前文所述外,另有劳孝舆《春秋诗话》,郁沅、张明高《六朝诗话钩沉》,萧华荣《魏晋南北朝诗话》等。这些诗话作品就成书时间而言,属于宋代以后,但就内容而言,则属于宋代以前,故可称为“先宋诗话”。所谓“先宋诗话”,并非指先宋时期创作、编纂的诗话作品,而是在诗话之体诞生后,后人依据诗话内容、体例规定,从先宋典籍中辑录诗话材料而成的辑录体诗话汇编。先宋辑录体诗话汇编可分为两类,一类是辑录先宋诗人的诗话材料,如《阴常侍诗话》《杜工部草堂诗话》等,这类作品可称为先宋专家诗话汇编;另一类是辑录一个历史

① 郭绍虞《清诗话·前言》,丁福保辑《清诗话》,上海古籍出版社 2015 年版,第 2 页。

时期的诗话材料，如《全唐诗话》《全唐诗话续编》《五代诗话》等，这类作品又称为先宋断代诗话汇编。本书所言的“唐诗话”，便是先宋断代辑录体诗话。

唐诗话既是先宋断代辑录体诗话，其辑录范围、辑录标准的确定是唐诗话成书的基础。首先，是关于唐诗话征引书目的确定。唐诗话是先宋诗话，内容与唐代诗学相关，故征引书目应是唐一代的典籍。但部分由宋人编著的史料笔记，如欧阳修、宋祁《新唐书》，薛居正《旧五代史》，欧阳修《新五代史》，马令《南唐书》，陆游《南唐书》，令狐澄《大中遗事》，陶岳《五代史补》，史温《钓矶立谈》，龙衮《江南野史》，郑文宝《南唐近事》等，因内容全涉唐五代事，亦可作为唐诗话的征引书目。而唐代诗学专书，特别是对宋诗话有着直接影响的诗本事作品，应视为与唐诗话并立的诗学类型，不应作为征引书目。其次，是关于唐诗话内容标准的确定。从时间范围来看，唐诗话所反映的是唐人的诗学观念，故无论是唐人言唐诗，或是言前代诗作，都应辑入。从材料内容来看，需符合诗话一体的规定，即并存“诗”与“话”，且“诗”主而“话”宾。这里的“诗”不仅指诗作，亦指诗人。部分材料未出现具体诗作，而是对于诗人创作风格的评论，亦可视为诗话材料。因唐代小说中常含诗作，与诗话内容有“诗”亦有“话”相似，故需特别注意唐代小说中诗话材料的判断。按现有的唐代小说分类来看，有杂事小说、传奇小说与志怪小说。唐代杂事小说，如《隋唐嘉话》《朝野佥载》《大唐新语》等，偏于史料笔记，应作为唐诗话的征引书目；唐传奇中的含诗材料虽有“诗”与“话”，但其中的“诗”或是为了表达人物情感，或是为了帮助小说叙事，或是为了展现作者才气，而“话”则是“叙述宛转，文辞华艳”[①]，并非是以“诗”为主的言说，不符合诗话“诗主话宾”的关系，故唐传奇中的含诗材料不应视作诗话材料；唐代志怪小说中的含诗材料，若“诗”“话”符合“话”由“诗”发，“诗主话宾”的规定，可视作诗话材料，如戴孚《广异记》、薛用弱《集异记》、牛僧儒《玄怪录》、郑还谷《博异志》、李复言《续玄怪录》、李伉《独异志》等书中的含诗材料皆可辑入唐诗话。最后，是关于唐诗话体例标准的确定。诗话体例为笔记体，条目短小且彼此之间无内在联系。由于唐诗话的引用书目多为史料、笔记和小说，其体例多为笔记体，若哪条材料符合唐诗话的内容规定，将

---

① 李剑国《唐稗思考录——代前言》，李剑国《唐五代志怪传奇叙录》(上册)，南开大学出版社 1993 年版，第 5 页。

其整条辑录即可。如辑自《朝野佥载》《大唐新语》《江表志》《江南余载》《金华子杂编》等书中的诗话材料大多采用此种辑录方式。引用书目的体例若非笔记体，则需采取节录的方式，在不改变原始语境的情况下，节选文段中集中言诗、论诗的内容。如《封氏闻见记》卷五“第宅”篇记述了唐代第宅由简朴向奢华的变化，全篇由七条材料组成，共五百余字，仅文末一条所记梁锽赋诗咏郭子仪宅与诗事相关，故节录此条即可。节录后的材料，其重心不在批判奢侈之风上，而是在于“以诗证史”的诗学意义上，材料性质亦由史料向诗话转变。有的时候，节录的方式会破坏材料的完整性，便会采取省略的方式处理材料，如《旧唐书·上官仪传》记述了上官仪生平，文中仅“本以词彩自达，工于五言诗，好以绮错婉媚为本。仪既贵显，故当时多有效其体者，时人谓为上官体”①数句符合诗话内容规定，但若只是节录文末这几句，会使得评诗、论诗之语缺乏明确的评论对象，不便于理解。故在辑录时保留文首一句对上官仪的简介及文末评诗、论诗的内容，尽量保证诗话材料的完整性。唐诗话便是采用全录、节录、省略的方式，辑录符合诗话体例的材料而形成的。

由此可见，“唐诗话”是指宋代诗话之体诞生后，参照诗话内容与体例的标准，通过全录、节录和省略等辑录方式，由唐代典籍、部分宋代典籍中辑录阐述诗歌理论，杂录诗事见闻，传授诗歌作法的篇幅短小，零散的诗话条目而成的诗话作品。

二、唐诗话的分类

关于诗话分类的讨论，在诗话界定中，已见端倪。许顗《彦周诗话》序曰“诗话者，辨句法，备古今，纪盛德，录异事，正讹误也。若含讥讽，著过恶，诮纰缪，皆所不取”②，既是最早的诗话定义，也是最早的以诗话内容为据的诗话分类说。

章学诚在《文史通义·诗话》中首次正式提出诗话分类说，将诗话分为“论诗及事”与“论诗及辞”两类：

> 诗话之源，本于钟嵘《诗品》。然考之经传，如云：“为此诗者，其知道

① 刘昫等撰《旧唐书》，中华书局1975年版，第2743页。

② 许顗《彦周诗话》，何文焕辑《历代诗话》，中华书局2004年版，第378页。

乎?”又云:“未之思也,何远之有?”此论诗而及事也。又如“吉甫作诵,穆如清风,其诗孔硕,其风肆好”,此论诗而及辞也。[①]

“为此诗者,其知道乎”出自《孟子·公孙丑上》:

《诗》云:“迨天之未阴雨,彻彼桑土,绸缪牖户。今此下民,或敢侮予?”孔子曰:“为此诗者,其知道乎?能治其国家,谁敢侮之。”[②]

“未之思也,何远之有”出自《论语·子罕下》:

“唐棣之华,偏其反而。岂不尔思?室是远而。”子曰:“未之思也,夫何远之有?”[③]

可见章学诚所谓的“论诗及事”始于孔子论《诗》。而“吉甫作诵,穆如清风”“其诗孔硕,其风肆好”分别出自《诗经·大雅》的《烝民》与《崧高》,二诗均为尹吉甫所作,诗文均是对自己诗作的品评。可见章学诚所谓“论诗及辞”偏于诗作论评,所举例子可算是最早的韵文论诗。

郭绍虞《诗话丛话》对“论诗及事”与“论诗及辞”二端加以细化。“论诗及事”类可分为以下四种:一是类如孔子论诗“可以观,可以怨”。孟子“知人论世”,《诗序》《诗谱》《本事诗》《唐诗纪事》《全唐诗话》皆属此类,以记诗歌创作之事而“通于史部之传记”。二是类如孔子论诗“多识于鸟兽草木之名”。蒋超伯《通斋诗话》便属此类,以“诠释名物、考证故实”[④],故“通于经部之小学”。三是类如孔子谓学诗“迩之事父,远之事君”。黄彻《砻溪诗话》便属此类,主要是阐扬名教。四是以欧阳修《六一诗话》为代表,主要是泛述闻见。“论诗及辞”类则列举了以下九种:一是如钟嵘《诗品》“衡量作品之高下,以为作家之等

① 章学诚著,叶瑛校注《文史通义校注》,中华书局1985年版,第559页。
② 焦循撰,沈文倬点校《孟子正义》,中华书局1987年版,第224页。
③ 程树德撰,程俊英、蒋见元点校《论语集释》,中华书局1990年版,第630—632页。
④ 郭绍虞《诗话丛话》,郭绍虞《照隅室杂著》,上海古籍出版社1986年版,第227页。

第"[1]；二是如司空图《诗品》"以韵语体貌其妙境"；三是如敖陶孙《诗评》"用象征的方法，以形容作家之所诣"；四是如高似孙《选诗句图》"摘取佳语以资欣赏"；五是如齐己《风骚旨格》"讨论作法，分别体格"；六是如张为《诗人主客图》"类聚诸家明其源流，选摘佳构以为例证"；七是如严有翼《艺苑雌黄》"寻诟索瘢，好为诋诃文章，掎摭利疾"；八是如王士禛《古诗平仄论》"推究声律，勒为定谱"，九是如吴兢《乐府古题要解》"不论其辞而论其题"者。除此以外，诗话"不能以论辞论事二端赅之者"[2]，还有五种。

蔡镇楚则更为简便清晰地予以两类诗话界定，"论事体"诗话是"以记事为主，重在诗本事，通常以说部之笔调，述作诗之故实，兼寓论诗之意"；"论辞体"诗话是"以论述为主，重在评骘、品藻、诗法、诗格、声律诸方面的研究探讨，具有偏于严肃的诗学理论的倾向性"[3]。

唐诗话作为辑录体诗话，其分类也应以内容为据。参考现有的诗话分类说，唐诗话亦可分为"论诗及事"与"论诗及辞"两类。其中，"论诗及事"类诗话又可分为本事类、诠释类、考辨类，"论诗及辞"类诗话又可分为作法类、品评类、理论类。

本事类诗话指记述与诗歌创作、传播与接受相关事件的诗话材料。如段成氏《酉阳杂俎》记顾况丧子赋诗一事：

> 顾况丧一子，年十七。其子魂游，恍惚如梦，不离其家。顾悲伤不已，乃作诗，吟之且哭。诗云："老人丧一子，日暮泣成血。心逐断猿惊，迹随飞鸟灭。老人年七十，不作多时别。"其子听之感恸，因自誓："忽若作人，当再为顾家子。"[4]

诠释类诗话指直接诠释诗意的诗话材料，有诠释名物与诠释用事两种。诠释名物，即说明、解释诗文中所引用的事物名称的诗话材料。如韦绚《刘宾客嘉话录·画舸覆缇油》条：

---

① 郭绍虞《诗话丛话》，郭绍虞《照隅室杂著》，第 227 页。
② 郭绍虞《诗话丛话》，郭绍虞《照隅室杂著》，第 228 页。
③ 蔡镇楚《诗话学》，湖南教育出版社 1990 年版，第 83 页。
④ 段成式撰，许逸民校笺《酉阳杂俎校笺》，中华书局 2018 年版，第 931 页。

丈人曰：魏文帝诗云，“画舸覆缇油”，即今江淮间艑船篷子上帷幕耳。《唐书》卢藩传言“船子著油”，比惑之，及见魏文诗，方悟。[1]

诠释用事，即说明、解释诗文中所引用的典故的诗话材料。如孙光宪《北梦琐言》中诠释韩定辞诗“银笔”“雪儿”之义的诗话材料，韩定辞与马彧作诗酬唱，因韩定辞诗多用典，在座宾客难解其意。后韩定辞与马彧再次见面，马彧问此前诗中“银笔”“雪儿”之义。原来，“银笔”出于梁元帝用三种笔“记录忠臣义士及文章之美者”一事，其中，用金笔记录“忠孝全者”，用银笔记录“德行清粹者”，用斑竹笔记录“文章赡丽者”。可见，韩定辞诗中是以“银笔”赞扬马彧的德性。而“雪儿”，则是李密的爱姬，由于她能歌善舞，因此李密每见宾僚文章有奇丽入意者，便让雪儿辅以音律歌咏之。可见，韩定辞是以“雪儿”赞扬马彧的诗才。

考辨类诗话又分为考证类与辨讹类。考证类指以诗歌考证史实、诗人生平一类的诗话材料，如《旧唐书》卷十七下《本纪第十七下·文宗下》记以杜甫《曲江行》知曲江四岸楼殿旧景：

上好为诗，每诵杜甫《曲江行》云：“江头宫殿锁千门，细柳新蒲为谁绿？”乃知天宝已前，曲江四岸皆有行宫台殿、百司廨署，思复升平故事，故为楼殿以壮之。[2]

辨讹类指对诗作中的错谬或读者对诗作的误解加以查考辩证的诗话材料，如李匡文《资暇集》“客散”条辨王维“客散孟尝门”之义：

今见宾旅出主人之门，必曰“客散孟尝门”，但风闻便用，不寻其源，使主人知其源，必恶而不乐矣。实为客去就，不可不知也。此是王右丞维悲府主已没之句，上句云：“秋风正萧索”，盖痛其主人殁后，同僚皆散，其可用乎？[3]

---

① 韦绚撰，陶敏、陶红雨校注《刘宾客嘉话录》，中华书局2019年版，第101页。

② 刘昫等撰《旧唐书》，第561页。

③ 李匡文撰，吴企明点校《资暇集》，苏鹗撰，吴企明点校《苏氏演义：外三种》，中华书局2012年版，第163页。

作法类指与诗法相关的诗话材料。如韦绚《刘宾客嘉话录》中对“为诗用僻字，须有来处”一议：

为诗用僻字，须有来处。宋考功诗云：“马上逢寒食，春来不见饧。”尝疑此字，因读《毛诗》，郑笺说“箫”处注云：即今卖饧人家物。六经唯此注中有“饧”字。吾缘明日是重阳，欲押一“糕”字，续寻思六经竟未见有“糕”字，不敢为之。尝讶杜员外“巨颡拆老拳”，疑“老拳”无据。及览《石勒传》“卿既遭孤老拳，孤亦饱卿毒手”，岂虚言哉！后辈业诗，即须有据，不可率尔道也。①

品评类指品第、评论诗人及诗作的诗话材料。如刘肃《大唐新语》卷八《文章第十八》中对“王杨卢骆”高下的评价：

华阴杨炯与绛州王勃、范阳卢照邻、东阳骆宾王，皆以文词知名海内，称为“王杨卢骆”。炯与照邻则可全，而盈川之言为不信矣。张说谓人曰：“杨盈川之文，如悬河注水，酌之不竭，既优于卢，亦不减王。耻居王后则信然，愧在卢前则为误矣。”②

理论类则是指阐述诗学理论的诗话材料，这些诗学理论由诗歌创作、鉴赏、品评等活动中总结出。如李肇《唐国史补》对中唐诗风演变的评述：

元和已后，为文笔则学奇诡于韩愈，学苦涩于樊宗师；歌行则学流荡于张籍；诗章则学矫激于孟郊，学浅切于白居易，学淫靡于元稹。俱名为“元和体”。大抵天宝之风尚党，大历之风尚浮，贞元之风尚荡，元和之风尚怪也。③

以上是对唐诗话各类材料的简单介绍，由此亦可见唐诗话内容的丰富。

---

① 韦绚撰，陶敏、陶红雨校注《刘宾客嘉话录》，第7—8页。
② 刘肃撰，许德楠、李鼎霞点校《大唐新语》，中华书局1984年版，第124页。
③ 李肇撰，聂清风校注《唐国史补校注》，中华书局2021年版，第57页。

三、唐诗话的特征

唐诗话的特征主要表现为以下三点：第一，以“论诗及事”类诗话为主；第二，材料内容丰富且文本结构多样；第三，具有“诗史”性质。

唐诗话最为明显的特征便是以“论诗及事”类诗话为主。由于诗话发展演变的趋势是“从论事到论辞，从宗欧到宗钟，从轻松的闲谈随笔到严肃的理论专著”[①]，故属于先宋诗话的唐诗话，自然是重于“论事”的诗话。就唐代诗学体系来看，具有理论性的诗学文献多见于诗学专书与专篇。唐诗话是辑录体诗话，且诗话材料多辑自唐代史部、子部等叙事性文本[②]，故具有“论事”特性。

本书共辑得诗话材料 1 600 余条，其中，“论诗及事”类诗话 1 300 余条，“论诗及辞”类诗话近 300 条。而在“论诗及事”类诗话中，“本事类”诗话便有 1 200余条。因“本事类”诗话本是记诗之事，故唐诗话“论事”特性显而易见。除此以外，“论诗及辞”类诗话亦具“论事”特性，主要表现在以下两个方面：一是“论诗及辞”类诗话材料常常并存“论辞”与“论事”，以“品评类”诗话中辑自孙光宪《北梦琐言》的“张林多戏”一条为例：

> 唐张林，本士子，擢进士第，官至台侍御。为诗小巧，多采景于园林亭沼间，至如“菱叶乍翻人采后，荇花初没舸行时”。他皆此类。受眷于崔相昭纬，或谒相庭，崔公曰：“何以久不拜见？”林曰：“为饭瓮子热发。”崔讶饭瓮不康之语，林曰：“数日来水米不入，非不康耶？”又寒月遗以衣襦，问其所需，乃曰：“一衫向下，便是张林。”相国大笑，终始优遇也。葆光子曰：“东方朔以恢谐自容，娄君卿以唇舌取适，非徒然也，皆有意焉。今世希酒炙之徒，托公侯之势，取容苟媚，过于优旃，自非厚德严正之人，未有不为此辈调笑也。”[③]

文首总结张林“为诗小巧，多采景于园林亭沼间”的创作特点与风格，文末

① 蔡镇楚《中国诗话史》，湖南文艺出版社 1988 年版，第 20 页。

② 本书征引书目 119 种，其中，100 余种皆为史部、子部典籍。

③ 孙光宪撰，贾二强校点《北梦琐言》，中华书局 2002 年版，第 259 页。

记孙光宪评论张林以戏谑之语“取容苟媚”，其评论的依据则是文中所记张林以戏谑之语“取容”宰相崔昭纬之事。可见，“论辞”诗话亦以“论事”为基础，与“论事”并存。

二是“论诗及辞”类诗话常将诗学理论藏于“论事”中，此以“作法类”诗话中所记齐己拜郑谷为一字之师为例：

> 时郑谷在袁州，齐己因携所为诗往谒焉，有《早梅诗》曰：“前村深雪里，昨夜数枝开。”谷笑谓曰：“数枝非早，不若一枝则佳。”齐己矍然，不觉兼三衣叩地膜拜，自是士林以谷为齐己一字之师。①

文中所论是作诗中的“炼字”，但对于“炼字”的讨论却是藏于齐己、郑谷两位诗人的交游事件中。可见“论诗及辞”类诗话在阐发理论时亦是基于诗事，或以诗事为证。

唐诗话亦具有材料丰富性与多样性的特征。丰富性是针对唐诗话内容而言，主要表现为以下两个方面：一是唐诗话综合了各种诗学类型的内容，如“本事类”诗话与唐代“诗本事”作品内容相近；“作法类”诗话与唐代诗格、诗法作品内容相近；“品评类”“理论类”诗话又与唐代选本、诗学专篇内容相近。二是唐诗话内容涉及唐诗活动各个方面，如唐诗创作、传播、接受的活动过程，君主、文人、女性、诗僧等多个唐代诗人群体等。多样性是针对唐诗话材料文本结构而言，这既与材料内容的丰富性相关，也与唐诗话的辑录体诗话性质相关。如前文所言，唐诗话材料辑录所采取的是全录、节录或省略的方式，但无论是哪种方式，都仅是在原始材料的基础上，采用极为简单的技法对其进行裁剪，而这些材料的源初性质并未改变。故唐诗话中的材料在内容和形式上带有其源出书目的特性，呈现出多样化的特点。如辑自唐代类诗话著作、考辨类著作以及小说中的诗话材料，内容与形式的差异就较为明显。辑自《云溪友议》《鉴诫录》中的诗话材料，篇幅较长，且有着明显的有意记诗事和论诗的特点；辑自《匡谬正俗》《兼明书》《资暇集》中的诗话材料，则短小精悍，多直接考

① 陶岳撰，顾薇薇校点《五代史补》，傅璇琮、徐海荣、徐吉军主编《五代史书汇编》（伍），杭州出版社2004年版，第2509页。

辨词语、诗作，并不重于记事；辑自《北里志》《录异记》《玄怪录》《续神仙传》中的诗话材料，则语多涉怪、情节丰富、记事详尽。正是由于以上原因，唐诗话材料呈现出多样性的特征。

唐诗话还具有“诗史”特性。这是因为唐诗话多辑自史料笔记，故诗话之“话”与“史”相关。唐代本是“诗史”概念发展史上的重要时期，孟棨在《本事诗》中首次详细阐发了作为诗学概念的“诗史”内涵，“所谓‘诗史’，须具备两个条件：首先是杜甫在安史之乱中流离陇蜀时所写的诗歌；其次，杜甫在写作这些诗歌时，记录了他流离陇蜀时的全部事情，连十分隐秘的事也不例外，甚至没有任何遗漏”①。通过唐诗话，亦可见“诗史”概念在唐代的运用与发展情况。唐诗话的“诗史”特性主要表现在以下三个方面：第一，显示出杜甫“诗史”义。“诗史”概念进入诗学视野，与杜甫相关，学界多以《本事诗·高逸第三》中“杜逢禄山之难，流离陇蜀，毕陈于诗，推见至隐，殆无遗事，故当时号为‘诗史’”②句作为“诗史”说的开端。唐诗话中与杜甫“诗史”义相关的材料有两种，一是从创作的角度，记杜甫诗歌对于时事的记录。如张彦远《历代名画记》卷九《唐朝上》记“公孙大娘，亦善舞剑器，张旭见之，因为草书，杜甫歌行述其事”③，“杜甫歌行述其事”指杜甫作《观公孙大娘弟子舞剑器行》追忆往事，哀叹国势。这里的“述其事”与诗序中“抚事感慨”皆可见该诗的“叙事”功能。由“大历二年十月十九日，夔州别驾元持宅，见临颍李十二娘舞剑器，壮其蔚跂”④，回忆“开元三载，余尚童稚，记于郾城，观公孙氏舞剑器浑脱，浏漓顿挫，独出冠时”，后又以“玉貌锦衣，况余白首，今兹弟子，亦匪盛颜”⑤的今昔对比，表达追忆与感伤。其感伤的，并非仅是时间易逝，佳人老去。诗中由“与余问答既有以，感时抚事增惋伤”，所述皆是对“五十年间似反掌，风尘澒洞昏王室”⑥的感慨以及“金粟堆南木已拱，瞿唐石城草萧瑟”的悲伤，亦有对自己“老夫不知其所往，足茧荒山转愁疾”⑦的喟叹。由此可见，此诗创作始于叙事，终于抒情，其中亦有

---

① 张晖《中国“诗史”传统》(修订版)，生活·读书·新知三联书店 2016 年版，第 23 页。

② 孟棨等撰，李学颖标点《本事诗》，孟棨等撰，李学颖点校《本事诗　续本事诗　本事词》，上海古籍出版社 1991 年版，第 18 页。

③ 张彦远撰，许逸民校笺《历代名画记校笺》，中华书局 2021 年版，第 633 页。

④ 杜甫著，仇兆鳌注《杜诗详注》，中华书局 1979 年版，第 1815 页。

⑤ 杜甫著，仇兆鳌注《杜诗详注》，第 1815 页。

⑥ 杜甫著，仇兆鳌注《杜诗详注》，第 1817 页。

⑦ 杜甫著，仇兆鳌注《杜诗详注》，第 1818 页。

“史笔”意义，充分表现杜甫“诗史”义。二是从接受的角度，记读者以杜甫诗证史。《旧唐书·文宗本纪》与《李训传》都曾记唐文宗诵杜甫《曲江行》一事，尽管两条材料的内容略有不同，却都记述了文宗由杜诗得知“天宝已前，曲江四岸皆有行宫台殿、百司廨署”，故“思复升平故事”[①]“心切慕之”[②]，激起了对于盛世的向往，表现了杜甫诗作记录现实的“诗史”性质。

第二，以诗直陈时事的“以诗纪史”。唐诗话中除了有杜甫“以诗纪史”的材料，还有大量材料涉及以唐诗存载、复现唐代的景观、风物、科举、军事等。如《旧唐书·韦坚传》中关于《得宝歌》的诗话材料，记载了韦坚任陕郡太守、水陆转运使后，重疏漕渠，成广运潭，以及广运潭建成后所进行的各郡名物展示与船上民歌表演之事。材料中包含了唐代社会生活各个方面的内容，如广运潭侧岸所停靠的三百多艘船上，载运了来自广陵郡、丹阳郡、晋陵郡、会稽郡、南海郡等数十个郡州的特产，展现了唐朝鼎盛时期的物产丰富、经济繁荣；材料中关于广运潭工程的记述，记录了当时的水运交通情况；所记《得体歌》《得宝歌》两首民谣，表现了文人对于民谣的改编；《得宝歌》的表演，又是对于当时民间艺术表演的再现，其中关于表演者服饰妆容的记录，都是珍贵的民俗材料。由此可见，这条材料具有重要的史料价值。材料中的《得宝歌》，记录了两件喜事：一是获得宝符，二是广运潭新成。这首民谣既是对于当时繁荣景象的记录，亦参与叙事，以民谣及其表演独特的审美价值，重现当时“余船洽进，至楼下，连樯弥亘数里，观者山积。京城百姓多不识驿马船墙竿，人人骇视”[③]的盛景。其中事与诗相互配合，实现了对于唐代社会生活一隅的鲜活再现。

第三，以诗证史。唐诗话中“以诗证史”与“以诗纪史”的材料性质实则相近，其中的“诗”都有着记录时事的作用。不过“以诗纪史”是直接记述“诗”之创作过程，而“以诗证史”从时间层面来看，则是出现在“以诗纪史”以后，展现了“诗”之接受过程。另外，“诗”的功能有所不同，“以诗纪史”中的诗往往表现出与史的紧密关联性，而“以诗证史”中诗与史的关联性不是由诗歌创作者，而是由史料记录者实现的。如《唐摭言》卷一“散序进士”所记：

---

① 刘昫等撰《旧唐书》，第561页。

② 刘昫等撰《旧唐书》，第4400—4401页。

③ 刘昫等撰《旧唐书》，第3223页。

进士科，始于隋大业中，盛于贞观、永徽之际。搢绅虽位极人臣，不由进士者，终不为美，以至岁贡常不减八、九百人。其推重谓之“白衣公卿”，又曰“一品白衫”。其艰难谓之“三十老明经，五十少进士”。其负倜傥之才，变通之术，苏、张之辨说，荆、聂之胆气，仲由之武勇，子房之筹画，弘羊之书计，方朔之诙谐，咸以是而晦之。修身慎行，虽处子之不若。其有老死于文场者，亦所无恨。故有诗云：“太宗皇帝真长策，赚得英雄尽白头。”①

文中先言世人对于科举的重视以及积极追求，后举明经进士语与诗句以证当时科举之艰难，但世人终其一身追求亦不悔。材料中的诗句虽然也是记录当时科举之事，但与“以诗纪史”诗话材料不同的是，未将“史实”作为诗句的直接创作背景，而是偏重于引用诗句以证史实。“故有诗云”是此类材料的一个标志，如《唐摭言》卷三“散序”中亦是以“故曹松诗云：‘追游若遇三清乐，行从应妨一日春’”证唐代曲江宴中“先牒教坊请奏，上御紫云楼，垂帘观焉。时或拟作乐，则为之移日”②，又以“故张籍诗云：‘无人不借花园宿，到处皆携酒器行’”证“敕下后，人置被袋，例以图障、酒器、钱绢实其中，逢花即饮”③，尽现当时的游宴风俗。

四、唐诗话的诗学价值

唐诗话具有多重价值，其汇集一代零散诗学文献，具有文献价值；存录一代诗歌，具有文学价值；材料中的以诗纪事、以诗纪史，又使其具有史料价值。但唐诗话最重要的价值还是它的诗学价值。

唐诗话的诗学价值首先表现在其对于唐代诗学的完善。唐代诗学若按文体分类，有诗学专书、论诗专篇与零散诗学文献。诗学专书有选本、诗格、诗句图、诗品与诗本事，零散诗学文献有诗序、论诗诗与诗话。就目前唐诗话文献整理成果来看，论诗诗与诗话的整理略显薄弱。故唐诗话的辑录与整理可进一步完善唐诗学文献整理，为唐代诗歌研究与诗学研究提供参考。而具有“论

① 王定保撰，陶绍清校证《唐摭言校证》，中华书局 2021 年版，第 15 页。

② 王定保撰，陶绍清校证《唐摭言校证》，第 83 页。

③ 王定保撰，陶绍清校证《唐摭言校证》，第 83 页。

事”特性的唐诗话，实则亦是关于唐代纪事诗学文献的汇集。纪事诗学是中国诗学的传统，“它滥觞于‘结绳纪事’的历史意识，萌发于汉代‘以事解诗’的《诗》学，发展于唐代‘触事兴咏’的《本事诗》，成熟于宋代‘以事话诗’的诗话”[①]。唐代是中国纪事诗学发展史上的重要阶段，这一时期除了《本事诗》《抒情集》，还有大量零散的纪事诗学文献。但在诗学研究中，主要以诗歌批评和诗学理论材料为研究对象，对于纪事诗学关注不足。纪事诗学，是中国诗学中最具典型性的，也是最能揭示中国诗学特征的诗学类型。对于唐代纪事诗学文献的辑录与整理，一方面可见唐代纪事诗学的实际情况，另一方面亦可呈现中国诗学的真实面貌。除此以外，唐诗话还是关于唐代边缘性诗学文献的汇集。所谓边缘性，一是指唐诗话主要是非理论形态文献，二是指唐诗话中的部分文献是关于非核心诗人群体、非著名诗作的诗学文献。现有的诗歌研究、诗学研究建立在核心诗人群体研究之上，这些诗人和他们的诗作，是一个时代文学的代表，对于一个时代文学发展有着重要的推动作用。但宇文所安《盛唐诗》曾言“文学史不是‘名家’的历史”[②]，“不能将这一时代等同于李白和杜甫，两位被后代读者看成是这一时代占主导地位的诗人。文学史并不能包括主要天才的全部，较为谨慎的做法是将天才安置于其基本背景之下”[③]。故这些组成唐代文学史基本背景的次要诗人，亦不能忽略。唐诗话中，有不少关于次要诗人的材料。以“盛唐诗话”为例，所涉诗人有 60 余人，核心诗人有张说、王维、李白、杜甫等，另有吴筠、梁锽、李邕、杨志坚、刘太真、张敬宗、郎士元、张巡、李栖筠、李涛、李泌、裴延龄、陆羽、范液、魏求己等诗人。这些诗人的诗话材料均可为唐代诗歌、诗学研究提供参考。

唐诗话的诗学价值还表现在有助于诗歌阐释。首先，唐诗话中部分材料直接阐释诗歌。如《北梦琐言》卷第六《陆龟蒙追赠 薛许州附》所记：

方干诗名著于吴中，陆未许之。一旦顿作诗五十首，装为方干新制，

① 殷学明《中国诗学的缘事理论研究・导论》，殷学明《中国诗学的缘事理论研究》，中国社会科学出版社 2023 年版，第 7—8 页。

② 宇文所安著，贾晋华译《〈初唐诗〉、〈盛唐诗〉三联版序言》，宇文所安著，贾晋华译《盛唐诗》，生活・读书・新知三联书店 2014 年版，第 1 页。

③ 宇文所安著，贾晋华译《盛唐诗・导言》，宇文所安著，贾晋华译《盛唐诗》，第 2 页。

时辈吟赏降仰，陆谓曰："此乃下官效方干之作也，方诗在模范中尔。"句奇意精，识者亦然之。薛许州能，以诗道为己任，还刘德仁卷有诗云："百首如一首，卷初如卷终。"讥刘不能变态，乃陆之比也。[①]

文中以简单语言对薛能诗句之意进行阐释，其作诗意在讥讽刘得仁的诗歌创作缺乏变化，与前文陆龟蒙对于方干诗的评价一致。

其次，唐诗话通过诠释、考辨为解诗提供参考。如《兼明书》卷之四《文选》"昔闻东陵瓜"所记：

阮籍《咏怀诗》曰："昔闻东陵瓜，近在青门外。"臣延济曰："故秦时东陵侯邵平种瓜于青门外。其瓜甚美，以供宾也。"明曰："按嗣宗此诗，是遭乱代，思深居远害，故以瓜喻之。言邵平种瓜不能深远，近在青门之外，又色妍味美，遂为人所食啗。故下云：'五色耀朝日，嘉宾四面会。膏火自煎熬，多财为患害'，意言人遭代乱，苟逞才露颖，必为时所害，如美瓜膏火之自丧矣。而延济不喻此义，'种瓜以供宾客'，何其谬欤！"[②]

邱光庭考辨阮籍《咏怀诗》"昔闻东陵瓜，近在青门外"句，并非如吕延济所解，是种瓜以供宾客食用，而是以邵平种瓜易为人所食一事喻人若有出众才德，也易遭遇不测。诗人以此为喻，是想表达深居远害的愿望。可见对于诗句的考辨，亦有助于诠释诗意。

再次，唐诗话展现了唐代诗歌本事批评的方法，记录了本事批评的过程。"本事批评"是一种传统的诗歌阐释方式，是指读者通过了解触发诗人创作意图的事件，进而了解诗人创作的真实意图，最终达到理解诗歌原本涵义的目的。唐诗话，特别是"本事类"诗话，以记载诗歌本事为主，展现了"本事批评"的方法与过程。如《明皇杂录》记张九龄以诗寄李林甫一事：

张九龄在相位，有謇谔匪躬之诚。玄宗既在位年深，稍怠庶政，每见

① 孙光宪撰，贾二强校点《北梦琐言》，第137页。
② 丘光庭《兼明书》，王云五主编《丛书集成初编》，中华书局1985年版，第38页。

帝，无不极言得失。李林甫时方同列，闻帝意，阴欲中之。时欲加朔方节度使牛仙客实封，九龄因称其不可，甚不叶帝旨。他日林甫请见，屡陈九龄颇怀诽谤。于时方秋，帝命高力士持白羽扇以赐，将寄意焉。九龄惶恐，因作赋以献，又为《归燕》诗以贻林甫。其诗曰："海燕何微渺，乘春亦蹇来。岂知泥滓贱，只见玉堂开。绣户时双入，华轩日几回。无心与物竞，鹰隼莫相猜。"林甫览之，知其必退，恚怒稍解。[1]

若仅见张九龄《归燕诗》，似写海燕向鹰隼解释自己原本身份卑微、低贱，只因春光拂照，才会在雕绘华美的门中，饰有文采的曲栏中飞来飞去，衔枝筑巢，望老鹰、大雕这两种猛禽不要猜忌自己，伤害自己。但有了诗话材料，便知触发张九龄创作之事是得玄宗赏赐白羽扇。张九龄因受唐玄宗器重，遭到了同朝为相的李林甫猜忌、诽谤。再次得赏后，张九龄怕李林甫又要暗害自己，故作诗向其表明心迹。可见，读诗者可从诗话所记之事，知晓诗人创作背景，了解诗人创作意图，进而理解诗意。

最后，唐诗话有助于重建诗歌阐释的文化历史语境。童庆炳在《文化诗学导论》中提出"'历史语境'则除了包含'历史背景'一般性情况之外，更重要的是需进一步深入到作家、作品产生的历史具体的机遇、遭际、事件、时间、地点和情景之中，切入产生某个作家或某部作品或某种情调的抒情或某个场景的艺术描写的历史肌理之中"[2]，故诗歌阐释需置于历史语境中。因唐诗话辑自唐代各类典籍，是将诗歌与历史、哲学、民俗关联的诗学文献，展示了诗歌与各类文化文本的互文性关系，并涉及不同诗人群体的诗歌活动，构建了这一时期诗歌活动的整体面貌，且唐诗话材料还原了一次次具体的诗歌活动场景，故有助于重建诗歌阐释的文化历史语境。如姚汝能《安禄山事迹》记王维作《菩提寺禁裴迪来相看说逆贼等凝碧池上作音乐供奉人等举声便一时泪下私成口号诵示裴迪》一事：

禄山尤致意于乐工，求访颇切，不旬日间，获梨园弟子数百人。群贼

① 郑处诲撰，田廷柱点校《明皇杂录》，中华书局 1994 年版，第 25 页。
② 童庆炳《文化诗学导论》，黄山书社 2020 年，第 132—133 页。

皆相与大会于凝碧池，宴伪官数十人，陈御库珍宝，罗列前后。乐既作，梨园弟子皆不觉歔欷，相视泣下，群贼露刃持(满)〔戈〕以胁之，而悲不自胜。乐工雷海清者，投乐器于地，西向恸哭，贼乃缚海清于戏马台，支解以示乐人，闻之者无不伤痛。时王维亦在贼中，(初)〔拘〕于菩提佛寺，闻之，赋诗曰："万户伤心生野烟，百官何日更朝天？秋槐叶落空宫里，凝碧池头奏管弦。"①

此条诗话材料还原了王维诗创作的历史语境。首先，描写了安史之乱后，被安禄山所占据的往日都城的情况，勾画了未来得及出逃的官员及宫廷中人的命运，他们在慌乱之间，对于国土沦陷的悲痛，面对杀戮无道叛军的恐惧，对于不可知的未来的彷徨，相互交织。其次，记述了《凝碧池》一诗创作的背景。引发王维创作之"事"，是安禄山在洛阳凝碧池设宴庆贺，乐工雷海清拒绝演奏，被逆党肢解以示众。听闻此事，王维将对于雷海青被杀的悲伤，对于自己被拘的痛苦，对于同样被困于战火之人的悯怀和对于国家沦陷的悲痛，聚于诗中。可见，此类诗话是对于一次具体诗歌活动的记录，亦是重现了一首诗歌创作、传播和接受的文化历史语境，让读诗者体验诗人创作时所处之情境，故唐诗话是关于诗歌阐释文化历史语境还原的有针对性的、直接性的材料。

除此以外，唐诗话对于诗歌本质、功能等原理性问题有所论述，对于唐代诗歌与书、画、舞、乐等艺术融通的现象也有所揭示，以上均可见出唐诗话的诗学价值。

综上所论，唐诗话文献整理与研究具备一定的重要性与必要性。除了唐代，先宋其他时期亦有大量的诗学文献散落于各类典籍中，通过对于零散诗学文献的汇集，再结合诗学专书专论，建立在此基础上的研究可展现中国诗学的原本面貌。

① 姚汝能撰，曾贻芬点校《安禄山事迹》，中华书局2006年版，第106页。

凡　　例

一、本书系从一百一十余种唐宋典籍中，辑录唐五代时期阐述诗歌理论，杂录诗事见闻，传授诗歌作法的诗话材料一千六百余条，名之为《唐五代诗话类编》。

二、诗话材料来源以唐代典籍为主，宋人专记唐时事的史料笔记，亦可作为征引书目。所引书籍，断至赵宋。

三、唐代诗学专书、专篇，与诗话之体不符，诗序、论诗诗是与诗话并立的诗学文献类型，故概不录入。

四、所辑材料应符合诗话一体的规定，内容需与诗相涉，且诗与话并存，体例为笔记体，篇幅短小且条目零散。

五、诗话材料以唐人论唐诗为主，唐人论前代诗歌，亦一并录入。

六、所辑诗话材料按其内容，分为“论诗及事”与“论诗及辞”两类。“论诗及事”类之下，又分本事类诗话、诠释类诗话、考辨类诗话；“论诗及辞”类之下，又分作法类诗话、品评类诗话、理论类诗话。

七、每一类诗话材料又以书为目，按经、史、子、集排列，书目的具体顺序以《中国古籍总目》为参考。

八、每一书目下附“叙录”，简介作者、内容、版本等情况。

九、出于不同典籍的诗话材料，内容相近，文字有异，皆同时录入，以资参证。

十、所辑诗话材料，采用较好而通行易得的版本，文字有显著的错误用对校或理校径加改正。

十一、原始材料删节后，若需增补年号、人名、地名等，以（）为识。

十二、为满足一般读者的需要，本书采用规范化简体字排印，加新式标点符号。

十三、征引书目及其版本附于书末，以备查考。

目　录

本事类诗话

诠释类诗话

考辨类诗话

作法类诗话

品评类诗话

理论类诗话

本事类诗话

［后晋］刘昫等《旧唐书》

刘昫（887—946），字耀远，五代归义人。唐庄宗时为翰林学士，明宗时迁端明殿学士，未几入相，后罢为右仆射。末帝时兼修国史，有《旧唐书》。《旧唐书》共二百卷，记唐一代史，分本纪、志、列传三部分。于后晋高祖天福六年（941）开始编修，至出帝开运二年（945）修成。此据中华书局1975年点校本辑录。

一、（大和九年）冬十月癸酉朔。乙亥，杜悰复为陈许节度使，李听为太子太保分司。内出曲江新造紫云楼彩霞亭额，左军中尉仇士良以百戏于银台门迎之。时郑注言秦中有灾，宜兴土功厌之，乃浚昆明、曲江二池。上（文宗）好为诗，每诵杜甫《曲江行》云："江头宫殿锁千门，细柳新蒲为谁绿？"乃知天宝已前，曲江四岸皆有行宫台殿、百司廨署，思复升平故事，故为楼殿以壮之。（《旧唐书》卷十七下《本纪第十七下·文宗下》）

二、（开成元年三月）庚申，（文宗）幸龙首池，观内人赛雨，因赋《暮春喜雨诗》。（《旧唐书》卷十七下《本纪第十七下·文宗下》）

三、帝（宣宗）雅好儒士，留心贡举。有时微行人间，采听舆论，以观选士之得失。每山池曲宴，学士诗什属和，公卿出镇，亦赋诗饯行。凡对臣僚，肃然拱揖，鲜有轻易之言。大臣或献章疏，即烧香盥手而览之。当时以大中之政有贞观之风焉。（《旧唐书》卷十八下《本纪第十八下·宣宗》）

四、（乾宁四年）七月甲戌，帝与学士、亲王登齐云楼，西望长安，令乐工唱御制《菩萨蛮》词，奏毕，皆泣下沾襟，覃王已下并有属和。（《旧唐书》卷二十上《本纪第二十上·昭宗》）

五、（天复三年二月）戊戌，全忠归大梁，上宴之内殿，置酒于延喜门。是日，全忠与四镇判官皆预席，上临轩泣别，又令中使走送御制《杨柳枝》词五首

赐之。(《旧唐书》卷二十上《本纪第二十上·昭宗》)

六、《白纻》,沈约云:纻本吴地所出,疑是吴舞也。梁帝又令约改其辞,其《四时白纻》之歌,约集所载是也。今中原有《白纻曲》,辞旨与此全殊。(《旧唐书》卷二十九《志第九·音乐二》)

七、《阿子》及《欢闻》,晋穆帝升平初,歌毕,辄呼"阿子汝闻否",后人演其声以为此曲。(《旧唐书》卷二十九《志第九·音乐二》)

八、《团扇》,晋中书令王珉与嫂婢有情,爱好甚笃。嫂捶挞婢过苦,婢素善歌,而珉好捉白团扇,故云:"团扇复团扇,持许自遮面。憔悴无复理,羞与郎相见。"(《旧唐书》卷二十九《志第九·音乐二》)

九、《懊侬》,晋隆安初民间讹谣之曲。歌云:"春草可揽结,女儿可揽撷。"齐太祖常谓之《中朝歌》。(《旧唐书》卷二十九《志第九·音乐二》)

十、《督护》,晋、宋间曲也。彭城内史徐逵之为鲁轨所杀,徐,宋高祖长婿也。使府内直督护丁旿殡敛之。其妻呼旿至阁下,自问敛逵之事,每问辄叹息曰:"丁督护!"其声哀切,后人因其声广其曲焉。今歌是宋孝武帝所制,云:"督护上征去,侬亦恶闻许。愿作石尤风,四面断行旅。"(《旧唐书》卷二十九《志第九·音乐二》)

十一、《乌夜啼》,宋临川王义庆所作也。元嘉十七年,徙彭城王义康于豫章。义庆时为江州,至镇,相见而哭,为帝所怪,征还宅,大惧。妓妾夜闻乌啼声,扣斋阁云:"明日应有赦。"其年更为南兖州刺史,作此歌。故其和云:"笼窗窗不开,乌夜啼,夜夜望郎来。"今所传歌似非义庆本旨。辞曰:"歌舞诸少年,娉婷无种迹。菖蒲花可怜,闻名不相识。"(《旧唐书》卷二十九《志第九·音乐二》)

十二、《石城》,宋臧质所作也。石城在竟陵,质尝为竟陵郡,于城上眺瞩,见群少年歌谣通畅,因作此曲。歌云:"生长石城下,开门对城楼。城中美年少,出入见依投。"(《旧唐书》卷二十九《志第九·音乐二》)

十三、《莫愁乐》,出于《石城乐》。石城有女子名莫愁,善歌谣,《石城乐》和中复有"莫愁"声,故歌云:"莫愁在何处?莫愁石城西。艇子打两桨,催送莫愁来。"(《旧唐书》卷二十九《志第九·音乐二》)

十四、《襄阳乐》,宋随王诞之所作也。诞始为襄阳郡,元嘉二十六年,仍为雍州,夜闻诸女歌谣,因作之。故歌和云:"襄阳来夜乐。"其歌曰:"朝发襄阳来，暮至大堤宿。大堤诸女儿，花艳惊郎目。”裴子野《宋略》称：“晋安侯刘道彦为雍州刺史，有惠化，百姓歌之，号《襄阳乐》。”其辞旨非也。（《旧唐书》卷二十九《志第九・音乐二》）

十五、《栖乌夜飞》，沈攸之元徽五年所作也。攸之未败之前，思归京师，故歌和云：“日落西山还去来！”（《旧唐书》卷二十九《志第九・音乐二》）

十六、《估客乐》，齐武帝之制也。布衣时常游樊、邓，追忆往事而作歌曰：“昔经樊、邓役，阻潮梅根渚。感忆追往事，意满情不叙。”使太乐令刘瑶教习，百日无成。或启释宝月善音律，帝使宝月奏之，便就。敕歌者常重为感忆之声。梁改其名为《商旅行》。（《旧唐书》卷二十九《志第九・音乐二》）

十七、《杨伴》，本童谣歌也。齐隆昌时，女巫之子曰杨旻，旻随母入内，及长，为后所宠。童谣云：“杨婆儿，共戏来。”而歌语讹，遂成杨伴儿。歌云：“暂出白门前，杨柳可藏乌。欢作沉水香，侬作博山炉。”（《旧唐书》卷二十九《志第九・音乐二》）

十八、《常林欢》，疑是宋、梁间曲。宋、梁世，荆、雍为南方重镇，皆皇子为之牧，江左辞咏，莫不称之，以为乐土，故随王作《襄阳》之歌，齐武帝追忆樊、邓。梁简文乐府歌云：“分手桃林岸，送别岘山头。若欲寄音信，汉水向东流。”又曰：“宜城投音豆酒今行熟，停鞍系马暂栖宿。”桃林在汉水上，宜城在荆州北。荆州有长林县。江南谓情人为欢。“常”“长”声相近，盖乐人误谓“长”为“常”。（《旧唐书》卷二十九《志第九・音乐二》）

十九、《三洲》，商人歌也。商人数行巴陵三江之间，因作此歌。（《旧唐书》卷二十九《志第九・音乐二》）

二十、《春江花月夜》、《玉树后庭花》、《堂堂》，并陈后主所作。叔宝常与宫中女学士及朝臣相和为诗，太乐令何胥又善于文咏，采其尤艳丽者以为此曲。（《旧唐书》卷二十九《志第九・音乐二》）

二十一、篪，吹孔有觜如酸枣。横笛，小篪也。汉灵帝好胡笛，五胡乱华，石遵玩之不绝音。《宋书》云：有胡篪出于胡吹，则谓此。梁胡吹歌云：“快马不须鞭，反插杨柳枝。下马吹横笛，愁杀路傍儿。”此歌辞元出北国。之横笛皆去觜，其加觜者谓之义觜笛。（《旧唐书》卷二十九《志第九・音乐二》）

二十二、周天子宫县，诸侯轩县，大夫曲县，士特县。故孔子之堂，闻金石之音；魏绛之家，有钟磬之声。秦、汉之际，斯礼无闻。汉丞相田蚡，前庭罗钟磬，置曲旃。光武又赐东海恭王钟簴之乐。即汉世人臣，尚有金石。汉乐歌云，“高张四县，神来宴飨”，谓宫县也。（《旧唐书》卷二十九《志第九·音乐二》）

二十三、时太常旧相传有宫、商、角、徵、羽《宴乐》五调歌词各一卷，或云贞观中侍中杨恭仁妾赵方等所铨集，词多郑、卫，皆近代词人杂诗，至（韦）绍又令太乐令孙玄成更加整比为七卷。又自开元已来，歌者杂用胡夷里巷之曲，其孙玄成所集者，工人多不能通，相传谓为法曲。（《旧唐书》卷三十《志第十·音乐三》）

二十四、永徽末，里歌有《桑条韦也》《女时韦也》乐。及神龙中，韦后用事，郑愔作《桑条歌》十篇上之。（《旧唐书》卷三十七《志第十七·五行》）

二十五、太宗贤妃徐氏，名惠，右散骑常侍坚之姑也。生五月而能言，四岁诵《论语》、《毛诗》，八岁好属文。其父孝德试拟《楚辞》，云“山中不可以久留”，词甚典美。自此遍涉经史，手不释卷。太宗闻之，纳为才人。其所属文，挥翰立成，词华绮赡。俄拜婕妤，再迁充容。……及太宗崩，追思顾遇之恩，哀慕愈甚，发疾不自医。病甚，谓所亲曰：“吾荷顾实深，志在早殁，魂其有灵，得侍园寝，吾之志也。”因为七言诗及连珠以见其志。永徽元年卒，时年二十四，诏赠贤妃，陪葬于昭陵之石室。（《旧唐书》卷五十一《列传第一·后妃上 贤妃徐氏》）

二十六、神龙三年，节愍太子死后，宗楚客率百僚上表，加后号为顺天翊圣皇后。景龙二年春，宫中希旨，妄称后衣箱中有五色云出，帝使画工图之，出示于朝，乃大赦天下，百僚母妻各加邑号。右骁卫将军、知太史事迦叶志忠上表曰：“昔高祖未受命时，天下歌《桃李子》；太宗未受命时，天下歌《秦王破阵乐》；高宗未受命时，天下歌《侧堂堂》；天后未受命时，天下歌《武媚娘》。伏惟应天皇帝未受命时，天下歌《英王石州》；顺天皇后未受命时，天下歌《桑条韦也》、《女时韦也》。六合之内，齐首蹀足，应四时八节之会，歌舞同欢。岂与夫《箫韶》九成、百兽率舞同年而语哉！伏惟皇后降帝女之精，合为国母，主蚕桑以安天下，后妃之德，于斯为盛。谨进《桑条歌》十二篇，伏请宣布中外，进入乐府，皇后先蚕之时，以享宗庙。”帝悦而许之，特赐志忠庄一区、杂彩七百段。太常少卿郑愔又引而申之，播于舞咏，亦受厚赏。（《旧唐书》卷五十一《列传第一·后妃上 中宗韦庶人》）

二十七、婉儿常劝广置昭文学士，盛引当朝词学之臣，数赐游宴，赋诗唱和。婉儿每代帝及后、长宁安乐二公主，数首并作，辞甚绮丽，时人咸讽诵之。婉儿又通于吏部侍郎崔湜，引知政事。湜尝充使开商山新路，功未半而中宗崩，婉儿草遗制，曲叙其功而加褒赏。及韦庶人败，婉儿亦斩于旗下。玄宗令收其诗笔，撰成文集二十卷，令张说为之序。（《旧唐书》卷五十一《列传第一·后妃上 上官昭容》）

二十八、时炀帝在高阳，(李)密与其党俱送帝所，谓其徒曰："吾等之命，同于朝露，若至高阳，必为菹醢。今在道中，犹可为计，安得行就鼎镬，不规逃避也！"众然之。其多有金者，密令出示使者曰："吾等死日，幸用相瘗，其余即皆报德。"使者利其金，许之。及出关外，防禁渐弛，密请市酒食，每夜宴饮，喧哗竟夕，使者不以为意。行至邯郸，密等七人穿墙而遁。抵平原贼帅郝孝德，孝德不甚礼之，密又舍去。诣淮阳，隐姓名，自称刘智远，聚徒教授。经数月，郁郁不得志，为五言诗曰："金风荡初节，玉露凋晚林。此夕穷涂士，郁陶伤寸心。野平葭苇合，村荒藜藿深。眺听良多感，徙倚独沾襟。沾襟何所为，怅然怀古意。秦俗犹未平，汉道将何冀？樊哙市井徒，萧何刀笔吏。一朝时运会，千古传名谥。寄言世上雄，虚生真可愧。"诗成而泣下数行。时人有怪之者，以告太守赵佗，下县捕之，密又亡去。（《旧唐书》卷五十三《列传第三·李密》）

二十九、太宗尝从容谓房玄龄曰："萧瑀大业之日，进谏隋主，出为河池郡守。应遭剖心之祸，翻见太平之日，北叟失马，事亦难常。"瑀顿首拜谢。太宗又曰："武德六年以后，太上皇有废立之心而不之定也，我当此日，不为兄弟所容，实有功高不赏之惧。此人不可以厚利诱之，不可以刑戮惧之，真社稷臣也。"因赐瑀诗曰："疾风知劲草，板荡识诚臣。"又谓瑀曰："卿之守道耿介，古人无以过也。然而善恶太明，亦有时而失。"瑀再拜谢曰："臣特蒙诫训，又许臣以忠谅，虽死之日，犹生之年也。"魏征进而言曰："臣有逆众以执法，明主恕之以忠；臣有孤特以执节，明主恕之以劲。昔闻其言，今睹其实，萧瑀不遇明圣，必及于难！"太宗悦其言。（《旧唐书》卷六十三《列传第十三·萧瑀》）

三十、太宗在洛阳宫，幸积翠池，宴群臣，酒酣各赋一事。太宗赋《尚书》曰："日昃玩百篇，临灯披《五典》。夏康既逸豫，商辛亦流湎。恣情昏主多，克己明君鲜。灭身资累恶，成名由积善。"(魏)征赋《西汉》曰："受降临轵道，争长趣鸿门。驱传渭桥上，观兵细柳屯。夜宴经柏谷，朝游出杜原。终藉叔孙礼，

方知皇帝尊。”太宗曰：“魏征每言，必约我以礼也。”（《旧唐书》卷七十一《列传第二十一·魏征》）

三十一、（贞观）十二年，（虞世南）又表请致仕，优制许之，仍授银青光禄大夫、弘文馆学士，禄赐、防合并同京官职事。寻卒，年八十一。太宗举哀于别次，哭之甚恸。赐东园秘器，陪葬昭陵，赠礼部尚书，谥曰文懿。手敕魏王泰曰：“虞世南于我，犹一体也。拾遗补阙，无日暂忘，实当代名臣，人伦准的。吾有小失，必犯颜而谏之。今其云亡，石渠、东观之中，无复人矣，痛惜岂可言耶！”未几，太宗为诗一篇，追述往古兴亡之道，既而叹曰：“钟子期死，伯牙不复鼓琴。朕之此诗，将何以示？”令起居郎褚遂良诣其灵帐读讫焚之，冀世南神识感悟。后数岁，太宗夜梦见之，有若平生。（《旧唐书》卷七十二《列传第二十二·虞世南》）

三十二、时京兆郡博士潘徽亦以笔札为玄感所礼，降威定县主簿。当时寇盗纵横，六亲不能相保。（褚）亮与同行，至陇山，徽遇病终，亮亲加棺敛，瘗之路侧，慨然伤怀，遂题诗于陇树，好事者皆传写讽诵，信宿遍于京邑焉。（《旧唐书》卷七十二《列传第二十二·褚亮》）

三十三、（颜）师古叔父游秦，武德初累迁廉州刺史，封临沂县男。时刘黑闼初平，人多以强暴寡礼，风俗未安，游秦抚恤境内，敬让大行。邑里歌曰：“廉州颜有道，性行同庄、老。爱人如赤子，不杀非时草。”高祖玺书劳勉之。（《旧唐书》卷七十三《列传第二十三·颜师古 弟相时》）

三十四、（阎立本）及为右相，与左相姜恪对掌枢密。恪既历任将军，立功塞外；立本唯善于图画，非宰辅之器。故时人以《千字文》为语曰：“左相宣威沙漠，右相驰誉丹青。”咸亨元年，百司复旧名，改为中书令。（《旧唐书》卷七十七《列传第二十七·阎立德 弟立本》）

三十五、圣历二年，置控鹤府官员，以（张）易之为控鹤监内供奉，余官如故。久视元年，改控鹤府为奉宸府，又以易之为奉宸令，引辞人阎朝隐、薛稷、员半千并为奉宸供奉。每因宴集，则令嘲戏公卿以为笑乐。若内殿曲宴，则二张、诸武侍坐，樗蒲笑谑，赐与无算。时谀佞者奏云，昌宗是王子晋后身。乃令被羽衣，吹箫，乘木鹤，奏乐于庭，如子晋乘空。辞人皆赋诗以美之，崔融为其绝唱，其句有“昔遇浮丘伯，今同丁令威。中郎才貌是，藏史姓名非”。（《旧唐书》卷七十八《列传第二十八·张行成 族孙易之 昌宗》）

三十六、显庆中，高宗以琴曲古有《白雪》，近代顿绝，使太常增修旧曲。（吕）才上言曰："臣按《礼记》及《家语》云，舜弹五弦之琴，歌《南风》之诗。是知琴操曲弄，皆合于歌。又张华《博物志》云：《白雪》是天帝使素女鼓五十弦瑟曲名。又楚大夫宋玉对襄王云，有客于郢中歌《阳春白雪》，国中和者数十人。是知《白雪》琴曲，本宜合歌，以其调高，人和遂寡。自宋玉已来，迄今千祀，未有能歌《白雪》曲者。臣今准敕，依琴中旧曲，定其宫商，然后教习，并合于歌，辄以御制《雪诗》为《白雪》歌词。又案古今乐府，奏正曲之后，皆别有送声，君唱臣和，事彰前史。今取太尉长孙无忌、仆射于志宁、侍中许敬宗等《奉和雪诗》以为送声，合十六节，今悉教讫，并皆合韵。"高宗大悦，更作《白雪歌词》十六首，付太常编于乐府。（《旧唐书》卷七十九《列传第二十九·吕才》）

三十七、时九姓有众十余万，令骁健数十人逆来挑战，（薛）仁贵发三矢，射杀三人，自余一时下马请降。仁贵恐为后患，并坑杀之。更就碛北安抚余众，擒其伪叶护兄弟三人而还。军中歌曰："将军三箭定天山，战士长歌入汉关。"九姓自此衰弱，不复更为边患。（《旧唐书》卷八十三《列传第三十三·薛仁贵》）

三十八、玄宗既笃于昆季，虽有谗言交构其间，而友爱如初。（李）宪尤恭谨畏慎，未曾干议时政及与人交结，玄宗尤加信重之。尝与宪及岐王范等书曰："昔魏文帝诗云：'西山一何高，高处殊无极。上有两仙童，不饮亦不食。赐我一丸药，光耀有五色。服药四五日，身轻生羽翼。'朕每思服药而求羽翼，何如骨肉兄弟天生之羽翼乎！陈思有超代之才，堪佐经纶之务，绝其朝谒，卒令忧死。魏祚未终，遭司马宣王之夺，岂神丸之效也！虞舜至圣，舍象傲之愆以亲九族，九族既睦，平章百姓。此为帝王之轨则，于今数千岁，天下归善焉，朕未尝不废寝忘食钦叹者也。顷因余暇，妙选仙经，得此神方，古老云'服之必验'。今分此药，愿与兄弟等同保长龄，永无限极。"（《旧唐书》卷九十五《列传四十五·睿宗诸子 让皇帝宪》）

三十九、（李）范好学工书，雅爱文章之士，士无贵贱，皆尽礼接待，与阎朝隐、刘庭琦、张谔、郑繇篇题唱和，又多聚书画古迹，为时所称。（《旧唐书》卷九十五《列传四十五·睿宗诸子 惠文太子范》）

四十、郑繇者，郑州荥阳人，北齐吏部尚书述五代孙也。工五言诗。开元初，（李）范为岐州刺史，繇为长史，范失白鹰，繇为《失白鹰诗》，当时以为绝唱。

(《旧唐书》卷九十五《列传四十五·睿宗诸子 惠文太子范》)

四十一、初,(李)业母早终,从母贤妃亲鞠养之,至是,迎贤妃出就外宅,事之甚谨。业同母妹淮阳、凉国二公主亦早卒,业抚爱其子,逾于已子。上以业孝友,特加亲爱。业尝疾病,上亲为祈祷,及愈,车驾幸其第,置酒宴乐,更为初生之欢。玄宗赋诗曰:"昔见漳滨卧,言将人事违。今逢诞庆日,犹谓学仙归。棠棣花重满,鸰原鸟再飞。"其恩意如此。(《旧唐书》卷九十五《列传四十五·睿宗诸子 惠宣太子业》)

四十二、天宝元年,(李适之)代牛仙客为左相,累封清和县公。与李林甫争权不叶,适之性疏,为其阴中。……陇右节度皇甫惟明、刑部尚书韦坚、户部尚书裴宽、京兆尹韩朝宗,悉与适之善,林甫皆中伤之,构成其罪,相继放逐。适之惧不自安,求为散职。五载,罢知政事,守太子少保。遽命亲故欢会,赋诗曰:"避贤初罢相,乐圣且衔杯。为问门前客,今朝几个来?"竟坐与韦坚等相善,贬宜春太守。(《旧唐书》卷九十九《列传第四十九·李适之》)

四十三、(裴)宽性友爱,弟兄多宦达,子侄亦有名称,于东京立第同居,八院相对,甥侄皆有休憩所,击鼓而食,当世荣之。选吏部侍郎,及玄宗还京,又改蒲州刺史。州境久旱,入境,雨乃大浃。迁河南尹,不附权贵,务于恤隐,政乃大理。改左金吾卫大将军,一年,除太原尹,赐紫金鱼袋。玄宗赋诗而饯之,曰:"德比岱云布,心如晋水清。"(《旧唐书》卷一百《列传第五十·裴漼 从祖弟宽》)

四十四、天宝元年三月,(韦坚)擢为陕郡太守、水陆转运使。自西汉及隋,有运渠自关门西抵长安,以通山东租赋。奏请于咸阳拥渭水作兴成堰,截灞、浐水傍渭东注,至关西永丰仓下与渭合。于长安城东九里长乐坡下、浐水之上架苑墙,东面有望春楼,楼下穿广运潭以通舟楫,二年而成。坚预于东京、汴、宋取小斛底船三二百只置于潭侧,其船皆署牌表之。若广陵郡船,即于栿背上堆积广陵所出锦、镜、铜器、海味;丹阳郡船,即京口绫衫段;晋陵郡船,即折造官端绫绣,会稽郡船,即铜器、罗、吴绫、绛纱;南海郡船,即玳瑁、真珠、象牙、沉香;豫章郡船,即名瓷、酒器、茶釜、茶铛、茶碗;宣城郡船,即空青石、纸笔、黄连;始安郡船,即蕉葛、蚺蛇胆、翡翠。船中皆有米,吴郡即三破糯米、方文绫。凡数十郡。驾船人皆大笠子、宽袖衫、芒屦,如吴、楚之制。先是,人间戏唱歌词云:"得丁纥反体都董反纥那也,纥囊得体耶?潭里船车闹,扬州铜器多。三郎当殿坐，看唱《得体歌》。”至开元二十九年，田同秀上言“见玄元皇帝，云有宝符在陕州桃林县古关令尹喜宅”，发中使求而得之，以为殊祥，改桃林为灵宝县。及此潭成，陕县尉崔成甫以坚为陕郡太守凿成新潭，又致扬州铜器，翻出此词，广集两县官，使妇人唱之，言：“得宝弘农野，弘农得宝耶！潭里船车闹，扬州铜器多。三郎当殿坐，看唱《得宝歌》。”成甫又作歌词十首，自衣缺胯绿衫，锦半臂，偏袒膊，红罗抹额，于第一船作号头唱之。和者妇人一百人，皆鲜服靓妆，齐声接影，鼓笛胡部以应之。余船洽进，至楼下，连樯弥亘数里，观者山积。京城百姓多不识驿马船墙竿，人人骇视。（《旧唐书》卷一百五《列传第五十五·韦坚》）

四十五、（杜）鸿渐晚年乐于退静，私第在长兴里，馆宇华靡，宾僚宴集。鸿渐悠然赋诗曰：“常愿追禅理，安能挹化源。”朝士多属和之。及休致后病，令僧剃顶发，及卒，遗命其子依胡法塔葬，不为封树，冀类缁流，物议哂之。（《旧唐书》卷一百八《列传第五十八·杜鸿渐》）

四十六、（李）岘，乐善下士，少有吏干。以门荫入仕，累迁高陵令，政术知名，特迁万年令、河南少尹、魏郡太守；入为金吾将军，迁将作监，改京兆府尹，所在皆著声绩。天宝十三载，连雨六十余日，宰臣杨国忠恶其不附己，以雨灾归咎京兆尹，乃出为长沙郡太守。时京师米麦踊贵，百姓谣曰：“欲得米粟贱，无过追李岘。”其为政得人心如此。（《旧唐书》一百一十二《列传第六十二·李峘 弟峄 岘》）

四十七、明年冬，广平王收复两京，遣判官李泌上朝献捷。泌与上有东宫之旧，从容语及建宁事，肃宗改容谓泌曰：“倓于艰难时实得气力，无故为下人之所间，欲图害其兄，朕以社稷大计，割爱而为之所也。”泌对曰：“尔时臣在河西，岂不知其故。广平兄弟，天伦笃睦，至今广平言及建宁，则呜咽不已。陛下之言，出于谗口也。”帝因泣下曰：“事已及此，无如之何！”泌因奏曰：“臣幼稚时念《黄台瓜辞》，陛下尝闻其说乎？高宗大帝有八子，睿宗最幼。天后所生四子，自为行第，故睿宗第四。长曰孝敬皇帝，为太子监国，而仁明孝悌。天后方图临朝，乃鸩杀孝敬，立雍王贤为太子。贤每日忧惕，知必不保全，与二弟同侍于父母之侧，无由敢言。乃作《黄台瓜辞》，令乐工歌之，冀天后闻之省悟，即生哀愍。辞云：‘种瓜黄台下，瓜熟子离离。一摘使瓜好，再摘令瓜稀，三摘犹尚可，四摘抱蔓归。’而太子贤终为天后所逐，死于黔中。陛下有今日运祚，已一摘矣，慎无再摘。”上愕然曰：“公安得有是言！”时广平之立大功，亦为张皇后所忌，潜构流言，泌因事讽劝之。（《旧唐书》卷一百一十六《列传第六十六·肃宗代宗诸子》）

四十八、李泌字长源，其先辽东襄平人，西魏太保、八柱国司徒徒何弼之六代孙。今居京兆，吴房令承休之子。少聪敏，博涉经史，精究《易象》，善属文，尤工于诗，以王佐自负。张九龄、韦虚心、张廷珪皆器重之。泌操尚不羁，耻随常格仕进。天宝中，自嵩山上书论当世务，玄宗召见，令待诏翰林，仍东宫供奉。杨国忠忌其才辩，奏泌尝为《感遇诗》，讽刺时政，诏于蕲春郡安置，乃潜遁名山，以习隐自适。（《旧唐书》卷一百三十《列传第八十·李泌》）

四十九、（王）叔文未欲立皇太子。顺宗既久疾未平，群臣中外请立太子，既而诏下立广陵王为太子，天下皆悦；叔文独有忧色，而不敢言其事，但吟杜甫题诸葛亮祠堂诗末句云：“出师未捷身先死，长使英雄泪满襟。”因歔欷泣下，人皆窃笑之。皇太子监国，贬为渝州司户，明年诛之。（《旧唐书》卷一百三十五《列传第八十五·王叔文》）

五十、李益，肃宗朝宰相揆之族子。登进士第，长为歌诗。贞元末，与宗人李贺齐名。每作一篇，为教坊乐人以赂求取，唱为供奉歌词。其《征人歌》《早行篇》，好事者画为屏障；“回乐峰前沙似雪，受降城外月如霜”之句，天下以为歌词。然少有痴病，而多猜忌，防闲妻妾，过为苛酷，而有散灰扃户之谭闻于时，故时谓妒痴为“李益疾”；以是久之不调，而流辈皆居显位。益不得意，北游河朔，幽州刘济辟为从事，常与济诗而有“不上望京楼”之句。（《旧唐书》卷一百三十七《列传第八十七·李益》）

五十一、（陆）贽初入翰林，特承德宗异顾，歌诗戏狎，朝夕陪游。及出居艰阻之中，虽有宰臣，而谋猷参决，多出于贽，故当时目为“内相”。……贽以受人主殊遇，不敢爱身，事有不可，极言无隐。朋友规之，以为太峻，贽曰：“吾上不负天子，下不负吾所学，不恤其他。”精于吏事，斟酌决断，不失锱铢。尝以“词诏所出，中书舍人之职，军兴之际，促迫应务，权令学士代之；朝野乂宁，合归职分，其命将相制诏，却付中书行遣”。又言“学士私臣，玄宗初令待诏，止于唱和文章而已”。物议是之。（《旧唐书》卷一百三十九《列传第八十九·陆贽》）

五十二、贞元已后，藩帅入朝及还镇，如马燧、浑瑊、刘玄佐、李抱真、曲环之崇秩鸿勋，未有获御制诗以送者。（张）建封将还镇，（德宗）特赐诗曰：“牧守寄所重，才贤生为时。宣风自淮甸，授钺膺藩维。入觐展遐恋，临轩慰来思。忠诚在方寸，感激陈清词。报国尔所尚，恤人予是资。欢宴不尽怀，车马当还期。谷雨将应候，行春犹未迟。勿以千里遥，而云无已知。”又令高品中使赍常所执鞭以赐之，曰：“以卿忠贞节义，岁寒不移，此鞭朕久执用，故以赐卿，表卿忠节也。”建封又献诗一篇，以自警励。（《旧唐书》卷一百四十《列传第九十·张建封》）

五十三、（卢）群博涉，有口辨，好谈论，与（吴）少诚言古今成败之事，无不耸听。又与唱和赋诗，自言以反侧，常蒙隔在恩外，群于筵中醉而歌曰：“祥瑞不在凤凰、麒麟，太平须得边将、忠臣。卫、霍真诚奉主，貔虎十万一身。江、河潜注息浪，蛮貊款塞无尘。但得百僚师长肝胆，不用三军罗绮金银。”少诚大感悦。群以奉使称旨，俄迁检校秘书监，兼御史中丞、义成军节度行军司马。（《旧唐书》卷一百四十《列传第九十·卢群》）

五十四、元和初，（刘济）加兼侍中。及诏讨王承宗，诸军未进，济独率先前军击破之，生擒三百余人，斩首千余级，献逆将于阙，优诏褒之。又为诗四韵上献，以表忠愤之志。（《旧唐书》卷一百四十三《列传第九十三·刘济》）

五十五、宰相杜审权素不悦于（韦）澳，会吏部发澳时簿籍，吏缘为奸，坐罢镇，以秘书监分司东都。尝戏吟云：“莫将韦鉴同殷鉴，错认容身作保身。”此句闻于京师，权宰尤怒之。（《旧唐书》卷一百五十八《列传第一百八·韦澳》）

五十六、唐衢者，应进士，久而不第。能为歌诗，意多感发。见人文章有所伤叹者，读讫必哭，涕泗不能已。每与人言论，既相别，发声一号，音辞哀切，闻之者莫不凄然泣下。尝客游太原，属戎帅军宴，衢得预会。酒酣言事，抗音而哭，一席不乐，为之罢会，故世称唐衢善哭。左拾遗白居易遗之诗曰：“贾谊哭时事，阮籍哭路歧。唐生今亦哭，异代同其悲。唐生者何人？五十寒且饥。不悲口无食，不悲身无衣。所悲忠与义，悲甚则哭之。太尉击贼日，尚书叱盗时。大夫死凶寇，谏议谪蛮夷。每见如此事，声发涕辄随。我亦君之徒，郁郁何所为？不能发声哭，转作乐府辞。”其为名流称重若此。竟不登一命而卒。（《旧唐书》卷一百六十《列传卷第一百一十·唐衢》）

五十七、刘禹锡字梦得，彭城人。祖云，父溆，仕历州县令佐，世以儒学称。禹锡贞元九年擢进士第，又登宏辞科。禹锡精于古文，善五言诗，今体文章复多才丽。……叔文败，坐贬连州刺史，在道，贬朗州司马。地居西南夷，士风僻陋，举目殊俗，无可与言者。禹锡在朗州十年，唯以文章吟咏，陶冶情性。蛮俗好巫，每淫祠鼓舞，必歌俚辞。禹锡或从事于其间，乃依骚人之作，为新辞以教巫祝。故武陵溪洞间夷歌，率多禹锡之辞也。（《旧唐书》卷一百六十《列传卷第一百一十·刘禹锡》）

五十八、元和十年，（刘禹锡）自武陵召还，宰相复欲置之郎署。时禹锡作《游玄都观咏看花君子诗》，语涉讥刺，执政不悦，复出为播州刺史。……大和二年，自和州刺史征还，拜主客郎中。禹锡衔前事未已，复作《游玄都观诗序》曰："予贞元二十一年为尚书屯田员外郎，时此观中未有花木，是岁出牧连州，寻贬朗州司马。居十年，召还京师，人人皆言有道士手植红桃满观，如烁晨霞，遂有诗以志一时之事。旋又出牧，于今十有四年，得为主客郎中。重游兹观，荡然无复一树，唯兔葵燕麦，动摇于春风，因再题二十八字，以俟后游。"其前篇有"玄都观里桃千树，总是刘郎去后栽"之句，后篇有"种桃道士今何在，前度刘郎又到来"之句，人嘉其才而薄其行。禹锡甚怒武元衡、李逢吉，而裴度稍知之。大和中，度在中书，欲令知制诰，执政又闻《诗序》，滋不悦，累转礼部郎中、集贤院学士。（《旧唐书》卷一百六十《列传卷第一百一十·刘禹锡》）

五十九、（大中）七年，（崔铉）以馆中学士崔瑑、薛逢等撰《续会要》四十卷，献之。九年，检校司徒、扬州大都督长史，进封魏国公、淮南节度使。宣宗于太液亭赋诗宴饯，有"七载秉钧调四序"之句，儒者荣之。（《旧唐书》卷一百六十三《列传第一百一十三·崔铉》）

六十、李虞仲字见之，赵郡人。祖震，大理丞。父端，登进士第，工诗。大历中，与韩翃、钱起、卢纶等文咏唱和，驰名都下，号"大历十才子"。时郭尚父少子暧尚代宗女升平公主，贤明有才思，尤喜诗人，而端等十人，多在暧之门下。每宴集赋诗，公主坐视帘中，诗之美者，赏百缣。暧因拜官，会十子曰："诗先成者赏。"时端先献，警句云："熏香荀令偏怜小，傅粉何郎不解愁。"主即以百缣赏之。钱起曰："李校书诚有才，此篇宿构也。愿赋一韵正之，请以起姓为韵。"端即襞笺而献曰："方塘似镜草芊芊，初月如钩未上弦。新开金埒教调马，旧赐铜山许铸钱。"暧曰："此愈工也。"起等始服。端自校书郎移疾江南，授杭州司马而卒。（《旧唐书》卷一百六十三《列传第一百一十三·李虞仲》）

六十一、太原使府有龙泉亭，（卢）简求节制时手书诗一章，在亭之西壁。

（卢）汝弼复为亚帅，每亭中宴集，未尝居宾位，西向俯首而已，人士嘉之。（《旧唐书》卷一百六十三《列传第一百一十三·卢简求子嗣业 汝弼》）

六十二、武元衡罢相镇西蜀，（柳公绰）与裴度俱为元衡判官，尤相善。先度入为吏部郎中，度以诗饯别，有“两人同日事征西，今日君先捧紫泥”之句。（《旧唐书》卷一百六十五《列传第一百一十五·柳公绰》）

六十三、（柳公权）从幸未央宫苑中，（文宗）驻辇谓公权曰：“我有一喜事，边上衣赐，久不及时，今年二月给春衣讫。”公权前奉贺，上曰：“单贺未了，卿可贺我以诗。”宫人迫其口进，公权应声曰：“去岁虽无战，今年未得归。皇恩何以报，春日得春衣。”上悦，激赏久之。（《旧唐书》卷一百六十五《列传第一百一十五·柳公权》）

六十四、穆宗皇帝在东宫，有妃嫔左右尝诵（元）稹歌诗以为乐曲者，知稹所为，尝称其善，宫中呼为元才子。荆南监军崔潭峻甚礼接稹，不以掾吏遇之，常征其诗什讽诵之。长庆初，潭峻归朝，出稹《连昌宫辞》等百余篇奏御，穆宗大悦，问稹安在，对曰：“今为南宫散郎。”即日转祠部郎中、知制诰。朝廷以书命不由相府，甚鄙之，然辞诰所出，夐然与古为侔，遂盛传于代，由是极承恩顾。尝为《长庆宫辞》数十百篇，京师竞相传唱。（《旧唐书》卷一百六十六《列传第一百一十六·元稹》）

六十五、（元稹）在郡二年，改授越州刺史、兼御史大夫、浙东观察使。会稽山水奇秀，稹所辟幕职，皆当时文士，而镜湖、秦望之游，月三四焉。而讽咏诗什，动盈卷帙。副使窦巩，海内诗名，与稹酬唱最多，至今称兰亭绝唱。（《旧唐书》卷一百六十六《列传第一百一十六·元稹》）

六十六、会有素恶（白）居易者，掎摭居易，言浮华无行，其母因看花堕井而死，而居易作《赏花》及《新井》诗，甚伤名教，不宜置彼周行。（《旧唐书》卷一百六十六《列传第一百一十六·白居易》）

六十七、十三年冬，（白居易）量移忠州刺史。自浔阳浮江上峡。十四年三月，元稹会居易于峡口，停舟夷陵三日。时季弟行简从行，三人于峡州西二十里黄牛峡口石洞中，置酒赋诗，恋恋不能诀。南宾郡当峡路之深险处也，花木多奇，居易在郡，为《木莲荔枝图》，寄朝中亲友，各记其状曰：“荔枝生巴、峡间，形圆如帷盖。叶如桂，冬青；华如橘，春荣；实如丹，夏熟。朵如蒲萄，核如枇杷，壳如红缯，膜如紫绡，瓤肉莹白如雪，浆液甘酸如醴酪。大略如此，其实过之。若离本枝，一日而色变，二日而香变，三日而味变，四五日外，色香味尽去矣。""木莲大者高四五丈，巴民呼为黄心树，经冬不凋。身如青杨，有白文。叶如桂，厚大无脊。花如莲，香色艳腻皆同，独房蕊有异。四月初始开，自开迨谢，仅二十日。元和十四年夏，命道士毋丘元志写之。惜其遐僻，因以三绝赋之。"有"天教抛掷在深山"之句，咸传于都下，好事者喧然模写。（《旧唐书》卷一百六十六《列传第一百一十六·白居易》）

六十八、大和三年夏，（白）乐天始得请为太子宾客，分秩于洛下，息躬于池上。凡三任所得，四人所与，洎吾不才身，今率为池中物。每至池风春，池月秋，水香莲开之旦，露清鹤唳之夕，拂杨石，举陈酒，援崔琴，弹《秋思》，颓然自适，不知其他。酒酣琴罢，又命乐童登中岛亭，合奏《霓裳散序》，声随风飘，或凝或散，悠扬于竹烟波月之际者久之。曲未竟，而乐天陶然石上矣。睡起偶咏，非诗非赋，阿龟握笔，因题石间。视其粗成韵章，命为《池上篇》云：

> 十亩之宅，五亩之园，有水一池，有竹千竿。勿谓土狭，勿谓地偏，足以容膝，足以息肩。有堂有亭，有桥有船，有书有酒，有歌有弦。有叟在中，白须飒然，识分知足，外无求焉。如鸟择木，姑务巢安；如蛙作坎，不知海宽。灵鹊怪石，紫菱白莲，皆吾所好，尽在我前。时引一杯，或吟一篇。妻孥熙熙，鸡犬闲闲。优哉游哉，吾将老乎其闲。

又效陶潜《五柳先生传》，作《醉吟先生传》以自况。文章旷达，皆此类也。（《旧唐书》卷一百六十六《列传第一百一十六·白居易》）

六十九、大和末，李训构祸，衣冠涂地，士林伤感，（白）居易愈无宦情。开成元年，除同州刺史，辞疾不拜。寻授太子少傅，进封冯翊县开国侯。四年冬，得风病，伏枕者累月，乃放诸妓女樊、蛮等，仍自为墓志，病中吟咏不辍。自言曰："予年六十有八，始患风痺之疾，体瘝首眩，左足不支。盖老病相乘，有时而至耳。予栖心释梵，浪迹老、庄，因疾观身，果有所得。何则？外形骸而内忘忧患，先禅观而后顺医治。旬月以还，厥疾少间，杜门高枕，澹然安闲。吟咏兴来，亦不能遏，遂为《病中诗》十五篇以自谕。"（《旧唐书》卷一百六十六《列传第一百一十六·白居易》）

七十、钱徽字蔚章，吴郡人。父起，天宝十年登进士第。起能五言诗。初从乡荐，寄家江湖，尝于客舍月夜独吟，遽闻人吟于庭曰："曲终人不见，江上数峰青。"起愕然，摄衣视之，无所见矣，以为鬼怪，而志其一十字。起就试之年，李炜所试《湘灵鼓瑟诗》题中有"青"字，起即以鬼谣十字为落句，炜深嘉之，称为绝唱。是岁登第，释褐秘书省校书郎。大历中，与韩翃、李端辈十人，俱以能诗，出入贵游之门，时号"十才子"，形于图画。起位终尚书郎。（《旧唐书》卷一百六十八《列传第一百一十八・钱徽》）

七十一、大和九年八月，（冯定）为太常少卿。文宗每听乐，鄙郑、卫声，诏奉常习开元中《霓裳羽衣舞》，以《云韶乐》和之。舞曲成，定总乐工阅于庭，定立于其间。文宗以其端凝若植，问其姓氏，翰林学士李珏对曰："此冯定也。"文宗喜，问曰："岂非能为古章句者耶?"乃召升阶，文宗自吟定《送客西江诗》。吟罢益喜，因锡禁中瑞锦，仍令大录所著古体诗以献。（《旧唐书》卷一百六十八《列传第一百一十八・冯定》）

七十二、（李）训、（郑）注天资狂妄，偷合苟容，至于经略谋猷，无可称者。初浴堂召对，上访以富人之术，乃以榷茶为对。其法，欲以江湖百姓茶园，官自造作，量给直分，命使者主之。帝惑其言，乃命王涯兼榷茶使。又言秦中有灾，宜兴工役以禳之。文宗能诗，尝吟杜甫《江头篇》云："江头宫殿锁千门，细柳新蒲为谁绿?"始知天宝已前，环曲江四岸有楼台行宫廨署，心切慕之。既得注言，即命左右神策军差人淘曲江、昆明二池，仍许公卿士大夫之家于江头立亭馆，以时追赏。时两军造紫云楼、彩霞亭，内出楼额以赐之。注言无不从，皆此类也。（《旧唐书》卷一百六十九《列传第一百一十九・郑注》）

七十三、属上巳曲江赐宴，群臣赋诗，（裴）度以疾不能赴。文宗遣中使赐度诗曰："注想待元老，识君恨不早。我家柱石衰，忧来学丘祷。"仍赐御札曰："朕诗集中欲得见卿唱和诗，故令示此。卿疾恙未痊，固无心力，但异日进来。春时俗说难于将摄，勉加调护，速就和平。千百胸怀，不具一二。药物所须，无惮奏请之烦也。"御札及门，而度已薨，四年三月四日也。（《旧唐书》卷一百七十《列传第一百二十・裴度》）

七十四、（李德裕）在长安私第，别构起草院。院有精思亭，每朝廷用兵，诏令制置，而独处亭中，凝然握管，左右侍者无能预焉。东都于伊阙南置平泉别墅，清流翠筱，树石幽奇。初未仕时，讲学其中。及从官藩服，出将入相，三十年不复重游，而题寄歌诗，皆铭之于石。今有《花木记》、《歌诗篇录》二石存

焉。（《旧唐书》卷一百七十四《列传第一百二十四·李德裕》）

七十五、天复二年，朱全忠自岐下还河中，（崔）胤迎谒于渭桥，捧卮上寿，持板为全忠唱歌，仍自撰歌辞，赞其功业。（《旧唐书》卷一百七十七《列传第一百二十七·崔胤》）

七十六、（杨）收长六尺二寸，广颡深颐，疏眉秀目，寡言笑，方于事上，博闻强记。初家寄涔阳，甚贫。收七岁丧父，居丧有如成人，而长孙夫人知书，亲自教授。十三，略通诸经义，善于文咏，吴人呼为"神童"。兄发戏令咏蛙，即曰："兔边分玉树，龙底耀铜仪。会当同鼓吹，不复问官私。"又令咏笔，仍赋钻字，即曰："虽匪囊中物，何坚不可钻？一朝操政事，定使冠三端。"每良辰美景，吴人造门观神童，请为诗什，观者压败其藩。收嘲曰："尔幸无羸角，何用触吾藩。若是升堂者，还应自得门。"收以母奉佛，幼不食肉，母亦勖之曰："俟尔登进士第，可肉食也。"（《旧唐书》卷一百七十七《列传第一百二十七·杨收》）

七十七、（萧）遘形神秀伟，志操不群，自比李德裕，同年皆戏呼"太尉"，保衡心衔之。及保衡作相，掎遘之失，贬为播州司马。途经三峡，维舟月夜赋诗自悼，虑保衡见害，遽有神人谓之曰："相公勿忧，予当御侮奉卫。"遘心异之。过峡州，经白帝祠，即所睹之神人也。（《旧唐书》卷一百七十九《列传第一百二十九·萧遘》）

七十八、（罗）威性明敏，达于吏道。伏膺儒术，招纳文人，聚书至万卷。每花朝月夕，与宾佐赋咏，甚有情致。钱塘人罗隐者，有当世诗名，自号江东生。威遣使赂遗，叙其宗姓，推为叔父。隐亦集其诗寄之。威酷嗜其作，目已所为曰《偷江东集》，凡五卷，今邺中人士讽咏之。（《旧唐书》卷一百八十一《列传第一百三十一·罗威》）

七十九、（安乐）公主产男满月，中宗韦后幸其第，就第放赦，遣宰臣李峤、文士宋之问、沈佺期、张说、阎朝隐等数百人赋诗美之。（《旧唐书》卷一百八十三《列传第一百三十三·外戚 武延秀》）

八十、（武）三思略涉文史，性倾巧便僻，善事人，由是特蒙信任。则天数幸其第，赏赐甚厚。时薛怀义、张易之、昌宗皆承恩顾，三思与承嗣每折节事之。怀义欲乘马，承嗣、三思必为之执辔。又赠昌宗诗，盛称昌宗才貌，是王子晋后身，仍令朝士递相属和。（《旧唐书》卷一百八十三《列传第一百三十三·外戚 武三思》）

八十一、(武)崇训,三思第二子也。则天时,封为高阳郡王。长安中,尚安乐郡主。时三思用事于朝,欲宠其礼,中宗为太子在东宫,三思宅在天津桥南,自重光门内行亲迎礼,归于其宅。三思又令宰臣李峤、苏味道,词人沈佺期、宋之问、徐彦伯、张说、阎朝隐、崔融、崔湜、郑愔等赋《花烛行》以美之。其时张易之、昌宗、宗楚客兄弟贵盛,时假词于人,皆有新句。(《旧唐书》卷一百八十三《列传第一百三十三·外戚 武崇训》)

八十二、上元元年八月,上皇移居西内甘露殿,(高)力士与内官王承恩、魏悦等,因侍上皇登长庆楼,为李辅国所构,配流黔中道。力士至巫州,地多荠而不食,因感伤而咏之曰:"两京作斤卖,五溪无人采。夷夏虽不同,气味终不改。"《旧唐书》卷一百八十四《列传第一百三十四·宦官 高力士》

八十三、贞观中,(薛大鼎)累转鸿胪少卿、沧州刺史。州界有无棣河,隋末填废,大鼎奏开之,引鱼盐于海。百姓歌之曰:"新河得通舟楫利,直达沧海鱼盐至。昔日徒行今骋驷,美哉薛公德滂被。"大鼎又以州界卑下,遂决长芦及漳、衡等三河,分泄夏潦,境内无复水害。(《旧唐书》卷一百八十五上《列传第一百三十五上·良吏上 薛大鼎》)

八十四、永徽二年,(田仁会)授平州刺史,劝学务农,称为善政。转郢州刺史,属时旱,仁会自曝祈祷,竟获甘泽。其年大熟,百姓歌曰:"父母育我田使君,精诚为人上天闻。田中致雨山出云,仓廪既实礼义申。但愿常在不患贫。"五迁胜州都督,州界有山贼阻险,劫夺行李,仁会发骑尽捕杀之。自是外户不闭,盗贼绝迹。入为太府少卿。(《旧唐书》卷一百八十五上《列传第一百三十五上·良吏上 田仁会》)

八十五、(姜)师度既好沟洫,所在必发众穿凿,虽时有不利,而成功亦多。先是,太史令傅孝忠善占星纬,时人为之语曰:"傅孝忠两眼看天,姜师度一心穿地。"传之以为口实。(《旧唐书》卷一百八十五下《列传第一百三十五下·良吏下 姜师度》)

八十六、时安乐公主池馆新成,中宗亲往临幸,从官皆预宴赋诗,(李)日知独存规诫,其末章曰:"所愿暂思居者逸,莫使时称作者劳。"论者多之。(《旧唐书》卷一百八十八《列传第一百三十八·孝友 李日知》)

八十七、张士衡,瀛州乐寿人也。父之庆,齐国子助教。士衡九岁丧母,哀慕过礼,父友齐国子博士刘轨思见之,每为掩泣,谓其父曰:"昔伯饶号'张曾子’，亦岂能远过！吾闻君子不亲教，当为成就之。”及长，轨思授以《毛诗》、《周礼》，又从熊安生及刘焯受《礼记》，皆精究大义。（《旧唐书》卷一百八十九上《列传第一百三十九上·儒学上 张士衡》）

八十八、（李）玄植兼习《春秋左氏传》于王德韶，受《毛诗》于齐威，博涉汉史及老、庄诸子之说。（《旧唐书》卷一百八十九上《列传第一百三十九上·儒学上 李玄植》）

八十九、文懿者，贝州宗城人也。武德初，历国子助教。时高祖别于秘书省置学，教授王公之子，时以文懿为博士。文懿尝开讲《毛诗》，发题，公卿咸萃，更相问难，文懿发扬风雅，甚得诗人之致。贞观中，卒于国子博士。（《旧唐书》卷一百八十九上《列传第一百三十九上·儒学上 盖文达 宗人文懿》）

九十、许叔牙，润州句容人。少精于《毛诗》、《礼记》，尤善讽咏。贞观初，累授晋王文学兼侍读，寻迁太常博士。升春宫，加朝散大夫，迁太子洗马，兼崇贤馆学士，仍兼侍读。尝撰《毛诗纂义》十卷，以进皇太子，太子赐帛百段，兼令写本付司经局。御史大夫高智周尝谓人曰：“凡欲言《诗》者，必须先读此书。”贞观二十三年卒。子子儒。（《旧唐书》卷一百八十九上《列传第一百三十九上·儒学上 许叔牙》）

九十一、郭山恽，蒲州河东人。少通《三礼》。景龙中，累迁国子司业。时中宗数引近臣及修文学士，与之宴集，尝令各效伎艺，以为笑乐。工部尚书张锡为《谈容娘舞》，将作大匠宗晋卿舞《浑脱》，左卫将军张洽舞《黄獐》，左金吾卫将军杜元琰诵《婆罗门咒》，给事中李行言唱《驾车西河》，中书舍人卢藏用效道士上章。山恽独奏曰：“臣无所解，请诵古诗两篇。”帝从之，于是诵《鹿鸣》、《蟋蟀》之诗。奏未毕，中书令李峤以其词有“好乐无荒”之语，颇涉规讽，怒为忤旨，遽止之。翌日，帝嘉山恽之意，诏曰：“郭山恽业优经史，识贮古今，《八索》、《九丘》，由来遍览；前言往行，实所该详。昨者因其豫游，式宴朝彦，既乘欢洽，咸使咏歌。遂能志在匡时，潜申规讽，謇謇之诚弥切，谔谔之操逾明。宜示褒扬，美兹鲠直。”赐时服一副。寻与祝钦明同献皇后助祭郊祀之议。景云中，左授括州长史。开元初，复入为国子司业。卒于官。（《旧唐书》卷一百八十九下《列传第一百三十九下·儒学下 郭山恽》）

九十二、孙季良者，河南偃师人也，一名翌。开元中，为左拾遗、集贤院直学士。撰《正声诗集》三卷，行于代。（《旧唐书》卷一百八十九下《列传第一百

三十九下·儒学下 尹知章 孙季良附》）

九十三、元思敬者，总章中为协律郎，预修《芳林要览》，又撰《诗人秀句》两卷，传于世。（《旧唐书》卷一百九十上《列传第一百四十上·文苑上 元思敬》）

九十四、（杜）审言，进士举，初为隰城尉。雅善五言诗，工书翰，有能名。（《旧唐书》卷一百九十上《列传第一百四十上·文苑上 杜审言》）

九十五、后（武）则天召见审言，将加擢用，问曰："卿欢喜否？"审言蹈舞谢恩，因令作《欢喜诗》，甚见嘉赏，拜著作佐郎。（《旧唐书》卷一百九十上《列传第一百四十上·文苑上 杜审言》）

九十六、乾封中，（元万顷）从英国公李绩征高丽，为辽东道总管记室。别帅冯本以水军援裨将郭待封，船破失期。待封欲作书与绩，恐高丽知其救兵不至，乘危迫之，乃作离合诗赠绩。绩不达其意，大怒曰："军机急切，何用诗为？必斩之！"万顷为解释之，乃止。（《旧唐书》卷一百九十中《列传第一百四十中·文苑中 元万顷》）

九十七、乔知之，同州冯翊人也。父师望，尚高祖女庐陵公主，拜驸马都尉，官至同州刺史。知之与弟侃、备，并以文词知名。知之尤称俊才，所作篇咏，时人多讽诵之。则天时，累除右补阙，迁左司郎中。知之有侍婢曰窈娘，美丽善歌舞，为武承嗣所夺。知之怨惜，因作《绿珠篇》以寄情，密送与婢，婢感愤自杀。承嗣大怒，因讽酷吏罗织诛之。（《旧唐书》卷一百九十中《列传第一百四十中·文苑中 乔知之》）

九十八、孟浩然，隐鹿门山，以诗自适。年四十来游京师，应进士不第，还襄阳。张九龄镇荆州，署为从事，与之唱和。不达而卒。（《旧唐书》卷一百九十下《列传第一百四十下·文苑下 孟浩然》）

九十九、（安）禄山陷两都，玄宗出幸，（王）维扈从不及，为贼所得。维服药取痢，伪称喑病。禄山素怜之，遣人迎置洛阳，拘于普施寺，迫以伪署。禄山宴其徒于凝碧宫，其乐工皆梨园弟子、教坊工人。维闻之悲恻，潜为诗曰："万户伤心生野烟，百官何日再朝天？秋槐花落空宫里，凝碧池头奏管弦。"贼平，陷贼官三等定罪。维以《凝碧诗》闻于行在，肃宗嘉之，会缙请削己刑部侍郎以赎兄罪，特宥之，责授太子中允。（《旧唐书》卷一百九十下《列传第一百四十下·文苑下 王维》）

一百、(王)维以诗名盛于开元、天宝间，昆仲宦游两都，凡诸王驸马豪右贵势之门，无不拂席迎之，宁王、薛王待之如师友。维尤长五言诗。书画特臻其妙，笔踪措思，参于造化，而创意经图，即有所缺，如山水平远，云峰石色，绝迹天机，非绘者之所及也。人有得《奏乐图》，不知其名，维视之曰："《霓裳》第三叠第一拍也。"好事者集乐工按之，一无差，咸服其精思。(《旧唐书》卷一百九十下《列传第一百四十下·文苑下 王维》)

一百一、(王)维弟兄俱奉佛，居常蔬食，不茹荤血，晚年长斋，不衣文彩。得宋之问蓝田别墅，在辋口，辋水周于舍下，别涨竹洲花坞，与道友裴迪浮舟往来，弹琴赋诗，啸咏终日。尝聚其田园所为诗，号《辋川集》。在京师日饭十数名僧，以玄谈为乐。(《旧唐书》卷一百九十下《列传第一百四十下·文苑下 王维》)

一百二、李白字太白，山东人。少有逸才，志气宏放，飘然有超世之心。父为任城尉，因家焉。少与鲁中诸生孔巢父、韩沔、裴政、张叔明、陶沔等隐于徂徕山，酣歌纵酒，时号"竹溪六逸"。天宝初，客游会稽，与道士吴筠隐于剡中。既而玄宗诏筠赴京师，筠荐之于朝，遣使召之，与筠俱待诏翰林。白既嗜酒，日与饮徒醉于酒肆。玄宗度曲，欲造乐府新词，亟召白，白已卧于酒肆矣。召入，以水洒面，即令秉笔，顷之成十余章，帝颇嘉之。尝沉醉殿上，引足令高力士脱靴，由是斥去。乃浪迹江湖，终日沉饮。时侍御史崔宗之谪官金陵，与白诗酒唱和。尝月夜乘舟，自采石达金陵，白衣宫锦袍，于舟中顾瞻笑傲，傍若无人。(《旧唐书》卷一百九十下《列传第一百四十下·文苑下 李白》)

一百三、(唐彦谦)累官至副使，阆、壁二郡刺史。卒于汉中。有诗数百篇，礼部侍郎薛廷珪为之序，号《鹿门先生集》，行于时。(《旧唐书》卷一百九十下《列传第一百四十下·文苑下 唐彦谦》)

一百四、温庭筠者，太原人，本名岐，字飞卿。大中初，应进士。苦心砚席，尤长于诗赋。初至京师，人士翕然推重。然士行尘杂，不修边幅，能逐弦吹之音，为侧艳之词，公卿家无赖子弟裴诚、令狐缟之徒，相与蒱饮，酣醉终日，由是累年不第。徐商镇襄阳，往依之，署为巡官。(《旧唐书》卷一百九十下《列传第一百四十下·文苑下 温庭筠》)

一百五、(薛)逢文词俊拔，论议激切，自负经画之略，久之不达。应进士时，与彭城刘瑑尤相善，而瑑词艺不迨逢，逢每侮之。至大中末，瑑扬历禁署，逢愈不得意，自是相怨。俄而瑑知政事，或荐逢知制诰，瑑奏曰："先朝立制，两省官给事中、舍人除拜，须先历州县。逢未尝治郡，宜先试之。”乃出为巴州刺史。既而沈询、杨收、王铎由学士相继为将相，皆逢同年进士，而逢文艺最优。杨收作相后，逢有诗云：“须知金印朝天客，同是沙堤避路人。威凤偶时皆瑞圣，潜龙无水谩通神。”收闻，大衔之，又出为蓬州刺史。收罢相，入为太常少卿。给事中王铎作相，逢又有诗云：“昨日鸿毛万钧重，今朝山岳一尘轻。”铎又怨之。以恃才褊忿，人士鄙之。迁秘书监，卒。（《旧唐书》卷一百九十下《列传第一百四十下·文苑下 薛逢》）

一百六、景福中，（杨）守亮为李茂贞所攻，城陷，以部下数百人欲投太原，入秦，为华军所擒。（李）巨川时从守亮，亦被械系。在途，巨川题诗于树叶以遗华帅韩建，词情哀鸣，建欣然解缚。（《旧唐书》卷一百九十下《列传第一百四十下·文苑下 李巨川》）

一百七、（司空）图有先人别墅在中条山之王官谷，泉石林亭，颇称幽栖之趣。自考盘高卧，日与名僧高士游咏其中。晚年为文，尤事放达，尝拟白居易《醉吟传》为《休休亭记》曰：

> 司空氏祯贻溪之休休亭，本名濯缨亭，为陕军所焚。天复癸亥岁，复葺于坏垣之中，乃更名曰休休。休，休也，美也，既休而具美存焉。盖量其才一宜休，揣其分二宜休，耄且聩三宜休。又少而惰，长而率，老而迂，是三者皆非济时之用，又宜休也。尚虑多难不能自信，既而昼寝，遇二僧谓予曰：“吾尝为汝师。汝昔矫于道，锐而不固，为利欲之所拘，幸悟而悔，将复从我于是溪耳。且汝虽退，亦尝为匪人之所嫉，宜耐辱自警，庶保其终始，与靖节、醉吟第其品级于千载之下，复何求哉！”因为《耐辱居士歌》，题于东北楹曰：“咄咄，休休休，莫莫莫，伎俩虽多性灵恶，赖是长教闲处着。休休休，莫莫莫，一局棋，一炉药，天意时情可料度。白日偏催快活人，黄金难买堪骑鹤。若曰：‘尔何能？’答云：‘耐辱莫。’”

其诡激啸傲，多此类也。（《旧唐书》卷一百九十下《列传第一百四十下·文苑下 司空图》）

一百八、（王）绩尝躬耕于东皋，故时人号东皋子。或经过酒肆，动经数日，往往题壁作诗，多为好事者讽咏。（《旧唐书》卷一百九十二《列传第一百四

十二·隐逸 王绩》）

一百九、史德义，苏州昆山人也。咸亨初，隐居武丘山，以琴书自适，或骑牛带瓢，出入郊郭廛市，号为逸人。高宗闻其名，征赴洛阳。寻称疾东归，公卿已下，皆赋诗饯别，德义亦以诗留赠，其文甚美。（《旧唐书》卷一百九十二《列传第一百四十二·隐逸 史德义》）

一百一十、（吴）筠尤善著述，在剡与越中文士为诗酒之会，所著歌篇，传于京师。玄宗闻其名，遣使征之。既至，与语甚悦，令待诏翰林。帝问以道法，对曰："道法之精，无如五千言，其诸枝词蔓说，徒费纸札耳。"又问神仙修炼之事，对曰："此野人之事，当以岁月功行求之，非人主之所宜适意。"每与缁黄列坐，朝臣启奏，筠之所陈，但名教世务而已，间之以讽咏，以达其诚。玄宗深重之。（《旧唐书》卷一百九十二《列传第一百四十二·隐逸 吴筠》）

一百一十一、（高昌）其子智盛嗣立。既而（侯）君集兵奄至柳谷，进趋田地城，将军契苾何力为前军，与之接战而退。大军继之，攻拔其城，虏男女七千余口，进逼其都。智盛移君集书曰："有罪于天子者，先王也。咎深谴积，身已丧亡。智盛袭位无几，君其赦诸？"君集谓曰："若能悔祸，当面缚军门也。"又命诸军引冲车、抛车以逼之，飞石雨下，城中大惧。智盛穷蹙，出城降。君集分兵掠地，下其三郡、五县、二十二城，户八千，口三万七千七百，马四千三百匹。其界东西八百里，南北五百里。先是，其国童谣云："高昌兵马如霜雪，汉家兵马如日月。日月照霜雪，回手自消灭。"文泰使人捕其初唱者，不能得。（《旧唐书》卷一百九十八《列传第一百四十八·西戎 高昌》）

一百一十二、永徽元年，（金）真德大破百济之众，遣其弟法敏以闻。真德乃织锦作五言《太平颂》以献之，其词曰："大唐开洪业，巍巍皇猷昌。止戈戎衣定，修文继百王。统天崇雨施，理物体含章。深仁偕日月，抚运迈陶唐。幡旗既赫赫，钲鼓何锽锽。外夷违命者，翦覆被天殃。淳风凝幽显，遐迩竞呈祥。四时和玉烛，七曜巡万方。维岳降宰辅，维帝任忠良。五三成一德，昭我唐家光。"帝嘉之，拜法敏为太府卿。（《旧唐书》一百九十九上《列传第一百四十九上·东夷 新罗》）

一百一十三、初，里人王仙芝、尚君长聚盗，起于濮阳，攻剽城邑，陷曹、濮及郓州。先有谣言云："金色蝦蟆争努眼，翻却曹州天下反。"及仙芝盗起，时议畏之。（《旧唐书》卷二百下《列传第一百五十下·黄巢》）

［宋］欧阳修等《新唐书》

欧阳修(1007—1072)，字永叔，号醉翁，晚号六一居士，宋庐陵人。举进士甲科，庆历初召知谏院，改右正言，知制诰。后出知滁州，徙扬州、颍州，还为翰林学士。嘉祐间升任枢密副使，次年拜参知政事。有《新唐书》《新五代史》《集古录》等。《新唐书》二百二十五卷，记唐一代史，分本纪、志、表、列传。于北宋庆历四年(1044)开始编撰，至嘉祐五年(1060)完成。此据中华书局1975年点校本辑录。

一、(顺宗)为人宽仁，喜学艺，善隶书，礼重师傅，见辄先拜。从德宗幸奉天，常执弓矢居左右。郜国公主以蛊事得罪，太子妃，其女也，德宗疑之，几废者屡矣，赖李泌保护，乃免。后侍宴鱼藻宫，张水嬉彩舰，宫人为棹歌，众乐间发，德宗欢甚，顾太子曰："今日何如?"太子诵《诗》"好乐无荒"以为对。及裴延龄、韦渠牟用事，世皆畏其为相，太子每候颜色，陈其不可。故二人者卒不得用。(《新唐书》卷七《本纪第七·顺宗》)

二、窦建德未败时，有谣曰："豆入牛口，势不得久。"(《新唐书》卷三十五《志第二十五·五行二》)

三、贞观十四年，交河道行军大总管侯君集伐高昌。先是其国中有童谣曰："高昌兵马如霜雪，汉家兵马如日月，日月照霜雪，回首自消灭。"(《新唐书》卷三十五《志第二十五·五行二》)

四、永徽后，民歌《武媚娘曲》。(《新唐书》卷三十五《志第二十五·五行二》)

五、永淳元年七月，东都大雨，人多殍殕。先是童谣曰："新禾不入箱，新麦不入场，迨及八九月，狗吠空垣墙。"(《新唐书》卷三十五《志第二十五·五行二》)

六、高宗自调露中欲封嵩山，属突厥叛而止；后又欲封，以吐蕃入寇遂停。时童谣曰："嵩山凡几层，不畏登不得，但恐不得登，三度征兵马，傍道打腾腾。"（《新唐书》卷三十五《志第二十五·五行二》）

七、永徽末，里歌有《桑条韦也》、《女时韦也乐》。（《新唐书》卷三十五《志第二十五·五行二》）

八、永淳后，民歌曰："杨柳杨柳漫头驼。"（《新唐书》卷三十五《志第二十五·五行二》）

九、景龙中，民谣曰："黄牸犊子挽纼断，两足踏地鞋韈断，城南黄牸犊子韦。"又有《阿纬娘歌》。时又谣曰："可怜圣善寺，身著绿毛衣，牵来河里饮，踏杀鲤鱼儿。"（《新唐书》卷三十五《志第二十五·五行二》）

十、玄宗在潞州，有童谣曰；"羊头山北作朝堂。"（《新唐书》卷三十五《志第二十五·五行二》）

十一、元和初，童谣曰："打麦打麦三三三。"乃转身曰："舞了也。"（《新唐书》卷三十五《志第二十五·五行二》）

十二、僖宗时，童谣曰："金色虾蟆争努眼，翻却曹州天下反。"（《新唐书》卷三十五《志第二十五·五行二》）

十三、乾符六年，童谣曰："八月无霜寒草青，将军骑马出空城，汉家天子西巡狩，犹向江东更索兵。"（《新唐书》卷三十五《志第二十五·五行二》）

十四、中和初，童谣曰："黄巢走，泰山东，死在翁家翁。"（《新唐书》卷三十五《志第二十五·五行二》）

十五、（李）齐物入为鸿胪卿，以长安令韦坚代之，兼水陆运使。坚治汉、隋运渠，起关门，抵长安，通山东租赋。乃绝灞、浐，并渭而东，至永丰仓与渭合。又于长乐坡濒苑墙凿潭于望春楼下，以聚漕舟。坚因使诸舟各揭其郡名，陈其土地所产宝货诸奇物于栿上。先时民间唱俚歌曰"得体纥那邪"。其后得宝符于桃林，于是陕县尉崔成甫更《得体歌》为《得宝弘农野》。坚命舟人为吴、楚服，大笠、广袖、芒屩以歌之。成甫又广之为歌辞十阕，自衣缺后绿衣、锦半臂、红抹额，立第一船为号头以唱，集两县妇女百余人，鲜服靓妆，鸣鼓吹笛以和之。众艘以次辏楼下，天子望见大悦，赐其潭名曰广运潭。（《新唐书》卷五十三《志第四十三·食货三》）

十六、太宗贤妃徐惠，湖州长城人。生五月能言，四岁通《论语》、《诗》，八岁自晓属文。父孝德，尝试使拟《离骚》为《小山篇》曰："仰幽岩而流盼，抚桂枝以凝想。将千龄兮此遇，荃何为兮独往？"孝德大惊，知不可掩，于是所论著遂盛传。太宗闻之，召为才人。手未尝废卷，而辞致赡蔚，文无淹思。帝益礼顾，擢孝德水部员外郎，惠再迁充容。（《新唐书》卷七十六《列传第一·后妃上 徐贤妃》）

十七、帝（太宗）崩，（徐贤妃）哀慕成疾，不肯进药，曰："帝遇我厚，得先狗马侍园寝，吾志也。"复为诗、连珠以见意。永徽元年卒，年二十四，赠贤妃，陪葬昭陵石室。（《新唐书》卷七十六《列传第一·后妃上 徐贤妃》）

十八、禁中谬传有五色云起后衣笥，帝（中宗）图以示诸朝，因大赦天下，赐百官母、妻封号。太史迦叶志忠表上《桑条歌》十二篇，言后当受命，曰："昔高祖时，天下歌《桃李》；太宗时，歌《秦王破阵》；高宗歌《堂堂》；天后世，歌《武媚娘》；皇帝受命，歌《英王石州》；后今受命，歌《桑条韦》，盖后妃之德专蚕桑，共宗庙事也。"乃赐志忠第一区，彩七百段。太常少卿郑愔因之被乐府。楚客又讽补阙赵延禧离释《桑条》为九十八代，帝大喜，擢延禧谏议大夫。（《新唐书》卷七十六《列传第一·后妃上 韦皇后》）

十九、（上官）婉儿劝帝（中宗）侈大书馆，增学士员，引大臣名儒充选。数赐宴赋诗，群臣赓和，婉儿常代帝及后、长宁安乐二主，众篇并作，而采丽益新。又差第群臣所赋，赐金爵，故朝廷靡然成风。当时属辞者，大抵虽浮靡，然所得皆有可观，婉儿力也。（《新唐书》卷七十六《列传第一·后妃上 上官昭容》）

二十、贞元中，昭义节度使李抱真表其才，德宗召（宋若昭）入禁中，试文章，并问经史大谊，帝咨美，悉留宫中。帝能诗，每与侍臣赓和，五人者皆预，凡进御，未尝不蒙赏。又高其风操，不以妾侍命之，呼学士。擢其父饶州司马、习艺馆内教，赐第一区，加谷帛。（《新唐书》卷七十七《列传第二·后妃下 尚宫宋若昭》）

二十一、（巢王）元吉乃多匿亡命壮士，厚赐之，使为用。元吉记室参军荣九思为诗刺之曰："丹青饰成庆，玉帛礼专诸。"元吉见之，弗悟也。其典签裴宣俨免官，往事秦府，元吉疑事泄，鸩杀之。自是人莫敢言。（《新唐书》卷七十九《列传第四·高祖诸子·巢王元吉》）

二十二、（李）宪尤谨畏，未尝干政而与人交，帝益信重，尝以书赐宪等曰："魏文帝诗：'西山一何高，高高殊无极。上有两仙童，不饮亦不食。赐我一丸药，光耀有五色。服之四五日，身体生羽翼。'朕每言服药而求羽翼，宁如兄弟天生之羽翼乎？陈思王之才，足以经国，绝其朝谒，卒使忧死，魏祚未终，司马氏夺之，岂神丸效耶？虞舜至圣，舍象傲以亲九族，九族既睦，平章百姓。今数千载，天下归善焉，此朕废寝忘食所慕叹也。顷因余暇，选仙录得神方，云饵之必寿。今持此药，愿与兄弟共之，偕至长龄，永永无极也。"后申王等相继薨，唯宪在，帝亲待愈益厚。（《新唐书》卷八十一《列传第六·三宗诸子 让皇帝宪》）

二十三、明年，广平王收二京，使李泌献捷。泌与帝雅素，从容语倓事，帝改容曰："倓于艰难时实自有力，为细人间阋，欲害其兄，我计社稷，割爱而为之所。"泌曰："尔时臣在河西，知其详。广平于兄弟笃睦，至今言建宁，则呜咽不自已。陛下此言得之谗口耳。"帝泣下曰："事已尔，末耐何！"泌曰："陛下尝闻《黄台瓜》乎？高宗有八子，天后所生者四人，自为行，而睿宗最幼。长曰弘，为太子，仁明孝友，后方图临朝，鸩杀之，而立次子贤。贤日忧惕，每侍上，不敢有言，乃作乐章，使工歌之，欲以感悟上及后。其言曰：'种瓜黄台下，瓜熟子离离。一摘使瓜好，再摘令瓜稀。三摘尚云可，四摘抱蔓归。'而贤终为后所斥，死黔中。陛下今一摘矣，慎无再！"帝愕然曰："公安得是言？"是时，广平有大功，亦为后所构，故泌因对及之，广平遂安。（《新唐书》卷八十二《列传第七·十一宗诸子 承天皇帝倓》）

二十四、五月，（窦）建德自板渚出为阵，西薄汜南，属鹊山，亘二十里，鼓而前。郭士衡为游兵。秦王登虎牢城望其军，按甲不战，曰："贼起山东，未尝见大敌，今度险士嚣，令不肃也；逼城而阵，有轻我心。待其饥，破之果矣。"日中，建德士皆坐列，渴争饮，意益怠。王麾军先登，骑怒，尘大涨，乃率史大柰、秦叔宝缠麾帜，驰出贼阵后，建德军顾而惊，遂大溃。建德被重创，窜牛口谷。车骑将军白士让、杨武威获之，传而西，斩长安市，年四十九。初，其军有谣曰："豆入牛口，势不得久。"至是果败。（《新唐书》卷八十五《列传第十·窦建德》）

二十五、帝（太宗）宴群臣积翠池，酣乐赋诗。（魏）征赋《西汉》，其卒章曰："终藉叔孙礼，方知皇帝尊。"帝曰："征言未尝不约我以礼。"（《新唐书》卷九十七《列传第二十二·魏征》）

二十六、（魏）征亡，帝思不已，登凌烟阁观画像，赋诗悼痛。闻者媢之，毁短百为。（《新唐书》卷九十七《列传第二十二·魏征》）

二十七、（阎立本）既辅政，但以应务俗材，无宰相器。时姜恪以战功擢左

相，故时人有“左相宣威沙漠，右相驰誉丹青”之嘲。（《新唐书》卷一百《列传第二十五·阎立本》）

二十八、帝（太宗）尝曰：“武德季，太上皇有废立议，顾朕挟不赏之功，于昆弟弗见容，（萧）瑀于尔时不可以利怵死惧，社稷臣也。”因赐诗曰：“疾风知劲草，板荡识诚臣。”又曰：“公守道耿介，古无以过，然善恶太明，或有时而失。”瑀顿首谢曰：“既蒙教，又许以忠亮，虽死日，犹生年也。”（《新唐书》卷一百一《列传第二十六·萧瑀》）

二十九、（武）后每燕集，则二张诸武杂侍，摴博争道为笑乐，或嘲诋公卿，淫蛊显行，无复羞畏。时无检轻薄者又谄言昌宗乃王子晋后身，后使被羽裳、吹箫、乘寓鹤，裴回庭中，如仙去状，词臣争为赋诗以媚后。后知丑声甚，思有以掩覆之，乃诏昌宗即禁中论著，引李峤、张说、宋之问、富嘉谟、徐彦伯等二十有六人撰《三教珠英》。（《新唐书》卷一百四《列传第二十九·张行成 易之 昌宗》）

三十、（高宗）诏副郑仁泰为铁勒道行军总管。将行，宴内殿，帝曰：“古善射有穿七札者，卿试以五甲射焉。”（薛）仁贵一发洞贯，帝大惊，更取坚甲赐之。时九姓众十余万，令骁骑数十来挑战，仁贵发三矢，辄杀三人，于是虏气慑，皆降。仁贵虑为后患，悉坑之。转讨碛北余众，擒伪叶护兄弟三人以归。军中歌曰：“将军三箭定天山，壮士长歌入汉关。”九姓遂衰。（《新唐书》卷一百一十一《列传第三十六·薛仁贵》）

三十一、（韦济）著《先德诗》四章，世服其典懿。天宝中，授尚书左丞，凡三世居之。济文雅，颇能修饰政事，所至有治称。终冯翊太守。（《新唐书》卷一百一十六《列传第四十一·韦济》）

三十二、初，安乐公主馆第成，中宗临幸，燕从官，赋诗，（李）日知卒章，独以规戒。睿宗它日谓曰：“响时虽朕亦不敢谏，非公挺直，何能尔？”即拜侍中。（《新唐书》卷一百一十六《列传第四十一·李日知》）

三十三、杜景佺，冀州武邑人。性严正。举明经中第。累迁殿中侍御史。出为益州录事参军。时隆州司马房嗣业徙州司马，诏未下，欲即视事，先笞责吏以示威。景佺谓曰：“公虽受命为司马，州未受命，何急数日禄邪？”嗣业怒，不听。景佺曰：“公持咫尺制，真伪莫辨，即欲搅乱一府，敬业扬州之祸，非此类邪？”叱左右罢去，既乃除荆州司马，吏歌之曰：“录事意，与天通；州司马，折威风。”由是寖知名。（《新唐书》卷一百一十六《列传第四十一·杜景佺》）

三十四、(开元)十七年,(宋璟)为尚书右丞相,而张说为左丞相,源乾曜为太子少傅,同日拜。有诏太官设馔,太常奏乐,会百官尚书省东堂。帝(玄宗)赋《三杰诗》,自写以赐。(《新唐书》卷一百二十四《列传第四十九·宋璟》)

三十五、(张说)素与姚元崇不平,罢为相州刺史、河北道按察使。坐累徙岳州,停实封。说既失执政意,内自惧。雅与苏瑰善,时瑰子颋为相,因作《五君咏》献颋,其一纪瑰也,候瑰忌日致之。颋览诗呜咽,未几,见帝陈说忠謇有勋,不宜弃外,遂迁荆州长史。(《新唐书》卷一百二十五《列传第五十·张说》)

三十六、李岘,吴王恪孙也。折节下士,长吏治。……岘为政得人心,时京师米翔贵,百姓乃相与谣曰:"欲粟贱,追李岘。"寻徙长沙。(《新唐书》卷一百三十一《列传第五十六·李岘》)

三十七、(刘)迅续《诗》、《书》、《春秋》、《礼》、《乐》五说。书成,语人曰:"天下滔滔,知我者希。"终不以示人云。(《新唐书》卷一百三十二《列传第五十七·刘迅》)

三十八、汉有运渠,起关门,西抵长安,引山东租赋,汔隋常治之。(韦)坚为使,乃占咸阳,壅渭为堰,绝灞、浐而东,注永丰仓下,复与渭合。初,浐水衔苑左,有望春楼,坚于下凿为潭以通漕,二年而成。帝为升楼,诏群臣临观。坚豫取洛、汴、宋山东小斛舟三百首贮之潭,篙工柁师皆大笠、侈袖、芒屦,为吴、楚服。每舟署某郡,以所产暴陈其上。若广陵则锦、铜器、官端绫绣;会稽则罗、吴绫、绛纱;南海玳瑁、象齿、珠琲、沉香;豫章力士瓷饮器、茗铛、釜;宣城空青、石绿;始安蕉葛、蚺胆、翠羽;吴郡方文绫。船皆尾相衔进,数十里不绝。关中不识连樯挟橹,观者骇异。先是,人间唱《得体纥那歌》,有"扬州铜器"语。开元末,得宝符于桃林,而陕尉崔成甫以坚大输南方物与歌语叶,更变为《得宝歌》,自造曲十余解,召吏唱习。至是,衣缺胯衫、锦半臂、绛冒额,立舻前,倡人数百,皆巾褠鲜冶,齐声应和,鼓吹合作。船次楼下,坚跪取诸郡轻货上于帝,以给贵戚、近臣。上百牙盘食,府县教坊音乐迭进,惠宣妃亦出宝物供具。帝大悦,擢坚左散骑常侍,官属赏有差,蠲役人一年赋,舟工赐钱二百万,名潭曰广运。(《新唐书》卷一百三十四《列传第五十九·韦坚》)

三十九、杨绾字公权,华州华阴人。祖温玉,在武后时为显官。世以儒闻。绾少孤,家素贫,事母谨甚。性沉靖,独处一室,左右图史,凝尘满席,澹如也。不好立名,有所论著,未始示人。第进士,补太子正字。举词藻宏丽科,玄

宗已试，又加诗、赋各一篇，绾为冠，由是擢右拾遗。制举加诗、赋，繇绾始。（《新唐书》卷一百四十二《列传第六十七·杨绾》）

四十、（戴叔伦）迁容管经略使，绥徕夷落，威名流闻。其治清明仁恕，多方略，故所至称最。德宗尝赋《中和节诗》，遣使者宠赐。代还，卒于道，年五十八。（《新唐书》卷一百四十三《列传第六十八·戴叔伦》）

四十一、东都平，（李叔明）拜洛阳令，招徕遗民，号能吏。擢商州刺史、上津转运使。迁京兆尹，长安歌曰："前尹赫赫，具瞻允若；后尹熙熙，具瞻允斯。"久之，以疾辞，除太子右庶子。（《新唐书》卷一百四十七《列传第七十二·李叔明》）

四十二、（贞元四年）元巳，（德宗）赐宴曲江，特诏（张建封）与宰相同榻食。其还镇，帝赋诗以饯，于时虽马燧、浑瑊、刘玄佐、李抱真等勋宠卓越，未有以诗饯者。帝又使左右以所持鞭赐之，曰："卿节谊岁寒弗渝，故用此为况。"建封又赋诗以自警励。（《新唐书》卷一百五十八《列传第八十三·张建封》）

四十三、文宗复召（柳公权）侍书，迁中书舍人，充翰林书诏学士。尝夜召对子亭，烛穷而语未尽，宫人以蜡液濡纸继之。从幸未央宫，帝驻辇曰："朕有一喜，边戍赐衣久不时，今中春而衣已给。"公权为数十言称贺，帝曰："当贺我以诗。"宫人迫之，公权应声成文，婉切而丽。诏令再赋，复无停思，天子甚悦，曰："子建七步，尔乃三焉。"（《新唐书》卷一百六十三《列传第八十八·柳公权》）

四十四、广陵王为太子，群臣皆喜，独（王）叔文有忧色，诵杜甫诸葛祠诗以自况，歔欷泣下。太子已监国，贬渝州司户参军，明年，诛死。（《新唐书》卷一百六十八《列传第九十三·王叔文》）

四十五、宪宗立，（王）叔文等败，（刘）禹锡贬连州刺史，未至，斥朗州司马。州接夜郎诸夷，风俗陋甚，家喜巫鬼，每祠，歌《竹枝》，鼓吹裴回，其声伧伫。禹锡谓屈原居沅、湘间作《九歌》，使楚人以迎送神，乃倚其声，作《竹枝辞》十余篇。于是武陵夷俚悉歌之。（《新唐书》卷一百六十八《列传第九十三·刘禹锡》）

四十六、（刘）禹锡久落魄，郁郁不自聊，其吐辞多讽托幽远，作《问大钧》、《谪九年》等赋数篇。……久之，召还。宰相欲任南省郎，而禹锡作《玄都观看花君子》诗，语讥忿，当路者不喜，出为播州刺史。（《新唐书》卷一百六十八《列

传第九十三·刘禹锡》)

四十七、(刘禹锡)由和州刺史入为主客郎,复作《游玄都》诗,且言:“始谪十年,还京师,道士植桃,其盛若霞。又十四年过之,无复一存,唯兔葵、燕麦动摇春风耳。”以诋权近,闻者益薄其行。(《新唐书》卷一百六十八《列传第九十三·刘禹锡》)

四十八、九月九日,帝(德宗)为《黄花歌》,顾左右曰:“安可不示韦绶!”即遣使持往,(韦)绶遽奉和,附使进。帝曰:“为文不已,岂颐养邪!”敕自今勿复尔。终左散骑常侍。(《新唐书》卷一百六十九《列传第九十四·韦绶》)

四十九、(韦温)既疾,召亲属,赋绶诗“在室愧屋漏”,因泣下曰:“今知没身不负斯诫矣!”卒,年五十八,赠工部尚书,谥曰孝。(《新唐书》卷一百六十九《列传第九十四·韦温》)

五十、宝历二年,(裴)度请入朝,逢吉党大惧,(张)权舆作伪谣云:“非衣小儿坦其腹,天上有口被驱逐。”以度平元济也。都城东西冈六,民间以为乾数,而度第平乐里,直第五冈。权舆乃言:“度名应图谶,第据冈原,不召而来,其意可见。”欲以倾度。天子独能明其诬,诏复使辅政。(《新唐书》卷一百七十三《列传第九十八·裴度》)

五十一、(开成)三年,(裴度)以病丐还东都。真拜中书令,卧家未克谢,有诏先给俸料。上巳宴群臣曲江,度不赴,帝赐诗曰:“注想待元老,识君恨不早。我家柱石衰,忧来学丘祷。”别诏曰:“方春慎疾为难,勉医药自持。朕集中欲见公诗,故示此,异日可进。”使者及门而度薨,年七十六。帝闻震悼,以诗置灵几。册赠太傅,谥文忠,赗礼优缛,命京兆尹郑复护丧。(《新唐书》卷一百七十三《列传第九十八·裴度》)

五十二、卢仝居东都,(韩)愈为河南令,爱其诗,厚礼之。仝自号玉川子,尝为《月蚀诗》以讥切元和逆党,愈称其工。(《新唐书》卷一百七十六《列传第一百一·卢仝》)

五十三、刘义者,亦一节士。少放肆为侠行,因酒杀人亡命。会赦,出,更折节读书,能为歌诗。然恃故时所负,不能俯仰贵人,常穿屐、破衣。闻愈接天下士,步归之,作《冰柱》、《雪车》二诗,出卢仝、孟郊右。樊宗师见,为独拜。(《新唐书》卷一百七十六《列传第一百一·刘义》)

五十四、文宗尝诏开元《霓裳羽衣舞》参以《云韶》,肄于廷。(冯)定部诸工立县间，端凝若植。帝异之，问学士李珏，珏以定对。帝喜曰：“岂非能古章句者邪?”亲诵定《送客西江》诗，召升殿，赐禁中瑞锦，诏悉所著以上。(《新唐书》卷一百七十七《列传一百二·冯定》)

五十五、(杨)收七岁而孤，处丧若成人。母长孙亲授经，十三通大义。善属文，所赋辄就，吴人号神童。里人多造门观赋诗，至压败其藩，收嘲之曰：“尔非羸角者，奚用触吾藩?”切当率类此。及壮，长六尺二寸，广颡深颐，疏眉目，寡言笑，博学强记，至它艺无不通解。(《新唐书》卷一百八十四《列传第一百九·杨收》)

五十六、玄宗在东都，酺五凤楼下，命三百里县令、刺史各以声乐集。是时颇言帝且第胜负，加赏黜。河内太守辇优伎数百，被锦绣，或作犀象，瑰谲光丽。(元)德秀惟乐工数十人，联袂歌《于蔿于》。《于蔿于》者，德秀所为歌也。帝闻，异之，叹曰：“贤人之言哉!”谓宰相曰：“河内人其涂炭乎?”乃黜太守，德秀益知名。(《新唐书》卷一百九十四《列传第一百一十九·卓行 元德秀》)

五十七、(司空)图本居中条山王官谷，有先人田，遂隐不出。作亭观素室，悉图唐兴节士文人，名亭曰休休，作文以见志曰：“休，美也，既休而美具。故量才，一宜休；揣分，二宜休；耄而聩，三宜休；又少也惰，长也率，老也迂，三者非济时用，则又宜休。”因自目为耐辱居士。其言诡激不常，以免当时祸灾云。豫为冢棺，遇胜日，引客坐圹中赋诗，酌酒裴回。客或难之，图曰：“君何不广邪? 生死一致，吾宁暂游此中哉!”每岁时，祠祷鼓舞，图与闾里耆老相乐。(《新唐书》一百九十四《列传第一百一十九·卓行 司空图》)

五十八、(薛大鼎)出为山南道副大使，开屯田以实仓廪。赵郡王孝恭讨辅公祏，以大鼎为饶州道军师，引兵度彭蠡湖，以功迁浩州刺史。累徙沧州。无棣渠久廞塞，大鼎浚治属之海，商贾流行，里民歌曰：“新沟通，舟楫利。属沧海，鱼盐至。昔徒行，今骋驷。美哉薛公德滂被!”又疏长芦、漳、衡三渠，泄污潦，水不为害。(《新唐书》卷一百九十七《列传第一百二十二·循吏 薛大鼎》)

五十九、永徽中，(田仁会)为平州刺史，岁旱，自暴以祈，而雨大至，谷遂登。人歌曰：“父母育我兮田使君，挺精诚兮上天闻，中田致雨兮山出云，仓廪实兮礼义申，愿君常在兮不患贫。”(《新唐书》卷一百九十七《列传第一百二十二·循吏 田仁会》)

六十、隋开皇中，(徐文远)累迁太学博士，诏与汉王谅授经。会谅反，除名为民。大业初，礼部侍郎许善心荐文远及包恺、褚徽、陆德明、鲁达为学官，擢国子博士，恺等为太学博士。世称《左氏》有文远，《礼》有褚徽，《诗》有鲁达，《易》有陆德明，皆一时冠云。（《新唐书》卷一百九十八《列传第一百二十三·儒学上 徐文远》）

六十一、张士衡，瀛州乐寿人。父文庆，北齐国子助教。士衡九岁居母丧，哀慕过礼，博士刘轨思见之，为泣下，奇其操，谓文庆曰："古不亲教子，吾为君成就之。"乃授以《诗》、《礼》。又从熊安生、刘焯等受经，贯知大义。（《新唐书》卷一百九十八《列传第一百二十三·儒学上 张士衡》）

六十二、（贾）公彦传业玄植，玄植又受《左氏春秋》于王德韶，受《诗》于齐威，该览百家记书。（《新唐书》卷一百九十八《列传第一百二十三·儒学上 贾公彦》）

六十三、（许）叔牙字延基，句容人。贞观时，迁晋王府参军事、弘文馆直学士。于《诗》《礼》尤邃，献《诗纂义》十篇，太子写付司经。御史大夫高智周见之曰："欲明《诗》者，宜先读此。"（《新唐书》卷一百九十八《列传第一百二十三·儒学上 许叔牙》）

六十四、（骆）宾王，义乌人。七岁能赋诗。初为道王府属，尝使自言所能，宾王不答。历武功主簿。裴行俭为洮州总管，表掌书奏，不应，调长安主簿。武后时，数上疏言事。下除临海丞，鞅鞅不得志，弃官去。徐敬业乱，署宾王为府属，为敬业传檄天下，斥武后罪。后读，但嘻笑，至"一抔之土未干，六尺之孤安在"，矍然曰："谁为之？"或以宾王对，后曰："宰相安得失此人！"敬业败，宾王亡命，不知所之。中宗时，诏求其文，得数百篇。（《新唐书》卷二百一《列传第一百二十六·文艺上 骆宾王》）

六十五、（元万顷）从李绩征高丽，管书记。绩命别将郭待封以舟师赴平壤，冯师本载粮继之，不及期。欲报绩，而恐为谍所得，万顷为作离合诗遗绩。绩怒曰："军机切遽，何用诗为？"欲斩待封，万顷言状，乃免。（《新唐书》卷二百一《列传第一百二十六·文艺上 元万顷》）

六十六、李暠镇太原，表置幕府。以起居舍人入为集贤院修撰。时海内少事，帝赐群臣十日一燕，宰相萧嵩会百官赋《天成》、《玄泽》、《维南有山》、《杨之华》、《三月》、《英英有兰》、《和风》、《嘉木》等诗八篇，继《雅》、《颂》体，使（孙）逖序所以然。（《新唐书》卷二百二《列传第一百二十七·文艺中 孙逖》）

六十七、天宝初，(李白)南入会稽，与吴筠善，筠被召，故白亦至长安。往见贺知章，知章见其文，叹曰：“子，谪仙人也！”言于玄宗，召见金銮殿，论当世事，奏颂一篇。帝赐食，亲为调羹，有诏供奉翰林。白犹与饮徒醉于市。帝坐沉香子亭，意有所感，欲得白为乐章，召入，而白已醉，左右以水颒面，稍解，授笔成文，婉丽精切，无留思。帝爱其才，数宴见。白尝侍帝，醉，使高力士脱靴。力士素贵，耻之，擿其诗以激杨贵妃，帝欲官白，妃辄沮止。白自知不为亲近所容，益骜放不自修，与知章、李适之、汝阳王琎、崔宗之、苏晋、张旭、焦遂为“酒八仙人”。恳求还山，帝赐金放还。白浮游四方，尝乘月与崔宗之自采石至金陵，着宫锦袍坐舟中，旁若无人。(《新唐书》卷二百二《列传第一百二十七·文艺中 李白》)

六十八、安禄山反，玄宗西狩，(王)维为贼得，以药下利，阳喑。禄山素知其才，迎置洛阳，迫为给事中。禄山大宴凝碧池，悉召梨园诸工合乐，诸工皆泣，维闻悲甚，赋诗悼痛。贼平，皆下狱。或以诗闻行在，时缙位已显，请削官赎维罪，肃宗亦自怜之，下迁太子中允。久之，迁中庶子，三迁尚书右丞。(《新唐书》卷二百二《列传第一百二十七·文艺中 王维》)

六十九、(郑)虔学长于地里，山川险易、方隅物产、兵戍众寡无不详。尝为《天宝军防录》，言典事该。诸儒服其善著书，时号“郑广文”。在官贫约甚，澹如也。杜甫尝赠以诗曰“才名四十年，坐客寒无毡”云。(《新唐书》卷二百二《列传第一百二十七·文艺中 郑虔》)

七十、孟浩然字浩然，襄州襄阳人。少好节义，喜振人患难，隐鹿门山。年四十，乃游京师。尝于太学赋诗，一座嗟伏，无敢抗。张九龄、王维雅称道之。维私邀入内署，俄而玄宗至，浩然匿床下，维以实对，帝喜曰：“朕闻其人而未见也，何惧而匿？”诏浩然出。帝问其诗，浩然再拜，自诵所为，至“不才明主弃”之句，帝曰：“卿不求仕，而朕未尝弃卿，奈何诬我？”因放还。(《新唐书》卷二百三《列传第一百二十八·文艺下 孟浩然》)

七十一、崔颢者，亦擢进士第，有文无行。好蒱博，嗜酒。娶妻惟择美者，俄又弃之，凡四五娶。终司勋员外郎。

初，李邕闻其名，虚舍邀之，颢至献诗，首章曰：“十五嫁王昌。”邕叱曰：“小儿无礼！”不与接而去。(《新唐书》卷二百三《列传第一百二十八·文艺下 崔颢》)

七十二、初,(薛逢)与彭城刘瑑交,瑑文辞出逢数人下,常易之。瑑稍亲近,逢不得意,遂相忿恨。会瑑当国,有荐逢知制诰者,瑑猥言:“先朝以两省官给事、舍人先治州县,乃得除,逢未试州。”执不可。乃出为巴州刺史。而杨收、王铎同牒署第,收辅政,逢有诗微辞讥讪,收衔之,复斥蓬、绵二州刺史。收罢,以太常少卿召还,历给事中。铎为宰相,逢又以诗訾铎,铎怒,中外亦鄙逢褊慠,故不见齿。迁秘书监,卒。(《新唐书》卷二百三《列传第一百二十八·文艺下 薛逢》)

七十三、(武承嗣)性暴轻忍祸,闻左司郎中乔知之婢窈娘美,且善歌,夺取之,知之作《绿珠篇》以讽,婢得诗恨死。承嗣怒,告酷吏杀之,残其家。(《新唐书》卷二百六《列传第一百三十一·外戚 武承嗣》)

七十四、(罗)绍威多聚书,至万卷。江东罗隐工为诗,绍威厚币结之,通谱系昭穆,因目己所为诗为“偷江东集”云。(《新唐书》卷二百一十《列传第一百三十五·藩镇魏博 罗绍威》)

七十五、(侯)君集奄攻田地城,契苾何力以前军鏖战,是夜星坠城中,明日拔其城,虏七千余人。中郎将辛獠儿以劲骑夜逼其都,智盛以书遗君集曰:“得罪于天子者,先王也,咎深谴积,震坠厥命。智盛嗣位未几,公其见赦。”君集曰:“能悔祸者,当面缚军门。”智盛不答。军进,填隍引冲车,飞石如雨,城中大震。智盛令大将曲士义居守,身与绾曹曲德俊谒军门,请改事天子。君集谕使降,辞未屈,薛万均勃然起曰:“当先取城,小儿何与语!”麾而进,智盛流汗伏地曰:“唯公命!”乃降。君集分兵略定,凡三州、五县、二十二城,户八千,口三万,马四千。先是,其国人谣曰:“高昌兵,如霜雪;唐家兵,如日月。日月照霜雪,几何自殄灭。”文泰捕谣所发,不能得也。(《新唐书》卷二百二十一《列传第一百四十六·西域上 高昌》)

七十六、初,军中谣曰:“逢儒则肉,师必覆。”(黄)巢入闽,俘民绐称儒者,皆释,时六年三月也。傀路围福州,观察使韦岫战不胜,弃城遁,贼入之,焚室庐,杀人如蓺。过崇文馆校书郎黄璞家,令曰:“此儒者,灭炬弗焚。”又求处士周朴,得之,谓曰:“能从我乎?”答曰:“我尚不仕天子,安能从贼?”巢怒斩朴。是时闽地诸州皆没,有诏高骈为诸道行营都统以拒贼。(《新唐书》卷二百二十五下《列传第一百五十下·逆臣下 黄巢》)

[宋] 薛居正等《旧五代史》

薛居正(912—981),字子平,宋开封浚仪人。后唐清泰初登第,北宋乾德初官兵部侍郎,以本官参知政事,监修五代史毕,进平章事,太平兴国初进位司空。有《文惠集》。《旧五代史》原名《五代史》,或《梁唐晋汉周书》,后因欧阳修《五代史记》出而改名,分本纪、列传、志,共一百五十卷。修于宋太祖开宝六年(973)四月至七年闰十月。此据中华书局1976年点校本辑录。

一、先是,王建虽加宠待,然亦忌之,尝谓近侍曰:"吾渐衰耗,恒思身后。刘知俊非尔辈能驾驭,不如早为之所。"又嫉其名者于里巷间作谣言云:"黑牛出圈棕绳断。"知俊色黔而丑生,棕绳者,王氏子孙皆以"宗"、"承"为名,故以此构之。(《旧五代史》卷十三《梁书十三·列传第三 刘知俊》)

二、(罗)绍威形貌魁伟,有英杰气,攻笔札,晓音律。性复精悍明敏,服膺儒术,明达吏理。好招延文士,聚书万卷,开学馆,置书楼,每歌酒宴会,与宾佐赋诗,颇有情致。江东人罗隐者,佐钱镠军幕,有诗名于天下。绍威遣使赂遗,叙南巷之敬,隐乃聚其所为诗投寄之。绍威酷嗜其作,因目己之所为曰《偷江东集》,至今邺中人士讽咏之。绍威尝有公宴诗云:"帘前淡泊云头日,座上萧骚雨脚风。"虽深于诗者,亦所叹伏。(《旧五代史》卷十四《梁书十四·列传第四 罗绍威》)

三、初,帝(后唐末帝)离岐下,诸军皆望以不次之赏,及从至京师,不满所望,相与谣曰:"去却生菩萨,扶起一条铁。"其无厌如此。(《旧五代史》卷四十六《唐书第二十二·末帝纪上》)

四、(王)思同性疏俊,粗有文,性喜为诗什,与人唱和,自称蓟门战客。魏王继岌待之若子。时内养吕知柔侍兴圣宫,颇用事,思同不平之。吕为终南山诗，末句有“头”字，思同和曰：“料伊直拟冲霄汉，赖有青天压着头。”其所为诗句，皆此类也。（《旧五代史》卷六十五《唐书四十一·列传第十七 王思同》）

五、豆卢革，祖籍，同州刺史。父瓒，舒州刺史。革少值乱离，避地鄜、延，转入中山，王处直礼之，辟于幕下，有奏记之誉。因牡丹会赋诗，讽处直以桑柘为意，言甚古雅，渐加器仰，转节度判官。而理家无法，独请谒见处直，处直虑布政有缺，有所规谏，敛板出迎，乃为嬖人祈军职矣。（《旧五代史》卷六十七《唐书四十三·列传第十九 豆卢革》）

六、（胡）装学书无师法，工诗非作者，僻于题壁，所至宫亭寺观，必书爵里，人或讥之，不以为愧。时四镇幕宾皆金紫，装独耻银艾。十七年，庄宗自魏州之德胜，与宾僚城楼饯别，既而群僚离席，装独留，献诗三篇，意在章服。庄宗举大钟属装曰：“员外能釂此乎？”装饮酒素少，略无难色，为之一举而釂，庄宗即解紫袍赐之。（《旧五代史》卷六十九《唐书四十五·列传第二十一 胡装》）

七、（裴）皞累知贡举，称得士，宰相马裔孙、桑维翰皆其所取进士也。后裔孙知贡举，率新进士谒皞，皞喜，为诗曰：“词场最重是持衡，天遣愚夫受盛名，三主礼闱年八十，门生门下见门生。”当世荣之。（《旧五代史》卷九十二《晋书十八·列传第七 裴皞》）

八、天成元年，制授（卢质）特进、检校司空、同州节度使。时宰相冯道以诗饯别，其警句云：“视草北来唐学士，拥旄西去汉将军。”儒者荣之。（《旧五代史》卷九十三《晋书十九·列传第八 卢质》）

九、郑云叟，本名遨，云叟其字也，以唐明宗庙讳，故世传其字焉，本南燕人也。少好学，耿介不屈。唐昭宗朝，尝应进士举，不第，因欲携妻子隐于林壑，其妻非之，不肯行，云叟乃薄游诸郡，获数百缗以赡其家，辞诀而去。寻入少室山，著《拟峰诗》三十六章，以导其趣，人多传之。（《旧五代史》卷九十三《晋书十九·列传第八 郑云叟》）

十、唐天成中，召拜左拾遗，（郑云叟）不起，与罗隐之朝夕游处，隐之以药术取利，云叟以山田自给，俱好酒能诗，善长啸。有大瓠，云可辟寒暑，置酒于其中，经时味不坏，日携就花木水石之间，一酌一咏。尝因酒酣联句，郑曰：“一壶天上有名物，两个世间无事人。”罗曰：“醉却隐之、云叟外，不知何处是天真。”（《旧五代史》卷九十三《晋书十九·列传第八 郑云叟》）

十一、(郑)云叟好酒,尝为《咏酒诗》千二百言,海内好名者书于缣缃,以为赠贶。复有越千里之外,使画工潜写其形容列为屏障者焉。其为时望所重也如此。天福末,以寿终,时年七十四。有文集二十卷行于世。(《旧五代史》卷九十三《晋书十九·列传第八 郑云叟》)

十二、程逊,字浮休,寿春人。召入翰林充学士,自兵部侍郎承旨授太常卿。天福三年秋,命使吴越,母羸老双瞽,逊未尝白执政以辞之。将行,母以手扪其面,号泣以送之。仲秋之夕,阴暝如晦,逊尝为诗曰:"幽室有时闻雁叫,空庭无路见蟾光。"同僚见之,讶其诗语稍异。及使回,遭风水而溺焉。(《旧五代史》卷九十六《晋书二十二·列传第十一 程逊》)

十三、他日(明宗)又问(冯)道曰:"天下虽熟,百姓得济否?"道曰:"谷贵饿农,谷贱伤农,此常理也。臣忆得近代有举子聂夷中《伤田家诗》云:'二月卖新丝,五月粜秋谷,医得眼下疮,剜却心头肉。我愿君王心,化作光明烛,不照绮罗筵,遍照逃亡屋。'"明宗曰:"此诗甚好。"遽命侍臣录下,每自讽之。(《旧五代史》卷一百二十六《周书十七·列传第六 冯道》)

十四、及太祖平内难,议立徐州节度使刘赟为汉嗣,遣(冯)道与秘书监赵上交、枢密直学士王度等往迎之。道寻与赟自徐赴汴,行至宋州,会澶州军变。枢密使王峻遣郭崇领兵至,屯于衙门外,时道与上交等宿于衙内。是日,赟率左右甲士阖门登楼,诘崇所自,崇言太祖已副推戴。左右知其事变,以为道所卖,皆欲杀道等以自快。赵上交与王度闻之,皆惶怖不知所为,惟道偃仰自适,略无惧色,寻亦获免焉。道微时尝赋诗云:"终闻海岳归明主,未省乾坤陷吉人。"至是其言验矣。(《旧五代史》卷一百二十六《周书十七·列传第六 冯道》)

十五、(杨)凝式长于歌诗,善于笔札,洛川寺观蓝墙粉壁之上,题纪殆遍,时人以其纵诞,有"风子"之号焉。(《旧五代史》卷一百二十八《周书十九·列传第八 杨凝式》)

十六、有士人申光逊者,与(张)沆友善,沆未病时,梦沆手出小佛塔示光逊,视其上有诗十四字云:"今生不见故人面,明月高高上翠楼。"光逊既寤,心恶之,俄闻沆卒。(《旧五代史》一百三十一《周书二十二·列传第十一 张沆》)

十七、晋天福中,(贾纬)入为监察御史,改太常博士。纬常以史才自负,锐于编述,不乐曲台之任,乃陈情于相座。又与监修国史赵莹诗曰:"满朝唯我相，秉柄无亲仇，三年司大董，最切是编修，史才不易得，勤勤处处求。愚从年始立，东观思优游，昔时人未许，今来虚白头。春台与秋阁，往往兴归愁，信运北阙下，不系如虚舟。绵蕝非所好，一日疑三秋，何当适所愿，便如升瀛洲。”未几，转屯田员外郎，改起居郎、史馆修撰。（《旧五代史》一百三十一《周书二十二·列传第十一 贾纬》）

十八、李知损，字化机，大梁人也。少轻薄，利口无行。梁朝时，以牒刺篇咏出入于内臣之门，繇是浪得虚誉，时人目之为“李罗隐”。（《旧五代史》一百三十一《周书二十二·列传第十一 李知损》）

十九、（钱）镠学书，好吟咏。江东有罗隐者，有诗名，闻于海内，依镠为参佐。镠尝与隐唱和，隐好讥讽，尝戏为诗，言镠微时骑牛操挺之事，镠亦怡然不怒，其通恕也如此。（《旧五代史》卷一百三十三《世袭列传二·钱镠》）

二十、（钱）镠初事董昌，时年甫壮室，性尚刚烈。时有儒士谒于主帅，已进刺矣，见镠稍怠，镠怒，投之罗刹江，及典谒者将召，镠诈云：“客已拂衣去矣。”及为帅时，有人献诗云：“一条江水槛前流。”镠不悦，以为讥己，寻害之。迨于晚岁，方爱人下士，留心理道，数十年间，时甚归美。（《旧五代史》卷一百三十三《世袭列传二·钱镠》）

二十一、（钱）元瓘有诗千篇，编其尤者三百篇，命曰《锦楼集》，浙中人士皆传之。（《旧五代史》卷一百三十三《世袭列传二·钱元瓘》）

［宋］欧阳修《新五代史》

《新五代史》原名《五代史记》，为区别于薛居正等撰《旧五代史》而改名。全书共七十四卷，记后梁开平元年（907）至后周显德七年（960）历史。有本纪十二卷、列传四十五卷、考三卷、世家及年谱十一卷、四夷附录三卷。始撰于景祐三年（1036）前，至皇祐五年（1053）基本完成。此据中华书局1974年点校本辑录。

一、(李)存勖,(李)克用长子也。初,克用破孟方立于邢州,还军上党,置酒三垂岗,伶人奏《百年歌》,至于衰老之际,声甚悲,坐上皆凄怆。时存勖在侧,方五岁,克用慨然捋须,指而笑曰:“吾行老矣,此奇儿也,后二十年,其能代我战于此乎!”存勖年十一,从克用破王行瑜,遣献捷于京师,昭宗异其状貌,赐以鸂鶒卮、翡翠盘,而抚其背曰:“儿有奇表,后当富贵,无忘予家。”及长,善骑射,胆勇过人,稍习《春秋》,通大义,尤喜音声歌舞俳优之戏。(《新五代史》卷五《唐本纪第五·庄宗下》)

二、孙晟初名凤,又名忌,密州人也。好学,有文辞,尤长于诗。少为道士,居庐山简寂宫。常画唐诗人贾岛像置于屋壁,晨夕事之。简寂宫道士恶晟,以为妖,以杖驱出之。乃儒服北之赵、魏,谒唐庄宗于镇州,庄宗以晟为著作佐郎。(《新五代史》卷三十三《死事传第二十一·孙晟》)

三、(郑)遨之节高矣,遭乱世不污于荣利,至弃妻、子不顾而去,岂非与世自绝而笃爱其身者欤?然遨好饮酒弈棋,时时为诗章落人间,人间多写以缣素,相赠遗以为宝,至或图写其形,玩于屋壁,其迹虽远而其名愈彰,与乎石门、荷蓧之徒异矣。(《新五代史》卷三十四《一行传第二十二·郑遨》)

四、庄宗既好俳优,又知音,能度曲,至今汾、晋之俗,往往能歌其声,谓之“御制”者皆是也。其小字亚子,当时人或谓之亚次。又别为优名以自目,曰李天下。自其为王,至于为天子,常身与俳优杂戏于庭,伶人由此用事,遂至于亡。(《新五代史》卷三十七《伶官传第二十五》)

五、是时,天子孤弱,独有殿后军及定州三都将李筠等兵千余人为卫,以诸王将之。(韩)建已得昭宗幸其镇,遂欲制之,因请罢诸王将兵,散去殿后诸军,累表不报。昭宗登齐云楼,西北顾望京师,作《菩萨蛮辞》三章以思归,其卒章曰:“野烟生碧树,陌上行人去。安得有英雄,迎归大内中?”酒酣,与从臣悲歌泣下,建与诸王皆属和之。(《新五代史》卷四十《杂传第二十八·韩建》)

六、(刘)知俊为人色黑,而其生岁在丑。建之诸子,皆以“宗”、“承”为名,乃于里巷构为谣言曰:“黑牛出圈棕绳断。”建益恶之,遂见杀。(《新五代史》卷四十四《杂传第三十二·刘知俊》)

七、天成、长兴之间,岁屡丰熟,中国无事。(冯)道尝戒明宗曰:“臣为河东掌书记时,奉使中山,过井陉之险,惧马蹶失,不敢怠于衔辔,及至平地,谓无足虑,遽跌而伤。凡蹈危者虑深而获全,居安者患生于所忽,此人情之常也。”

明宗问曰："天下虽丰，百姓济否？"道曰："谷贵饿农，谷贱伤农。"因诵文士聂夷中《田家诗》，其言近而易晓。明宗顾左右录其诗，常以自诵。(《新五代史》卷五十四《杂传第四十二·冯道》)

八、是时，晋高祖镇河东，有二志，废帝患之，琦与李崧俱备顾问，多所裨画。……其后契丹数遣使者求萷剌等，其辞甚卑恭，明宗辄斩其使者不报。而东丹王又亡入中国，契丹由此数欲求和。琦因言："方今之势，不如与契丹通和，如汉故事，岁给金帛，妻之以女，使强藩大镇顾外无所引援，可弭其乱心。"崧以琦语语三司使张延朗，延朗欣然曰："苟能纾国患，岁费县官十数万缗，责吾取足可也！"因共建其事。废帝大喜，他日以琦等语问枢密直学士薛文遇，文遇大以为非，因诵戎昱"社稷依明主，安危托妇人"之诗，以诮琦等。(《新五代史》卷五十六《杂传第四十四·吕琦》)

九、(裴)皞以文学在朝廷久，宰相马胤孙、桑维翰，皆皞礼部所放进士也。后胤孙知举，放榜，引新进士诣皞，皞喜作诗曰："门生门下见门生。"世传以为荣。(《新五代史》卷五十七《杂传第四十五·裴皞》)

十、(王)仁裕性晓音律，晋高祖初定雅乐，宴群臣于永福殿，奏黄钟，仁裕闻之曰："音不纯肃而无和声，当有争者起于禁中。"已而两军校斗升龙门外，声闻于内，人以为神。喜为诗。其少也，尝梦剖其肠胃，以西江水涤之，顾见江中沙石皆为篆籀之文，由是文思益进。乃集其平生所作诗万余首为百卷，号《西江集》。(《新五代史》卷五十七《杂传第四十五·王仁裕》)

十一、(保大十五年)冬十月，(周)世宗复南征，遂围濠州，刺史郭廷谓告于周曰："臣不能守一州以抗王师，然愿请命于唐而后降。"世宗为之缓攻，廷谓遣人请命于景，景许其降，乃降。又取泗州。周师步骑数万，水陆齐进，军士作《檀来》之歌，声闻数十里。十二月，屯于楚州之北门。(《新五代史》卷六十二《南唐世家第二·李昪》)

十二、(郑)昭淳好学有文辞，(刘)龑与游宴赋诗，龑及群臣皆不能逮，遂以隐女增城县主妻旻。(《新五代史》卷六十五《南汉世家第五·刘龑》)

十三、(开平)四年，(钱)镠游衣锦军，作《还乡歌》曰："三节还乡兮挂锦衣，父老远来相追随。牛斗无孛人无欺，吴越一王驷马归。"(《新五代史》卷六十七《吴越世家第七·钱镠》)

十四、(钱)俶字文德。(钱)佐卒，弟倧以次立。初，元瓘质于宣州，以胡进思、戴恽等自随，元瓘立，用（胡）进思等为大将。佐既年少，进思以旧将自待，甚见尊礼，及倧立，颇卑侮之，进思不能平。倧大阅兵于碧波亭，方第赏，进思前谏以赏太厚，倧怒掷笔水中曰：“以物与军士，吾岂私之，何见咎也。”进思大惧。岁除，画工献《钟馗击鬼图》，倧以诗题图上，进思见之大悟，知倧将杀己。是夕拥卫兵废倧，囚于义和院，迎俶立之，迁倧于东府。（《新五代史》卷六十七《吴越世家第七·钱俶》）

十五、（王）鏻妻早卒，继室金氏贤而不见答。（王）审知婢金凤，姓陈氏，鏻嬖之，遂立以为后。初，鏻有嬖吏归守明者，以色见幸，号归郎，鏻后得风疾，陈氏与归郎奸。又有百工院使李可殷，因归郎以通陈氏。鏻命锦工作九龙帐，国人歌曰：“谁谓九龙帐，惟贮一归郎？”（《新五代史》卷六十八《闽世家第八·王鏻》）

［宋］马令《南唐书》

马令，宋宜兴人，生卒年不详。承先祖马元康未竟之志，辑《南唐书》。《南唐书》共三十卷，记杨吴至宋初事。有帝纪五卷，列传二十四卷，谱系一卷。自序言修成于崇宁四年(1105)。有明初刊刻本、明嘉靖二十年姚咨茶梦斋抄本、明嘉靖二十九年顾汝达刻本、汲古阁旧藏明抄本、《四部丛刊》本、文渊阁《四库全书》本、《墨海金壶》本、《述古丛书》本等。此据南京出版社 2020 年点校本辑录。

一、嗣主，讳璟，字伯玉，初名景通，烈祖元子也。美容止，器宇高迈，性宽仁，有文学。甫十岁，吟《新竹诗》云：“栖凤枝梢犹软弱，化龙形状已依稀。”人皆奇之。（《南唐书》卷二《嗣主书第二》）

二、（十有五年）冬十月，天子复来伐，围濠州，濠州刺史郭廷谓降周，泗州守将范再遇叛降周。泰州亦溃。周师步骑数万，水陆齐进，军士作檀来之歌，

声闻数十里。(《南唐书》卷四《嗣主书第四》)

三、(开宝)四年,春,刘鋹俘于京师,国除。夏四月,齐王景达卒。遣弟韩王从善入朝,留于京师,授泰宁军节度使。国主表求从善还国,不许。自从善不还,四时宴会皆罢。登高赋文以见意,曰:"原有鸰兮相从飞,嗟嗟季兮不来归。"常怏怏以国蹙为忧。(《南唐书》卷五《后主书第五》)

四、(李)煜举族冒雨乘舟,百司官属仅十艘。煜渡中江,望石城,泣下,自赋诗云:"江南江北旧家乡,三十年来梦一场。吴苑宫闱今冷落,广陵台殿已荒凉。云笼远岫愁千片,雨打归舟泪万行。兄弟四人三百口,不堪闲坐细思量。"至汴日,登普光寺,擎拳赞念。久之,散施缗帛甚众。(《南唐书》卷五《后主书第五》)

五、唐之盛时,《霓裳羽衣》最为大曲,罹乱,瞽师旷职,其音遂绝。后主独得其谱,乐工曹生亦善琵琶,按谱粗得其声,而未尽善也。后辄变易讹谬,颇去洼淫,繁手新音,清越可听。后主尝演《念家山》旧曲,后复作《邀醉舞》、《恨来迟新破》,皆行于时。中书舍人徐铉闻《霓裳羽衣》,曰:"法曲终慢,而此声太急,何耶?"曹生曰:"其本实慢,而宫中有人易之,然非吉征也。"岁余,周后子母继死,后主国步寖微,音之所起,实由人心,而啴缓噍杀,治乱应之,岂虚言乎!(《南唐书》卷六《女宪传第一·昭惠周后》)

六、(后主)又尝与后移植梅花于瑶光殿之西,及花时而后已殂,因成诗见意,曰:"殷勤移植地,曲槛小栏边。共约重芳日,还忧不盛妍。阻风开步障,乘月溉寒泉。谁料花前后,娥眉却不全。"此不特叙其幽思,且以兴内助之艰难,而不得与之同乐。又云,"失却烟花主,东君自不知。清香更何用,犹发去年枝。"此足以见光景于人无情,而人于景物不可认而有之也。悲夫!至于书灵筵手巾,云:"浮生苦憔悴,壮岁失婵娟。汗手遗香渍,痕眉染黛烟。"书琵琶背云:"侁自肩如削,难胜数缕绦。天香留凤尾,余暖在檀槽。"触物寓意,类如此。(《南唐书》卷六《女宪传第一·昭惠周后》)

七、(继室周)后自昭惠殂,常在禁中。后主乐府词有"衩袜步香阶,手提金缕鞋"之类,多传于外。至纳后,乃成礼而已。翌日,大宴群臣,韩熙载以下皆为诗以讽焉,而后主不之谴。(《南唐书》卷六《女宪传第一·继室周后》)

八、(楚王)景迁卒,葬饮马池之阳。禅代之后,诸子例封王爵,保大初,元宗改封诸弟,追赠景迁楚王,命江文蔚为碑以表其墓。以其早死无子,故后主

亡国诗云“兄弟四人三百口”，谓元宗、景遂、景达、景逷也，景迁不与焉。（《南唐书》卷七《宗室传第二·楚王》）

九、邓王从益，元宗第八子也。警敏有文，初封舒公，进王邓。开宝初，出镇宣州，后主率近臣饯“绮霞阁”，自为诗序以送之，其略云：“秋山滴翠，暮壑澄空。爱公此行，畅乎遐览。”其诗有“咫尺烟江几多地，不须怀抱重凄凄”之句。君臣赓赋，可为盛事。徐铉诗云：“禁里花光似水清，林烟池影共离情。暂移黄阁只三载，却望紫垣都数程。满坐清风天子送，随车甘雨郡人迎。绮霞阁上诗题在，从此还应有颂声。”最为警策。五年，南唐贬损制度，从益去王爵，封江国公。（《南唐书》卷七《宗室传第二·邓王》）

十、吉王从谦，元宗第九子，后主母弟也。风采峭整，喜为律诗，动有规诲。后主燕间，尝与侍臣弈，从谦甫数岁，侍侧，后主命赋观棋诗，曰：“竹林二君子，尽日竟沉吟。相对终无语，争先各有心。恃强斯有失，守分固无侵。若算机筹处，沧沧海未深。”后主赏叹久之。始封鄂公，俄王宜春，徙封吉。开宝五年，损制度，降封鄂国公。（《南唐书》卷七《宗室传第二·吉王》）

十一、宣城公仲宣，后主子也。小字瑞保。三岁，读《孝经》，若成诵然；闻奏乐，辄审音调。宫中燕侍，颇合礼度。出见士大夫，改容顾揖，如成人礼。乾德二年卒，年四岁。始封宣城公，追赠岐王，谥怀献。母昭惠先病，闻仲宣死，哀苦增剧，遂至于殂。故后主挽辞曰：“珠碎眼前珍，花凋世外春。未销心里恨，又失掌中身。玉笥犹残药，香奁已染尘。前哀将后感，无泪可沾巾。”又：“艳质同芳树，浮危道略同。正悲春落实，又苦雨伤丛。秾丽今何在，飘零事已空。沉沉无问处，千载谢东风。”皆并其子母悼之。初，仲宣卒，后主哀甚，然恐重伤昭惠，常默坐饮泣而已，因为诗以写志云：“永念难消释，孤怀痛自嗟。雨深秋寂寞，愁引病增加。咽绝风前思，昏朦眼上花。空王应念我，穷子正迷家。”吟咏数四，左右为之泣下。（《南唐书》卷七《宗室传第二·宣城公》）

十二、（韩熙载）奉使中原，为《感怀诗》三章，署于馆壁，云：“未到故乡时，将为故乡好。及至亲得归，争如身不到。”“日前相识无一人，出入空伤我怀抱。风雨萧萧旅馆秋，归来窗下和衣倒。”“梦中忽到江南路，寻得花中旧居处。桃脸蛾眉笑出门，争向前头拥将去。”又：“仆本江北人，今作江南客。再去江北游，举目无相识。金风吹我寒，秋月为谁白？不如归去来，江南有人忆。”或问：

"江南何不食剥皮羊?"熙载对曰:"江南地产罗纨故尔。"时皆不喻。迨熙载去,乃悟,使追之,不及。(《南唐书》卷十三《儒者传上第八·韩熙载》)

十三、初,严续请(韩)熙载撰其父可求神道碑,欲苟称誉,遗珍货巨万,仍辍未胜衣歌妓姿色纤妙者归焉。熙载受之,文既成,但叙其谱裔品秩而已。续慊之,封还熙载,熙载亦却其赠,上写一阕《千泥金带》云:"风柳摇摇无定枝,阳台云雨梦中归。他年蓬岛音尘断,留取樽前旧舞衣。"(《南唐书》卷十三《儒者传上第八·韩熙载》)

十四、高越,燕人也。少举进士,清警有才思,文价蔼于北土。时威武军节度使卢文进有女美而慧,善属文,时称"女学士"。越闻而慕焉,往谒文进,文进以妻之。晋高祖即位,文进南奔,越与之俱来。初投鄂帅张宣,久不见知,越以鹰诗诮之曰:"晴空不碍摩天翮,未肯平原浅草飞。"遂至广陵,烈祖爱其词学。时齐国立制,凡祷祠燕饯之文,越多为撰之。(《南唐书》卷十三《儒者传上第八·高越》)

十五、刘洞,庐陵人也。少游庐山,学诗于陈贶,精思不懈,至浃日不盥。贶卒,犹居二十年。诗长于五言,自号"五言金城"。后主即位,诣金陵献诗百篇。后主览其首篇《石城怀古》云:"石城古岸头,一望思悠悠。几许六朝事,不禁江水流。"后主掩卷,为之改容,不复读其余者。洞羁旅二年,俟召,不报,遂还庐陵,与同门夏宝松相善。陈贶尝谓己诗埒贾岛,洞亦自言有浪仙之体,恨不得与之同时言诗也。虔州陈德诚尤重其词学,及金陵受围,洞为诗署于路旁云:"千里长江皆渡马,十年养士得何人?"又云:"翻忆潘郎章奏内,阴阴日暮泪沾巾。"初,潘佑表云:"家国阴阴,如日将暮。"洞以讥之。开宝八年卒,其遗集行于世。(《南唐书》卷十四《儒者传下第九·刘洞》)

十六、江为,其先宋州人,避乱建阳,遂为建阳人。游庐山白鹿洞,师事处士陈贶,居二十年,有风人之体。时金陵初复唐制,以进士取人。为有《题白鹿寺》诗云:"吟登萧寺旃檀阁,醉倚王家玳瑁筵。"元宗南迁,驻于寺,见其诗,称善久之。为由是傲肆,自谓俯拾青紫,乃诣金陵求举,屡黜于有司。为怏怏不能自已,欲束书亡越,而会同谋者上变,按得其状,伏罪。为尝吟《隋堤柳》诗云:"锦缆龙舟万里来,醉乡繁盛忽尘埃。空余两岸千株柳,雨叶风花作恨媒。"盛传于时。(《南唐书》卷十四《儒者传下第九·江为》)

十七、史虚白,山东人。世儒学,与韩熙载友善。唐晋之间,中原多事,遂因熙载渡淮。闻宋齐丘总相府事，虚白放言曰："彼可代而相矣！"齐丘欲穷其伎，因宴寮属而致虚白。酒数行，出诗百咏，俾赓焉。恣女奴玩肆，多方挠之。虚白谈笑献酬，笔不停缀，众方大惊。及见烈祖，说之曰："今据江淮，摘煮山海，人民丰阜。咸、洛之地，陛下之先业，世乱久矣。人思旧德，反旆长驱，易若屈指。"烈祖虽善其说，然以初基，方辑睦邻境，未暇北顾，乃署郡从事。虚白耻其初言之失，意颇不平，遂南游庐山，以诗酒自娱。元宗即位，韩熙载荐之，召见，问为治之理。虚白曰："臣草野之人，渔钓而已。邦国大计，不敢预知。"因醉溺于殿陛。元宗曰："真处士也。"赐田五顷，遣还。及画江为界，虚白为《割江赋》以诮云："舟车有限，沿汀岛以俱闲；鱼鳖无知，尚浮游而不止。"元宗南迁，至星子渚，复召至，问："处士隐居，有所得乎？"对曰："臣得《渔父》一联云：'风雨掇却屋，全家醉不知。'"元宗变色久之，复赐粟帛遣归。卒于家，年六十七。（《南唐书》卷十四《儒者传下第九·史虚白》）

十八、康仁杰，泉州人也。少祝发为僧。喜儒学，颇自励，因游江淮。会陈德诚出次池阳，仁杰以诗投之，有"红旆渡江霞蘸水，青蛇出箧雪侵衣"之句。德诚勉令就仕，乃荐仁杰于执政者。仁杰易儒服，至金陵。会群公旬沐，宴升元阁，仁杰造席，和登阁诗，有"云散便凝千里望，日斜长占半城阴"之句，座皆大惊。后主闻之，问左右曰："仁杰如何人？"或对曰："亦诗中苦吟者也。然其远人慕化而至，宜姑息而已。"时陈洪进据漳、泉，遂召问其风土民俗，仁杰对答无滞，仍献所业。授鄂州文学，补溧阳簿。考满，出吉州，括量屯田。仁杰视肥硗、稽田畴，无不允当。性循素俭，门无私谒，其所进待，乃儒生名士。吟噱终日，曾不少怠。晚年弥苦其志，尝以诗召嘉禾峰僧云："只在此山宁有意，向来求佛本无心。"时皆称善。入授汾阳令。及金陵败，仁杰亦卒。（《南唐书》卷十四《儒者传下第九·康仁杰》）

十九、夏宝松，庐陵吉阳人也。少学诗于建阳江为，为羁旅卧病，宝松躬尝药饵，夜不解带。为德之，与处数年，终就其业。与诗人刘洞俱显名于当世，百胜军节度使陈德诚以诗美之曰："建水旧传刘夜坐，螺川新有夏江城。"盖刘洞尝有《夜坐》诗，最为警策，而宝松有《宿江城》诗，云："雁飞南浦砧初断，月满西楼酒半醒。"又："晓来羸骥依前去，目断遥山数点青。"故德诚纪之，其为当时延誉类如此。晚进儒生，求为师事者，多赍金帛，不远数百里，辐辏其门。宝松黩货，每授弟子，未尝会讲，唯赀帛稍厚者，背众与议，而绐曰："诗之旨诀，我有

一葫芦儿授之，将待价。”由是多私赂焉。（《南唐书》卷十四《儒者传下第九·夏宝松》）

二十、沈彬，筠阳高安人。读书，能诗。属唐末乱离，南游湘、湖，隐于云阳山十余年，与僧虚中、齐己为诗侣。迄不遇世，乃历名山，治方术。烈祖镇金陵，命所属郡县辟致之。彬知其欲取吴国，因献《画山水》诗云：“尺素隐清辉，一毫分险阻。”授校书郎，入辅吴世子琏于东宫。未几乞罢，以尚书郎致仕。禅代之后，绝不求进，高安士人多为给其粟帛。元宗南迁，彬年逾八十，诣南昌求见，曰：“臣自处山野，世事不预。臣妻谓臣曰：‘汝主人郎君今为天子，冀接清光，死且不朽。’”元宗优礼待之，赐粟帛遣还，署其子元为秘书省正字。彬尤工诗，而未尝喜名，如《再过金陵》诗云：“玉树歌终王气收，雁行高送石城秋。江山不管兴亡事，一任斜阳伴客愁。”又《都门送客》诗云：“岸柳萧疏野荻秋，都门行客莫回头。一条灞水清如剑，不为离人割断愁。”皆盛称于士大夫。惜乎简编散失，不得见其全集。（《南唐书》卷十五《隐者传第十·沈彬》）

二十一、陈贶，南闽人。性沉澹，志操古朴，而不苟于仕进。一卧庐山三十年，学者多师事焉。元宗以币致之，布裘鹿鞸，进止闲肆。因献《景阳台怀古》诗云：“景阳六朝地，运极自依依。一会皆同是，到头谁论非。酒浓沉远虑，花好失前机。见此尤宜戒，正当家国肥。”元宗称善，欲授以官，贶固不受，赐粟帛，遣还旧隐。卒年七十。（《南唐书》卷十五《隐者传第十·陈贶》）

二十二、陈陶，世居岭表，以儒业名家。陶挟册长安，声诗历象，无不精究。常以台铉之器自负，恨世乱不得逞。升元中至南昌，将诣建康，闻宋齐丘秉政，凡所进擢，不惬士论，自料与齐丘不合，乃筑室于西山，日以诗酒为事。会宋齐丘出镇南昌，陶志不屈，而齐丘亦不为之荐辟。陶作诗自咏曰：“一顾成周力有余，白云闲钓五溪鱼。中原莫道无麟凤，自是皇家结网疏。”陶少与水部员外郎任畹相善，尝以诗贻之云：“好向明朝荐遗逸，莫教千古吊灵均。”元宗虽闻其诗名，而未及召之，会有星孛，陶叹曰：“国家其几亡乎！”既而果失淮甸。陶所居幽邃，性尤嗜鲊。元宗南迁，至落星湾，欲有所问，而恐陶不尽言，因伪使人卖鲊至陶门。陶果出啖鲊，喜甚。卖者曰：“官舟抵落星矣，翁知之乎？”陶笑曰：“星落不还。”元宗至南都，未几殂，不还之说果验。陶后以修养炼丹为事，有诗云：“乾坤见了文章懒，龙虎成来印绶疏。”又云：“长爱真人王子乔，五松山月伴吹箫。任他浮世悲生死，独驾苍龙入九霄。”又《题徐稚亭》诗云：“伏龙山横洲渚地，人如白蘋自生死。洪崖成道二千年，唯有徐君播青史。”陶所遁西山，先产药物数十种，陶采而饵之。开宝中，尝见一叟角发被褐，与老媪货药于市，获钱则市鲊对饮，旁若无人。既醉，行舞而歌曰：“蓝采禾，蓝采禾，尘世纷纷事更多。争如卖药沽酒饮，归去深崖拍手歌。”或疑为陶之夫妇云。（《南唐书》卷十五《隐者传第十·陈陶》）

二十三、许坚，不知其家世，或曰晋长史穆之裔。形陋而怪，或寓庐阜白鹿洞。桑门道馆，行吟自若。帻巾芒屩，短襕至骭，亦无赍装。唯自负布囊，常括不解。每沐浴，不脱衣就溪涧，出而曝之。或问其故，则言：“天象昭布，虽白昼亦常参列，人自昧之尔，其可裸裎乎？”坚癖嗜鱼，或得大鱼，则全体而烹，不加醯盐，熟即啖之。游溧阳下山寺，吟诗曰：“地枕吴溪与越峰，前朝恩赐云泉额。竹林层建雁塔高，石室幽栖几禅伯。荒榛芜汲苍苔深，古池香泛荷花白。客有经年说二林，落日猿啼情脉脉。”后或居茅山，或入九华，适意往返，人不能测。（《南唐书》卷十五《隐者传第十·许坚》）

二十四、毛炳，丰城人也。好学不能自给，因随里人入庐山，每与诸生曲讲，苟获赀镪，即市酒尽醉。时彭会好茶，而炳好酒，或嘲之曰：“彭生说赋茶三斤，毛氏传经酒半升。”炳闻之，小哂而已。……后聚生徒数十，讲诵于南台山，迨数年。自署于斋壁云：“先生不在此，千载只空山。”因大醉，一夕卒。有诗集传于世。（《南唐书》卷十五《隐者传第十·毛炳》）

二十五、（颜诩）每延宾侣，寓门下者常十数，诩晨暮延揖，饮馔燕笑，未尝不躬自接对。虽遇姻戚冲孺，亦为之冠带尽礼。就所居第，依泉石，筑亭榭，开轩四敞，则碧鲜丛绕，翠微环列，萧爽之趣，杜绝尘嚣。水部员外郎孟宾于尝以诗美之云：“园林萧爽闻来久，欲访因循二十秋。此日开襟吟不尽，碧山重叠水长流。”又司农卿何蒙、殿中丞蒯鳌、史馆孙伯纯，各为诗序，以述其幽隐。（《南唐书》卷十五《隐者传第十·颜诩》）

二十六、钟谟，字仲益，会稽人也。侨建康，少爽悟，博学属文，颖脱时辈。元宗宠用之，拔自下位，累迁吏部郎中。显德中，周师下扬、光等州，元宗遣谟与李德明奉表于世宗，未报，而孙晟、王崇质继至，谟等谓世宗曰：“唐畏陛下神武，保无二心，愿归取表，尽献淮甸之地。”世宗许之，遣德明、崇质还江南，而晟与谟皆留行在。既而江南拒命，世宗大怒，案诛晟及馆中二百余人同死，独赦谟，以为耀州司马。谟在耀州，以其诗贻州将，其略云：“翩翩归尽塞垣鸿，殷殷惊开蛰户虫。渭北离愁春色里，江南家事战尘中。”江南暨周平，世宗召谟，授卫尉卿，放还国。谟作诗以献，其略云：“三年耀武群侯服，一日回銮万国春。南北通欢永无事，谢恩归去老陪臣。”世宗览而悦之，赐黄金五百两，意将以间其君臣也。（《南唐书》卷十九《诛死传第十五·钟谟》）

二十七、时江南衰削，国步多艰，（潘）佑所上谏疏，有“家国阴阴，如日将暮”之辞，后主恶之。又其所荐黜，与时辈不协，因诬以他事，劾佑。佑自刭，母及妻子徙饶州。佑自言其母方娠，梦古衣冠人告曰：“我颜延之也，与夫人为子。”及生，七岁始能语，曰：“儿误伤白龙，为上帝所罚也。”因吟诗曰：“只因骑折玉龙腰，谪在人间三十六。”至是，果以三十六岁卒。（《南唐书》卷十九《诛死传第十五·潘佑》）

二十八、宋齐丘，豫章人也。其父诚，为江西钟传副使，卒于任。时天下已乱，经籍道熄，齐丘独好学，有大志。及钟传败，齐丘益穷，随众东下，糊口于倡优魏氏。烈祖时为升州刺史，延四方之士，齐丘依焉，因以《凤皇台》诗见志，曰：“嵯峨压洪泉，岝峉撑碧落。宜哉秦始皇，不驱亦不凿。上有布政台，八顾背城郭。山蹙龙虎健，水黑螭蜃作。白虹欲吞人，赤骥相煿烁。画栋泥金碧，石路盘硗确。倒挂哭月猿，危立思天鹤。凿池养蛟龙，栽松栖鸑鷟。梁间燕教雏，石罅蛇悬壳。养花如养贤，去草如去恶。日晚严城鼓，风来萧寺铎。扫地驱尘埃，剪蒿除鸟雀。金桃带叶摘，绿李和衣嚼。贞竹无盛衰，媚柳先摇落。尘飞景阳井，草合临春阁。芙蓉如佳人，回首似调谑。当轩有直道，无人肯驻脚。夜半鼠窸窣，天阴鬼敲啄。松孤不易立，石丑难安着。自怜啄木鸟，去蠹终不错。晓风吹梧桐，树头鸣曝曝。峨峨江令石，青苔何淡薄。不话兴亡事，举首思渺邈。吁哉未到此，褊劣同尺蠖。笼鹤羡凫毛，猛虎爱蜗角。一日贤太守，与我观橐籥。往往独自语，天帝相唯诺。风云偶不来，寰宇锁一略。我欲烹长鲸，四海为鼎镬。我欲取大鹏，天地为增缴。安得生羽翰，雄飞上廖廓。”烈祖奇其才，以国士待之。（《南唐书》卷二十《党与传上第十六·宋齐丘》）

二十九、邵拙，宣城人也。孤峭不挠，博通经史。饮酒常至百盏，偶沉酗，遂绝饮，虽筵宴终日，唯茶浆而已。著书埒韩、柳，有诗三百篇，尚书郎孙迈为之序，命曰：“庐岳集”。曹郎赵庆以诗贻之，云：“迈古文章金鸑鷟，出群行止玉麒麟。”归皇朝，就应制科，有司以闻，未诏而卒。郡将哀之，籍其装，得拙手书史传、文集三百卷，藏于官府。时悼其苦学能文而不得达于名位，或议其诗有

"万国未得雨，孤云犹在山"之句，斯为应矣。门人袁氏，买地葬之。(《南唐书》卷二十二《归明传上第十八·邵拙》)

三十、卢绛，字晋卿，南昌人也。读书略通大义，不事事，常以博弈角抵为务，乡里鄙之。绛惭愤，入庐山国学，与诸葛涛、蒯鳌相善。诸生篋笥稍丰，辄强取之。山下桑门亦苦其无赖，号为"庐山三害"。会朱弼为国子助教，规其过，遂亡去。往还涧壁，遇大雪，乏薪，绛恃膂力，踊折檐桷，烧之。病痁，且死，夜梦白衣妇人颇有姿色，歌《菩萨蛮》，劝绛樽酒，其辞云："玉京人去秋萧索，画檐鹊起梧桐落。欹枕悄无言，月和残梦圆。背灯惟暗泣，甚处砧声急。眉黛小山攒，芭蕉生暮寒。"歌数阕，因谓绛曰："子之疾，食蔗即愈。"诘朝，求蔗食之，疾果差。迨数夕，又梦前白衣丽人曰："妾乃玉真也。他日富贵，相见于固子坡。"绛寤，襟怀豁然，唯不测固子坡之说。(《南唐书》卷二十二《归明传上第十八·卢绛》)

三十一、孟宾于，湖湘连上人。少孤力学，事母以孝闻。天祐末，工部侍郎李若虚廉察沅湘，宾于以诗数百篇，自命为《金鳌集》，献之。若虚称善，采警策数联，誉诸朝廷，由是诗名益振。明年春，擢进士第。未几，以离乱还乡。会马殷开府，辟为零陵从事，亦不显用。及马氏败，宾于自归南唐，授丰城簿，迁涂阳令。黩货当死，时李昉事皇朝为翰林学士，乃宾于同年进士也，闻宾于缧绁，以诗遗之曰："幼携书剑别湘潭，金榜标名第十三。昔日声尘喧洛下，近年诗价满江南。"后主见诗，贷之，复其官。俄致仕，隐于玉笥山，自号群玉峰叟。逾年，后主以水部员外郎起之。金陵平，归老连上。秘阁马致恭以诗送之，其落句云："今日还家莫惆怅，不同初上渡头船。"卒年八十三。宾于好贿，每为佐令，辄有赃污，故虽负诗名，人不多之。初归江南，生子名归唐，亦能诗，肄业庐山国学。尝得《瀑布》诗云："练色有穷处，寒声无断时。"邻房生亦得此联，遂交争之。助教不能辨，讼于江州，各以全篇意格定之，而归唐为胜。开宝中，授秘书省正字，出为吉州民掾。归于京师，累迁大理丞。时江州郡吏有仕于皇朝者，指归唐曰："此乃讼诗生也。"以罪贬袁州司户，卒。(《南唐书》卷二十三《归明传下第十九·孟宾于 子归唐》)

三十二、罗颖，南昌人也。经传涉猎。与里人彭会友善，皆以词赋称。开宝中，诣金陵，举进士第，例以黄衣守选。及王师问罪，后主衔璧，颖再应乡举，下第。道经汉高祖庙，颖题诗，其落句云："嫚侮群豪夸大度，可怜容得辟阳

侯。"少顷，辄自免冠，鞠伏庙庭，口陈自咎之言，掖而去，数日卒。(《南唐书》卷二十三《归明传下第十九·罗颖》)

三十三、李冠，善吹中管。尝预宋齐丘夕宴，当坐吹嘘，声韵悠扬，清入霄汉。元宗闻其名，属闽、楚多故，戎务日繁，不获召见。大司徒李建勋以诗送之，曰："匀如春涧长流水，怨似秋枝欲断蝉。可惜人间容易听，清声不到御楼前。"见礼于士大夫类如此。周世宗时，多游梁、宋，每乘醉长啸于市，人罕知者。(《南唐书》卷二十四《方术传第二十·李冠》)

三十四、元宗赏花后苑，率近臣临池垂钓，臣下皆登鱼，唯元宗独无所获。(李)家明因进诗曰："玉甃垂钩兴正浓，碧池春暖水溶溶。凡鳞不敢吞香饵，知是君王合钓龙。"元宗大喜，赐宴极欢。尝见牛晚卧美阴，元宗曰："牛且热矣。"家明乘谈谐曰："曾遭宁戚鞭敲角，又被田单火燎身。闲向斜阳嚼枯草，近来问喘为无人。"相辅皆惭。宋齐丘无子，晚年一子辄死，逾月犹哭。齐王景达勉之，不止。家明曰："臣能止之矣。"乃作大纸鸢，署其上云："欲兴唐祚革强吴，尽是先生起庙谟。一个孩儿弃不得，让皇百口合何如?"尹延范族吴氏，齐丘为谋，因以诮焉。乘风放之，故坠齐丘中庭，齐丘见之，哭亦止。从元宗迁南都，时已失江北十四郡，舟楫多行南岸。至赵屯，因辍乐停觞，北望皖公山，谓家明曰："好青峭数峰，不知何名也。"家明应声对曰："龙舟轻飐锦帆风，正值宸游望远空。回首皖公山色翠，影斜不到寿杯中。"元宗惭之，俯首而过。后主即位，家明老而无宠。(《南唐书》卷二十五《谈谐传第二十一·李家明》)

三十五、王感化，善讴歌，声韵悠扬，清振林木。系乐部，为歌板色。元宗嗣位，宴乐击鞠不辍。尝乘醉命感化奏水调词，感化唯歌"南朝天子爱风流"一句，如是者数四，元宗辄悟，覆杯叹曰"使孙、陈二主得此一句，不当有衔璧之辱也。"感化由是有宠。元宗尝作《浣溪沙》二阕，手写赐感化，曰："菡萏香销翠叶残，西风愁起碧波间。还与容光共憔悴，不堪看。细雨梦回清漏永，小楼吹彻玉笙寒。漱漱泪珠多少恨，倚栏干。""手卷珠帘上玉钩，依前春恨锁重楼。风里落花谁是主，思悠悠。青鸟不传云外信，丁香空结雨中愁。回首绿波春色暮，接天流。"后主即位，感化以其词札上之。后主感动，赏赐感化甚优。(《南唐书》卷二十五《谈谐传第二十一·王感化》)

三十六、僧元寂，姓高，自言高骈族人。升元中，受业升元寺。性爽悟，博通经藏。保大中，诏讲《法华经》，授左街僧录内供奉、讲经论明教大师，赐紫。

时法禁宽弛，僧尼坏戒律者甚众，元寂屡干宪法，有司惜其才，辄贳之。后主召入问《华严经》，元寂口说《梵行一品》，多赐金帛。由是益自恣，日以狂饮为事，大醉则十数小儿随之。元寂行歌于路曰："酒秃酒秃，何荣何辱？但见衣冠成古丘，不见江河变陵谷。"与群儿互相应和，旁若无人。坐是落僧职，出居长干寺。常与狂生藉地酣饮，醉死于石子岗。（《南唐书》卷二十六《浮屠传第二十二·元寂》）

三十七、初，（王）鏻有嬖吏归守明者，以色见幸，号"归郎"。鏻后得风疾，陈氏与归郎奸，又有百工院使李可殷，因归郎以通陈氏。鏻命工作"九龙帐"，国人歌曰："谁谓九龙帐，惟贮一归郎。"（《南唐书》卷二十八《灭国传上第二十五·王鏻》）

［宋］陆游《南唐书》

陆游（1125—1210），字务观，号放翁，宋越州山阴人。宋孝宗时任枢密院编修，后历任建康、隆兴、夔州通判，官至宝谟阁待制。有《剑南诗稿》《南唐书》《老学庵笔记》《放翁词》等。《南唐书》共十八卷，有本纪三卷、列传十五卷。有明嘉靖四十三年钱穀抄本、明万历间陆氏紫薇堂抄本、明天启三年鲍山刻本、明毛氏汲古阁刻本、清光绪九年刻本、《秘册汇函》本、《陆放翁全集》本、《四库全书》本、《四部备要》本等。此据南京出版社2020年点校本辑录。

一、（宋）齐丘好学，工属文，尤喜纵横长短之说。烈祖为昇州刺史，齐丘因骑将姚克瞻得见，暇日陪燕游，赋诗以献曰："养花如养贤，去草如去恶。松竹无时衰，蒲柳先秋落。"烈祖奇其志，待以国士。（《南唐书·列传卷第一 宋齐丘》）

二、会（太子）弘冀卒，后主以母弟当立，而（钟）谟尝与元宗爱子从善同使周，相与亲厚，乃言后主器轻志放，无人君之度，因盛称从善才，不知元宗建储之意已决，更以此忤旨，乃暴其交结张峦等罪，贬国子司业，又贬著作佐郎，安置饶州，遣中使领侍卫军十人，即日督促乘驿而去。谟时方病风眩，在途赋诗十章，语皆凄怆。（《南唐书·列传卷第四 钟谟》）

三、保大初，（韩）熙载为史馆修撰，荐（史）虚白可用。元宗召见，访以国事，对曰："草野之人，渔钓而已，安知国家大计。"赐宴便殿，醉溺于殿陛。元宗曰："真隐者也。"赐田五顷，放还山。及元宗南游豫章，次蠡泽，虚白鹤裘藜杖，迎谒道旁。元宗驻跸劳问曰："处士居山，亦尝有所赋乎？"曰："近得《溪居》诗一联。"使诵之。曰："风雨揭却居，浑家醉不知。"元宗变色，厚赐粟帛，上樽酒。（《南唐书·列传卷第四 史虚白》）

四、开宝中，南昌市有一老翁，丫髻被褐，与老妪卖药，得钱则沽酒市鲊，相对饮啖，既醉，歌舞道上。其歌曰："蓝采和，蓝采和，尘世纷纷事更多。何如卖药沽美酒，归去青厓拍手歌。"或疑为（陈）陶夫妇云。（《南唐书·列传卷第四 陈陶》）

五、毛炳，洪州丰城人。隐居庐山。时为诸生讲，得钱即沽酒。尝醉卧道旁，有里正掖起之，炳瞋目呵之曰："醉者自醉，醒者自醒。亟去，毋扰予睡！"后徙居南台山。数年，忽书斋壁曰："先生不住此，千载惟空山。"因大醉，一夕卒。（《南唐书·列传卷第四 毛炳》）

六、与（毛）炳同时，又有酒秃者焉。酒秃姓高氏，骈族子。弃家祝发，博极群书，善讲说，而脱略跌宕，无日不醉。后主召讲《华严》，梵行一品，赍金帛甚厚。玄寂即日尽送酒家，日夜剧饮，醉则从小儿数十，浩歌道中，歌曰："酒秃酒秃，何荣何辱。但见衣冠成古丘，不见江河变陵谷。"一日，醉死于石子冈。（《南唐书·列传卷第四 酒秃者高氏》）

七、后主嗣位，好为文章，（徐）游复以能属文见昵，封文安郡公。燕饮则流连酣咏，更相倡和，虽后妃在席，不避也。昭惠后好音，时出新声，或得唐盛时遗曲，游辄从旁称美，有三阁狎客之风。闲居讲论古今得失，后主设问，游具以所闻对。或游有疑以请，后主亦引经义或古事，称制答之，君臣相矜，至国亡不悟也。（《南唐书·列传卷第五 徐游》）

八、江为，宋人，避乱徙闽。元宗初设贡举，为屡为有司所黜。尝有《题白鹿寺》诗，元宗南迁，过寺读而爱之，为由是愈自负，傲睨一时。卒无荐引者，居

怀愤愤，束书欲东走吴越，为同谋者所发，按得其状，伏诛。（《南唐书·列传卷第十二 江为》）

九、（景遂）平居好客，喜属文，燕集无虚日。赞善大夫张易，峭直喜尽言，景遂尝赋诗，颇纤丽，易面规之，景遂敬纳。又尝怒碎玉杯于坐，景遂亟摧谢，无怍色。（《南唐书·列传卷第十三 晋王景遂》）

十、元宗失江北，迁豫章，龙舟至赵屯，举酒望皖公山曰："好青峭数峰，不知何名？"（李）家明对曰："此舒州皖公山也。"因献诗曰："皖公山纵好，不落御觞中。"元宗太息，罢酒去。（《南唐书·列传卷第十四 李家明》）

［唐］赵元一《奉天录》

赵元一，唐德宗时人，生平不详。有《奉天录》四卷，记唐建中四年泾原兵变事。有清敷文阁刻本、清石研斋刻本、清张氏爱日精庐抄本、《指海》本、《粤雅堂丛书》本、《云自在龛丛书》本等。此据中华书局2014年点校本辑录。

一、八日，（朱）泚于宣政殿僭即大位，愚智莫不血怒。卫者多是军人，周行不过数十。自称大秦皇帝，年号应天。伪赦书云"幽囚之中，神器自至。岂朕薄德，所能经营"，彭偃之词。册文，太常少卿樊系之撰。文成，服药而卒。故严巨川诗曰："烟尘忽起犯中原，自古临危贵道存。手持礼器空垂泪，心忆明君不敢言。落日胡笳吟上苑，通宵虏将醉西园。传烽万里无师至，累代何人受汉恩。"（《奉天录》卷一）

二、时太极殿前紫荆树直下数仞，偃盖盘旋，枝叶蔓延，傍荫百驷。群凶窃据，磨牙喷毒，物由人感，其树劲死。皇帝归复，荣茂如初，则知圣泽滂流，恩沾草木。时金吾将军论惟明上诗曰："豺狼暴宫阙，叛徒凌丹墀。花木久不芳，群凶亦自疑。既为皇帝枯，亦为皇帝滋。草木尚多感，报恩须及时。"皇帝披玩

久之，龙颜大悦。令中官马钦淑宣旨劳慰，赐绢一百匹、杂彩二百段、金盘一。（《奉天录》卷四）

［宋］令狐澄《大中遗事》

令狐澄，晚唐华原人，生卒年不详。举进士，咸通八年任浙江西道观察判官、朝议郎、殿中侍御史。有《新罗国记》《大中遗事》等。《大中遗事》，又名《贞陵遗事》《正陵遗事》《贞陵十七事》等，记唐宣宗逸事。有涵芬楼《说郛》本、宛委山堂《说郛》本、《五朝小说大观》本、《类说》本等。此据巴蜀书社1993年《中国野史集成》影印本辑录。

一、裴恽诗有太康字。宣宗曰："太康失邦，何以此谓我？"宰执奏晋平帝改元太康，曰："天子须博览，不然几错罪恽。"由是耽味经史，夜观书不休。宫中窃目上为老博士。（《大中遗事》）

［唐］罗隐《广陵妖乱志》

罗隐（833—909），原名横，字昭谏，五代吴越新城人。光启中为钱塘令，有善政，钱镠辟为从事。累官盐铁发运使，著作佐郎，迁谏议大夫，给事中卒。有《甲乙集》《谗书》《两同书》《广陵妖乱志》等。《广陵妖乱志》，又题郭廷诲撰，或郑廷诲撰。记唐僖宗时，淮南节度使高骈为吕用之、毕师铎等人"神仙之术"所惑乱政之事。原书已佚，今有《虞初志》本、《合刻三志》本、《藕香零拾》本、宛委山堂《说郛》本等。此据浙江古籍出版社2011年版《罗隐集校注》(修订本)辑录。

一、唐光启三年,中书令高骈镇淮海,有蝗行而不飞,自郭西浮濠,缘城入子城,聚于道院,驱除不止。松竹之属,一宿如剪。幡幢画像,皆啮去其头。数日之后,又相啖食。九月中,暴雨方霁,沟渎间忽有小鱼,其大如指,盖雨鱼也。占,有兵丧。至十月,有大星夜堕于延和阁前,声若奔雷,迸光碎响,洞照一庭。自十一月至明年二月,昏雾不解,或曰:下谋上之兆。是时,粒食腾贵,殆逾十倍,寒僵雨仆,日辇数千口弃之郭外。及霁,而远坊静巷为之一空。是时,浙西军变,周宝奔毗陵,骈闻之大喜,遽遣使致书于周曰:伏承走马,已及奔牛。今附齑一瓶,葛粉十斤,以充道途所要,盖讽其齑粉也。三月,使院致看花宴,骈有与诸从事诗,其末句云:"人间无限伤心事,不得樽前折一枝。"盖亡灭之谶也。及为秦彦幽辱,计口给食,自五月至八月,外围益急,遂及于难。《太平广记》卷一四五(《广陵妖乱志·补遗》)

[唐]裴庭裕《东观奏记》

裴庭裕,一作廷裕,字膺余,唐闻喜人,生卒年不详。昭宗大顺中官至右补阙兼史馆修撰,乾宁中任翰林学士,后迁左散骑常侍。著有《东观奏记》。《东观奏记》三卷,记宣宗朝政事,撰于昭宗大顺二年(891),最早成于景福元年(892)。有明抄本、清乾隆三十七年吴翌凤抄本、《续百川学海》本、《稗海》本、《唐宋丛书》本、涵芬楼《说郛》本、宛委山堂《说郛》本、文渊阁《四库全书》本、《小石山房丛书》本、《藕香零拾》本等。此据中华书局1994年点校本辑录。

一、(温)庭筠字飞卿,彦博之裔孙也,词赋诗篇冠绝一时,与李商隐齐名,时号“温李”。连举进士，竟不中第。至是，谪为九品吏。进士纪唐夫叹庭筠之冤，赠之诗曰：“凤凰诏下虽沾命，鹦鹉才高却累身。”人多讽诵。上明主也，而庭筠反以才废。制中自引骚人长沙之事，君子讥之。前一年，商隐以盐铁推官死。商隐字义山，文学宏博，笺表尤著于人间。自开成二年升进士第，至上十二年，竟不升于王庭，而庭筠亦俩俩不涉第□□□□者。岂以文学为极致，已靳于此，遂于禄位有所爰耶？不可得而问矣。（《东观奏记·下卷》）

［宋］陶岳《五代史补》

陶岳，字舜咨，宋祁阳人，生卒年不详。宋太宗雍熙二年进士，累官太常博士、尚书职方员外郎，知端州。有《荆湘近事》《货泉录》《零陵总记》《五代史补》。《五代史补》五卷，又名《五代补录》，取诸国窃据，累朝创业事迹，编次成书，以补薛居正等《五代史》之阙略。有明嘉靖十五年柳佥抄本、清抄本、《四库全书》本、《类说》本、《豫章丛书》本等。此据江西教育出版社2000年版《豫章丛书》辑录。

一、钱镠封吴越国王后，大兴府署，版筑斤斧之声，昼夜不绝。士卒怨嗟，或有中夜潜用白土大书于门曰：“没了期，侵早起，抵暮归。”镠一见欣然，遽命书吏亦以白土书数字于其侧曰：“没了期，春衣才罢又冬衣。”时人以为神辅，自是怨嗟顿息矣。（《五代史补》卷一《梁·钱镠弭谤》）

二、曹唐，柳州人。少好道，为大小游仙诗各百篇，又著《紫府玄珠》一卷，皆叙三清、十极纪胜之事。其游仙之句，则有《汉武帝宴西王母》诗云：“花影暗回三殿月，树声深锁九门霜。”又云：“树底有天春寂寂，人间无路月茫茫。”皆为士林所称。其后游信州，馆于开元寺三学院。一旦卧疾，众僧忽见二青衣缓步而至，且四向顾视，相谓曰：“只此便是‘树底有天春寂寂，人间无路月茫茫’。”言讫，直入唐之卧室。众僧惊异，亦随之而入，逾阈，而青衣不复见，但见唐已殂矣。

先是，唐与罗隐相遇，隐有题《牡丹》诗云："若教解语应倾国，任是无情亦动人。"唐因戏隐曰："此非赋牡丹，乃题女子障耳。"隐应声曰："犹胜足下鬼诗。"唐曰："其词安在？"隐曰："只'树底有天春寂寂，人间无路月茫茫'，得非鬼诗？"唐无言以对。至是青衣亦援引此句，而唐寻卒，则隐之言，岂偶然哉！（《五代史补》卷一《梁·曹唐死》）

三、上蓝和尚，失其名，居于洪州上蓝院，精究术数，大为钟传所礼。一旦疾笃，往省之，且曰："老夫于和尚可谓无间矣，和尚或不讳，得无一言相付耶！"上蓝强起，索笔作偈以授，其末云："但看来年二三月，柳条堪作打钟槌。"偈终而卒。传得之，不能测。洎明年春，淮师引兵奄至，洪州陷，江南遂为杨氏有。"打钟"之偈，人始悟焉。（《五代史补》卷一《梁·上蓝遗钟传偈》）

四、陈黯，东瓯人。才思敏速。时年十三，袖卷谒本郡牧，时面上有班疮新愈，其痕炳然。郡牧戏之曰："藻才而花貌，何不咏歌。"黯应声曰："玳瑁宁堪比，班犀讵可加？天嫌未端正，敷面与装花。"（《五代史补》卷一《梁·陈黯善对》）

五、初，庄宗为公子时，雅好音律，又能自撰曲子词。其后凡用军，前后队伍皆以所撰词授之，使揭声而唱，谓之"御制"。至于入阵，不论胜负，马头才转，则众歌齐作。故凡所斗战，人忘其死，斯亦用军之一奇也。（《五代史补》卷二《后唐·庄宗能训练兵士》）

六、秦王从荣，明宗之爱子。好为诗，判河南府，辟高辇为推官。辇尤能为诗，宾主相遇甚欢。自是出入门下者，当时名士有若张杭、江文蔚、何仲举之徒，莫不分庭抗礼，更唱迭和。（《五代史补》卷二《后唐·秦王掇祸》）

七、先是，梁朝有王霸者，即王氏之远祖，为道士。居于福州之怡山时，爱二皂荚树，因其下筑坛，为朝礼之所，其后丹成冲虚而去。霸尝云："吾之子孙，当有王于此方者。"乃自为谶，藏之于地。唐光启中，烂柯道士徐景玄，因于坛东北隅取土，获其词，曰："树枯不用伐，坛坏不须结。不满一千年，自有系孙列。"又曰："后来是三王，潮水荡祸殃。岩逢二乍间，未免有销亡。子孙依吾道，代代封闽疆。"议者以为，潮荡祸殃，谓王潮除其祸患以开基业也；岩逢二乍间，谓陈岩逢王潮未几而亡，土地为其所有也；代代封闽疆，谓潮与审知也，代代盖两世之称，明封崇不过潮与审知两世耳。初，王潮尝假道于洪州，时钟传为洪州节度使，以王潮若得福建，境土相接，必为己患，阴欲诛之。有僧上蓝者，通于术数，动皆先知，大为钟所重。因入谒，察传词气，惊曰："令公何故起恶意，是欲杀王潮否?"传不敢隐，尽以告之。上蓝曰："老僧观王潮与福建有缘，必变，彼时作一好世界。令公宜加礼厚待，若必杀之，令公之福去矣。"于是传加以援送。及审知之嗣位也，杨行密方盛，常有吞东南之志气。审知居常忧之，因其先人常为上蓝所知，乃使人赍金帛往遗之，号曰"送供"，且问国之休咎。使回，上蓝以十字为报，其词曰："不怕羊入屋，只怕钱入腹。"审知得之叹曰："羊者杨也，腹者福也，得非福州之患，不在杨行密而在钱氏乎？今内外将吏无姓钱者，必为子孙后世之忧矣。"至延羲为连重遇所杀，诸将争立，江南乘其时命查文徽领兵伐之，经年不能下。会两浙救兵至，文徽腹背受敌，遂大败。自是福州果为钱氏所有，入腹之谶始应。盖国之兴衰，皆冥数先定矣。(《五代史补》卷二《后唐·王氏据福建》)

八、宋齐丘，豫章人。父尝在钟传幕下，齐丘素落魄，父卒，家计荡尽，已在穷悴，朝夕不能度。时姚洞天为淮南骑将，素好士，齐丘欲谒之，且囊空无备纸笔之费，计无所出，但于逆旅杜门而坐，如此殆数日。邻房有散乐女尚幼，问齐丘曰："秀才何以数日不出?"齐丘以实告，女叹曰："此甚小事，秀才何吝一言相示耶!"乃惠以数缗。齐丘用市纸笔，为诗咏以投洞天，其略曰："某学武无成，攻文失志，岁华蹭蹬，身事蹉跎。胸中之万仞青山，压低气宇；头上之一轮红日，烧尽风云。加以天步陵迟，皇纲废绝，四海渊黑，中原血红，挹飞苍走黄之辨，有出鬼没神之机。"洞天怒其言大，不即接见。齐丘窘急，乃更其启。翌日复至，其略曰："有生不如无生，为人不若为鬼。"又云："其为诚恳万端，只为饥寒两字。"洞天始悯之，渐加以拯救。徐温闻其名，召至门下。及昪之有江南也，齐丘以佐命功，遂至将相，乃上表以散乐女为妻，以报宿惠，许之。(《五代史补》卷二《后唐·宋齐丘投姚洞天》)

九、何仲举，营道人。美姿容，年十三，俊迈绝伦。时家贫，输税不及限，李皋为营道令，怒之，乃荷项系狱，将槚楚焉。或有言于皋曰："此子虽丱，能为诗，往往间立成，希明府一察之。"皋闻，遽召而问曰："知汝有文，且速敏，今日之事，若能文不加点，为一篇以自述，吾当贷汝。"仲举援笔而成，曰："似玉来投狱，抛家去就枷。可怜两片木，夹却一枝花。"皋大惊，自为脱枷，延上厅与之抗礼，自是仲举始锐意就学。天成中，入洛，时秦王为河南尹，尤重士，仲举与张杭、江文蔚俱游其门。及其东荐也，公举数百人，独以仲举为擅场，仲举因献诗曰：“碧云章句才离手，紫府神仙尽点头。”秦王大悦，称赏不已，故一举上第。及归，遇文昭马氏承制，依唐太宗故事，于天策府置十八学士，以皋为学士之首，且执政柄，而仲举自以出于皋之门下，虽策名中朝，事皋未尝暂懈，皋感悦，遂加引用。未几，与之同列，及出，又为全、衡二州刺史。先是，湖南尤多诗人，其最显者有沈彬、廖凝、刘昭禹、尚颜、齐己、虚中之徒，而仲举在诸公间尤为轻浅，惟李皋独推许之，往往对众吟《秋日晚望》诗曰：“树迎高鸟归深野，云傍斜阳过远山。”以足扣地，叹曰：“何仲举乃诗家之高逸者也，诸官见取舍，其余奴岳乃间气尔。”故仲举感皋之见知，卒能自奋，至于名节，亦终始无玷，论者以皋有知人之鉴。（《五代史补》卷二《后唐·何仲举及第》）

十、冯道之镇同州也，有酒务吏乞以家财修夫子庙，道以状付判官参详其事。判官素滑稽，因以一绝书之判后云：“荆棘森森绕杏坛，儒官高贵尽偷安。若教酒务修夫子，觉我惭惶也大难。”道览之有愧色，因出俸重创之。（《五代史补》卷三《晋·冯道修夫子庙》）

十一、欧阳彬，衡山人。世为县吏，至彬特好学，工于词赋。马氏之有湖南也，彬将希其用，乃携所著诣府。求见之礼，必先通名纸。有掌客吏，众谓樊知客，好贿，阴使人谓彬曰：“足下之来，非徒然也，实欲显族致身，而不以一物为贶，其可乎？”彬耻以贿进，竟不与。既而樊氏怒，掷名纸于地曰：“岂吏人之子欲干谒王侯耶！”彬深恨之，因退而为诗曰：“无钱将乞樊知客，名纸生毛不为通。”因而落魄街市，歌姬酒徒，无所不狎。有歌人瑞卿者，慕其才，遂延于家。瑞卿能歌，每岁武穆王生辰，必歌于筵上。时湖南自旧管七郡外，又加武陵、岳阳，是九州，彬作《九州歌》以授瑞卿，至时使歌之，实欲感动武穆。既而竟不问，彬叹曰：“天下分裂之际，厮徒负养皆能自奋，我贫而至此耶！”计无所出，思欲窜入邻道，但未有所向。（《五代史补》卷三《晋·欧阳彬入蜀》）

十二、戴偃，金陵人。能为诗，尤好规讽。唐末罹乱，游湘中，值马氏有国，至文昭王以公子得位，尤好奢侈，起天策府，构九龙、金华等殿，土木之工，斤斧之声，昼夜不绝。偃非之，自称“元黄子”，著《渔父诗》百篇以献，欲讥讽之，故其句有：“才把咽喉吞世界，盖因奢侈致危亡。”又曰：“若须抛却便抛却，莫待风高更水深。”文昭览之怒，一旦谓宾佐曰：“戴偃何如人？”时宾佐不测，以偃为文昭所重，或对曰："偃诗人，章句深为流辈所推许，方今在贫悴，大王哀之，置之髯参短簿之间足矣。"文昭曰："数日前献吾诗，想其为人，大抵务以鱼钓自娱尔，宜赐碧湘湖，便以遂其性，亦优贤之道也。"即日使迁居湖上，乃潜戒公私不得与之往还。(《五代史补》卷三《晋·戴偃摈弃》)

十三、石文德，连州人。形质矬陋，好学，尤工诗。霸国时，屡献诗求用，文昭以其寝陋，未尝礼待，文德由是穷悴。有南宅王子者，素重士，延于门下。其后文昭知之，亦兼怒王宅，欲庭辱文德而逐之。居无何，秦国夫人彭氏薨，文昭伤悼，乃命有学文者各撰挽词。文德乃献十余篇，其一联云："月沉湘浦冷，花谢汉宫秋。"文昭览之大惊，曰："文德有此作用，吾但以寝陋而轻之，乃不如南宫小儿却能知贤耶！"于是始召文德而愧谢之。未几，承制授水部员外郎，充融州刺史。文德晚尤好著述，乃撰《大唐新纂》十三卷，多名人遗事，词虽不工，事或可采，时以多闻许之。(《五代史补》卷三《晋·石文德献挽歌》)

十四、马希范卒，判官李皋以希范同母弟希广为天策府都尉，抚御尤非所长。大校张少敌忧之，建议请立希广庶兄武陵帅希萼，且曰："希萼处长负气，观其所为，必不为都尉之下，加之在武陵，九溪蛮通好，往来甚欢，若不得立，必引蛮军为乱，幸为思之。"李皋忽怒曰："汝辈何知！且先大王为都尉，俱为嫡嗣，不立之，却用老婢儿可乎？"少敌曰："国家之事，不可拘以一途，变而能通，所以国长久也，何嫡庶之云乎。若明公必立都尉，当妙设方略以制武陵，使帖然不动乃可。不然，则社稷去矣。"皋愈怒，竟不从少敌之谋，少敌度无所奈何，遂辞不出。未几，希萼果以武陵反，引洞溪蛮数路齐进，遂之长沙，缢希广于郊外，而支解李皋。自是湖南大乱，未逾年而国灭，一如少敌之言。……先是，城中街道尚种槐，其柳即无十一二，至是内外一变皆种柳，无复槐矣。又居人夜间好织草鞋，似槌芒之声，闻于郊野，俄有童谣云："湖南城郭好长街，尽栽柳树不栽槐，百姓奔窜无一事，只是槌芒织草鞋。"人无长少皆诵之。未几国乱，百姓奔窜，死于沟壑者十有八九，至是议者始悟。盖长街者，通内外之路也；槐者，为言怀也，不栽槐，盖兄弟不睦，以至国亡，失孔怀之义也；草鞋者，远行所用，盖百姓远行奔窜之义也。(《五代史补》卷四《汉·张少敌抗议嫡庶》)

十五、马希萼既立，不治国事，数与僚吏纵酒为乐。有小吏谢廷择者，本帐下厮养，有容貌，希范素宠嬖之，每筵会，皆命廷择预坐，诸官甚有在下者。

于是众怒，往往偶语曰："此辈旧制有燕会，唯用兵守门，以防他虞，今与我等齐列，何辱之甚也！"其弟希崇因众怒咄咄，与其党窃发，擒希萼囚之于衡阳，又自立。未数日，江南遣袁州刺史边镐乘其乱领兵来伐，希崇度不能敌，遂降。先是，长沙童谣云："鞭打马，走不暇。"未几，果为边镐所灭。（《五代史补》卷四《汉・马希萼囚于衡阳》）

十六、王尚书仁裕，乾祐初，放一榜二百一十四人，乃自为诗云："二百一十四门生，春风初动毛羽轻，掷金换却天边桂，凿壁偷将榜上名。"陶谷为尚书，素好诙谐，见诗佯声曰："大奇，大奇，不意王仁裕今日做贼头也。"闻者皆大笑。（《五代史补》卷四《汉・王仁裕贼头》）

十七、陈抟，陕西人，能为诗，数举不第，慨然有尘外之趣，隐居华山，自是其名大振。世宗之在位也，以四方未服，思欲牢笼英杰，且以抟曾践场屋，不得志而隐，必有奇才远略，于是召到阙下，拜左拾遗。抟不就，坚乞归山，世宗许之。……初，抟之被召，尝为诗一章云："草泽吾皇诏，图南抟姓陈。三峰十年客，四海一闲人。世态从来薄，诗情自得真。超然居物外，何必使为臣。"好事者欣然谓之答诏诗。（《五代史补》卷五《周・世宗诏陈抟》）

十八、李相谷尝为陈州防御使，三日谒夫子庙，但见破屋数间，中有一像巍然而已。谷叹息久之。俄而伶人中有李花开，趋进而前，献口号云："破落三间屋，萧条一旅人。不知负何事，生死厄于陈。"谷惊，以谓伶人之词趋向有如此者，遽出俸以修之。（《五代史补》卷五《周・李谷修陈州夫子庙》）

十九、江为，建州人。工于诗。乾祐中，福州王氏国乱，有故人任福州官属，恐祸及，一旦亡去，将奔江南，乃间道谒为。经数日，为且与草投江南表。其人未出境，遭边吏所擒，仍于囊中得所撰表章，于是收为与奔者，俱械而送。为临刑，词色不挠，且曰："嵇康之将死也，顾日影而弹琴，吾今琴则不暇弹，赋一篇可矣。"乃索笔为诗曰："衙鼓侵人急，西倾日欲斜。黄泉无旅店，今夜宿谁家？"闻者莫不伤之。（《五代史补》卷五《周・江为临刑赋诗》）

二十、何承裕，韶州曲江人，父泽，尝为岭南刘隐从事。承裕有逸才，为小词尤工，倡楼酒肆，往往流布。与翰林陶谷素不叶。世宗之征河东也，书诏填委，陶独当之。时何以通籍亦预扈从之数，世宗欲擢用，问陶曰："何承裕可以知制诰否？"奏曰："承裕好俳，发挥润色恐非所长。"世宗遂已。何知之。及陶之判铨，一旦方偃息，何自外抗声唱挽歌而入，陶甚惊骇。承裕曰："尚书岂长生不死者耶？

幸甚无恙，闻其一两曲又何妨?”陶无以抗。及知商州，有举人投卷，初甚欣慰，及览其诗，有“日暮啼猿旅思凄”之句，遽曰：“足下此句甚佳，但上句对属未切，奉为改之，何不云‘晓来犬吠张三妇，日暮猿啼旅思凄’。”举人大惭而去。其放荡不羁，动以滑稽为务也如此。(《五代史补》卷五《周·何承裕诙谐》)

二十一、僧谦光，金陵人也。素有才辨，江南国主以国师礼之。然无羁检，饮酒如常，国主无以禁制，而又于诸肉中尤嗜鹅、鳖，国主常以从容语及释氏果报，且问曰：“吾师莫有志愿否？寡人固欲闻之。”谦光对曰：“老僧无他愿，但得鹅生四只腿，鳖长两重裙足矣。”国主大笑。显德中，政乱，国主犹晏然不以介意。一旦，因赏花，命谦光赋诗，因为所讽，诗云：“拥衲对芳丛，由来事不同。鬓从今日白，花似去年红。艳冶随朝露，馨香逐晓风。何须对零落，然后始知空。”(《五代史补》卷五《周·僧赋牡丹诗》)

[宋] 佚名《五国故事》

《五国故事》二卷，不著撰者。是书记吴杨氏、南唐李氏、前蜀王氏、后蜀孟氏、南汉刘氏、闽王氏与闽朱文进等事。有明抄本、清抄本、涵芬楼《说郛》本、宛委山堂《说郛》本、文渊阁《四库全书》本、文津阁《四库全书》本、《知不足斋丛书》本、《函海》本、《龙威秘书》本、《学海类编》本等。此据清乾隆三十七年至道光三年长塘鲍氏刻清《知不足斋丛书》本辑录。

一、徐氏将移杨氏之祚，乃以升州为大吴西都，扬州为东都，声言将迁杨氏于江南，改白沙为迎銮镇。俄而逼禅，称杨氏欲入道，乃营室于茅山，迁(杨)溥居之，册曰：“受禅老臣，臣知诰谨上尊号曰高尚思元崇古让皇帝。”溥既渡江，赋诗略曰：“烟凝楚岫愁千点，雨滴吴江泪万行。兄弟四人三百口，不堪端坐细思量。”及将遇弑，方诵佛书于楼上，使者前趋，溥以香炉掷之，俄而见害。(《五国故事》卷上)

二、初，(王)建立衍为嗣，铸铜钟于佛寺，虚悬之，其声洪远，建乃谓其下曰："吾立此钟，为立太子故也。今声洪远，是必东宫将来之庆。"俄而才及八日，其钟殒地，龙首摧落，建闻之不怿。衍袭伪号，果八年而亡国。衍之末年，率其母后等同幸青城，至成都山上清宫，随驾宫人皆衣画云霞道服，衍自制《甘州》曲辞，亲与宫人唱之曰："画罗裙，能结束，称腰身。柳眉桃脸不胜春，薄媚足精神，可惜许沦落，在风尘。"宫人皆应声而和之。衍之本意，以神仙而在凡尘耳。后衍降中原，宫妓多沦落人间，始验其语。(《五国故事》卷上)

三、(王)延彬，圭之子，忠懿之犹子也。圭死，袭其父封于泉州，颇与延钧笃兄弟之分。性多艺而奢纵，日服一巾栉，日易一汗衫，既醉，必以龙脑数器覆之，无病则亭午方起。能为诗，亦好说佛理，诗人、禅客谒见，多为所沮。宅中声妓皆北人，将求妓，必图己形而书其歌诗于图侧，曰："才如此，貌如此。"以是冀其见慕。初，圭领兵至泉州，舍于开□寺，始生延彬于寺之□堂。既生而有白雀一，栖于堂中，迄延彬之终，方失其所在。凡三十年，仍岁丰稔，每发蛮舶，无失坠者，人因谓之招宝侍郎。进士徐寅尝为《人生几何赋》云："任是三皇五帝，不死何归?"后因修合求药于延彬，延彬即书其赋辞于纸尾而报之，其风味又类此也。朝廷授延彬云州节度使，及卒，复赠侍中，葬云台山，迄今闽人谓之云台侍中。其诗有尤者曰："两衙前后讼堂清，软锦披袍拥鼻行。雨后绿苔侵履迹，春深红杏锁莺声。因携久酝松醪酒，自煮新抽竹笋羹。也解为诗也为政，侬家何似谢宣城!"人多诵之。(《五国故事》卷下)

[宋] 史温《钓矶立谈》

史温，虚白之孙，壶之子，生卒年不详。宋真宗咸平中，擢进士第。累官桃林尉、大中祥符中知闽清县，寻以国子博士知封州。仁宗天圣中，为虞部员外郎。《钓矶立谈》一卷，记南唐史事，又题史虚白、虚白仲子作。有清初影宋抄本、清康熙元年王乃昭抄本、文渊阁《四库全书》本、文津阁

《四库全书》本、《榕园丛书》本、《笔记小说大观》本、《知不足斋丛书》本、宛委山堂《说郛》本等。此据清乾隆三十七年至道光三年长塘鲍氏刻清《知不足斋丛书》本辑录。

一、吴王称号淮海时，广陵殷盛，士庶骈阗。忽一旦，有黄冠道人，状如病狂，手持一竿，竿首挂一木，刻为鲤鱼形，自云钟离人也。行歌于市，曰："盟津鲤鱼肉为角，濠梁鲤鱼金刻鳞；盟津鲤鱼死欲尽，濠梁鲤鱼始惊人。"又云："横排三十六条鳞，个个圆如紫磨真。为甚竿头挑着走，世间难遇识鱼人。"大率如此意者，凡数十篇，时人莫能晓。岁余，忽不知所之。其后武义年中，江南谣言又有"东海鲤鱼飞上天"之语。及烈祖受命，复姓李氏，立唐社稷，其言方验。

叟曰：鲤之与李，声相通也。鱼而肉角则龙矣，虽以金刻鳞，犹为鱼也。江南虽为强国，而以偏霸终焉，鱼之象也。顷尝读西天竺书，说因因相袭，皆如旦之有夕，相随不舍，其言将信然。大抵帝王称制，其德泽方广，滋被渗漉，流以及远，根叶敷布，虽五运互迭，不无兴衰，要其种姓，当有肖似者。是以二帝三王，共祖轩辕；卯金之祚，绝而复续；江南诸萧，虽享国之日浅，然无大罪戾。向契丹使至江南，乃云："有萧氏者，与耶律氏相为始终。"由是观之，濠梁胄出盟津，厥有旨哉。(《钓矶立谈》)

二、烈祖初得政，尽反知训之所为。接御士大夫，曲加礼敬；躬履素朴，去浮靡；而又宽刑勤理，孜孜不倦。是时方镇窥伺，事资弹压。烈祖视听不妄，指㧑中节，平居自号曰"政事仆射"。高位重爵，推与宿旧，故得上下顺从，人无异意。齐台之建，擢宋齐邱、徐玠为左右丞相。于其所居第旁，创为延宾亭，以待四方之士。遣人司守关徼，物色北来衣冠，凡形状奇伟者，必使引见，语有可采，随即升用。听政稍暇，则又延见士类，谈宴赋诗，必尽欢而罢，了无上下贱贵之隔。以此二十年间，委曲庶务，无不通知，兴利去害，人望日隆。沈彬先事献《山水画障诗》云："须知手笔安排定，不怕山河整顿难。"及将受禅，头陀范志嵩《赋月诗》云："徐徐东海出，渐渐到亨衢。此夜一轮满，清光何处无？"概以是言之，人之与能也，有自来矣，是以吴社迁换，而国中夷然无易姓之戚，盖盛德之所移故也。

叟曰：峻极之山，神明凭依；翳荟之邱，云气出焉。凡水之有旋桓折波者，必生修鳞。帝王之量，其亦有以异人者矣。尝试观孝高皇帝，其总收权网，维御群隽，当国匪解，敦守纯朴，虽汉之高、光，不是过也。徒以其崎岖偏左之国，地势不便，加以天之付畀，自有限量，只是远图之所就，仅足以称霸而已。惜夫。(《钓矶立谈》)

三、武义中有童谣云："江北杨花作雪飞，江南李树玉团枝。李花结子可怜在，不似杨花没了期。"及烈祖受禅，其日，白雀翔于庭。郡国以符瑞言者，不可以数计。其尤著者，江西杨化为李，临川李树生连理。于是始下还宗之议，初立唐宗庙，定郊堂之位。圜丘毖祀之夕，乃孟夏上旬，月至三鼓当没，而升坛之际，皎然如昼，柴燎毕乃没。太史奏言："月延三刻。"远近叹以为异事。

叟尝见长老相与言，颇有疑以为未必然者。其意盖以谓：南唐在六合间，才数州之境，讵得天应以祥眚，如是之审也。叟辩之曰："人之精诚上下感假，旦昼之所接，精祲之所交，亦何所不有？昔卫先生画长平之策，而太白袭月；燕丹谋秦，而白虹贯日；鲁阳挥戈，而羲轮辍御；宋景有一言之善，而法星退舍。以至柳起上林，石立太山，赤伏登汉，金雌谶晋，或曲为一姓，或专繇一人。亦有庶女含冤，而赤地千里，陨霜杀菽；匹夫致孝，而鱼跃冰开，冬竹生萌。近世马仁裕之生也，紫气充庭。卢文进出军失律，而黑蟒拥膝；及其殁也，赤氛宵腾，有星落如杯。姚景昼寝，而丹蛇游于颧准之间。王舆梦有流星之警，而几毙于飞石。凡此数子者，位不过节将，然犹肸蠁昭彰，又况胙土开国，五十年中江表无事，为人神主，以对越上下者耶。说者乃以《隋志》"日行上道"，遂疑往事无准，固不可以执一而废百也。(《钓矶立谈》)

四、周世宗伐淮之岁，建阳孟贯于驾前献所业，其首篇《贻栖隐峒章先生》有"不伐有巢树，多移无主花"之句。世宗宣见，问贯曰："朕伐罪吊民，何有巢无主之有？然献朕则可，他人应不汝容矣。"

叟以谓：孟贯小生，不知所以邀说万乘之道，而世宗皇帝亦不得不为失辞。古训有之："师以直为壮，曲为老"，又魏绛之辞曰："师众以顺为武。"王者之师，有不出则已矣。其举事也，沛如时雨之将至，百嘉仰之以生焉。夫人胥仰之以生，则孰肯为敌而输死。江南初未有失德也，徒以连叛臣而致讨。且疆场之故，一彼一此，亦胡可胜言。乃如周之本谋，但规取淮壤，而借此以为之辞。《诗》云："鼓钟于宫，声闻于外。"声之所驰，无翼而能飞，方将幸人之不之知，弗可得也。顷见故老，犹能言淮上事。周师之出也，亩无栖粮，廪无留藏，卷地以往，视人如土芥。坟墓圮毁，老幼系缧，墟落之地，胔腐骨填，里鼓绝响，殆无炊烟。于是自邗沟以北，皆群聚而成团，糊纸以为甲，壤锄耰以为器，因废垒以为固，官军与之对，则往往折北。是以刘仁赡以死守，寿春人相啖食，而城卒不肯下。孙忌睢盱于楼车之上，不顾身首异处，违诏而致其区区之忠。为人臣有如此二人者，可以与古烈士比。曾不标异以奖薄俗，而俱从显戮，文武之师固如是乎？当此之时，人心踽踽，然南首以冀。会李氏君臣失谋，横生嫌间。其兵出不返，望旗而先溃。然且銮舆再驾，而仅足以成割江之计，所谓"楚则过矣，齐未为得"也。顾岂如甲戌之师，曾不衄而一国归命焉。《诗》云："匪疚匪棘，王国来极。"正斯之谓欤！（《钓矶立谈》）

五、宋子嵩以布衣干烈祖，言听计售，遂开五十三州之业，宗祀严配，不改唐旧，可为南国之宗臣矣。及世事移改，新用事者，爪距铦锐，方曹起而朋挤之。当其吊影于九峰之底，所谓几濒于死地。一旦复得政柄，内顾根柢失据，危而易摇，因隳其初心，而更思所以自完计，首开拓境之说，规以矜企动上心。于是南生楚隙，西结越衅，晚举全国之力，而顿兵于瓯闽坚壁之下。飞挽刍粟，征发徭戍，四境之内，为之骚然。钟山李公建勋为赋诗，有"粟多未必为全策，师老须防有伏兵"之句，盖切中于当时之病。李宗坐是不竞，而子嵩之名亦因以陨，悲夫。

叟尝谓：颓垣夷堑，何有于污墁；毁冕裂弁，孰施于面目，正子嵩之谓矣。且古之欲固其位者，亦何所不为？为女宠妇谒，所以荡其情也；为田猎观游，所以耗其志也；为落落不合，所以开其矜夸也；为战斗危事，所以胥其恇怯也。人君倘不自觉知，未有不堕其计中者。窃尝譬之，一国之有君，犹心之宅百体也。苟一体之不密，则肤腠受邪，而病气干其正矣。病气干其正，日以渐靡，而曾不知惧，犹且表表自喜，以为完人。其可复觊也耶？有如子嵩者，其生平志业，盖以孔明、茂宏为不足法。至其晚节末路，乃乘人主肤腠之隙，而危为一窍之邪。鄙哉，斯人也。鄙哉，斯人也。古语不云乎："栋折榱崩，侨将压焉。"抑谓是也夫？（《钓矶立谈》）

六、上（烈祖）尝服金石药，疽剧将崩，呼元宗登御榻，啮其指至血出，戒之曰："他日北方当有事，勿忘吾言。"保大中，查文徽、冯延鲁、陈觉等争为讨闽之役，冯延巳因侍宴，为嫚言曰："先帝龊龊无大略，每曰戢兵自喜。边垒偶杀一二百人，则必赍咨动色，竟日不怡。此殆田舍翁所为，不足以集大事也。今陛下暴师数万，流血于野，而俳优燕乐，不辍于前，真天下英雄主也。"元宗颇领其语。其后闽土判涣，竟成迁延之兵，湖湘既定而复变，地不加阔，财乏而不振。会耶律南入，中国大乱，边地连表请归命，而南唐君臣束手无能延纳者。韩熙载上疏，请乘衅北略。而兵力顿匮，茫洋不可为计，刮疡裹创，曾未得稍完。而周祖受命，世宗南征，全淮之地，再战而失。元宗始自叹恨，厌厌以至于弃代。时有隐君子作为《割江赋》，以讥讽其事。又有隐士诗云："风雨揭却屋，浑家醉不知。"将迁幸南都，而伶人李家明亦献诗云："龙舟悠漾锦帆风，雅称宸游望远空。偏恨皖公山色翠，影斜不入寿杯中。"故知倾国之渐，良由废烈祖之圣训而致然也。

叟曰：国之将亡，反本塞源。元宗自在藩邸，仁孝播闻。及怵于贼臣之谀言。至诋诬先烈以自圣，啮指顾命，忽如风之过耳。天不祚唐，可为伤心。吁，憸人小夫，不足以共谋国也。如此，叟每置念于中，则不觉为之堕睫。（《钓矶立谈》）

七、昌黎韩熙载，字叔言，慷慨有才学，尝著书，号《格言》，传于世。家故富豪，颇好侈忕，不为烈祖所礼。元宗爱其词章，且东宫旧僚也，故骤见任用。在朝挺挺谅直，不为权势所喜，至诬以纵酒，黜为和州司马。其实熙载酒量，涓滴而已。久之，复入纶掖，诰令典雅，有元和风采，江表碑碣大手笔，咸出其手。初，熙载自以羁旅被遇，思展布支体，以报人主。内念报国之意，莫急于人材，于是大开门馆，延纳隽彦，凡占一伎一能之士，无不加意收采，唯恐不及，虽久病疲苶，亦不废接对。至诚奖进后辈，乃其天性。每得一文笔，手自缮写，展转爱玩，至其纸生毛，犹不忍遽舍。后房蓄声妓，皆天下妙绝，弹丝吹竹、清歌艳舞之观，所以娱侑宾客者，皆曲臻其极。是以一时豪杰，如萧俨、江文蔚、常梦锡、冯延巳、冯延鲁、徐铉、徐锴、潘佑、舒雅、张泊之徒，举集其门。熙载又长于剧谈，与相反覆论难，多深切当世之务。故熙载每有表疏论列，闻听翕然以为当惬。后主即位，适会朱元反叛，颇有疑北客之意，唯待熙载不衰。又熙载曾将命大朝，留不得遣，有诗题馆中，曰："我本江北人，去作江南客。还至江北时，举目无相识。清风吹我寒，明月为谁白？不如归去来，江南有人忆。"时宰见而悯之，为白天子遣还，以此之故，嫌疑不及。然熙载内亦不自安，因弥事荒宴，殆于废日，俸禄之数不得充其用。及身没之日，后主痛惜曰："天夺吾良臣，何速也。"遂不爰立，顾左右曰："今将赠熙载以平章事，前代尝有此例否？"或对曰："刘穆之赠开府仪同三司，即其例也。"后主即日出手书，诏赠以平章事，追谥曰文靖，葬于梅岭冈谢安墓侧。江南人臣，恩礼少有其比。

叟尝谓：进贤受上赏，蔽贤蒙显戮，此兴王之令典也。及读《虞书》称"天秩五礼，天讨五罪"，又《大易》之辞曰："君子以遏恶扬善，顺天休命"，乃知兴王之所柄以赏罚者，是乃天意也。宋子嵩、孙无忌，以才名高于南唐。子嵩在位三十许年，历处权任，然睢盱自大，而尤恨人之不同己者。无忌铁心石肠，落落以忠赤自许，至其论人材，则门下盖如扫焉。二丞相之死，虽其事不同，而皆惧非命，并其孙子殄歼无遗。叟意其为天之所殛故也。韩叔言虽奉养过腆，动挂讥议，处世逼迫，略无好悰，然身死之日，备享哀荣，盖其平生特以爱礼人士为称而已矣。叟又意其为天之所佑故也。夫天之所为，人莫之知，虽勇如贲育者，不能支，亦不能移也。后之有位之君子，其戒之哉！其戒之哉！（《钓矶立谈》）

八、剑浦人陈陶，学通天人，自负台铉之器，不肯妄干托。及闻宋子嵩秉政，凡所荐擢，率浮靡俭佞，陶自知决不能入，因筑室南都之西山，以吟咏自放。及齐邱出镇，陶更有蒲轮之望，仍自咏曰："中原莫道无鸾凤，自是皇家结网疏。"故与水曹郎任畹相善，以诗寄之云："好向明时荐遗逸，莫教千古吊灵均。"朝廷亦自知其名，欲加召用。会割江多故，未暇也。是时江南多妖孽，彗孛昼见。陶察运祚衰替，不可扶持，遂绝意于荐绅，专以服食炼气为事，又诗有云："乾坤见了文章懒，龙虎成来印绶疏。"又云："近来世上无徐庶，谁向桑麻识卧龙。"又云："蟠溪老叟无人问，闲列租梨教《六韬》。"租、梨，其二子小字也。或问其优劣，陶答曰："味虽不同，皆可于口。"

叟尝谓：明王驭世，哲匠宰物，要当使一世之士，相为低昂，无有赍志遗恨者。夫然后物物得其平，夫是之谓太平。昔应侯与贾子坐于堂上，闻有鼓琴之声，应侯曰："一何悲耶。"贾子曰："张急调下，故使之悲耳。"夫张急者，良材也；调下者，卑处也。取彼良材而卑处之，能勿悲矣乎？是故骐骥不遗能于良乐，良宝不藏耀于隋郢，盖其辉光夜射则价高秦赵，飞驷灭没则岂论燕越。物尚有之，士亦宜然。庾阐有云："桂林生于五岭，杞梓出于南荆。"夫以卉木之盛，犹载在方志，况千里之朝，怀其良彦，而俾之滞于常流，莫登于龙津者乎？故叟以陈陶之志业考之，有以知唐室之不竞。（《钓矶立谈》）

［宋］龙衮《江南野史》

龙衮，字君章，宋吉州永新人，生平不详。《江南野史》，又作《江南野录》，原书二十卷，今存十卷，记南唐史事，约修成于北宋中期。有明末毛氏汲古阁抄本、清张德荣抄本、清乾隆五十一年黄氏醉经楼抄本、缪氏云自在龛抄本、文渊阁《四库全书》本、文津阁《四库全书》本、《续百川学海》本、宛委山堂《说郛》本、《五朝小说大观》本、《豫章丛书》本等。此据江西教育出版社2000年版《豫章丛书》辑录。

一、宜春王从谦，嗣主第九子，后主之母弟。幼而聪悟好学，有文词。年未弱冠，有能诗之名。嗣主尝于苑中与宰臣相弈，而从谦侍侧，嗣主命之赋观棋诗，从谦乃命笔立赋，曰："竹林二君子，尽日意沉吟。相对曾无语，争先各有心。恃强终有失，守分固无侵。苦算机锋处，沧溟想未深。"嗣主览之惊叹，令颁示百僚，以为规诫。士流争写，纸价涌于建康。及后主嗣立，封王。（《江南野史》卷三《宜春王》）

二、沈彬者，筠阳高安人。少好学读书，有能诗之誉。属唐末离乱，随计不捷，南游湘湖，隐云阳山十年许，与浮屠辈虚中、齐己以诗名，互相吹嘘，为流辈所慕。寻归乡里，访名山洞府与学神仙人，慕乔、松虚无之道，往来多之玉笥、阁皂二山，入游息焉。（《江南野史》卷六《沈彬》）

三、先主移镇金陵，旁罗隐逸，名儒宿老，命郡县起之。（沈）彬赴辟命，知其欲取杨氏，因献《观画山水图》诗："须知手笔安排定，不怕山河整顿难。"先主夙闻其名，览之而喜，遂授秘书郎，入赞世子。未几，以老乞骸骨归，乃授吏曹郎致仕。年将八十，修养不怠。（《江南野史》卷六《沈彬》）

四、陈陶者，世为岭表剑浦人。幼业儒素，长好游学，善解天文，颇长于《雅》、《颂》。自负台铉之器，不为干托。既至南昌，谋往建康，闻宋齐邱秉政，凡所进擢才彦，名非显达，自计与齐邱凿枘，终不克纳，必为所屈，乃翻然筑室居西山，以吟咏自资。会齐邱出镇南昌，因有蒲安之觊，乃自咏曰："中原莫道无麟凤，自是皇家结网迍。"陶少与水曹任畹相善，又寓之诗云："好向明时荐遗逸，莫教千古吊灵均。"嗣主知而未及辟之，会彗孛且见，陶乃叹曰："国家其几亡乎？"遂失淮甸。（《江南野史》卷八《陈陶》）

五、嗣主南幸，以冀苟逸，迨至落星，诸将欲往问，然（陈）陶所居不与俗接，惟嗜鲊，一啖或至千脔，遂使衣商贾之服，赍鲊往。既至，陶即时出，乃问官家龙舟将抵何处，对曰："已达落星矣。"因问陶曰："星可避耶？"答曰："落星不还何俟？"嗣主躁挠，不俟返命，已至南都。既数日，诘旦，殿庭忽见残獐一脚，视之，乃兽食之余，询宿卫，莫知所以，遂往询之。陶曰："昨暮乃狼星所直，故尔。"嗣主叹曰："真鸿儒矣！"将召见，会嗣主殂，后主即位，知其运祚衰替，遂绝缙绅之望，以修养烧炼还丹为事。有诗云："乾坤见了文章懒，龙虎成来印绶疏。”又云：“磻溪老叟无人用，闲列查、黎教《六韬》。”又曰：“近来世上无徐庶，谁向桑麻识卧龙？”（《江南野史》卷八《陈陶》）

六、（陈）陶所遁西山先产药物，仅数十种。开宝中，常见一叟角发被褐，与一炼师舁药入城鬻之，获资则市鲊就炉，二人对饮且啖，旁若无人。既醉，且舞而歌曰：“蓝采禾，尘世纷纷事更多。争如卖药沽酒饮，归去深崖拍手歌。”时人见其纵逸，姿貌非常，每饮酒食鲊，疑为陶之夫妇焉。竟不知其所终，或云得仙矣。（《江南野史》卷八《陈陶》）

七、迨十年，嗣主幸南昌，既至星子渚，复使召（史虚白）至，问曰：“处士隐居，必有所得乎？”对曰：“近得《渔父》一联。”乃命诵之，虚白曰：“风雨揭却屋，全家醉不知。”嗣主闻之，为之变色，赐粟帛遣还，未几而卒。有二子，次举进士，长早丧。孙温，咸平中擢进士第。（《江南野史》卷八《史虚白》）

八、孟宾于，湖湘连州人。少修儒学，早失其父，事母以孝闻。长好篇咏，有能诗名。天祐末，工部侍郎李若虚廉察于湘、沅，宾于有诗数百篇，自命为《金鳌集》，献之，大为称誉。因采择集中有可举者十数联，记之于书，使宾于驰诣洛阳，献诸朝廷，皆为数之，其誉蔼然。至明年春，与故李司空昉同年擢进士第。寻属丧乱，遂归宁亲。数岁，天策府马氏辟为零陵从事。（《江南野史》卷八《孟宾于》）

九、及江南攻下湖、湘，（孟）宾于随马氏归朝，嗣主授以丰城簿，寻迁淦阳令，因黩货以赃，罪当死。会昉迁翰林学士，闻其缧绁，以诗寄宾于云：“幼携书剑别湘、潭，金榜标名第十三。昔日声尘喧洛下，近年诗价满江南。长为邑吏情终屈，纵处曹郎志未甘。莫学冯唐便休去，明君晚事未为惭。”后主见诗，贷之，复其官。未几，求致仕，隐于玉笥山，自号“群玉峰叟”，与道家流游处。迨期年，后主以水部员外郎起之。金陵陷，宾于遂归老连上。时吉守秘阁郎马致黎送以诗，其断章云：“今日还家莫惆怅，不同初上渡头船。”既而归，未几卒，八十余矣。（《江南野史》卷八《孟宾于》）

十、（孟）宾于嗜赂，出宰县邑，未尝一处无赃污。徒有诗名，人不多之。初，宾于入江南，生子名曰归唐，少亦能诗，就庐山国学，遂得《瀑布》诗云：“练色有穷处，寒声无尽时。”邻房儒生亦得此联，遂交诵其句，助教不能理，因送江州，各以全篇意势定之，而归唐胜，大为时贤所仰，遂荫秘书省正字。出为吉州民掾，归于京师，累迁大理丞。因失降袁州司马，遂致仕。（《江南野史》卷八

《孟宾于》)

十一、孟贯,世居岭表,为建阳人。少好学,出游庐山,与江洎大谏杨徽之同学友善,故徽之诗集中多与贯为者。显德中,周世宗征淮南,幸广陵,贯潜渡江,以所业诗一集驾前献之。世宗览其卷首《贻栖隐洞谭先生》诗句云:“不伐有巢树,多移无主花。”宣贯曰:“联以元戎问罪,伐叛吊民,非惧强凌弱,何‘有巢’、‘无主’之有?然献朕则可,如他人,卿应不免矣。”遂释褐授官,后不知其所终焉。(《江南野史》卷八《孟贯》)

十二、江为者,宋世淹之后,先祖仕于建阳,因家焉。世习儒业,少游庐山白鹿洞,师事处士陈贶,酷于诗句二十余年,有风雅清丽之态,时已诵之。时金陵初拟唐风,场屋悬进士科以罗英造,为遂入求应,然独能篇什辞赋,策论一辞不措,屡为有司黜。为因怏怏不能自已,乃还乡里,与同党数十家连结,欲叛入钱塘。会其同谋上告,郡县按捕,得其逆状,尽诛之。将死,犹能吟诗以贻行刃者。初,嗣主南幸落星渚,遂游白鹿国庠,见壁上题一联云:“吟登萧寺旃檀阁,醉倚王家玳瑁筵。”乃谓左右曰:“吟此诗者,大是贵族矣。”于是为时辈慕重,因兹傲纵,谓可俯拾青紫矣。(《江南野史》卷八《江为》)

十三、胡元龟,世为庐陵人,居永新。少有俊才,常候本邑宰,见其风貌瑰杰,而礼趋生犷,欲穷其艺学,因新画屏为戏珠龙,乃曰:“请子咏之。”元龟执简,造次而成,因讽宰受贻,云:“翻身腾白浪,探爪攫明珠。”宰为设饮馔,尽欢而罢。后有人为宰发之,宰怒,使人追捕,欲害之。元龟亡入金陵,会吏曹徐郎以宾馆之。未几,郎为子娶,亲迎之夕,毕命僚族设笺管,徐有同舍郎在坐,问曰:“今夕诗相为谁?”答曰:“有螺江胡造士焉。”郎大哈,以题试之,元龟援毫裂笺,不刻而成,郎览之,颔而已。元龟以回文诗嘲之,郎辞以赋题,又连飞数章讥切,皆以回文体。郎一辞不措,伪醉而去,由是众慕之。(《江南野史》卷九《胡元龟》)

十四、刘洞,世居建阳。少游学入庐山,师事陈贶,学诗,精究其术。贶卒,而洞犹居二十年。长五言诗。后主立,以诗百余篇因左右献之,后主数闻其名,喜而览之,其首篇乃《石城怀古》诗,云:“石城古岸头,一望思悠悠。几许六朝事,不禁江水流。”后主掩卷,为之改容,遂不复读其余者。洞羁旅二年,俟召对,不报,遂南还庐陵。与同门夏宝松相善,为倡和俦侣。然洞之诗,格清而意古，语新而理粹。常自谓得浪仙之遗态，但恨不与同时言诗也。或曰："先生道既如是，何为善于宝松乎？"答曰："吾为淈泥扬波而已。"为虔州节度使陈德诚知重。及金陵将危，洞乃为七言诗，大榜路旁，云："千里长江皆渡马，十年养士得何人？"又云："翻忆潘卿章奏内，阴阴日暮好沾巾。"盖潘佑表云："家国阴阴，如日将暮"也。开宝中，卒于吉阳山，其遗集行于世。（《江南野史》卷九《刘洞》）

十五、卢绛，字晋卿，世为南昌人。其父唐末仕南平王钟传，署馆驿巡官，有子七人，绛乃其仲也。少好学，无不研精，颇通大义。不能治产业，每纵侠，与博徒游。初，西京作坊副使尹承谔少于后主世献利便，归吉州，兴运回务以资国用，路过南昌，绛能书计，辟为本务吏。数年，暇则从屠弈角抵辈饮食，无何，贫困，乃欺窃官缗，罪当弃市……逾月，既乏资给，疲瘵且极，忽梦一白衣妇人，颇有姿色，谓之曰："子之疾当食蔗即愈。"既，诘朝，见鬻者，绛揣囊，乏一镪，唯有《唐韵》一册，遂指易之。其人曰："吾辈乃不识字，将此安用？哀君欲之志切，遂贻数挺。"绛喜而食之。至旦，疾捐。资用窘蹶，常默默不自持。迨数夕，又梦前白衣妇人，谓绛曰："妾乃玉真也。太尉富贵时，可诣都城，妾有一诗一缗以助行旅，十年之后，于孟家陂上，必当奉见。"歌其词曰："清风良月夜深时，箕帚卢郎恨尚迟。他日孟家陂上约，再来相见是佳期。"言讫而去。绛惊觉，因思其语呼予为太尉，乃惘然，又不测孟家陂之说，展转卧傍，果获其缗。由是自负，襟怀豁然。（《江南野史》卷十《卢绛》）

［宋］郑文宝《南唐近事》

郑文宝（953—1013），字仲贤，北宋宁化人。仕南唐至校书郎，入宋，登太平兴国进士第，官至兵部员外郎。有《南唐近事》《江表志》《谈苑》《江南余载》等。《南唐近事》一卷，成书于太宗太平兴国二年（977），记南唐李氏三主四十年间史事。有清彭氏知圣道斋抄本、清嘉庆二十年年吴翌凤抄本、《续百川学海》本、《宝颜堂秘笈》本、涵芬楼《说郛》本、《四库全书》本、《丛书集成初编》本、《类说》本等。此据上海古籍出版社2012年点校本辑录。

一、朱匡业、刘存忠虽无勋略，然以宿旧严整，皆处环卫之长。刘彦贞寿阳既败，我师屡北，京师危之。元宗临轩旰食，问其守御之方。匡业对曰："时来天地皆同力，运去英雄不自由。"遂忤旨流抚州。存忠在侧，赞美匡业之言不已，流饶州。（《南唐近事》）

二、庐山九天使者庙有道士，忘其姓名，体貌魁伟，饮啖酒肉，有兼人之量。晚节服饵丹砂，躁于冲举。魏王之镇浔阳也，郡斋有双鹤，因风所飘，憩于道馆，回翔嘹唳，若自天降。道士且惊且喜，焚香端简，前瞻云霓，自谓当赴上天之召，命山童控而乘之。羽仪清弱，莫胜其载。毛伤背折，血洒庭除，仰按久之，是夕皆毙。翌日驯养者诘知其状，诉于公府，王不之罪。处士陈沆闻之，为绝句以讽云："啖肉先生欲上升，黄云踏破紫云崩。龙腰鹤背无多力，传语麻姑借大鹏。"（《南唐近事》）

三、李建勋镇临川，方与僚属会饮郡斋，有送九江帅周宗书至者，诉以赴镇日近，器用仪注或阙，求辍于临川。李无复报简，但乘醉大批其书一绝云："偶罢阿衡来此郡，固无闲物可应官。凭君为报群胥道，莫作循州刺史看。"（《南唐近事》）

四、钟传镇江西日，客有以覆射之法求谒。传以历日包一橘致袖中使射之。客口占一歌以揭之云："太岁当头立，诸神莫敢当。其中有一物，常带洞庭香。"（《南唐近事》）

五、陶縠学士奉使，恃上国势，下视江左，辞色毅然不可犯。韩熙载命妓秦弱兰诈为驿卒女，每日敝衣持帚埽地。陶悦之与狎，因赠一词名《风光好》云："好因缘，恶因缘，只得邮亭一夜眠。别神仙。琵琶拨尽相思调。知音少。待得鸾胶续断弦，是何年。"明日，后主设宴，陶辞色如前，乃命弱兰歌此词劝酒。陶大沮，即日北归。（《南唐近事》）

六、韩熙载，北人，仕江南，致位通显，不防闲婢妾，有北齐徐之才风。侍儿往往私客。客赋诗有云"最是五更留不住，向人枕畔著衣裳"之句，熙载亦不介意。（《南唐近事》）

七、李尧，广陵布衣，常以喉舌捭阖为己任。宋齐丘罢镇江西，尧裹足来谒。齐丘问："客素习何业？"尧曰："修相业于今十年矣。"宋曰："君修相福乎？"尧不能答。他日复求见，宋属子卒，左右不复通知，乃题一绝而去。词曰："中兴唐祚灭强胡，总是先生设远谟。今日丧雏犹解哭，让皇宫眷合何如？"（《南唐近事补遗·讥嘲》）

［宋］郑文宝《江表志》

《江表志》三卷，成书于大中祥符三年（1010），分记南唐烈祖、元宗、后主李氏三主事。有清陈氏晚晴轩抄本、清乾隆间赵辑宁抄本、涵芬楼《说郛》本、宛委山堂《说郛》本、《四库全书》本、《艺海珠尘》本、《墨海金壶》本、《学海类编》本、《琅函小品》本等。此据清道光十一年六安晁氏木活字印《学海类编》本辑录。

一、严球为相，是年王慎辞奉使北朝。球在病请告，烈祖授以论答，凡百事，皆中机务。球欲一见，就宅访之。球览毕，尤所深美，请更添一二事：北朝若问黑云长剑多少，及五十指挥皆在部下，柴再用不曾赴任，将何以对。慎辞既到北朝，一无所问，首问黑云长剑并柴再用所之，慎辞依前致对。梁太祖锐意南征，即时罢兵。慎辞还朝，夜宿金山，尝有诗云："淮船分蚁点，江市聚蝇声。"烈祖性多猜忌，闻之，宋齐丘因而兴谮，收慎辞，以竹笼盛之，沉于江口。（《江表志》卷上）

二、让皇居泰州永宁宫，尝赋诗云："江南江北旧家乡，三十年来梦一场。吴苑宫门今冷落，广陵台殿已荒凉。云笼远岫愁千片，雨滴孤舟泪万行。兄弟四人三百口，不堪回首细思量。"（《江表志》卷上）

三、元宗割江南之后，金陵对岸即为敌境，因迁都豫章，舟车之盛，旌旗络绎。凡数千里，百司仪卫禁校帑藏，不绝者仅一载。上每北顾，忽忽不乐，澄心

堂承旨秦裕藏多引屏风障之。吟御制诗曰："灵槎思浩渺，老鹤忆崆峒。"(《江表志》卷中)

四、元宗友爱之分，备极天伦。登位之初，太弟景遂、江王景逿、齐王景达出处游宴，未尝相舍，军国之政，同为参决。保大五年元日，天忽大雪，上召太弟以下登楼展宴，咸命赋诗，令中使第赐进士李建勋。建勋方会中书徐铉、勤政殿学士张义方于溪亭，即时和进。元宗乃召建勋、铉、义方同入，夜分方散。侍臣皆有兴咏，徐铉为前后序，太弟合为一图，集名公图绘，曲尽一时之妙。御容高冲古主，太弟以下侍臣法部丝竹周文矩主之，楼阁宫殿朱澄主之，雪竹寒林董元主之，池沼禽鱼徐崇嗣主之。图成，无非绝笔。侍宴诗才记数篇而已。御制诗云："珠帘高卷莫轻遮，往往相逢隔岁华。春气昨宵飘律管，东风今日放梅花。素姿好把芳姿掩，落势还同舞势斜。坐有宾朋樽有酒，可怜清味属侬家。"建勋诗云："纷纷忽降当元会，著物轻明似月华。狂洒玉墀初散絮，密粘宫树未妨花。回封双阙千寻峭，冷压南山万仞斜。宁意□来中使出，御题先赐老臣家。"铉诗云："一宿东林正气遮，便随仙仗放春华。散飘白絮惟分影，轻缀青旗始见花。落砌更依宫舞转，入楼偏向御衣斜。严徐更待金门诏，愿布尧言贺万家。"义方诗云："恰当岁日纷纷落，天宝瑶花助物华。自古最先标瑞牒，有谁轻拟比杨花。密飘粉署光同冷，静压青松势欲斜。岂但小臣添兴咏，狂歌醉舞一家家。"(《江表志》卷中)

五、元宗嗣位，李建勋出师临川，谓所亲曰："今主上宽大之度，比于先帝远矣，但性习未定，左右献纳，须得方正之士。若目前所睹，终恐不守旧业。"及冯延鲁、陈觉出讨闽中，征督军粮，急于星火，建勋以诗寄延鲁曰："粟多未觉为全计，师老须防有援兵。"既而福州之军果为越人所败。归并司空，累表致政，自称为"钟山公"。诏授司徒，不起。时学士汤悦致状贺之，建勋以诗答曰："司空犹不受，那敢作司徒。幸有山公号，如何不见呼？"先是宋齐丘自京口求退，归于青阳，号九华先生，未周岁，一征而起，时论薄之。建勋年德未衰，时望方重，或有以宋公比之，因为之诗云："桃花流水须相信，不学刘郎去又来。"捐馆之夕，告门人曰："时事如此，吾得保全，为幸已甚。吾死不须封树立碑，冢土任民耕凿，无延他日毁断之弊。"其后甲戌之岁，公卿茔域为兵发殆遍，独建勋葬所，讫不及祸。(《江表志》卷中)

六、胡则守江州，坚壁不下，曹翰攻之危急。忽有旋风吹文字一纸坠于地中，其词曰："由来秉节世无双，独守孤城死不降。何似知机早回顾，免教流血满长江。"翰攻陷江州，杀戮殆尽，谓之洗城焉。(《江表志》卷下)

[宋]郑文宝《江南余载》

《江南余载》二卷，原书已佚，清四库馆臣据《永乐大典》辑为二卷，泛记南唐杂事，为《南唐近事》所未备。有清抄本、文渊阁《四库全书》本、文津阁《四库全书》本、《知不足斋丛书》本、《龙威秘书》本等。此据台湾商务印书馆《景印文渊阁四库全书》本辑录。

一、赵宣辅者，中原人，仕于江南，官省郎，颇有时名。重阳日，与两浙诸公登高于北山，诵杜甫诗以劝酒，至"明年此会知谁健？醉把茱萸仔细看"，潸然泪下，坐客异之。未几，宣辅卒。(《江南余载》卷上)

二、高越为书生，游河朔，有牧伯欲妻之，为《鹞子诗》而去。诗曰："毛骨英灵志性奇，摩云专待整毛衣。虞人莫便张罗网，未肯平原浅草飞。"越后为查氏婿。(《江南余载》卷上)

三、赵叟者，自保大之初至于开宝之季，尝为贡院门子，每岁放榜之后，或去或留，率庆慰之，若出于叟手然。进士何蒙赠叟诗曰："桂枝输却正凄然，又被莺声聒昼眠。唯有赵翁知仔细，相传好语待来年。"(《江南余载》卷上)

四、陈致尧雍熟于《开元礼》，官太常博士，国之大礼，皆折衷焉。与韩熙载最善。家无担石之储，然妾妓至数百，暇奏《霓裳羽衣》之声，颇以帷簿取讥于时。二人左降者数矣。熙载诗："陈郎不着世儒衫，也好嬉游日笑谈。幸有葛巾与藜杖，从呼宫观老都监。"其厅中置大铃，大署其旁曰："无钱雇仆，客至请挽之。"(《江南余载》卷上)

五、让皇在泰州，赋诗曰："江南江北旧家乡，二十年前梦一场。吴苑宫闱今冷落，广陵台榭亦荒凉。烟凝远岫愁千叠，雨滴孤舟泪万行。兄弟四人三百

口，不堪回首细思量。”（《江南余载》卷下）

六、宋齐邱出镇洪州，诏赐锦袍，烈祖亲为衣之。李建勋赠诗，有“一人看上马，双节引还乡”之句，时论荣之。冯延巳、李建勋拜相，张义方献诗曰：“两处沙堤同日筑，其如启沃藉良谋。民间有病谁开口，府下无人只点头。”（《江南余载》卷下）

七、保大五年，元日大雪，诏太弟以下会宴，登楼赋诗。遣中使就李建勋第示之，建勋与中书舍人徐铉、勤政殿学士张义方皆和，进呈。复召建勋、义方、铉入，夜艾乃散。铉为之叙，太弟使名士画为图障。（《江南余载》卷下）

八、李夷邺者，前唐诸孙，嗜酒不羁。保大初，以宗室贤才拜正卿。累经左降，逾年辄复旧官。元宗上巳开宴，夷邺不在召中，乃献诗曰：“偶忆昔年逢上巳，轻舟柳岸宴群臣。人间蹇薄时时叹，天上风光日日新。玉帛已来诸国瑞，瑶池固有万年春。赋诗饮酒平生事，肠断金门愿再亲。”上赐御札曰：“我家有此狂宗正，快哉！”（《江南余载》卷下）

九、徐铉为人忠厚，不以位貌骄人。在海州时，蒯亮为录事参军，铉与往还如僚友。亮授代，铉以诗送之曰：“昔时闻有蒯先生，二十年来道不行。抵掌曾谈天下事，折腰犹忤俗人情。老还上国风光少，贫裹归装结束轻。迁客临流倍惆怅，晚风黄叶满孤城。”有印粲者，献诗曰：“不将才业暂时夸，人仰声名遍海涯。月满朝衣听禁漏，更阑分直扫宫花。谏书未上先焚稿，衔笔曾传立草麻。见说下朝无一事，小池栽苇学僧家。”（《江南余载》卷下）

十、李建勋致仕，自称“钟山公”。诏授司徒，不起。学士汤悦致状贺之，建勋以诗答曰：“司空犹不作，那敢作司徒。幸有山公号，如何不见呼？”（《江南余载》卷下）

十一、李建勋罢相，元宗于西苑天全阁别置厅院待之，命右仆射孙晟同寓直焉。建勋进诗曰：“御苑赐房令待诏，此身殊胜到蓬瀛。禁中仙乐无时过，阶下常人不敢行。叠颖美芳秋气落，丛柯耸翠露华清。天厨送食何功享，空咏康哉赞盛明。”（《江南余载》卷下）

十二、开宝末，长老法伦梦金陵兵火四起，有书生朗吟曰：“东上波流西上船，桃源未必有真仙。干戈满目家何在，寂寞空山闻杜鹃。”（《江南余载》卷下）

十三、许坚往来句曲、庐阜之间，草装布囊，或卧于野，或和衣浴涧中，萧然不接人事，独笑独吟而已。其诗有云："只应天上路，不为下方开。道既学不得，仙从何处来?"又《题简寂观》云："常恨真风千载隐，洞天还得恣游遨。松楸古迹一坛静，鸾鹤不来青汉高。茅氏井寒丹亦化，元宗碑断梦曾劳。分明有个长生路，不向红尘白二毛。"坚诗颇多，其语意类此。景德中，无疾卒于金陵。岁余，忽于洪州谒见兵部员外郎陈靖。靖至建康言之。王化基发其墓，已尸解去。(《江南余载》卷下)

十四、蜀人陈曙者，王氏末年避地淮南，隐于蕲州山中。乡人祀神，曙不召亦必至，醉饱而后去。虽百神祠，曙能遍往也。其所居，屋一间，道书数卷而已，与蛇虎杂处，而泰然无所忌。元宗遣中书舍人高越赍束帛征之，三往不应，后移居鄂州，不知所终。越赠曙以诗，曙次韵答之，云："罢修儒业学修真，养拙藏愚四十春。到老不疏林里鹿，平生未识日边人。涧花发处千堆锦，岩雪铺时万树银。多谢朝贤远相问，未闻鸡得凤为邻。"(《江南余载》卷下)

十五、僧谦明嗜酒，好为诗。独居一室，每日铛中煮肉数斤，醇酒一壶，不俟烂熟，旋割旋饮，以此为常。尝中秋咏月云："迢迢东海出，渐渐入云衢。此夜一轮满，清光何处无?"乘兴遂子夜鸣钟，烈祖闻之不罪也。召问其所求，对曰："唯愿鹅生四脚，鳖著两裙。"(《江南余载》卷下)

[宋]张唐英《蜀梼杌》

张唐英(1026—1068)，字次功，宋新津人。皇祐元年登进士第，调渝州决曹掾、归州狱掾，移襄州谷城令。英宗时迁秘书丞，转太常博士。神宗即位，擢殿中侍御史。著有《蜀梼杌》《仁宗君臣政要》《唐史发潜》等。《蜀梼杌》，又名《外史梼杌》《蜀春秋》，记前后蜀史事。原书十卷，久已散佚，今存节本。有明天启七年冯仲昭抄本、清孙潜抄本、《续百川学海》本、涵芬楼《说郛》本、宛委山堂《说郛》本、文渊阁《四库全书》本、

《函海》本、《艺海珠尘》本、《学海类编》本等。此据巴蜀书社1999年校笺本辑录。

一、二月朔，(王建)游龙华禅院，召僧贯休坐，赐茶药彩段，仍令口诵近诗。时诸王贵戚皆赐坐，贯休欲讽之，因诵《公子行》曰：锦衣鲜华手擎鹘，闲行气貌多轻忽，艰难稼穑总不知，五帝三王是何物。建称善，贵幸皆怨之。贯休本兰溪人，善诗，与齐己齐名，有《西岳集》十卷。(《蜀梼杌》第一卷《前蜀先主》)

二、五代前蜀时，(张琳)为眉州刺史。修章仇通济堰，溉彭山、通义、青神田万五千顷，民被其惠，歌曰：前有章仇后张公，疏决水利杭稻丰，南阳杜诗不可同，何不用之代天工。(佚文)(《蜀梼杌》第一卷《前蜀先主》)

三、(王)衍数于其中(宣华苑)，为长夜之饮，嫔御杂坐，舄履交错。尝召嘉王宗寿赴宴，宗寿因持杯谏衍，宜以社稷为念，少节宴饮，其言慷慨，激切流涕。衍有愧色，佞臣潘在迎、顾在珣、韩昭等奏曰：嘉王从来酒悲，不足怪也。乃相与谐谑戏笑。衍命宫人李玉箫歌衍所撰宫词，送宗寿酒，宗寿惧祸，乃尽饮之。在迎曰：嘉王闻玉箫歌即饮，请以玉箫赐之。衍曰：王必不纳。衍宫词曰：辉辉赫赫浮五云，宣华池上月华新。月华如水浸宫殿，有酒不醉真痴人。宗寿字永年，王建之族子。(《蜀梼杌》第二卷《前蜀后主》)

四、重阳(王衍)宴群臣于宣华苑，夜分未罢，衍自唱韩琮《柳枝词》曰：梁苑隋堤事已空，万条犹舞旧东风，何须思想千年事，谁见杨花入汉宫。内侍宋光溥咏胡曾诗曰：吴王恃霸弃雄才，贪向姑苏醉绿醅，不觉钱塘江上月，一宵西送越兵来。衍闻之不乐，于是罢宴。(《蜀梼杌》第二卷《前蜀后主》)

五、九月，(王)衍与母同祷青城山，宫人毕从，皆衣云霞之衣。衍自制《甘州》词，令宫人歌之，其词哀怨，闻者凄怆。衍至青城，住旬日，设醮祈福。太妃太后谒建铸像，及丈人观、玄都观、金华宫，丹景山至德寺，各有所唱和，诗刻于石。次至彭州，幸阳平化，汉州三学山，夜看圣灯，亦各赋诗。回至天回驿，各又赋诗。太后诗曰：周游灵境散幽情，千里江山喜得行。所恨风光看未足，却驱金翠入龟城。太妃诗曰：翠驿江亭近蜀京，梦魂犹是在青城。此来出看江山景，却被江山看出行。(《蜀梼杌》第二卷《前蜀后主》)

六、十二年八月，(孟)昶游浣花。是时，蜀中百姓富庶，夹江皆创亭榭游赏之处，都人士女，倾城游玩，珠翠绮罗，名花异香，馥郁森列。昶御龙舟观水嬉，上下十里，人望之如神仙之境。昶曰：曲江金殿锁千门，殆未及此。兵部尚书王廷珪赋曰：十字水中分岛屿，数重花外见楼台。昶称善久之。（《蜀梼杌》第四卷《后蜀后主》）

［五代］钱俨《吴越备史》

钱俨（936—1003），字诚允，本名信，五代临安人。钱俶袭国，命为镇东军安抚副使。周显德四年（957），奏署衢州刺史。归宋，历任随州、金州等州观察使。著有《皇猷录》《光圣录》《吴越备史》《备史遗事》《忠懿王勋业志》《贵溪叟自叙传》。《吴越备史》，记五代吴越史事。有明万历二十七年钱达道刻本、清曹琰抄本、清乾隆四十一年吴翌凤抄本、文渊阁《四库全书》本、文津阁《四库全书》本、《学津讨原》本、《四部丛刊续编》本等。此据杭州出版社 2004 年版《五代史书汇编》辑录。

一、先是，今年三月，（武肃王）诏以凤翔宿卫耀德都头李铤授特进同平章事，领浙西差，朝廷以李茂贞故，将夺之权，乃有此授，而丹阳已为淮海人所有，至是命王，时议当之。又周宝莅丹阳，州人凡有期，必曰：“待钱来。”斯之应也。蜀禅月太师休公，尝上诗曰：“今日再三难更让，谶辞唯道待钱来。”（《吴越备史》卷一《武肃王》）

二、（罗）隐字昭谏，新登县人也。祖知微，福唐县令。父修古应开元礼。隐本名横，凡十上不中第，遂更名。初从事湖南，历淮润，皆不得意，乃归新登。及来谒王，惧不见纳，遂以所为夏口诗，标于卷首，云“一个祢衡容不得，思量黄祖慢英雄”之句。（武肃）王览之大笑，因加殊遇，复命简书辟之曰：“仲宣远托刘荆州，都缘乱世；夫子辟为鲁司寇，只为故乡。”隐曰：“是不可去矣。”王初授镇海节度，时命沈崧草谢表，盛言浙西繁富，成，以示隐。隐曰：“今浙西兵火之余，日不暇给，朝廷执政方切于贿赂，此表入奏，执政岂无意于要求耶？”乃请更之。其略曰:“天寒而麋鹿常游,日暮而牛羊不下。”朝廷见之曰:“此罗隐辞也。”及为贺昭宗更名,表曰:“上则虞舜之全文,右则姬昌之半字。”当时京师称为第一。隐性不喜军旅,唯与丞相杜建徽善。王初城西府,命宾僚巡览,顾谓左右曰:“百步一敌楼,足以言金汤之固。”隐徐曰:“敌楼不若内向。”及徐许之乱,人皆以为先见。一日,隐寝疾,王亲临抚问,因题其壁云:“黄河信有澄清日,后代应难继此才。”隐起而续末句云:“门外旌旗屯虎豹,壁间章句动风雷。”隐由是以红纱罩覆其上,其后果无文嗣。(《吴越备史》卷一《武肃王》)

三、初,定其基而江涛昼夜冲激沙岸,板筑不能就,(武肃)王命强弩五百以射涛头,又亲筑胥山祠,仍为诗一章函钥置于海门。其略曰:“为报龙神并水府,钱塘借取筑钱城。”既而潮头遂趋西陵,王乃命运巨石,盛以竹笼,植巨材捍之,城基始定,其重濠累堑通衢广陌亦由是而成焉。(《吴越备史》卷一《武肃王》)

四、鼎字涣文,闽人也。父无隐。鼎生于明州大隐村。初,刺史黄晟颇好礼士,无隐依之,有诗名,尝为诗云:“雪消二月江湖阔,花发千山道路香。”知言者以为无隐必有贵子。(《吴越备史》卷三《忠献王 忠逊王附》)

五、初,忠懿王之治闽,城垒甓皆有钱文曰:“此城终归钱氏。”忠懿颇恶之,因划去,而钱文愈明。又谣曰:“风吹杨叶鼓山下,不得钱郎戈不罢。”至是皆验。(《吴越备史》卷三《忠献王 忠逊王附》)

六、显德中,(忠懿)王命括民丁将益军旅,州县长吏因之多所残弊。(钱)亿乃手疏之,辞理切直。王感悟,遂寝其事。王尝与丞相以下论及时务,且言民之劳逸,率由时君奢俭,因为诗二章以言节俭之志,命亿应和。亿以北方侯伯多献淫巧,乃因诗以讽刺,王嘉叹久之,仍赐诗以美其意。(《吴越备史》卷四《大元帅 吴越国王》)

七、(元)德昭理家以孝爱闻,每时序置酒,环列几席者凡四代,常为诗云:“满堂罗绮兼朱紫,四代儿孙奉老翁。”及寝疾,自为埋文治后事,终年七十有八,中外无不叹息。谥曰贞正。(《吴越备史》卷四《大元帅 吴越国王》)

八、幕府宰相洎朝中大臣文士撰恩赐汉南国王金匣玉砚诗文进。上(太宗)观览,命黄绢图本遣赐(忠懿)王。夏四月,召王宴于后苑。帝曰:“春气暄和,万物畅茂,四海安宁。朕当以天下之乐为乐,宜令赏花赋诗。”(《吴越备史·补遗》)

［唐］武平一《景龙文馆记》

武平一，名甄，唐文水人，生卒年不详。中宗时，召为起居舍人兼修文馆直学士，迁考功员外郎。玄宗立，贬苏州司功参军，徙金坛令。《景龙文馆记》记唐中宗景龙二年四月至四年六月间修文馆事，前七卷依时间为序记馆中情事和唱和诗文，后三卷为学士传记。原书十卷，已佚，残卷有《说郛》本、《类说》本等。此据中华书局2015年辑校本辑录。

一、景龙二年七夕，御两仪殿赋诗。李峤献诗云："谁言七襄咏，流入五弦歌。"（《景龙文馆记》卷一《景龙二年·七夕两仪殿会宴应制》）

二、（李）行言，陇西人，兼文学干事，《函谷关》诗为时所许。中宗时为给事中。能唱《步虚歌》，帝七月七日御两仪殿会宴，帝命为之。行言于御前长跪，作三洞道士音词歌数曲，貌伟声畅，上频叹美。（《景龙文馆记》卷一《景龙二年·七夕两仪殿会宴应制》）

三、九月九日，上幸慈恩寺，登浮图，群臣上菊花寿酒，赋诗。婕妤献诗云："帝里重阳节，香园万乘来。却邪萸入佩，献寿菊传杯。塔类承天涌，门疑待佛开。睿词悬日月，长得御昭回。"（《景龙文馆记》卷一《景龙二年·九月九日幸慈恩寺应制》）

四、闰九月九日，幸总持，登浮图，作宴赋诗，李峤曰："闰节开重九。"隋主自立法号，称总持，呼萧后为庄严，因以名寺。（《景龙文馆记》卷一《景龙二年·闰九月九日幸总持寺应制》）

五、十一月五日，中宗诞辰，内殿联句为柏梁体，一句一韵。十一月帝诞辰，内殿宴群臣，联句云："润色鸿业寄贤才。叨居右弼愧盐梅。运筹帷幄荷时来。职掌图籍滥蓬莱。两司谬忝谢钟裴。礼乐铨管效尘埃。陈师振旅清九垓。忻承顾问侍天杯。衔恩献寿柏梁台。黄缣青简奉康哉。鲰生侍从忝王枚。右掖司言实不才。宗伯秩礼天地开。帝歌难续仰昭回。微臣捧日变寒灰。远惭班左愧游陪。”帝谓侍臣曰：“今天下无事，朝野多欢，欲与卿等词人，时赋诗宴乐。可识朕意，不须惜醉。”大学士李峤、宗楚客等跪奏曰：“臣等多幸，同遇昌期，谬以不才，策名文馆。思励驽朽，庶裨河岳。既陪天欢，不敢不醉。”此后每游别殿，幸离宫，驻跸芳苑，鸣笳仙禁，或戚里宸筵，王门叠席，无不毕从。（《景龙文馆记》卷一《景龙二年·十一月五日内殿联句为柏梁体》）

六、十二月六日，上幸荐福寺，郑愔诗先成，宋之问后进。（《景龙文馆记》卷一《景龙二年·十二月六日幸荐福寺应制》）

七、中宗立春日游苑迎春，昭容应制云：“密叶因裁吐，新花逐剪舒。攀条虽不谬，摘蕊讵知虚。春至由来发，秋还未肯疏。借问桃将李，相乱欲何如？”赵彦昭《剪彩花》云：“花随红意发，叶就绿情新。”（《景龙文馆记》卷一《景龙二年·立春日侍宴内出剪彩花应制》）

八、十二月晦，诸学士入阁守岁，以皇后乳母戏适御史大夫窦从一。丁巳晦，敕中书门下与学士、诸王、驸马入阁守岁，设庭燎，置酒奏乐。酒酣，上谓御史大夫窦从一曰：“闻卿久无伉俪，朕甚忧之，今夕岁除，为卿成礼。”从一但唯唯拜谢。俄而内侍引烛笼、步障、金镂罗扇自西廊而上，扇后有人衣礼衣，花钗，令与从一对坐。上命从一诵《却扇诗》数首，扇却，去花易服而出，徐视之，乃皇后老乳母王氏，本蛮婢也。上与侍臣大笑，诏封莒国夫人，嫁为从一妻。俗谓乳母之婿曰“阿奢”，从一每谒见及进表状，自称“翊圣皇后阿奢”，时人谓之“国奢”，从一欣然有自负之色。（《景龙文馆记》卷一《景龙二年·十二月晦日学士入阁守岁》）

九、中宗景龙三年正月七日，上御清晖阁登高遇雪，因赐金彩人胜，令学士赋诗。是日甚欢。宗楚客诗云：“窈窕神仙阁，参差云汉间。九重中禁启，七夕早春还。太液天为水，蓬莱雪作山。今朝上林树，无处不堪攀。”正谓此也。刘宪诗：“风寻歌曲飐，雪向舞行萦。”赵彦昭诗：“庭树千花发，阶蓂七叶新。”李峤诗：“三阳偏胜节，七日最灵晨。行庆传芳蚁，升高缀彩人。”又七言诗：“千钟圣酒御筵披，六出祥英乱绕枝。即此神仙对琼圃，何须辙迹向瑶池。”（《景龙文馆记》卷二《景龙三年·正月七日登清晖阁遇雪应制》）

十、三年人日，清晖阁登高遇雪，宗楚客诗云“蓬莱雪作山”是也。因赐金彩人胜。李峤等七言诗。是日甚欢，上令学士递起屡舞，至沈佺期作《回波词》云：“身名已蒙齿录，袍笏未复牙绯。”帝大笑，遂赐之（《景龙文馆记》卷二《景龙

三年·正月七日登清晖阁遇雪应制》）

十一、上（中宗）数与近臣学士宴集，令各效伎艺以为乐。工部尚书张锡舞《谈容娘》，将作大匠宗晋卿舞《浑脱》，左卫将军张洽舞《黄獐》，左金吾将军杜元琰诵《婆罗门咒》，行言唱《驾车西河》，中书舍人卢藏用效道士上章。国子司业河东郭山恽独曰："臣无所解，请歌古诗。"上许之。山恽乃歌《鹿鸣》、《蟋蟀》。未毕，李峤以诗有"好乐无荒"之语，止之。既沮其情，众为之□□。明日，上赐山恽敕，嘉美其意，赐时服一袭，仍任史官。上又尝宴侍臣，使各为《回波辞》，众皆为谄语，或自求荣禄。谏议大夫李景伯曰："《回波》尔时酒卮，微臣职在箴规。侍宴既过三爵，喧哗窃恐非仪。"上不悦。萧至忠曰："此真谏官也。"（《景龙文馆记》卷二《景龙三年·中宗令近臣学士各效伎艺以为乐》）

十二、景龙中，中宗游兴庆池，侍宴者递起歌舞，并唱《下兵词》，方便以求官爵。给事中李景伯亦起唱曰："《回波》尔时酒卮，兵儿志在箴规。侍宴既过三爵，喧哗窃恐非宜。"于是乃罢坐。

十三、中宗朝，御史大夫裴谈崇奉释氏。妻悍妒，谈畏之如严君，尝谓人曰："妻有可畏者三：少妙之时，视之如生菩萨；及男女满前，视之如九子魔母，安有人不畏九子母耶？及五十六十，薄施脂粉，或黑，视之如鸠盘荼，安有人不畏鸠盘荼？"时韦庶人颇袭武后之风轨，中宗渐畏之。内宴唱《回波词》，有优人词曰："《回波》尔时栲栳，怕妇也是大好。外边衹有裴谈，内里无过李老。"韦后意色自得，以束帛赐之。（《景龙文馆记》卷二《景龙三年·中宗令近臣学士各效伎艺以为乐》）

十四、崔日用为御史中丞，赐紫。是时佩鱼须有特恩，亦因内宴，中宗命群臣撰词，日用曰："台中鼠子直须谙，信足跳梁上壁龛。倚翻灯脂溢张五，还来啮带报韩三。莫浪语，直王相，大家必若赐金龟，卖却猫儿相赏。"中宗亦以绯鱼赐之。（《景龙文馆记》卷二《景龙三年·中宗令近臣学士各效伎艺以为乐》）

十五、上宴日，日用起舞，自歌云："东馆总是鹓鸾，南台自多杞梓。日用读书万卷，何忍不蒙学士。墨制帘下出来，微臣眼看喜死。"其日以日用兼修文馆学士，制曰："日用书穷万卷，学富三冬。"日用舞蹈拜谢。（《景龙文馆记》卷二《景龙三年·中宗令近臣学士各效伎艺以为乐》）

十六、中宗九月九日，幸临渭亭登高，分韵赋诗，应制二十四人，韦安石、苏瑰诗先成，于经野及卢怀慎诗后成，时景龙三年也。（《景龙文馆记》卷二《景龙三年·重阳幸临渭亭应制》）

十七、十一月一日，安乐公主入新宅，赋诗。

徐彦伯《夜宴安乐公主新第序》云："言容有典，缉似幄之柔规；汤沐增荣，结凤庭之藻焕。"又曰："鸣璜节珮，登绣轴之琱轩；花绶香缨，带泽壶之青琐。"（《景龙文馆记》卷二《景龙三年·十一月一日宴安乐公主新宅应制》）

十八、十二月十二日，幸温泉宫，敕蒲州刺史徐彦伯入仗，同学士例，因与武平一等五人献诗。上官昭容献七言绝句三首。

中宗幸温汤，（上官昭容）献三绝句云："三冬季月景龙年，万乘观风出灞川。遥看电跃龙为马，迴瞩霜原玉作田。""鸾旗掣曳拂云回，羽骑骖驔蹑景来。隐隐骊山云外耸，迢迢御帐日边开。""翠幕珠帷敞月营，金罍玉斝泛兰英。岁岁年年长扈跸，长长久久乐承平。"（《景龙文馆记》卷二《景龙三年·十二月十二日幸温泉宫应制》）

十九、十四日，幸韦嗣立庄，拜嗣立逍遥公，名其居曰清虚原幽栖谷。嗣立庄在骊山鹦鹉谷，中宗幸之。嗣立献食百轝，及木器藤盘等物，上封为逍遥公，谷为逍遥谷，原为逍遥原。中宗留诗，从臣属和，嗣立并镌于石，请张说为之序，薛稷书之。李乂诗略云："枢掖调梅暇，林园种槿初。入朝荣剑履，退食乐琴书。地隐东岩石，天回北斗车。旌门临窈窕，辇路属扶疏。"沈佺期诗略云："水堂开禹膳，山阁献尧钟。皇鉴清居远，天文睿奖浓。"武平一云："三光回斗极，万骑肃钩陈。地若游汾水，畋疑猎渭滨。"赵彦昭云："廊庙心存岩壑中，銮舆瞩在灞城东。逍遥但有蒙庄子，汉主徒言河上公。"张说序亦云："岚气入野，榛烟出谷。鱼潭竹岸，松斋药畹。虹泉电射，云木虚吟。恍惚疑梦，间关忘术。兹所谓丘壑夔龙、衣冠巢许也。"《宴韦嗣立庄》云："松门驻旌旆，薜幄到簪裾。"（《景龙文馆记》卷二《景龙三年·十二月十四日幸韦嗣立庄应制》）

二〇、张说《东山记》："兵部尚书、同中书门下三品、修文馆大学士韦公，体含真静，思协幽旷，虽翊亮廊庙，而缅怀林薮。东山之曲，有别业焉。岚气入野，榛烟出谷。石潭竹岸，松斋药畹。虹泉电射，云木虚吟。惚恍疑梦，间关忘术。兹所谓丘壑夔龙、衣冠巢许。幸温泉之岁也，皇上闻而赏之，乃命掌舍设帟，金吾划次，太官载酒，奉常抱乐，停舆辇于青霭，伫翚褕于紫云。百神朝于谷口，千官饮乎池上。缇骑环山，朱旆焰野。纵观空巷，途歌传壑。是日，即席拜公逍遥公，名其居曰清虚原幽栖谷。景移乐极，天子赋诗，王后帝女，宫嫔邦媛，歌焉和焉，以宠德也。加以中宫敦序，谓我诸兄，引内子于重幄，见儿童于行殿。家人之礼优，《棠棣》之诗作。于是，实其筐筥，下以昭忠信之献；贲其束帛，上以示慈惠之恩。朝野欢并，君臣义洽。夫飞翠华，捞茨道，至道之主也。纡紫绶，期赤松，素履之辅也。千载一时，难乎此遇。故两曜合舍，众星聚德，雅道光华，高风允塞，寒谷煦景，重崖润色。猗欤盛事，振古未有，篆之玄石，贻代厥后。”（《景龙文馆记》卷二《景龙三年·十二月十四日幸韦嗣立庄应制》）

二十一、十五日，幸白鹿观。宴白鹿观御诗序云：“人题四韵，后罚三杯。”李峤、宗楚客等谢曰：“既陪天欢，不敢不醉。”又曰：“敬举天杯饮。”（《景龙文馆记》卷二《景龙三年·十二月十五日幸白鹿观侍宴应制》）

二十二、十八日，幸秦始皇陵。中宗幸秦始皇陵赋诗云：“眷言君失德，骊邑想秦余。政烦方改篆，愚俗乃焚书。阿房久已灭，阁道遂成墟。欲厌东南气，翻伤掩鲍车。”（《景龙文馆记》卷二《景龙三年·十二月十八日幸秦始皇陵应制》）

二十三、五日，蓬莱宫宴吐蕃使，因为柏梁体。景龙四年正月五日，移仗蓬莱宫，御大明殿，会吐蕃骑马之戏，因重为柏梁体联句。帝曰：“大明御宇临万方。”皇后曰：“顾惭内政翊陶唐。”长宁公主曰：“鸾鸣凤舞向平阳。”安乐公主曰：“秦楼鲁馆沐恩光。”太平公主曰：“无心为子辄求郎。”温王重茂曰：“雄才七步谢陈王。”上官昭容曰：“当熊让辇愧前芳。”吏部侍郎崔湜曰：“再司铨管恩可忘？”著作郎郑愔曰：“文江学海思济航。”考功员外郎武平一曰：“万邦考绩臣所详。”著作郎阎朝隐曰：“著作不休出中肠。”时上疑御史大夫窦从一、将作大匠宗晋卿素不属文，未即令续。二人固请，许之。从一曰：“权豪屏迹肃严霜。”晋卿曰：“铸鼎开岳造明堂。”此外遗忘。时吐蕃舍人明悉猎请，令授笔与之，曰：“玉醴由来献寿觞。”上大悦，赐与衣服。（《景龙文馆记》卷三《景龙四年·正月五日宴吐蕃使因为柏梁体》）

二十四、宴土蕃使，殿中奏蹀马之戏，皆五色彩丝金校具装于鞍上，加麟首飞翅。乐作，马皆随音蹀足，宛转中节。遇作饮酒乐者，以口衔杯，卧而复起，胡人大骇。

二十五、景龙四年七日宴大明殿，赐王公以下彩缕人胜，又观打球。李乂应制诗：“铁凤曾骞摇瑞雪，铜乌细转入祥风。”马怀素诗：“三阳候节金为胜，百福延祥玉作杯。”李峤诗：“桂吐半轮迎此夜，蓂开七叶应今朝。”苏颋诗：“七叶仙蓂承月吐，千株御柳拂烟开。初年竞帖宜春胜，长命先浮献寿杯。”崔日用诗：“曲江苔色冰前破，上苑梅香雪里娇。”韦元旦诗：“青韶既肇人为日，绮胜初成日作人。”武平一《打球诗》：“令节重遨游，分镳戏彩球。骋骖回上苑，躞蹀绕通沟。影就红尘没，光随赭汗流。赏兰清景暮，歌舞乐时休。”（《景龙文馆记》卷三《景龙四年·正月七日宴大明殿赐彩楼人胜观打球》）

二十六、唐景龙四年正月八日立春，上令侍臣自芳林门经苑东度入仗，至望春宫迎春，内出彩花树，人赐一枝，令学士赋诗。

正月八日，立春，内出彩花赐近臣。武平一应制云：“銮辂清旗下帝台，东郊上苑望春来。黄莺未解林间啭，红蕊先从殿里开。画阁条风初变柳，银塘曲水半含苔。欣逢睿藻光韶律，更促霞觞畏景催。”是日，中宗手敕批云：“平一年虽最少，文甚警新，悦红蕊之先开，讶黄莺之未啭。循环吟咀，赏叹兼怀。今更赐花一枝，以彰其美。”所赐学士花并令插在头上，后所赐者，平一左右交插，因舞蹈拜谢。时崔日用乘酣饮欲夺平一所赐花。上于帘下见之，曰：“日用何为夺卿花？”平一跪奏曰：“读书万卷，从日用满口虚张；赐花一枝，学平一终身不获。”上及侍臣大笑，因更赐酒一杯，当时叹美。（《景龙文馆记》卷三《景龙四年·立春日内出彩花树应制》）

二十七、景龙四年正月二十九日晦，上幸浐水。宗楚客应制诗：“御辇出明光，乘流泛羽觞。”郑愔应制诗：“素浐接宸居，青门盛祓除。摘兰喧凤野，浮藻溢龙渠。”（《景龙文馆记》卷三《景龙四年·晦日侍宴浐水应制》）

二十八、二月一日，送金城公主。金城公主和蕃，中宗送至马嵬，群臣赋诗。帝令御史大夫郑惟忠及〔周〕利用护送入蕃，学士赋诗以饯，徐彦伯为之序云。

徐彦伯《送郑惟忠序》：“卷芦叶而横吹，声愁陇月；抚剑镡而直视，目断吴洲。”（《景龙文馆记》卷三《景龙四年·二月一日送金城公主入蕃应制》）

二十九、三日，上幸司农少卿王光辅庄。驾还朝后，中书侍郎南阳岑羲设茗饮、葡萄浆，与学士等讨论经史。武平一论《春秋》，崔日用请北面。日用赠平一歌曰：“彼名流兮《左氏》癖，意玄远兮冠今昔。”（《景龙文馆记》卷三《景龙四年·二月三日幸王光辅庄》）

三十、二十一日，张仁亶至自朔方，宴于桃花园，赋七言诗。明日，宴承庆殿，李峤桃花园词，因号《桃花行》。四年春，上宴于桃花园，群臣毕从，学士李峤等各献桃花诗。上令宫女歌之，辞既清婉，歌仍妙绝，献诗者舞蹈称万岁。上敕太常简二十篇入乐府，号曰《桃花行》。（《景龙文馆记》卷三《景龙四年·二月二十一日宴桃花园作乐府桃花行》）

三十一、张仁亶自朔方入朝，中宗于西苑迎之，从臣宴于桃花园。峤歌曰：“岁去无言忽憔悴，时来含笑吐氛氲。不能拥路迷仙客，故欲开蹊待圣君。”赵彦伯曰：“红萼竞燃春苑晓，丰茸新吐御筵开。长年愿奉西王宴，近侍惭无东朔才。”又一从臣歌曰：“源水丛花无数开，丹跗红萼间青梅。从今结子三千岁，预喜仙游复摘来。”明日宴承庆殿，上令宫女善讴者唱之。词既婉丽，歌仍妙绝，乐府号《桃花行》。（《景龙文馆记》卷三《景龙四年·二月二十一日宴桃花园作乐府桃花行》）

三十二、三月一日清明，幸梨园，命侍臣为拔河之戏。四年清明，中宗幸梨园，命侍臣为拔河之戏。以大麻絙两头系十余小索，每索数人执之以挽，争絙，以力弱者为输。时七宰相、二驸马为东朋，三相五将为西朋。仆射韦巨源、少师唐休璟以年老，随絙而踣，久不能起，帝以为笑乐。韦承庆应制诗：“旧火收槐燧，余寒入桂宫。莺啼正隐叶，鸡斗始开笼。”（《景龙文馆记》卷三《景龙四年·清明幸梨园为拔河之戏》）

三十三、三月上巳，祓禊于渭滨，赋七言诗，赐细柳圈。唐制，上巳祓禊，赐侍臣细柳圈各一，云带之免虿毒瘟疫。中宗四年上巳，祓禊于渭滨，赋七言诗，赐细柳圈。李乂应制诗：“此日欣逢临渭赏，昔年空道济汾词。”沈佺期诗：“宝马香车清渭滨，红桃碧柳禊堂春。皇情尚忆垂竿佐，天瑞先呈捧剑人。”（《景龙文馆记》卷三《景龙四年·三月三日祓禊渭滨应制》）

三十四、四月一日，幸长宁公主庄。长宁公主，韦庶人所生，下嫁杨慎交。制曰：“驸马都尉杨慎交，分荣戚里，藉宠公门。恭肃著于立身，恪勤效于从政。凤凰楼上，宛符琴瑟之欢；乌鹊桥前，载协松萝之契。宜分覃茅土，式广山河。”造第东都，府财几竭。又取西京高士廉第、左金吾卫废营，合为宅，作三重楼，筑山浚池。帝及后数临幸，置酒赋诗，群臣属和。故李峤《长宁公主东庄侍宴》诗，其末云：“承恩咸已醉，恋赏未还镳。”崔湜云：“席临天女贵，杯接近臣欢。”李适云：“愿奉瑶池驾，千春侍德音。”李乂云：“地出东郊回日驭，城临南斗度云车。”徐彦伯云：“凤扆怜箫曲，鸾闺念掌珍。”（《景龙文馆记》卷三《景龙四年·四月一日幸长宁公主庄应制》）

三十五、六日，幸兴庆池，观竞渡之戏。兴庆池在隆庆坊，本是平地，垂拱后因雨水流潦成小池，近五王宅，号为五王子池。后因分龙首渠水灌之，日以滋广。至景龙中，弥亘数顷，澄泓皎洁，有云气，或见黄龙出其中。

兴庆池者，长安城东隅形势之地也，中多王侯第宅。天后初，有居人王纯，掘地获黄金百斤致富。官司闻之，审加搜获，纯惧，投于井中。县官窥之，见双赤蚍，仰首张吻，遂不敢入。纯以此金当为己，复入井取之，还见赤蛇，赫然蟠

屈，纯惧而出。其夜，井水涌溢，渐成此池，广可百余顷。（《景龙文馆记》卷三《景龙四年·四月十四日幸隆庆池观竞渡应制》）

三十六、六日，……其日过〔窦〕希玠宅，学士赋诗。夏日，帝幸五王第，乃过希玠宅。刘宪诗云："北斗枢机任，西京肺腑亲。"李乂诗云："贵游开北第，宸眷幸西乡。"（《景龙文馆记》卷三《景龙四年·四月十四日过窦希玠宅应制》）

三十七、（杜）审言，字必简，襄州人。初贬吉州司户，与同僚不叶。司马周季重、司户郭若讷诬以罪，系狱。审言子并，年十三，因季重酬宴，怀刃刺之。季重临死曰："吾不知审言有孝子，若讷误我，亦焉避害？"审言因此免官，还东都。则天召，将用之，问曰："卿喜否？"审言舞蹈谢恩，因作《欢喜诗》。授著作郎。神龙初，坐交通张易之，流峰州。入为修文馆学士，卒。将死，谓宋之问、武平一曰，"吾在，久压公等，今且死，固大慰，但恨不见替人"云。与李峤、崔融、苏味道为"文章四友"。（《景龙文馆记》卷四《杜审言传》）

三十八、太平公主，武后所生，后爱之，倾诸女弟，择薛绍尚之。假万年县为婚馆，门隘，不能容翟车，有司毁垣以入。自兴安门设燎相属，道樾为枯。当时群臣刘祎之诗云："梦梓光青陛，秾桃蔼紫宫。"元万顷云："离元应春夕，帝子降秋期。"任奉古云："帝子升青陛，王姬降紫宸。"郭正一云："桂宫初服冕，兰掖早升笄。"皆纳妃出降之意。（《景龙文馆记》卷四《馆中杂事》）

［唐］苏特《衣冠盛事》

苏特，唐武功人，生卒年不详。曾任潘州司户、陈州刺史、郑州刺史等。著有《衣冠盛事》。《衣冠盛事》，原书早佚，今存残本，记衣冠之家美谈之事。有宛委山堂《说郛》本、《古今说部丛书》本。此据上海古籍出版社 1988 年版《说郛三种》辑录。

一、高宗时，天下无事。上官仪持国政，尝凌晨赴朝，巡洛水堤，步月缓

辔。咏诗云:“脉脉广川流,驱马历长州。”音韵清亮,望之若仙。(《衣冠盛事》)

二、贞元初,置中和节。御制诗,朝臣奉和。诏写本赐戴叔伦于容州,天下荣之。(《衣冠盛事》)

[唐]李翱《卓异记》

《卓异记》,作者有李翱、陈翱、陈翰诸说。李翱,字习之,唐成纪人,生卒年不详。贞元十四年登进士第,授校书郎,迁京兆府司录参军,后转国子博士、史馆修撰,授考功员外郎,入礼部郎中等。有《论语笔解》《卓异记》。《卓异记》,记唐室君臣功业殊异事。有《百川学海》本、《顾氏文房小说》本、《历代小史》本、《宝颜堂秘笈》本、文渊阁《四库全书》本、涵芬楼《说郛》本、宛委山堂《说郛》本等。此据中华书局1985年《丛书集成初编》本辑录。

一、按裴公进士及第,宏词登科。历中书舍人、御史中丞、刑部侍郎、叶赞宪皇。平荡宿寇,为盗憎,入朝遇劫,不能伤,遂拜相。前后为小人害其才,横议以惑上者多矣。故其诗曰:“灰心缘忍事,霜鬓为论兵。”竟自为蔡州节度使。(《卓异记·文士为文元功六拜正司徒兼侍中中书令晋国公裴度》)

[唐]李繁《邺侯家传》

李繁(774—829),历任太常博士、河南府士曹掾、随州刺史、大理少卿、弘文馆学士、亳州刺史。《邺侯家传》十卷,记繁父李泌事,原书已佚。

今存《类说》本、涵芬楼《说郛》本、宛委山堂《说郛》本、《绀珠集》本、文渊阁《四库全书》本等。此据台湾商务印书馆《景印文渊阁四库全书》本《类说》辑录。

一、(李)泌幼警敏,赋诗讥杨国忠曰:"青青东门柳,岁宴必憔悴。"国忠诉于帝,帝曰:"赋柳为讥卿,则赋李者为讥朕,可乎?"(《邺侯家传·青青东门柳》)

二、皇孙奉节王煎茶加酥椒之类,求泌作诗,泌曰:"旋沫番成碧玉池,添酥散作琉璃眼。"奉节王即德宗也。(《邺侯家传·茶诗》)

[唐]郭湜《高力士外传》

郭湜(700—788),唐太原人。开元十二年(724)进士及第,曾任山阴尉、太子典膳丞、四门博士、河东仓曹掾、司功参军事。天宝末年,又任虢州湖城令,后被贬为临川郡司户参军。又历任吉州长史、海盐令、长城令、大理司直、江陵户曹,后升迁为登封令。著有《高力士外传》《唐少林寺同光禅师塔铭》。《高力士外传》,又名《高力士传》,撰于代宗大历中,记唐玄宗、肃宗时政事。有宛委山堂《说郛》本、《五朝小说》本、《龙威秘书》本、《唐人说荟》本、《顾氏文房小说》本等。此据上海古籍出版社1988年版《说郛三种》辑录。

一、九月三十日(高力士)至巫州,随身手力,不越十人;所余衣粮,才至数月。殷忧待罪,首尾三年。经一年,忽见本道观察第五国珍,谪至夷州。与第五相饮,赋诗曰:"烟熏眼落膜,瘴染面朱虞。"谓同病曰:"宰相犹如此,余何以堪!"左右闻之,皆为挥涕。又于园中见荠菜,土人不解吃,便赋诗曰:"两京秤斤买,五溪无人采。□夏虽有殊,气味应不改。"使拾之为羹,甚美。或登山临水,以永终日。(《高力士传》)

［南唐］沈汾《续仙传》

沈汾，唐、吴间人，生卒年不详。官任溧水县令，监察御史。著有《续仙传》。《续仙传》，又作《续神仙传》，成书于吴主杨溥之时。是书编录神仙之事为三卷，上卷载玄真子等飞升一十六人，中卷载孙思邈等隐化一十二人，下卷载司马承祯等隐化八人。有明末毛氏汲古阁刻本、《道藏》本、《道藏举要》本、文渊阁《四库全书》本、涵芬楼《说郛》本、宛委山堂《说郛》本等。此据华夏出版社 2014 年《中华道藏》本辑录。

一、玄真子姓张名志和，会稽山阴人也。博学能文，进士擢第。善画，饮酒三斗不醉。守真养气，卧雪不寒，入水不濡。天下山水，皆所游览。鲁公颜真卿与之友善。真卿为湖州刺史，与门客会饮，乃唱和，为《渔父词》。其首唱，即志和之词，曰：西塞山边白鸟飞。桃花流水鳜鱼肥。青箬笠，绿蓑衣，斜风细雨不须归。真卿与陆鸿渐、徐士衡、李成矩共唱和二十余首，递相夸赏。而志和命丹青剪素，写景夹词，须臾成五本，花木禽鱼、山水景象、奇绝踪迹，今古无伦。而真卿与诸宾客传玩，叹伏不已。（《续仙传·玄真子》）

二、蓝采和，不知何许人也。常衣破蓝衫，六銙黑木腰带阔三寸余，一脚着靴，一脚跣行。夏则衫内加絮，冬则卧于雪中，气出如蒸。每行歌，于城中乞索。持大拍板，长三尺余，常醉踏歌。老少皆随看之，机捷谐谑，人问应声答之，笑皆绝倒。似狂非狂，行则振鞋踏歌云：踏踏歌，蓝采和。世界能几何。红颜一春树，流年一掷梭。古人混混去不返，今人纷纷来更多。朝骑鸾凤到碧落，暮见桑田生白波。长景明辉在空际，金银宫阙高嵯峨。歌词多率尔而作，皆神仙意，人莫之测。但以钱与之，绳穿拖行。或散失亦不回顾，或见贫人即与之，或与酒家。（《续仙传·蓝采和》）

三、许碏，自称高阳人也。少为进士，累举不第。晚学道于王屋山，周游五岳名山洞府。后从峨嵋山经两京，复自荆、襄、汴、宋抵江淮，茅山、天台、四明、仙都、委羽、武夷、霍桐、罗浮，无不遍历。到处皆于石崖峭壁人不及处题云：许碏自峨嵋山寻偃月子到此。观笔踪者，莫不叹其神异，竟莫详偃月子也。后多游庐山，尝醉吟曰：阆苑花前是醉乡，淹翻王母九霞觞。群仙拍手嫌轻薄，谪向人间作酒狂。好事者或诘之，曰：我天仙也，方在昆仑就宴，失仪见谪。人皆笑之，以为风狂。后当春景，插花满头，把花作舞，上酒家楼醉歌，升云而去。（《续仙传·许碏》）

四、贺自真，莫究其来也。为道士，居嵩山，有文学。为事高古，常焚修精勤。年少，人亦不知其甲子，然道俗相传，见之多年矣，皆不甚为异。一日，云鹤满空，声乐清亮，自真忽飞升而去。时有处士陈陶在东都，见洛城人观望瞻礼，惊叹不已，乃为诗曰：子晋鸾飞古洛川，金桃再熟贺郎仙。三清乐奏嵩丘下，五色云屯御苑前。朱顶舞翻迎绛节，青鬟歌对驻香軿。谁能白昼相悲哭，太极光阴几万年。（《续仙传·贺自真》）

五、许宣平，新安歙人也。睿宗景云年中，隐于城阳山南坞，结庵以居。不知其服饵，但见不食。颜若四十许人，轻健，行疾奔马。时或负薪以卖，薪檐常挂一花瓢，及曲竹杖。每醉行腾腾以归，吟曰：负薪朝出卖，沽酒日西归。时人莫问我，穿云入翠微。尔来三十余年，或施人危急，或救人疾苦。城市之人，多访之不见，但览庵壁题诗云：隐居三十载，筑室南山巅。静夜玩明月，闲朝饮碧泉。樵人歌垅上，谷鸟戏岩前。乐矣不知老，都忘甲子年。好事者多诵其诗。有抵长安者，于驿路洛阳同华间传舍是处题之。

天宝中，李白自翰林出东游，经传舍，览诗吟之，叹曰：此仙人诗也。诘之于人，得宣平之实。白于是游及新安，涉溪登山，累访之不得，乃题诗于庵壁曰：我吟传舍诗，来访仙人居。烟岭迷高迹，云林隔太虚。窥庭但萧索，倚杖空踌躇。应化辽天鹤，归当千载余。宣平归庵见壁诗，又吟曰：一池荷叶衣无尽，两亩黄精食有余。又被人来寻讨者，移庵不免更深居。其庵后为野火烧之，莫知宣平踪迹。（《续仙传·许宣平》）

六、刘商，彭城人也，家于长安。好学强记，攻文，有《胡笳十八拍》，颇行于世，儿童妇女咸悉诵之。进士擢第，历台省为郎中。性耽道术，逢道士即师资之。炼丹服气，靡不勤切。每叹光景甚促，筋骸渐衰，朝驰暮止，但自劳苦，浮荣世宦，何益于己！古贤皆惰官以求道，多得度世，幸毕婚嫁，不为俗累，岂劣于许远游哉！是以托病，免官入道。

游及广陵，于城街逢一道士卖药，聚玩颇众，人言多有灵效。众中见商，目之甚相异，乃罢药，携手登楼，以酒为欢。道士所谈，自秦汉历代事，皆如目视。商颇为异，即师敬之。复言神仙道术，不可得也。及暮，商归侨止，道士下楼，闪然不见，商益讶之。翌日，又于街市访之，道士仍卖药。见商愈喜，复挈上酒楼，剧谈欢醉。出一小药囊赠商，并戏吟曰：无事到扬州，相携上酒楼。药囊为赠别，千载更何求。商记词得囊，暮乃别去。后商寻之，不复见也。（《续仙传·刘商》）

七、谭峭，字景升，国子司业洙之子，幼而聪明。及长，颇涉经史，强记，问无不知，属文清丽。洙训以进士为业，而峭不然。迥好黄老，诸子及周穆、汉武、茅君、列仙内传，靡不精究。一旦，告父出游终南山，父以南山近京都，许之。自经终南、太白、太行、王屋、嵩、华、泰岳，迤逦游历名山，不复归宁。……常欣欣然，或谓风狂，每行吟曰：线作长江扇作天，靸鞋抛向海东边。蓬莱信道无多路，只在谭生拄杖前。尔后居南岳，炼丹成，服之，入水不濡，入火不灼，亦能隐化，复入青城而去。（《续仙传·谭峭》）

八、羊愔，太山人也。以世禄官，家于缙云。明经擢第，解褐喜州夹江县尉，罢归缙云。兄忻为台州乐安令。愔幽栖括苍山性惟沉静，薄于世荣，志尚逍遥，常慕道术。一旦妻暴亡，曰：庄生鼓盆，迥为达者，今乐矣，葬之不亦宜乎！男且有业，女已有归，永无累也。后游阮郎亭，崖上去地十余丈，有篆书刻石，字极大，世传言阮肇题诗所成，使匠人錾石摸搭。验之，乃唐李阳冰常为缙云令，游此亭题诗，曰：阮客身何在，仙云洞口横。人间不到处，今日此中行。愔于亭侧，与缙云观道士数人，花时饮酒，日午，忽仆地若毙，气息犹暖，乃升还家，七日方醒。（《续仙传·羊愔》）

［唐］慧立、彦悰《大慈恩寺三藏法师传》

释慧立，一作惠立，本名子立，俗姓赵氏，唐天水人。贞观三年，出家于豳州昭仁寺，又充大慈恩寺翻经大德，次补西明寺都维那，后授太原寺主。著《大慈恩寺三藏法师传》，未成而卒。释彦悰，生平不详，西京弘福寺沙门，贞观末求法于三藏法师之门。有《大唐京寺录传》《沙门不敬录》《沙门法琳别传》，与慧立合撰《大慈恩寺三藏法师传》。《大慈恩寺三藏法师传》十卷，记玄奘生平。前五卷慧立撰，记玄奘早年及游历印度事，后五卷彦悰撰，记玄奘归国译著事。有明万历间吴氏西爽堂刻本、《万寿大藏》本、《昆庐大藏》本、《圆觉藏》本、《金藏》本、《碛砂藏》本、《初刻南藏》本、《乾隆大藏经》本、民国十二年南京支那内学院刻本、1932年日本东方文化学院京都研究所影印《高丽藏》本等。此据中华书局2000年点校本辑录。

一、二十二年，（太宗）驾幸洛阳宫，时苏州道恭法师、常州慧宣法师并有高行，学该内外，为朝野所称。帝召之。既至，引入坐，言讫，时二僧各披一衲，是梁武帝施其先师，相承共宝。既来谒龙颜，故取披服。帝哂其不工，取衲令示，仍遣赋诗以咏。恭公诗曰："福田资象德，圣种理幽薰。不持金作缕，还用彩成文。朱青自掩映，翠绮相氤氲，独有离离叶，恒向稻畦分。"宣公诗末云："如蒙一披服，方堪称福田。"意欲之。帝并不与，各施绢五十匹，即此纳也。传其丽绝，岂常人所服用，唯法师盛德当之矣。（《大慈恩寺三藏法师传》卷第七《起二十二年夏六月皇太子制〈述圣记〉终永徽五年春二月法师答书》）

［唐］姚汝能《安禄山事迹》

姚汝能，唐人，大中时乡贡进士，官任华阴尉、鸿胪寺主簿等。著有《安禄山事迹》。《安禄山事迹》三卷，上卷记安禄山始生至玄宗宠遇，中卷记天宝十三、四年安禄山构乱事，下卷记安禄山僭号被杀，并安庆绪、史思明、史朝义事。有清抄本、清鲍氏知不足斋抄本、清汪氏振绮堂抄本、清道光十九年劳权抄本、清陈氏阙慎室抄本、清洗桐斋抄本、《学海类编》本、《藕香零拾》本等。此据中华书局2006年点校本辑录。

一、（安）禄山时染小疾，王人御医重叠复至，煎和汤药皆在禁中。先许禄山于管内上谷郡起五炉铸钱，时又进钱样一千贯文。召禄山男庆绪及女婿归义王李献诚、禄山养儿王守忠、安忠臣等赴阙，到日并赐衣服、玉腰带、锦彩等，仍令尚食供食。其冬久无雪，至十二月十四日乃雪，禄山表贺焉。玄宗批答兼口号以赐之曰："腊月忻三(日)[白]，嘉平安四邻，预知天下稔，先为物华春。"其见重如此。(《安禄山事迹》卷上)

二、十七日甲午，陷西京。初(安)禄山不虞玄宗南幸，故进兵缓也。于是禄山伪官属等，全虏府库兵甲、文物、图籍，宜春云韶。犀象、舞马，掖庭后宫皆没焉。……禄山尤致意于乐工，求访颇切，不旬日闲，获梨园弟子数百人。群贼皆相与大会于凝碧池，宴伪官数十人，陈御库珍宝，罗列前后。乐既作，梨园弟子皆不觉歔欷，相视泣下，群贼露刃持(满)〔戈〕以胁之，而悲不自胜。乐工雷海清者，投乐器于地，西向恸哭，贼乃缚海清于戏马台，支解以示乐人，闻之者无不伤痛。时王维亦在贼中，(初)〔拘〕于菩提佛寺，闻之，赋诗曰："万户伤心生野烟，百官何日更朝天？秋槐叶落空宫里，凝碧池头奏管弦。"维，开元初进士及第，事母崔氏以孝闻，累官给事中。禄山陷长安，维在贼中，佯狂失音久之。贼重其名，追赴洛阳，伪(受)〔授〕给事中。至德二年冬，收东京。〔三司类例〕，陷贼官等定罪。时弟缙为刑部侍郎，抗表请以官爵赎兄之罪。上元元年，特宥之。责授太子中允，后为尚书右丞。(《安禄山事迹》卷下)

三、(安)庆绪自至德二年杀禄山自立，至乾元二年己亥为史思明所杀，其后并于思明。……(顺天元年)九月，又收大梁，陷我洛阳，东洛佛事皆送幽州，以旧宅为龙兴寺，而崇饰之。思明本不识文字，忽然好吟诗，每就一章，必驿宣示，皆可绝倒。尝欲以樱桃赐其子朝义及周贽，以彩笺敕左右书之，曰："樱桃一笼子，半赤一半黄。一半与怀王，一半与周贽。"小吏龙谭进曰："请改为一半与周贽，一半与怀王，则声韵相协。"思明曰；"韵是何物？岂可以我儿在周贽之下！"又题《石榴诗》曰："三月四月红花里，五月六月瓶子里。作刀割破〔黄胞衣〕，六七千个赤男女。"郡国传写，置于邮亭。(《安禄山事迹》卷下)

[唐]韩琬《御史台记》

韩琬，字茂贞，唐南阳人。擢第，连中，拜监察史，出监河北军，兼按察使，开元中迁殿中侍御史。著有《续史记》《南征记》《御史台记》。《御史台记》十二卷，今存一卷，记唐初至开元御史台中制度故事。有宛委山堂《说郛》本、《旧小说》本、《经籍佚文》本、《类说》本等。此据人民出版社 2021 年辑注本辑录。

一、唐司门员外郎张文成工为俳谐诗赋，行于代。时大将军黑齿常之将出征。或人勉之曰："公官卑，何不从行？"文成曰："宁可且将朱唇饮酒，谁能逐你黑齿常之？"（《御史台记·张文成》）

二、石抱忠检校天官郎中，与侍郎刘奇、张询古同知选。抱忠素非静慎、刘奇久著清平、询古通婚名族。将分钤，时人语曰："有钱石下好，无钱刘下好，士大夫张下好。"斯言果征。复与许子儒同知选，刘奇独以公清称。抱忠、师范、子儒，颇任令史勾直，每注官，呼曰："勾直乎？"时人又为之语曰："硕学师刘子，儒生用典言。"抱忠后与奇同弃市。选人或为摈抑者，复为语曰："今年柿子并遭霜，为语石榴须早摘。"抱忠在始平，尝为谐诗曰："平明发始平，薄暮至何城。库塔朝云上，晃池夜月明。略彴桥头逢长史，棂星门外揖司兵。一群县尉驴骡聚，数个参军鹅鸭行。"（《御史台记·石抱忠》）

［唐］陆龟蒙《小名录》

陆龟蒙，字鲁望，唐吴县人，生卒年不详。曾随湖州刺史张抟历湖、苏二州，为其幕僚。著有《松陵集》《小名录》《笠泽丛书》等。《小名录》，记秦至隋各种人物小名，并因其名，旁及行事。有明抄本、《稗海》本、《四库全书》本、宛委山堂《说郛》本等。此据中华书局 1985 年《丛书集成初编》本辑录。

一、王濬，字士治，弘农人也，小字阿童。为益州刺史时，吴中有童谣曰："阿童复何童，御刀浮渡江。不畏岸上虎，但畏水中龙。"羊祜闻之，乃表濬监益

州，加龙骧将军，竟平吴。谣言应矣。（《小名录》卷上）

二、前燕慕容冲。初，符坚之灭慕容隽，冲妹为清河公主。年十四，有殊色，坚纳之。冲年十二，有龙阳之姿，坚又幸之。长安歌曰："一雌复一雄，双飞入紫宫。"咸惧为乱，王猛切谏，乃出冲。长安又谣曰："凤凰凤凰，止阿房。"坚曰："凤凰非梧桐不栖，非竹实不食。"乃各植数千株于阿房以待之。冲小字凤凰，是终为坚贼，入止阿房。后冲进攻长安，坚登城责之曰："尔辈群奴，止可牧牛羊，何为送死。"冲曰："既厌奴苦，取尔见代。"冲竟僭位于阿房前。（《小名录》卷上）

三、陶潜，字元亮，一字渊明。集载《责子诗》云："白发披两鬓，肌肤不复实。虽有五男儿，初不好纸笔。阿舒已十二，懒惰故无匹。阿宣行志学，而不好文术。雍端年十三，不识九与七。通子垂六龄，但觅枣与栗。天运苟如此，且进杯中物。"又载与俨等疏云"告俨、俟、份、修"等云云。又有《命子诗》云："三千之罪，后最及。成念呱呱，闻尔泣。卜嘉曰占，亦良时。名尔曰俨，字曰求思。"按此俨，即阿舒也。（《小名录》卷下）

［唐］梁载言《十道志》

梁载言，唐聊城人。上元进士，历凤阁舍人、专知制诰，中宗时为怀州刺史。著有《具员故事》《十道志》等。《十道志》，为唐代全国地理总志，原书久佚，今存清人辑本。有王谟重订《汉唐地理书钞》本、《经籍佚文》本、《樊川文集夹注》本、《太平寰宇记》本等。此据中华书局1961年《汉唐地理书钞》本辑录。

一、曹州济阴郡置在济阳县，禹贡豫州之域。周为曹国地，后至七国时属齐。汉为济阴郡，地在济水之南，故以为名。《曹诗》曰："荟兮蔚兮，南山朝隮。"（《十道志》卷上）

二、鬼门关在北流县南三十里，两石相对，状若关形，阔三十余丈。昔马援讨林邑，经此，立碑石碣尚存。昔时趋交趾，皆由此关。至南尤多瘴疠，去者罕得生还，故谚曰："鬼门关，十人去九人还。"（《十道志》卷下）

三、曹南山，《曹风诗》所谓"荟兮蔚兮，南山朝跻"是也。有泥水出焉，即《汉书》云："高祖即位于泥水之阳。"今坛存焉。（《十道志》卷下）

四、冯翊许原地有苦泉，水味咸苦，羊饮之肥而肉美。今于泉侧置羊牧，因相传为沙苑细肋羊，谚云："苦泉羊，洛水浆。"（《十道志》卷下）

［唐］刘恂《岭表录异》

刘恂，唐昭宗朝出为广州司马。著有《岭表录异》。《岭表录异》，又作《岭表录》《岭南录异》等，记岭南风物。原书久佚，今见为后人辑本。有涵芬楼《说郛》本、宛委山堂《说郛》本、《五朝小说》本、《唐人说荟》本、《四库全书》本、《武英殿聚珍版书》本等。此据广西民族出版社 1988 年校补本辑录。

一、自琼至振溪涧，中有石鳞次，水流其间，或相去二三尺，近似天设，可蹑之而过。或有乘牛过者，牛皆促敛四蹄，跳跃而过；或失，则随流而下。见者皆以为笑。彼人谚曰："跳石牛骨碌，好笑又好哭。"（《岭表录异》卷上《跳石牛骨碌》）

二、鹧鸪，吴楚之野悉有，岭南偏多。此鸟，肉白而肥，远胜鸡雉，能解治葛并菌毒。臆前有白圆点，背上间紫赤毛，其大如野鸡。多对啼。《南越志》云，鹧鸪虽东西回翔，然开翅之始，必先南翥，其鸣自呼杜薄州。又《本草》云，自呼钩辀格磔。李群玉《山行闻鹧鸪》诗云："方穿诘曲崎岖路，又听钩辀格磔声。"（《岭表录异》卷中《鹧鸪》）

［唐］莫休符《桂林风土记》

莫休符，唐开建人，官历银青光禄大夫、检校左散骑常侍、融州刺史、御史大夫。著《桂林风土记》。《桂林风土记》三卷，成书于唐昭宗光化二年，今存一卷，记桂林名胜古迹、山川城址、名人轶闻。有明抄本、清张位抄本、清吴翌凤抄本、清乾隆五十七年钱说曾抄本、《四库全书》本、《学海类编》本等。此据中华书局1985年《丛书集成初编》本辑录。

一、按《地里志》，桂州，禹贡荆州之域。春秋时，越七国时服于楚。秦始皇二十三年，发逋亡、婿、贾人，掠取陆梁之地为桂林。吴时，文士薛宗言："昔帝舜南巡苍梧，秦置桂林、南海、象郡。"《南越志》："汉武改为郁林郡，以桂林为县。"《吴书》："孙皓凤凰三年，分郁林、象郡为桂林。"又按《图经》云："吴甘露年号，分郁林、象郡为桂林。"今以《魏书》证之。甘露乃高贵卿公曹髦所记年号，非《吴书》也。古有名人张衡诗云："我所思兮在桂林，欲往从之湘水深。"是则桂林为郡久矣。汉祖命周电击南越，南越王赵佗据险为城，电不能喻。今灵川全义岭有越城，《汉纪》有周电为泗水侯，是吕后时，非高祖也。《地里志》云："周电未知其详。"（《桂林风土记·桂林》）

二、观在府郭三里，隔长河，其东南皆崇山巨壑，绿竹青松，崆峒幽奇，登临险隘，不可名状，有石门似公府之状而隘。汇烛行五十步，有洞穴。坦平如球场，可容千百人。如此者八九所，约略相似。皆有清泉渌水，乳液葩浆，怪石嵌空，龙盘虎踞。引烛缘涉，竟日而还，终莫能际。相传云：昔有人好泉石，多束花果、裹粮，深涉而行。还计其所行，已及东河之下，如闻棹楫濡濡之声在其上。又有山外高峰，旧有亭台，近已摧坏。前政张侍郎名固，大中年重阳节宴于此，从事卢顺之赠固诗曰："渡江旌旆动鱼龙，令节开筵上碧峰。翡翠巢低岩桂小，茱萸房湿露香浓。白云郊外无尘事，黄菊筵中尽醉容。好是谢公高兴处，夕阳归骑出疏松。”张侍郎和诗曰：“乱山青翠郡城东，爽节凭高一望通。交友会时丝管合，羽觞飞处笑言同。金英耀彩晴云外，玉树凝霜暮雨中。高咏已劳潘岳思，醉欢惭道自车公。”咸通年，前政张大夫重游东观诗曰：“岩岫碧潺湲，灵踪若可攀。楼台烟霭外，松竹翠微间。玉液寒深洞，秋光秀远山。凭君指归路，何处是人寰。”(《桂林风土记·东观》)

三、在府城北，与圣寿寺接连。有岩洞、庭台，高峰耸碧，山穴透出北面，因名北牖洞。远眺长江，极目烟水，北人至此，多整乡思。会昌初，前使元常侍名晦，搜达金貂，翱翔翰林，扬历台省，性好岩沼，时恣盘游。建大八角亭，写其真院，砌台钓榭，石室莲枕，流杯亭、花药院，时为绝景。于时，潞寇初平，四郊无垒，公私宴聚，较胜争先。美节良辰，寻芳选胜，管弦车马，阗隘路隅。金貂从此府除浙东，留题曰：“紫泥远自金銮降，朱旆翻驰镜水头。陶令风光偏畏夜，子牟衰鬓暗惊秋。西邻月色何时见，南国春光岂再游。莫遣艳歌催客醉，不堪回首翠娥愁。”副车路单，与金貂同年及第，和诗一首：“谢安致理逾三载，黄霸清声彻九重。犹辍珮环归凤阙，且将仁政到稽峰。林间立马罗千骑，池上开筵醉一钟。共喜甘棠有新咏，独惭霜鬓又攀龙。”越亭初成，金貂有六十韵长诗曰：“乏才叨八使，徇禄非三顾。北阙颁诏条，东邻证迷悮。未闻述职效，已见脱烦趣。灏气爽衣巾，岚飔轻杖屦。”其余不省记。(《桂林风土记·越亭》)

四、在北罗门外，台亭岩洞，亚于越亭。亦是元常侍新置，有石棋局、烂柯石嶂。金貂有五十韵诗云：“石静如开镜，山高若耸莲。笋竿抽玉管，花蔓缀金钿。”余不省记。(《桂林风土记·岩光亭》)

五、在子城东南百余步长河中。先是訾家所居，因以名焉。洲每经大水，不曾淹浸，相承言其浮也。元和中，裴大夫创造亭宇，种植花木，迄今繁盛，东风融和，众卉争妍。有大儒柳宗元员外撰碑千余言，犹在。前汴州杨尚书宴游，题诗云：“桂林云物画漫漫，雨里花开雨里残。惟有今朝好风景，樱桃含笑柳眉攒。”新政从事陆宏休诗云：“新春蕊绽訾家洲，信是南方最胜游。酒满百分殊不怕，人添一岁更堪愁。莺声暗逐歌声艳，花态还随舞态羞。莫惜今朝同酩酊，任他龟鹤与蜉蝣。”(《桂林风土记·訾家洲》)

六、亭馆，大中初前韦舍人瓘创造。在子城东北隅十余步，接近逍遥楼角，近大江。馆宇宏丽，制作精致，高下敞豁，冠诸亭院。去思馆，旧名青桂馆。前政吏部张侍郎鹭除替，饰装于此，遂改为去思馆。韦舍人，年十九入阙选进士，举二十一进士状头，榜下除左拾遗，于时名重缙绅，指期直上。马相为长安令，二十八度候谒。不蒙一见。后任廉察桂林，才半岁，而马相执大政。寻追怀旧事，非时除宾客分司，怅望留诗于碧浔亭曰："半年领郡固无劳，一日为心素所操。轮奂未成绳墨在，规模已壮闶闳高。理人虽切才长短，薄宦都缘命不遭。从此归耕洛川上，大千江路任风涛。"(《桂林风土记·碧浔亭去思馆是》)

七、府北郭松径尽处，有国初安南都护名普赞冢墓。普赞灵川人，其宅今为圣寿寺，有庙在寺之北下。殁后，殡于北郭。时有识地势者，言葬所有天子气，由是官掘断。至夜，又有阴兵填平如旧。既而再掘，复平不已。时有效役者，人偶宿其所，夜闻鬼兵相语曰："能以青布运土投江，则我等无能为也。"及明，主吏闻宿者言，遂用青布辇运土投河，竟免阴兵填筑。今坟所掘处犹存，有石人石柱皆在。松楸百余株，近为樵者斫伐无余。子孙自千数年湮没无闻。或云：訾家洲，因运此土流下成洲。有欧阳膑者诗绝句曰："旧业分明桂水头，人闲业尽水空流。春风日暮江头立，不及渔翁有钓舟。"(《桂林风土记·欧阳都护冢》)

八、本名盘龙冈。在府西郭三里，与延龄寺甫近。宝历年，前使李给事名渤，开置亭台，种植花木。有池沼巨岩，水深无际，有嘉莲洞、白雀洞、石盆大亭。又庆云亭在山顶，朝阳亭、夕阳亭、连理橘。秉烛巡游，时见龙迹，大如碗。水有灵鱼，龙腹四足，人或误擒。风雨立至，山河秀异，皆入画图，作屏障，为信好之珍。有从事皇甫湜、吴武陵，撰碑碣二所，给事征起山中，一表荐九贤，皆居显贵。给事为考功郎，宰相皆书下考，以天子巡游蹂禾稼，无所献替故也。除桂林，有《叹乌诗》曰："三朝四黜倦遐征，往复皆愁万里程。尔解分飞却回去，我方从此向南行。"又题《隐山诗》二首："常叹源泉去不回，我今自去更难来。欲知一一留心处，手种岩花次第开。随云不厌苍梧远，似雁逢春又北飞。惟有隐山溪上月，他时相望两依依。"(《桂林风土记·隐仙亭》)

九、李给事名渤，为太学博士。喜长歌，弟淑舟至，歌曰："前年别时秋九月，白露为霜金吹烈。离鸿一别影初分，泪袖双挥心哽咽。别来几度得音书，南岳知此下阙文。庐山峨峨依天碧，捧排空岸千万尺。社榜长题高士名，食堂每记云山迹。我本开云此山住，偶为名利相索误。自负心机四十年，羞闻社客山中篇。忧时魂梦忆归路，觉来疑在林中眠。昨日亭前乌鹊喜，果得今朝尔来此。我吟行路五十篇，尽说江南数千里。自怜兄弟今五人，共索儒素家尚贫。虽然禀气各不一，就中总免拘常伦。长兄年少曾落拓，拔剑沙场随卫霍。口里虽谭周孔文，怀中不舍孙吴略。次兄一生能苦节，夏聚流萤冬映雪。非论恶疾志如霜，更觉临泉心似铁。第三之兄更奇异，昂昂独负青云志。下看金玉不如泥，肯道王侯身可贵。却愁清逸不干时，高踪大器无人知。倘逢感激许然诺，必能万古留清规。念尔年来方二十，夙夜孜孜能独立。卷中笔落星汉摇，峒裹丹灵鬼神泣。嗟余流浪心最狂，十年学剑逢时康。心中不解事拘束，世间谈笑多相妨。广海青山殊未足，逢著高楼还醉宿。朝走安公枥上驹，暮偷陶令篱边菊。近来诗思殊无况，苦被时流不相放。云腾浪走势未衰，鹤膝蜂腰岂能障。送尔为文殊不识，贵从一一传胸臆。若到湖南见紫霄，会须待我同攀陟。"(《桂林风土记·李给事长歌》)

［唐］李绰《秦中岁时记》

李绰，字肩孟，唐赵郡人。官任太常博士、膳部郎中。有《尚书故实》《秦中岁时记》。《秦中岁时记》一卷，又名《辇下岁时记》《咸镐岁时记》，记唐代岁时风俗、科举进士风俗等。有涵芬楼《说郛》本、宛委山堂《说郛》本、《类说》本、《绀珠集》本等。此据三秦出版社 2008 年《全唐五代笔记》辑录。

一、长安三月五日，两街看牡丹，奔走车马。慈恩寺元果院牡丹先于诸牡丹半月开，太真院牡丹后于诸牡丹半月开。故裴兵部潾《白牡丹》诗，自题于慈恩佛殿东壁上。大和中，车驾自夹城出芙蓉园，路幸此寺，见所题诗，吟咏久之，因令宫嫔讽念。及暮归大内，此诗满六宫矣。其诗曰："长安豪贵惜春残，

争赏先开紫牡丹。别有玉枝擎露冷，无人肯就月中看。”兵部时任给事。（《竹庄诗话》卷一三引《秦中岁时记》）

二、大和八年放进士榜，多贫士。无名子作诗曰：“乞儿还有大通年，二十三人碗仗全。薛庶准前骑瘦马，范鄴依旧盖番毡。”（《类说》卷六《秦中岁时记》）

［唐］卢鸿《终南十志》

卢鸿，字颢然，唐范阳人。玄宗时拜谏议大夫。著有《终南十志》。《终南十志》不分卷，记终南山十处风景。有宛委山堂《说郛》本、《五朝小说》本、《唐人说荟》本等。此据上海古籍出版社1988年版《说郛三种》辑录。

一、草堂者，盖因自然之溪阜，以当墉洫；资人力之缔架，后加茅茨。将以避燥湿，成栋宇之用；昭简易，叶乾坤，可容膝休闲。谷神全道，此其所以贵也。及靡者居之，则妄为剪饰，失天理矣。歌曰：“山为宅草为堂，芝室兮药房。罗蘼芜，拍薜荔，荃壁兮兰砌。蘼芜薜荔成草堂，中有人兮信宜常。读金书饮玉液，童颜幽操长不易。”（《终南十志·草堂第一》）

二、樾馆者，盖即林取材，基巅柘，架以加茅茨，居不期逸，为不至劳，清淡娱宾，斯为尚矣。及荡者鄙其隘阒，苟事宏丽，乖其实矣。歌曰：“紫岩隈青溪侧，云松烟茑兮千古色。芳藿蘼阴蒙笼，幽人架馆在其中。卧风霄坐霞旦，藿蘼蒙笼依樾馆。粤有宾兮时戾止，樵苏不爨，清谈而已，永岁终朝常若此。”（《终南十志·樾馆第二》）

三、幂翠庭者，盖峰巘积阴，林萝沓翠，其上绵幂，其下□湛。可以王神，可以冥道矣。及喧者游之，则酣谑永日，汩其清而薄其垢矣。歌曰：“青崖阴，丹涧曲，重幽叠邃隐沦躅。草跗绵幂兮翠蒙笼，当其无，在庭中。当其有，幂翠庭，神可谷道可冥。幽有人兮张素琴，白玉徽兮高山流水之清音，听之愔澹兮冥是心。”（《终南十志·幂翠庭第三》）

四、洞元室者，盖因岩石即室。即理谈元，室成自然，元斯洞矣。及邪者居之，则假容窃次，妄作虚诞，竟生异言。歌曰："岚气肃兮岩翠冥，室阴户虚矣芳迎。披蕙帐促萝筵，谈空空兮核元元。蕙帐萝筵洞元室，秘而幽直且吉。道于斯兮可岩，绎妙思洞兮草元经，结幽门兮在黄庭。"(《终南十志·洞元室第四》)

五、倒景台者，盖太室南麓，天门右崖，杰峰如台，气凌倒景。登路有三，皆可少憩，或曰三休台。可以会驭风之客，邀绝尘之子，超越真神，荡涤尘襟，此其所以绝胜也。及世人登焉，则魂散神越，目极心伤矣。歌曰："天门豁仙台耸，杰屹崒兮云倾。涌穷三休旷一观，忽若登昆仑兮。终期汗漫山耸，云间倒景台，舒颢气轶嚣埃。皎皎之子兮自独立，云可朋霞可吸，曾有何荣辱之可。"(《终南十志·倒景台第五》)

六、桃烟廷者，盖特峰秀起，意若桃烟，秘廷窅如仙会，即杨雄所谓爰清爰静游神之廷是也。可以超绝世纷，永洁精神矣。及机士登焉，则寥阒惝恍，裴怀情累矣。歌曰："临决漭背青荧，吐云烟兮合窅冥。恍欻翕兮沓幽霭，意漂渺兮群仙会。窅冥仙会桃烟廷，竦魂形凝视听。闻夫至诚必感兮，祈此巅，洁颢气，养丹田，终纺像兮觌群仙。"(《终南十志·桃烟廷第六》)

七、期仙磴者，盖危磴穹窿，回接云路，灵仙仿佛。想若可期及，儒者毁所不见则黜之矣。歌曰："霏微阴壑兮气腾虹，迤逦危磴兮上凌空。咫尺云路期仙磴，虚可凭，道可证。青霞杪紫烟垂，鸾歌凤舞吹参差。迎鸿驾楫瑶轩。山中人好神仙，想象于此欲升烟，铸丹炼液伫还年。"(《终南十志·期仙磴第七》)

八、涤烦矶者，盖穹谷峻崖，发地盘石，飞流喷激，积漱成渠。澡性涤烦，迥有幽致。可为智者说，难与俗人言。歌曰："灵矶盘薄兮喷滔礌漱，灵风兮镇冥壑。研苔滋泉珠洁，一憩一饮尘鞅灭。磷磷泻涟漪兮涤烦矶，灵仙境兮仁智归。中有琴徽似玉，峨峨汤汤弹此曲，寄声知音同所欲。"(《终南十志·涤烦矶第八》)

九、云锦淙者，盖激溜攒冲，倾石丛倚，鸣湍叠濯，喷若风雷，晷辉分丽，焕若云锦。可莹彻灵瞩，幽玩忘归。及匪士观之，则反曰"寒泉伤玉趾矣"。歌曰："水攒耸石丛耸，焕云锦兮喷汹涌。苔驳荦草夤缘，芳幂幂兮濑溅溅。水石攒冲云锦淙，波跳珠泉结流。有洁冥者媚此幽，漱灵液乐天休，实获我心夫何求。"(《终南十志·云锦淙第九》)

十、金碧潭者，盖水洁石鲜，光涵金碧，岩葩林茑，有助芳阴。空洞虚彻，道斯胜矣。而世士缠乎利害者，则未暇游之。歌曰："水碧色石金光，滟熠熠兮滢湟湟。泉葩映烟茑临，岩霏林翠积芳阴，霜月洞烟景涵。水色石光，金碧潭幽。有人兮好冥绝，炳其焕凝其洁，悠悠终古长不灭。"（《终南十志·金碧潭第十》）

［唐］李德裕《平泉山居戒子孙记》

李德裕（787—850），字文饶，唐赵州人。穆宗时为翰林学士、御史中丞、浙西观察使，文宗时为兵部侍郎、四川节度使，武宗时官至宰相，宣宗时出为潮州司马、贬为崖州司户。著有《次柳氏旧闻》《会昌一品集》《御臣要略》《伐判志》等。《平泉山居戒子孙记》一卷，记述营建平泉山居的缘由、过程等。有《四部丛刊》本傅增湘手校《李文饶文集》本、《四库全书》本等。此据中华书局 2018 年版《李德裕文集校笺》辑录。

一、经始平泉，追先志也。吾随侍先太师忠懿公，在外十四年，上会稽，探禹穴，历楚泽，登巫山，游沅湘，望衡峤。先公每维舟清眺，意有所感，必凄然遐想，属目伊川。尝赋诗曰："龙门南岳尽伊原，草树人烟目所存。正是北州梨枣熟，梦魂秋日到郊园。"吾心感是诗，有退居伊、洛之志。（《平泉山居戒子孙记》）

［唐］李冲昭《南岳小录》

李冲昭，唐道士。著有《南岳小录》。《南岳小录》一卷，记南岳名山古迹与历代道士事等。有明代嘉靖三十一年蔡汝楠刻本、《正统道藏》

本、《四库全书》本等。此据台湾商务印书馆《景印文渊阁四库全书》本辑录。

一、又有薛天师季昌，本绵州绵竹县尉，在京舍官入道，志操不群。将归南岳，上闻玄宗，玄宗嘉之，亦厚颁金帛。上命笔赋诗送赠，有序曰："炼师初解簪裾，栖心衡岳。及登道录，慨然来兹，愿归旧居，以守虚白。不违雅志，且重精修，忽遇灵药，至人时来城阙也。乃赋诗一首宠行云尔。"诗曰："洞府修真客，衡阳念旧居。将申金阙要，愿奉玉清书。云路三天近，松溪万籁虚。犹期传秘箓，来往候仙舆。"后封天师。（《南岳小录·九真观》）

［唐］陆广微《吴地记》

陆广微，唐人，生平不详。著有《吴地记》。《吴地记》一卷，原书已佚，今所见为后人辑录增补而成，为现存最早的吴地方志。有清同治十二年江苏书局刻本、《续百川学海》本、《唐宋丛书》本、宛委山堂《说郛》本、《五朝小说》本、《唐人说荟》本、《学海类编》本、《古今逸史》本、《四库全书》本、《汉唐地理书钞》本等。此据江苏古籍出版社1986年校注本辑录。

一、阊门，亦号破楚门，吴伐楚，大军从此门出。陆机诗曰："阊门势嵯峨，飞阁跨通波。"又孔子登山，望东吴阊门，叹曰："吴门有白气如练。"今置曳练坊及望馆坊，因此。（《吴地记》）

二、周瑜坟在县东二里。瑜字公瑾，庐江舒人。仕吴大将军，南郡太守。美姿貌，时年二十四，吴中皆呼为周郎。及孙权称尊号，谓公卿曰："非周公瑾不帝矣！"瑜少精思音乐，虽三爵之后，乐有阙误，必知之，则回顾。时人谣曰："曲有误，周郎顾。"（《吴地记》）

[唐] 韦庄《峡程记》

韦庄(? —910),字端己,晚唐杜陵人。乾宁元年进士及第,释谒校书郎,以左补阙宣谕两川,遂留蜀事王建。王氏建蜀,累官吏部侍郎、同平章事。有《浣花集》《峡程记》等。《峡程记》,记韦庄赴大梁途经三峡事,原书已佚,今存宛委山堂《说郛》本。此据上海古籍出版社 1988 年版《说郛三种》辑录。

一、瞿唐水涨,一泻千里,故太白诗云:“朝辞白帝彩云间,千里江陵一日还。”(《峡程记》)

[唐] 樊绰《蛮书》

樊绰,晚唐人。唐懿宗时为安南经略使从事,后任夔州都督府长史。《蛮书》十卷,又作《云南志》《云南记》《云南史记》《南夷志》《南蛮志》等,记云南界内途程、山川江源、六诏、名类、六睑、云南城镇、云南管内物产、蛮夷风俗等。有清刻本、文渊阁《四库全书》本、《武英殿聚珍版丛书》本、《琳琅秘室丛书》本、《知不足斋丛书》本等。此据中华书局 2018 年校注本辑录。

一、高黎共山在永昌西,下临怒江。左右平川,谓之穹赕,汤浪加萌所居也。草木不枯,有瘴气。自永昌之越赕,途经此山,一驿在山之半,一驿在山之巅。朝济怒江登山,暮方到山顶。冬中山上积雪苦寒,秋夏又苦穹赕、汤浪毒暑酷热。河赕贾客在寻传羁离未还者，为之谣曰："冬时欲归来，高黎共上雪。秋夏欲归来，无那穹赕热。春时欲归来，平中络赂绝。"(《蛮书校注》卷二《山川江源第二》)

［宋］耿焕《野人闲话》

耿焕，避宋太宗讳炅改作景，宋成都人。曾任壁州白石令，后隐玉垒山。有《牧竖闲谈》《龙证笔诀》《野人闲话》。《野人闲话》原本五卷，今已散佚，记蜀主孟氏一朝人间闻见之事。有涵芬楼《说郛》本、宛委山堂《说郛》本、《五朝小说》本等。此据杭州出版社2004年版《五代史书汇编》辑录。

一、每春三月、夏四月，人游浣花者、游锦浦者，歌乐掀天，珠翠填咽，贵门公子，乘彩舫游百花潭，穷奢极丽。诸王功臣已下，皆置林亭，异果名花，小类神仙之境。兵部王尚书延珪题亭子诗，一联曰："十字水中分岛屿，数重花外见楼台。"皆此类也。自大军收复，蜀主(孟昶)知运数有归，寻即纳款，识者闻之嘉叹。蜀主能文章，好博览，知兴亡，有诗才，尝为箴诫颁诸字人，各令刊刻于坐隅，谓之《颁令箴》曰："朕念赤子，旰食宵衣。托之令长，抚养惠绥。政在三异，道在七丝。驱鸡为理，留犊为规。宽猛得所，风俗可移。无令侵削，无使疮痍。下民易虐，上天难欺。赋与是切，军国是资。朕之赏爵，固不逾时。尔俸尔禄，民膏民脂。为民父母，莫不仁慈。勉尔为诫，体朕深私。"《说郛》卷一七。又《挥尘后录余话》卷一，《容斋续笔》卷一。(《野人闲话·颁令箴》)

二、大军未至前，自春至夏无雨，螟蝗大作。一旦，汉州什邡县石井中，夜有十火龙腾跃而出，浩浩升天而去。乃至鳞甲首足，明耀赫奕，大风吼天，树木皆拔，余烬坠地，延烧数百家。翌日，有一人被发，衣青布裤，奔走于街巷中，高声唱言："有一神人使作，无爷无母救你。"汗流满面，困乏喘气，而口不暂停，两日亦不知所在。复有鹦鹉鸣于屋，射之不中。故老见之曰："此鸟主少主归命，

咸康时来，此时又来，当有兴替乎？”皆秘而不奏。明年冬，大军入界。《说郛》卷一七(《野人闲话·火龙腾跃》)

三、野人(姜道隐)平生讨庄老之书，有暇而性好图龙之真形兴。思忽至，即画百尺之状，纵意挥画，苟不称意，则涂抹之，不啻千余驱而已。飘飘然云阴雨气，似有蜿蜒之势，掷笔抚掌，自为怡逸。尝以此为适意之作，亦曾撰集《龙证笔诀》三卷，传于家。丁未年，彭州倅郑昭请图真龙于州城之西门太山府君之祠，为民致雨。于是与二道士、数仆夫秉烛以画，使人槌鼓喷笛，掌祠者顿足起舞。其夕三更，风雨大沛，奈何一时之戏，亦济农事。有蒋贻恭留题诗曰：“世人空解效丹青，惟子通玄得墨灵。应有鬼神看笔下，岂无风雨助成形。威疑喷浪归沧海，势欲拿云上杳冥。静闭绿堂深夜后，晓来廉幕似闻腥。”《说郛》卷一七。又《诗话总龟》卷二一。(《野人闲话·蜀书画八人》)

四、黄万祐修道于黔南无人之境，累世常在，每三二十年一出成都卖药，言人灾祸，无不神验。蜀王建迎入宫，尽礼事之。问其服食，皆秘而不言，曰：“吾非神仙，亦非服饵之士，但虚心养气，仁其行，鲜其过而已。”问其齿，则曰：“吾只记夜郎侯王蜀之岁，蚕丛氏都郫之年，时被请出。尔后乌兔交驰，花开木落，竟不记其甲子矣。”忽一日，南望嘉州曰：“犍为之地，何其炎炎，请遣人赴之。”如其言，使至嘉州，市肆已为瓦砾矣。后坚辞归山，建泣留不住，问其后事，皆不言之。既去，于所居壁间见题处曰：“莫交牵动青猪足，动即炎炎不可扑。鸷兽不欲两头黄，黄即其年天下哭。”智者不能详之。至乙亥年，起师东取秦凤诸州。报捷之际，宫内延火，应是珍宝帑藏，并为煨烬矣。乃知太岁乙亥，是为青猪，为焚爇之期也。后三年，岁在戊寅土而建殂。方知寅为鸷兽，干与纳音俱是土，土黄色，是以言“鸷兽两头黄”，此言不差毫发。《太平广记》卷八六(《野人闲话·黄万祐》)

五、唐沙门贯休，本婺州兰溪人也，能诗善书妙画。王氏建国时，来居蜀中龙华之精舍。因纵笔，用水墨画罗汉一十六身，并一佛二大士。巨石萦云，枯松带蔓，其诸古貌，与他人画不同。或曰：“梦中所睹，觉后图之。”谓之应梦罗汉。门人昙域、昙弗等，甚秘重之。蜀主曾宣入内，叹其笔迹狂逸，供养经月，却令分付院中。翰林学士欧阳炯亦曾观之，赠以歌曰：“西岳高僧名贯休，孤情峭拔凌清秋。天教水墨画罗汉，魁岸古容生笔头。时捐大绢泥高壁，闭目焚香坐禅室。或然梦里见真仪，脱去袈裟点神笔。高抬节腕当空掷，窸窣毫端任狂逸。逡巡便是两三躯，不似画工虚费日。怪石安排嵌复枯，真僧列坐连跏趺。形如瘦鹤精神健，顶似伏犀头骨粗。倚松根，傍岩缝，曲录腰身长欲动。看经弟子拟闻声，瞌睡山童疑有梦。不知夏腊几多年，一手搘颐偏袒肩。口开或若共人语，身定复疑初坐禅。案前卧象低垂鼻，崖畔戏猿斜展臂。芭蕉花里刷轻红，苔藓文中晕深翠。硬筇杖，矮松床，雪色眉毛一寸长。绳开梵夹两三片，线补衲衣千万行。林间乱叶纷纷堕，一印残香断烟火。皮穿木屐不曾拖，笋织蒲团镇长坐。休公休公，逸艺无人加，声誉喧喧遍海涯。五七字句一千首，大小篆书三十家。唐朝历历多名士，萧子云兼吴道子。若将书画比休公，只恐当时浪生死。休公休公，始自江南来入秦，于今到蜀无交亲。诗名画手皆奇绝，覷你凡人争是人。瓦棺寺里维摩诘，舍卫城中辟支佛。若将此画比量看，总在人间为第一。”《太平广记》卷二一四(《野人闲话·贯休》)

六、唐僖宗皇帝翠华西幸之年，有会稽山处士孙位随驾止蜀。位有道术，兼攻书画，皆妙得笔精。曾于应天寺门左壁上画天王一座，部从鬼神，奇怪斯存，笔势狂纵，莫之与京，三十余年无有敌者。景焕其先亦专书画，尝与翰林欧阳学士炯乃忘形之交。一日，联骑同游兹寺，偶画右壁天王以对之。渤海在旁观其逸势，复书歌行一篇以纪之。续有草书僧梦龟后至，又请书之于廊壁上。故书画歌行，一日而就，倾城人看，阗咽寺中。成都之人，故号为应天三绝。歌行今亦录附曰：“锦城东北黄金地，故迹何人兴此寺。白眉长老重名公，曾识会稽山处士。寺门左壁图天王，威仪部从来何方。鬼神怪异满壁走，当檐飒飒生秋光。我闻天王分理四天下，水精宫殿琉璃瓦。采仗时驱拂琳装，金鞭频策麒麟马。毗沙大像何光辉，手擎巨塔凌云飞。地神对出宝缾子，天女倒披金缕衣。唐朝说著名公画，周昉毫端善图写。张僧繇是有神人，吴道子称无敌者。奇哉妙手传孙公，能于此地留神踪。斜窥小鬼怒双目，直倚越狼高半胸。宝冠动总生威容，趋跄左右来倾恭。臂横鹰爪尖纤利，腰缠虎皮斑剥红。飘飘但恐入云中，步骤还疑归海东。蟒蛇拖得浑身堕，精魅搦来双眼空。当时此艺实难有，镇在宝坊称不朽。东边画了空西边，留与后人教敌手。后人见者皆心惊，尽为名公不敢争。谁知未满三十载，或有异人来间生。匡山处士名称朴，头骨高奇连五岳。曾持象简累为官，又有蛇珠常在握。昔年长老遇奇踪，今日门师识景公。兴来便请泥高壁，乱抢笔头如疾风。逡巡队仗何颠逸，散漫奇形皆涌出。交加器械满虚空，两面或然如斗敌。圣王怒色览东西，剑刃一挥皆整齐。腕头狮子咬金甲，脚底夜叉擎络鞮。马头壮健多筋节，乌嘴弯环如屈铁。遍身蛇虺乱纵横，绕颔髑髅干孑裂。眉粗眼竖发如锥，怪异令人不可知。科头巨卒欲生鬼，半面女郎安小儿。况闻此寺初兴置，地脉沉沉当正气。如何请得二山人，下笔咸成千古事。君不见明皇天宝年，画龙致雨非偶然。包含万象藏心里，变现百般生眼前。后来画品列名贤，唯此二人堪比肩。人间是物皆求得，此样欲于何处传。尝忧壁底生云雾，揭起寺门天上去。”《太平广记》卷二一四(《野人闲话·应天三绝》)

七、孟蜀工部侍郎刘义度判云安日，有押衙覃鹭，梦与友人胡铖同在一官署厅前，见有数人，引入刘公，则五木备体，孑然音旨，说理分解，似有三五人执对。久而方退，于行廊下坐，见进食者，皆是鲜血。覃因问，旁人答曰：“公为断刑错误所致，追来亦数日矣。”遂觉。及早，见胡铖话之。铖曰：“余昨夜所梦，一与君叶，岂非同梦乎？”因共秘之。刘公其日果吟《感怀诗》十韵，其一首曰：“昨日方髽髻，如今满颔髯。紫阁无心恋，青山有意潜。”今其诗皆刊于石上，人皆讶其诗意，不数日而卒，岂非断刑之有错误乎？《太平广记》卷二七九(《野人闲话·覃鹭》)

[唐] 张彦远《法书要录》

张彦远，字爱宾，唐河东猗氏人，生卒年不详。宣宗大中初由左补阙为主客员外郎，懿宗咸通初出为舒州刺史，后复入为兵部员外郎，僖宗乾符二年官至大理卿。有《法书要录》《历代名画记》。《法书要录》十卷，汇集东汉至唐元和年间书法文献。有明刻本、明抄本、清照旷阁刻本、《津逮秘书》本、《王氏书画苑》本、文渊阁《四库全书》本、《学津讨原》本等。此据中华书局 2021 年校理本辑录。

一、近何令贵隔，势倾朝野，聊尔疏漏，遂遭十秽之书。今聊存两事，书曰：“有寒士自陈简于掌选，诗云：‘伎能自寡薄，支叶复单贫。柯条滥垂景，木石讵知晨。狗马虽难画，犬羊诚易驯。效颦终未似，学步岂如真。实云乱朝绪，是曰斁彝伦。俗作于兹混，人途自此沌。’”离合之诗，繇来久矣。不知讥刺，爰加称赞，是其第六秽也。近来贵宰于二品清宦进，不假手作书，而笔迹过鄙，无法度。彼恭拜，忽云："永感答人借车，还白不具。"真本流传，合朝耻辱，是其第七秽也。（《法书要录》卷第二《梁庾元威论书》）

二、子敬草书逸气过父，如丹穴凤舞，清泉龙跃，倏忽变化，莫知所成。或蹴海移山，或翻涛簸岳，故谢安石谓云"公当胜右军"，诚有害名教，亦非徒语也。而正书、行书，如田野学士越参朝列，非不稽古宪章，乃时有失体处。旧说称其转研，去鉴疏矣。然数公者，皆有神助，若喻之制作，其《雅》、《颂》之流乎！（《法书要录》卷第三《唐李嗣真书品后》）

三、太宗依给，（萧）翼遂改冠微服至湘潭，随商人船下，至于越州。又衣黄衫，极宽长潦倒，得山东书生之体。日暮入寺，巡廊以观壁画。过辩才院，止于门前。辩才遥见翼，乃问曰："何处檀越？"翼乃就前礼拜，云："弟子是北人，将少许蚕种来卖。历寺纵观，幸遇禅师。"寒温既毕，语议便合。因延入房内，即共围棋抚琴、投壶握槊。谈说文史，意甚相得。乃曰："白头如新，倾盖若旧。今后无形迹也。"便留夜宿，设缸面、药酒、茶果等。江东云"缸面"，犹河北称"瓮头"，谓初熟酒也。酣乐之后，请各赋诗。辩才探得"来"字韵，其诗曰："初酝一缸开，新知万里来。披云同落莫，步月共徘徊。夜久孤琴思，风长旅雁哀。非君有秘术，谁照不然灰。"萧翼探得"招"字韵，诗曰："邂逅款良宵，殷勤荷胜招。弥天俄若旧，初地岂成遥。酒蚁倾还泛，心猿躁似调。谁怜失群翼，长苦业风飘。"妍蚩略同，彼此讽味，恨相知之晚。通宵尽欢，明日乃去。辩才云："檀越闲即更来此。"翼乃载酒赴之，兴后作诗，如此者数四。诗酒为务，真俗混然，遂经旬朔。（《法书要录》卷三《唐何延之兰亭记》）

［唐］张彦远《历代名画记》

《历代名画记》十卷，成书于大中元年（847）。前三卷涉画史、画理、画法、品评、鉴藏、寺观壁画等，后七卷记轩辕至唐武宗会昌元年画家370余人小传。有明刻本、《津逮秘书》本、《王氏画苑》本、文渊阁《四库全书》本、《学津讨原》本等。此据中华书局2021年校注本辑录。

一、萧放字希逸，梁武帝犹子也，为本朝著作郎。入齐，待诏词林馆。善丹青，因于宫中监诸画工。帝令采古来丽美诗及贤哲充画图，帝甚善之。与阳休之同撰《御览》。加镇东大将军，散骑常侍。见《北齐书》。（《历代名画记》卷八《叙历代能画人名·北齐》）

二、毕宏，大历二年，为给事中，画松石于左省厅壁，好事者皆诗之。改京兆少尹为左庶子。树石擅名于代。树木改步变古，自宏始也。（《历代名画记》卷十《唐朝下》）

三、刘商，官至检校礼部郎中，汴州观察判官。少年有篇咏高情。工画山水树石，初师于张璪，后自造真为意。自张贬窜后，尝惆怅赋诗曰："苔石苍苍临涧水，溪风袅袅动松枝。世间惟有张通会，流向衡阳那得知。"或云商后得道。（《历代名画记》卷十《唐朝下》）

［唐］段安节《乐府杂录》

段安节，字大仪，唐临淄人。乾宁中官至朝议大夫，守国子司夜。著《乐府杂录》。《乐府杂录》一卷，记唐乐部、歌舞、杂戏、乐器、乐曲、乐调、艺人之事等。有《续百川学海》本、《古今说海》本、涵芬楼《说郛》本、宛委山堂《说郛》本、文渊阁《四库全书》本、《类说》本、《五朝小说》本、《古今逸史》本等。此据上海古籍出版社2015年校注本辑录。

一、明皇朝，有韦青，本是士人，尝自有诗云："三代主纶诰，一身能唱歌。"青官至金吾将军。（《乐府杂录·歌》）

二、太宗定中原时所乘战马也。后征辽，马毙，上叹惜，乃命乐工撰此曲。

（《乐府杂录·黄骢叠》）

三、天后朝，有士人陷冤狱，没家族，其妻配入掖庭。本初善吹觱篥，乃撰此曲以寄哀情。始名《大郎神》，盖取良人行第也，畏人知，遂三易其名，亦名《悲切子》，终号《怨回鹘》。（《乐府杂录·离别难》）

四、明皇自潞州入平内难，正夜半，斩长乐门关，领兵入宫翦逆人。后撰此曲。（《乐府杂录·夜半乐》）

五、明皇自西蜀返，乐人张野狐所制。（《乐府杂录·还京乐》）

六、《雨霖铃》者，因唐明皇驾回至骆谷，闻雨淋銮铃，因令张野狐撰为曲名。（《乐府杂录·雨霖铃》）

七、康老子，本长安富家子，落魄不事生计，常与国乐游处。一旦家产荡尽，遇一老妪，持旧锦褥货鬻，乃以半千获之。寻有波斯见，大惊，谓康曰："何处得此至宝？此是冰蚕丝所织，若暑月陈于座，可致一室清凉。"即酬千万。康得之，还与国乐追欢，不经年复尽，寻卒。后乐人嗟惜之，遂制此曲，亦名《得至宝》。（《乐府杂录·康老子》）

八、《得宝歌》，一曰《得宝子》，又曰《得鞛子》。明皇初纳太真妃，喜谓后宫曰："予得杨家女，如得至宝也。"遂制曲，名"得宝子"。（《乐府杂录·得宝子》）

九、长庆中，俗讲僧文叙善吟经，其声宛畅，感动里人。乐工黄米饭状其念四声"观世音菩萨"，乃撰此曲。（《乐府杂录·文叙子》）

十、始自朱崖李太尉镇浙西日，为亡妓谢秋娘所撰。本名《谢秋娘》，后改此名。亦曰《梦江南》。（《乐府杂录·望江南》）

十一、白傅闲居洛邑时作，后入教坊。（《乐府杂录·杨柳枝》）

十二、宣宗善吹芦管，自制此曲，有数声不均。上初捻管，令俳儿辛骨骨出拍，不中，上瞋目视之，骨骨出忧惧，一夕而殒。（《乐府杂录·新倾杯乐》）

十三、懿皇命乐工史敬约吹觱篥，初弄道调，上谓是曲误拍之，敬约乃随拍撰成曲子。（《乐府杂录·道调子》）

十四、自昔传云：起于汉祖在平城，为冒顿所围，其城一面即冒顿妻阏氏，兵强于三面。垒中绝食。陈平访知阏氏妒忌，即造木偶人，运机关，舞于陴间。阏氏望见，谓是生人，虑下其城，冒顿必纳妓女，遂退军。史家但云陈平以秘计免，盖鄙其策下尔。后乐家翻为戏，其引歌舞有郭郎者，发正秃，善优笑，闾里

呼为“郭郎”，凡戏场必在俳儿之首也。（《乐府杂录·傀儡子》）

［唐］陆羽《茶经》

陆羽，字鸿渐，一名疾，字季疵，唐竟陵人。曾诏拜太子文学，徙太常寺太祝，不就职。著《茶经》。《茶经》十篇，论茶之起源与鉴别方法、制饼茶工具、饼茶制作、煎茶与饮茶的器具、煎茶方法、茶的饮用、茶史、茶叶产区、简单的制作方法、茶图等十个方面。有明嘉靖二十一年新安吴旦刻本、清雍正七年仪鸿堂刻本、《百川学海》本、《格致丛书》本、《茶书二十七种》本、文渊阁《四库全书》本、涵芬楼《说郛》本、宛委山堂《说郛》本、《唐人说荟》本、《学津讨原》本等。此据上海古籍出版社2014年译注本辑录。

一、《本草·菜部》：“苦茶，一名荼，一名选，一名游冬，生益州川谷山陵道傍，凌冬不死。三月三日采，干。注云：‘疑此即是今茶，一名荼，令人不眠。’《本草注》：‘按《诗》云“谁谓荼苦”，又云“堇荼如饴”，皆苦菜也。陶谓之苦茶，木类，非菜流。茗，春采谓之苦搽途遐反。’”（《茶经·七之事》）

［唐］封演《封氏闻见记》

封演，唐渤海蓨人。天宝十五年进士，历任屯田郎中、邢州刺史，后入田承嗣幕府，任司刑侍郎、检校尚书吏部郎中等。有《钱谱》《封氏闻见记》《古今年号录》。《封氏闻见记》十卷，又名《闻见记》《封氏见闻记》《封氏见闻录》《封氏见闻志》，卷下设目，记唐代掌故、名物、古迹、杂论、轶闻等。有明崇祯七年冯氏抄本、清同治八年刘履芬抄本、《雅雨堂丛书》本、《四库全书》本、《学津讨原》本、《学海类编》本、《指海》本、涵芬楼《说郛》本、宛委山堂《说郛》本等。此据中华书局2005年校注本辑录。

一、同时邓元挺素无藻鉴，又患消渴，选人作《邓渴诗》，榜之南院，亦被贬为寿州。（《封氏闻见记》卷三《铨曹》）

二、中宗常以降诞宴侍臣贵戚于内庭，与学士联句《柏梁体》诗。然则国朝以来，此日皆有宴会。（《封氏闻见记》卷四《降诞》）

三、开元中，改明堂为听政殿，颇毁彻，而宏规不改。顶上金火珠迥出空外，望之赫然。省司试举人，作《明堂火珠诗》，进士崔曙诗最清拔。其诗曰："正位开重屋，陵空大火珠。夜来双月满，曙后一星孤。天净光微灭，烟生望若无。还知圣明代，国宝在神都。"（《封氏闻见记》卷四《明堂》）

四、中书令郭子仪，勋伐盖代，所居宅内，诸院往来乘车马，僮客于大门出入各不相识。词人梁锽尝赋诗曰："堂高凭上望，宅广乘车行。"盖此之谓也。郭令曾将出，见修宅者，谓曰："好筑此墙，勿令不牢。"筑者释锤。而对曰："数十年来，京城达官家墙皆是某筑，只见人自改换，墙皆见在。"郭令闻之，怆然动容，遂入奏其事，因固请老。（《封氏闻见记》卷五《第宅》）

五、余按：人有所思则长啸，故乐则歌咏，忧则嗟叹，思则吟啸。《诗》云："有女仳离，条其啸矣。"颜延之《五君咏》："长啸若怀人。"皆是也。（《封氏闻见记》卷五《长啸》）

六、骊山汤甫迩京邑，帝王时所游幸。玄宗于骊山置华清宫，每年十月车驾自京而出，至春乃还。百官羽卫并诸方朝集，商贾繁会，里闾阗咽焉。山上起朝元阁，上常登眺。命群臣赋诗，正字刘飞诗最清拔，特蒙激赏。右相李林甫怒飞不先呈己，出为一尉，竟不入而卒，士子冤之。丧乱以来，汤所馆殿，鞠为茂草。（《封氏闻见记》卷七《温汤》）

七、（张）陟令善书者三十人，各令操纸执笔就席，环庭而坐，俱占题目。身自循席，依题口授，言讫即过，周而复始。至午后诗笔俱成，得七千余字。仍请满万数。宰相曰："七千可谓多矣，何须万。"（《封氏闻见记》卷十《敏速》）

八、补阙王志安，晚不得志，久游恒、赵之间。人畏其口，莫敢引用。志安作诗以刺当涂者，云："末劫兰香科下人，衣冠礼乐与君臣。如来若向阎浮出，莫现从来丈六身！"见者弥增怨恚。（《封氏闻见记》卷十《嘲玩》）

九、兵乱之后，（王）严光年鬓已衰，任棣州司户。时刺史有马，州佐已下多乘驴。严光作诗曰："郡将虽乘马；群官总是驴。"对众吟诵，以为笑乐。（《封氏闻见记》卷十《狂谲》）

十、范液有口才，薄命，所向不偶。曾为诗曰："举意三江竭；兴心四海枯。南游李邕死；北望守珪殂。"液欲投谒二公，皆会其沦殁，故云然。

宗叔范纯，家富于财，液每有所求，纯常给与之，非一。纯曾谓液曰："君有才而困于贫迫，可试自咏。"液命纸笔，立操而竟。其诗曰："长吟太息问皇天，神道由来也已偏！一名国士皆贫病，但是裨兵总有钱！"纯大笑曰："教君自咏，何骂我乎？"不以为过。（《封氏闻见记》卷十《侮谑》）

［唐］阙名《灌畦暇语》

《灌畦暇语》一卷，撰者阙。是书杂举古今事三十二条。有清抄本、《稽古堂丛刻》本、明王氏郁冈斋抄本、《奇晋斋丛书》本、文渊阁《四库全书》本、文津阁《四库全书》本、涵芬楼《说郛》本、宛委山堂《说郛》本、《学海类编》本等。此据中华书局 1991 年《丛书集成初编》本辑录。

一、宁戚欲于齐桓公，厥路无从，饭牛车下。逢桓公夕出，戚乃扣牛角而疾歌商声之诗。诗曰："南山矸，白石烂。生不逢尧与舜禅，短布单衣才至骭。黄昏饭牛至夜半，长夜漫漫何时旦。"桓公闻而异之，命后车载以归。与语大悦，擢为上客，而预闻国事。其后杨恽以列卿被放，因与孙会宗书，其中有秦声之诗。诗曰："田彼南山，芜秽不治。种一顷豆，落而为萁。人生行乐尔，须富贵何时。"是时有与恽不相能者，誊其语以上闻。孝宣帝大怒，下之吏。当以大

臣怨诽，罪及三族。（《灌畦暇语》）

二、后汉繁钦伤世道剥丧，贤愚隐情。上之人用察不至，而小人得志，君子伏匿。于是赋《生茨》之诗，其词曰：“有茨生兰圃，布叶翳芙蕖。寄根膏壤隈，春泽以养躯。太阳曝真色，翔风发其旉。甘液润其中，华实与气俱。族类日夜滋，被我中唐隅。”（《灌畦暇语》）

三、沈约以佐命勋位冠梁朝，晚年新进用事者，忌其固位。取约所为《鹿葱诗》，乘闲以白武帝，帝意已不能堪。未几，得道士赤章事，遂大发怒。约以忧死。其诗曰：“野马不可骑，兔丝讵宜织。尔非苹与蒿，岂供麕鹿食。”（《灌畦暇语》）

［唐］罗隐《谗书》

罗隐，生平见《广陵妖乱志》叙录。《谗书》五卷，初编于咸通八年，自辑诗、文、赋等而成，记愤懑不平之言。有明抄本、清嘉庆元年刻本、清宝米斋抄本、《宛委别藏》本、《拜经楼丛书》本等。此据浙江古籍出版社2011年校注本辑录。

一、丁亥年夏，前晋阳崔县令死于通政里客舍，殍也。余虽不识其人，且念其官不卑也，死亦命也，而竟以饿者，是必不为贪吏；为贪吏则不然。因作词以吊曰：南风热兮云蒸干，缅饥魂兮愁郁盘。莅晋阳兮俸薄，魂之廉兮无剽削。余辞以吊空，魂来亲兮无西东。魂无山兮山之鬼夷、叔，彼之生兮未尝足；魂无野兮野之鬼陈仲，彼非其得兮一介不之共。魂遨留兮京师，上愉愉兮下怡怡，残败肉兮乞狗彘。舍此兮何之？量天地之广大兮，吾不得而知。鸡则走而鸢则飞；鸣蝉瘦而蛸蛴肥。何浊也则是，清也则非？茫昧既不可以问兮，盘礴不可得而推。况吾怀以四顾兮，孰知夫天地之云为？（《谗书》卷第五《吊崔县令》）

［唐］赵璘《因话录》

赵璘，字泽章。太和八年进士及第，开成中从事浙东幕府，大中时为左补阙、祠部员外郎、衢州刺史。著有《表状集》《登科记》《因话录》等。《因话录》六卷，记玄宗至宣宗朝庙堂掌故、林野轶闻，分宫、商、角、徵、羽五部。有明刻本、清初抄本、清顺治十五年叶仁祖抄本、清同治十一年乔氏抄本、文渊阁《四库全书》本、文津阁《四库全书》本、《百川学海》本、《稗海》本、《类说》本、涵芬楼《说郛》本、宛委山堂《说郛》本等。此据上海古籍出版社1979年点校本辑录。

一、胡尚书证，河中人。太傅天水昭公镇河中，尚书建节赴振武，备桑梓礼入谒，持刺称百姓。献昭公诗云："诗书入京国，旌旆过乡关。"州里荣之。余宗侄橹，应进士时，著乡籍一篇，大夸河东人物之盛，皆实录也。同乡中，赵氏轩冕文儒最著，曾祖父、祖父世掌纶诰，橹昆弟五人进士及第，皆历台省。卢少傅弘宣、卢尚书简辞、弘正、简求皆其姑子也。时称赵家出。外家敬氏先世，亦出自河中，人物名望，皆谓至盛，橹著乡籍载之。（《因话录》卷三《商部下》）

二、太子陆文学鸿渐名羽，其先不知何许人。竟陵龙盖寺僧，姓陆，于堤上得一初生儿，收育之，遂以陆为氏。及长，聪俊多能，学赡辞逸，诙谐纵辩，盖东方曼倩之俦。与余外祖户曹府君，交契深至。外祖有笺事状，陆君所撰。性嗜茶，始创煎茶法，至今鬻茶之家，陶为其像，置于炀器之间，云宜茶足利。余幼年尚记识一复州老僧，是陆僧弟子。常讽其歌云："不羡黄金罍，不羡白玉杯。不羡朝入省，不羡暮入台。千羡万羡西江水，曾向竟陵城下来。"又有追感陆僧诗至多。（《因话录》卷三《商部下》）

三、韩文公少时，常受萧金部知赏。及自袁州入为国子祭酒，途经江州，因游庐山，过金部山居，访知诸子凋谢，惟二女在。因赋诗曰："中郎有女能传业，伯道无儿可主家。今日匡山过旧隐，空将衰泪对烟霞。"留百缣以拯之。或传功曹为李林甫所召，时在禫制中，谒见，林甫薄之，不复用。萧遂作伐樱桃树赋以刺。此盖不与者所诬也。（《因话录》卷三《商部下》）

四、（郑滂）子溥又自说应举时，曾梦看及第榜，榜上但见大书"凤"字。大中元年冬，求解凤翔，偶看本府乡贡士纸之首，便是"凤"字。至东都试缑山月闻王子晋吹笙诗，坐侧诸诗，悉有"凤"字。明年，果登第焉。子溥，郑公之子。（《因话录》卷六《羽部》）

［五代］马缟《中华古今注》

马缟（？—936），少举明经，又举宏词。仕梁为太常少卿，庄宗时累迁中书舍人、刑部侍郎、权判太常卿，明宗时贬绥州司马，复为太子宾客迁户部、兵部侍郎，终国子监酒。著有《中华古今注》。《中华古今注》三卷，感崔豹《古今注》莫之闻见，故添其注，以释其义。有明刻本、明抄本、明末清初刻本、清刻本、清抄本、明新安吴琯校刻本、明嘉靖三十一年张枭刻本、明吴中珩刻本、《百川学海》本、《古今逸史》本、涵芬楼《说郛》本、宛委山堂《说郛》本、文渊阁《四库全书》本、《四部备要》本等。此据中华书局2012年点校本辑录。

一、矛亦楯也，殳亦戟之象也。《诗》云："伯也执殳，为王前驱。"其器也，以木为之。（《中华古今注》卷上《矛殳》）

二、盖古笄之遗象也。至秦穆公以象牙为之。敬王以玳瑁为之。始皇又金银作凤头，以玳瑁为脚，号曰"凤钗"。又至东晋有童谣言："织女死，时人插白骨钗子白妆，为织女作孝。"至隋炀帝，宫人插钿头钗子，常以端午日赐百僚玳瑁钗冠。《后汉书》贵人助簪玳瑁钗。（《中华古今注》卷中《钗子》）

三、秦始皇好神仙，常令宫人梳仙髻，帖五色花子，画为云凤虎飞升。至东晋有童谣云："织女死，时人帖草油花子，为织女作孝。"至后周，又诏宫人帖五色云母花子，作碎妆以侍宴。如供奉者，帖胜花子作桃花妆，插通草朵子，着短袖衫子。(《中华古今注》卷中《花子》)

四、犊木子所作也。齐处士，滑宣王时人，年五十无妻，出薪于野，见雉雌雄相随，意动心悲，乃作《雉朝飞曲》，以自伤焉，其声中绝。魏武帝宫人有灵女者，故冠军阴并之姊，年七岁，入汉宫学鼓琴，琴特鸣，异于余妓，善为新声，能传此曲。灵女至明帝崩后出嫁，为尹更生妻。(《中华古今注》卷下《雉朝飞》)

五、商陵牧子所作也。娶妻五年无子，父兄将为改娶，妻闻之，中夜倚户而悲啸。牧子闻之，怆然而悲，乃歌曰："将乖比翼隔天端，山川悠远路漫漫，揽衣不寝食忘飧。"后人因为乐章。(《中华古今注》卷下《别鹤操》)

六、樗里牧恭所作也。为父报仇杀人，而亡藏于山谷之下。有天马夜降，围其室而鸣，夜觉，闻其走声。以为吏追，乃犇而亡。明朝视之，乃天马迹也，遂惕然而悟曰："岂吾所处之将危矣?"遂荷衣粮而去，入于沂泽，援琴而鼓之，为天马声，故曰《走马引》。(《中华古今注》卷下《走马引》)

七、淮南小山所作也。南王食求仙，遍礼方士，遂以八公相携俱去，莫知所在。小山之徒，思恋不已，乃作《南王》歌焉。(《中华古今注》卷下《淮南王歌》)

八、马援南征所作也。援门生爰寄生善吹笛，援作歌以和之，名曰《武溪深》。其曲曰："滔滔武溪一何深，鸟飞不渡兽不能临，叹我武溪多毒淫。"(《中华古今注》卷下《武溪深》)

九、朝鲜津卒霍里子高妻丽玉所作也。子高晨起刺船而棹，有一白首狂夫披发提壶，乱河游而渡，其妻随而止不及，遂堕河水死，于是援箜篌鼓之，作《公无渡河》，声音凄怆，曲终，自投河而死。霍里子高还，以其声授妻丽玉，丽玉伤之，乃引箜篌而写其声，闻者莫不坠泪饮泣焉。丽玉以其曲传邻女丽容，名曰《箜篌引》。(《中华古今注》卷下《箜篌引》)

十、《平陵东》，翟义门人之所作也。王莽杀义，门人作此歌以怨也。(《中华古今注》卷下《悲歌》)

十一、并丧歌也，出田横门人。横自杀，门人伤之，为悲歌，言人命如薤上之露，易晞灭也，亦谓人死魂精归于蒿里，故有二章。其一章曰："薤上朝露何易晞，露晞明朝更复落，人死一去何时归。"其二章曰："蒿里谁家地，聚敛精魄无贤愚，鬼伯一何相催促，人命不得少踟蹰。"至孝武帝时，李延年乃分二章为二曲，《薤露》送公卿贵人，《蒿里歌》送士夫庶人，使挽柩者歌之，世亦呼挽歌。（《中华古今注》卷下《薤露蒿里歌》）

十二、出秦氏女子。秦氏，邯郸人，有女名罗敷，为邑人千乘王人妻。王氏后为赵王家令，罗敷出采桑于陌上，赵王登台见而悦之，因饮酒欲夺之。罗敷行弹筝，乃作《陌上桑歌》以自明焉。（《中华古今注》卷下《陌上桑歌》）

十三、杞植妻妹朝日之所作也。杞植战死，妻曰："上无考，中无夫，下无子，人之苦至矣。"乃抗声长哭，长城感之颓，遂投水而死。其妹悲姊之贤贞操，乃为作歌，名曰《杞梁妻贤》，杞梁，植字也。（《中华古今注》卷下《杞梁妻歌》）

十四、后汉游童所作也。后有董卓作乱，卒以逃亡。后人习之以为歌章，乐府奏之以为规戒。（《中华古今注》卷下《董逃歌》）

十五、军乐也。黄帝歧伯所作，以建武扬德，风动战士也。《周礼》所谓王大捷，则令凯乐歌也。汉乐有黄门鼓吹，天子所以宴乐群臣，《短箫铙歌》，鼓吹之一章耳，亦以赐有功诸侯也。（《中华古今注》卷下《短箫铙歌》）

十六、地名也。其地人有父母死，兄不字其孤弟者，邻人为其弟作悲歌以讽其兄，故曰《上畱田曲》也。（《中华古今注》卷下《上畱》）

十七、群臣为汉明帝所作也。明帝为太子，乐人以歌诗四首，以赞太子之德。其一曰《日重光》，其二曰《月重轮》，其三曰《星重耀》，其四曰《海重润》。汉末丧乱，后二章亡。旧说云：天子之德，光明如日，规轮如月，众耀如星，占润如海。光明皆比太子德贤，故曰重耳。（《中华古今注》卷下《日重光月重轮》）

十八、胡乐也。张博望入西域，传其法西京，唯得《摩诃》、《兜勒》二曲。李延年因胡曲更造新声二十八解，乘舆以为武乐。后汉以给边将，和帝时，万人将军用之。魏晋已来，二十八解不复俱存。世用者《黄鹤》、《陇头》、《出关》、《入关》、《出塞》、《入塞》、《折杨柳》、《黄覃子》、《赤之阳》、《望行人》十曲。后汉蔡邕益琴为九弦。（《中华古今注》卷下《横吹》）

十九、伯常子妻所作也。伯常子避仇河滨为渔父，其妻思之，每至河则作《钓竿》之歌。后司马相如作《钓竿歌》诗，今传为古曲。（《中华古今注》卷下

《钓竿歌》)

二十、一名“神女”,俗云七月填河成桥。《诗》云:“维鹊有巢,而鸠居之。”言其鸠拙,假鹊而成巢也。(《中华古今注》卷下《鹊》)

二十一、一名“佳宾”,言常栖宿人家如宾客也。《诗》云:“谁谓雀无角,何以穿我屋。”(《中华古今注》卷下《雀》)

二十二、一名“神女”,一名“天女”,一名“鸷鸟”。《诗》云:“燕燕于飞,差池其羽。”齐人呼为鳦也。(《中华古今注》卷下《燕》)

[唐]刘餗《隋唐嘉话》

刘餗,字鼎卿,唐彭城人。天宝初,历集贤殿学士,兼知史官,右补阙。有《史例》《隋唐嘉话》《乐府古题解》。《隋唐嘉话》三卷,又名《传记》《小说》《国朝传记》《国史异纂》等,记南北朝至唐开元间朝中掌故与文人逸事。有《顾氏文房小说》本、《续百川学海》本、涵芬楼《说郛》本、宛委山堂《说郛》本、《唐人说荟》本、稽古堂丛刻本等。此据中华书局1979年点校本辑录。

一、李德林为内史令,与杨素共执隋政。素功臣豪侈,后房妇女,锦衣玉食千人。德林子百药夜入其室,则其宠妾所召也。素俱执于庭,将斩之。百药年未二十,仪神俊秀,素意惜之,曰:“闻汝善为文,可作诗自叙。称吾意,当免汝死。”后解缚,授以纸笔,立就。素览之欣然,以妾与之,并资从数十万。(《隋唐嘉话·上》)

二、李义府始召见,太宗试令咏乌,其末句云:“上林多许树,不借一枝栖。”帝曰:“吾将全树借汝,岂惟一枝。”(《隋唐嘉话·中》)

三、司稼卿梁孝仁,高宗时造蓬莱宫,诸庭院列树白杨。将军契苾何力,铁勒之渠率也,于宫中纵观。孝仁指白杨曰:“此木易长,三数年间宫中可得阴映。”何力一无所应，但诵古诗云：“白杨多悲风，萧萧愁杀人。”意谓此是冢墓间木，非宫中所宜种。孝仁遽令拔去，更树梧桐也。(《隋唐嘉话·中》)

四、高宗承贞观之后，天下无事。上官侍郎仪独持国政，尝凌晨入朝，巡洛水堤，步月徐辔，咏诗云：“脉脉广川流，驱马历长洲。鹊飞山月晓，蝉噪野风秋。”音韵清亮，群公望之，犹神仙焉。(《隋唐嘉话·中》)

五、张昌宗之贵也，武三思谓之王子晋后身，为诗以赠之。诗至今犹传。(《隋唐嘉话·下》)

六、补阙乔知之有宠婢，为武承嗣所夺。知之为《绿珠篇》以寄之，末句云：“百年离别在高楼，一旦红颜为君尽。”宠者结于衣带上，投井而死。承嗣惊惋，不知其故。既见诗，大恨。知之竟坐此见构陷亡。(《隋唐嘉话·下》)

七、景龙中，中宗游兴庆池，侍宴者递起歌舞，并唱下兵词，方便以求官爵。给事中李景伯亦起唱曰：“回波尔时酒卮，兵儿志在箴规。侍宴既过三爵，喧哗窃恐非宜。”于是乃罢坐。(《隋唐嘉话·下》)

八、昆明池者，汉孝武所穿，有蒲鱼利，京师赖之。中宗朝，安乐公主请焉，帝曰：“前代已来，不以与人。不可。”主不悦，因大役人徒，别掘一池，号曰“定昆池”。既成，中宗往观，令公卿赋诗。李黄门日知诗云：“但愿暂思居者逸，无使时传作者劳。”及睿宗即位，谓之曰：“当时朕亦不敢言，非卿中正，何能若是!”无何而迁侍中。(《隋唐嘉话·下》)

[唐]张鷟《朝野佥载》

张鷟，字文成，唐陆泽人。上元二年，进士及第，授岐王府参军，后任监察御史、处州司仓、柳州司户、鸿胪寺丞等。有《朝野佥载》《龙筋凤髓判》《游仙窟》等。《朝野佥载》原书二十卷，均已散佚。今本六卷，记唐高宗至玄宗朝朝野轶闻。有明刻本、明抄本、清抄本、《百川学海》本、《古今说海》本、涵芬楼《说郛》本、宛委山堂《说郛》本、《畿辅丛书》本、《宝颜堂秘笺》本、文渊阁《四库全书》本等。此据中华书局1979年点校本辑录。

一、永徽年以后，人唱《桑条歌》云："桑条苇，女韦也乐。"至神龙年中，逆韦应之。谄佞者郑愔作《桑条乐词》十余首进之，逆韦大喜，擢之为吏部侍郎，赏缣百匹。(《朝野佥载》卷一)

二、调露中，大帝欲封中岳，属突厥叛而止。后又欲封，土番入寇，遂停。至永淳年，又驾幸嵩岳，谣曰："嵩山凡几层，不畏登不得，只畏不得登。三度征兵马，傍道打腾腾。"岳下遘疾，不愈，回至宫而崩。(《朝野佥载》卷一)

三、周如意年中以来，始唱《黄獐歌》，其词曰："黄獐，黄獐，草里藏，弯弓射你伤。"俄而契丹反叛，杀都督赵文翙，营府陷没。差总管曹仁师、张玄遇、麻仁节、王孝杰，前后百万众，被贼败于黄獐谷，诸军并没，罔有孑遗。《黄獐》之歌，斯为验矣。(《朝野佥载》卷一)

四、周垂拱已来，《苾挈儿歌》词皆是邪曲。后张易之小名苾挈。(《朝野佥载》卷一)

五、明堂主簿骆宾王《帝京篇》曰："倏忽搏风生羽翼，须臾失浪委泥沙。"宾王后与敬业兴兵扬州，大败，投江而死，此其谶也。(《朝野佥载》卷一)

六、神龙以后谣曰："山南乌鹊窠，山北金骆驼。镰柯不凿孔，斧子不施柯。"此突厥强盛，百姓不得斫桑养蚕、种禾刈谷之应也。(《朝野佥载》卷一)

七、景龙年，安乐公主于洛州道光坊造安乐寺，用钱数百万。童谣曰："可怜安乐寺，了了树头悬。"后诛逆韦，并杀安乐，斩首悬于竿上，改为悖逆庶人。(《朝野佥载》卷一)

八、景龙中谣曰："可怜圣善寺，身着绿毛衣。牵来河里饮，踏杀鲤鱼儿。"至景云中，谯王从均州入都作乱，败走，投洛川而死。(《朝野佥载》卷一)

九、景云中谣曰："一条麻线挽天枢，绝去也。"神武即位，敕令推倒天枢，收铜并入尚方，此其应兆。(《朝野佥载》卷一)

十、景龙中谣曰："黄柏犊子挽纼断，两脚踏地鞋𩌦断。"六月，平王诛逆韦，欲作乱。鞋𩌦断者，事不成。阿韦是"黄犊"之后也。(《朝野佥载》卷一)

十一、咸亨以后，人皆云："莫浪语，阿婆嗔，三叔闻时笑杀人。"后果则天即位，至孝和嗣之。阿婆者，则天也；三叔者，孝和为第三也。(《朝野佥载》卷一)

十二、天后时，谣言曰："张公吃酒李公醉。"张公者，斥易之兄弟也；李公者，言李氏大盛也。（《朝野佥载》卷一）

十三、长安二年九月一日，太阳蚀尽，默啜贼到并州。至十五日夜，月蚀尽，贼并退尽。俗谚曰："枣子塞鼻孔，悬楼阁却种。"又云："蝉鸣蛁蟟唤，黍种糕糜断。"又谚云："春雨甲子，赤地千里。夏雨甲子，乘船入市。秋雨甲子，禾头生耳。冬雨甲子，鹊巢下地，其年大水。"（《朝野佥载》卷一）

十四、周补阙乔知之有婢碧玉，姝艳能歌舞，有文华，知之时幸，为之不婚。伪魏王武承嗣暂借教姬人妆梳，纳之，更不放还知之。知之乃作《绿珠怨》以寄之，其词曰："石家金谷重新声，明珠十斛买娉婷。此日可怜偏自许，此时歌舞得人情。君家闺阁不曾观，好将歌舞借人看。意气雄豪非分理，骄矜势力横相干。辞君去君终不忍，徒劳掩袂伤铅粉。百年离恨在高楼，一代容颜为君尽。"碧玉读诗，饮泪不食，三日，投井而死。承嗣撩出尸，于裙带上得诗，大怒，乃讽罗织人告之。遂斩知之于南市，破家籍没。（《朝野佥载》卷二）

十五、昌仪打双脚折，抉取心肝而后死，斩其首送都。谚云"走马报"。（《朝野佥载》卷二）

十六、苏州嘉兴令杨廷玉，则天之表侄也，贪狠无厌，著词曰："回波尔时廷玉，打獠取钱未足。阿姑婆见作天子，傍人不得枨触。"差摄御史康訔推奏断死。时母在都，见夏文荣，荣索一千张白纸，一千张黄纸，为廷玉祷，后十日来。母如其言，荣曰："且免死矣，后十日内有进止。"果六日有敕，杨廷玉改进老母残年。（《朝野佥载》卷二）

十七、姜师度好奇诡，为沧州刺史兼按察，造抢车运粮，开河筑堰，州县鼎沸。于鲁城界内种稻置屯，穗蟹食尽，又差夫打蟹。苦之，歌曰："卤地抑种稻，一概被水沬。年年索蟹夫，百姓不可活。"又为陕州刺史，以永丰仓米运将别征三钱，计以为费。一夕忽云得计，立注楼，从仓建槽，直至于河，长数千丈，而令放米。其不快处，具大杷推之，米皆损耗，多为粉末。兼风激扬，凡一函失米百石，而动即千万数。遣典庾者偿之，家产皆竭；复遣输户自量，至有偿数十斛者。甚害人，方停之。（《朝野佥载》卷二）

十八、岐王府参军石惠恭与监察御史李全交诗曰："御史非长任，参军不久居。待君迁转后，此职还到余。"因竞放牒往来，全交为之判十余纸以报，乃假手于拾遗张九龄。（《朝野佥载》卷二）

十九、王熊为泽州都督，府法曹断掠粮贼，惟各决杖一百。通判，熊曰："总掠几人？"法曹曰："掠七人。"熊曰："掠七人，合决七百。法曹曲断，府司科罪。"时人哂之。前尹正义为都督公平，后熊来替，百姓歌曰："前得尹佛子，后得王癞獭。判事驴咬瓜，唤人牛嚼沫。见钱满面喜，无镪从头喝。尝逢饿夜叉，百姓不可活。"（《朝野佥载》卷二）

二十、杨盈川侄女曰容华，幼善属文，尝为《新妆诗》，好事者多传之。诗曰："宿鸟惊眠罢，房栊乘晓开。凤钗金作缕，鸾镜玉为台。妆似临池出，人疑向月来。自怜终不见，欲去复徘徊。"（《朝野佥载》卷三）

二十一、隋辛亶为吏部侍郎，选人为之榜，略曰："枉州抑县屈滞乡不申里衔恨先生，问隋吏部侍郎辛亶曰：'当今天子圣明，群僚用命，外拓四方，内齐七政。而子位处权衡，职当水镜，居进退之首，握褒贬之柄。理应识是识非，知滞知微，使无才者泥伏，有用者云飞。奈何尸禄素餐，滥处上官，黜陟失所，选补伤残，小人在位，君子驳弹。莫不代子战灼，而子独何以安？'辛亶曰：'百姓之子，万国之人，不可皆识，谁厚谁亲。为桀赏者不可不喜，被尧责者宁有不嗔。得官者见喜，失官者见疾，细而论之，非亶之失。'先生曰：'是何疾欤，是何疾欤！不识何不访其名，官少何不简其精。细寻状迹，足识法家，细寻判验，足识文华。宁不知石中出玉，黄金出沙。量子之才，度子之智，只可投之四裔，以御魑魅。怨嗟不少，实伤和气。'辛亶再拜而谢曰：'幸蒙先生见责，实觉多违。谨当刮肌贯骨，改过惩非。请先生纵亶自修，舍亶之罚，如更有违，甘从斧钺。'先生曰：'如子之辈，车载斗量，朝廷多少，立须相代，那得久旷天官，待子自作。急去急去，不得久住，唤取师巫，却行无处。'亶掩泣而言曰：'罪过自招，自灭自消，岂敢更将面目，来污圣朝。'先生曳杖而歌曰：'辛亶去，吏部明，开贤路，遇太平。今年定知不可得，后岁依期更入京。'"（《朝野佥载》卷四）

二十二、唐高士廉选，其人齿高，有选人自云解嘲谑，士廉时着木履，令嘲之，应声云："刺鼻何曾嚏，踏面不知瞋。高生两个齿，自谓得胜人。"士廉笑而引之。（《朝野佥载》卷四）

二十三、隋牛弘为吏部侍郎，有选人马敞者，形貌最陋，弘轻之，侧卧食果子嘲敞曰："尝闻扶风马，谓言天上下。今见扶风马，得驴亦不假。"敞应声曰："尝闻陇西牛，千石不用軥。今见陇西牛，卧地打草头。"弘惊起，遂与官。（《朝野佥载》卷四）

二十四、周则天朝蕃人上封事，多加官赏，有为右台御史者。因则天尝问郎中张元一曰："在外有何可笑事？"元一曰："朱前疑着绿，逯仁杰着朱。闾知微骑马，马吉甫骑驴。将名作姓李千里，将姓作名吴栖梧。左台胡御史，右台御史胡。"胡御史，胡元礼也；御史胡，蕃人为御史者，寻改他官。周革命，举人贝州赵廓眇小，起家监察御史，时人谓之"台秽"，李昭德詈之为"中霜谷束"，元一目为"枭坐鹰架"。时同州孔鲁丘为拾遗，有武夫气，时人谓之"外军主帅"，元一目为"鹜入凤池"。苏味道才学识度，物望攸归，王方庆体质鄙陋，言词鲁钝，智不逾俗，才不出凡，俱为凤阁侍郎。或问元一曰："苏、王孰贤？"答曰："苏九月得霜鹰，王十月被冻蝇。"或问其故，答曰："得霜鹰俊捷，被冻蝇顽怯。"时人谓能体物也。契丹贼孙万荣之寇幽，河内王武懿宗为元帅，引兵至赵州，闻贼骆务整从北数千骑来，王乃弃兵甲，南走邢州，军资器械遗于道路。闻贼已退，方更向前。军回至都，置酒高会，元一于御前嘲懿宗曰："长弓短度箭，蜀马临阶骗。去贼七百里，隈墙独自战。甲仗纵抛却，骑猪正南蹿。"上曰："懿宗有马，何因骑猪？"对曰："骑猪，夹豕走也。"上大笑。懿宗曰："元一宿构，不是卒辞。"上曰："尔叶韵与之。"懿宗曰："请以荜韵。"元一应声曰："裹头极草草，掠鬓不荜荜。未见桃花面皮，漫作杏子眼孔。"则天大悦，王极有惭色。懿宗形貌短丑，故曰"长弓短度箭。"周静乐县主，河内王懿宗妹，短丑；武氏最长，时号"大歌"。县主与则天并马行，命元一咏，曰："马带桃花锦，裙拖绿草罗。定知纱帽底，形容似大歌。"则天大笑，县主极惭。纳言娄师德长大而黑，一足蹇，元一目为"行辙方相"，亦号为"卫灵公"，言防灵柩方相也。天官侍郎吉顼长大，好昂头行，视高而望远，目为"望柳骆驼"。殿中侍御史元本竦体伛身，黑而且瘦，目为"岭南考典"。驾部郎中朱前疑粗黑肥短，身体垢腻，目为"光禄掌膳"。东方虬身长衫短，骨面粗眉，目为"外军校尉"。唐波若矮短，目为"郁屈蜀马"。目李昭德"卒岁胡孙"。修文学士马吉甫眇一目，为"端箭师"。郎中长孺子视望阳，目为"呷醋汉"。汜水令苏征举止轻薄，目为"失孔老鼠"。（《朝野佥载》卷四）

二十五、则天革命，举人不试皆与官，起家至御史、评事、拾遗、补阙者，不可胜数。张鷟为谣曰："补阙连车载，拾遗平斗量。杷推侍御史，碗脱校书郎。"时有沈全交者，傲诞自纵，露才扬己，高巾子，长布衫，南院吟之，续四句曰："评事不读律，博士不寻章。面糊存抚使，眯目圣神皇。"遂被杷推御史纪先知捉向左台，对仗弹劾，以为谤朝政，败国风，请于朝堂决杖，然后付法。则天笑曰："但使卿等不滥，何虑天下人语？不须与罪，即宜放却。"先知于是乎面无色。（《朝野佥载》卷四）

二十六、唐郑愔曾骂选人为痴汉，选人曰："仆是吴痴，汉即是公。"愔令咏痴，吴人曰："榆儿复榆妇，造屋兼造车。十七八九夜，还书复借书。"愔本姓鄚，改姓郑，时人号为"鄚郑"。（《朝野佥载》卷四）

二十七、唐中书令李敬玄为元帅讨吐蕃，至树墩城，闻刘尚书没蕃，着靴不得，狼狈而走。时将军王杲、副总管曹怀舜等惊退，遗却麦饭，首尾千里，地上尺余。时军中谣曰："姚河李阿婆，鄯州王伯母。见贼不能斗，总由曹新妇。"（《朝野佥载》卷四）

二十八、唐先天中，姜师度于长安城中穿渠，绕朝堂坊市，无所不至。上登西楼望之，师度堰水泷柴筏而下，遂授司农卿。于后水涨则奔突，水缩则竭涸。又前开黄河，引水向棣州，费亿兆功，百姓苦其淹渍，又役夫塞河。开元六年，水泛溢，河口堰破，棣州百姓一概没尽。师度以为功，官品益进。又有傅孝忠为太史令，自言明玄象，专行矫谲。京中语曰："姜师度一心看地，傅孝忠两眼相天。"神武即位，知其矫，并斩之。（《朝野佥载》卷四）

二十九、唐姜晦为吏部侍郎，眼不识字，手不解书，滥掌铨衡，曾无分别。选人歌曰："今年选数恰相当，都由座主无文章。案后一腔冻猪肉，所以名为姜侍郎。"（《朝野佥载》卷四）

三十、周夏官侍郎侯知一年老，敕放致仕。上表不伏，于朝堂踊跃驰走，以示轻便。张悰丁忧，自请起复。吏部主事高筠母丧，亲戚为举哀，筠曰："我不能作孝。"员外郎张栖贞被讼诈遭母忧，不肯起对。时台中为之语曰："侯知一不伏致仕，张琮自请起复，高筠不肯作孝，张栖贞情愿遭忧。皆非名教中人，并是王化外物。"兽心人面，不其然乎！（《朝野佥载》卷四）

三十一、周春官尚书阎知微庸琐驽怯，使人蕃，受默啜封为汉可汗。贼入恒、定，遣知微先往赵州招慰。将军陈令英等守城西面，知微谓令英曰："陈将军何不早降下。可汗兵到然后降者，剪土无遗。"令英不答。知微城下连手踏歌，称"万岁乐"。令英曰："尚书国家八座，受委非轻，翻为贼踏歌，无惭也？"知微仍唱曰："万岁乐，万岁年，不自由，万岁乐。"时人鄙之。（《朝野佥载》卷四）

三十二、唐崔湜为吏部侍郎贪纵，兄凭弟力，父挟子威，咸受嘱求，赃污狼藉。父挹为司业，受选人钱，湜不之知也，长名放之。其人诉曰："公亲将赂去，何为不与官？"湜曰："所亲为谁？吾捉取鞭杀。"曰："鞭即遭忧。"湜大惭。主上以湜父年老，瓜初熟，赐一颗，湜以瓜遗妾，不及其父，朝野讥之。时崔、岑、郑愔并为吏部，京中谣曰："岑羲獠子后，崔湜令公孙。三人相比接，莫贺咄最浑。"（《朝野佥载》卷四）

三十三、唐左卫将军权龙襄性褊急，常自矜能诗。通天年中，为沧州刺史，初到乃为诗呈州官曰："遥看沧州城，杨柳郁青青。中央一群汉，聚坐打杯觥。"诸公谢曰："公有逸才。"襄曰："不敢，趁韵而已。"又《秋日述怀》曰："檐前飞七百，雪白后园强。饱食房里侧，家粪集野螂。"参军不晓，请释，襄曰："鹞子檐前飞，直七百文。洗衫挂后园，乾白如雪。饱食房中侧卧。家里便转，集得野泽蜣螂。"谈者嗤之。皇太子宴，夏日赋诗："严霜白浩浩，明月赤团团。"太子援笔为赞曰："龙襄才子，秦州人士。明月昼耀，严霜夏起。如此诗章，趁韵而已。"襄以张易之事，出为容山府折冲。神龙中追入，乃上诗曰："无事向容山，今日向东都。陛下敕进来，令作右金吾。"又为《喜雨诗》曰："暗去也没雨，明来也没云。日头赫赤赤，地上丝氲氲。"为瀛州刺史日，新过岁，京中数人附书曰："改年多感，敬想同之。"正新唤官人集，云有诏改年号为"多感"元年，将书呈判司已下，众人大笑。龙襄复侧听，怪赦书来迟。高阳、博野两县竞地陈牒，龙襄乃判曰："两县竞地，非州不裁。既是两县，于理无妨。付司。权龙襄示。"典曰："比来长官判示，皆不著姓。"龙襄曰："余人不解，若不著姓，知我是谁家浪驴也！"龙襄不知忌日，谓府史曰："何名私忌？"对曰："父母忌日请假，独坐房中不出。"襄至日，于房中静坐，有青狗突入，龙襄大怒，曰："冲破我忌。"更陈牒，改作明朝好作忌日。谈者笑之。（《朝野佥载》卷四）

三十四、元嘉少聪俊。左手画员，右手画方，口诵经史，目数群羊，兼成四十字诗，一时而就，足书五言一绝。六事齐举。代号"神仙童子"。（《朝野佥载》卷五）

三十五、裴炎为中书令，时徐敬业欲反，令骆宾王画计，取裴炎同起事。宾王足踏壁，静思食顷，乃为谣曰："一片火，两片火，绯衣小儿当殿坐。"教炎庄上小儿诵之，并都下童子皆唱。炎乃访学者令解之。召宾王至，数啖以宝物锦绮，皆不言。又赂以音乐、女妓、骏马，亦不语。乃对古忠臣烈士图共观之，见司马宣王，宾王欻然起曰："此英雄丈夫也。"即说自古大臣执政，多移社稷，炎大喜。宾王曰:"但不知谣谶何如耳。"炎以谣言"片火绯衣"之事白,宾王即下,北面而拜曰:"此真人矣。"遂与敬业等合谋。扬州兵起,炎从内应,书与敬业等合谋。惟有"青鹅",人有告者,朝廷莫之能解,则天曰:"此'青'字者十二月,'鹅'字者我自与也。"遂诛炎,敬业等寻败。(《朝野佥载》卷五)

三十六、邹骆驼,长安人。先贫,常以小车推蒸饼卖之。每胜业坊角有伏砖,车触之即翻,尘土涴其饼,驼苦之。乃将镢劚去十余砖,下有瓷瓮,容五斛许,开看,有金数斗,于是巨富。其子昉,与萧佺交厚,时人语曰:"萧佺驸马子,邹昉骆驼儿。非关道德合,只为钱相知。"(《朝野佥载》卷五)

三十七、瀛州饶阳人宋善威曾任一县尉,尝昼坐,忽然取鞋衫笏走出门,迎接拜伏引入。诸人不见,但闻语声。威命酒馔乐饮,仍作诗曰:"月落三株树,日映九重天。良夜欢宴罢,暂别庚申年。"后威果至庚申年卒。(《朝野佥载》卷六)

三十八、唐英公徐勣初卜葬,谣曰:"朱雀和鸣,子孙盛荣。"张景藏闻之,私谓人曰:"所占者过也。此所谓朱雀悲哀,棺中见灰。"后孙敬业扬州反,弟敬贞答款曰:"敬业初生时,于蓐下掘得一龟,云大贵之象。英公令秘而不言,果有大变之象。"则天怒,斫英公棺,焚其尸,灰之应也。(《朝野佥载·补辑》)

三十九、唐初以来,百姓多事狐神,房中祭祀以乞恩,食饮与人同之,事者非一主。当时有谚曰:"无狐魅,不成村。"(《朝野佥载·补辑》)

四十、逆韦诗什并上官昭容所制。昭容,上官仪孙女,博涉经史,研精文笔,班婕妤、左嫔无以加。(《朝野佥载·补辑》)

[唐] 李肇《唐国史补》

李肇,唐元和中为翰林学士,贬澧州刺史,后入朝为左司郎中,官终将作少监。著有《翰林志》《唐国史补》。《唐国史补》三卷,又名《国史补》,续刘悚《传记》而作，记唐开元至长庆间逸事琐闻。有明抄本、明中国经德堂刻本、明崇祯间虞山毛氏汲古阁刻本、清抱经楼抄本、《唐宋丛书》本、《津逮秘书》本、《四库全书》本、涵芬楼《说郛》本、宛委山堂《说郛》本、《学津讨原》本等。此据中华书局2021年校注本辑录。

一、崔颢有美名，李邕欲一见，开馆待之。及颢至，献文，首章曰："十五嫁王昌。"邕叱起曰："小子无礼。"乃不接之。(《唐国史补卷之上》)

二、元载擅权累年，客有为《都卢缘橦歌》，讽其至危之势，载览而泣下。(《唐国史补卷之上》)

三、郭暧，升平公主驸马也。盛集文士，即席赋诗，公主帷而观之。李端中宴诗成，有"荀令"、"何郎"之句，众称妙绝。或谓宿构，端曰："愿赋一韵。"钱起曰："请以起姓为韵。"复有"金埒"、"铜山"之句。暧大出名马、金帛遗之。是会也，端擅场；送王相公之镇幽朔，韩翃擅场；送刘相之巡江淮，钱起擅场。(《唐国史补卷之上》)

四、李舟为虔州刺史，与妹书曰："释迦生中国，设教如周孔；周孔生西方，设教如释迦。天堂无则已，有则君子生；地狱无则已，有则小人入。"闻者以为知言。(《唐国史补卷之上》)

五、张建封自徐州入觐，为《朝天行》，末句云："赖有双旌在手中，镆铘昨夜新磨了。"德宗不悦。(《唐国史补卷之上》)

六、阎寀为吉州刺史，表请入道，赐名遗荣，隶桃源观，朝端盛赋诗以赠之。戎昱诗云："庐陵太守近隳官，月帔初朝五帝坛。"(《唐国史补卷之中》)

七、竟陵僧有于水滨得婴儿者，育为弟子，稍长，自筮得蹇之渐，繇曰："鸿渐于陆，其羽可用为仪。"乃令姓陆，名羽，字鸿渐。羽有文学，多意思，耻一物不尽其妙，茶术尤著。巩县陶者多为瓷偶人，号"陆鸿渐"。买数十茶器得一鸿渐，市人沽茗不利，辄灌注之。羽于江湖称竟陵子，于南越称桑苎翁。与颜鲁公厚善，及玄真子张志和为友。羽少事竟陵禅师智积，异日在他处，闻禅师去世，哭之甚哀，乃作诗寄情，其略云："不羡白玉盏，不羡黄金罍。亦不羡朝入省，亦不羡暮入台。千羡万羡西江水，曾向竟陵城下来。"贞元末卒。(《唐国史补卷之中》)

八、德宗晚年绝嗜欲，尤工诗句，臣下莫可及。每御制奉和，退而笑曰："排公在。"俗有投石之两头置标，号曰"排公"，以中不中为胜负也。(《唐国史补卷之中》)

九、李益诗名早著，有《征人歌且行》一篇，好事者画为图障。又有云："回乐峰前沙似雪，受降城外月如霜。不知何处吹芦管，一夜征人尽望乡。"天下亦唱为乐曲。(《唐国史补卷之下》)

[唐]李德裕《次柳氏旧闻》

李德裕生平见《平泉山居记》叙录。《次柳氏旧闻》一卷，一名《柳氏旧闻》，记高力士口述唐玄宗宫中事。有《百川学海》本、《顾氏文房小说》本、《宝颜堂秘笈》本、涵芬楼《说郛》本、宛委山堂《说郛》本、《四库全书》本等。此据中华书局2012年点校本辑录。

一、兴庆宫，上潜龙之地，圣历初五王宅也。上性友爱，及即位，立楼于宫之西南垣，署曰"花萼相辉"。朝退，亟与诸王游，或置酒为乐。时天下无事，号太平者垂五十年。及羯胡犯阙，乘传遽以告，上欲迁幸，复登楼置酒，四顾凄怆，乃命进玉环。玉环者，睿宗所御琵琶也。异时，上张乐宫殿中，每尝置之别榻，以黄帕覆之，不以杂他乐器，而未尝持用。至是，俾乐工贺怀智取调之，又命禅定寺僧段师取弹之。时美人善歌从者三人，使其中一人歌《水调》。毕奏，上将去，复留眷眷，因使视楼下问，有工歌而善《水调》者乎？一少年心悟上意，自言颇工歌，亦善《水调》。使之登楼且歌，歌曰："山川满目泪沾衣，富贵荣华能几时。不见只今汾水上，唯有年年秋雁飞。"上闻之，潸然出涕，顾侍者曰："谁为此词?"或对曰："宰相李峤。"上曰："李峤真才子也。"不待曲终而去。(《次柳氏旧闻》)

[唐] 郑处诲《明皇杂录》

郑处诲，字延美，唐荥阳人。大和八年(834)进士及第，历任刑部侍郎、浙东观察、宣武节度使等。著有《明皇杂录》。《明皇杂录》二卷，记唐玄宗朝异闻琐事。有《墨海金壶丛书》本、《守山阁丛书》本、《四库全书》本、涵芬楼《说郛》本等。此据中华书局1994年点校本辑录。

一、玄宗御勤政楼，大张乐，罗列百妓。时教坊有王大娘者，善戴百尺竿，竿上施木山，状瀛洲方丈，令小儿持绛节出入于其间，歌舞不辍。时刘晏以神童为秘书正字，年方十岁，形状狞劣，而聪悟过人。玄宗召于楼上帘下，贵妃置于膝上，为施粉黛，与之巾栉。玄宗问晏曰："卿为正字，正得几字？"晏曰："天下字皆正，唯'朋'字未正得。"贵妃复令咏王大娘戴竿，晏应声曰："楼前百戏竞争新，唯有长竿妙入神，谁谓绮罗翻有力，犹自嫌轻更著人。"玄宗与贵妃及诸嫔御欢笑移时，声闻于外，因命牙笏及黄文袍以赐之。(《明皇杂录》卷上)

二、李适之既贵且豪，常列鼎于前，以具膳羞。一旦庭中鼎跃出相斗，家僮告适之，乃往其所，酹酒自誓，而斗亦不解，鼎耳及足皆落。明日，适之罢知政事，拜太子少保，时人知其祸未止也。俄为李林甫所陷，贬宜春太守。适之男雪为卫尉少卿，亦贬巴陵郡别驾。适之至州，不旬日而终，时人以林甫迫杀之。雪乃迎丧至都，李林甫怒犹未已，令人诬告于河南府，杖杀之。适之好饮，退朝后，即速宾朋亲戚，谈话赋诗，曾不备于林甫。初，适之在相位日，曾赋诗曰："朱门长不闭，亲友恣相过，今日过五十，不饮复如何？"及罢相，作诗曰："避贤初罢相，乐圣且衔杯，借问门前客，今朝几个来？"及死非其罪，时人冤叹之。(《明皇杂录》卷上)

三、张九龄在相位，有謇谔匪躬之诚。玄宗既在位年深，稍怠庶政，每见帝，无不极言得失。李林甫时方同列，闻帝意，阴欲中之。时欲加朔方节度使牛仙客实封，九龄因称其不可，甚不叶帝旨。他日林甫请见，屡陈九龄颇怀诽谤。于时方秋，帝命高力士持白羽扇以赐，将寄意焉。九龄惶恐，因作赋以献，又为《归燕》诗以贻林甫。其诗曰："海燕何微渺，乘春亦蹇来。岂知泥滓贱，只见玉堂开。绣户时双入，华轩日几回。无心与物竞，鹰隼莫相猜。"林甫览之，知其必退，恚怒稍解。九龄洎裴耀卿罢免之日，自中书至月华门，将就班列，二人鞠躬卑逊，林甫处其中，抑扬自得，观者窃谓一雕挟两兔。俄而诏张、裴为左右仆射，罢知政事。林甫视其诏，大怒曰："犹为左右丞相耶?"二人趋就本班，林甫目送之。公卿以下视之，不觉股栗。(《明皇杂录》卷下)

四、张说之谪岳州也，常郁郁不乐。时宰以说机辨才略，互相排摈。苏颋方当大用，而张说与(苏)瑰相善。张因为《五君咏》，致书，封其诗以遗颋，戒其使曰："候忌日近暮送之。"使者既至，因忌日，赍书至颋门下。会积阴累旬，近暮吊客至，多说先公寮旧，颋因览诗，呜咽流涕，悲不自胜。翌日，乃上封，大陈说忠贞謇谔，尝勤劳王室，亦人望所属，不宜沦滞于遐方。上乃降玺书劳问，俄而迁荆州长史。由是陆象先、韦嗣立、张廷珪、贾曾皆以谴逐岁久，因加甄收。颋常以说父之执友，事之甚谨；而说重其才器，深加敬慕焉。(《明皇杂录》卷下)

五、李遐周者，颇有道术，唐开元中，尝召入禁中，后求出，住玄都观。唐宰相李林甫尝往谒之，遐周谓曰："若公存则家泰，殁则家亡。"林甫拜泣，求其救解，笑而不答，曰："戏之耳。"天宝末，禄山豪横跋扈，远近忧之，而上意未寤。一旦遐周隐去，不知所之，但于其所居壁上题诗数章，言禄山僭窃及幸蜀之事，时人莫晓，后方验之。其末篇曰："燕市人皆去，函关马不归。若逢山下鬼，环上系罗衣。""燕市人皆去"，禄山悉幽蓟之众而起也；"函关马不归"者，哥舒翰潼关之败，匹马不还也；"若逢山下鬼"者，马嵬蜀中驿名也；"环上系罗衣"者，贵妃小字玉环，马嵬时，高力士以罗巾缢之也。其所先见，皆此类也。(《明皇杂录》卷下)

六、开元中，朝廷选用群官，必推精当，文物既盛，英贤出入，皆薄其外任，虽雄藩大府，由中朝冗员而授，时以为左迁。班景倩自扬州采访使入为大理少卿，路由大梁，倪若水为郡守，西郊盛设祖席。宴罢，景倩登舟，若水望其行尘，谓椽吏曰："班公是行，何异登仙乎？为之驺殿，良所甘心。"默然良久，方整回驾。既而为诗投相府，以道其诚，其词为当时所称赏。(《明皇杂录》卷下)

七、高力士既谴于巫州，山谷多荠而人不食，力士感之，因为诗寄意："两京作斤卖，五溪无人采。夷夏虽有殊，气味终不改。"其后会赦归，至武溪，道遇开元中羽林军士，坐事谪岭南，停车访旧，方知上皇已厌世。力士北望号泣，呕血而死。(《明皇杂录》补遗)

八、天宝末，群贼陷两京，大掠文武朝臣及黄门宫嫔乐工骑士，每获数百人，以兵仗严卫，送于洛阳。至有逃于山谷者，而卒能罗捕追胁，授以冠带。禄山尤致意乐工，求访颇切，于旬日获梨园弟子数百人。群贼因相与大会于凝碧池，宴伪官数十人，大陈御库珍宝，罗列于前后。乐既作，梨园旧人不觉歔欷，相对泣下，群逆皆露刃持满以胁之，而悲不能已。有乐工雷海清者，投乐器于地，西向恸哭。逆党乃缚海清于戏马殿，支解以示众，闻之者莫不伤痛。王维时为贼拘于菩提寺中，闻之赋诗曰："万户伤心生野烟，百官何日更朝天。秋槐叶落空宫里，凝碧池头奏管弦。"(《明皇杂录》补遗)

九、唐玄宗自蜀回，夜阑登勤政楼，凭栏南望，烟云满目，上因自歌曰："庭前琪树已堪攀，塞外征夫久未还。"盖卢思道之词也。歌歇，上问："有旧人乎？逮明为我访来。"翌日，力士潜求于里中，因召与同至，则果梨园子弟也。其夜，上复与乘月登楼，唯力士及贵妃侍者红桃在焉。遂命歌《凉州词》，贵妃所制，上亲御玉笛为之倚曲。曲罢相睹，无不掩泣。上因广其曲，今《凉州》传于人间者，益加怨切焉。至德中，明皇复幸华清宫，父老奉迎，壶浆塞路。时上春秋已高，常乘步辇，父老进曰："前时上皇过此，常逐从禽，今何不为？"上曰："吾老矣，岂复堪此！"父老士女闻之，莫不悲泣。新丰市有女伶曰谢阿蛮，善舞《凌波曲》，常出入宫中，杨贵妃遇之甚厚，亦游于国忠及诸姨宅。上至华清宫，复令召焉。舞罢，阿蛮因出金粟装臂环，云："此贵妃所与。"上持之凄怨出涕，左右莫不呜咽。(《明皇杂录》补遗)

十、杜甫后漂寓湘潭间，旅于衡州耒阳县，颇为令长所厌。甫投诗于宰，宰遂致牛炙白酒以遗，甫饮过多，一夕而卒。《集》中犹有《赠聂耒阳》诗也。(《明皇杂录》补遗)

十一、唐崔曙应进士举，作《明堂火珠》诗，续有佳句，曰："夜来双月满，曙后一星孤。"其言深为工，文士推服。既夭殁，一女名星星，而无男，当时异之。《广记》一百九十八。(《明皇杂录》逸文)

十二、兴庆宫帝潜邸，于西南隅起花萼相辉二楼，与诸王游处。禄山犯顺，乘遽以闻，议欲迁幸，置酒楼上，命作乐，有进《水调歌》者曰："山川满月泪沾衣，富贵荣华能几时！不见只今汾水上，惟有年年秋雁飞。"上问谁为此词，曰："李峤。"上曰："真才子也。"遂不终而去。《六帖》六十一、《碧鸡漫志》。（《明皇杂录》逸文）

十三、杨贵妃尝以假鬌为首饰，而好服黄裙。天宝末童谣曰："义髻抛河里，黄裙逐水流。"《诗话总龟》。（《明皇杂录》辑佚）

十四、明皇在南内，耿耿不乐，每自吟太白《傀儡》诗曰："刻木牵丝作老翁，鸡皮鹤发与真同，须臾弄罢浑无事，还似人生一世中。"《诗话总龟》。（《明皇杂录》辑佚）

［唐］刘肃《大唐新语》

刘肃，生平不详。元和中或历江都县、浔阳县主簿，今存《大唐新语》。《大唐新语》，又名《唐新语》《唐世说》《唐世说新语》，共十三卷，分三十门，记武德初至大历末唐人言行琐闻。有宛委山堂《说郛》本、《四库全书》本、《稗海》本、《唐人说荟》本、《唐代丛书》本等。此据中华书局 1984 年点校本辑录。

一、魏知古性方直，景云末为侍中。玄宗初即位，猎于渭川，时知古从驾，因献诗以讽曰："尝闻夏太康，五弟训禽荒。我后来冬狩，三驱盛礼张。顺时鹰隼击，讲事武功扬。奔走来未及，翾飞岂暇翔。蜚熊从渭水，瑞翟相陈仓。此欲诚难纵，兹游不可常。子云陈《羽猎》，僖伯谏渔棠。得失鉴齐楚，仁恩念禹汤。邕熙谅在宥，亭毒匪多伤。《辛甲》今为史，《虞箴》遂孔彰。"手诏褒美，赐物五十段。后兼知吏部尚书，典选事，深为称职。所荐用人，遂咸至大官。（《大唐新语》卷一《规谏第二》）

二、景龙中，中宗尝游兴庆池，侍宴者递起歌舞，并唱《回波词》，方便以求官爵。给事中李景伯亦起舞歌曰："回波尔持酒卮，微臣职在箴规。侍宴既过三爵，喧哗窃恐非仪。"于是宴罢。(《大唐新语》卷三《公直第五》)

三、安乐公主恃宠，奏请昆明池以为汤沐。中宗曰："自前代已来不以与人。不可。"安乐于是大役人夫，掘其侧为池，名曰定昆池。池成，中宗、韦庶人皆往宴焉，令公卿已下咸赋诗。黄门侍郎李日知诗曰："但愿暂思居者逸，无使时传作者劳。"后睿宗登位，谓日知曰："朕当时亦不敢言，非卿忠正，何能如此。"俄拜侍中。(《大唐新语》卷三《公直第五》)

四、萧瑀，贞观初为左仆射，太宗谓之曰："武德六年已后，太上皇有废立之心而未定也。我当此日，实不为兄弟所容，实有大功而不蒙赏。卿不可以厚利诱，不可以刑戮惧，真社稷臣也。"因赐诗曰："疾风知劲草，板荡识贞臣。"又谓之曰："卿之守道眇身，古人无以过也。然善恶大明，有时而失。"瑀谢曰："臣特蒙训诫，惟死忠良。虽死之日，犹生之年。"十七年，与长孙无忌等二十四人图形于凌烟阁。(《大唐新语》卷五《忠烈第九》)

五、薛王业母早亡，为贤妃亲自鞠养。开元初，业迎贤妃归私第，以申供养。业同母妹淮阳、凉阳二公主亦早亡，业抚爱其子如已子。玄宗以业孝友，特加亲爱。尝疾，上亲为祈祷，及瘳，幸其第，置酒宴乐，更为初生之欢。因赋诗曰："昔见漳滨卧，言将人事违。今逢庆诞日，犹谓学仙归。棠棣花重发，鸰原鸟再飞。"其恩遇如此。(《大唐新语》卷六《友悌第十二》)

六、李适之性简率，不务苛细，人吏便之。雅好宾客，饮酒一斗不乱，延接宾朋，昼决公务，庭无留事。及为左相，每事不让李林甫。林甫憾之，密奏其"好酒，颇妨政事。"玄宗惑焉，除太子少保。适之遽命亲故欢会，赋诗曰："避贤初罢相，乐圣且衔杯。为问门前客，今朝几个来？"举朝伏其度量。适之在门下也，性疏而不忌，林甫尝卖之曰："华山之下，有金矿焉，采之可以富国，上未之知耳。"适之心善其言，他日款曲奏之，玄宗大悦。顾问林甫，对曰："臣知之久矣。华山，陛下本命，王气所在，不可发掘，故臣不敢言。"适之由是渐见疏退。林甫阴构陷之，贬于袁州，遣御史罗奭就州处置。适之闻命排马牒到，仰药而死。子雪，亦见害。(《大唐新语》卷七《识量第十四》)

七、李义府侨居于蜀，袁天纲见而奇之，曰："此郎君贵极人臣，但寿不长耳。"因请舍之，托其子曰："此子七品相，愿公提挈之。"义府许诺，因问天纲寿几何，对曰："五十二外，非所知也。"安抚使李大亮、侍中刘洎等连荐之，召见，试令咏乌，立成，其诗曰：“日里飏朝彩，琴中半夜啼。上林许多树，不借一枝栖。”太宗深赏之曰：“我将全树借汝，岂惟一枝！”自门下典仪超拜监察御史。其后，位寿咸如天纲之言。（《大唐新语》卷七《知微第十六》）

八、杜淹为天策府兵曹，杨文干之乱，流越嶲。太宗戡内难，以为御史大夫。因咏鸡以致意焉。其诗曰：“寒食东郊道，阳沟竞草笼。花冠偏照日，芥羽正生风。顾敌知心勇，先鸣觉气雄。长翘频扫阵，利距屡通中。飞毛遍绿野，洒血渍方丛。虽云百战胜，会自不论功。”淹聪辩多才艺，与韦福嗣为莫逆之友，开皇中，相与谋曰：“主上好嘉遁，苏威以幽人见擢，盍各效之。”乃俱入太白，佯言隐逸。隋文帝闻之，谪戍江表。后还乡里，以经籍自娱。吏部郎中高构知名，表荐之，大业末为御史中丞。洛阳平，将委质于隐太子，房玄龄恐资敌，遂启用之。寻判吏部尚书，参议政事。（《大唐新语》卷八《文章第十八》）

九、太宗在洛阳，宴群臣于积翠池。酒酣，各赋一事。太宗赋《尚书》曰：“日昃玩百篇，临灯披五典。夏康既逸怠，商辛亦沉湎。恣情昏主多，克己明君鲜。灭身资累恶，成名由积善。”魏征赋《西汉》曰：“受降临轵道，争长趣鸿门。驱传渭桥上，观兵细柳屯。夜燕经栢谷，朝游出杜原。终藉叔孙礼，方知天子尊。”太宗曰：“魏征每言，必约我以礼。”（《大唐新语》卷八《文章第十八》）

十、苏味道使岭南，闻崔马二侍御入省，因寄诗曰：“振鹭齐飞日，迁莺远听闻。明光共待漏，请鉴各披云。喜得廊庙举，嗟为台阁分。皎林怀柏悦，新幄阻兰孙。冠去神羊影，车连瑞雉群。独怜南斗外，空仰列星文。”味道富才华，代以文章著称，累迁凤阁侍郎、知政事，与张锡俱坐法，系于司刑寺。所司以上相之贵，所坐事虽轻，供待甚备。味道终不敢当，不乘马，步至系所，席地而卧，蔬食而已。锡乘马至寺，舍二品院，气色自若，帷屏饮膳，无忝平居。则天闻之，原味道而放锡于岭南。（《大唐新语》卷八《文章第十八》）

十一、刘怀一有才藻，自瀛州司法拜右台殿中。时右台监察邓茂迁左台殿中，怀一赠之诗曰：“惟昔参多世，无双仰异材。鹰鹯同放逐，鹓鹭忝游陪。入任光三命，迁荣历二台。隔墙钦素躅，对阁限清埃。紫署春光早，兰闱曙色催。谁怜夕阳至，空想邓林隈。”（《大唐新语》卷八《文章第十八》）

十二、吕太一拜监察御史里行，自负才华而不即真，因咏院中竹叶以寄意焉。其诗曰：“濯濯当轩竹，青青重岁寒。心贞徒见赏，箨小未成竿。”同列张沈和之曰：“闻君庭竹咏，幽意岁寒多。叹息为冠小，良工将奈何。”后迁户部员外。户部与吏部邻司。吏部移牒户部，令墙宇悉竖棘以防令史交通。太一牒报曰："眷彼吏部，铨综之司。当须简要清通，何必竖篱插棘。"省中赏其俊拔。(《大唐新语》卷八《文章第十八》)

十三、贺遂亮与韩思彦同在宪台，钦思彦之风韵，赠诗曰："意气百年内，平生一寸心。欲交天下士，未面一虚襟。君子重名义，贞道冠衣簪。风云行可托，怀抱自然深。落霞静霜景，坠叶下风林。若上南登岸，希访北山岑。"思彦酬之曰："古人一言重，常谓百年轻。今投欢会面，顾眄尽平生。簪裾非所托，琴酒冀相并。累日同游处，通宵款素诚。霜飘知柳脆，雪冒觉松贞。愿言何所道，幸得岁寒名。"(《大唐新语》卷八《文章第十八》)

十四、长寿中，有荥阳郑蜀宾颇善五言，竟不闻达。年老方授江左一尉，亲朋饯别于上东门，蜀宾赋诗留别曰："畏途方万里，生涯近百年。不知将白首，何处入黄泉？"酒酣自咏，声调哀感，满座为之流涕。竟卒于官。(《大唐新语》卷八《文章第十八》)

十五、张文成以词学知名，应下笔成章、才高位下、词摽文苑等三入科，俱登上第。转洛阳尉。故有《咏燕》诗，其末章云："变石身犹重，衔泥力尚微。从来赴甲第，两起一双飞。"时人无不讽咏。累迁司门员外。文成凡七应举，四参选，其判策皆登甲第科。员半千谓人曰："张子之文如青铜钱，万拣万中，未闻退时。"故人号"青铜学士"。久视中，太官令马仙童陷默啜，问张文成何在，仙童曰："自御史贬官。"默啜曰："何不见用也？"后暹罗、日本使入朝，咸使人就写文章而去。其才远播如此。(《大唐新语》卷八《文章第十八》)

十六、旧制，京城内金吾晓暝传呼，以戒行者。马周献封章，始置街鼓，俗号"冬冬"，公私便焉。有道人裴翛然，雅有篇咏，善画，好酒，常戏为《渭川歌》，词曰："遮莫冬冬动，须倾湛湛杯。金吾傥借问，报道玉山颓。"甚为时人所赏。(《大唐新语》卷十《釐革第二十二》)

十七、司马承祯，字子徵，隐于天台山，自号白云子，有服饵之术。则天中宗朝，频征不起。睿宗雅尚道教，稍加尊异，承祯方赴召。睿宗尝问阴阳术数之事，承祯对曰："《经》云：'损之又损之，以至于无为。'且心目一览，知每损之尚未能已，岂复攻乎异端而增智虑哉！"睿宗曰："理身无为，则清高矣；理国无为，如之何？"对曰："国犹身也，《老子》曰：'游心于澹，合气于漠，顺物自然，而无私焉，而天下理。'《易》曰：'圣人者，与天地合其德。'是知天不言而信，不为而成。无为之旨，理国之要也。”睿宗深加赏异。无何，苦辞归，乃赐宝琴、花帔以遣之。工部侍郎李适之赋诗以赠焉。当时文士，无不属和。散骑常侍徐彦伯撮其美者三十一首，为制序，名曰《白云记》，见传于代。（《大唐新语》卷十《隐逸第二十三》）

十八、高宗朝，姜恪以边将立功为左相，阎立本为右相。时以年饥，放国子学生归，又限令史通一经。时人为之语曰：“左相宣威沙漠，右相驰誉丹青。三馆学生放散，五台令史明经。”以末伎进身者，可为炯戒。（《大唐新语》卷十一《惩戒第二十五》）

十九、于彦昭兵部侍郎，知政事，封耿国公。睿宗朝，左授岳州司马而终。张说为岳州，著《五君咏》，述彦昭曰：“耿公山岳灵，思远神亦妙。鸷鸟峻操立，哀玉振清调。叶赞休明启，恩华日月照。何意瑶台云，风吹落红缴。湘流下浔阳，洒泪一投吊。”为时贤器重如此。（《大唐新语》卷十二《劝励第二十六》）

二十、太宗尝宴近臣，令嘲谑以为乐。长孙无忌先嘲欧阳询曰：“耸髆成山字，埋肩不出头。谁家麟阁上，画此一猕猴？”询应声答曰：“索头连背暖，漫裆畏肚寒。只由心溷溷，所以面团团。”太宗敛容曰：“汝岂不畏皇后闻耶？”无忌，后之弟也。询为人瘦小特甚，寝陋而聪悟绝伦，读书数行俱下，博览古今，精究《苍》《雅》。初学王羲之书，渐变其体，笔力险劲，为一时之绝。（《大唐新语》卷十三《谐谑第二十八》）

二十一、温彦博为吏部侍郎，有选人裴略被放，乃自赞于彦博，称解白嘲。彦博即令嘲厅前丛竹，略曰：“竹，冬月不肯凋，夏月不肯热，肚里不能容国士，皮外何劳生枝节？”又令嘲屏墙，略曰：“高下八九尺，东西六七步，突兀当厅坐，几许遮贤路。”彦博曰：“此语似伤博。”略曰：“即扳公肋，何止伤博！”博惭而与官。（《大唐新语》卷十三《谐谑第二十八》）

二十二、京城流俗，僧、道常争二教优劣，递相非斥。总章中兴善寺为火灾所焚，尊像荡尽。东明观道士李荣因咏之曰：“道善何曾善，云兴遂不兴。如来烧亦尽，唯有一群僧。”时人虽赏荣诗，然声称从此而减。（《大唐新语》卷十三《谐谑第二十八》）

二十三、晋宋以还，尚书始置员外郎分判曹事。国朝弥重其迁。旧例：郎中不历员外郎拜者，谓之“土山头果毅”。言其不历清资，便拜高品，有似长征兵士，便得边远果毅也。景龙中，赵谦光自彭州司马入为大理正，迁户部郎中。

贺遂涉时为员外，戏咏之曰："员外由来美，郎中望不优。谁言粉署里，翻作土山头。"谦先酬之曰："锦帐随情设，金炉任意熏。唯愁员外署，不应列星文。"（《大唐新语》卷十三《谐谑第二十八》）

二十四、王上客自负其才，意在前行员外。俄除膳部员外，既乖本志，颇怀怅惋。吏部郎中张敬忠戏咏之曰："有意嫌兵使，专心取考功。谁知脚蹭蹬，几落省墙东。"膳部在省东北隅，故有此咏。（《大唐新语》卷十三《谐谑第二十八》）

二十五、玄宗初即位，邵景、萧嵩、韦铿，并以殿中升殿行事。既而景、嵩俱加朝散，铿独不沾。景、嵩二人多须，对立于庭。铿嘲之曰："一双胡子着绯袍，一个须多一鼻高。相对厅前搽早立，自言身品世间毛。"举朝以为欢笑。后睿宗御承天门，百僚备列，铿忽风眩而倒。铿既肥短，景意酬其前嘲，乃咏之曰："飘风忽起团栾回，倒地还如着脚捶。昨夜殿上空行事，直为元非五品才。"时人无不讽咏。（《大唐新语》卷十三《谐谑第二十八》）

［唐］韦绚《刘宾客嘉话录》

韦绚，字文明，唐京兆人。大和二年（828）制举及第，大和四年（830）入李德裕西川幕府，后自左补阙为起居舍人，迁司封、吏部员外，大中十年任江陵少尹，咸通中任义武军节度、易定等州观察处置等使、定州刺史、兼御史大夫。有《戎幕闲谈》《刘宾客嘉话录》。《刘宾客嘉话录》一卷，又名《嘉话》《嘉话录》《刘公嘉话》《刘公嘉话录》等，记刘禹锡述国朝逸事。成书于大中十年（856），原书早佚，今本讹窜严重。有《顾氏文房小说》本、《学海类编》本、《四库全书》本、涵芬楼《说郛》本、宛委山堂《说郛》本等。此据中华书局2019年校注本辑录。

一、张巡之守睢阳，玄宗已幸蜀，胡羯方炽，城孤势蹙，人困食竭，以绨布切煮而食之，时以茶汁和之，而意自如。其《谢加金吾将军表》曰：“想峨嵋之碧峰，豫游西蜀；追绿耳于玄圃，保寿南山。逆贼禄山，迷逆天地，戮辱黎献，膻臊阙庭。臣被围七旬，亲经百战。主辱臣死，当臣致命之时；恶稔罪盈，是贼灭亡之日。”其忠勇如此！又激励将士，赋诗曰：“接战春来苦，孤城日渐危。合围侔月晕，分守若鱼丽。屡厌黄尘起，时将白羽挥。裹疮犹出阵，饮血更登陴。忠信应难敌，坚贞谅不移。无人报天子，心计欲何施？”又《夜闻笛》诗曰：“岧峣试一临，虏骑附城阴。不辨风尘色，安知天地心。营开星月近，战苦阵云深。旦夕更楼上，遥闻横笛吟。”时雍丘令令狐潮以书劝诱，不纳。其书有曰“宋七昆季，卫九诸子，昔断金成契，今乃刎颈相图”云云。时刘禹锡具知宋、卫，耳剽所得，濡毫有遗，所冀多闻补其阙也。又说，许远亦有文，其《祭纛文》为时所称，所谓“太一先锋，蚩尤后殿。苍龙持弓，白虎捧箭”。又《祭城隍文》云：“眢井鸠翔，危堞龙攫。”皆文武雄健，志气不衰，真忠烈之士也。刘禹锡曰：此二公天赞其心，俾之守死善道。向若救至身存，不过是一张仆射耳，则张巡、许远之名，焉得以光扬于万古哉！巡性明达，不以簿书介意。为真源宰，县有豪华南金，悉委之。故时人曰：“南金口，明府手。”及巡闻之，不以为事。（《刘宾客嘉话录·张巡 许远》）

二、刘希夷诗曰：“年年岁岁花相似，岁岁年年人不同。”其舅宋之问苦爱此二句，知其未示人，恳乞，许而不与。之问怒，以土袋压杀之。宋生不得其死，天报之也。（《刘宾客嘉话录·宋之问乞刘希夷诗》）

三、人言鹤胎生，所以《赋》云“胎化仙禽”也。今鸬鹚亦是胎生，《抱朴子》、《本草》说同此，岂亦仙禽者乎？绚曰：“但恐世只知鹤胎生，不知鸬鹚亦是胎生。鹤便谓胎生也。若缘鸬鹚食腥鱼，虽胎生不得与鹤同，今见养鹤者说，其鹤食腥秽更甚于鸬鹚。若以色黑于鹤，则白鹤千万年方变为玄鹤，又何尚焉！”公笑曰：“是以君子恶居下流，其鸬鹚之谓乎？”绚曰：“鹤难见也，鸬鹚易见也，世人贵耳而贱目之故也。若使鸾凰如鹤之长见，即鹤亦如鸬鹚矣。以少为贵，世不以见为圣为瑞而贵之也。所以进士陈标《咏蜀葵》诗云：‘能共牡丹争几许，得人憎处只缘多。’鸬鹚之谓也。”（《刘宾客嘉话录·鸬鹚胎生》）

四、通事舍人宣诏，旧命拾遗团句把麻者，盖谒者不知书，多失句度，故用拾遗低声摘句以助之。及吕温为拾遗，被唤把麻，不肯去，遂成故事。拾遗不把麻者，自吕始也。时柳宗元戏吕云：“幸识一文半字，何不与他把也。”（《太平广

记》卷一八七、《近事会元》卷二引《嘉话录》)(《刘宾客嘉话录·佚文·吕温不把麻》)

五、唐汝南袁德师,故给事高之子。尝于东都买得娄师德故园地,起书楼。洛人语曰:“昔日娄师德园,今乃袁德师楼。”(《太平广记》卷二五一)(《刘宾客嘉话录·佚文·袁德师买娄师德园》)

六、襄阳牛相公赴举之秋,每为同袍见忽,及至升超,诸公悉不如也。尝投贽于刘补阙禹锡,对客展卷,飞笔涂窜其文,且曰:“必先辈未期至矣。”然拜谢砻砺,终为怏怏。历三十余岁,刘转汝州,陇西公镇汉南,枉道驻旌旄信宿,酒酣,直笔以诗喻之。刘公承诗意,方悟往年改张牛公文卷。因诫子弟咸允、承雍等曰:“吾立成人之志,岂料为非。况汉上尚书,高识达量,罕有其比。昔主父偃家为孙弘所夷,嵇叔夜身死钟会之口,是以魏武诫其子云:‘吾大忿怒、小过失,慎勿学焉。’汝辈修进,守中为上也。”《席上赠汝州刘中丞》,襄州节度牛僧孺诗曰:“粉署为郎四十春,今来名辈更无人。休论世上升沉事,且斗樽前见在身。珠玉会应成咳唾,山川犹觉露精神。莫嫌恃酒轻言语,曾把文章谒后尘。”《奉和牛尚书》汝州刺史刘禹锡:“昔年曾忝汉朝臣,晚岁空余老病身。初见相如成赋日,后为丞相扫门人。追思往事咨嗟久,幸喜清光语笑频。犹有当时旧冠剑,待公三日拂埃尘。”牛公吟和诗,前意稍解,曰:“三日之事,何敢当焉。”于是移宴竟夕,方整前驱也。(《云溪友议》卷中“中山诲”)(《刘宾客嘉话录·佚文·牛僧孺、刘禹锡唱和》)

七、或有淡薄相于缄翰荞卤者,每吟张博士籍诗云:“新酒欲开期好客,朝衣暂脱见闲身。”对花木则吟王右丞诗云:“兴阑啼鸟换,坐久落花多。”则幽居之趣少安乎?余友稀旧人,苦为异代,近日为文,都不惬意。洛中白二十二居易苦好余《秋水咏》曰:“东屯沧海阔,南壤洞庭宽。”又《石头城下作》云:“山连故国周遭在,潮打空城寂寞回。”余自知不及苏州韦十九郎中应物诗曰“春潮带雨晚来急,野渡无人舟自横”。尝过洞庭,虽为一篇,静思杜员外甫落句云“年去年来洞庭上,白苹愁杀白头人”,鄙夫之言,有愧于杜公也。(《云溪友议》卷中“中山诲”)(《刘宾客嘉话录·佚文·为文不惬意》)

八、夫人游尊贵之门,常须慎酒。昔赴吴台,扬州大司马杜公鸿渐为余开宴,沉醉归驿亭,稍醒,见二女子在旁,惊非我有也。乃曰:“郎中席上与司空诗,特令二乐伎侍寝。”且醉中之作,都不记忆。明旦修状启陈谢,杜公亦优容之,何施面目也。余郎署州牧,轻忤三司,岂不过哉!诗曰:“高髻云鬟宫样妆,

春风一曲杜韦娘。司空见惯寻常事，断尽苏州刺史肠。”(《云溪友议》卷中“中山诲”)(《刘宾客嘉话录·佚文·司空见惯》)

九、中山刘公曰：“顷在夔州，少逢宾客，纵有停舟相访，不可久留。乃独吟曰：‘巴人泪逐猿声落，蜀客舟从鸟道来。’忽得京洛故人书题，对之零涕。”又曰：“浮生谁至百年？倏尔衰暮，富贵穷愁，实其常分，胡为嗟惋焉。”(《云溪友议》卷中“中山诲”)(《刘宾客嘉话录·佚文·刘禹锡独吟》)

十、杨祭酒爱才公心，尝知江表之士项斯，赠诗曰：“处处见诗诗总好，及观标格过于诗。平生不解藏人善，到处相逢说项斯。”项斯由此名振，遂登高科。(《刘宾客嘉话录·备考·杨敬之说项斯》)

十一、传记所传，汉宣帝以皂盖车一乘赐大将军霍光，悉以金较具。至夜，车辖上金凤凰辄亡去，莫知所之，至晓乃还。如此非一，守车人亦尝见。后南郡黄君仲北山罗鸟，得凤凰子，入手即化成紫金，毛羽冠翅，宛然具足，可长尺余。守车人列上云：“今月十二日夜，车辖上凤凰俱飞去，晓则俱还，今日不返，恐为人所得。”光甚异之，具以列上。后数日，君仲诣阙，上金凤凰子，云“今月十二日夜北山罗鸟所得”。帝闻而疑之，以置承露盘上，俄而飞去。帝使寻之，直入光家，止车辖上，乃知信然。帝取其车，每游行，辄乘御之。至帝崩，凤凰飞去，莫知所在。嵇康诗云：“翩翩凤辖，逢此纲罗。”正谓此也。(《刘宾客嘉话录·备考·金凤辖》)

十二、谢朓诗云：“芳洲多杜若。”贞观中医局求杜若，度支郎乃下加州，令贡之。判司云：“加州不出杜若，应由谢朓诗误。”太宗闻之大笑，改雍州司户。(《刘宾客嘉话录·备考·加州杜若》)

十三、高宗承贞观之后，天下无事。上官侍郎独持国政，常凌晨入朝，巡落水堤，步月徐辔，咏云：“脉脉广川流，驱马入长洲。鹊飞山月曙，蝉噪野风秋。”音韵清亮，群公望若神仙焉。(《刘宾客嘉话录·备考·上官仪步月咏诗》)

十四、贾嘉隐年七岁，以神童召见。时长孙太尉无忌，徐司空绩于朝堂立语，徐戏之曰：“吾所倚何树？”嘉隐云：“松树。”徐曰：“此槐也，何言松？”嘉隐云：“以公配木，何得非松？”长孙复问：“吾所倚何树？”曰：“槐树。”公曰：“汝不能复矫对邪？”嘉隐白：“何烦矫对，但取其鬼木耳。”徐叹曰：“此小儿作獠面，何得如此聪明！”嘉隐曰：“胡头尚为宰相，獠面何废聪明。”徐状胡也。(《刘宾客

嘉话录·备考·贾嘉隐》)

十五、昆明池者,汉孝武所制,蒲鱼之利,京师赖之。中宗乐安公主请之。帝曰:“前代已来,不以与人,此则不可。”主不悦,因役人别凿一池,号曰“定昆池”。既成,中宗往观,令公卿赋诗。李黄门日知诗曰:“但愿暂思居者逸,无使时传作者劳。”及睿宗即位,谓之曰:“定昆池诗当时朕亦不敢言,非卿忠正,何能若此。”寻迁侍中。(《刘宾客嘉话录·备考·定昆池》)

十六、隋末,有河间人皻鼻酗酒,自号郎中,每醉必殴击其妻。妻美而善歌,每为悲怨之声,辄摇顿其身。好事者乃为假面以写其状,呼为“踏摇娘”,今谓之“谈娘”。(《刘宾客嘉话录·备考·踏摇娘》)

[唐]佚名《大唐传载》

《大唐传载》,撰者阙。原名《传载》,记唐初至大和中事,涉公卿逸事、典章制度等。有明抄本、清顺治四年孙明志抄本、《四库全书》本、《守山阁丛书》本、《唐人说荟》本、《唐代丛书》本等。此据中华书局2019年点校本辑录。

一、汝南袁德师,故给事高之子。尝于东都买得娄师德故园地,起书楼。洛人语曰:“昔日娄师德园,今乃袁德师楼。”(《大唐传载》)

二、王河南维,或有人报云:“公除右辖。”王曰:“吾居此官,虑被人呼为‘不解作诗王右丞’。”(《大唐传载》)

三、上都崇圣寺有徐贤妃妆殿。太宗曾召妃,久不至,怒之。因进诗曰:“朝来临镜台,妆罢暂徘徊。千金始一笑,一召讵能来?”(《大唐传载》)

四、裴延龄尝怒李京兆充,云:“近日兼放髭须白,犹向人前作背面。”(《大唐传载》)

［唐］崔令钦《教坊记》

崔令钦，唐博陵人。开元中任左金吾仓曹参军，天宝中擢礼部员外郎，肃宗朝为丹徒令，代宗朝为万州刺史，大历初入朝为主客郎中，终国子司业。著有《教坊记》。《教坊记》，记开元时教坊制度、艺人逸事、教坊曲名、乐曲内容与起源。有清抄本、清刻本、清初钱曾述古堂抄本、《百川学海》本、《古今逸史》本、《古今说海》本、《格致丛书》本、《绿窗女史》本、涵芬楼《说郛》本、宛委山堂《说郛》本、《四库全书》本、《类说》本、《五朝小说》本等。此据凤凰出版社2013年笺订本辑录。

一、大面出北齐。兰陵王长恭性胆勇，而貌若妇人。自嫌不足以威敌，乃刻木为假面，临阵著之。因为此戏，亦入歌曲。兰陵王（《教坊记·曲调本事五则》）

二、《踏谣娘》：北齐有人姓苏，鮑鼻。实不仕，而自号为“郎中”。嗜饮，酗酒，每醉辄殴其妻。妻衔怨，诉于邻里。时人弄之：丈夫著妇人衣，徐步入场行歌。每一叠，旁人齐声和之，云：“踏谣，和来！踏谣娘苦！和来！”以其且步且歌，故谓之“踏谣”；以其称冤，故言“苦”。及其夫至，则作殴斗之状，以为笑乐。今则妇人为之，遂不呼“郎中”，但云“阿叔子”；调弄又加典库，全失旧旨。或呼为《谈容娘》，又非。踏谣娘（《教坊记·曲调本事五则》）

三、《乌夜啼》者：元嘉二十八年，彭城王义康有罪，放逐，行次浔阳；江州刺史衡阳王义季，留连饮宴，历旬不去。帝闻而怒，皆囚之。会稽公主，姊也，尝与帝宴洽，中席起拜。帝未达其旨，躬止之。主流涕曰：“车子岁暮，恐不为陛下所容！”车子，义康小字也。帝指蒋山曰：“必无此！不尔，便负初。”宁陵，武帝葬于蒋山，故指先帝陵为誓。因封余酒，寄义康，且曰：“昨与会稽姊饮，乐，忆弟，故附所饮酒往。”遂宥之。使未达浔阳，衡阳家人扣二王所囚院曰：

“昨夜乌夜啼，官当有赦。”少顷，使至，二王得释，故有此曲。亦入琴操。乌夜啼（《教坊记·曲调本事 五则》）

四、《安公子》：隋大业末，炀帝将幸扬州，乐人王令言以年老，不去，其子从焉。其子在家弹琵琶，令言惊问：“此曲何名？”其子曰：“内里新翻曲子，名《安公子》。”令言流涕悲怆，谓其子曰：“尔不须扈从，大驾必不回！”子问其故，令言曰：“此曲宫声往而不返。宫为君，吾是以知之。”安公子（《教坊记·曲调本事 五则》）

五、《春莺啭》：高宗晓声律，闻风叶鸟声，皆蹈以应节。尝晨坐，闻莺声，命歌工白明达写之为《春莺啭》。后亦为舞曲。春莺啭（《教坊记·曲调本事 五则》）

［唐］张固《幽闲鼓吹》

张固，唐清河人，仕履不详。著《幽闲鼓吹》。《幽闲鼓吹》一卷，记玄宗至宣宗朝名人逸事，以宣宗时事为主。有清抄本、《续百川学海》本、《顾氏文房小说》本、《历代小史》本、《宝颜堂秘笈》本、涵芬楼《说郛》本、宛委山堂《说郛》本、《四库全书》本、《学海类编》本等。此据中华书局 2019 年点校本辑录。

一、宣宗暇日召翰林学士，时韦尚书澳遽入。上曰：“要与卿款曲。少间出外，但言论诗。”上乃出新诗一篇。有小黄门置茶讫，亦屏之，乃问曰：“朕于敕使如何？”韦公即述上威制前朝无比。上闭目摇首曰：“总未总未，依前怕他。在于卿如何，计将安出？”韦公既不为之素备，乃率意对曰：“以臣所见，谋之于外庭，即恐有大和末事。不若就其中拣拔有才识者，委以计事，如何？”上曰：“此乃末策，朕已行之。初擢其小者，自黄至绿、自绿至绯皆感恩，若紫衣挂身，即一片矣。”公惭汗而退。噫，大君之问，社稷之福，对扬止此，惜哉！（《幽闲鼓吹》）

二、宣宗坐朝次，对官趋至，必待气息平均，然后问事。令狐相进李远为杭州，宣宗曰："比闻李远诗云：'长日唯销一局棋。'岂可以临郡哉？"对曰："诗人之言，不足有实也。"仍荐远廉察可任，乃俞之。（《幽闲鼓吹》）

三、白尚书应举，初至京，以诗谒顾著作。顾睹姓名，熟视白公，曰："米价方贵，居亦弗易。"乃披卷，首篇曰："咸阳原上草，一岁一枯荣。野火烧不尽，春风吹又生。"即嗟赏曰："道得个语，居即易矣。"因为之延誉，声名大振。（《幽闲鼓吹》）

四、李潘侍郎尝缀李贺歌诗，为之集序。未成，知贺有表兄与贺笔砚之旧者，召之，见托以搜访所遗。其人敬谢，且请曰："某尽记其所为，亦见其多点窜者，请得所葺者视之，当为改正。"李公喜，并付之。弥年绝迹，李公怒，复召诘之。其人曰："某与贺中外，自小同处，恨其傲忽，常思报之。所得兼旧有者，一时投于溷中矣。"李公大怒，叱出之，嗟恨良久。故贺篇什流传者少。（《幽闲鼓吹》）

五、李贺以歌诗谒韩吏部，吏部时为国子博士分司。送客归，极困，门人呈卷，解带旋读之。首篇《雁门太守行》曰："黑云压城城欲摧，甲光向日金鳞开。"却援带，命邀之。（《幽闲鼓吹》）

六、元相在鄂州，周复为从事。相国常赋诗，命院中属和。周正郎乃簪笏见相公，曰："某偶以大人往还高门，谬获一第，其实诗赋皆不能也。"相国嘉之曰："遽以实告，贤于能诗者矣。"（《幽闲鼓吹》）

［唐］范摅《云溪友议》

范摅，自号五云溪人，唐僖宗时人，终身未曾出仕。《云溪友议》有上、中、下三卷，每条各有三字标题，记中唐至晚唐杂事，诗话占十之七八。有明嘉靖十四年王良栋抄本、清抄本、《稗海》本、《类说》本、《说林一百三十八种》本、涵芬楼《说郛》本、宛委山堂《说郛》本、《四库全书》本、《龙威秘书》本、《四部丛刊续编》本、《嘉业堂丛书》本等。此据中华书局2017年校笺本辑录。

一、王轩少为诗，寓物皆属咏，颇闻《淇澳》之篇。游西小江，泊舟苎萝山际，题西施石曰："岭上千峰秀，江边细草春。今逢浣纱石，不见浣纱人。"题诗毕，俄而见一女郎，振琼珰、扶石笋，低徊而谢曰："妾自吴宫还越国，素衣千载无人识。当时心比金石坚，今日为君坚不得。"既为鸳鸾之会，仍为恨别之词。后有萧山郭凝素者，闻王轩之遇，每适于浣溪，日夕长吟，屡题歌诗于其石，寂尔无人，乃郁怏而返。进士朱泽嘲之，闻者莫不嗤笑。凝素内耻，无复斯游。泽诗曰："三春桃李本无言，苦被残阳鸟雀喧。借问东邻效西子，何如郭素拟王轩。"(《云溪友议》卷上《苎萝遇》)

二、颜鲁公为临川内史，浇风莫竞，文教大行，康乐已来，用为嘉誉也。邑有杨志坚者，嗜学而居贫，乡人未之知也。山妻厌其饘䊪不足，索书求离，志坚以诗送之曰："平生志业在琴诗，头上如今有二丝。渔父尚知溪谷暗，山妻不信出身迟。荆钗任意撩新鬓，明镜从他别画眉。今日便同行路客，相逢即是下山时。"其妻持诗诣州请公牒，以求别醮。颜公案其书曰："杨志坚素为儒学，遍览《九经》，篇咏之间，风骚可摭。愚妻睹其未遇，遂有离心。王欢之廪既虚，岂遵黄卷；朱叟之妻必去，宁见锦衣？恶辱乡闾，败伤风俗，若无褒贬，侥幸者多。阿王决二十后任改嫁，杨志坚秀才赠布绢各二十匹、禄米二十石，便署随军，仍令远近知委。"江左十数年来，莫有敢弃其夫者。(《云溪友议》卷上《鲁公明》)

三、濠梁人南楚材者，旅游陈颍，岁久，颍守慕其仪范，将欲以子妻之。楚材家有妻，以受颍牧之眷深，忽不思义，而辄已诺之，遂遣家仆归取琴书等，似无返旧之心也。或谓求道青城，访僧衡岳，不亲名宦，唯务玄虚。其妻薛媛，善书画，妙属文，知楚材不念糟糠之情，别倚丝萝之势，对镜自图其形，并诗四韵以寄之。楚材得妻真及诗范，遽有隽不疑之让，夫妇遂偕老焉。里语曰："当时妇弃夫，今日夫离妇。若不逞丹青，空房应独自。"薛媛写真寄夫诗曰："欲下丹青笔，先拈宝镜端。已惊颜索寞，渐觉鬓凋残。泪眼描将易，愁肠写出难。恐君浑忘却，时展画图看。"(《云溪友议》卷上《真诗解》)

四、慎氏者，毗陵庱亭儒家之女。三史严灌夫因游彼，遂结姻好，同载归蕲春。经十余秋，无胤嗣，灌夫乃拾其过而出妻，令归二浙。慎氏慨然登舟，亲戚临流相送，妻乃为诗以诀灌夫。灌夫览诗凄感，遂为夫妇如初。

云溪子曰："曹叔妻叙《东征》之赋，刘伶室作诫酒之辞，以女子之所能，寔其罕矣。爰书薛媛之事，斯可附焉。"慎氏诗曰："当时心事已相关，雨散云飞一饷间。便是孤帆从此去，不堪重过望夫山。"(《云溪友议》卷上《毗陵出》)

五、麻姑山，山谷之秀，草木多奇。邓仙客至延康，四五代为国道师，而锡紫服，徒众甚盛。洎死，自京辇归，葬是山，是谓"尸解"也。然悉为丘垄，松柏相望，词人经过，必当兴咏，几千首矣。忽有一少年，偶题一绝句，不言姓字，但云天峤游人耳。后来观其所刺，无复为文，且邓氏之名，因斯稍减矣。诗曰："鹤老芝田鸡在笼，上清那与俗尘同。既言白日升仙去，何事人间有殡宫？"(《云溪友议》卷上《灵丘误》)

六、又有崔郊秀才者，寓居于汉上，蕴积文艺，而物产罄悬。无何，与姑婢通，每有阮咸之纵。其婢端丽，饶彼音律之能，汉南之最也。姑贫，鬻婢于连帅。连帅受之，以类无双。给钱四十万，宠眄弥深。郊思慕无已，即强亲府署，愿一见焉。其婢因寒食来从事家，值郊立于柳阴，马上连泣，誓若山河。崔生赠之以诗曰："公子王孙逐后尘，绿珠垂泪滴罗巾。侯门一入深如海，从此萧郎是路人。"或有嫉郊者，写诗于于座。公睹诗，令召崔生，左右莫之测也。郊则忧悔而已，无处潜遁也。及见郊，握手曰："'侯门一入深如海，从此萧郎是路人'，便是公制作也？四百千小哉，何靳一书，不早相示！"遂命婢同归，至于帏幌奁匣，悉为增饰之，小阜崔生矣。

初，有客自零陵来，称戎昱使君席上有善歌者，襄阳公遽命召焉。戎使君岂敢违命，逾月而至。及至，令唱歌，乃戎使君送妓之什也。公曰："丈夫不能立功立业，为异代之所称，岂有夺人姬爱，为己之嬉娱！以此观之，诚可窜身于无人之地。"遂多以缯帛赆行，手书逊谢于零陵之守也。

云溪子曰："王敦驱女乐以给军士，杨素归徐德言妻，临财莫贪，于色不吝者，罕矣！时人用为雅谭。历观国朝挺特英雄，未有如襄阳公者也。"戎使君诗曰："宝钿香蛾翡翠裙，妆成掩泣欲行云。殷勤好取襄王意，莫向阳台梦使君。"(《云溪友议》卷上《襄阳杰》)

七、雍陶员外，蜀川人也，上第后，稍薄于亲党。其舅云安刘敬之，罢举归三峡，素事篇章，让陶不寄书曰："山近衡阳虽少雁，水连巴蜀岂无鱼。"陶得诗悸赧，方有狐首之思欤。后为简州牧，自比之谢宣城、柳吴兴也，宾至则折挫之，阍者亦怠，投贽者稀得见乎。有冯道明下第，请谒云："与员外故旧。"阍者以道明言启之。及引进，陶诃曰："与公昧平生，何方相识矣！"道明曰："诵员外之言，仰员外之德，诗集中日得相见，何隔平生也！"遂吟曰："立当青草人先见，行近白莲鱼未知。"又曰："江声秋入寺，雨气夜侵楼。"又曰："闭门客到常疑病，满院花开不似贫。"陶闻吟欣狎，待道明如曩昔之友。君子以雍君矜夸而好媚，冯子匪艺而求知，其两违之，文园岂尚也。(《云溪友议》卷上《冯生佞》)

八、又忽有少年，势似疏简，自云辛氏郎君来谒。丞相于晤对之间，未甚周至。悬车白尚书先寄元相公诗曰："闷劝迂辛酒，闲吟短李诗。"且曰："辛大丘度，性迂嗜酒；李二十绅，短而能诗。"辛氏郎君，即丘度之子也，谓李公曰："小子每忆白廿二丈诗曰：'闷劝畴昔酒，闲吟廿丈诗。'"李公笑曰："辛大有此狂儿，吾敢不存旧矣。"凡是宦族，相快辛氏子之能忤诞。丞相之受侮，刚肠暂屈乎。(《云溪友议》卷上《江都事》)

九、初，李公赴荐，常以《古风》求知，吕化光温谓齐员外照及弟恭曰："吾观李二十秀才之文，斯人必为卿相。"果如其言。诗曰："春种一粒粟，秋收万颗子。四海无闲田，农夫犹饿死。""锄禾日当午，汗滴禾中土。谁知盘中餐，粒粒皆辛苦！"

先是元相公廉察江东之日，修龟山寺鱼池，以为放生之铭，戒其僧曰："劝汝诸僧好护持，不须垂钓引青丝。云山莫厌看经坐，便是浮生得道时。"李公到镇，游于寺，睹元公之诗而笑曰："僧有渔罟之事，必投于镜湖。"后有犯者，坚而不恕焉。复为二绝而示之云："剃发多缘是代耕，好闻人死恶人生。祇园说法无高下，尔辈何劳尚世情。""汲水添池活白莲，十千鬐鬣尽生天。凡庸不识慈悲意，自葬江鱼入九泉。"忽有老僧诣谒，愿以因果喻之。丞相问："阿师从何处来?"答云："贫道从来处来。"遂决二十，曰："任从去处去。"至如浮薄宾客，莫敢候门。三教所来，俱有区别。海内服其才俊，终于相位也。(《云溪友议》卷上《江都事》)

十、房千里博士初上第，《游岭徼诗》序云："有进士韦滂者，自南海邀赵氏而来，十九夕为余妾。余以鬓发苍黄，倦于游从，将为天水之别，止素秋之期，纵京洛风尘，亦其志也。赵屡对余潸然，恨恨者未得偕行。即泛轻舟，暂为南北之梦，歌陈所契，诗以寄情曰：'鸾凤分飞海树秋，忍听钟鼓越王楼。只应霜月明君意，缓抚瑶琴送我愁。山远莫教双泪尽，雁来空寄八行幽。相如若返临邛市，画舸朱轩万里游。'"房君至襄州，逢许浑侍御赴弘农公番禺之命，千里以情意相托，许具诺焉。才到府邸，遣人访之，拟持薪粟给之。曰："赵氏却从韦秀才矣。"许与房、韦，俱有布衣之分，欲陈之，虑伤韦义；不述之，似负房言，素款难名，为诗代报。房君既闻，几有欧阳四门詹太原之丧。浑寄房秀才诗曰："春风白马紫丝韁，正值蚕眠未采桑。五夜有心随暮雨，百年无节待秋霜。重寻绣带朱藤合，却认罗裙碧草长。为报西游减离恨，阮郎才去嫁刘郎。"(《云溪友议》卷上《南海非》)

十一、武年二十三，为给事黄门侍郎，明年，拥旄西蜀，累于饮筵，对客骋其笔札。杜甫拾遗乘醉而言曰："不谓严挺之有此儿也。"武恚目久之，曰："杜审言孙子拟捋虎须?"合座皆笑，以弥缝之。武曰："与公等饮馔谋欢，何至于祖考矣!"房太尉琯亦微有所忤，忧怖成疾。武母恐害贤良，遂以小舟送甫下峡。母则可谓贤也，然二公几不免于虎口矣。李太白为《蜀道难》，乃为房、杜之危也，略曰："剑阁峥嵘而崔嵬，一夫当关，万夫莫开。所守或非人，化为狼与豺。朝避猛虎，夕避长蛇。磨牙吮血，杀人如麻。锦城虽云乐，不如早还家。蜀道之难难于上青天，侧身西望长咨嗟。"杜初自作《阆中行》："豺狼当路，无地游从。"或谓章仇大夫兼琼为陈拾遗雪狱，高适侍御与王江宁昌龄申冤，当时用为义士也。李翰林作此歌，朝右闻之，疑严武有刘焉之志。支属刺史章彝，因小瑕，武遂棒杀，后为彝外家报怨，严氏遂微焉。(《云溪友议》卷上《严黄门》)

十二、余以曾子回车，不入胜母之间，吕不韦有桐轮之媚，是乃曾参立孝行之名，不韦抱淫邪之责。迩之进退者，岂以二子而鹭是非乎？渚宫有李令者，自宰延安，本狡猾之徒也，强为篇章而干谒。时有归评事任江陵醝院，常怀恤士之心。李令既识归君，累求救贷，而悉皆允诺。又云"某欲寻亲湖外"，辄假舍而安家族。归君亦悯诺之。李且乘舟而去，不二旬，其妻遣仆使告丐糇粮，主人拯其乏绝。李忽寄书于醝院，情况款密，且异寻常，书中有《赠家室等》诗一首，意欲组织归君。归君怏恨，悔而不能明，与率武陵渠江之务，以糊其口焉。举士沈擢，既违名路，从知长沙，每述于同院众宾，用兹戒慎也。李令寄妻诗曰："有人教我向衡阳，一度思归欲断肠。为报艳妻兼少女，与吾觅取朗州场。"(《云溪友议》卷上《哀贫诫》)

十三、登州贾者马行余，转海拟取昆山路适桐庐，时遇西风而吹到新罗国。新罗国君闻行余中国而至，接以宾礼，乃曰："吾虽夷狄之邦，岁有习儒者举于天阙，登第荣归，吾必禄之且厚。乃知孔子之道，被于华夏乎！"因与行余论及经籍。行余避位曰："庸陋贾竖，长养虽在中华，但闻土地所宜，不识《诗》《书》之义。熟《诗》《书》、明礼律者，其唯士大夫乎。非小人之事也。"遂乃言辞，扬舲背扶桑而去。新罗君讶曰："吾以中国之人，尽闲典教，不谓尚有无知之俗欤！"行余还至乡井，自以贪吝百味好衣，愚昧不知学道，为夷狄所嗤，况于英哲也。(《云溪友议》卷上《夷君诮》)

十四、李尚书讷夜登越城楼，闻歌曰："雁门山上雁初飞"，其声激切，召至，曰："去籍之妓盛小藂也。"曰："汝歌何善乎?"曰："小藂是梨园供奉南不嫌女甥也，所唱之音，乃不嫌之授也。今色将衰，歌当废矣！"时察院崔侍御元范，自府幕而拜，即赴阙庭，李公连夕饯崔君于镜湖光候亭，屡命小藂歌饯，在座各为一绝句赠送之。亚相为首唱矣。崔下句云："独向柏台为老吏。"皆曰："侍御凤阁中书即其程也，何以老于柏台?"众请改之。崔让曰："某但止于此任，宁望九迁乎?"是年秋，崔君鞠狱于谯中，乃终于柏台之任矣。杨、封、卢、高数篇，亦其次也。《听盛小藂歌送崔侍御》，浙东廉使李讷："绣衣奔命去情多，南国佳人敛翠蛾。曾向教坊听国乐，为君重唱盛丛歌。"《奉和亚台》，御史崔元范："羊公留宴岘山亭，洛浦高歌五夜情。独向柏台为老吏，可怜林木响余声。"团练判官杨知至："燕赵能歌有几人，落花回雪似含颦。声随御史西归去，谁伴文翁怨九春?"观察判官封彦冲："莲府才为绿水宾，忽乘骏马入咸秦。为君唱作《西河调》，日暮偏伤去住人。"观察支使卢邺："何郎戴笏别贤侯，更吐歌珠宴庾楼。莫道江南不同醉，即陪舟楫上京游。"前进士高湘："谢安春渚饯袁宏，千里仁风一扇清。歌黛惨时方酩酊，不知公子重飞觥。"处士卢溵："乌台上客紫髯公，共捧天书静镜中。桃叶不须歌《白苎》，耶溪暮雨起樵风。"(《云溪友议》卷上《饯歌序》)

十五、滕倪苦心为诗，嘉声早播，远之吉州，谒宗人迈郎中。吉守以"吾家鲜士，此弟则千里之驹也"。每吟其"白发不知容相国，也同闲客满头生"，又《题鹭鸶障子》云："映水有深意，见人无惧心。"且曰："魏文酷陈思之学，潘岳褒正叔之文，贵集一家之芳，安以宗从疏远矣。"倪既秋试，捧笈告游，及留诗一首为别。滕君得之怅然，曰："此生必不与此子再相见也。"乃祖于太皋之阁，别异常情。倪至秋深，逝于商于之馆舍，闻者莫不伤悼焉。倪诗曰："秋初江上别旌旗，故国无家泪欲垂。千里未知投足处，前程便是听猿时。误攻文字身空老，却返樵渔计已迟。羽翼凋零飞不得，丹霄无路接差池。”（《云溪友议》卷上《宗兄悼》）

十六、李八座翱，潭州席上有舞《柘枝》者，匪疾而颜色忧悴。殷尧藩侍御当筵而赠诗曰：“姑苏太守青蛾女，流落长沙舞《柘枝》。满座绣衣皆不识，可怜红脸泪双垂。”明府诘其事，乃故苏台韦中丞爱姬所生之女也。曰：“妾以昆弟夭丧，无以从人，委身于乐部，耻辱先人。”言讫涕咽，情不能堪。亚相为之吁叹，且曰：“吾与韦族，其姻旧矣。”速命更其舞服，饰以袿襦，延与韩夫人相见。顾其言语清楚，宛有冠盖风仪，抚念如其所媵，遂于宾榻中选士而嫁之也。舒元舆侍郎闻之，自京驰诗赠李公曰：“湘江舞罢忽成悲，便脱蛮靴出绛帏。谁是蔡邕琴酒客，魏公怀旧嫁文姬。”（《云溪友议》卷上《舞娥异》）

十七、前者有郑广文虔者，明皇时为立馆，故以广文号焉，编集之外，唯日嗜酒，睹嫔妃之贵，必致邦家之祸乎。杜工部遗之歌，略曰：“广文到官舍，置马堂阶下。醉则乘马归，颇遭官长骂。”“诸公衮衮登台省，广文先生官独冷；诸公往往厌粱肉，广文先生饭不足。”“才名四十年，座客寒无毡。近者苏司业，时时与酒钱。”予以刘磁州之醉，与广文所同，避嫌远害，未为非也。（《云溪友议》卷中《葬书生》）

十八、西川韦相公皋，昔游江夏，止于姜使君之馆。姜氏孺子曰荆宝，已习二经，虽兄呼于韦，恭事之礼，如父叔也。荆宝有小青衣曰玉箫，年才十岁，常令祗候，侍于韦兄，玉箫亦勤于应奉。后二载，姜使君入关求官，而家累不行。韦乃易居，止头陀寺，荆宝亦时遣玉箫往彼应奉。玉箫年稍长大，因而有情。时廉使陈常侍得韦君季父书云：“侄皋久客贵州，切望发遣归觐。”廉察启缄，遗以舟楫服用，仍恐淹留，请不相见，泊舟江渚，俾篙工促行。昏暝拭泪，乃裁书以别荆宝。宝顷刻与玉箫俱来，既悲且喜。宝命青衣从往，韦以违觐日久，不敢俱行，乃固辞之。遂为言约：少则五载，多则七年取玉箫。因留玉指环一枚，并诗一首。五年既不至，玉箫乃静祷于鹦鹉洲。又逾二年，暨八年春，玉箫叹曰：“韦家郎君，一别七年，是不来矣！”遂绝食而殒。姜氏愍其节操，以玉环着于中指而同殡焉。后韦公镇蜀，到府三日，讯鞫狱情，涤其冤滥，轻重之系，近三百余人。其中一辈，五器所拘，偷视厅事，私语云：“仆射是当时韦兄也。”乃厉声曰：“仆射仆射，忆得姜家荆宝否？”韦公曰：“深忆之。”“即某是也。”

公曰:“犯何罪而重羁缧?”答曰:“某辞违之后,寻以明经及第,再选青城县令。家人误爇廨舍库牌印等。”韦公曰:“家人之犯,固非已尤。”便与雪冤,仍归墨绶,乃奏授眉州牧。敕下,未令赴任,遣人监守,朱绂其荣,留连宾幕。时属大军之后,草创事繁,经蓂荚数凋,方谓玉箫何在。姜牧曰:“仆射维舟之夕,与伊留约,七载是期,逾时不至,乃绝食而殒。”因吟《留赠玉环》诗云:“黄雀衔来已数春,别时难解赠佳人。长吟不见鱼书至,为遣相思梦入秦。”韦公闻之,益增凄叹,广修经像,以报夙心,且想念之怀,无由再会。时有祖山人者,有少翁之术,能令逝者相亲。但令府公斋戒七日。清夜,玉箫乃至,谢曰:“承仆射写经僧佛之力,旬日便当托生。却后十二年,再为侍妾,以谢鸿恩。”临袂微笑曰:“丈夫薄情,令人死生隔矣!”后韦公陇右之功,终德宗之代,理蜀不替,是故年深,累迁中书令、同平章事,天下向附,泸僰归心。因作生日,节镇所贺,皆贡珍奇,独东川卢八座送一歌姬,未当破瓜之年,亦以“玉箫”为号。观之,乃真姜氏之玉箫也,而中指有肉环隐出,不异留别之玉环也。京兆公曰:“吾乃知存殁之分,一往一来;玉箫之言,斯可验矣!”议者以韦中书脱布衣不五秋而拥旌钺,皇朝之盛,罕有其伦,然镇蜀近二纪,云南诸蕃部落,悉遣儒生教其礼乐,易衽归仁,彼我以盐铲货赂,悉无怨焉。后司空林公,弛其规准,别诱言化,复通其盐运而不赡金帛,遂令部落怀二,猾悍邦君,蠢蚕为群,侵逼城垒,俘掠士庶妻子其万人乎!雍陶先辈《感乱后诗》曰:“锦城南面遥闻哭,尽是离家别国声。”或谓黜韦帅之功,削成都之爵。且淮阴叛国,名居定难之始;窦融要君,迹践诸侯之列,盖录其勋,而不废其名乎。所让不合教戎濮诗书,致闲兵法,考其衔怨有以,而莫敢斥言,故乃削爵黜功,是为大谬矣!(《云溪友议》卷中《玉箫化》)

十九、张延赏相公,累代台弦,每宴宾客,选子婿莫有入意者。其妻苗氏,太宰苗公晋卿之女也。夫人有才鉴,甚别英锐,特选韦皋秀才,曰:“此人之贵,无以比俦。”既以女妻之,不二三岁,以韦郎性度高廓,不拘小节,张公稍悔之,至不齿礼,一门婢仆,渐见轻怠,惟苗氏待之常厚矣。其于众多,视之悒怏而不能制遏也。皋妻张氏,垂泣而言曰:“韦郎七尺之躯,学兼文武,岂有沉滞儿家,为尊卑见诮!良时胜境,何忍虚掷乎?”韦乃遂辞东游,妻罄妆奁赠送。清河公喜其往也,赆以七驴驮物,每之一驿,则附递一驮而还。行经七驿,所送之物尽归之也,其所有者,清河氏所赠妆奁及布囊书册而已。清河公睹之,莫可测也。

后权陇右军事，会德宗行幸奉天，在西面之功，独居其上也。圣驾旋复之日，自金吾持节西川，替妻父清河公。乃改易姓名，以“韦”作“韩”，以“皋”作“翱”，莫敢言之也。至天回驿，去府城三十里，有人特报相公曰：“替相公者，金吾韦皋将军，非韩翱也。”苗夫人曰：“若是韦皋，必韦郎也。”张公笑曰：“天下同姓名者何限，彼韦生应已委弃沟壑，岂能乘吾位乎？妇女之言，不足云尔。”苗夫人又曰：“韦郎比虽贫贱，气凌霄汉，每以相公所诮，未尝一言屈媚，因而见尤。成事立功，必此人也。”来早入州，方知不误。张公忧惕，莫敢瞻视，曰：“吾不识人。”西门而出。凡是旧时婢仆曾无礼者，悉遭韦公棒杀，投于蜀江，展男子平生之志也。独苗氏夫人，无愧于韦郎，贤哉，贤哉！韦公侍奉外姑，过于布素之时。海内贵门，不敢忽于贫贱东床者乎。所以郭泗滨圆诗曰：“宣父从周又适秦，昔贤多少出风尘。当时甚讶张延赏，不识韦皋是贵人。”（《云溪友议》卷中《苗夫人》）

二十、江西韦大夫丹，与东林灵澈上人，骘忘形之契。篇什唱和，月唯四五焉。序曰：“澈公近以《匡庐七咏》见寄，及吟味之，皆丽绝于文圃也。此七篇者，俾予益起‘归欤’之兴。且芳时胜侣，上游于三二道人，必当攀跻千仞之峰，观九江之水。是时也，飘然而去，不希京口之顾；默尔而游，不假东门之送。天地为一朝，万物任陶铸。夫二林翼翼，松径幽邃，则何必措足于丹霄，驰心于太古矣！偶为《思归》绝句诗一首，以寄上人。法友谭玄，幸先达其深趣矣！”

予谓韦亚台归意未坚，果为高僧所诮。历览前代散发海隅者，其几人乎？《寄庐山上人澈公》诗曰：亚相丹“王事纷纷无暇日，浮生冉冉只如云。已为平子归休计，五老岩前必共君”。澈奉酬诗曰：“年老身闲无外事，麻衣草座亦容身。相逢尽道休官去，林下何曾见一人！”（《云溪友议》卷中《思归隐》）

二十一、郡有汝水，为放生池，不与渔罟之事。忽一人乘小舟钓于此，蔡君张眦，遣吏捕之。钓者乃为诗曰：“抛却长竿卷却丝，手携蓑笠献新诗。临川太守清如镜，不是渔人下钓时。”京览诗，乃召之。已去，竟不言其姓字。或有识者曰：“野人张顶也。”蔡牧益自骄矜，作诗以责商山四老曰：“秦末家家思逐鹿，商山四皓独忘机。如何鬓发霜相似，更出深山定是非？”及假节邕交，道经湘口，零陵郑太守史，与京同年，远以酒乐相迓。座有琼枝者，郑君之所爱，而席之最姝，蔡强夺之行，郑莫之竞也。邕交所为，多如此类，德义者见鄙，终其不悛也。行泊《中兴颂》所，偃勉不前，题篇久之，似有怅怅之意。才到邕南，制御失律，伏法湘川，权厝于此。二子延、近，号诉苍天，未终丧而俱逝。论者以妄责四皓，而欲买山于浯溪之间，不徒言哉！诗曰：“停桡积水中，举目孤烟外。借问浯溪人，谁家有山卖？”（《云溪友议》卷中《买山谶》）

二十二、昔张茂先谓陆机曰：“君家兄弟，龙跃云津，顾彦先凤鸣朝阳。谓东南之宝已尽，不意又见褚生。故知吴门之德不孤，川渎之珍不匮矣。”予以宋、齐已降，朱、张、顾、陆，时有奇藻者欤。陆郎中畅，早耀才名，辇毂不改于乡音。自贺秘书知章、贾相耽、顾著作况讥调秦人，至于陆君者矣。贡举之年，和群公《对雪》，落句云：“天人宁底巧，剪水作花飞。”又《山斋玩月》诗曰：“野性平生唯好月，新晴半夜睹婵娟。起来自擘书窗破，恰漏清光落枕前。”又《经崔谏议玄亮林亭》曰：“蝉噪入云树，风开无主花。”在越，每经游兰亭，高步禹迹、石帆之绝境，如不系之舟焉。初为西江王大夫仲舒从事，终日长吟，不亲公牍。府公微言，拂衣而去，辞曰：“不可偶为大夫参佐，而妨志业耶！”王乃固留不已，请举自代，然后登舟。曰：“洿，予侄得耳，渠曾数辟不就，畅召必来。”而乃采药西山，饮泉滫水。朝客闻之，以为仕隐也，美誉益彰。及登兰省，遇云安公主下降刘都尉，百僚举为傧相。诗题之者，顷刻而成，其诗亦丽也。《咏帘》诗曰：“劳将素手卷虾须，琼室流光更缀珠。玉漏报来过夜半，可怜潘岳立踟蹰。”《咏行障》诗曰：“碧玉为竿丁字成，鸳鸯绣带短长馨。强遮天上花颜色，不隔云中语笑声。”诏作《催妆》五言诗一首曰：“云安公主贵，出嫁五侯家。天母看调粉，日兄怜赐花。催铺柏子帐，待障七香车。借问妆成未，东方欲晓霞。”内人以陆君吴音，才思敏捷，凡所调戏，应对如流，复以诗嘲之，陆亦酬和，六宫大咍，凡十余篇，嫔娥皆讽诵之。例物之外，别赐宫锦五十段、楞伽瓶及唾盂各一枚，以赏吻翰之端也。内人诗云：“十二层楼倚翠空，凤鸾相对立梧桐。双成走报监门卫，莫使吴歈入汉宫。”此篇或谓内学宋若兰、若昭姊妹所作也，宋考功之孙也。陆君酬曰：“粉面仙郎选圣朝，偶逢秦女学吹箫。须教翡翠闻王母，不奈乌鸢噪鹊桥。”（《云溪友议》卷中《吴门秀》）

二十三、崔涯者，吴楚之狂生也，与张祜齐名，每题一诗于倡肆，无不诵之于衢路，誉之则车马继来，毁之则杯盘失错。嘲曰：“虽得苏方木，犹贪玳瑁皮。怀胎十个月，生下昆仑儿。”又“布袍披袄火烧毡，纸补箜篌麻接弦。更着一双皮屐子，纥梯纥榻出门前”。又《嘲李端端》：“黄昏不语不知行，鼻似烟窗耳似铛。独把象牙梳插鬓，昆仑山上月初生。”端端得此诗，忧心如病，使院饮回，遥见二子，蹑屐而行，乃道傍再拜竞灼曰：“端端祇候三郎、六郎，伏望哀之。”又重赠一绝句粉饰之，于是大贾居豪，竞臻其户。或戏之曰：“李家娘子，才出墨池，便登雪岭，何期一日，黑白不均！”红楼以为倡乐，无不畏其嘲谑也。祜、涯久在维扬，天下晏清，篇词纵逸，贵达钦惮，呼吸风生，畅此时之意也。赠诗曰：“觅得黄骝被绣鞍，善和坊里取端端。扬州近日浑成差，一朵能行白牡丹。”《杂嘲》二首：“二年不到宋家东，阿母深居僻巷中。含泪向人羞不语，琵琶弦断倚屏风。”“日暮迎来画阁中，百年心事一宵同。寒鸡鼓翼纱窗外，已觉恩情逐晓风。”又《悼妓》诗曰：“赤板桥西小竹篱，槿花还似去年时。淡黄衫子都无也，肠断丁香画雀儿。”

崔生之妻雍氏者，乃扬州总效之女也，仪质闲雅，夫妇甚睦。雍族以崔郎甚有诗名，资赡每厚。崔生常于饮食之处，略无禆敬之颜，但呼妻父“雍老”而已。雍久之而不能容，勃然杖剑，呼女而出，谓崔秀才曰：“某河朔之人，唯袭弓马，养女合嫁军门，徒慕士流之德。小女违公，不可别醮，便令出家。汝若不从，吾当挥剑！”立令涯妻剃发为尼。涯方悲泣悔过，雍亦不听分疏，亲戚挥恸，别易会难。涯不得已，裁诗留赠，至今江浦离愁，莫不吟讽是诗而惜别也。诗曰：“陇上流泉陇下分，断肠呜咽不堪闻。姮娥一入宫中去，巫峡千秋空白云。”（《云溪友议》卷中《辞雍氏》）

二十四、李相公林甫，当开元之际，与巷陌交通，权等人主，天下之能名，须出其门也，如不称意者，必遭窜逐之祸，虽杨国忠之盛，未得侔焉。其姬爱之众，皆不胜其珠翠。尝赐宫娥二人，一者潜归私家，经旬方还，相公亦乃不知。其荣显，谓之右座相公，轩盖诸侯，见者如履冰谷。举子尉迟匡，幽并耿概之士也，以频年不第，投书于右座，皆击刺之说。匡有《暮行潼关》之作云：“明月飞出海，黄河流上天。”又《观内人楼上踏歌》曰：“芙蓉初出水，桃李总无言。”又《塞上曲》云：“夜夜月为青塚镜，年年雪作黑山花。”相公鉴此句曰：“得非才子乎？若使匡伏恨衔冤，不假陶铸之力，则从四夷八蛮，分为左衽矣！岂为进人乎？岂为贤相乎？”及得相见，右座曰：“有一萧颖士，既叨科第，轻时纵酒，不遵名教，尝忤吏部王尚书丘，然以文识该通，孰为其敌。君子不遗其言，几至鞭扑。子之诗篇，幸未方于颖士，且吾之名，复异于王公，重欲相干，三思可矣。”匡知右座见怒，惶怖而趋出，恓屑无依，退归林墅，罢宁戚之高歌，效约成之独乐，登山临水，劳灼灼之音焉。且李君之为辅翊，妒贤害能，太平之基，因而覆悚也。昔重华登用，进二八于明君；姬旦为相，述四人于少主。故行流殛之刑，成吐握之美，乃帝子之股肱，万方之轨度也。若李丞相，恣行残贼，不慕姚、姬，非唯其殃，乃其宜矣。（《云溪友议》卷中《李右座》）

二十五、徐侍郎安贞，久居中书省，常参李右丞议，恐其罪累，乃逃隐衡山岳寺，为东林掇蔬行者，而喑哑不言者数年。后值修建佛殿，僧中选善书者题其梁，以二三人矣，而徐行者跨过。掌事怒，以杖连击其背。行者乃画地曰："某口虽不言，昔年曾学大书也，乞试之。"及试，乃题数行，群僧皆悦服，因遣尽书之。时李北海邕游岳过寺，观其题处，曰："不知徐公在此。"乃召至，握手而言曰："朝列于公已息论矣。"遂解其布褐，饰以簪裳。僧尝杖击者，潜匿无地。徐谓邕曰："吾恐逢非罪，遁迹深山。凡庸僧辈，安能识我？汝无责也。"江夏公因戏之云："徐侍郎曾吟：'岘山思驻马，汉水忆回舟。'又'暮雨衣犹湿，春风帆正开'。"徐曰："喑哑之日，时亦默而诵之。"因同载北归，止潭州，察使水亭相迓。徐侍郎指李北海呼曰："行者潇湘逢故人，得随归客，止乎汀洲之娱，若幽谷之睹太阳者矣。不然委顿岩谷，卒于寺隶也。"（《云溪友议》卷中《衡阳遁》）

二十六、云溪子素闻三乡之咏，怅然未明其所自也，洎得吴郡陆君贞洞，或纪其年代而不知者矣，用序乎。然群书有无名氏，乐府集无名诗。今简陆君之意，诗序亦云姓字隐而不书。夫序者，述作之本意，编其旧序，是诗继和者多，不能遍录，略举十余篇以次之。无名序曰："余本若耶溪东，与同志者二三，纫兰佩蕙，每贪幽闲之境，玩花光于松月之亭，竟昼绵宵，往往忘倦。洎乎初笄，至于五换星霜矣。自后不得已，从良人西入函关，寓居晋昌里第。其居也，门绝嚣尘，花木丛翠，东西邻二佛宫，皆上国胜游之最，伺其闲寂，因游览焉，亦不辜一时之风月也。不意良人已矣，邈然无依。帝里芳春，吊影东迈。涉浐水，历渭川，背终南，陟太华，经虢略，抵陕郊，挹嘉祥之清流，面女几之苍翠，凡经过之所，皆曩昔燕笑之地，绸缪之所。衔冤茹叹，举目魂销，虽残骸尚存，而精爽都失，假使潘岳复生，无以悼其幽思也。遂命笔聊题，终不能涤其怀抱，绝笔恸哭而去。以翰墨非妇人女子之事，名字是故隐而不书。时会昌壬戌岁仲春十九日。"又赋诗曰："昔逐良人西入关，良人身殁妾空还。谢娘卫女不相待，为雨为云过此山。"和诗十一首：进士陆贞洞："惆怅残花怨暮春，孤鸾舞镜倍伤神。清词好个干人事，疑是文姬第二身。"同前，王祝："女几山前岚气低，佳人留恨此中题。不知云雨归何处，空使王孙见即迷。”刘谷：“兰蕙芬芳见玉姿，路傍花笑景迟迟。苎萝山下无穷意，并在三乡惜别时。”王滌：“浣沙游女出关东，旧迹新词一梦中。槐陌柳亭何限事，年年回首向春风。”李昌邺：“红粉萧娘手自题，分明幽怨发云闺。不应更学文君去，泣向残花归剡溪。”王硕：“无姓无名越水滨，芳词空怨路傍人。莫教才子偏惆怅，宋玉东家是旧邻。”李缟：“会稽王谢两风流，王子沉沦谢女愁。归思若随文字在，路傍空为感千秋。”张绮：“洛川依旧好风光，莲帐无因见女郎。云雨散来音信断，此生遗恨寄三乡。”高衢：“南北千山与万山，轩车谁不思乡关。独留芳翰悲前迹，陌上恐伤桃李颜。”韦冰：“来时欢笑去时哀，家国迢迢向越台。待写百年幽思尽，故宫流水莫相催。”五言：《复睹三乡题处留赠》，贾驰：“壁古字未灭，声长响不绝。蕙质本如云，松心应耐雪。耿耿离幽谷，悠悠望欧越。杞妇哭夫时，城崩无此说。”（《云溪友议》卷中《三乡略》）

二十七、明皇幸岷山，百官皆窜辱，积尸满中原，士族随车驾也。伶官张野狐觱栗，雷海清琵琶，李龟年唱歌，公孙大娘舞剑。初，上自击羯鼓，而不好弹琴，言其不俊也。又宁王吹箫，薛王弹琵琶，皆至精妙，共为乐焉。唯李龟年奔迫江潭。杜甫以诗赠之曰：“岐王宅里寻常见，崔九堂前几度闻。正值江南好风景，落花时节又逢君。”龟年曾于湘中采访使筵上唱：“红豆生南国，秋来发几枝。赠君多采撷，此物最相思。”又“清风朗月苦相思，荡子从戎十载余。征人去日殷勤嘱，归雁来时数附书”。此词皆王右丞所制，至今梨园唱焉。歌阕，合座莫不望行幸而惨然。龟年唱罢，忽闷绝仆地，以左耳微暖，妻子未忍殡殓，经四日乃苏，曰：“我遇二妃，令教侍女兰茗唱祓禊毕，放还。”且言主人即复长安，而有中兴之主也，谓龟年有何忧乎。后李校书群玉，既解天禄之任，而归涔阳，经湘中，乘舟题二妃庙诗二首曰：“小孤洲北浦云边，二女明妆共俨然。野庙向江春寂寂，古碑无字草芊芊。东风近暮吹芳芷，落日深山哭杜鹃。犹似含颦望巡狩，九疑如黛隔湘川。”又“黄陵庙前莎草春，黄陵女儿茜裙新。轻舟小楫唱歌去，水远山长愁杀人”。后又题曰：“黄陵庙前春已空，子规滴血啼松风。不知精爽落何处，疑是行云秋色中。”李君自以第三篇“春空”便到“秋色”，踟蹰欲改之，乃有二女郎见曰：“儿是娥皇、女英也。二年后当与郎君为云雨之游。”李君乃志其所陈，俄而影灭，遂掌其神塑而去。重涉湖岭，至于浔阳，浔阳太守段成式郎中素为诗酒之交，具述此事。段公因戏之曰：“不知足下是虞舜之辟阳侯也！”群玉题诗后二年，乃逝于洪井，段乃为诗哭李四校书也：“酒里诗中三十年，纵横唐突世喧喧。明时不作祢衡死，傲尽公卿归九泉。”又曰：“曾话黄陵事，今为白日催。老无男女累，谁哭到泉台。”（《云溪友议》卷中《云中命》）

二十八、开成二年上第。后归东川，历旬，但于狭斜旧游之处，不谒府主杨尚书汝士。杨公谓诸宾曰：“每见报前柳棠秀才多于妓家饮酒，或三更至暮，竟未相访，社日必相召焉。”及召棠至，已在醉乡矣。斟三器酒，内一巨鱼杯。棠不即饮，杨公乃诮曰：“文章谩道能吞凤，杯酒何曾解吃鱼。今日梓州张社会，应须遭这老尚书。”棠答曰：“未向燕台逢厚礼，幸因社会接余欢。一鱼吃了终无恨，鲲化成鹏也不难。”初，棠与冯戡争先，棠所颉颃。及第后，戡与诗曰：“桃花浪里成龙去，竹叶山头退鹢飞。”棠、戡为友甚善焉。柳每于东川席上狂纵日甚，干忤杨公，诗曰：“莫言名位未相俦，风月何曾阻献酬？前辈不须轻后辈，靖安今日在衡州。”靖安，李宗闵尚书，与杨公中外昆弟，况有朗陵之分。东川益怒，为书让其座主高锴侍郎曰：“柳棠者，凶悖嚣竖，识者恶之，狡过仲容，才非犬子。且膺门之贵，岂宜有此生乎？”小宗伯曰：“某滥司文柄，以副悬旌，夙夜兢惶，恐招讪谤，是以搜求俊彦，冀辅聪明，不敢蔽才，与棠及第。”东川又书曰：“昔周公挞伯禽，以戒成王也；昌邑杀王式，而怨霍光乎？岂不由师傅之情尔！兴亡之道。孔子先推德行，然后文学焉。吾师垂训，千古不易。前书云‘不敢蔽才’，何必一柳棠矣！若以篇章取之，宁失于何植、王条也？”高公又复书曰：“唐尧之圣也，不致丹朱之贤；宣尼之明也，不免仲由之害。如其可化，安有坠典？伊祁九子，尽可等于黄、唐；门人三千，悉能继于颜、闵。若棠者，自求瑕玷，难以磨灭。其所忤黩尊威，亦予谬举之过也。”棠闻二公交让。不任忧惕，又不敢远申卑谢，遂之剑州王使君。使君者，善画松竹狗兔，以十五侯而四郡守。棠至，联夕而饮。王君辞曰：“某以衰朽，恐乖去就。小男忝趋文场，不知许容侍座否？老夫暂归憩歇焉。”王氏之子洎醉，轻易之甚。棠呵之曰：“公称举人，与棠分有前后。画师之子，安得无礼于先辈乎？”王氏乃自去其道服，空戴黄葛巾，谓棠曰：“我大似贤尊尊师，幸不喧酗耳！”棠转益怒，叱咤而散。柳生虽登科第，始参越巂军事而夭丧。且渤海高公三榜一百二十人，多平人得路，若柳棠者，诚累恩门举主。升平裴公曰：“人不易知乎！”（《云溪友议》卷中《弘农忿》）

二十九、故荆州杜司空悰，自忠武军节度使出澧阳。宏词李宣古者，数陪游宴，每谑戏于其座，或以铅粉傅其面，或以轻绡为其衣。侮慢既深，杜公不能容忍，使卧宣古于泥中，欲辱之槚楚也。长林公主闻之，不待穿履，奔出而救之，曰："尚书不念诸子学文，拟陪李秀才砚席，岂有饮筵而举人细过！待士如此，异时那得平阳之誉乎？"遂遣人扶起李秀才，于东院以香水沐浴，更以新衣，却赴中座。贵主传旨京兆公，请为诗，冀弥缝也。李生得韵书之，不劳思忖也。诗曰："红灯初上月轮高，照见堂前万朵桃。觱栗调清银字管，琵琶声亮紫檀槽。能歌姹女颜如玉，解饮萧郎眼似刀。争奈夜深抛耍令，舞来挼去使人劳。"杜公赏诗，贶物十箱，希无愧于一醉也。后二子裔休、孺休，皆以进士登科，人谓之曰："非其母贤，不成其子。"时澧州宴席，酒纠崔云娘者，形貌瘦瘠，而戏调罚于众宾，兼恃歌声，自以为郢人之妙也。李生乃当筵一咏，遂至钳口。又杜牧侍郎罢宣城幕，经陕圻，有录事肥而且巨，而誊其词。牧为诗以挫焉。复州陆岩梦桂州筵上《赠胡子女》一诗，至今欢狎之所，辞吟之篇，无不低颜变色也。《赠崔云娘》，李宣古："何事最堪悲？云娘只首奇。瘦拳抛令急，长嘴出歌迟。只怕肩侵鬓，唯愁骨透皮。不须当户立，头上有钟馗。"《赠肥录事》，杜紫微："盘古当时有远孙，尚令今日逞家门。一车白土将泥项，十幅红旗补破裩。瓦官寺里逢行迹，华岳山前见掌痕。不须啼哭愁难嫁，待与将书报乐坤。"陆君《赠胡子女》："自道风流不可攀，那堪蹙頞更颓颜。眼睛深却湘江水，鼻孔高于华岳山。舞态固难居掌上，歌声应不绕梁间。孟阳死后欲千载，犹有佳人觅往还。"(《云溪友议》卷中《澧阳宴》)

三十、平曾以凭人傲物，多犯讳忌，竟没于县曹，知己叹其运蹇也。薛苹仆射出镇浙西，投谒，主礼稍薄，曾留诗以讽之曰："梯山航海几崎岖，来谒金陵薛大夫。髭发竖时趋剑戟，衣冠俨处拜冰壶。诚知两轴非珠玉，深愧三缣恤旅途。今日楚江风正好，不须回首望勾吴。"薛闻之曾将出境，遣吏追还，縻留数日。又献《絷白马诗》曰："白马披鬃练一团，今朝被绊欲行难。雪中放出空寻迹，月下牵来只见鞍。向北长鸣天外远，临风斜控耳边寒。自知毛骨还应异，更请孙阳子细看。"河东公睹诗曰："若不留绊行轩，那得观其毛骨？"遂以殊礼相待，厚送篚赂饯行。曾后游蜀川，谒少师李固言相公。在成都宾馆，则李珪郎中、郭圆员外、陈会端公、袁不约侍郎、来择书记、薛重评事皆远从公，可谓莲幕之盛矣。曾每与诸公评论，则言笑弥日，侍于相公，则轻佻无所畏怵，遂献《雪山赋》一首，言雪山虽兹洁白之状，叠嶂攒峰，夏日清寒，而无草木华茂为人采掇，以李公罕作文章，废其庠序也。相公读赋，命推出曾。曾不逾旬又献《鲦鯈鱼赋》，言此鱼触物而怒，翻身上波，为鸱鸢所获，奈鲂鲔之何。相公览赋而笑曰："昔赵元叔之狂简，袁彦伯之机捷，无以过焉。"然爱其文采，投贽者无以出于曾，曾有过忤，不至深罪矣，乃知相公之用心乎。又作《潼关赋》而刺中朝：此关倚太华、瞰黄河，虽来往攸同，而叹有异也。乃与贾岛齐谴，为时所忽，至于潦倒，诚可惜哉！后温廷筠为赋亦警刺，少类于平、贾，而谪方城，乃诗曰："侯印不能封李广，别人丘陇似天山。"举子纪唐夫有诗送之。时温廷筠作尉，纪唐夫得名，盖因文而致也。诗曰："何事明时泣玉频，长安不见杏园春。凤凰诏下虽沾命，鹦鹉才高却累身。且饮绿醑消积恨，莫言黄绶拂行尘。方城若比长沙远，犹隔千山与万津。"（《云溪友议》卷中《白马吟》）

三十一、襄阳牛相公赴举之秋，每为同袍见忽，及至升超，诸公悉不如也。尝投贽于刘补阙禹锡，对客展卷，飞笔涂窜其文，且曰："必先辈未期至矣！"然拜谢砻砺，终为怏怏乎。历廿余岁，刘转汝州，陇西公镇汉南，枉道驻旌旄。信宿，酒酣，直笔以诗喻之。刘公承诗意，方悟往年改张牛公文卷，因诫子弟咸允、承雍等曰："吾立成人之志，岂料为非。况汉上尚书，高识达量，罕有其比。昔主父偃家为孙弘所夷，嵇叔夜身死钟会之口，是以魏武诫其子云：'吾大忿怒，小过失，慎勿学焉。'汝辈修进，守忠为上也。"《席上赠汝州刘中丞》，襄州节度牛僧孺，诗曰："粉署为郎四十春，今来名辈更无人。休论世上升沉事，且斗樽前见在身。珠玉会应成咳唾，山川犹觉露精神。莫嫌恃酒轻言语，曾把文章谒后尘。"《奉和牛尚书》，汝州刺史刘禹锡："昔年曾忝汉朝臣，晚岁空余老病身。初见相如成赋日，后为丞相扫门人。追思往事咨嗟久，幸喜清光语笑频。犹有当时旧冠剑，待公三日拂埃尘。"牛公吟和诗，前意稍解，曰："三日之事，何敢当焉！"于是移宴竟夕，方整前驱也。

中山公谓诸宾友曰："予昔与权丞相德舆度词，同舍郎莫之会也；与韩退之愈优劣人物，而浙袁给事同肩；与李表臣程突梯而侮李兵部绅；与柳子厚宗元评修国史而薄侍郎衮；与吕光化论制诰而鄙席舍人夔。余二十八年在外，五为刺史，而不复亲台省，以此将知清途隔绝，其自取乎！或有淡薄相于、缄翰莽卤者，每吟张博士籍诗云：'新酒欲开期好客，朝衣暂脱见闲身。'对花木则吟王右丞诗云：'兴阑啼鸟换，坐久落花多。'则幽居之趣少安乎。余友稀旧人，名为异代，近日为文都不惬。洛中白二十二居易苦好余《秋水咏》曰：'东屯沧海阔，南壤洞庭宽。'又《石头城下作》云：'山连故国周遭在，潮打空城寂寞回。'余自知不及苏州韦十九郎中应物诗曰：'春潮带雨晚来急，野渡无人舟自横。'尝过洞庭，虽为一篇，静思杜员外甫落句云：'年去年来洞庭上，白苹愁杀白头人。'鄙夫之言，有愧于杜公也。杨茂卿校书《过华山诗》曰：'河势昆仑远，山形菡萏秋'，此句实为佳对。又皇甫博士湜《鹤处鸡群赋》云：'若李君之在胡，但见异类；如屈原之相楚，惟我独醒。'然二君矜衒，俱为朝野之绝伦。余亦昔时直气，难以为制，因作一口号赠歌人米嘉荣曰：'唱得梁州意外声，旧人唯有米嘉荣。近来年少轻前辈，好染髭须事后生。'夫人游尊贵之门，常须慎酒。昔赴吴台，扬州大司马杜公鸿渐为余开宴。沉醉归驿亭，似醒，见二女子在旁，惊非我有也。乃曰：'郎中席上与司空诗，特令二乐伎侍寝。'且醉中之作，都不记忆。明旦修状启陈谢，杜公亦优容之，何施面目也。余郎署州牧，轻忤三司，岂不难也。"诗曰："高髻云鬟宫样妆，春风一曲《杜韦娘》。司空见惯寻常事，断尽苏州刺史肠。"中山刘公曰："顷在夔州，少逢宾客。纵有停舟相访，不可久留。而独吟曰：'巴人泪逐猿声落，蜀客舟从鸟道来。'忽得京洛故人书题，对之零涕，又曰：'浮生谁至百年，倏尔衰暮，富贵穷愁，寔其常分，胡为嗟惋焉！'"（《云溪友议》卷中《中山悔》）

三十二、石雄仆射初与康诜同为徐州王侍中智兴首校，王公忌二人骁勇，奏守本官，雄则许州司马也，寻授石州刺史。有李弘约者，以石使君许下之日，曾负弘约资货，累自窘索，后诣石州，求其本物。既入石州境，弘约迟疑，恐石君怒，遇里有神祠，祈祷皆谓其灵，弘约乃号启于神。神之祝父子俱称神下，索纸笔，命弘约书之。约又不识文字，求得村童口占之曰："石使君此去，当有重臣抽擢，而立武功，合为河阳、凤翔节度，复有一官失望，所以此事须阏密，不得异耳闻之。"弘约以巫祝之言先白石君，石君相见甚悦。寻潞州刘从谏背叛，朝廷议欲讨伐。赞皇之为上宰，而用石雄。雄奋武夺得天井关。后共刘振又破黑山诸蕃部落，走南单于，迎公主归国，皆雄之展效也，然是鹰犬之功，非良宰不能驱驰者。及李公以太子少保分洛，石仆射诣中书论官曰："雄立天井关及黑山之功，以两地之劳，更希一镇养老。"相府曰："仆射潞州之功，国家以酬河阳节度使；西塞之绩，又拜凤翔。在两镇之重，岂不为酬赏也?"石乃复为左右统军，不惬其望，悉如巫者之言乎。太尉相公洎谪潮州，有客复陈石仆射神祠之验，明其盛衰有数，稍抑其噎郁乎。《再贬朱崖道中》诗曰："十年紫殿掌洪钧，出入三朝一品身。文帝宠深陪雉尾，武皇恩重宴龙津。黑山永破和亲虏，乌岭全坑跋扈臣。自是功高临尽处，祸来名灭不由人。”又《登崖州城楼》曰：“独上高楼望帝京，鸟飞犹是半年程。青山欲似留人住，百匝千遭绕郡城。”先是，韦相公执谊得罪，薨变于此，今朱崖有韦公山。柳宗元员外与韦丞相有龆年之好，三致书与广州赵尚书宗儒相公，劝表雪韦公之罪，始诏归葬京兆，至今山名不革矣。赞皇感其远谪不还，为文祭曰：“维大中年月日，赵郡李德裕谨以蔬醴之奠，敬祭于故相国韦公仆射之灵。呜呼！皇道咸宁，藉乎贤相；德迈皋陶，功宣吕尚。文学世推，智谋神贶。一遭谗嫉，远投荒障。地虽厚兮不察，天其高兮不谅。野掇涧苹，思违秬鬯。信成祸深，业崇身丧。某亦窜迹南陬，从公旧丘。永泯轩裳之愿，长为猿鹤之愁。嘻吁绝域，寤寐西周。傥知公者，测公非罪；不知我者，谓我何求。其心若水，其死若休。临风敬吊，愿与神游。呜呼！”云云。或问赞皇公之秉钧衡也，毁誉如之何？削祸乱之阶，辟孤寒之路，好奇而不奢，好学而不倦，勋业素高，瑕疵乃顾。是以结怨豪门，取尤群彦。后之文场困辱者，若周人之思乡焉，皆曰：“八百孤寒齐下泪，一时回首望崖州。”（《云溪友议》卷中《赞皇勋》）

三十三、南中丞卓，吴楚游学十余年。衣布缕，乘牝卫，薄游上蔡。蔡牧待之似厚，而为客吏难阻。每宴集令召，则云：“南秀才自以衣冠不整，称疾不赴。”南生羁旅穷愁，似无容足之地。唯城南鬻饭老妪，待之无厌色。后十七年，为蔡牧，到郡乃曰：“古人一饭之恩必报，眦睚之怨必酬。吾虽位微，幸当斯日也。”遂戮仇吏而奠饭妪焉。转黔南经略使，大更风俗，凡是溪坞，呼吸文字，皆同秦汉之音，甚有声光。先柳子厚在柳州，吕衡州温嘲谑之曰：“柳州柳刺史，种柳柳江边。柳馆依然在，千株柳拂天。”至南公至黔南，又以故人嘲曰：“黔南南太守，南郡在云南。闲向南亭醉，南风变俗谈。”撰《驳史》三十卷，与马《史》殊贯，班《书》小异，三国二晋已下之文，多被攻难。每于朝野榷论，莫能屈之者乎。唯吴武陵郎中、刘轲侍御，俱服其才识也。初为拾遗，与崔詹事黯，因谏诤出宰。崔为支江令，南为松滋令。二谏垣墙，矫翼翩翩，无所羁束，双名并扇，二邑妥然。公府常为高榻相待，南公犹赠副戎等诗曰：“翱翔曾在玉京天，堕落江南路几千。从事不须轻县宰，满身犹带御炉烟。”（《云溪友议》卷中《南黔南》）

三十四、列子终于郑，今墓在郊薮，谓贤者之迹，而或禁其樵采焉。里有胡生者，性落拓，家贫，少为洗镜锼钉之业，倏遇甘果、名茶、美酝，辄祭于列御寇之祠垄，以求聪慧，而思学道。历稔，忽梦一人，刀划其腹开，以一卷之书，置于心腑。及睡觉，而吟咏之意，皆绮美之词，所得不由于师友也。既成卷轴，尚不弃于猥贱之事，真隐者之风，远近号为胡钉铰。太守名流，皆仰瞩之，而门多长者。或有遗赂，必见拒也；或持茶酒而来，则忻然接奉。其文略记数篇，资其异论耳。《喜圃田韩少府见访》一首："忽闻梅福来相访，笑着荷衣出草堂。儿童不惯见车马，争入芦花深处藏。"又《观郑州崔郎中诸妓绣样》曰："日暮堂前花蕊娇，争拈小笔上床描。绣成安向春园里，引得黄莺下柳条。"《江际小儿垂钓》曰："蓬头稚子学垂纶，侧坐莓苔草映身。路人借问遥招手，恐畏鱼惊不应人。"(《云溪友议》卷下《祝坟应》)

三十五、咸阳郭氏者，殷富之室也，仆媵甚众，其间有一苍头，名曰捧剑，不事音乐，常以望水沉云，不遵驱策，虽每遭鞭捶，终所见违。一旦忽题一篇章，其主益怒。诗曰："青鸟衔葡萄，飞上金井栏。美人恐惊去，不敢卷帘看。"儒士闻而竞观之，以为协律之词，其主稍容焉。又《题后堂牡丹花》曰："一种芳菲出后庭，却输桃李得佳名。谁能为向天人说，从此移根近太清。"捧剑私启宾客曰："愿作夷狄之鬼，耻为愚俗苍头。"其后将窜，复留诗曰："珍重郭四郎，临行不得别。晓漏动离心，轻车冒残雪。欲出主人门，零涕暗呜咽。万里隔关山，一心思汉月。"京兆全曙司录，尝述此事于王祝、李磎二郎中，并进士韩铢、郑嵩等也。(《云溪友议》卷下《郭仆奇》)

三十六、廖有方校书，元和十年失意后游蜀，至宝鸡西界馆，窆旅逝之人，天下誉为君子之道也。书板为其记耳："余元和乙未岁落第西征，适此公署，闻呻吟之声，潜听而微惙也。乃于暗室之内，见一贫病儿郎，问其疾苦行止。强而对曰：'辛勤数举，未偶知音眄睐。'叩头，久而复语，唯以残骸相托，余不能言，拟求救疗，是人俄忽而逝。余遂贱鬻所乘鞍马于村豪，备棺瘗之礼，恨不知其姓字。苟为金门同人，临歧凄断，复为铭曰：'嗟君没世委空囊，几度劳心翰墨场。半面为君申一恸，不知何处是家乡。'"廖君自西蜀取东川路还，至灵龛驿，驿将迎归私第。及见其妻，素衣，再拜呜咽，情不可任，徘徊设辞，有同亲懿。淹留半月，仆马皆饫啜熊鹿之珍，极宾主之分。有方不测何缘如此，悚惕尤甚。临别，其妻又至，相别悲啼，又赠贶缯锦一驮，其价直数百千。驿将曰："郎君今春所埋胡绾秀才，即某妻室之季兄也。"始知亡者姓字，复叙平生之吊，所遗之物，终不纳焉。少妇及夫坚意拜上。有方辞曰：“仆为男子，粗察古今，偶然葬一同流，不可当兹厚惠。”遂促辔而前。驿将奔骑而送，逾一驿，尚未分离。廖君不顾其物，驿将竟不挈还。执袂各恨东西，物乃弃于林野。乡老以义事申州，州以表奏中朝。其文武宰寮，愿识有方，共为导引。明年，李侍郎逢吉放有方及第，改名游卿，声动华夷，皇唐之义士也。其主驿戴克勤，堂牒本道节度，甄升至于极职，克勤名义，与廖君同述焉。（《云溪友议》卷下《名义士》）

三十七、李博士涉，谏议渤之兄，尝适九江看牧弟，临袂，凡有囊装，悉分匡庐隐士，唯书籍薪米存焉。至皖口之西，忽逢大风，鼓其征帆，数十人皆持兵仗，而问是何人。从者曰：“李博士船也。”其间豪首曰：“若是李涉博士，吾辈不须剽他金帛。自闻诗名日久，但希一篇，金帛非贵也。”李乃赠一绝句。豪首饯赂且厚，李亦不敢却，而睹斯人神情复异，而气义备焉，因与淮扬佛寺之期，而怀陆机之荐也。李君及至扬州，遍历诸寺，遇一女子拜泣，自谓宋态也。宋态者，故吴兴刘员外爱姬也。刘李有昔年之分，因有诗赠曰：“长忆云仙至小时，芙蓉头上绾青丝。当时惊觉高唐梦，唯有如今宋玉知。”又曰：“陵阳夜宴使君筵，解语花枝在眼前。自从明月西沉海，不见姮娥二十年。”李君叹曰：“不见豪首，而逢宋态。成终身之喜，恨无言于知旧欤！”后番禺举子李汇征客游于闽越，驰车至循州，冒雨水求宿，田翁指韦氏之庄居。韦氏乃杖屦迎宾，年已八十有余，自称曰：“野人韦思明，幸获祗奉。”与李生谈论，或文或史，淹留累夕，汇征善谈而不能屈也。对酒征古今及诗语，韦叟吟曰：“长安轻薄儿，白马黄金羁。”以汇征年少而事轻肥故也。李生还令云：“昨日美少年，今日成老丑。”韦乃喟然叹曰：“老其丑矣，少壮所嗤！”至客改令，不离旧意，曰：“白发有前后，青山无古今。”韦微笑曰：“白发不远于秀才，何忽于老夫也！”叟复还令曰：“此公头白真可怜，惜伊红颜美少年。”于是共论数十家歌诗，次第及李涉绝句，主人似酷称善矣。汇征遂吟曰：“远别秦城万里游，乱山高下出商州。关门不锁寒溪水，一夜潺湲送客愁。”又曰：“华表千年一鹤归，丹砂为顶雪为衣。泠泠仙语人听尽，却向五云翻翅飞。”思明复吟二篇曰：“因韩为赵两游秦，十月冰霜渡孟津，纵使鸡鸣见关吏，不知余也是何人。”又曰：“滕王阁上唱《伊州》，二十年前向此游。半是半非君莫问，西山长在水长流。”李生重咏《赠豪客诗》，韦叟愀然变色曰：“老身弱龄不肖，游浪江湖，交结奸徒，为不平之事。后遇李涉博士，蒙简此诗，因而跧迹。李公待愚，拟陆士衡之荐戴若思，共主晋室，中心藏焉。远隐罗浮山，经于一纪，李即云亡，不复再游秦楚。”追惋今昔，因乃潸然，或持觞而酹，反袂而歌云：“春雨萧萧江上村，五陵豪客夜知闻。他时不用相回避，世上如今半是君。”

云溪子以刘向所谓“传闻不如亲闻，亲闻不如亲见”也，乾符己丑岁，客于霅川，值李生细述其事。汇征于韦叟之居，观李博士手翰，冀余导于文林。且思明感知从善，岂谢古人乎？（《云溪友议》卷下《江客仁》）

三十八、安人元相国，应制科之选，历天禄、畿尉，则闻西蜀乐籍有薛涛者，能篇咏，饶词辩，常悄悒于怀抱也。及为监察，求使剑门，以御史推鞫，难得见焉。及就除拾遗，府公严司空绶，知微之之欲，每遣薛氏往焉。临途诀别，不敢挈行，洎登翰林，以诗寄曰：“锦江滑腻蛾眉秀，化出文君及薛涛。言语巧偷鹦鹉舌，文章分得凤凰毛。纷纷词客皆停笔，个个君侯欲梦刀。别后相思隔烟水，菖蒲花发五云高。”元公既在中书，论与裴晋公度子弟撰及第议，出同州。乃廉问浙东，别涛已逾十载。方拟驰使往蜀取涛，乃有俳优周季南、季崇及妻刘采春自淮甸而来，善弄《陆参军》，歌声彻云，篇韵虽不及涛，容华莫之比也。元公似忘薛涛，而赠采春诗曰：“新妆巧样画双蛾，慢裹恒州透额罗。正面偷轮光滑笏，缓行轻踏皱文靴。言词雅措风流足，举止低回秀媚多。更有恼人肠断处，选词能唱《望夫歌》。”《望夫歌》者，即《罗唝》之曲也。采春所唱一百二十首，皆当代才子所作，其词五六七言皆可和矣。词云：“不喜秦淮水，生憎江上船。载儿夫婿去，经岁又经年。”“借问东园柳，枯来得几年？自无枝叶分，莫怨太阳偏。”“莫作商人妇，金钗当卜钱。朝朝江口望，错认几人舡！”“那年离别日，只道往桐庐。桐庐人不见，今得广州书。”“昨日胜今日，今年老去年。黄河清有日，白发黑无缘。”“闷向江头采白苹，尝随女伴赛江神。众中羞不分明语，暗掷金钗卜远人。”“昨夜北风寒，牵舡浦里安。潮来打缆断，摇橹始知难。”采春一唱是曲，闺妇行人莫不涟泣。且以藁砧尚在，不可夺焉。元公求在浙河七年，因醉题东武亭。诗曰：“役役闲人事，纷纷碎簿书。功夫两衙尽，留滞七年余。病痛梅天发，亲情海岸疏。因循未归得，不是恋鲈鱼。”卢侍御简求戏曰：“丞相虽不恋鲈鱼，乃恋谁耶？”

初娶京兆韦氏，字蕙藂，官未达而苦贫。继室河东裴氏，字柔之。二夫人俱有才思，时彦以为嘉偶。初韦蕙藂逝，不胜其悲，为诗悼之曰：“谢家最小偏怜女，嫁与黔娄百事乖。顾我无衣搜画箧，泥他沽酒拔金钗。野蔬充膳甘长藿，落叶添薪仰古槐。今日赠钱过百万，为君营奠复营斋。”又云：“曾经沧海难为水，除却巫山不是云。”复自会稽拜尚书右丞，到京未逾月，出镇武昌。是时，中门外构缇幕，候天使送节次，忽闻宅内恸哭。侍者曰：“夫人也。”乃传问：“旌钺将至，何长恸焉？”裴氏曰：“岁杪到家乡，先春又赴任。亲情半未相见，所以如此。”立赠柔之诗曰：“穷冬到乡国，正岁别京华。自恨风尘眼，常看远地花。碧幢还照曜，红粉莫咨嗟。嫁得浮云婿，相随即是家。”裴柔之答曰：“侯门初拥节，御苑柳丝新。不是悲殊命，唯愁别是亲。黄莺迁古木，珠履徙清尘。想到千山外，沧江正暮春。”元公与柔之琴瑟相和，亦房帷之美也。余故编录之，与好事者共焉。（《云溪友议》卷下《艳阳词》）

三十九、王建校书为渭南尉，作《宫词》，元丞相亦有此句，河南、渭南，合成二首矣。时谓长孙翱、朱庆余各有一篇，苟为当矣。长孙词曰：“一道甘泉接御沟，上皇行处不曾秋。谁言水是无情物，也到宫前咽不流。”朱君词曰：“寂寂花时闭院门，美人相对泣琼轩。含情欲说宫中事，鹦鹉前头不敢言。”元公以讳秀，明经、制策入仕，其一篇《自述》云：“延英引对碧衣郎，红砚宣毫各别床。天子下帘亲自问，宫人手里过茶汤。”是时贵族竞应制科，用为男子荣进，莫若兹乎，乃自河南之喻也。渭南先值内官王枢密，尽宗人之分，然彼我不均，后怀轻谤之色。忽因过饮，语及桓灵信任中官，多遭党锢之罪，而起兴废之事。枢密深憾其讥，诘曰：“吾弟所有《宫词》，天下皆诵于口。禁掖深邃，何以知之？”建不能对。元公亲承圣旨，令隐其文。朝廷以为孔光不言温树，何其慎静乎！王君将遭奏劾，为诗以让之，乃脱其祸也。建诗曰：“先朝行坐镇相随，今上春宫见长时。脱下御衣偏得着，进来龙马每交骑。常承密旨还家少，独奏边情出殿迟。不是当家频向说，九重争遣外人知。”（《云溪友议》卷下《琅琊忤》）

四十、明皇代以杨妃，虢国宠盛，宫娥皆颇衰悴，不备掖庭，常书落叶，随御水而流云：“旧宠悲秋扇，新恩寄早春。聊题一片叶，将寄接流人。”顾况著作闻而和之，既达宸聪，遣出禁内者不少，或有五使之号焉。和曰：“愁见莺啼柳絮飞，上阳宫女断肠时。君恩不禁东流水，叶上题诗寄与谁。”卢渥舍人应举之岁，偶临御沟，见一红叶，命仆搴来。叶上乃有一绝句，置于巾箱，或呈于同志。及宣宗既省宫人，初下诏，许从百官司吏，独不许贡举人，后亦一任。范阳获其退宫人，睹红叶而吁叹久之，曰：“当时偶题随流，不谓郎君收藏巾箧。”验其书，无不讶焉。诗曰：“水流何太急，深宫尽日闲。殷勤谢红叶，好去到人间。”（《云

溪友议》卷下《题红怨》）

四十一、纥干尚书暨，苦求龙虎之丹十五余稔，及镇江右，乃大延方术之士，乃作《刘弘传》，雕印数千本，以寄中朝及四海精心烧炼之者。夫人欲点化金银，非拟救于贫乏，必期多蓄田畴，广置仆妾，此谓贪婪，岂名道术？且玄妙之门，虚无之事，得其要旨，亦恐不成，况乎不得？悉焚《参同契》、《金诀》者，其言至也。

皇甫大夫在夏口日，勤求艺术。衙时有一道士，策杖蹑屦，直入戟门。门人以廉使奉道，不敢制止。安定公遽起而迎接，道士则傲然不窥，向竹而吟曰："积尘为太山，掬水成东海。富贵有时乖，希夷无日改。绛节出崆峒，霓衣发光彩。古者有七贤，六个今何在？"自谓我是一贤也。访其名姓，曰："黄山隐。"府公未能明其真伪，请止于宫观。愿在牌亭，得观云水。亚相曰："斯人若是至道，名利俱捐。"试令干事军将，持书送绢百匹、钱一百千文，至其所止。山隐启缄忻喜，立修回报，遂乃脱其道服，饰以青衿，引见谢陈，礼度甚恭，殊异初来傲睨之态矣。皇甫公判书之末，乃至尽刑，曰："道士黄山隐，轻人复重财。太山将比甑，东海只容杯。绿绶藏云帔，乌巾换鹿胎。黄泉六个鬼，今夜待君来。"

云溪子曰：王子年之著书也，不脱后秦之难；东方朔之知机也，恐罹西汉之咎。是乔、松独乐，巢、务不居。若山隐者，拟为妖惑，敢蔑公侯。死无干吉，致孙策镜里之殃；来非许迈，起刘恢舟中之顾，足见凡愚。黄山隐自贻之祸，安定公明察之断，合其宜乎！谩书此以警后人。（《云溪友议》卷下《羡门远》）

四十二、岳牧李员外虞，群玉校书者，即岳牧从孙也。昔来觐谒，曾与宴席，李公曰："吾征士也，识古知今，视汝侪流，只如粟粒！"群玉竞惶，几不脱于槚辱。其高概如此，有天下名称。群玉后过岳阳，题诗曰："昔年曾接李膺欢，远泛仙舟醉碧澜。诗句乱题青草发，酒肠俱逐洞庭宽。浮生聚散云相似，往事微冥梦一般。今日片帆城下过，春风回首涕栏干。"岳阳于奉释之心，日无倦矣，尝撰《清远寺碑文》，甚得大理。若僧有故投网罗者，其不恕乎。尝断僧结党屠牛捕鱼事曰："违西天之禁戒，犯中国之条章。不思流水之心，辄举庖丁之刃。既集徒侣，须务极刑。各决三十，用示伽蓝。"……浙西韩相公滉断法师云晏等五人聚集赌钱因有喧诤云："正法何曾执贝，空门不积余财。白日既能赌博，通宵必醉樽罍。强说天堂难到，又言地狱长开。并付江神收管，波中便是泉台。"（《云溪友议》卷下《金仙指》）

四十三、万彤云为白太傅所知，后游梓州，累为阍人艰阻，为诗以献卢尚书弘宣。范阳公怒阍者而礼万生焉。诗曰："荷衣拭泪几回穿，欲谒朱门抵上天。不是尚书轻下客，山家无物与王权。"

夔州游使君符，邀客看花而不饮，至今荆襄花下斟茶者，吟此戏焉。卢子发："白帝城头二月时，忍教清醒看花枝。莫言世上无袁许，客子由来是相师。"

《咏螃蟹呈浙西从事》，皮日休："未游沧海早知名，有骨还从肉上生。莫道无心畏雷电，海龙王处也横行。"又《题金钱花》："阴阳为火地为炉，铸得金钱不用模。谩向人前逞颜色，不知还解济贫无。"

郑愚《醉题广州使院》，似讥前政："数年百姓受饥荒，太守贪残似虎狼。今日海隅鱼米贱，大须惭愧石留黄。"《拟权龙褒体赠鄠县李令及寄朝右》，李乃因病休官："鄠县李长官，横琴膝上弄。不闻有政声，但见手子动。"

李日新《题仙娥驿诗》曰："商山食店大悠悠，陈黯饳饠古谂头。更有台中牛肉炙，尚盘数脔紫光毬。"

贺秘监、顾著作，吴越人也，朝英慕其机捷，竞嘲之，乃谓南金复生中土也。每在班行，不忘言笑。贺知章曰："钑镂银盘盛蛤蜊，镜湖莼菜乱如丝。乡曲近来佳此味，遮渠不道是吴儿。"顾况和曰："钑镂银盘盛炒虾，镜湖莼菜乱如麻。汉儿女嫁吴儿妇，吴儿尽是汉儿爷。"

张祜客于丹徒，有朱坛者轻佻，侮慢祜之篇咏。后坛与祜卷，欲其润饰之。祜乃戏简二十字，欣而不悟，厚为饯别焉："昔人有玉碗，击之千里鸣。今日睹斯文，碗有当时声。"温州颜郎中，儒士也，不知弧矢之能，张祜观其骑猎马上，以诗戏之曰："忽闻射猎出军城，人着戎衣马带缨。倒把角弓呈一箭，满山狐兔当头行。"张祜为冬瓜堰官，憾其牛户无礼，责欲鞭笞，无不取给于其中也，然无倦秀才居多，职事皆怯于祜。钱唐酒徒朱冲和，小舟经过，祜令语，曰："张祜前称进士，不亦难乎?"冲和乃自启名，而赠诗嘲之。祜平生傲诞，至于公侯，未如斯之挫也。诗曰："白在东都元已薨，兰台凤阁少人登。冬瓜堰下逢张祜，牛屎堆边说我能。"

韦鹏翼《戏题盱眙邵明府壁》："岂肯闲寻竹径行，却嫌丝管好蛙声。自从煮鹤烧琴后，背却青山卧月明。"

乐营子女席上戏宾客，量情三木，乃书榜子示诸妓云，岭南掌书张保胤："绿罗裙上标三棒，红粉腮边泪两行。叉手向前咨大使，遮回不敢恼儿郎。"时谓张书记文采纵横，比之何逊；人材瑰伟，有似玄宗。及罢府北归，留诗戏诸同院，闻者莫不大哈。诗曰："忆昔前年富贵时，如今头恼尚依俙。布袍破后思宫内，锦袴穿时忆御衣。鹘子背钻高力士，婵娟翻画太真妃。如今憔悴离南海，恰似当时幸蜀归。"

莆田县有染家，家富，因醉殴兄，至高标十木。既归，乡亲为会。有柳逢秀才旅游掇席，主人不乐。柳生怒而题壁，染人遂与束帛赎其诗："紫绿终朝染，因何不识非？莆田竹木贵，背负十柴归。"

浙东孟简尚书，六衙按覆囚徒，其间一人自曰鲁人孔颙，献诗启云："偶寻长街柳阴吟咏，忽被都虞候拘缧数日，责以罪名，敢露血诚，伏请申雪。"孟公立以宾客待之，批其状曰："薛陟不知典教，岂辨贤良，驱遣健徒，凭陵国士，殊无畏惮，辄恣威权，翻成刺许之宾，何异吠尧之犬！然以久施公效，尚息杖刑，退补散将，外镇收管。"孔生诗曰："有个将军不得名，唯教健卒喝书生。尚书近日清如镜，天子官街不许行。"

池州杜少府慥、亳州韦中丞仕符二君，皆以长年，精求释道。乐营子女，厚给衣粮，任其外住，若有宴饮，方一召来，柳际花间，任为娱乐。谯中举子张鲁封为诗谑其宾佐，兼寄大梁李尚书。诗曰："杜叟学仙轻蕙质，韦公事佛畏青娥。乐营却是闲人管，两地风情日渐多。"《戏酬张十五秀才见寄池亳二州之事》，宣武军掌书记李昼："秋浦亚卿颜叔子，谯都中宪老桑门。如今柳巷通车马，唯恐他时立棘垣。"

《题大梁临汴驿》，进士姚嵘："近日侯门不重才，莫将文艺拟为媒。相逢若要如胶漆，不是红妆即撒灰。"

麻衣黎瓘者，南海狂生也，游于漳州，频于席上喧酗。乡饮之日，诸宾悉赴，客司独不召瓘，瓘作翻韵诗赠崔使君，坐中皆大笑，崔使君驰骑迎之。诗曰："惯向溪边折柳杨，因循行客到州漳。无端触忤王衙押，不得今朝看饮乡。"（《云溪友议》卷下《杂嘲戏》）

四十四、元丞相载妻王氏，字韫秀。初，王相公镇北京，以韫秀嫁元载，岁久而见轻怠。韫秀谓夫曰："何不增学。妾有奁幌资装，尽为纸墨之费。"王氏父母未或知之。亲属以载夫妻皆乞儿，厌薄之甚。元乃游秦，为诗别韫秀曰："年来谁不厌龙钟，虽在侯门似不容。看取海山寒翠树，苦遭霜霰到秦封。"妻请偕行，曰："路扫饥寒迹，天哀志气人。休零离别泪，携手入西秦。"元秀才既到京，屡陈时务，深符上旨，肃宗擢拜中书。王氏喜元郎入相，寄诸姊妹诗曰：

"相国已随麟阁贵，家风第一右丞诗。笄年解笑鸣机妇，耻见苏秦富贵时。"元公，肃宗、代宗两朝宰相，贵盛无比，广葺亭台，交游贵族，客候其门，而或间阻。王氏复为一篇以喻之曰："楚竹燕歌动画梁，春兰重换舞衣裳。孙弘开馆招嘉客，知道浮荣不久长。"元公于是稍减矣。太原内外亲族悉来谒贺者众矣。韫秀置于闲院，忽因晴霁日景，以青紫丝绦四十条，条长三十丈，皆施罗纨绮绣之饰，每条绦下，排金银炉二十枚，皆焚异香，香亘其服。乃命诸亲戚西院闲步。韫秀问是何物，侍婢对曰："今日相公及夫人晒曝衣服。"王氏谓诸亲曰："岂料乞索儿妇，还有两事盖形粗衣也。"于是诸亲羞赧，稍稍而辞。韫秀每分衣服饰于他人，而不及于太原之骨肉也，且曰："非儿不礼于姑娣，其奈当时见辱乎。"洎元公贪吝为心，竟招罪戾，台阁弹奏而亡其家。韫秀少有识量，节概固高。丞相已谢，上令入宫备彤管箴规之任。叹曰："王家十三娘，二十年太原节度使女，十六年宰相妻，谁能书得长信、昭阳之事？死亦幸矣！"坚不从命。或曰上宥连罪，或云京兆笞而毙矣。(《云溪友议》卷下《窥衣帷》)

四十五、朱庆余校书既遇水部郎中张籍知音，遍索庆余新旧篇什数通，吟改后只留二十六章，水部置于怀抱而推赞欤。清列以张公重名，无不缮录而讽咏之，遂登科第。朱君尚为谦退，作《闺意》一篇，以献张公。张公明其进退，寻亦和焉。诗曰："洞房昨夜停红烛，待晓堂前拜舅姑。妆罢低声问夫婿：画眉深浅入时无？"张籍郎中酬曰："越女新妆出镜心，自知明艳更沉吟。齐纨未足人间贵，一曲菱歌敌万金。"朱公才学，因张公一诗，名流于海内矣。(《云溪友议》卷下《闺妇歌》)

[唐]苏鹗《杜阳杂编》

苏鹗，字德祥，唐武功人。光启中进士及第，仕履不详。有《苏氏演义》《杜阳杂编》。《杜阳杂编》三卷，记代宗至懿宗十朝事。有明刻本、明抄本、清抄本、《历代小史》本、《稗海》本、涵芬楼《说郛》本、宛委山堂《说郛》本、《四库全书》本、《唐人说荟》本、《学津讨原》本等。此据上海古籍出版社2012年点校本辑录。

一、是夜，(代宗)梦黄衣童子歌于帐前曰："中五之德方峨峨，胡呼胡呼何奈何!"诘旦，上具言其梦。侍臣咸称土德当王，胡虏破灭之兆也。(《杜阳杂编》卷上)

二、上(代宗)纂业之始，多以庶务托于钧衡。而元载专政，益堕国典，若非良金重宝，趑趄左道，则不得出入于朝廷。及常衮为相，虽贿赂不行，而介僻自专，少于分别，故升降多失其人。或同列进拟稍繁，则谓之沓伯。由是京师语曰："常无分别元好钱，贤者愚而愚者贤。"时崔祐甫素公直，与众言曰："朝廷上下相蒙，善恶同致。清曹峻府，为鼠辈养资，岂裨皇化耶?"由是益为持权者所忌。至建中初，祐甫执政，人心方有所归。……载宠姬薛瑶英攻诗书，善歌舞，仙姿玉质，肌香体轻，虽旋波、摇光、飞燕、绿珠，不能过也。瑶英之母赵娟，亦本岐王之爱妾也，后出为薛氏之妻，生瑶英而幼以香啖之，故肌香也。及载纳为姬，处金丝之帐，却尘之褥。其褥出自勾骊国，一云是却尘之兽毛所为也。其色殷鲜，光软无比。衣龙绡之衣，一袭无一二两，抟之不盈一握。载以瑶英体轻不胜重衣，故于异国以求是服也。唯贾至、杨公南与载友善，故往往得见歌舞。至因赠诗曰："舞怯铢衣重，笑疑桃脸开。方知汉武帝，虚筑避风台。"公南亦作长歌褒美，其略曰："雪面蟾娥天上女，凤箫鸾翅欲飞去。玉钗碧翠步无尘，楚腰如柳不胜春。"瑶英善为巧媚，载惑之，怠于尘务。而瑶英之父曰宗本，兄曰从义，与赵娟递相出入，以构贿赂，号为关节，更与中书主吏卓倩等为腹心。而宗本辈以事告者，载未尝不颔之。天下赍宝货求大官职，无不恃载权势，指薛、卓为梯媒。及载死，瑶英自为俚妻矣。论者以元载丧令德而崇贪名，自一妇人而致也。(《杜阳杂编》卷上)

三、又大历中，泽潞有僧号普满，随意所为，不拘僧相，或歌或哭，莫喻其旨。以言事往往有验，故时人比为万回。建中初，于潞州佛舍中题诗数篇而亡去。所记者云："此水连泾水，双珠血满川。青牛将赤虎，还号太平年。"(《杜阳杂编》卷上)

四、大和九年，诛王涯、郑注后，仇士良专权恣意，上(文宗)颇恶之。或登临游幸，虽百戏骈罗，未尝为乐。往往瞠目独语，左右莫敢进问。因题诗

曰："辇路生春草，上林花满枝。凭高何限意，无复侍臣知。"（《杜阳杂编》卷中）

五、宣宗皇帝英明俭德，器识高远。……凡与朝士从容，未尝一曰不论儒学，而颇注意于贡举。常于殿柱上题乡贡进士字。或大臣出镇，即赋诗赐之。（《杜阳杂编》卷下）

［唐］孙棨《北里志》

孙棨，字文威。历官侍御史、中书舍人。著有《北里志》。《北里志》一卷，成书于唐僖宗中和四年（884），记晚唐长安城平康里名妓与文人事。有《续百川学海》本、《类说》本、涵芬楼《说郛》本、宛委山堂《说郛》本、《五朝小说》本、《绿窗女史》本、《唐人说荟》本、《古今说海》本等。此据上海古籍出版社2012年点校本辑录。

一、天水仙哥，字绛真，住于南曲中。善谈谑，能歌令，常为席纠，宽猛得所。其姿容亦常常，但蕴藉不恶，时贤雅尚之，因鼓其声价耳。故右史郑休范尝在席上赠诗曰："严吹如何下太清，玉肌无奈六铢轻。虽知不是流霞酌，愿听云和瑟一声。"（《北里志·天水仙哥》）

二、楚儿，字润娘，素为三曲之尤，而辩慧，往往有诗句可称。近以退暮，为万年捕贼官郭锻所纳，置于他所。润娘在娼中逛逸特甚，及被拘系，未能悛心。锻主繁务，又本居有正室，至润娘馆甚稀。每有旧识过其所居，多于窗牖间相呼，或使人询讯，或以巾笺送遗。锻乃亲仁诸裔孙也，为人异常凶忍且毒，每知必极笞辱。润娘虽甚痛愤，已而殊不少革。尝一日自曲江与锻行，前后相去十数步，同版使郑光业时为补衮，道与之遇，楚儿遂出帘招之，光业亦使人传语。锻知之，因曳至中衢，击以马棰，其声甚冤楚，观者如堵。光业遥视之，甚惊悔，且虑其不任矣。光业明日特取路过其居侦之，则楚儿已在临街窗下弄琵琶矣。驻马使人传语已，持彩笺送光业，诗曰："应是前生有宿冤，不期今世恶因缘。蛾眉欲碎巨灵掌，鸡肋难胜子路拳。只拟吓人传铁券，未应教我踏金莲。曲江昨日君相遇，当下遭他数十鞭。"光业马上取笔答之曰："大开眼界莫言冤，毕世甘他也是缘。无计不烦乾偃蹇，有门须是疾连拳。据论当道加严棰，便合披缁念法莲。如此兴情殊不减，始知昨日是蒲鞭。"光业性疏纵，且无畏惮，不拘小节，是以敢驻马报复，仍便送之，闻者为缩颈。锻累主两赤邑捕贼，故不逞之徒，多所效命，人皆惮焉。(《北里志·楚儿》)

三、郑举举者，居曲中，亦善令章，尝与绛真互为席纠，而充博非貌者，但负流品，巧谈谐，亦为诸朝士所眷。有名贤醵宴，辟数妓，举举者预焉。今左谏王致君、右貂郑礼臣、夕拜孙文府、小天赵为山皆在席。时礼臣初入内庭，矜夸不已，致君已下，倦不能对，甚减欢情。举举知之，乃下筹指礼臣曰："学士语太多。翰林学士虽甚贵甚美，亦在人耳。至如李骘、刘允承、雍章亦尝为之，又岂能增其声价耶?"致君已下，皆跃起拜之，喜不自胜。致君、礼臣因引满自饮，更不复有言。于是极欢，至暮而罢。致君已下，各取彩缯遗酬。孙龙光为状元，颇惑之，与同年侯彰臣、杜宁臣、崔勋美、赵延吉、卢文举、李茂勋等数人，多在其舍。他人或不尽预，故同年卢嗣业诉醵罚钱，致诗于状元曰："未识都知面，频输复分钱。苦心亲笔砚，得志助花钿。徒步求秋赋，持杯给暮饘。力微多谢病，非不奉同年。"(《北里志·郑举举》)

四、颜令宾，居南曲中，举止风流，好尚甚雅，亦颇为时贤所厚。事笔砚，有词句。见举人，尽礼祗奉，多乞歌诗，以为留赠，五彩笺常满箱箧。后疾病且甚，值春暮景色晴和，命侍女扶坐于砌前，顾落花而长叹数四，因索笔题诗云："气余三五喘，花剩两三枝。话别一樽酒，相邀无后期。"因教小童曰："为我持此出宣阳亲仁已来，逢见新第郎君及举人，即呈之云：曲中颜家娘子将来扶病奉候郎君。"因令其家设酒果以待。逡巡至者数人，遂张乐欢饮至暮，涕泗交下曰："我不久矣，幸各制哀挽以送我。"初，其家必谓求赙送于诸客，甚喜。及闻其言，颇慊之。及卒，将瘗之日，得书数篇，其母拆视之，皆哀挽词也，母怒掷之于街中曰："此岂救我朝夕也。"其邻有喜羌竹刘驼驼，聪爽能为曲子词，或云尝私于令宾，因取哀词数篇，教挽柩前同唱之，声甚悲怆。是日瘗于青门外。或有措大逢之，他日召驼驼使唱，驼驼尚记其四章。一曰："昨日寻仙子，辆车忽在门。人生须到此，天道竟难论。客至皆连袂，谁来为鼓盆？不堪襟袖上，犹印旧眉痕。”二曰：“残春扶病饮，此夕最堪伤。梦幻一朝毕，风花几日狂。孤鸾徒照镜，独燕懒归梁。厚意那能展，含酸奠一觞。”三曰：“浪意何堪念，多情亦可悲。骏奔皆露胆，麏至尽齐眉。花坠有开日，月沉无出期。宁言掩丘后，宿草便离离。”四曰：“奄忽那如此，夭桃色正春。捧心还动我，掩面复何人。岱岳谁为道，逝川宁问津。临丧应有主，宋玉在西邻。”自是盛传于长安，挽者多唱之。或询驼曰：“宋玉在西，莫是你否？”驼哂曰：“大有宋玉在。”诸子皆知私于乐工，及邻里之人，极以为耻，递相掩覆。绛真因与诸子争全相谑，失言云：“莫倚居突肆。”既而甚有恨色。后有与绛真及诸子昵熟者，勤问之，终不言也。（《北里志·颜令宾》）

五、杨妙儿者，居前曲，从东第四五家。本亦为名辈，后老退为假母。居第最宽洁，宾甚翕集。长妓曰莱儿，字逢仙，貌不甚扬，齿不卑矣。但利口巧言，诙谐臻妙。陈设居止处，如好事士流之家，由是见者多惑之。进士天水，故山北之子，年甚富，与莱儿殊相悬，而一见溺之，终不能舍。莱儿亦以光远聪悟俊少，尤谄附之，又以俱善章程，愈相知爱。天水未应举时，已相昵狎矣。及应举，自以俊才，期于一战而取。莱儿亦谓之万全，是岁冬大夸于宾客，指光远为一鸣先辈。及光远下第，京师小子弟，自南院径取道诣莱儿以快之。莱儿正盛饰立于门前以俟榜，小子弟辈马上念诗以谑之曰：“尽道莱儿口可凭，一冬夸婿好声名。适来安远门前见，光远何曾解一鸣。”莱儿尚未信，应声嘲答曰：“黄口小儿口没凭，逡巡看取第三名。孝廉持水添瓶子，莫向街头乱碗鸣。”其敏捷皆此类也。是春，莱儿既耗久不痊于光远，光远尝以长句诗题莱儿室曰：“鱼钥兽环斜掩门，萋萋芳草忆王孙。醉凭青琐窥韩寿，困掷金梭恼谢鲲。不夜珠光连玉匣，辟寒钗影落瑶樽。欲知明惠多情态，役尽江淹别后魂。”莱儿酬之曰：“长者车尘每到门，长卿非慕卓王孙。定知羽翼难随凤，却喜波涛未化鲲。娇别翠钿粘去袂，醉歌金雀碎残樽。多情多病年应促，早办名香为返魂。”莱儿乱离前有阛阓豪家以金帛聘之，置于他所，人颇思之，不得复睹。（《北里志·杨妙儿》）

六、王团儿，前曲自西第一家也。已为假母，有女数人，长曰小润，字子美，少时颇籍籍者。小天崔垂休变化年溺惑之，所费甚广。尝题记于小润髀上，为山所见，赠诗曰：“慈恩塔下亲泥壁，滑腻光华玉不如。何事博陵崔四十，金陵腿上逞欧书？”次曰福娘，字宜之，甚明白，丰约合度，谈论风雅，且有体裁。

故天官崔知之侍郎尝于筵上与诗曰："怪得清风送异香，娉婷仙子曳霓裳。惟应错认偷桃客，曼倩曾为汉侍郎。"次曰小福，字能之，虽乏风姿，亦甚慧黠。予在京师，与群从少年习业，或倦闷时，同诣此处，与二福环坐，清谈雅饮，尤见风态。予尝赠宜之诗曰："彩翠仙衣红玉肤，轻盈年在破瓜初。霞杯醉劝刘郎饮，云髻慵邀阿母梳。不怕寒侵缘带宝，每忧风举倩持裾。谩图西子晨妆样，西子元来未得如。"得诗甚多，颇以此诗为称惬，持诗于窗左红墙，请予题之。及题毕，以未满壁，请更作一两篇，且见戒无艳。予因题三绝句，如其自述。其一曰："移壁回窗费几朝，指环偷解薄兰椒。无端斗草输邻女，更被拈将玉步摇。"其二曰："寒绣红衣饷阿娇，新团香兽不禁烧。东邻起样裙腰阔，刺蹙黄金线几条。"其三曰："试共卿卿戏语粗，画堂连遣侍儿呼。寒肌不奈金如意，白獭为膏郎有无？"尚校数行未满，翼日诣之，忽见自札后宜之题诗曰："苦把文章邀劝人，吟看好个语言新。虽然不及相如赋，也直黄金一二斤。"宜之每宴洽之际，常惨然郁悲，如不胜任，合坐为之改容，久而不已。静询之，答曰："此踪迹安可迷而不返耶？又何计以返？每思之，不能不悲也。"遂呜咽久之。他日忽以红笺授予，泣且拜，视之诗曰："日日悲伤未有图，懒将心事话凡夫。非同覆水应收得，只问仙郎有意无。"余因谢之曰："甚知幽旨，但非举子所宜，何如？"又泣曰："某幸未系教坊籍，君子倘有意，一二百金之费尔。"未及答，因授予笔，请和其诗。予题其笺后曰："韶妙如何有远图，未能相为信非夫。泥中莲子虽无染，移入家园未得无。"览之因泣，不复言，自是情意顿薄。其夏，予东之洛，或醵饮于家，酒酣，数相嘱曰："此欢不知可继否？"因泣下。洎冬初还京，果为豪者主之，不可复见。至春上巳日，因与亲知禊于曲水，闻邻棚丝竹，因而视之西座一紫衣，东座一缞麻，北座者遍通麻衣，对米盂为纠，其南二妓，乃宜之与母也。因于棚后候其女佣以询之，曰："宣阳彩缬铺张言为街使郎官置宴，张即宜之所主也。"时街使令坤为敬瑄，二缞盖在外艰耳。及下棚，复见女佣曰："来日可到曲中否？"诘旦诣其里，见能之在门，因邀下马，予辞以他事，立乘与语。能之团红巾掷予曰："宜之诗也。"舒而题诗曰："久赋恩情欲托身，已将心事再三陈。泥莲既没移栽分，今日分离莫恨人。"予览之，怅然驰回，且不复及其门。每念是人之慧性可喜也。常语予：本解梁人也，家与一乐工邻，少小常依其家学针线，诵歌诗。总角为人所误，聘一过客，云入京赴调选。及挈至京，置之于是，客绐而去。初是家以亲情，接待甚至。累月后乃逼令学歌令，渐遣见宾客。

寻为计巡辽所嬖,韦宙相国子及卫增常侍子所娶,输此家不啻千金矣。间者亦有兄弟相寻,便欲论夺。某量其兄力轻势弱不可夺,无奈何谓之曰:“某亦失身矣,必恐徒为。”因尤其家得数百金与兄,乃恸哭永诀而去。每遇宾客话及,呜咽久之。(《北里志·王团儿》)

七、俞洛真,有风貌,且辩慧。顷曾出曲中,值故左揆于公,贵主许纳别室。于公尚广德公主,宣宗女也,颇有贤淑之誉。从子冒其季父,于公柄国时,颇用事。曾贬振州司户,后改名应举,左揆为力甚切,竟不得。后投迹今左广令孜门,因中第,遂佐十军。先通洛真而纳之,月余不能事,诸媵之间彰其迹,以告贵主。主即出之,亦获数百金,遂嫁一胥吏。未期年而所有索尽,吏不能给,遂复入曲,携胥一女,亦当时绝色。洛真虽有风情,而淫冶任酒,殊无雅裁。亦时为席纠,颇善章程。郑右史常与诗曰:“巧制新章拍指新,金罍巡举助精神。时时欲得横波盼,又怕回筹错指人。”离乱前两日,与进士李文远,渥之弟,今改名,其年初举,乘醉同诣之。文远一见,不胜爱慕。时日已抵晚,新月初升,因戏文远题诗曰:“引君来访洞中仙,新月如眉拂户前。领取嫦娥攀取桂,便从陵谷一时迁。”予题于楣间讫,先回。间两日,文远因同诣南院,文远言:“前者醉中题姓字于所诣,非宜也。回将撤去之。”及安上门,有自所居追予者曰:“潼关失守矣。”文远不肯中返,竟至南院。及回,固不暇前约,耸辔而归。及亲仁之里,已夺马纷纭矣,因仓皇而回,遂乃奔窜。因与文远思所题诗,真谶词也。(《北里志·俞洛真》)

八、王苏苏,在南曲中,屋室宽博,卮馔有序。女昆仲数人,亦颇善谐谑。有进士李标者,自言李英公勣之后,久在大谏王致君门下,致君弟侄,因与同诣焉。饮次,标题窗曰:“春暮花株绕户飞,王孙寻胜引尘衣。洞中仙子多情态,留住刘郎不放归。”苏苏先未识,不甘其题,因谓之曰:“阿谁留郎?君莫乱道。”遂取笔继之曰:“怪得犬惊鸡乱飞,羸童瘦马老麻衣。阿谁乱引闲人到,留住青蚨热赶归。”标性褊,头面通赤,命驾先归。后苏苏见王家郎君,辄询:“热赶郎在否?”(《北里志·王苏苏》)

九、刘泰娘,北曲内小家女也。彼曲素无高远者,人不知之。乱离之春,忽于慈恩寺前见曲中诸妓同赴曲江宴,至寺侧下车而行,年齿甚妙,粗有容色。时游者甚众,争往诘之,以居非其所,久乃低眉。及细询之,云:“门前一樗树子。”寻遇暮雨,诸妓分散。其暮,予有事北去,因过其门,恰遇犊车返矣,遂题其舍曰："寻常凡木最轻樗，今日寻樗桂不如。汉高新破咸阳后，英俊奔波遂吃虚。"同游人闻知，诘朝诣之者结驷于门矣。（《北里志·刘泰娘》）

十、张住住者，南曲所居卑陋，有二女兄不振，是以门甚寂寞，为小铺，席货草锉姜果之类。住住，其母之腹女也，少而敏慧，能辨音律。邻有庞佛奴，与之同岁，亦聪警，甚相悦慕，年六七岁，随师于众学中，归则转教住住，私有结发之契。及住住将笄，其家拘管甚切，佛奴稀得见之，又力窘不能致聘。俄而里之南有陈小凤者，欲权聘住住，盖求其元，已纳薄币，约其岁三月五日。……时小凤为平康富家，车服甚盛。佛奴佣于徐邸，不能给食，母兄喻之，邻里讥之。住住终不舍佛奴，指阶井曰："若逼我不已，骨董一声即了矣。"平康里中，素多轻薄小儿，遇事辄唱"住住诳小凤也"，邻里或知之。俄而复值北曲王团儿假女小福，为郑九郎主之，而私于曲中盛六子者，及诞一子，荥阳抚之甚厚。曲中唱曰："张公吃酒李公颠，盛六生儿郑九怜。舍下雄鸡伤一德，南头小凤纳三千。"久之小凤因访住住，微闻其唱，疑而未察。其与住住昵者，诘旦告以街中之辞曰："是日前佛奴雄鸡，因避斗飞上屋伤足，前曲小铁炉田小福者，卖马街头，遇佛奴父，以为小福所伤，遂殴之。"住住素有口辩，因抚掌曰："是何庞汉，打他卖马街头田小福？街头唱：'舍下雄鸡失一足，街头小福拉三拳。'且雄鸡失德，是何谓也？"小凤既不审且不喻，遂无以对，住住因大咍，递呼家人，随弄小凤，甚不自足。住住因呼宋媪，使以前言告佛奴。奴视鸡足且良，遂以生丝缠其鸡足，置街中，召群小儿共变其唱住住之言。小凤复以住住家噪弄不已，遂出街中以避之。及见鸡跛，又闻改唱，深恨向来误听，乃益市酒肉，复之张舍。一夕，宴语甚欢，至旦将归，街中又唱曰："莫将庞大作荍团，庞大皮中的不干。不怕凰凰当额打，更将鸡脚用筋缠。"小凤闻此唱，不复诣住住。佛奴初佣徐邸，邸将甚怜之，为致职名，竟裨邸将，终以礼聘住住，将连大第，而小凤家事日蹙，复不侔矣。（《北里志·张住住》）

十一、裴思谦状元及第后，作红笺名纸十数，诣平康里，因宿于里中。因旦赋诗曰："银釭斜背解鸣珰，小语低声贺玉郎。从此不知兰麝贵，夜来新惹桂枝香。"（《北里志》附录《裴思谦状元》）

十二、杨汝士尚书镇东川，其子知温及第，汝士开家宴相贺，营妓咸集，汝士命人与红绫一匹，诗曰："郎君得意及青春，蜀国将军又不贫。一曲高歌红一匹，两头娘子谢夫人。"（《北里志》附录《杨汝士尚书》）

十三、郑合敬先辈及第后，宿平康里。诗曰："春来无处不闲行，楚润相看别有情。好是五更残酒醒，时时闻唤状元声。"(《北里志》附录《郑合敬先辈》)

［唐］佚名《玉泉子》

《玉泉子》，撰者阙。又名《玉泉子见闻真录》《玉泉笔端》《玉泉子闻见录》《玉泉子真录》，原书有三卷本、五卷本，均不传。今本《玉泉子》一卷，记晚唐代杂事。有明刻本、《稗海》本、文渊阁《四库全书》本、文津阁《四库全书》本、涵芬楼《说郛》本、宛委山堂《说郛》本、《唐人说荟》本、《唐代丛书》本等。此据中华书局2014年新辑本辑录。

一、杜羔妻刘氏善为诗。羔累举不中第，乃归。将至家，妻即先寄诗与之曰："良人的的有奇才，何事年年被放回。如今妾面羞君面，君到来时近夜来。"羔见诗，即时迴去，竟登第而返。《太平广记》卷二七一(《新辑玉泉子》)

二、沈询之节使山北，为奴归秦所害。是日家宴，既欢且歌，其词即"莫打南来雁，从他向北飞。打时双打取，莫遣两分离"。其夕，妻亦遇害。词方验云。《说郛》陶珽重编本卷四六、张宗祥校明钞本卷一一引《玉泉子真录》(《新辑玉泉子》)

［五代］王定保《唐摭言》

王定保(870—940)，字不详，南昌(今江西南昌)人。唐昭宗光化三年(900)进士及第，后为容管巡官，刘隐辟为幕属，晚年由宁远节度使入为中书侍郎同平章事。有《唐摭言》《南宫七奇赋》。《唐摭言》十五卷，又名《摭言》，分一百零五门，记唐五代科举之事。有明抄本、清初抄本、明万历间清真馆刻本、金氏文瑞楼抄本、清道光二十三年管庭芬抄本、摛藻堂《四库全书荟要》本、《四库全书》本、宛委山堂《说郛》本、《学津讨原》本、《啸园丛书》本、《雅雨堂丛书》本、《四部备要》本等。此据中华书局2021年校证本辑录。

一、进士科，始于隋大业中，盛于贞观、永徽之际。搢绅虽位极人臣，不由进士者，终不为美，以至岁贡常不减八、九百人。其推重谓之"白衣公卿"，又曰"一品白衫"。其艰难谓之"三十老明经，五十少进士"。其负倜傥之才，变通之术，苏、张之辨说，荆、聂之胆气，仲由之武勇，子房之筹画，弘羊之书计，方朔之诙谐，咸以是而晦之。修身慎行，虽处子之不若。其有老死于文场者，亦所无恨。故有诗云："太宗皇帝真长策，赚得英雄尽白头。"独孤及撰《河南府法曹参军张从师墓志》云："从师祖损之，隋大业中进士甲科，位至侍御史、诸曹员外郎。损之生法，以硕学丽藻，名动京师，亦举进士，自监察御史为会稽令。"（《唐摭言》卷一《散序进士》）

二、按《实录》：西监，隋制；东监，龙朔元年所置。开元已前，进士不由两监者，深以为耻。李华员外《寄赵七侍御》诗略曰："昔日萧邵友，四人才成童。"邵后二年擢第，以冤横贬，卒南中。又郭代公、崔湜、范履冰辈，皆由太学登第。（《唐摭言》卷一《两监》）

三、俊、秀等科，比皆考功主之。开元二十四年，李昂员外性刚急，不容物，以举人皆饰名求称，摇荡主司，谈毁失实，窃病之而将革焉。集贡士，与之约曰："文之美恶，悉知之矣。考校取舍，存乎至公。如有请托于时，求声于人者，当首落之。"既而，昂外舅常与进士李权邻居相善，乃举权于昂。昂怒，集贡人，召权庭数之。权谢曰："人或猥知，窃闻于左右，非敢求也。"昂因曰："观众君子之文，信美矣。然古人云：'瑜不掩瑕，忠也。'其有词或不典，将与众评之，若何？"皆曰："唯公之命！"既出，权谓众曰："向之言，其意属吾也，吾诚不第决矣，又何藉焉？"乃阴求昂瑕以待之。异日会论，昂果斥权章句之疵以辱之。权拱手前曰："夫礼尚往来，来而不往，非礼也。鄙文不臧，既得而闻矣。而执事昔有雅什，尝闻于道路，愚将切磋，可乎？"昂怒而嘻笑曰："有何不可！"权曰：

"'耳临清渭洗，心向白云间。'岂执事之词乎？"昂曰："然。"权曰："昔唐尧衰耄，厌倦天下，将禅于许由。由恶闻，故洗耳。今天子春秋鼎盛，不揖让于足下，而洗耳何哉？"是时国家宁谧，百寮畏法令，兢兢然莫敢蹉跌。昂闻惶骇蹶起，不知所酬。乃诉于执政，谓权风狂不逊，遂下权吏。初，昂强愎，不受嘱请，及是，有请求者，莫不允从。由是庭议以省郎位轻，不足以临多士，乃诏礼部侍郎专之矣。(《唐摭言》卷一《进士归礼部》)

四、乾符四年，崔淯为京兆尹，复置等第。差万年县尉公乘亿为试官，试《火中寒暑退赋》、《残月如新月》诗。(《唐摭言》卷二《置等第》)

五、合肥李郎中群，始与杨衡、符载等同隐庐山，号"山中四友"。先是，封川李相迁阁长，会有名郎出牧九江郡者，执辞之际，屡以文柄迎贺于公。公曰："诚如所言，庐山处士四人，傥能计偕，当以到京先后为齿。"既而，公果主文，于是拥旌旗，造柴关，激之而笑。时三贤皆胶固，唯合肥公年十八，矍然曰："及其成功，一也。"遂束书就贡。比及京师，已锁贡院，乃槌贡院门请引见。公问其所止，答云："到京后时，未遑就馆。"合肥神质瑰秀，主司为之动容，因曰："不为作状头，便可延于吾庐矣。"杨衡后因中表盗衡文章及第，诣阙寻其人，遂举，亦及第。或曰：见衡业古调诗，其自负者，有"一一鹤声飞上天"之句。初遇其人，颇愤怒。既而问曰："某'一一鹤声飞上天'在否？"前人曰："此句知兄最惜，不敢辄偷。"衡笑曰："犹可恕矣。"符载后佐李骘，为江西副使。失意，去从刘辟。(《唐摭言》卷二《争解元 叩贡院门求试后到附》)

六、始以进士宴游之盛。案李肇舍人《国史补》云：曲江大会，此为下第举人，其筵席简率，器皿皆隔山抛之属，比之席地幕天，殆不相远。尔来渐加侈靡，皆为上列所据，向之下第举人，不复预矣。所以长安游手之民，自相鸠集，目之为"进士团"。初则至寡，洎大中、咸通已来，人数颇众。其有何士参者为之酋帅，尤善主张筵宴。凡今年才过关宴，士参已备来年游宴之费。繇是四海之内，水陆之珍，靡不毕备，时号"长安三绝"。团司所由百余辈，各有所主。大凡谢后，便往期集院。院内供帐宴馔，甲于辇毂。其日，状元与同年相见后，便请一人为录事。其余主宴、主酒、主乐、探花、主茶之类，咸以其日辟之。主乐两人，一人主饮妓。放榜后，大科头两人，小科头一人，常诘旦至期集院。常宴则小科头主张，大宴则大科头。纵无宴席，科头亦逐日请给茶钱。第一部乐官科地，每日一千。第二部五百，见烛皆倍，科头皆重分。逼曲江大会，则先牒教坊请奏，上御紫云楼，垂帘观焉。时或拟作乐，则为之移日。故曹松诗云：“追游若遇三清乐，行从应妨一日春。”敕下后，人置被袋，例以图障、酒器、钱绢实其中，逢花即饮。故张籍诗云：“无人不借花园宿，到处皆携酒器行。”其被袋，状元、录事同点检，阙一则罚金。曲江之宴，行市罗列，长安几于半空。公卿家率以其日拣选东床，车马阗塞，莫可殚述。洎巢寇之乱，不复旧态矣。（《唐摭言》卷三《散序》）

七、何扶，大和九年及第。明年，捷三篇。因以一绝寄旧同年曰：“金榜题名墨尚新，今年依旧去年春。花间每被红妆问，何事重来只一人？”（《唐摭言》卷三《今年及第明年登科》）

八、进士题名，自神龙之后，过关宴后，率皆期集于慈恩塔下题名。故贞元中，刘太真侍郎试《慈恩寺望杏园花发》诗。（《唐摭言》卷三《慈恩寺题名游赏赋咏杂记》）

九、小归尚书榜，裴起部与郊之李抟先辈旧友。抟以诗贺廷裕曰：“铜梁千里曙云开，仙箓新从紫府来。天上已张新羽翼，世间无复旧尘埃。嘉祯果中君平卜，贺喜须斟卓氏杯。应笑戎藩刀笔吏，至今泥滓曝鱼鳃。”既而复以二十八字谑之曰：“曾随风水化凡鳞，安上门前一字新。闻道蜀江风景好，不知何似杏园春？”裴有六韵答曰：“何劳问我成都事，亦报君知便纳降。蜀柳笼堤烟矗矗，海棠当户燕双双。富春不并穷师子，濯锦全胜旱曲江。高卷绛纱杨氏宅，半垂红袖薛涛窗。浣花泛鷁诗千首，静众寻梅酒百缸。若说弦歌与风景，主人兼是碧油幢。”

大和二年，崔郾侍郎东都放榜，西都过堂。杜牧有诗曰：“东都放榜未花开，三十三人走马回。秦地少年多酿酒，却将春色入关来。”（《唐摭言》卷三《慈恩寺题名游赏赋咏杂记》）

十、开成五年，乐和李公榜，于时上在谅暗，故新人游赏，率常雅饮。诗人赵嘏寄赠曰：“天上高高月桂丛，分明三十一枝风。满怀春色向人动，遮路乱花迎马红。鹤驭回飘云雨外，兰亭不在管弦中。居然自是前贤事，何必青楼倚翠空？”（《唐摭言》卷三《慈恩寺题名游赏赋咏杂记》）

十一、宝历年中，杨嗣复相公具庆下继放两榜。时先仆射自东洛入觐，嗣复率生徒迎于潼关，既而大宴于新昌里第。仆射与所执坐于正寝，公领诸生翼坐于两序。时元、白俱在，皆赋诗于席上，唯刑部杨汝士侍郎诗后成，元、白览之失色。诗曰："隔坐应须赐御屏，尽将仙翰入高冥。文章旧价留鸾掖，桃李新阴在鲤庭。再岁生徒陈贺宴，一时良史尽传馨。当年疏傅虽云盛，讵有兹筵醉醁醽。"汝士其日大醉，归谓子弟曰："我今日压倒元、白。"(《唐摭言》卷三《慈恩寺题名游赏赋咏杂记》)

十二、大顺中，王涣自左史拜考功员外，同年李德邻自右史拜小戎，赵光胤自补衮拜小仪，王拯自小版拜小勋。涣首唱长句，感恩上裴公曰："青衿七十榜三年，建礼含香次第迁。珠彩乍连星错落，桂花曾到月婵娟。玉经磨琢多成器，剑拔沉埋便倚天。应念衔恩最深者，春来为寿拜尊前。"裴公答曰："谬持文柄得时贤，粉署清华次第迁。昔岁策名皆健笔，今朝称职并同年。各怀器业宁推让，俱上青霄岂后先。何事老来犹赋咏，欲将酬和永留传。"(《唐摭言》卷三《慈恩寺题名游赏赋咏杂记》)

十三、王起于会昌中放第二榜，内道场诗僧广宣以诗寄贺曰："从辞凤阁掌丝纶，便向青云领贡宾。再辟文场无枉路，两开金榜绝冤人。眼看龙化门前水，手放莺飞谷口春。明日定归台席去，鹡鸰原上共陶钧。"起答曰："延英面奉入青闱，亦选功夫亦选奇。在冶只求金不耗，用心空学称无私。龙门变化人皆望，莺谷飞鸣自有时。独喜向公谁是证，弥天上士与新诗。"(《唐摭言》卷三《慈恩寺题名游赏赋咏杂记》)

十四、周墀任华州刺史，武宗会昌三年，王起仆射再主文柄，墀以诗寄贺，并序曰："仆射十一叔以文学德行，当代推高。在长庆之间，春闱主贡，采摭孤进，至今称之。近者，朝廷以文柄重难，将抑浮华，详明典实，繇是复委前务，三领贡籍，迄今二十二年于兹，亦搢绅儒林罕有如此之盛况。新榜既至，众口称公。墀忝沐深恩，喜陪诸彦，因成七言四韵诗一首，辄敢寄献，用导下情，兼呈新及第进士：'文场三化鲁儒生，二十余年振重名。曾忝《木鸡》夸羽翼，又陪金马入蓬瀛。虽欣月桂居先折，更羡春兰最后荣。欲到龙门看风水，关防不许暂离营。'"时诸进士皆贺。起答曰："贡院离来二十霜，谁知更忝主文场。杨叶纵能穿旧的，桂枝何必爱新香。九重每忆同仙禁，六义初吟得夜光。莫道相知不相见，莲峰之下欲征黄。"(《唐摭言》卷三《慈恩寺题名游赏赋咏杂记》)

十五、杨汝士尚书镇东川，其子知温及第。汝士开家宴相贺，营妓咸集。汝士命人与红绫一匹。诗曰："郎君得意及青春，蜀国将军又不贫。一曲高歌绫一匹，两头娘子谢夫人。"(《唐摭言》卷三《慈恩寺题名游赏赋咏杂记》)

十六、华州榜，薛侍郎示诸门生诗曰："时君过听委平衡，粉署华灯到晓明。开卷固难窥浩汗，执心空欲慕公平。机云笔舌临文健，沈宋篇章发韵清。自笑观光浑昨日，披心争不愧群生！"(《唐摭言》卷三《慈恩寺题名游赏赋咏杂记》)

十七、裴思谦状元及第后，作红笺名纸十数，诣平康里，因宿于里中。诘旦，赋诗曰："银缸斜背解鸣珰，小语偷声贺玉郎。从此不知兰麝贵，夜来新惹桂枝香。"(《唐摭言》卷三《慈恩寺题名游赏赋咏杂记》)

十八、郑合敬先辈及第后，宿平康里，诗曰："春来无处不闲行，楚闰相看别有情。好是五更残酒醒，时时闻唤状头声。"(《唐摭言校证》卷三《慈恩寺题名游赏赋咏杂记》)

十九、卢肇，袁州宜春人，与同郡黄颇齐名。颇富于产，肇幼贫乏。与颇赴举，同日遵路，郡牧于离亭饯颇而已。时乐作酒酣，肇策蹇邮亭侧而过，出郭十余里，驻程俟颇为侣。明年，肇状元及第而归，刺史已下接之，大惭恚。会延肇看竞渡，于席上赋诗曰："向道是龙刚不信，果然衔得锦标归。"(《唐摭言》卷三《慈恩寺题名游赏赋咏杂记》)

二十、大中十年，郑颢都尉放榜，请假往东洛觐省，生徒饯于长乐驿。俄有纪于屋壁曰："三十骅骝一烘尘，来时不锁杏园春。杨花满地如飞雪，应有偷游曲水人。"(《唐摭言》卷三《慈恩寺题名游赏赋咏杂记》)

二十一、神龙已来，杏园宴后，皆于慈恩寺塔下题名，同年中推一善书者纪之。他时有将相，则朱书之。及第后知闻，或遇未及第时题名处，则为添"前"字。或诗曰："曾题名处添前字，送出城人乞旧衣。"(《唐摭言》卷三《慈恩寺题名游赏赋咏杂记》)

二十二、苗台符六岁能属文，聪悟无比，十余岁博览群籍，著《皇心》三十卷，年十六及第。张读亦幼擅词赋，年十八及第。同年进士，同佐郑薰少师宣州幕。二人尝列题于西明寺之东庑，或窃注之曰："一双前进士，两个阿孩儿。"台符十七不禄，读位至正卿。(《唐摭言》卷三《慈恩寺题名游赏赋咏杂记》)

二十三、李汤题名于昭应县楼，韦蟾睹之，走笔留谑曰："渭水秦川拂眼明，希仁何事寡诗情？只应学得虞姬婿，书字才能记姓名。"(《唐摭言》卷三《慈恩寺题名游赏赋咏杂记》)

二十四、裴晋公赴敌淮西，题名华岳之阙门。大顺中，户部侍郎司空图以一绝纪之曰:“岳前大队赴淮西,从此中原息战鞞。石阙莫教苔藓上,分明认取晋公题。”(《唐摭言》卷三《慈恩寺题名游赏赋咏杂记》)

二十五、白乐天一举及第,诗曰:“慈恩塔下题名处,十七人中最少年。”乐天时年二十七,省试《性习相近远赋》,《玉水记方流》诗。携之谒李凉公逢吉。公时为校书郎,于时将他适。白遽造之,逢吉行携行看,初不以为意,及览赋头曰:“噫!下自人,上达君。咸德以慎立,而性由习分。”逢吉大奇之,遂写二十余本,其日十七本都出。(《唐摭言》卷三《慈恩寺题名游赏赋咏杂记》)

二十六、刘虚白与太平裴公早同砚席。及公主文,虚白犹是举子。试杂文日,帘前献一绝句曰:“二十年前此夜中,一般灯烛一般风。不知岁月能多少,犹著麻衣待至公。”(《唐摭言》卷四《与恩地旧交》)

二十七、贞元十三年,李挚以大宏词振名,与李行敏同姓,同年,同登第,又同甲子,又同门。挚尝答行敏诗曰:“因缘三纪异,契分四般同。”(《唐摭言》卷四《师友》)

二十八、杜工部交郑广文,尝以诗赠虔曰:“诸公衮衮登台省,广文先生官独冷。甲第纷纷厌粱肉,广文先生饭不足。先生有义出羲皇,先生所孤或屈宋。德尊一代常坎壈,名垂万古知何用。杜陵野老人更嗤,短褐身窄鬓如丝。日籴太仓五升米,时赴郑老同襟期。得钱则相觅,沽酒不复疑。忘形到尔汝,痛饮真我师。清夜沉沉动春酌,灯前细雨檐花落。但觉高歌有鬼神,焉知饿死填沟壑!相如逸才亲涤器,子云识字终投阁。先生早赋《归去来》,石田茅屋荒苍苔。儒术于我何有哉?孔丘盗跖俱尘埃。不须闻此意惨澹,生前相遇且衔杯。”又曰:“广文到官舍,系马堂阶下。醉则骑马归,频遭官长骂。垂名三十年,坐客寒无毡。赖得苏司业,时时与酒钱。”及虔即世,甫赋《八哀诗》,其一章诔虔也。(《唐摭言》卷四《师友》)

二十九、方干师徐凝。干常刺凝曰:“把得新诗草里论。”反语曰“村里老”。李频师方干,后频及第,诗僧清越赠干诗云:“弟子已得桂,先生犹灌园。”(《唐摭言》卷四《师友》)

三十、景福中,江西节度使钟传遣僧从约进《法华经》一千部,上待之恩渥有加,宣从约入内赐斋,而锡紫衣一副。将行,太常博士戴司颜以诗赠行,略曰:“远来朝凤阙,归去恋元侯。”时吴子华任中谏,司颜仰公之名,志在属和,以为从约之资。融览之,拊掌大笑曰:“遮阿师更不要见,便把拽出得。”其承奉如

此矣。(《唐摭言》卷五《切磋》)

三十一、卢延让,光化三年登第。先是,延让师薛许下为诗,词意入癖,时人多笑之。吴翰林融为侍御史,出官峡中,延让时薄游荆渚,贫无卷轴,未遑贽谒。会融表弟滕籍者,偶得延让百篇,融览,大奇之,曰:"此无他,贵不寻常耳。"于是称之于府主成汭。时故相张公职大租于是邦,常以延让为笑端,及融言之,咸为改观,由是大获举粮,延让深所感激。然犹因循,竟未相面。后值融赴急征,入内庭,孜孜于公卿间,称誉不已。光化戊午岁,来自襄南。融一见如旧相识,延让呜咽流涕,于是攘臂成之矣。(《唐摭言》卷六《公荐 门生荐坐主师友相荐附》)

三十二、相公昔在南中,自为《岳阳集》,有《送别》诗云:"谁念三千里,江潭一老翁。"则知虞卿非穷愁不能著书以自见,贾谊非流窜不能作赋以自安。公当此时,思欲生入京华,老归田里,脱身瘴疠,其可得乎?今则不然,忘往日之栖迟,贪暮年之富贵。仆恐前途更失,后悔难追。主上以相公为贤,使辅佐社稷,若弃德不让,是废明君之举,岂曰能贤?仆见相公事方急,不可默诸桃李。公闻人之言或中,犹可收以桑榆。《诗》曰:"投我以木瓜,报之以琼琚。"此言虽小,可以喻大。相公《五君咏》曰:"凄凉丞相府,余庆在玄成。"苏公一闻此诗,移相公于荆府,积渐至相,由苏得也。今苏屈居益部,公坐庙堂,投木报琼,义将安在?亦可举苏以自代,然后为方朔之行。(《唐摭言》卷六《公荐 门生荐坐主师友相荐附》)

三十三、抑又闻之,昔闵子骞为政,曰:"仍旧贯,如之何?何必改作?"凡校书、正字,一政不得入畿。相公曾为此职,见贞观已来故事。今吏部侍郎杨滔,眼不识字,心不好贤,芜秽我清司,改张我旧贯,去年冬奏:"请自今已后,官无内外,一例不得入畿。"即知正字、校书,不如十乡县尉;明经、进士,不如三卫出身。相公复此改张,甄别安在?古人有坐钓登相,立筹封侯。今仆无尚父之谋,薛公之策,徒以仕于书苑,生于学门,小道逢时,大言祈相,仆也幸甚,幸甚!去冬有诗赠公爱子协律,其诗有句云:"官微思倚玉,交浅怯投珠。"《吕氏春秋》云:"尝一脔之肉,知一鼎之味。"请公且看此十字,则知仆曾吟五言,则亦更有旧文,愿呈作者。如公之用人,盖已多矣;仆之思用,其来久矣。拾遗补阙,宁有种乎?仆虽不佞,亦相公一株桃李也。此书上论不雨,阴阳乖度,中愿相公进贤为务,下论仆身求用之路。事繁而言不典,理切而语多忤。其善也,必为执事所哂；其恶也，必为执事所怒。傥哂既罢，怒方解，则仆当持旧文章而再拜来也。（《唐摭言》卷六《公荐 门生荐坐主师友相荐附》）

三十四、韩偓，天复初入翰林。其年冬，车驾出幸凤翔府，偓有扈从之功。返正初，上面许偓为相。奏云：“陛下运契中兴，当复用重德，镇风俗。臣坐主右仆射赵崇可以副陛下是选，乞回臣之命授崇，天下幸甚。”上嘉叹。翌日，制用崇暨兵部侍郎王赞为相。时梁太祖在京，素闻崇之轻佻，赞复有嫌衅，驰入请见，于上前具言二公长短。上曰：“赵崇是偓荐。”时偓在侧，梁主叱之。偓奏曰：“臣不敢与大臣争。”上曰：“韩偓出。”寻谪官入闽。故偓有诗曰：“手风慵展八行书，眼暗休看九局图。窗里日光飞野马，桉前�管长蒲卢。谋身拙为安蛇足，报国危曾捋虎须。满世可能无默识，未知谁拟试齐竽。”（《唐摭言》卷六《公荐 门生荐坐主师友相荐附》）

三十五、王播少孤贫，尝客扬州惠昭寺木兰院，随僧斋餐。诸僧厌怠，乃斋罢而后击钟。播至，已饭矣。后二纪，播自重位出镇是邦，因访旧游，向之题已皆碧纱幕其上。播继以二绝句，曰：“三十年前此院游，木兰花发院新修。而今再到经行处，树老无花僧白头。”“上堂已了各西东，惭愧阇黎饭后钟。三十年来尘扑面，如今始得碧纱笼。”（《唐摭言》卷七《起自寒苦 不第即贵附》）

三十六、元和十一年，岁在丙申，李凉公下三十三人皆取寒素。时有诗曰：“元和天子丙申年，三十三人同得仙。袍似烂银文似锦，相将白日上青天。”（《唐摭言》卷七《好放孤寒》）

三十七、李太尉德裕颇为寒进开路，及谪官南去，或有诗曰：“八百孤寒齐下泪，一时南望李崖州。”（《唐摭言》卷七《好放孤寒》）

三十八、杜紫微览赵渭南卷《早秋》诗云：“残星几点雁横塞，长笛一声人倚楼。”吟味不已，因目嘏为“赵倚楼”。复有赠嘏诗曰：“今代风骚将，谁登李杜坛？灞陵鲸海动，翰苑鹤天寒。今日访君还有意，三条冰雪借予看。”紫微更寄张祜，略曰：“睫在眼前长不见，道非身外更何求？谁人得似张公子，千首诗轻万户侯。”（《唐摭言》卷七《知己》）

三十九、贞元十一年，吕渭第一榜，挠闷不能定去留，因以诗寄前主司曰：“独坐贡闱里，愁多芳草生。仙翁昨日事，应见此时情。”（《唐摭言》卷八《主司挠闷》）

四十、彭伉、湛贲，俱袁州宜春人，伉妻即湛姨也。伉举进士擢第，湛犹为县吏。妻族为置贺宴，皆官人名士。伉居客之右，一座尽倾。湛至，命饭于后阁，湛无难色，其妻忿然责之曰："男子不能自励，窘辱如此，复何为容！"湛感其言，孜孜学业，未数载，一举登第。伉常侮之，时伉方跨长耳，纵游于郊郭，忽有僮驰报："湛郎及第。"伉失声而坠。故袁人谑曰："湛郎及第，彭伉落驴。"（《唐摭言》卷八《以贤妻激劝而得者》）

四十一、顾非熊，况之子，滑稽好辩，陵轹气焰子弟，为众所怒。非熊既为所排，在举场三十年，屈声聒人耳。长庆中，陈商发榜，上怪无非熊名，诏有司追榜放及第。时天下寒进，皆知劝矣。诗人刘得仁贺诗曰："愚为童稚时，已解念君诗，及得高科晚，须逢圣主知。"（《唐摭言》卷八《已落重收》）

四十二、杨严等，会昌四年王起奏五人：杨知至、源重、郑朴、杨严、窦缄，恩旨令送所试杂文，付翰林重考覆。续奉进止，杨严一人，宜与及第，源重四人落下。时杨知至因以长句呈同年曰："由来梁燕与冥鸿，不合翩翾向碧空。寒谷谩劳邹氏律，长天独遇宋都风。此时泣玉情虽异，他日衔环事亦同。三月春光正摇荡，无能得醉杏园中。"（《唐摭言》卷八《别头及第》）

四十三、裴筠婚萧楚公女，言定未几，便擢进士。罗隐以一绝刺之，略曰："细看月轮还有意，信知青桂近嫦娥。"（《唐摭言》卷九《误掇恶名》）

四十四、邵安石，连州人也。高湘侍郎南迁归阙，途次连江，安石以所业投献遇知，遂挈至辇下。湘主文，安石擢第。诗人章碣赋《东都望幸》诗刺之曰："懒修珠翠上高台，眉月连娟恨不开。纵使东巡也无益，君王自领美人来。"（《唐摭言》卷九《好知己恶及第》）

四十五、何泽，韶阳曲江人也。父鼎，容管经略，有文称。泽，乾宁中随计至三峰行在。永乐崔公，即泽之同年丈人也，闻泽来举，乃以一绝振之曰："四十九年前及第，同年唯有老夫存。今日殷勤访我子，稳将鬐鬣上龙门。"时主文与夺未分，又会相庭有所阻，因之败于垂成，后漂泊关外。梁太祖受禅，泽假广南幕职入贡，敕赐及第。（《唐摭言》卷九《表荐及第》）

四十六、平曾谒华州李相，不遇，因吟一绝而去，曰："老夫三日门前立，珠箔银屏昼不开。诗卷却抛书袋里，譬如闲看华山来。"（《唐摭言》卷一〇《海叙不遇》）

四十七、刘鲁风，江西投谒所知，颇为典谒所沮，因赋一绝曰："万卷书生刘鲁风，烟波万里谒文翁。无钱乞与韩知客，名纸毛生不为通。"（《唐摭言》卷

一〇《海叙不遇》)

四十八、罗隐,光化中犹佐两浙幕。同院沈嵩,得新榜封示隐,隐批一绝于纸尾曰:“黄土原边狡兔肥,矢如流电马如飞。灞陵老将无功业,犹忆当时夜猎归。”(《唐摭言》卷一〇《海叙不遇》)

四十九、卢汪门族,甲于天下,因官,家于荆南之塔桥。举进士二十余上不第,满朝称屈。尝赋一绝,颇为前达所推,曰:“惆怅兴亡系绮罗,世人犹自选青娥。越王解破夫差国,一个西施已太多。”晚年失意,因赋《酒胡子》长歌一篇甚著,叙曰:“二三子逆旅相遇,贳酒于旁舍,且无丝竹,以用娱宾友。兰陵掾淮南生探囊中得酒胡子,置于座上,拱而立,令曰:‘巡觞之胡人,心俯仰旋转,所向者举杯。’胡貌类人,亦有意趣。然而倾侧不定,缓急由人,不在酒胡也。作《酒胡歌》以诮之曰:‘同心相遇思同欢,擎出酒胡当玉盘,盘中𩨒𩪘不自定,四座亲宾注意看。可亦不在心,否亦不在面,徇俗随人自圆转,酒胡五藏属他人,十分亦是无情劝。尔不耕,亦不饥;尔不蚕,亦有衣。有眼不曾分黼黻,有口不能明是非。鼻何尖?眼何碧?仪形本非天地力。雕镌匠意若多端,翠帽朱衫巧装饰。长安斗酒十千酤,刘伶平生为酒徒。刘伶虚向酒中死,不得酒池中拍浮。酒胡一滴不入肠,空令酒胡名酒胡。’”(《唐摭言》卷一〇《海叙不遇》)

五十、罗隐,梁开平中累征夕郎不起,罗衮以小天倅大秋姚公使两浙,衮以诗赠隐曰:“平日时风好涕流,《谗书》虽盛一名休。寰区叹屈瞻《天问》,夷貊闻诗过海求。向夕便思青琐拜,近年寻伴赤松游。何当世祖从人望,早以公台命卓侯。”隐答曰:“昆仑水色九般流,饮即神仙憩即休。敢恨守株曾失意,始知缘木更难求。鸰原谩欲均余力,鹤发那堪问旧游。遥望北辰当上国,羡君归棹五诸侯。”(《唐摭言》卷一〇《海叙不遇》)

五十一、孙定,字志元,涪州大戎之族子,长于储。定数举矣,而储方欲就贡。或访于定,定谑曰:“十三郎仪表堂堂,好个军将,何须以科第为资!”储颇衔之。后储贵达,未尝言定之长。晚年丧志,放意杯酒。景福二年,下第游京,西出开远门,醉中走笔寄储诗曰:“行行血泪洒尘襟,事逐东流渭水深。愁跨蹇驴风尚紧,静投孤店日初沉。一枝犹挂东堂梦,千里空驰北巷心。明日悲歌又前去,满城烟树噪春禽。”定诗歌千余首,多委于兵火,竟无成而卒。(《唐摭言》卷一〇《海叙不遇》)

五十二、刘得仁,贵主之子。自开成至大中三朝,昆弟皆历贵仕,而得仁苦于诗。出入举场三十年，竟无所成。尝自述曰："外家虽是帝，当路且无亲。"既终，诗人争为诗以吊之。唯供奉僧栖白擅名，诗曰："忍苦为诗身到此，冰魂雪魄已难招。直教桂子落坟上，生得一枝冤始销。"(《唐摭言》卷一〇《海叙不遇》)

五十三、刘光远，不知何许人。慕李长吉为长短歌，尤能埋没意绪。竟不知其所终。(《唐摭言》卷一〇《海叙不遇》)

五十四、姚岩杰，梁国公元崇之裔孙。童丱聪悟绝伦，弱冠博通坟典，慕班固、司马迁为文，时称大儒。尝以诗酒放游江左，尤肆陵忽前达，旁若无人。乾符中，颜标典鄱阳，鞠场宇初构，岩杰纪其事。文成，粲然千余言。标欲刊去一两字，岩杰大怒。既而标以睚眦，已勒石，遂命覆碑于地，以车牛拽之磨去。岩杰以一篇纪之曰："为报颜公识我么，我心唯只与天和。眼前俗物关情少，醉后青山入意多。田子莫嫌弹铗恨，宁生休唱饭牛歌。圣朝若为苍生计，也合公车到薜萝。"卢子发牧歙州，岩杰在婺源，先以著述寄肇。肇知其人性使酒，以手书褒美，赠之以束帛，辞以兵火之后，郡中凋弊，无以迎逢大贤。岩杰复以长笺激之，始以文友相遇，千载一时。肇不得已，辍所乘马，迎至郡斋，馆谷如公卿礼。既而日肆傲睨，轻视子发。子发尝以篇咏诧于岩杰曰："明月照巴山。"岩杰笑曰："明月照天下，奈何独照巴山耶?"子发惭不得意。无何，会于江亭，时蒯希逸在席，子发改令曰："目前取一联象令。"主曰："远望渔舟，不阔尺八。"岩杰遽饮酒一器，凭栏呕哕。须臾，即席，还肇令曰："凭栏一吐，已觉空喉。"有集二十卷，目曰《象溪子》。中和末，豫章大乱，岩杰苦河鱼之疾，寓于逆旅，竟不知其所终。(《唐摭言》卷一〇《海叙不遇》)

五十五、胡玢，不知何许人，尝隐庐山，苦心于五七言。《桑落洲》一篇曰："莫问桑田事，但看桑落洲。数家新住处，昔日大江流。古岸崩欲尽，平沙长未休。想应百年后，人世更悠悠。"又《月》诗云："轮中别有物，光外更无空。"玢与李骘旧交，骘廉问江西，弓旌不至。(《唐摭言》卷一〇《海叙不遇》)

五十六、段维，或云忠烈之后。年及强仕，殊不知书。一旦自悟其非，闻中条山书生渊薮，因往请益。众以年长犹未发蒙，不与授经。或曰："以律诗百余篇，俾其讽诵。"翌日，维悉能强记，诸生异之。复授八韵一轴，维诵之如初，因授之《孝经》。自是未半载，维博览经籍，下笔成文，于是请下山求书粮。至蒲、陕间，遇一前资郡牧即世，请维志其墓。维立成数百言，有燕、许风骨，厚获濡润。而乃性嗜煎饼，尝为文会，每个煎饼才熟，而维一韵赋成。咸通、乾符中，声名籍甚，竟无所成而卒。(《唐摭言》卷一〇《海叙不遇》)

五十七、罗虬辞藻富赡，与宗人隐、邺齐名。咸通、乾符中，时号"三罗"。广明庚子乱后，去从鄜州李孝恭。籍中有红儿者，善肉声，常为贰车属意。会贰车骋邻道，虬请红儿歌，而赠之缯彩。孝恭以副车所贮，不令受所贶。虬怒，拂衣而起。诘旦，手刃红儿，绝句百篇，号《比红诗》，大行于时。(《唐摭言》卷一〇《海叙不遇》)

五十八、李贺，字长吉，唐诸王孙也，父瑨肃，边上从事。贺年七岁，以长短之制，名动京华。时韩文公与皇甫湜览贺所业，奇之，而未知其人。因相谓曰:"若是古人，吾曹不知者;若是今人，岂有不知之理!"会有以瑨肃行止言者，二公因连骑造门，请见其子。既而总角荷衣而出，二公不之信，因面试一篇，承命欣然，操觚染翰，旁若无人，仍目曰《高轩过》，曰:"华裾织翠青如葱，金环压辔摇冬珑，马蹄隐耳声隆隆。入门下马气如虹，云是东京才子、文章巨公。二十八宿罗心胸，殿前作赋声摩空，笔补造化天无功。元精炯炯贯当中，庞眉书客感秋蓬，谁知死草生华风。我今垂翅负冥鸿，他日不羞蛇与龙。"二公大惊，以所乘马命连镳而还所居，亲为束发。年未弱冠，丁内艰。他日举进士，或谤贺不避家讳，文公特著《辨讳》一篇，不幸未登壮室而卒。(《唐摭言》卷一〇《韦庄奏请追赠不及第人近代者》)

五十九、皇甫松著《醉乡日月》三卷，自叙之矣。或曰，松，丞相奇章公表甥，然公不荐。因襄阳大水，遂为《大水变》，极言诽谤，有"夜入真珠室，朝游玳瑁宫"之句。公有爱姬名真珠。(《唐摭言》卷一〇《韦庄奏请追赠不及第人近代者》)

六十、方干，桐庐人也，幼有清才，为徐凝所器，诲之格律。干或有句云:"把得新诗草里论。"反语云"村里老"，谑凝而已。王大夫廉问浙东，干造之，连跪三拜，因号"方三拜"。王公将荐之于朝，请吴子华为表草。无何，公遘疾而卒，事不谐矣。(《唐摭言》卷一〇《韦庄奏请追赠不及第人近代者》)

六十一、襄阳诗人孟浩然，开元中颇为王右丞所知。句有"微云淡河汉，疏雨滴梧桐"者，右丞吟咏之，常击节不已。维待诏金銮殿，一旦，召之商较《风》、《雅》，忽遇上幸维所，浩然错愕伏床下。维不敢隐，因之奏闻。上欣然曰:"朕素闻其人。"因得诏见。上曰:"卿将得诗来耶?"浩然奏曰:"臣偶不赍所业。”上即命吟，浩然奉诏，拜舞念诗曰：“此阙休上书，南山归卧庐。不才明主弃，多病故人疏。”上闻之怃然曰：“朕未曾弃人，自是卿不求进，奈何反有此作！”因命放归南山，终身不仕。（《唐摭言》卷一一《无官受黜》）

六十二、开成中，温庭筠才名籍甚，然罕拘细行，以文为货，识者鄙之。无何，执政间复有恶奏庭筠搅扰场屋，黜随州县尉。时中书舍人裴坦当制，忸怩含毫久之。时有老吏在侧，因讯之升黜，对曰：“舍人合为责辞，何者？入策进士，与望州长、马一齐资。”坦释然，故有泽畔、长沙之比。庭筠之任，文士诗人争为辞送，唯纪唐夫得其尤，诗曰：“何事明时泣玉频，长安不见杏园春。凤皇诏下虽沾命，鹦鹉才高却累身。且饮绿醽销积恨，莫辞黄绶拂行尘。方城若比长沙远，犹隔千山与万津。”（《唐摭言》卷一一《无官受黜》）

六十三、长沙日试万言王璘辞学富赡，非积学所致。崔詹事廉问，特表荐之于朝。先是试之于使院，璘请书史十人，皆给笔砚。璘缜绨扪腹，往来口授，十吏笔不停辍。首题《黄河赋》三千字，数刻而成。复为《鸟散余花落》诗二十首，援毫而就。时忽风雨暴至，数幅为回飙所卷，泥滓沾渍，不胜舒卷。璘曰：“勿取，但将纸来。”复纵笔一挥，斯须复十余篇矣。时未亭午，已构七千余言。詹事传语试官曰：“万言不在试限，请屈来饮酒。”《黄河赋》复有僻字百余，请璘对众朗宣。旁若无人。至京师，时路庶人方当钧轴，遣一介召之。璘意在沽激，曰：“请俟见帝。”岩闻之，大怒，亟命奏废万言科。璘杖策而归，放旷于杯酒间，虽屠沽无间然矣。（《唐摭言》卷一一《荐举不捷》）

六十四、杨知至，会昌五年王仆射重奏五人：源重、杨和至、杨严、郑朴、窦缄，奉敕特放杨严，其余四人皆落。知至咸恩自吊，诗曰：“由来梁燕与冥鸿，不合翩翾向碧空。寒谷谩随邹氏律，长天独遇宋都风。当时泣玉情虽异，他日衔环事亦同。二月春光花澹荡，无因得醉杏园中。”（《唐摭言》卷一一《已得复失》）

六十五、张渍，会昌五年陈商下状元及第，翰林覆落渍等八人。赵渭南贻渍诗曰：“莫向春风诉酒杯，谪仙真个是仙才。犹堪与世为祥瑞，曾到蓬山顶上来。”（《唐摭言》卷一一《已得复失》）

六十六、李义山师令狐文公。大中中，赵公在内廷。重阳日，义山谒不见，因以一篇纪于屏风而去，诗曰：“曾共山公把酒卮，霜天白菊正离披。十年泉下无消息，九日樽前有所思。莫学汉臣栽苜蓿，还同楚客咏江蓠。郎君渐贵

施行马，东阁无因更重窥。”（《唐摭言》卷一一《怨怒 贡直附》）

六十七、张曙、崔昭纬，中和初西川同举，相与诣日者问命。时曙自恃才名籍然，人皆呼为“将来状元”，崔亦分居其下。无何，日者殊不顾曙，目崔曰：“将来万全高第。”曙有愠色。日者曰：“郎君亦及第，然须待崔家郎君拜相，当于此时过堂。”既而，曙果以惨恤不终场，昭纬其年首冠。曙以篇什刺之曰：“千里江山陪骥尾，五更风水失龙鳞。昨夜浣花溪上雨，绿杨芳草属何人。”崔甚不平。会夜饮，崔以巨觥饮张，张推辞再三。崔曰：“但吃，却待我作宰相，与你取状头。”张拂衣而去，因之大不叶。后七年，崔自内廷大拜，张后于三榜裴公下及第，果于崔公下过堂。（《唐摭言》卷一一《怨怒 贡直附》）

六十八、崔珏佐大魏公幕，与副车袁充常侍不叶，公俱荐之于朝。崔拜芸阁雠校，纵舟江浒。会有客以丝桐诣公，公善之，而欲振其名，命以乘马迎珏，共赏绝艺。珏应召而至，公从容为客请一篇。珏方怀怫郁，因此发泄所蓄，诗曰：“七条弦上五音寒，此艺知音自古难。唯有河南房次律，始终怜得董庭兰。”公大惭恚。（《唐摭言》卷一一《怨怒 贡直附》）

六十九、卢延让业癖涩诗，吴翰林虽以赋卷擢第，然八面受敌，深知延让之能。延让始投贽，卷中有《说诗》一篇，断句云：“因知文赋易，为下者之乎。”子华笑曰：“上门恶骂来。”（《唐摭言》卷一二《自负》）

七十、崔橹酒后失忤虔州陆郎中肱，以诗谢之曰：“醉时颠蹶醒时羞，麹蘖催人不自由。叵耐一双穷相眼，不堪花卉在前头。”（《唐摭言》卷一二《酒失》）

七十一、元相公在浙东时，宾府有薛书记，饮酒醉后，因争令掷注子，击伤相公犹子，遂出幕。醒来，乃作《十离诗》上献府主：

驯扰朱门四五年，毛香足净主人怜。无端咬着亲情客，不得红丝毯上眠。犬离主。

越管宣毫始称情，红笺纸上撒花琼。都缘用久锋头尽，不得羲之手里擎。笔离手。

云耳红毛浅碧蹄，追风曾到日东西。为惊玉貌郎君坠，不得华轩更一嘶。马离厩。

陇西独自一孤身，飞去飞来上锦裀。都缘出语无方便，不得笼中更唤人。鹦鹉离笼。

出入朱门未忍抛，主人常爱语交交。衔泥秽污珊瑚簟，不得梁间更垒巢。

燕离巢。

皎洁圆明内外通，清光似眼水精宫，都缘一点瑕相秽，不得终宵在掌中。珠离掌。

戏跃莲池四五秋，常摇朱尾弄轮钩。无端摆断芙蓉朵，不得清波更一游。鱼离池。

爪利如锋眼似铃，平原捉兔称高情。无端窜向青云外，不得君王手上擎。鹰离主。

蓊郁新栽四五行，常将贞节负秋霜。为缘春笋钻墙破，不得垂阴覆玉堂。竹离亭。

铸泻黄金镜始开，初生三五月徘徊。为遭无限尘蒙蔽，不得华堂上玉台。镜离台。

马上同携今日杯，湖边还折去年梅。年年只是人空老，处处何曾花不开。歌咏每添诗酒兴，醉酣还命管弦来。樽前百事皆依旧，点检唯无薛秀才。元公诗。（《唐摭言》卷一二《酒失》）

七十二、开元中，李翰林应诏草《白莲花开序》及《宫词》十首。时方大醉，中贵人以冷水沃之。稍醒，白于御前索笔一挥，文不加点。（《唐摭言》卷一三《敏捷》）

七十三、温庭筠烛下未尝起草，但笼袖凭几，每赋一咏，一吟而已，故场中号为温八吟。（《唐摭言》卷一三《敏捷》）

七十四、段维晚富辞藻，敏赡第一。常私试八韵，好吃煎饼，凡一个煎饼成，一韵粲然。（《唐摭言》卷一三《敏捷》）

七十五、短李镇扬州，请章孝标赋《春雪》诗，命札于台盘上。孝标唯然，索笔一挥，云："六出飞花处处飘，黏窗拂砌上寒条。朱门到晚难盈尺，尽是三军喜气消。"（《唐摭言》卷一三《敏捷》）

七十六、白中令镇荆南，杜蕴常侍廉问长沙，时从事卢发致聘焉。发酒酣傲睨，公少不怿，因改著词令曰："十姓胡中第六胡，也曾金阙掌洪炉。少年从事夸门地，莫向樽前喜气粗。"卢答曰："十姓胡中第六胡，文章官职胜崔卢。暂来关外分忧寄，不称宾筵语气粗。"公极欢而罢。（《唐摭言》卷一三《敏捷》）

七十七、张祜客淮南，幕中赴宴，时杜紫微为支使。南座有属意之处，索骰子赌酒。牧微吟曰："骰子巡巡裹手拈，无因得见玉纤纤。"祜应声曰："但知

报道金钗落，仿佛还应露指尖。”（《唐摭言》卷一三《敏捷》）

七十八、柳棠谒梓州杨尚书，因赴社宴，杨公逼棠巨鱼，棠坚不饮，杨公口占一篇曰：“文章谩道能吞凤，杯盏何曾解吃鱼。今日梓州陪社宴，定应遭者老尚书。”棠应声曰：“未向燕台逢厚礼，幸陪社会接余欢。一鱼吃了终无愧，鲲化为鹏也不难。”（《唐摭言》卷一三《敏捷》）

七十九、柳公权，武宗朝在内庭，上常怒一宫嫔久之，既而复召，谓公权曰：“朕怪此人，然若得学士一篇，当释然矣。”目御前有蜀笺数十幅，因命授之。公权略不伫思而成一绝，曰：“不忿前时忤主恩，已甘寂寞守长门。今朝却得君王顾，重入椒房拭泪痕。”上大悦，赐锦彩二十匹，令宫人拜谢之。（《唐摭言》卷一三《敏捷》）

八十、裴虔余，咸通末佐北门李公淮南幕。尝游江，舟子刺船，误为竹篙溅水，湿近座之衣，公为之色变。虔余遽请彩笺，纪一绝曰：“满额鹅黄金缕衣，翠翘浮动玉钗垂。从教水溅罗衣湿，知道巫山行雨归。”公览之极欢，命讴者传之矣。（《唐摭言》卷一三《敏捷》）

八十一、韦蟾左丞至长乐驿亭，见李汤给事题名，索笔纪之曰：“渭水秦山豁眼明，希仁何事寡诗情？只应学得虞姬婿，书字才能记姓名。”（《唐摭言》卷一三《敏捷》）

八十二、郑仁表起居经过沧浪峡，憩于长亭。邮吏坚进一板，仁表走笔曰：“分陕东西路正长，行人名利火燃汤。路旁著个沧浪峡，真是将闲搅撩忙。”（《唐摭言》卷一三《敏捷》）

八十三、沈亚之尝客游，为小辈所试曰：“某改令书俗语各两句：伐木丁丁，鸟鸣嘤嘤。东行西行，遇饭遇羹。”亚之答曰：“如切如磋，如琢如磨。欺客打扫，不当喽啰。”（《唐摭言》卷一三《矛楯》）

八十四、元和中，长安有沙门，善病人文章，尤能捉语意相合处。张水部颇恚之，冥搜愈切，因得句曰：“长因送人处，忆得别家时。”径往夸扬，乃曰：“此应不合前辈意也。”僧微笑曰：“此有人道了也。”籍曰：“向有何人?”僧乃吟曰：“见他桃李树，思忆后园春。”籍因抚掌大笑。（《唐摭言》卷一三《矛楯》）

八十五、章孝标及第后，寄淮南李相曰：“及第全胜十改官，金汤镀了出长安。马头渐入扬州郭，为报时人洗眼看。”绅亟以一绝箴之曰：“假金方用真金镀，若是真金不镀金。十载长安得一第，何须空腹用高心。”（《唐摭言》卷一三

《矛楯》）

八十六、方干姿态山野，且更兔缺，然性好陵侮人。有龙丘李主薄者，不知何许人，偶于知闻处见干，而与之传杯酌。龙丘目有翳，改令以讥之曰："干改令，诸人象令主：'措大吃酒点盐，军将吃酒点酱。只见门外著篱，未见眼中安障。'"龙丘答曰："措大吃酒点盐，下人吃酒点鲊。只见手臂著襕，未见口唇开袴。"一座大笑。（《唐摭言》卷一三《矛楯》）

八十七、李建州尝游明州慈溪县西湖，题诗。后黎卿为明州牧，李时为都官员外，托与打诗板，附行纲军将入京。（《唐摭言》卷一三《惜名》）

八十八、裴令公居守东洛，夜宴半酣，公索联句，元、白有得色。时公为破题，次至杨侍郎，曰："昔日兰亭无艳质，此时金谷有高人。"白知不能加，遽裂之曰："笙歌鼎沸，勿作此冷淡生活。"元顾曰："白乐天所谓能全其名者也。"（《唐摭言》卷一三《惜名》）

八十九、湖南日试万言王璘，与李群玉校书相遇于岳麓寺。群玉揖之曰："公何许人？"璘曰："日试万言王璘。"群玉待之甚浅，曰："请与公联句，可乎？"璘曰："唯子之命。"群玉因破题而授之，璘览之，略不伫思而继之曰："芍药花开菩萨面，棕榈叶散野叉头。"群玉知之，讯之他事矣。（《唐摭言》卷一三《惜名》）

九十、颜标，咸通中郑薰下状元及第。先是徐寇作乱，薰志在激劝勋烈，谓标鲁公之后，故擢之巍峨。既而问及庙院，标曰："寒素，京国无庙院。"薰始大悟，塞默久之。时有无名子嘲曰："主司头脑太冬烘，错认颜标作鲁公。"（《唐摭言》卷一三《无名子谤议》）

九十一、崔澹试《以至仁伐至不仁赋》，时黄巢方炽，因为无名子嘲曰："主司何事厌我皇，解把黄巢比武王。"（《唐摭言》卷一三《无名子谤议》）

九十二、光启中，蒋嶓以丹砂授善和韦中令。张鹄，吴人，有文而不贫。或刺之曰："张鹄只消千驮绢，蒋嶓唯用一丸丹。"（《唐摭言》卷一三《无名子谤议》）

九十三、开成二年，高侍郎锴主文，恩赐诗题曰《霓裳羽衣曲》。三年，复前诗题为赋题，《太学石经》诗并辞，入贡院日面赐。（《唐摭言》卷一五《杂记》）

九十四、白乐天去世，大中皇帝以诗吊之曰："缀玉联珠六十年，谁教冥路作诗仙。浮云不系名居易，造化无为字乐天。童子解吟《长恨曲》，胡儿能唱《琵琶篇》。文章已满行人耳，一度思卿一怆然。"（《唐摭言》卷一五《杂记》）

九十五、元和十三年，进士陈标献诸先辈诗曰："春官南院院墙东，地色初分月色红。文字一千重马拥，喜欢三十二人同。眼前鱼变辞凡水，心逐莺飞出瑞风。莫怪云泥从此别，总曾惆怅去年中。"（《唐摭言》卷一五《杂记》）

九十六、白乐天以正卿致仕，时裴晋公保厘夜宴诸致仕官，乐天独有诗曰："九烛台前十二姝，主人留醉任欢娱。飘飖舞袖双飞蝶，宛转歌喉一索珠。坐久欲醒还酩酊，夜深临散更踟蹰。南山宾客东山妓，此会人间曾有无？"（《唐摭言》卷一五《杂记》）

九十七、开成中，户部杨侍郎检校尚书镇东川。白乐天即尚书妹婿，时乐天以太子少傅分洛，戏代内子贺兄嫂曰："刘纲与妇共升仙，弄玉随夫亦上天。何似沙哥领崔嫂，碧油幢引向东川。"又曰："金花银碗饶兄用，罨画罗裙尽嫂裁。觅得黔娄为妹婿，可能空寄蜀茶来。"（《唐摭言》卷一五《杂记》）

九十八、薛能尚书镇彭门，时溥、刘巨容、周岌俱在麾下。未数岁，溥镇徐，巨容镇襄，岌镇许，俱假端揆。故能诗曰："旧将已为三仆射，病身犹是六尚书。"（《唐摭言》卷一五《杂记》）

九十九、赵渭南嘏尝有诗曰："早晚粗酬身事了，水边归去一闲人。"果渭南一尉耳。嘏尝家于浙西，有美姬，嘏甚溺惑。洎计偕，以其母所阻，遂不携去。会中元，为鹤林之游，浙帅窥之，遂为其人奄有。明年嘏及第，因以一绝箴之曰："寂寞堂前日又曛，阳台去作不归云。当时闻说沙吒利，今日青娥属使君。"浙帅不自安，遣一介归之于嘏。嘏时方出关，途次横水驿，见兜舁人马甚盛，偶讯其左右，对曰："浙西尚书差送新及第赵先辈娘子入京。"姬在舁中亦认嘏，嘏下马揭帘视之，姬抱嘏恸哭而卒。遂葬于横水之阳。（《唐摭言》卷一五《杂记》）

一百、咸通中，上以进士车服僭差，不许乘马。时场中不减千人，虽势可热手，亦皆跨长耳。或嘲之曰："今年敕下尽骑驴，短辔长鞧满九衢。清瘦儿郎犹自可，就中愁杀郑昌图。"（《唐摭言》卷一五《条流进士》）

一百一、武公干常事蒯希逸十余岁，异常勤干。洎希逸擢第，干辞以亲在，乞归就养，公坚留不住。公既嘉其忠孝，以诗送之，略曰："山险不曾离马后，酒醒长见在床前。"同人醵绢赠行，皆有继和。（《唐摭言》卷一五《贤仆夫》）

一百二、高涣者，锴之子也，久举不第。或谑之曰："一百二十个蜣螂，推一个屎块不上。"（《唐摭言》卷一五《没用处》）

［南唐］尉迟偓《中朝故事》

尉迟偓，南唐史官。著有《中朝故事》。《中朝故事》二卷，记唐末宣、懿、僖、昭诸朝旧闻，上卷多君臣事迹及朝廷制度，下卷杂录神异怪幻之事。有清末缪氏云自在龛抄本、《历代小史》本、涵芬楼《说郛》本、宛委山堂《说郛》本、《唐人说荟》本、《唐代丛书》本、《随盦徐氏丛书》本、《四库全书》本等。此据中华书局2014年点校本辑录。

一、昭宗皇帝即僖皇弟也，咸通八年丁亥岁降生，文德元年三月即位，春秋二十二。体貌端明，人望伟如也。虽运钟艰险，智量过人。每与侍臣言论，商较时政，曾无厌倦。乾宁三年，凤翔李茂贞与朝臣有隙，将欲构难，犯干神京。上乃顺动，欲幸太原。行止渭北，华州韩建迎归郡中。上郁郁不乐，时登城西齐云眺望。明年秋，制《菩萨蛮》词二首，曰："登楼遥望秦宫殿，茫茫只见双飞燕。渭水一条流，千山与万丘。远烟笼碧树，陌上行人去。何处是英雄，迎孥归故宫。"又一曰："飘飖且在三峰下，秋风往往堪沾洒。肠断忆仙宫，朦胧烟雾中。思梦时时睡，不语常如醉。早晚是归期，穹苍知不知。"（《中朝故事》卷上）

二、咸通中，中书侍郎平章事刘瞻以清俭自守，忠正佐时。懿皇以同昌公主薨谢，怒其医官韩宗绍等，絷于霜台，并亲属二三百人散系大理，内外忧惧。瞻上疏切谏，时路岩、韦保衡恃宠忌之，出瞻为荆南节度使，中外咸不平之。翰林承旨郑畋为制词，略曰"早以文学，叠中殊科""风棱甚高，恭慎无玷"、"而又僻于廉洁，不尚浮华。安数亩之居，仍非已有；却四方之贿，唯畏人知"云云。韦、路大怒，贬畋为梧州刺史。取《十道图》，检见欢州去京万里，乃谪瞻为欢州司户参军。舍人李庾行诰词，驳责深焉，将欲加害。时遇懿皇厌代，僖皇初立，用元臣萧仿佐佑大政，仿举瞻自代；又幽州节度使张公素上疏理之，韦、路意乃止焉。俄而路岩出为益帅，保衡又离相位，召瞻为康州刺史，再授虢州。瞻旋至湘江，韦保衡南窜，相遇于江中，瞻家人齐登舟外诟骂之。保衡约束家人，无辞以对。至贺州驿内伏法，乃是数年前杀杨收阁子中榻上也。瞻至湖南，李庾方典是郡，出迎于江次竹牌亭置酒。瞻唱《竹枝词》送李庾："蹑履过沟，竹枝恨渠深女儿。"庾慑怒，乃上酒于瞻。瞻命庾酬唱，庾云："不晓词间音律。"瞻投杯曰："君应只解为制词也。"是夕，庾饮鸩而卒。瞻至京，俄入中书。时宰相刘邺先与韦、路相熟，深有忧色。方判监铁，乃于院中置会召瞻，饮中置毒而薨。邺寻授淮南节度使，僖皇于麟德殿置宴，伶人有词曰："刘公出典扬州，庶事必应大治，民瘼康泰矣。"诸伶人皆倡和曰："此真最药王菩萨也。"人皆哂之。路岩即贬儋州百姓。至江陵，籍没家产，不知纪极。有蚊幮一领，轻密如碧烟，人疑其鲛鮹也。及新州伏法。（《中朝故事》卷上）

三、骊山多飞禽，名"阿滥堆"。明皇帝御玉笛，采其声，翻为曲子名焉。左右皆传唱之，播于远近，人竞以笛效吹。故词人张祜诗曰："红树萧萧阁半开，玉皇曾幸此宫来。至今风俗骊山下，村笛犹吹阿滥堆。"（《中朝故事》卷上）

［南唐］刘崇远《金华子杂编》

刘崇远，南唐河南人。唐末避黄巢之乱，渡江南徙，仕杨吴及南唐政权，官文林郎、大理司直。著有《金华子杂编》。《金华子杂编》二卷，又名《金华子》《刘氏杂编》《金华子新编》《金华子杂说》，记晚唐以来朝野旧闻。有《四库全书》本、《类说》本、《绀珠集》本、涵芬楼《说郛》本、宛委山堂《说郛》本、《读画斋丛书》本等。此据中华书局 2014 点校本辑录。

一、段郎中成式博学精敏，文章冠于一时。著书甚众，《酉阳杂俎》最传于世。牧庐陵日，常游山寺，读一碑文，不识其间两字，谓宾客曰："此碑无用于世矣，成式读之不过，更何用乎？"客有以此两字遍咨字学之众，实无有识者，方验郎中之奥古绝伦焉。连牧江南，名山九江匡庐、缙云烂柯、庐陵麻姑，皆有吟咏。前进士许棠寄诗云："十三年领郡，郡郡管仙山。"为庐陵顽民妄诉，逾年方明其清白。退隐于岘山，时温博士庭筠方谪尉随县，廉帅徐太师商留为从事，与成式甚相善。以其古学相遇，常送墨一铤与飞卿，往复致谢，递搜故事者九函，在禁集中。为其子安节娶飞卿女。安节仕至吏部郎中、沂王傅。善音律，著《乐府》新行于世。(《金华子杂编》卷上)

二、杜邠公悰暮年耽于燕会，淮海之政有"狱市"之誉，闻于上听，因除崔魏公铉替悰。上赋长韵诗送铉，其落句云："今遣股肱亲养治，一方狱市获来苏。"淮南左都押衙傅希闻御制，因习来苏队舞以迎候，邠公衔之。公自广陵致仕东洛，扬州军将因入奏经洛中，以故吏参焉。公问曰："来苏健否?"军将不敢对。公曰："傅希也。"对曰："健。"(《金华子杂编》卷上)

三、杜紫薇牧位终中书舍人，自作墓志云：平生好读书，为文亦不出人。曹公曰："吾读兵书战策孙武深矣。"因注其书十三篇，可为上穷天时，下极人事，无以加也，后当有知之者矣。典吴兴日，梦人告之曰："尔位当至郎中。"复问其次，曰："礼部。"再问，曰："中书舍人，终于典郡耳。"又夜寝不寐，有人即告曰："尔改名毕。"又梦书片纸"皎皎白驹，在彼空谷"，傍有人曰："非空谷也，过隙也。"逾月而卒。临终留诗，诲其二子曹师、祝柅等云："万物有好丑，各以姿状论。唯人则不尔，不学与学论。学非采其花，要自拨其根。孝友与诚实，而不妄尔言。根本既深实，柯叶自滋繁。念尔无忽此，期以庆吾门。"晦辞终淮南节度判官。德祥，昭宗朝为礼部侍郎知贡举，甚有声望。(《金华子杂编》卷上)

四、李郢诗调美丽，亦有子弟标格，郑尚书颢门生也。居于杭州，疏于驰竞，终于员外郎。初将赴举，闻邻氏女有容德，求娶之。遇同人争娶之，女家无以为辞，乃曰："备一千缗，先到即许之。"两家具钱，同日皆往。复曰："请各赋一篇，以定胜负。"负者乃甘退，女竟适郢。初及第回江南，经苏州过，亲知方作牧，邀同赴茶山。郢辞以决意春归，为妻作生日。亲知不放，与之胡琴、焦桐、方物等，令且寄代归意。郢为《寄内》曰："谢家生日好风烟，柳暖花香二月天。金凤对翘双翡翠，蜀琴新上七丝弦。鸳鸯交颈期千载，琴瑟谐和愿百年。应恨客程归未得，绿窗红泪冷涓涓。"兄子咸通初来牧余杭，郢时入访犹子，留宿虚白堂，云："阙月斜明虚白堂，寒蛩唧唧树苍苍。江风彻曙不得睡，二十五声秋点长。"(《金华子杂编》卷下)

五、张祜诗名闻于海外，居润州之丹阳，尝作《侠客传》，盖祜得隐侠术，所以托词自叙也。崇远犹忆往岁赴恩门，请承乏丹阳，因得追寻往迹。而祜之故居垝垣废址，依然东郭长河之隅。常讯于庐里，则乱前故老犹存，颇能记忆旧事。说祜之行止，亦不异从前所闻；问其隐侠，则云不睹他异。唯邑人往售物于府城，每抵晚归，时犹见祜巾褐杖履，相玩酒市。已则劲步出郭，夜回县下，及过祜门，则又已先归矣。如此恒常，不以为怪。从县至府七十里，其迢递而蹑履速，人莫测焉。（《金华子杂编》卷下）

六、韦楚老少有诗名，相国李公宗闵之门生也。自左拾遗辞官东归，寄居金陵。常跨驴策杖，经市中过。布袍貌古，群稚随而笑之。即以杖指画，厉声曰："上不属天，下不属地，中不累人，可畏韦楚老。"引群儿令笑，因吟咏而去。（《金华子杂编》卷下）

［五代］孙光宪《北梦琐言》

孙光宪（895—968），字孟文，陵州贵平人。王氏前蜀为陵州判官，后唐明宗天成初避地江陵，为高季兴掌书记，累官检校秘书监，后归太祖。有《荆台集》《笔佣集》《桔斋集》《北梦琐言》等，大多已亡佚。《北梦琐言》二十卷，记晚唐武宗以后下迄五代史事。有明刻本、清初抄本、清光绪五年刻本、《自在龛丛书》本、《历代小史》本、《稗海》本、《雅雨堂丛书》本、摛藻堂《四库全书荟要》本、《四库全书》本、涵芬楼《说郛》本、宛委山堂《说郛》本、《类说》本、《说海汇编八十三种》本等。此据中华书局2002年点校本辑录。

一、唐宣宗皇帝，好儒雅，每直殿学士从容，未尝不论前代兴亡。颇留心贡举，尝于殿柱上自题曰："乡贡进士李某。"或宰臣出镇，赋诗以赠之，词皆清丽。凡对宰臣言政事，即终日忘倦。洎僖宗皇帝，好蹴球、斗鸡为乐。自以能于步打，谓俳优石野猪曰："朕若作步打进士，亦合得一状元。"野猪对曰："或遇

尧、舜、禹、汤作礼部侍郎，陛下不免且落第。”帝笑而已。原其所好优劣，即圣政可知也。(《北梦琐言》卷第一《宣宗称进士》)

二、或云令狐绹曾以故事访于温岐，对以其事出《南华》，且曰：“非僻书也。”或冀相公燮理之暇，时宜览古。(令狐)绹益怒之，乃奏岐有才无行，不宜与第。会宣宗私行，为温岐所忤，乃授方城尉。所以岐诗云：“因知此恨人多积，悔读《南华》第二篇。”(《北梦琐言》卷第二《宰相怙权 温庭筠附》)

三、又李商隐，(令狐)绹父楚之故吏也，殊不展分。商隐憾之，因题厅阁，落句云：“郎君官重施行马，东阁无因许再窥。”亦怒之，官止使下员外也。江东罗隐亦受知于绹，毕竟无成。有诗哭相国云：“深恩无以报，底事是柴荆！”以三才子怨望，即知绹之遗贤也。(《北梦琐言》卷第二《宰相怙权 温庭筠附》)

四、唐马植相公，曾镇安南，安抚军民，怀柔蛮僚，废珠池，尚俭素。李琢后镇是邦，用法大酷，军城远出而属南蛮，六七年间，劳动兵役。咸通七年，高骈收复之。先是，荆、徐间征役拒蛮，人甚苦之。有举子闻许卒二千没于蛮乡，有诗刺曰：“南荒不择吏，致我交趾覆。联绵三四年，致我交趾辱。懦者斗则退，武者兵益黩。军容满天下，战将多金玉。刮得齐民疮，分为猛士禄。雄雄许昌师，忠武冠其族。去为万骑风，住为一川肉。时有残卒回，千门万户哭。哀声动闾里，怨气成山谷。谁能听鼓声，不忍看金镞。念此堪泪流，悠悠颍川绿。”吟此诗，有以见。失于授任，为国家生事，《大东》之苦，斯其类乎。(《北梦琐言》卷第二《授任致寇》)

五、唐段相文昌，家寓江陵，少以贫窭修进，常患口食不给，每听曾口寺斋钟动，辄诣谒餐，为寺僧所厌，自此乃斋后扣钟，冀其晚届而不逮食也。后入登台座，连出大镇，拜荆南节度，有诗《题曾口寺》云“曾遇阇黎饭后钟”。盖为此也。富贵后，打金莲花盆，盛水濯足。徐相商致书规之，邹平曰：“人生几何，要酬平生不足也。”(《北梦琐言》卷第三《段相踏金莲 夏侯相附》)

六、夏侯孜相国未偶，伶俜风尘，蹇驴无故坠井，每及朝士之门，舍逆旅之馆，多有龃龉，时人号曰“不利市秀才”。后登将相，何先塞而后通也！(《北梦琐言》卷第三《段相踏金莲 夏侯相附》)

七、(王文公凝)曾典绛州，于时司空图侍郎方应进士举，自别墅到郡谒见后，更不访亲知，阍吏遽申司空秀才出郭矣；或入郭访亲知，即不造郡斋。琅琊知之，谓其专敬，愈重之。及知举日，司空一捷，列第四人登科。同年讶其名姓甚暗，成事太速。有鄙薄者，号为“司徒空”。琅琊知有此说，因召一榜门生开筵，宣言于众曰：“某叨忝文柄，今年榜帖，全为司空先辈一人而已。”由是声采益振。尔后为御史分司，旧相卢公携访之，乃留诗曰：“氏族司空贵，官班御史雄；老夫如且在，未可叹途穷。”其为名德所重也如此。（《北梦琐言》卷第三《王文公叉手睡 司空图附》）

八、唐王中令铎，重德名家，位望崇显，率由文雅，然非定乱之才，镇渚宫为都统，以御黄巢。寇兵渐近，先是，赴镇以姬妾自随，其内未行，本以妒忌。忽报夫人离京在道，中令谓从事曰：“黄巢渐以南来，夫人又自北至，旦夕情味，何以安处?”幕僚戏曰：“不如降黄巢。”公亦大笑之。洎荆州失守，复把潼关。黄巢差人传语云：“令公儒生，非是我敌，请自退避，无辱锋刃。”于是弃关，随僖皇播迁于蜀。再授都统，收复京都，大勋不成，竟罹非命。时议曰：“黄巢过江，高太尉不能拒捍，岂王中令儒懦所能应变乎?”落都统后有诗，其要云：“敕诏已闻来阙下，檄书犹未遍军前。”亦志在其中也。（《北梦琐言》卷第三《王中令铎拒黄巢》）

九、唐相国孙公偓，宽裕通简，不事矫异。常语于亲友曰：“凡人许己，务在得中，但士行无亏，不必太苦。以我之长，彰彼之短，以我之清，彰彼之浊，幸勿为之。”后谪居衡山，情抱坦然，不以放逐而怀戚戚。每对客座，而厮仆辈纷诟殴曳，仆于面前。相国凝然，似无所睹。谓客曰：“若以怒心逢彼，即方寸自挠矣。”其性度皆此类也。相国曾乘轺至蜀，诣杜光庭先生受箓，乃曰：“尝遇至人，话及时事，每有高栖之约。”尔后虽登台辅，竟出官于南岳。有诗寄杜先生，其要句云：“蜀国信难遇，楚乡心更愁。我行同范蠡，师举效浮丘。他日相逢处，多应在十洲。”唐末朝达罹谷水、白马驿之祸，唯相国获免焉。（《北梦琐言》卷第四《孙偓相通简》）

十、唐柳玭大夫之任泸州，溯舟经马骁镇。土豪赵师儒率乡兵数千，凭高立寨，刑讼生杀，得以自专，本道署以军职。闻五马经过，乃棹扁舟，被褐衫，把杖子迎接。参状云：“百姓赵师儒。”亚台以其有职，非隶属邑，怪而辞之。师儒曰：“巴蜀乱离，某怀集乡人拒他盗，非敢僭幸，妄徼戎职。”亚台欣而接之，乃驻旌旆，馆于寨中，供亿丰备，钦礼弥勤。师儒亦有诗句，皆陈素心，亚台悉为和之。睹其清俭，不觉嗟叹曰：“我他年若登廊庙，必为斯人而致节察。”盖赏其知分任真也。（《北梦琐言》卷第四《赵师儒与柳大夫唱和》）

十一、温庭云字飞卿，或云作“筠”字，旧名岐，与李商隐齐名，时号曰“温李”。才思艳丽，工于小赋，每入试，押官韵作赋，凡八叉手而八韵成，多为邻铺假手，号曰“救数人”也。而士行有缺，缙绅簿之。李义山谓曰：“近得一联句云：‘远比召公，三十六年宰辅。’未得偶句。”温曰：“何不云：‘近同郭令，二十四考中书。’”宣宗尝赋诗，上句有“金步摇”，未能对，遣未第进士对之，庭云乃以“玉条脱”续也。宣宗赏焉。又药名有“白头翁”，温以“苍耳子”为对，他皆此类也。宣宗爱唱《菩萨蛮》词。令狐相国假其新撰密进之，戒令勿他泄，而遽言于人，由是疏之。温亦有言云：“中书堂内坐将军。”讥相国无学也。宣皇好微行，遇于逆旅，温不识龙颜，傲然而诘之曰：“公非司马、长史之流？”帝曰：“非也。”又谓曰：“得非大参、簿、尉之类？”帝曰：“非也。”谪为方城县尉，其制词曰：“孔门以德行为先，文章为末。尔既德行无取，文章何以补焉？徒负不羁之才，罕有适时之用。”云云。竟流落而死也。杜豳公自西川除淮海，温庭云诣韦曲杜氏林亭，留诗云：“卓氏垆前金线柳，隋家堤畔锦帆风，贪为两地行霖雨，不见池莲照水红。”豳公闻之，遗绢一千匹。吴兴沈徽云：“温舅曾于江淮为亲表槚楚，由是改名焉。”庭云又每岁举场，多借举人为其假手，沈询侍郎知举，别施铺席授庭云，不与诸公邻比。翌日，帘前谓庭云曰：“向来策名者，皆是文赋托于学士，某今岁场中并无假托学士。勉旃！”因遣之，由是不得意也。（《北梦琐言》卷第四《温李齐名》）

十二、唐进士曹唐《游仙诗》，才情缥缈，岳阳李远员外每吟其诗而思其人。一日，曹往谒之，李倒屣而迎。曹生仪质充伟。李戏之曰：“昔者未睹标仪，将谓可乘鸾鹤，此际拜见，安知壮水牛亦恐不胜其载。”时人闻而笑之。（《北梦琐言》卷第五《李远讥曹唐》）

十三、李肇《国史补》云：“贞元末，有郎官四人，自行军司马赐紫而登粉署，省中谑之为四君子也。”唐自大中至咸通，白中令入拜相，次毕相諴、曹相确、罗相劭，权使相也，继升岩廊。崔相慎猷曰：“可以归矣，近日中书尽是蕃人。”盖以毕、白、曹、罗为蕃姓也。始，蒋伸相登庸，李景逊尚书西川览报状而叹曰：“不能伏事斯人也。”遽托疾离镇，有诗曰：“成都十万户，抛若一鸿毛。”亦博陵之比也。近代吴融侍郎，乃赵崇大夫门生，即世日，天水叹曰：“本以毕、白待之，何乃乖于所望！”歉其不大拜，而亦讥当时也。（《北梦琐言》卷第五《中书蕃人事》）

十四、沈询侍郎，清粹端美，神仙中人也。制除山北节旄，京城诵曹唐《游仙诗》云："玉诏新除沈侍郎，便分茅土领东方。不知今夜游何处，侍从皆骑白凤凰。"即风姿可知也。蒋凝侍郎亦有人物，每到朝士家，人以为祥瑞，号"水月观音"。前代潘安仁、卫叔宝何以加此。唐末朝士中有人物者，时号"玉笋班"。（《北梦琐言》卷第五《沈蒋人物》）

十五、竟陵人刘虚白擢进士第，嗜酒，有诗云："知道醉乡无户税，任他荒却下丹田。"世之嗜酒者，苟为孔门之徒，得无违告诫乎？（《北梦琐言》卷第六《陆相公劝酒事 朱进士酒狂东皋子刘虚白附》）

十六、先是，李远以曾有诗云"人事三杯酒，流年一局棋"。唐宣宗以其非牧人之才，不与郡守，宰相为言，然始俞允。（《北梦琐言》卷第六《以歌词自娱 蜀相韦庄晋相和凝附》）

十七、蜀相韦庄应举时，遇黄寇犯阙，著《秦妇吟》一篇，内一联云："内库烧为锦绣灰，天街踏尽公卿骨。"尔后公卿亦多垂讶，庄乃讳之。时人号"《秦妇吟》秀才"。他日撰家戒，内不许垂《秦妇吟》障子，以此止谤，亦无及也。（《北梦琐言》卷第六《以歌词自娱 蜀相韦庄晋相和凝附》）

十八、晋相和凝，少年时好为曲子词，布于汴、洛。洎入相，专托人收拾焚毁不暇。然相国厚重有德，终为艳词玷之。契丹入夷门，号为"曲子相公"。所谓好事不出门，恶事行千里，士君子得不戒之乎！（《北梦琐言》卷第六《以歌词自娱 蜀相韦庄晋相和凝附》）

十九、唐吴郡陆龟蒙，字鲁望，旧名族也。其父宾虞，进士甲科，浙东从事侍御史，家于苏台。龟蒙幼精六籍，弱冠攻文，与颜荛、皮日休、罗隐、吴融为益友。性高洁，家贫，思养亲之禄，与张博为吴兴、庐江二郡倅。著《吴兴实录》四十卷，《松陵集》十卷，《笠泽丛书》五卷。丞相李公蔚、卢公携景重之。罗给事寄陆龟蒙诗云："龙楼李丞相，昔岁仰高文。黄阁今无主，青山竟不焚。"盖尝有征聘之意。唐末以左拾遗授之，诏下之日，疾终。光化三年，赠右补阙，吴侍郎融传贻史，右补阙韦庄撰诔文，相国陆希声撰碑文，给事中颜荛书，皮日休博士为诗。皮寇死浙中。方干诗名著于吴中，陆未许之。一旦顿作诗五十首，装为方干新制，时辈吟赏降仰，陆谓曰："此乃下官效方干之作也，方诗在模范中尔。"句奇意精，识者亦然之。（《北梦琐言》卷第六《陆龟蒙追赠 薛许州附》）

二十、白太傅与元相国友善，以诗道著名，时号"元白"。其集内有诗挽元相云："相看掩泪俱无语，别后伤心事岂知？想得咸阳原上树，已抽三丈白杨枝。"洎自撰墓志云与彭城刘梦得为诗友，殊不言元公，时人疑其隙终也。（《北梦琐言》卷第六《白太傅墓铭 卢郑二相附》）

二十一、唐杜荀鹤尝游梁，献太祖诗三十章，皆易晓也，因厚遇之。洎受禅，拜翰林学士，五日而卒。朱崖李太尉奖拔寒俊，至于掌诰，率用子弟，乃曰："以其谙练故事，以济缓急也。"如京兆者，一篇一咏而已，经国大手，非其所能，幸而殂逝，免贻伊耻也。

制贬平曾、贾岛，以其僻涩之才，无所采用，皆此类也。（《北梦琐言》卷第六《杜荀鹤入翰林 平曾贾岛附》）

二十二、唐襄阳孟浩然，与李太白交游。玄宗征李入翰林，孟以故人之分，有弹冠之望。久无消息，乃入京谒之。一日，玄宗召李入对，因从容说及孟浩然。李奏曰："臣故人也，见在臣私第。"上令急召赐对，俾口进佳句。孟浩然诵诗曰："北阙休上书，南山归敝庐。不才明主弃，多病故人疏。"上意不悦，乃曰："未曾见浩然进书、朝廷退黜。何不云'气蒸云梦泽，波动岳阳城'？"缘是不降恩泽，终于布衣而已。宣宗索赵嘏诗。其卷首有《题秦皇诗》，其略云："徒知六国随斤斧，莫有群儒定是非。"上不悦。（《北梦琐言》卷第七《孟浩然赵嘏以诗失意》）

二十三、唐相国郑綮，虽有诗名，本无廊庙之望。尝典庐州，吴王杨行密为本州步奏官，因有遗阙而笞责之，然其儒懦清慎，弘农常重之。昭宗时，吴雄据淮海，朝廷务行姑息，因盛言郑公之德，由是登庸，中外惊骇。于时皇纲已紊，四方多故，相国既无施展，事必依违。太原兵至渭北，天子震恐，渴于攘却之术，相国奏对，请于文宣王谥号中加一"哲"字，其不究时病，率此类也。同列以其忝窃，每讥侮之。相国乃题诗于中书壁上，其词曰："侧坡蛆蜫蜦，蚁子竞来拖。一朝白雨下，无钝无喽啰。"意者以时运将衰，纵有才智，亦不能康济，当有玉石俱焚之虑也。时亦然之。相国《题老僧诗》云："日照西山雪，老僧门未开。冻瓶粘柱础，宿火焰炉灰。童子病归去，鹿麑寒入来。"常云："此诗属对，可以称衡，重轻不偏也。"或曰："相国近有新诗否？"对曰："诗思在灞桥风雪中驴子上，此处何以得之？"盖言平生苦心也。（《北梦琐言》卷第七《郑綮相诗 李程附》）

二十四、唐卢延让业诗，二十五举，方登一第。卷中有句云："狐冲官道过，狗触店门开。”租庸张浚亲见此事，每称赏之。又有“饿猫临鼠穴，馋犬舐鱼砧”之句，为成中令汭见赏。又有“栗爆烧毡破，猫跳触鼎翻”句，为王先主建所赏。尝谓人曰：“平生投谒公卿，不意得力于猫儿狗子也。”人闻而笑之。卢尝有诗云：“不同文赋易，为是者之乎。”后入翰林，阁笔而已。同列戏之曰：“不同文赋易，为是者之乎。”竟以不称职，数日而罢也。（《北梦琐言》卷第七《卢诗三遇》）

二十五、唐前朝进士陈咏，眉州青神人，有诗名，善弈棋。昭宗劫迁，驻跸陕郊，是岁策名归蜀，韦书记庄以诗贺之。又有乡人拓善者，属和韦诗，其略云：“让德已闻多士伏，沽名还得世人闻。”讥其比涤器当垆也。谬称冯副使涓诗，以涓多谐戏故也。或云蜀之拓善者作此诗，假冯公之名也。颍川尝以诗道自负，谒荆幕郑准，准亦自负雄笔，谓颍川曰：“今日多故，不暇操染，有三数处回缄，祈为假手。”颍川自旦及暮，起草不就，盖欲以高之。其诗卷首有一对语云：“隔岸水牛浮鼻渡，傍溪沙鸟点头行。”京兆杜光庭先生谓曰：“先辈佳句甚多，何必以此为卷首?”颍川曰：“曾为朝贵见赏，所以刻于首章。”都是假誉求售使然也。（《北梦琐言》卷第七《郑准讥陈咏》）

二十六、唐高相国崇文，本蓟州将校也，因讨刘辟有功，授西川节度使。一旦大雪，诸从事吟赏有诗，渤海遽至饮席，笑曰：“诸君自为乐，殊不见顾鄙夫。鄙夫虽武人，亦有一诗。”乃口占云：“崇文崇武不崇文，提戈出塞号将军。那个髀儿射落雁，白毛空里落纷纷。”其诗著题，皆谓北齐敖曹之比也。太尉骈，即其曾孙也，镇蜀日，以蛮蜑侵暴，乃筑罗城，城四十里，朝廷虽加恩赏，亦疑其固护。或一日闻奏乐声，知有改移，乃题《风筝》寄意曰：“夜静弦声响碧空，宫商信任往来风。依稀似曲才堪听，又被移将别调中。”旬日报到，移镇渚宫。（《北梦琐言》卷第七《高崇文相国咏雪》）

二十七、唐著作郎顾况，字逋翁，好轻侮朝士，贬在江外，多与僧道交游。时居茅山，暮年有一子，即非熊前身也。一旦暴亡，况追悼哀切，所不忍言，乃吟曰：“老人丧爱子，日暮泣成血。老人年七十，不作多时别。”非熊在冥间闻之，甚悲忆，遂以情告冥官。皆悯之，遂商量却令生于况家。三岁能言冥间闻父苦吟，却求再生之事历历然。长成应举，擢进士第，或有朝士问，即垂泣而言之。王定保《摭言》云：“人传况父子皆有所遇，不知何适。”由此而言，信有之矣。（《北梦琐言》卷第八《顾非熊再生》）

二十八、唐张祎侍郎，朝望甚高，有爱姬早逝，悼念不已。因入朝未回，其犹子右补阙曙，才俊风流，因增大阮之悲，乃制《浣溪纱》，其词曰："枕障熏炉隔绣帏，二年终日两相思，好风明月始应知。天上人间何处去？旧欢新梦觉来时，黄昏微雨画帘垂。"置于几上。大阮朝退，凭几无聊，忽睹此诗，不觉哀恸，乃曰："必是阿灰所作。"阿灰，即中谏小字也。然于风教，似亦不可，以其叔侄年颜相似，恕之可耳。谚曰："小舅小叔，相追相逐。"谑戏固不免也。（《北梦琐言》卷第八《张曙起小悼》）

二十九、唐彭城刘山甫，中朝士族也。其先宦于岭外，侍从北归，泊船于青草湖。登岸见有北方毗沙门天王，因诣之，见庙宇摧颓，香灯不续。山甫少年而有才思，元随张处权请郎君咏之，乃题诗曰："坏墙风雨几经春，草色盈庭一座尘。自是神明无感应，盛衰何得却由人。"是夜，梦为天王所责，自云："我非天王，南岳神也。主张此地，汝何相侮？"俄而惊觉，而风浪斗起，倒樯绝缆，沉溺在即。遽起悔过，令撤诗牌然后已。山甫自序。（《北梦琐言》卷第九《刘山甫题天王》）

三十、僖宗幸蜀年，有进士李茵，襄州人，奔窜南山民家，见一宫娥，自云宫中侍书家云芳子，有才思，与李同行诣蜀。具述宫中之事，兼曾有诗书红叶上，流出御沟中，即此姬也。行及绵州，逢内官田大夫识之，乃曰："书家何得在此！"逼令上马，与之前去。李甚怏怅，无可奈何。宫娥与李情爱至深，至前驿，自缢而死。其魂追及李生，具道忆恋之意。迨数年，李茵病瘠，有道士言其面有邪气，云芳子自陈人鬼殊途，告辞而去。闻于刘山甫。（《北梦琐言》卷第九《云芳子魂事李茵》）

三十一、唐女道鱼玄机，字蕙兰，甚有才思。咸通中，为李亿补阙执箕帚，后爱衰下山，隶咸宜观为女道士。有怨李公诗曰："易求无价宝，难得有心郎。"又云："蕙兰销歇归春浦，杨柳东西伴客舟。"自是纵怀，乃娼妇也。竟以杀侍婢为京兆尹温璋杀之，有集行于世。（《北梦琐言》卷第九《鱼玄机 徐月英附》）

三十二、江淮间有徐月英，名娼也。其送人诗云："惆怅人间事久违，两人同去一人归。生憎平望亭前水，忍照鸳鸯相背飞。"亦有诗集。金陵徐氏诸公子宠一营妓，卒乃焚之，月英送葬，谓徐公曰："此娘平生风流，没亦带焰。"时号美戏也。唐末有《北里志》，其间即孙尚书储数贤平康狎游之事，或云孙棨舍人所撰。（《北梦琐言》卷第九《鱼玄机 徐月英附》）

三十三、唐狄归昌右丞，爱与僧游，每诵前辈诗云："因过竹院逢僧话，略得浮生半日闲。"其有服紫袈裟者，乃疏之。郑谷郎中亦爱僧，用比蜀茶，乃曰："蜀茶与僧，未必皆美，不欲舍之。"(《北梦琐言》卷第十《狄右丞鄙着紫僧 僧鸾附》)

三十四、唐乾宁中，宿州刺史陈璠，以军旅出身，擅行威断。进士张翱恃才傲物，席上调璠宠妓张小泰，怒而揖起，付吏责其无礼。状云："有张翱兮寓止淮阴，来绮席兮放恣胸襟。"璠益怒云："据此分析，合吃几下？"翱云："只此两句，合吃乎三下五下；切求一笑，宜费乎千金万金。"金鞭响背，十三长逝。惜其恃才而取祸也。出刘山甫《闲谈》，词多不载。(《北梦琐言》卷第十《张翱轻傲 李坚白蒋贻恭附》)

三十五、又有蒋贻恭者，好嘲咏，频以痛遭槚楚，竟不能改。蜀中士子好着袜头裤，蒋谓之曰："仁贤既裹将仕郎头，为何作散子将脚。"他皆类此。(《北梦琐言》卷第十《张翱轻傲 李坚白蒋贻恭附》)

三十六、唐薛准官至员外郎，丧乱后，不养继母，盘桓江淮间，道门寄榻。游江南，至吉州阁皂观，遇修黄箓斋道士升坛行法事，准亦就列，忽失声痛叫云："中箭。"速请笔砚，口占一诗曰："盖国深恩不易酬，又离继母出他州。谁知天怒无因息，积恶终身乞命休。"顷便卒。天复辛酉年事。斯人也，必有隐慝而致阴诛。古者史籍，皆以至孝继母，闻于列传。盖以常人难行，而己能行，即亲母可知也。岂可以继母而同行路哉！薛死仓卒，可用垂戒也。(《北梦琐言》卷第十《郑准阴诛》)

三十七、唐咸通中，前进士李昌符有诗名，久不登第，常岁卷轴，怠于装修。因出一奇，乃作婢仆诗五十首，于公卿间行之。有诗云："春娘爱上酒家楼，不怕归迟总不留。推道那家娘子卧，且留教住待梳头。"又云："不论秋菊与春花，个个能噇空肚茶。无事莫教频入库，一名闲物要些些。"诸篇皆中婢仆之讳。浃旬，京城盛传其诗篇，为你妪辈怪骂腾沸，尽要掴其面。是年登第。与夫桃杖、虎靴，事虽不同，用奇即无异也。(《北梦琐言》卷第十《李昌符咏婢仆》)

三十八、德宗皇帝好为诗，以赐容州戴叔伦。文宗、宣宗皆以诗赐大臣。昭宗驻跸华州，以歌辞赐韩建，以诗及《杨柳枝辞》赐朱全忠。所赐一也，或以敬，或以惮，受其赐者，得不求其义焉。(《北梦琐言》卷第十五《天子赐勋

臣诗》)

三十九、汴帅朱公再围凤翔,与茂贞军战于虢县西槐林驿,大败岐军,横尸不绝,鲍气闻于十里。昭宗遂杀宦官韩全诲已下二十二人首宣示,茂贞亦斩其义子继筠首以送。于是车驾还宫,朱令俯首马前请罪,涕泣拢帝马行千步,帝为之动容。至京师,以宰相崔胤判六军。乃下诏诛宦官第五可范已下七百一十人,又凤翔驾前宰相卢光启等一百余人,并赐自尽。天复三年,汴人拥兵杀宰相崔胤、京兆尹郑元规,劫迁车驾,移都东洛。既入华州,百姓呼万岁,帝泣谓百姓曰:"百姓勿唱万岁,朕弗能与尔等为主也。"沿路有《思帝乡》之词,乃曰:"纥干山头冻杀雀,何不飞去生处乐?况我此行悠悠,未知落在何所?"言讫,泫然流涕。行至陕府,内宴,皇后自捧玉盆以赐全忠,内人唱歌,全忠将饮酒,韩建蹑其足。全忠惧,辞醉而退。至谷水而杀内人可证及随驾五百人,自是帝孤立矣。(《北梦琐言》卷第十五《朱令公为昭宗拢马》)

四十、邺王罗绍威喜文学,好儒士,每命幕客作四方书檄,小不称旨,坏裂抵弃,自劈笺起草,下笔成文。又癖于七言诗。江东有罗隐,为钱镠客,绍威申南阮之敬,隐以所著文章诗赋酬寄,绍威大倾慕之,乃目其所为诗集曰《偷江东》。今邺中人士,多有讽诵。(《北梦琐言》卷第十七《邺王偷江东诗》)

四十一、道士解元龟,本西蜀节将下军校。明宗入纂,言自西来,对于便殿,诗歌圣德,自称太白山正一道士。上表乞西都留守、兼三川制置使,要修西京宫阙。上谓侍臣曰:"此老耄自远来朝,所期别有异见,乃为身名甚切,堪笑也。"时号"知白先生",赐紫。斯乃狂妄人也。(《北梦琐言》卷第十九《解元龟进诗》)

四十二、沙门贯休,钟离人也。风骚之外,精于笔札,举止真率,诚高人也。然不晓时事,往往诋讦朝贤,它亦不知己之是耶非耶。荆州成中令问其笔法非耶,休公曰:"此事须登坛而授,非草草而言。"成令衔之,乃遽于黔中因病以《鹤诗》寄意曰:"见说气清邪不入,不知尔病自何来?"以诗见意也。冯涓大夫有大名于人间,沦落于蜀,自比杜工部,意谓它人无出其右。休公初至蜀,先谒韦书记庄,而长乐公后至,遂与相见,欣然抚掌曰:"我与你阿叔有分。"长乐怒而拂袖。它日谒之,竟不逢迎,乃曰:"此阿师似我礼拜也。"自是频投刺字,终为阍者所拒。休公谓韦公曰:"我得得为渠入蜀,何意见怪?"国清寺律僧尝许具蒿脯,未得间。姜侍中宅有斋,律僧先在焉,休公次至,未揖主人大貌,乃拍手谓律僧曰："乃蒿饼子何在？"其它皆此类。通衢徒步，行嚼果子，未尝跨马。时人甚重之。异乎，广宣、栖白之流也！(《北梦琐言》卷第二十《诋讦朝贤》)

四十三、秭归郡草圣僧怀浚者，不知何处人。唐乾宁初到彼，知来藏往，皆有神验。爱草书，或经、或释、或老，至于歌诗鄙琐之言，靡不集其笔端。与之语，即阿唯而已，里人以神圣待之。刺史于公以其惑众，系而诘之。乃以诗代通状曰："家在闽川西复西，其中岁岁有莺啼。如今不在莺啼处，莺在旧时啼处啼。"又诘之，复有诗曰："家住闽川东复东，其中岁岁有花红。而今不在花红处，花在旧时红处红。"郡牧异而释之。详其诗意，似在海中，得非杯渡之流乎？行旅经过，必维舟而礼谒，告其吉凶，唯书三五行，终不明言，事往果验。荆南大校周崇宾谒之，书字遗之曰："付皇都勘。"尔后入贡，因王师南讨，遂絷于南府，竟就戮也。押衙孙道能谒之，书字曰："付竹林寺。"其年物故，营葬乃古竹林寺基也。皇甫铉知州，乃画一人荷校，一女子在旁。后为娶民家女遭讼，锢身入府。波斯穆昭嗣幼好药术，随其父谒之，乃画一道士乘云把胡卢，书云："指挥使高牒衙推。"穆生后以医药有效，南平王高从诲与巾裹，摄府衙推。王师伐荆州，师寄南平王诗云："马头渐入扬州路，亲眷应须洗眼看。"是岁输诚淮海，获解重围。其他不可殚记。或一日，题庭前芭蕉叶上云："今日还债，幸州县无更勘穷。"来日为人所害，尸首宛然，刺史高公为荼毗之。《广记》九十八。(《北梦琐言逸文》卷第一《僧怀浚书吉凶》)

四十四、进士杨鼎夫，富于词学，为时所称。顷岁，会游青城山，过皂江，同舟者约五十余人。至于中流，遇暴风漂荡，其船抵巨石，倾覆于洪涛间。同济之流，尽沉没底，独鼎夫似有物扶助，既达岸，亦困顿矣。遽有老人以杖接引，且笑云："元是盐里人，本非水中物。"鼎夫未及致谢，旋失老人所之，因作诗以记。后归成都，话与知己，终莫究"盐里人"之义。后为权臣安思谦幕吏，判榷盐院事，遇疾暴亡。男文则，以属分料盐百余斤裹束，将上蜀郊营葬。至是"盐里"之词方验。鼎夫旧记诗曰："青城山峭皂江寒，欲度当时作等闲。棹逆狂风趋近岸，舟逢怪石碎前湾。手携弱杖仓皇处，命出洪涛顷刻间。今日深恩无以报，令人羞记雀衔环。"(《北梦琐言逸文》卷第一《杨鼎夫是盐里人》)

四十五、朗州道士罗少微，顷在茅山紫阳观寄泊。有丁秀才者，亦同寓于观中，举动风味，无异常人。然不汲汲于仕进，盘桓数年，观主亦善遇之。冬之夜，霰雪方甚，二三道士围炉，有肥羜美酝之羡。丁曰："致之何难？"时以为戏，俄见开户奋袂而去。至夜分，蒙雪而回，提一银榼酒，熟羊一足，云浙帅厨中物。由是惊讶欢笑，掷剑而舞，腾跃而去，莫知所往，唯银榼存焉。观主以状闻于县官，诗僧贯休《侠客诗》云："黄昏风雨黑如磐，别我不知何处去？"得非江淮间曾聆此事而构思也？《广记》一百九十六。（《北梦琐言逸文》卷第二《丁秀才奇术致物》）

四十六、伪蜀主当僭位，诸勋贵功臣竞起甲第，独伪中令赵廷隐起南宅北宅，千梁万栱，其诸奢丽，莫之与俦。后枕江渎，池中有二岛屿，遂甃石循池，四岸皆种垂杨，或间杂木芙蓉，池中种藕。每至秋夏，花开鱼跃，柳阴之下，有士子执卷者，垂纶者，执如意者，执麈尾者，谭诗论道者。一旦，岸之隈有莲一茎，上分两歧，开二朵，其时谓之太平无事之秋，士女拖香肆艳，看者甚众。赵廷隐画图以进，蜀主叹赏。其时歌者咏者不少。无何，禁苑中有莲一茎，歧分三朵，蜀主开筵宴，召群臣赏之。是时词臣已下皆贡诗，当时有好事者图以绘事，至今传之。《广记》四百九。（《北梦琐言逸文》卷第四《赵廷隐家莲花》）

四十七、蜀后主自裹小巾，卿士皆同之。宫妓多衣道服，簪莲花冠，每侍燕酣醉，则容其同辈免冠，髽然其髻，别为一家之美。因施胭脂，粉颊莲额，号曰"醉妆"，国人效之。又作歌词云："这边走，那边走，只是寻花柳。那边走，这边走，莫厌金樽酒。"又嬖佞韩昭、顾珣、潘迎等为狎客，竞叉手摇头令。唐师入境，遏其报而游幸，师至利州方知。将士纷然曰："且打叉手摇头。"念周宣帝作歌曰："自知身命促，把烛夜行游。"令宫女连臂踏脚而歌，亦前歌之类。［宋］阮阅《诗话总龟》卷二十二《宴游门》。（《北梦琐言逸文补遗·这边走那边走》）

四十八、冯涓失意蹭蹬，有诗云："取水郎中何日了，破柴员外几时休。"年八十五，以五彩缠梯穿屋，具冠带，立梯一级而终。［宋］曾慥《类说》卷四十三。（《北梦琐言逸文补遗·五彩缠梯》）

四十九、蜀后主荒于酒色，月夜每言："惆怅惆怅。"又云："切道断人生几何，有分者任作傀儡。"入秦至剑州，悦江水之美，诗云："不缘朝帝阙，好此结茅庐。"至咸阳，撰曲子云："尽是一场傀儡。"［宋］曾慥《类说》卷四十三。（《北梦琐言逸文补遗·蜀主诗词》）

［宋］张洎《贾氏谭录》

张洎（934—997），字师黯，改字偕仁，宋全椒人。南唐时举进士，为知制诰、中书舍人，归宋，为史馆修撰、翰林学士，累官参知政事。著有《贾氏谭录》。《贾氏谭录》一卷，又名《贾公谈录》《贾黄中谭录》，所录为使宋时所闻宋左补阙贾黄中谈论之事，多唐代轶闻。原书已佚，今所见为后人辑本。有《四库全书》本、《守山阁丛书》本、涵芬楼《说郛》本、宛委山堂《说郛》本等。此据上海古籍出版社2012年点校本辑录。

一、李邺侯为相日，吴人顾况西游长安，邺侯一见如故，待以殊礼。邺侯卒，况作《白鸟诗》以寄怀曰："万里飞来为客鸟，曾蒙丹凤借枝柯。一朝凤去梧桐死，满目鸱鸢奈尔何。"大为权贵所嫉，贬饶州司户。（《贾氏谭录》）

［宋］张齐贤《洛阳搢绅旧闻记》

张齐贤（942—1014），字师亮，宋冤句人。宋太宗时举进士，以大理评事通判衡州，真宗时官至兵部尚书，同中书门下平章事，寻以司空致仕。有《洛阳缙绅旧闻记》《同归小说》等。《洛阳缙绅旧闻记》五卷，记洛阳缙绅所谈五代至宋间事。有明洪武中张氏刊本、清抄本、清内府抄本、《知不足斋丛书》本、文渊阁《四库全书》本、文津阁《四库全书》本、涵芬楼《说郛》本、宛委山堂《说郛》本等。此据中国社会科学出版社2013年校注本辑录。

一、梁祖之初兼四镇也，英威刚很，视之若乳虎。左右小忤其旨，立杀之。梁之职吏，每日先与家人辞诀而入，归必相贺。宾客对之，不寒而栗。

进士杜荀鹤以所业投之，且乞一见。掌客以事闻于梁祖，梁祖默无所报。荀鹤住大梁数月。先是，凡有求谒梁祖，如已通姓名而未得见者，虽逾年困踬于逆旅中，寒饿殊甚，主者留之，不令私去。不尔，即公人辈及祸矣。荀鹤逐日诣客次。一旦，梁祖在便听，谓左右曰："杜荀鹤何在？"左右以见在客次为对。未见闲，有驰骑至者。梁祖见之，至巳午闲方退，梁祖遽起归宅。荀鹤谓掌客者曰："某饥甚，欲告归。"公人辈为设食，且曰："乞命。若大王出，要见秀才，言已归馆舍，即某等求死不暇。"至未申间，梁祖果出，复坐于便听，令取骰子来。既至，梁祖掷，意似有所下。掷且久，终不惬旨。怒甚，屡顾左右。左右怖惧，缩颈重足，若蹈汤火。须臾，梁祖取骰子在手，大呼曰："杜荀鹤。"掷之，六只俱赤，乃连声命屈秀才。荀鹤为主客者引入，令趋，骤至阶陛下。梁祖言曰："秀才不合趋阶。"荀鹤声喏，恐惧流汗，再拜。叙谢讫，命坐。荀鹤惨悴战栗，神不主体。梁祖徐曰："知秀才久矣。"荀鹤欲降陛拜谢，梁祖曰："不可。"于是再拜，复坐。梁祖顾视陛下，谓左右曰："似有雨点下。"令视之，实雨也。然仰首视之，天无片云。雨点甚大，沾陛檐有声。梁祖自起，熟视之，复坐，谓杜曰："秀才曾见无云雨否？"荀鹤答言："未曾见。"梁祖笑曰："此所谓无云而雨，谓之天泣，不知是何祥也？"又大笑，命左右："将纸笔来，请杜秀才题一篇《无云雨诗》。"杜始对梁祖坐，身如在燃炭之上，忧悸殊甚。复令赋《无云雨诗》，杜不敢辞。即令坐上赋诗，杜立成一绝献之。梁祖览之，大喜，立召宾席共饮，极欢而散。且曰："来日特为杜秀才开一筵。"复拜谢而退。杜绝句云："同是乾坤事不同，雨丝飞洒日轮中。若教阴朗都相似，争表梁王造化功。"由是大获见知。（《洛阳搢绅旧闻记》第一《梁太祖优待文士》）

二、杨少师凝式，正史有传。博揔经籍，能文工书，其笔力健，自成一家体。襟量恢廓，居常自负，既不登大用，多佯狂以自秽。在洛，多游僧寺道观，遇水石松竹清凉幽胜之地，必逍遥畅适，吟咏忘归。故寺观墙壁之上，笔迹多满，僧道等护而宝之。院僧有少师未留题咏之处，必先粉饰其壁，洁其下，俟其至。若入院，见其壁上光洁可爱，即箕踞顾视，似若发狂，引笔挥洒，且吟且书，笔与神会，书其壁尽方罢，略无倦怠之色。游客睹之，无不叹赏。故冯瀛王次子少尝于寺壁留题曰："少师真迹满僧居，只恐钟王也不如。为报远公须爱惜，此书书后更无书。”

进士安鸿渐题云：“端溪石砚宣城管，王屋松烟紫兔毫。更得孤卿老书札，人间无此五般高。”

石晋时，张相从恩，自南院宣徽使、官才检校司徒、权西京留守，到洛城后未久，少师自东京得假往洛阳，夜宿中牟县。时申未间，飞蝗蔽日，自东京而至。又明日，至郑州。是晚，飞蝗小至。次日，荥阳，飞蝗亦至荥阳。适有乘传往洛中者，少师附书并一绝《先次赠洛阳居守张公》，略曰：“押领蝗虫向洛京，合消居守远相迎”云云。及到洛数日，少师寄诗上张相云：“南院司徒镇洛京，未经三月政声成。四方群后皆如此，端坐庸夫见太平。”（《洛阳搢绅旧闻记》第一《少师佯狂（杨公凝式）》）

三、有谈歌妇人杨苎罗，善合生杂嘲，辨慧有才思，当时罕与比者。少师以侄女呼之，每令讴唱，言词捷给，声韵清楚，真秦青、韩娥之俦也。少师以侄女呼之，盖念其聪俊也。时僧云辨能俗讲，有文章，敏于应对。若祀祝之辞，随其名位高下，对之立成千字，皆如宿构，少师尤重之。云辨于长寿寺五月讲，少师诣讲院，与云辨对坐，歌者在侧。忽有大蜘蛛于檐前垂丝而下，正对少师与僧前。云辨笑谓歌者曰：“试嘲此蜘蛛。如嘲得著，奉绢两匹。”歌者更不待思虑，应声嘲之，意全不离蜘蛛，而嘲戏之辞，正讽云辨。少师闻之绝倒，久之，大叫曰：“和尚，取绢五匹来。”云辨且笑，遂以绢五匹奉之。歌者嘲蜘蛛云：“吃得肚䐐撑，寻丝绕寺行。空中设罗网，只待杀众生。”（《洛阳搢绅旧闻记》第一《少师佯狂（杨公凝式）》）

四、公（陶晟）能诗，与宫师王相溥善，常有诗往来属和。翰林承旨陶公谷叔事之。自前延安军司马授华州行军，陶翰林为《序》，亲书以送之。《送从叔赴华下序》略曰：“圣上即位之三年，命前延安军司马参戎阃于华下，绥旧俗也。践华、宁、秦之境，远皇猷者，五十有九年矣。赤骥嘶风而可仰，玉蟾耀彩以如昼。潜编嘉作，别俟知音。攀琪树而笑天风，鼎迁周颂；控文鳐而飞赤水，幅裂韩诗。”辞多不载。

公晚年知进士张翼能诗，召置门下，厚待之。尝曰：“七言诗我不如翼，五言诗翼不如我。”陶公诗有“河经蕃地浊，山到汉家青”。

又在环卫时诗：“拟抛丹禁去，试着白衣看。”

有集，陶翰长为之序。张翼尝投诗两轴于宫师王相溥，王相以诗谢云：“清河诗客本贤良，惠我新吟六十章。格调宛同罗给事，功夫深似贾司仓。登山始觉天高广，到海方知浪渺茫。好去蟾宫是归路，明年应折桂枝香。”(《洛阳搢绅旧闻记》第一《陶副车求荐见忌》)

五、田太尉重进，始起于戎行，常为太祖皇帝前队，积劳至侍卫马步军都虞候。太宗朝，移镇永兴军。

重进晚年好道，酷信黄白可成。有拣停军人张花项，衣道士服，俗以其项多雕篆，故目之为“花项”。晚出家为道士，自言有术，黄白金可成。……花项素不饮酒，一日昏黑，方来归衙，田讶之。既至，则已醉矣。明日，怒归迟，面诘之曰：“尊师从来对重进言，不解吃酒，昨晚大醉。”辞色俱厉，花项微笑，徐答曰：“某从来实不饮酒，昨日街市偶见仙人。”言讫，向西望空顶礼。重进曰：“仙人是谁？即今何在？”花项肃容低声而言曰：“即吕洞宾。”时人皆知吕洞宾为神仙，故花项言见之。“既见吕洞宾，须相召于街市饮酒。某言不吃，曰：‘但饮，必不大醉。’某礼拜谢讫，凡二十余盏。仍问某何处下，某答云：‘在太尉处。’吕曰：‘某闻之久矣。太尉武人，好事如此，此人有寿，今已有微疾矣。某当暂去，与少药疗之。’”田闻言大喜，曰：“重进粗人，何消神仙下降。”且曰：“何时至？”花项曰：“此月十五日夜，三更必至。吕言不欲多见人，望太尉于东位射弓处排当帐设，用新好细席，于静室燃香烛，须鲜果好酒。太尉自斋沐，换新衣，具靴笏，深夜候之，必来降矣。”重进曰：“非常时。”

至期，命陈设东位，帷帐裀褥，一一新洁，焚香燃烛，斋洁，披秉，瞻望星斗拜告，以俟其至。须臾，报三更矣，不至。又取香燃之，望空再拜。时重进足重，兼染风恙，甚难折腰。是夕热，拜讫，大喘流汗，衣皆沾湿，略无倦怠。须臾，又报四更。重进虽燃香未辍，意疑讶，引颈瞻望，略无兆朕。报四更五点，重进疑怪殊甚，问花项等三人，欲责其虚诞。亲信人来白：“尊师门大开，中并无人，向来囊箧般运已尽，盖花项等诳令开东边便门，揭箧俱潜遁矣。”重进惭恨嗟叹，但呜指顾左右曰：“无良汉！无良汉！”自是无复求道术矣。时永兴有匿名人，遗诗二首嘲之，置诗于厅事前。田命宾席读之，愈惭。乃散差人追捕，皆不获。

诗本失其一首，永兴士人多能诵之。余授右仆射判永兴军，备知其事，录之以戒贪夫云。匿名诗曰：“铅作黄金汞作银，爇梁奸幸转灾新。一朝诳惑田重进，半夜攀迎吕洞宾。呆汉出门时引领，黠儿得路已潜身。惟称三个无良

汉，笑杀长安万万人。”（《洛阳搢绅旧闻记》第三《田太尉候神仙夜降》）

六、（安）中令长子守忠，温和多礼，善接下，孝友出于天性，抚其弟侄慈爱。弟守亮，好学。守忠，广延儒士，厚以衣食奉之，由是宾客学院中，常有数十人食客。春冬散衣，无不及者。由是宾客常满其门，日厌酒肉。守忠在洛下，畜马数十匹，有时欲出，左右以后槽无马对。守忠惊问之，对曰：“早来被一队措大乱骑去也。”盖食客不量去就，各乘之而出矣。守忠敛容曰：“不得无礼，称他诸秀才为一队措大，后度如此，即吃杖。待秀才回来，有马到即报。”其宽厚也如此。广聚书籍，有西斋之数焉。故守亮笃学，善书札，敏辞赋。开封府首荐，一举状元及第。释褐为司寇参军，次任凰翔府节度推官。时余已大著作、直史馆。余举之，授太常丞。后终于尚书员外郎、直史馆。内明外晦，孝友诚信。惜哉，太宗皇帝渐知其才器，未大用而殂，亦命矣夫！守忠，大祖朝自环卫随驾亲征河东，揔徒筑堤，拥汾水，劳悴没于逆城之下。余布衣时，守亮待余厚，知其门多宾客，耻与之混，然未尝足及其第。守亮登庸之初，余以诗寄贺，记其略曰：“数曾马上揖容辉，欲款仙踪与愿违。”味此即知余不及其门矣！余数年前过其门，已为他人所有。感今怀昔，怅然者久之。虑史氏之阙，书之以示来者。（《洛阳搢绅旧闻记》第四《安中令大度》）

［宋］王谠《唐语林》

王谠，字正甫，宋长安人。曾任京东排岸司、国子监丞、少府监丞等。著有《唐语林》。《唐语林》综采五十种唐杂史、传记、小说中的材料，仿《世说新语》分五十二门。《唐语林》于明代以后已无全书，《四库全书》馆臣据明齐之鸾残本与《永乐大典》所录，厘为八卷。有明嘉靖二年齐之鸾刻本、清道光十九年金山钱氏刻本、清光绪十九年湖北官书处刻本、《历代小史》本、《四库全书》本、宛委山堂《说郛》本、《武英殿聚珍版书》本、《墨海金壶》本、《惜阴轩丛书》本、《守山阁丛书》本等。今据中华书局 2008 年校证本辑录。

一、司稼卿梁孝仁，高宗时造蓬莱宫，诸庭院列树白杨。将军契苾何力，铁勒之渠率也，于宫中纵观。孝仁指白杨曰："此木易长，三数年间，宫中可荫影。"何力一无所应，但诵古人诗云："白杨多悲风，萧萧愁杀人。"意此是冢墓间木，非宫室中所宜种。孝仁遂令拔去，更种梧桐。（《唐语林》卷一《言语》）

二、昆明池者，汉武帝所置。蒲鱼之利，京师赖之。中宗朝，安乐公主请之，帝曰："前代以来不以与人，此则不可。"主不悦，因役人徒别凿，号曰定昆池。既成，中宗往观，令公卿赋诗。李黄门日知诗曰："但愿暂思居者逸，无使时传作者劳。"及睿宗即位，谓之曰："当时朕亦不敢言。非卿忠正，何能若是！"寻迁侍中。（《唐语林》卷一《言语》）

三、杜淹国初为掾吏，尝业诗。文皇勘定内难，咏斗鸡寄意曰："寒食东郊道，飞翔竞出笼。花冠偏照日，芥羽正生风。顾敌知心勇，先鸣觉气雄。长翘频扫阵，利距屡通中。"文皇览之，嘉叹数四，遽擢用之。（《唐语林》卷二《文学》）

四、骆宾王年方弱冠，时徐敬业据扬州而反，宾王陷于贼庭，其时书檄皆宾王之词也。每与朝廷文字，极数伪周，天后览之，至："蛾眉不肯让人，狐媚偏能惑主。"初微笑之。及见"一抔之土未干，六尺之孤安在？"乃不悦，曰："宰相因何失如此之人！"盖有遗才之恨。（《唐语林》卷二《文学》）

五、李白名播海内，玄宗见其神气高朗，轩然霞举，上不觉忘万乘之尊，与之如知友焉。尝制《胡无人》云"太白入月敌可摧"，及禄山犯阙，时太白犯月，皆谓之不凡耳。（《唐语林》卷二《文学》）

六、郑虔，天宝初协律，采集异闻，著书八十余卷。人有窃窥其稿草，上书告虔私修国史，虔遽焚之，由是贬谪十余年，方从调选，授广文馆博士。虔所焚稿既无别本，后更纂录，率多遗忘，犹成四十余卷。书未有名，及为广文馆博士，询于国子司业苏源明，源明请名为《会粹》，取《尔雅序》"会粹旧说"也。西河太守卢象赠虔诗云："书名《会粹》才偏逸，酒号屠苏味更醇。"即此也。（《唐语林》卷二《文学》）

七、长安菩萨寺僧弘道，天宝末，见王右丞为贼所囚于经藏院，与左丞裴迪密往还。裴说——贼会宴于太极西内，王闻之泣下，为诗二绝，书经卷麻纸之后。弘道藏之，相传数世。其词云："万户伤心生野烟，百官何日更朝天？秋槐叶落空宫里，凝碧池头奏管弦。"又云："安得舍尘网，拂衣辞世喧，翛然策藜

杖，归向桃花源。”（《唐语林》卷二《文学》）

八、王武子曾在夔州之西市，俯临江岸沙石，下看诸葛亮八阵图。箕张翼舒，鹅形鹤势，聚石分布，宛然尚存。峡水大时，三蜀雪消之际，濒滂滉漾，大树十围，枯槎百丈，破礶巨石，随波塞川而下。水与岸齐，雷奔山裂，聚石为堆者，断可知也。及乎水已平，万物皆失故态，惟阵图小石之堆，标聚行列，依然如是者，垂六七百年间，淘洒推激，迨今不动。刘禹锡曰：是诸葛公诚明，一心为先主效死。况此法出《六韬》，是太公上智之材所构。自有此法，惟孔明行之，所以神明保持，一定而不可改也。东晋桓温征蜀过此，曰：“此常山蛇阵。击头则尾应，击尾则头应，击其中则头尾皆应。”常山者，地名。其蛇两头，出于常山，其阵适类其蛇之两头，故名之也。温遂勒铭曰：“望古识其真，临源爱往迹。恐君遗事节，聊下南山石。”（《唐语林》卷二《文学》）

九、白居易，长庆二年以中书舍人为杭州刺史，替严员外休复。休复有时名，居易喜为之代。时吴兴守钱徽、吴郡守李穰皆文学士，悉生平旧友，日以诗酒寄兴。官妓高玲珑、谢好好巧于应对，善歌舞。后元稹镇会稽，参其酬唱，每以筒竹盛诗来往。居易在杭，始筑堤捍钱塘潮，钟聚其水，溉田千顷。复浚李泌六井，民赖其汲。在苏作诗，有“使君全未厌钱塘”之句。及罢，俸钱多留守库，继守者公用不足，则假而复填，如是五十余年。及黄巢至郡，文籍多焚烧，其俸遂亡。（《唐语林》卷二《文学》）

十、段郎中成式，博学文章，著书甚多。守庐陵，尝游山寺，读一碑，二字不过，曰：“此碑无用于世矣。成式读之不过，更何用乎？”客有以此二字遍问人，果无知者。连典江南数郡，皆有名山：九江匡庐、缙云烂柯、庐陵麻姑。前进士许棠寄诗云：“十年三领郡，领郡管仙山。”庐陵时，为人妄诉，逾年方辨，乃退居于襄阳。温博士庭筠亦谪随县尉，节度使徐太师留在幕府，与成式尤相善。尝送墨一挺与庭筠，往复致谢，搜故事者凡几函。成式子安节，娶庭筠女。安节仕至吏部郎中、沂王傅。善音律，著《乐府新录》传于世。（《唐语林》卷二《文学》）

十一、宣宗因重阳，便殿大合乐，锡宴群臣。有御制诗，其略曰：“款塞旋征骑，和戎委庙贤；倾心方倚注，叶力共安边。”宰臣以下应制皆和。上曰：“宰相魏謩诗最佳。”其联云：“四方无事去，宸豫杪秋来；八水寒光动，千山霁色开。”上嘉赏久之，魏蹈舞谢。（《唐语林》卷二《文学》）

十二、陆翱为诗有情思，其《闲居即事》云："衰柳迷隋苑，衡门啼暮鸦。茅厨烟不动，书牖日空斜。悔下东山石，贫于南阮家。沉忧损神虑，萱草自开花。"《宴赵氏北楼》云："殷勤赵公子，良夜竟相留。朗月生东海，仙娥在北楼。酒阑珠露滴，歌迥石城秋。本为愁人设，愁人到晓愁。"题鹦鹉、早莺、柳絮、燕子，皆传于时。登第累年，无辟召，一游东诸侯，得钱仅百万，而卒于江南。长子希声，好学多才艺，勤于读史，非寝食未尝释卷，中朝子弟好读史者无及。昭宗时为相。（《唐语林》卷二《文学》）

十三、李郢有诗名，郑尚书颢门生也。居杭州，不务进取，终下郎官。初赴举，闻邻女有容，求娶之。遇有争娶者，女家无以为辞，乃曰："备钱百万，先至者许之。"两家具钱，同日皆至。女家无以为辞，复曰："请各赋一诗，以为优劣。"郢乃得之。登第回江南，驻苏州，遇故人守湖州，邀同行，郢辞以决意春归，为妻作生日，故人不放，与之胡琴、焦桐、方物等，令且寄归代意。郢为《寄内诗》曰："谢家生日好风烟，柳暖花春二月天。金凤对翘双翡翠，蜀琴新上七丝弦。鸳鸯交颈期千岁，琴瑟谐和愿百年。应恨客程归未得，绿窗红泪冷涓涓。"兄子咸通初守杭州，郢至，宿虚白堂，云："缺月斜明虚白堂，寒蛩唧唧树苍苍。江风彻曙不得睡，二十五声秋点长。"（《唐语林》卷二《文学》）

十四、马博士戴，大中初为太原李司空掌记，以正直被斥，贬朗州龙阳尉。戴著书，自痛不得尽忠于故府，而动天下之议。行道兴咏，寄情哀楚，凡数十篇。其《方城怀古》云："申胥枉向秦庭哭，靳尚终贻楚国羞。"《新春闻赦》云："道在猜谗息，仁深疾苦除。尧聪能下听，汤网本来疏。"（《唐语林》卷二《文学》）

十五、衡山五峰，曰：紫盖、云密、祝融、天柱、石廪。下人多文词，至于樵夫，往往能言诗。尝有广州幕府夜闻舟中吟曰："野鹊滩西一棹孤，月光遥接洞庭湖。堪憎回雁峰前过，望断家山一字无。"问之，乃其所作也。（《唐语林》卷二《文学》）

十六、李益诗名早著，有《征人歌》一篇，好事者画为图障。又有云："回乐峰前沙似雪，受降城外月如霜。不知何处吹芦管，一夜征人尽望乡。"天下亦唱为歌曲。（《唐语林》卷二《文学》）

十七、中世有造谤辞而著者，有传蚁穴而称者，有妓乐而工篇什者，〔原注〕蜀妓薛涛。有家僮而善著章句者，皆事之异也。（《唐语林》卷二《文学》）

十八、刘允章祖伯刍，父宽夫，皆有重名。允章少孤自立，以臧否为己任。及掌贡举，尤恶朋党。初，进士有“十哲”之号，皆通连中官，郭纁、罗虬，皆其徒也。每岁，有司无不为其干挠，根蒂牢固，坚不可破。都尉于琮方以恩泽主盐铁，为纁极力，允章不应，纁竟不就试。比考帖，虬居其间，允章诵其诗，有“帘外桃花晒熟红”，不知“熟红”何用？虬已具在去留中，对曰：“《诗》云：‘关关雎鸠，在河之洲；窈窕淑女，君子好逑。’侍郎得不思之？”顷之唱落，众莫不失色。及出榜，惑于浮说，予夺不能塞时望。允章自鄂渚分司东都，其制，中书舍人孔晦之辞。弟纾为谏官，乃允章门生，率同年送于坡下。纾犹欲前行，允章正色曰：“请违公不去。”故事：门生无答拜者，允章于是答拜，同行皆愕然。（《唐语林》卷三《方正》）

十九、崔颢有美名，李邕常欲一见。及颢至献文，其首云：“十五嫁王昌。”邕叱起曰：“小子无礼！”遂不接。（《唐语林》卷三《方正》）

二十、骆浚者，度支司书手也。尝健羡一杂事典，题诗一绝于柏树曰：“干耸一条青玉直，叶铺千叠绿云低。争如燕雀偏巢此，却是鹓鸾不得栖。”会度支使巡诸司，见此题，问左右，云：“浚所为也。”召与语，可听。曰：“钱谷粗晓，词气不卑，言语古壮，人品亦佳。”翌日，以语巡官李吉甫，遂擢为度支巡官。浚请兼巡覆官。自以微贱，不敢厕士大夫之列。月余，九门内勾出数十万贯；数月，关右、蒲、潼、京西、京北、三辅勾四百万，佐大门，却河阴斗门。曹、汴、宿、宋，无水潦之患。后典名郡，有令名。于春明门外筑台榭，食客皆名人。卢申州题诗云：“地甃如拳石，溪横似叶舟。”即骆氏池馆也。（《唐语林》卷三《识鉴》）

二十一、贞观中，蜀人李义府八岁，号神童。至京师，太宗在上林苑便对，有得乌者，上赐义府，义府登时进诗曰：“日里扬朝彩，琴中伴夜啼；上林多许树，不借一枝栖。”上笑曰：“朕今以全树借汝。”后相高宗。（《唐语林》卷三《赏誉》）

二十二、白居易应举，初至京，以诗谒顾著作况。况睹姓名，熟视曰：“米价方贵，居亦不易。”及披卷，首篇曰：“咸阳原上草，一岁一枯荣。野火烧不尽，春风吹又生。”乃嗟赏曰：“道得个语，居即易也。”因为之延誉，声名遂振。（《唐语林》卷三《赏誉》）

二十三、李贺以歌诗谒韩愈，愈时为国子博士分司。送客归，极困。门人呈卷，解带，旋读之。首篇《雁门太守行》云：“黑云压城城欲摧，甲光向日金鳞

开。”却缓带，命迎之。(《唐语林》卷三《赏誉》)

二十四、刘侍郎三复，初为金坛尉。李卫公镇浙西，三复代草表云：“山名北固，长怀恋阙之心；地接东溟，却羡朝宗之路。”卫公嘉叹，遂辟为宾佐。时杭州有萧协律悦，善画竹，家酷贫。白居易典郡，尝叙云：“悦之竹举世无伦，颇自秘重，有终岁求其一竿一枝不得者。”又遗之歌曰：“余杭邑客多羁贫，其中甚者萧与殷，天寒身上犹衣葛，日高甑中未扫尘。”悦年老多病，有一女未适。他日，病且亟，谓其女曰：“吾闻长史刘从事，非有通家之旧，复无举荐之力。欻自众为贤侯幕府，必有足观者。今知未婚，吾虽未识，当以书托汝。”三复览其书，数日未决。会夜梦有黄衣使，致藁一束于其门。翊日，言于卫公，公曰：“藁，萧也。此固定矣。”三复遂成婚。(《唐语林》卷三《赏誉》)

二十五、毕相諴家素贱。李中丞者，有诸院兄弟与諴熟。諴至李氏子书室中，诸子赋诗，諴亦为之。顷者李至，观诸子诗，又见諴所作，称其美。諴初亦避之。李问曰：“此谁作也?”诸子不敢隐，乃曰：“某叔，顷来毕諴秀才作也。”諴遂出见。既而李呼左右责曰：“何令马入池中，践浮萍皆聚，芦荻斜倒?”怒甚，左右莫敢对。諴曰：“萍聚只因今日浪，荻斜都为夜来风。”李大悦，遂留为客。(《唐语林》卷三《赏誉》)

二十六、郭暧尚升平公主，盛集文士，即席赋诗，公主帷而观之。李端中宴诗成，云：“薰香荀令偏怜少，傅粉何郎不解愁。”众称妙绝。或谓夙构，端曰：“愿试一吟。”钱起云：“请以起姓为韵。”复云：“新开金埒教调马，旧赐铜山许铸钱。”暧出名马金帛为赠。是席，端为首；送王相镇幽朔，韩翃为首；送刘相巡江淮，钱起为首。(《唐语林》卷三《赏誉》)

二十七、德宗晚年绝嗜欲，尤工诗，臣下莫及。每御制奉和而退，笑曰：“排公在。”(《唐语林》卷三《品藻》)

二十八、苏瓌初未知颋，常处颋于马厩中，与庸仆杂行。一日，有客诣瓌，候于客次。颋拥彗庭庑间，遗落一文字，客取而视之，乃咏昆仑奴子，诗云：“指如十挺墨，耳似两张匙。”客异之。良久，瓌出，客淹留言咏，以其诗问瓌“何人，岂非足下宗庶之孽也?”瓌备言其事，客惊讶之，谓瓌加礼收举，必苏氏之令子也，瓌稍稍亲之。有人献兔，悬于廊庑之下，乃召颋咏之，曰：“兔子死阑单，将来挂竹竿，试将明镜照，无异月中看。”瓌读诗异之。由是学问日新，文章盖代。及玄宗平内难，旦夕制诰络绎，无非颋之所出。时称“小许公”云。(《唐语林》

卷三《夙慧》)

二十九、开元中有李幼奇者，以艺干柳芳，念百韵诗，芳便暗记，题之于壁，谓幼奇曰："此吾之诗也。"幼奇大惊。徐曰："相戏耳，此君所念诗也。"因谓幼奇更念他新著文章，一遍皆能记。(《唐语林》卷三《夙慧》)

三十、华阴杨牢，幼孤，六岁时就学归，误入人家，乃父友也。二丈人弹棋次，见杨氏子，戏曰："尔能为丈人咏此局否?"杨登时叉手咏曰："魁形下方天顶凸，二十四寸窗中月。"父友惊抚其首，遗以梨栗，曰："尔后必有文。"年十八，一上中进士第，有诗集六十卷。性狷急，累居幕府，主人同列多不容。同列有固护之者，与诗云："蝦蟆欲吃月，保护常教圆。"又云："心明外不察，月向怀中圆。"又云："罗帏苦不卷，谁道中无人。"其辞多怨恚。其妻亦有志行。在青州幕，奉使出，得疾，不诊脉服药而殒。(《唐语林》卷三《夙慧》)

三十一、又有崔郊秀才者，寓居于汉上，蕴有文艺，而家贫。与姑婢通。其婢端丽，解音律，汉南之最也。姑贫，鬻婢于连帅，爱之，以类无双给钱四十万。郊思之不已，即强就府署，愿一见焉。其婢因寒食节来从事家还，值郊立于柳阴，马上连泣，誓若山河。崔生赠之以诗曰："公子王孙逐后尘，绿珠垂泪滴罗巾；侯门一入深如海，从此萧郎是路人。"或有写郊诗于公座，公睹诗，令召崔生，左右莫之测。及见郊，曰："'侯门一入深如海，从此萧郎是路人。'便是君制也? 四百千小哉! 何惜一书，不早相示。"遂命婢同归。至于帏幌奁匣，悉为赠饰之物。有客自零陵来，称戎昱使君席上有善歌者，公遽命召焉。戎不敢违，逾月而至。及至，令唱歌，歌乃戎使君送妓之诗。其辞曰："宝钿青蛾翡翠裙，妆成掩泣欲行云；殷勤好取襄王梦，莫向阳台梦使君。"公曰："丈夫不能立功业，为异代之所称，岂可夺人爱姬，为己之嬉娱? 以此观之，诚可窜身于无人之地。"遂以缯帛赆行，为书谢零陵守。(《唐语林》卷四《豪爽》)

三十二、李尚书翱，潭州席上有舞柘枝者，颜色忧悴，殷尧藩侍御当筵而赠诗曰："姑苏太守青娥女，流落长沙舞柘枝；满坐绣衣皆不识，可怜粉脸泪双垂。"李公诘其事，乃故姑苏台韦中丞爱姬之女也。李公曰："吾与韦族，其姻旧矣。"速命更舞衣，即延入与韩夫人相见。顾其言语清楚，宛有冠盖风仪，遂于宾榻中选士嫁之。舒元舆侍郎闻之，赠李公诗曰："湘江舞罢忽成悲，便脱蛮靴出绛帷。谁是蔡邕琴酒客，魏公怀旧嫁文姬。"(《唐语林》卷四《豪爽》)

三十三、又有少年，势似疏简，自云"辛氏郎君，来谒丞相。"于晤对之间，未甚周至。先是白居易寄元相诗曰："闷劝迂辛酒，闲吟短李诗。"且曰："辛大丘度性迂嗜酒，李二十绅短而能诗。"辛氏郎君，即丘度之子也。因谓李公曰："小子每忆白二十二丈诗曰：'闷劝畴昔酒，闲吟廿丈诗。'"李曰："辛大有此狂儿，吾敢不存旧乎？"凡诸宦族，快辛子之能忤，丞相之受侮。（《唐语林》卷四《豪爽》）

三十四、初，李公赴荐，尝以《古风》求吕化光温。谓齐员外煦及弟恭曰："吾观李二十秀才之文，斯人必为卿相。"果如其言。诗曰："春种一粒粟，秋成万颗子。四海无闲田，农夫犹饿死。""锄禾日当午，汗滴禾中土。谁知盘中餐，粒粒皆辛苦。"先是元相廉察江东之日，修龟山寺鱼池，以为放生之所，戒其僧曰："劝汝诸僧好自持，不须垂钓引青丝。云山莫厌看经坐，便是浮生得道时。"李公到镇，游于野寺，观元公诗，笑曰："僧有渔罟之事，必投于镜湖。"后有犯者，遂不恕。复为二绝以示之云："剃发多缘是代耕，好闻人死恶人生。祇园说法无高下，尔辈何劳尚世情。""汲水添池活白莲，十千鬐鬣尽生天。凡庸不识慈悲意，自葬江鱼入九泉。"忽有老僧谒，愿以因果喻之。丞相问："阿师从何处来？"答曰："贫道从来处来。"遂决二十，曰："任从去处去。"至如浮薄宾客，莫敢候问。三教所来，俱有区别，海内服其才俊。（《唐语林》卷四《豪爽》）

三十五、陆相贽受淮南尉，吏部侍郎不与；顾少连拟与江、淮一尉，不伏竟得之。显其德而自吟曰："绕阶流滟滟，夹砌树阴阴。"□后罢相，□□在假日，敕下不谢官，又贬为忠州司马。大官降敕日，令朝谢。但恐私忌□亦须出入始了。（《唐语林》卷四《企羡》）

三十六、于良史为张徐州建封从事，每自吟曰："出身三十年，白发衣犹碧；日暮倚朱门，从未污袍赤。"公闻之，为奏章服焉。（《唐语林》卷四《企羡》）

三十七、胡尚书证，河中人。太傅昭公镇河中，尚书建节赴振武，备桑梓礼入谒，持刺称百姓。献昭公诗云："诗书入京国，旌旆过乡关。"州里荣之。进士赵橹著《乡籍》一篇，夸河东人物之盛，皆实录也。同乡中，赵氏轩冕文儒最著，曾祖父、祖父，世掌纶诰。橹昆弟五人，进士及第，皆历台省。卢少傅弘宣，卢尚书简辞、弘正、简求，皆其姑子也，时称"赵家出"。外家敬氏，先世亦出自河中，人物名望皆谓至盛，橹著《乡籍》载之。（《唐语林》卷四《企羡》）

三十八、高宗承贞观之后，天下无事。上官侍郎仪独持国政，尝凌晨入朝，循洛水堤，步月徐辔，咏云："脉脉广川流，驱马历长洲。鹊飞山月曙，蝉噪

野风秋。"音韵清亮。群公望之,犹若神仙焉。(《唐语林》卷四《企羡》)

三十九、天宝十五载正月,安禄山反,陷洛阳。王师败绩,关门不守。车驾幸蜀,次马嵬驿,六军不发,赐贵妃死,然后驾发。行至骆谷,上登高平,马上谓力士曰:"吾苍皇出狩,不及辞宗庙。此山绝高,望见秦川。吾今遥辞陵庙。"下马东向再拜,呜咽流涕,左右皆泣。又谓力士曰:"吾取张九龄之言,不至于此。"乃命中使往韶州,以太牢祭之。既而取长笛吹自制曲,曲成复流涕,诏乐工录其谱。至成都,乃进谱而请名,上已不记,顾左右曰:"何也?"左右以骆谷望长安索长笛吹出对之。良久,上曰:"吾省矣。吾因思九龄,可号为《谪仙怨》。"有人自西川传者,无由知其本末,但呼为《剑南神曲》。其音怨切动人。大历中,江南人盛传。随州刺史刘长卿左迁睦州司马,祖筵闻之,长卿遂撰其词,意颇自得,盖亦不知事之始。词云:"晴川落日初低,惆怅孤舟解携。鸟去平芜远近,人随流水东西。白云千里万里,明月前溪后溪。独恨长沙谪去,江潭春草萋萋。"其后台州刺史窦弘余以长卿之词虽美,而与本曲意兴不同,复作词以广不知者,其词曰:"胡尘犯阙冲关,金辂提携玉颜。云雨此时消散,君王何日归还?伤心朝恨暮恨,回首千山万山。独望天边初月,蛾眉独自弯弯。"(《唐语林》卷四《伤逝》)

四十、贞元四年,刘太真侍郎入贡院,寄前主司萧昕尚书诗曰:"独坐贡闱里,愁心芳草生。山公昨夜事,应见此时情。"(《唐语林》卷四《伤逝》)

四十一、太和九年,仇士良诛王涯、郑注。上或登临游幸,虽百戏列于前,未尝少悦。往往瞠目独语,左右不敢进问。题诗云:"辇路生春草,上林花发时。凭高何限意,无复侍臣知。"更于殿内看牡丹,翘足凭栏,诵舒元舆《牡丹赋》云:"俯者如愁,仰者如悦,开者如语,合者如咽。"久之,方省元舆词,不觉叹息泣下。时有宫人沈阿翘为上舞《河满子》词,声态宛转,曲罢,锡以金臂环。乃问其从来,阿翘曰:"妾本吴元济女。元济败,因入宫。"(《唐语林》卷四《伤逝》)

四十二、吴郡陆龟蒙,字鲁望,旧族也。其父宾虞,进士甲科,浙东从事、侍御史,家于苏台。龟蒙幼精六籍,弱冠攻文,与颜荛、皮日休、罗隐、吴融为益友。性高洁,家贫,思养亲之禄,与张搏为吴兴、庐江二郡倅,著《吴兴实录》四十卷、《松陵集》十卷、《笠泽丛书》三卷。丞相李公蔚、卢公携景重之。罗给事寄陆诗云:"龙楼李丞相,昔岁仰高文;黄阁今无主,青山竟不焚。"盖尝有征聘之意。唐末以左拾遺授之，诏下之日，疾终。光化三年，赠右补阙。吴侍郎融立传贻史官，右补阙韦庄撰诔文，相国陆希声撰碑文，给事中颜荛书。皮日休博士为诗友，寇死浙中。方干诗名著于吴中，陆未许之。一旦顿作诗五十首，装为方干新制，时辈吟赏降仰，陆谓曰："此乃下官效方干之所作也，方诗在模范中尔。"奇意精识者亦然之。薛许州能以诗道为己任，还刘梦得诗卷，有诗云："百首如一首，卷初如卷终。"讥刘不能变态，乃陆之比也。(《唐语林》卷四《栖逸》)

四十三、上都崇胜寺有徐贤妃妆殿。太宗召妃，久不至，怒之。因进诗曰："朝来临镜台，妆罢且徘徊。千金始一笑，一召讵能来？"(《唐语林》卷四《贤媛》)

四十四、太宗宴近臣，戏赵公无忌，令嘲欧阳率更，曰："耸膊成山字，埋肩不出头。谁教麟阁上，画此一猕猴？"询应声曰："索头连背煖，完裆畏肚寒。只由心溷溷，所以面团团。"帝敛容曰："欧阳询，汝岂不畏皇后闻耶？"赵公，后之弟。(《唐语林》卷五《补遗起高祖至代宗》)

四十五、国有大赦，则命卫尉树金鸡于阙下，武库令掌其事。金鸡为首，建之于高橦之上，宣赦毕，则除之。凡建金鸡，则先置鼓于宫城门之左，视大理及府县囚徒至，则挝其鼓。案：金鸡，魏、晋以前无闻焉，或云始自后魏，亦云起自吕光。《隋·百官志》云："北齐尚书省有三公曹，赦日建金鸡。"盖自隋朝废此官而为卫尉所掌。北齐每有赦宥，则于阊阖门前树金鸡，柱下取少土，云佩之利官，数日间遂成坑，所司亦不禁约。武成帝即位，其后河间王孝琬为尚书令。先时有谣言："河南种谷河北生，白杨树头金鸡鸣。"祖孝征与和士开谮孝琬曰："河南、河北，河间也；金鸡，言孝琬为天子，建金鸡也。"齐主信之而杀孝琬。则天封嵩岳，大赦，改元万岁。登封坛南有大树，树杪置金鸡，因名树为"金鸡树"。(《唐语林》卷五《补遗起高祖至代宗》)

四十六、则天时，郎吏王上客自恃才艺，意在前行外郎，后除水部员外，颇怀愤惋。同列张敬忠以诗戏曰："有意嫌工部，专心觅考功。谁知脚蹭蹬，几落省墙东。"(《唐语林》卷五《补遗起高祖至代宗》)

四十七、刘希夷诗曰："年年岁岁花相似，岁岁年年人不同。"其舅即宋之问也，苦爱此两句，知其未示人，恳乞此两句，许而不与。之问怒，以土囊压杀之。刘禹锡曰："宋生不得死，天报之矣！"(《唐语林》卷五《补遗起高祖至代宗》)

四十八、薛令之，闽之长溪人。神龙二年，赵彦昭下进士及第，后为左补阙兼太子侍讲。时东宫官冷落，之次难进，令之有诗曰："明月夜团团，照见先生盘。盘中何所有？苜蓿长阑干。饭涩匙难绾，羹稀箸易宽。只可谋朝夕，那能度岁寒？"明皇幸东宫，见之不悦，以为讽上。援笔酬曰："啄木觜距长，凤凰毛羽短；若嫌松桂寒，任逐桑榆暖。"令之遂谢病归。及肃宗即位，召之。诏下，而令之已卒。（《唐语林》卷五《补遗起高祖至代宗》）

四十九、景龙初，有韩令珪起自细微，好以行第呼朝士。寻坐罪，为姜武略所按，以枷錮之。乃谓："姜五公名流，何故遽行此？"姜武略应云："且抵承曹大，无烦唤姜五。"（《唐语林》卷五《补遗起高祖至代宗》）

五十、韦铿初在宪司，邵炅、萧嵩同升殿。神武皇帝即位，及诏出，炅、嵩俱加朝散，独铿不及。炅鼻高，嵩须多，并类鲜卑。铿嘲之云："一双獠子着绯袍，一个须多一鼻高。相对衙前捺且立，自言身品世间毛。"铿白肥而短，他日忽于承天门风眩踣地，炅咏曰："飘风忽起团团回，倒地还如脚被锤，莫怪殿上空行事，直为元非五品才。"（《唐语林》卷五《补遗起高祖至代宗》）

五十一、宋开府璟虽耿介不群，亦知音乐，尤善羯鼓尝与明皇论羯鼓事，曰："不是青州石末，即须鲁山花瓷。捻小碧上，掌下须有朋肯声。"据此，乃汉震第二鼓也。且颡用石末、花磁，固是腰鼓，掌下朋肯声，是以手拍鼓，非羯鼓明矣。开府又曰："头如青山峰，手如白雨点。"此即羯鼓之能事。山峰取不动，雨点取碎急。（《唐语林》卷五《补遗起高祖至代宗》）

五十二、张巡之守睢阳，玄宗已幸蜀，贼氛方炽，孤城势蹙，人困食竭，以纸布煮而食之，时以茶汁和之，而意自如。其《谢金吾将军表》曰："想峨眉之碧峰，豫游西蜀；追绿耳于悬圃，保寿南山。逆贼禄山，戮辱黎献，膻臊阙庭。臣被围四十七日，凡一千二百余阵。主辱臣死，当臣致命之时；恶稔罪盈，是贼灭亡之日。"忠勇如此。激励将士，尝赋诗曰："接战春来苦，孤城日渐危。合围侔月晕，分守效鱼丽。屡厌黄尘起，时将白羽挥。裹疮犹出战，饮血更登陴。忠信应难敌，坚贞谅不移。无人报天子，心计欲何施？"又《闻笛》诗曰："岧峣试一临，虏骑附城阴。不辩风尘色，安知天地心？营开星月近，战苦阵云深。旦夕更楼上，遥闻横笛吟。"时雍邱令令狐潮以书劝诱，不纳。其书有曰："宋七昆季，卫九诸子，昔断金成契，今乃刎颈相图。"云云。（《唐语林》卷五《补遗起高祖至代宗》）

五十三、或有人报王维云："公除右丞。"王曰："吾畏此官，屡被人呼'不解

作诗王右丞’。”(《唐语林》卷五《补遗起高祖至代宗》)

五十四、中书令郭子仪勋伐盖代，所居宅内诸院往来乘车马，僮客于大门出入，各不相识。词人梁锽尝赋诗曰：“堂高凭上望，宅广乘车行。”盖此之谓。(《唐语林》卷五《补遗起高祖至代宗》)

五十五、郎士元诗句清绝轻薄，好为剧语，每云：“郭令公不入琴，马镇西不入茶，田承嗣不入朝。”马知此，语之曰：“郎中言燧不入茶，请左顾为设也。”即依期而往。时豪家食次，起羊肉一斤，层布于巨胡饼，隔中以椒豉，润以酥，入炉迫之，候肉半熟食之，呼为“古楼子”。马晨起啖古楼子以伫。士元至，马喉干如窑，即命急烹茶，各啜二十余瓯。士元已老，虚冷腹胀，屡辞，马辄曰：“‘马镇西不入茶’，何遽辞也?”如此又七瓯。士元固辞而起，及马，气液俱下。因病数旬，马乃遗绢二百匹。(《唐语林》卷六《补遗起德宗，至文宗》)

五十六、段相文昌，少寓江陵，甚贫窭。每听曾口寺斋钟动，诣寺求食，寺僧厌之，乃斋后扣钟，冀其来不逮食。后登台辅，出镇荆南，题诗曰：“曾遇阇梨饭后钟。”文昌晚贵，以金莲花盆盛水濯足，徐相商以书规之。文昌曰：“人生几何，要酬平生不足也!”(《唐语林》卷六《补遗起德宗，至文宗》)

五十七、元和十五年，太常少卿李建知举，放进士二十九人。时崔嘏舍人与施肩吾同榜。肩吾寒进。为嘏瞽一目，曲江宴赋诗，肩吾云：“去古成叚，著虫为虾。二十九人及第，五十七眼看花。”(《唐语林》卷六《补遗起德宗，至文宗》)

五十八、刘虚白与太平裴坦相知。坦知举，虚白就试，因投诗曰：“三十年前此夜中，一般灯独一般风。不知人世能多许，犹著麻衣待至公。”坦感之，与及第。(《唐语林》卷六《补遗起德宗，至文宗》)

五十九、韩退之有二妾，一曰绛桃，一曰柳枝，皆能歌舞。初使王庭凑，至寿阳驿，绝句云：“风光欲动别长安，春半边城特地寒，不见园花兼巷柳，马头惟有月团团。”盖有所属也。柳枝后逾垣遁去，家人追获。及镇州初归，诗曰：“别来杨柳街头树，摆弄春风只欲飞。还有小园桃李在，留花不放待郎归。”自是专宠绛桃矣。(《唐语林》卷六《补遗起德宗，至文宗》)

六十、西蜀官妓曰薛涛者，辩慧知诗。尝有黎州刺史作《千字文令》，带禽鱼鸟兽，乃曰：“有虞陶唐。”坐客忍笑不罚。至薛涛云：“佐时阿衡。”其人谓语中无鱼鸟，请罚，薛笑曰：“‘衡’字尚有小鱼子；使君‘有虞陶唐’，都无一鱼。”宾客大笑，刺史初不知觉。(《唐语林》卷六《补遗起德宗，至文宗》)

六十一、白太傅与元相国友善，以诗道著名，时号“元白”。其集内有诗说元相公云：“相看掩泪应无说，离别伤心事岂知？想得咸阳原上树，已抽三丈白杨枝。”洎自撰墓志，云与刘梦得为诗友，殊不言元相公，时人疑其隙终也。（《唐语林》卷六《补遗起德宗，至文宗》）

六十二、李卫公颇升寒素。旧府解有等第，卫公既贬，崔少保龟从在省，子殷梦为府解元。广文诸生为诗曰：“省司府局正绸缪，殷梦元知作解头。三百孤寒齐下泪，一时南望李崖州。”卢渥司徒以府元为第五人，自此废等第。（《唐语林》卷七《补遗起武宗，至昭宗》）

六十三、平泉庄在洛城三十里，卉木台榭甚佳。有虚槛，引泉水，萦回穿凿，像巴峡洞庭十二峰九派，迄于海门。有巨鱼胁骨一条，长二丈五尺，其上刻云：“会昌二年海州送到。”在东南隅。平泉，即征士韦楚老拾遗别墅。楚老风韵高邈，好山水。卫公为丞相，以白衣擢升谏官。后归平泉，造门访之，楚老避于山谷。卫公题诗云：“昔日征黄绮，余惭在凤池。今来招隐逸，恨不见琼枝。”（《唐语林》卷七《补遗起武宗，至昭宗》）

六十四、李卫公在珠崖郡，北亭谓之望阙亭。公每登临，未尝不北睇悲咽。题诗云：“独上江亭望帝京，鸟飞犹是半年程。碧山也恐人归去，百匝千遭绕郡城。”又郡有一古寺，公因步游之，至一老禅院。坐久，见其内壁挂十余葫芦，指曰：“中有药物乎？弟子颇足疲，愿得以救。”僧叹曰：“此非药也，皆人骼灰耳！此太尉当朝时，为私憾黜于此者。贫道悯之，因收其骸焚之，以贮其灰，俟其子孙来访耳！”公怅然如失，返步心痛。是夜卒。（《唐语林》卷七《补遗起武宗，至昭宗》）

六十五、杜舍人牧，恃才名，颇纵声色。尝自言有鉴别之能。闻吴兴郡有佳色，罢宛陵幕，往观焉。使君闻其言，迎待颇厚。至郡旬日，继以酣饮，睨官妓曰：“未称所传也。”将离郡去。使君敬请所欲，曰：“愿泛彩舟，许人纵视，得以寓目。”使君甚悦。择日大具戏舟，讴棹较捷之乐，以鲜华相尚。牧循泛肆目，意一无所得。及暮将散，忽于曲岸见里妇携幼女，年方十余岁。牧悦之，召至与语。牧曰：“今未带去，第存晚期耳！”遂赠罗缬一箧为质。妇辞曰：“他日无状，或恐为所累。”牧曰：“不然。余今西行，求典此郡。汝待我十年，不来而后嫁。”遂书于纸而别。后十四年始出刺湖州。临郡三日，即命访之，女嫁已三载，有子二人矣。牧召母及女诘问，即出留书示之，乃曰：“其辞也直。”因赠诗

曰："自是寻春去较迟，不须惆怅怨芳时。狂风落尽深红色，绿叶成阴子满枝。"（《唐语林》卷七《补遗起武宗，至昭宗》）

六十六、大中三年，李褒侍郎知举，试《尧仁如天赋》。宿州李使君弟渎不识题，讯同铺，或曰："止于'尧之如天'耳！"渎不悟，乃为句曰："云攒八彩之眉，电闪重瞳之目。"赋成将写，以字数不足，忧甚。同辈绐之曰："但一联下添一'者也'，当足矣。"褒览之大笑。（《唐语林》卷七《补遗起武宗，至昭宗》）

六十七、白敏中初入邠州幕府，罢游同州，谒幕府李凤侍御。久不出见，曰："谁谓雀无角，何以穿我屋？"坐客皆非之。后为相，凤除官过中书，曰："此官人顷相遇同州，今日犹作常调等色！"（《唐语林》卷七《补遗起武宗，至昭宗》）

六十八、邕州蔡大夫京者，故令狐相公楚镇滑台之日，因道场中见于僧中，令京挈瓶钵。彭阳公曰："此子眉目疏秀，进退不慑，惜其卑幼，可以劝学乎？"师从之，乃得陪相国子弟。后以进士举上第，寻又学究登科，而作尉畿服。既为御史，覆狱淮南，李相绅忧悸而已，颇得绣衣之称。谪居澧州，为厉员外立所辱。稍迁抚州刺史，作诗责商山四老："秦末家家思逐鹿，商山四皓独忘机。如何须发霜相似，更出深山定是非？"及假节邕交，道经湖口，零陵郑太守史与京同年，远以酒乐相迟。坐有琼枝者，郑君之所爱，蔡强夺之，郑莫之竞。邕交所为，多如此，为德义者见鄙。行洎《中兴颂》所，黾勉不前，题篇久之，似有怅怅之思。才到邕南，制御失律，伏法湘川。论者以妄责四皓，而欲买山于浯溪之间，不徒言哉！诗曰："停桡积水中，举目孤烟外；借问浯溪人，谁家有山卖？"（《唐语林》卷七《补遗起武宗，至昭宗》）

六十九、大中十二年，李藩侍郎下崔相沆、长安令卢象同年。上巳日期集，卢称疾不至。沆忽于曲道遇象，侧席帽、映一毡车以避。沆时主罚，因举词曰："低垂席帽，遥映毡车。白日在天，不识同年之面；青云得路，可知异日之心。"时人比之崔瑕、施肩吾。（《唐语林》卷七《补遗起武宗，至昭宗》）

七十、宣宗制《泰边陲》曲，其辞云："海岳晏咸通。"上即位，而年号"咸通"。（《唐语林》卷七《补遗起武宗，至昭宗》）

七十一、政平坊安国观，明皇时玉真公主所建。门楼高九十尺，而柱端无斜。殿南有精思院，琢玉为天尊老君之像，叶法善、罗公远、张果先生并图形于壁。院南池引御渠水注之，叠石像蓬莱、方丈、瀛洲三山。女冠多上阳宫人。其东与国学相接。咸通中，有书生云："尝闻山池内步虚笙磬之音。"卢尚书有

诗云："夕照纱窗起暗尘，青松绕殿不知春。闲看白首诵经者，半是宫中歌舞人。"(《唐语林》卷七《补遗起武宗，至昭宗》)

七十二、咸通初，洛中谣曰："勿鸡言，送汝树上去；勿鸭言，送汝水中去。"又曰："勿笑父母不认汝。"及李纳为河南尹，是年大水，纳观水于魏王堤上，波势浸盛，虑其覆溺，于是策马而回。时人语曰："昔瓠子将坏，而王尊不去；洛水未至，而李纳已回。"是时男女多栖于木，咸为所漂者，父母观之不能救。(《唐语林》卷七《补遗起武宗，至昭宗》)

七十三、咸通末，曹相确、杨相收、徐相商、路相岩同为宰相。杨、路以弄权卖官，曹、徐但备员而已。长安谣曰："'确''确'无论事，钱财总被'收'。'商'人都不管，货'赂'几时休？"(《唐语林》卷七《补遗起武宗，至昭宗》)

七十四、翰林学士孙棨《北里志》云："郑举举巧谈谐，常有名贤醵宴。乾符中，状元孙偓颇惑之，与同年数人多至其舍，他人或不尽预。同年卢嗣业诉醵罚钱，致诗状元曰：'未识都知面，频输复分钱。苦心亲笔砚，得志助花钿。徒步求秋赋，持杯给暮饘。力微多谢病，非不奉同年。'嗣业，同年非旧知，又力穷不遵醵罚，故有此诗。曲内妓之头角者为都知，举举、降真是也。曲中一席四镮，见烛即倍，新郎更倍，故曰'复分钱'。一日，同年宴，举举有疾，不来，令同年李深之为酒纠。状元吟曰：'南行忽见李深之，手舞如风令不疑，任你风流称酝藉，天生不似郑都知。'"(《唐语林》卷七《补遗起武宗，至昭宗》)

七十五、崔相沆知贡举，得崔瀣。时榜中同姓，瀣最为沆知。谭者称："座主门生，沆瀣一气。"(《唐语林》卷七《补遗起武宗，至昭宗》)

七十六、许棠初试进士，与薛能、陆肱齐名。薛擢第，尉盩厔；肱下第，游太原：棠并以诗送之。棠登第，薛已自京尹出镇徐州，陆亦出守南康，招棠为倅。初，高侍郎湜知举，棠纳卷，览其诗云："退鹢已经三十载，登龙仅见一千人。"乃曰："世复有屈于许棠者乎？"永临刘相，以其子希同年，留为淮南馆驿官。令和韵，棠嗜诗不通；南海仆射时为副使知府事，笑谓人曰："相公令许棠和韵，可谓虐人也"。(《唐语林》卷七《补遗起武宗，至昭宗》)

七十七、裴筠婚萧楚公女，言定未几，便擢进士。罗隐以一绝刺之，略曰："细看月轮还有意，信知青桂近嫦娥。"(《唐语林》卷七《补遗起武宗，至昭宗》)

七十八、方干貌陋唇缺，味嗜鱼鲊，性多讥戏。萧中丞典杭，军倅吴杰患眸子赤；会宴于城楼饮，促召杰，杰至，目为风掠，不堪其苦。宪笑命近座女伶裂红巾方寸帖脸，以障风。于时在席，因为令戏杰曰：“一盏酒，《一捻盐》，止见门前悬箔，何处眼上垂帘？”杰还之曰：“一盏酒，一脔鲊，止见半臂著襕，何处口唇开裤？”一席绝倒。尔后人多目干为“方开裤”。（《唐语林》卷七《补遗起武宗，至昭宗》）

七十九、西明寺、慈恩寺多古画，慈恩塔前壁有“湿耳狮子趺心花”，为时所重。圣善、敬爱两寺亦有古画，圣善寺木塔院多郑广文画并书，敬爱寺山亭院有画雉尾若丹砂子，上有进士房增题名处。后有人题曰：“姚家新婿是房郎，未解芳颜意欲狂。见说正调穿泪箭，莫教射破寺家墙。”西北角有病龙院，并吴生画。（《唐语林校证》卷八《补遗无时代》）

［唐］苏鹗《苏氏演义》

苏鹗，生平见《杜阳杂编》叙录。《苏氏演义》十卷，又名《演义》，原书久佚，今本二卷辑自《永乐大典》，是书考究书传、订正名物、辨证讹谬。有清乾隆间四库馆初写本、清翰林院抄本、《四库全书》本、《函海》本、《艺海珠尘》本、《抱经楼汇抄》本等。此据中华书局2012年点校本辑录。

一、历山有六：一河中，二齐州，三冀州，四濮州雷泽，又其二不闻。又云：耕之与渔，宜皆在雷泽。《史记》注云：历山在河东雷泽，今属济阴，然则舜之耕不在此，明矣。《演义》云：历山其二不闻，岂此山乃其一耶？梁江文通《题历山诗》云：“愁生白露日，思起秋风年。落叶下楚水，别鹤噪吴田。嶂气阴不极，日色亏半天。酒至情萧瑟，凭尊还悯然。”文通会稽永兴人，所题乃此山也。（《苏氏演义》卷上）

二、《日重光》、《月重轮》，群臣为汉明帝作也。明帝为太子，乐人作歌诗四章，以赞太子之德。一曰《日重光》，二曰《月重轮》，三曰《星重晖》，四曰《海重润》。汉末丧乱，后二章亡。旧说云：天子之德，光明如日，规轮如月，众晖如星，沾润如海，太子皆比德焉，故云重也。（《苏氏演义》卷上）

三、《淮南王》，淮南小山之作也。王服食求仙，遍礼方士，遂与八公相携俱亡，莫知所往。小山之徒，思恋不已，乃作《淮南王》之曲焉。（《苏氏演义》卷上）

四、《吴趋曲》，吴人以歌其地也。（《苏氏演义》卷上）

五、《平陵东》，翟义门人所作也。王莽杀义，义门人作歌以悲之。（《苏氏演义》卷上）

六、《武溪深》，乃马援为征南之所作也。援门生爰寄生善吹笛，援作歌以和之，名曰《武溪深》。其曲曰："滔滔武溪一何深，鸟飞不度兽不能临，嗟哉武溪多毒淫！"（《苏氏演义》卷上）

七、《箜篌引》，朝鲜津卒霍里子高妻丽玉所作也。子高晨起刺船而棹，有一白首狂人被发提壶乱河流而渡，其妻随呼止之不及，遂堕河水死，于是援箜篌而鼓之，作《公无渡河》之曲，声甚凄怆。曲终自投河而死。霍里子高还，以其声语妻丽玉，玉伤之，乃引箜篌而写其声，闻者莫不堕泪饮泣焉。丽玉以其曲传邻女丽容，名之曰《箜篌引》焉。（《苏氏演义》卷上）

八、《金陵记》，江南计吏止于传舍间，及时就路，以马残草泻于井中，而谓已无再过之期。不久，复由此饮，遂为昔时莝刺喉死。后人戒之曰："千里井，不泻莝。"杜诗："畏人千里井。"注："谚云：'千里井，不反唾。'"疑唾字无义，当为莝，谓为莝所哽也。按：《玉台新咏》载曹植《代刘勋妻王氏见出而为》之诗曰："人言去妇薄，去妇情更重。千里不泻井，况乃昔所奉。远望未为迟，踟蹰不得共。"观此意，乃是尝饮此井，虽舍而去之，亦不忍唾也。此足见古人忠厚，其理甚明。（《苏氏演义》卷下）

［唐］皇甫枚《三水小牍》

皇甫枚，字遵美，唐安定人。懿宗咸通十四年(873)调补汝州鲁山县主簿。著有《三水小牍》。《三水小牍》二卷，为皇甫枚于天佑庚午岁，旅食汾晋，手纪咸通中事，原书已佚。有清乾隆五十七年卢文弨抱经堂刻本、

《古今说海》本、《抱经堂丛书》本、《宛委别藏》本、《粤雅堂丛书》本、《云自在龛丛书》本、涵芬楼《说郛》本、宛委山堂《说郛》本等。此据中华书局1958年点校本辑录。

一、陈璠者，沛中之卒徒也，与故徐帅时溥少结军中兄弟之好。及溥为支详所任，璠亦累迁右职。黄巢之乱，支辟简劲卒五千人，命溥总之而西，璠为次将。溥自许昌趋洛下，璠以千人反平阴，溥乃矫称支命追兵回。于是引师与璠合屠平阴，掠圃田而下及沛。支虑其变，郊劳，及解甲，盛设厚赂之。溥乃令其亲讽支曰："军前不安，民望见迫，且请公解印以厌众心。"支力不能制，乃率其孥出居大彭馆，溥自称留后。璠谓溥曰："支尚书惠及沛人，若不杀之，将贻后悔。"溥不可，璠固请，与溥往复十余。溥怒曰："自看自看。"璠乃诈为溥命谓之曰："请支行李归阙下。"支以为诚也。翌日，遂发。璠伏甲于七里庭，至则无少长皆杀之，沛人莫不流涕。其后溥受朝命，乃表璠为宿州太守。璠性憯酷喜杀，复厚敛淫刑，百姓嗟怨，五年中赀贿山积。溥恶之，乃命都将张友代璠。璠怒不受命，友至，处别第以俟璠出。璠夜率髦俊五百余人围友。迟明，友自领骁果百余人突之。璠溃，与十余骑走出数十里，从骑皆亡。璠弃其马，微服乞食于野。野人有识之者，执以送郡。友絷之往白溥，溥命斩之于郡。璠本粗悍，而朴不知书，临刑忽索笔赋诗曰："积玉堆金官又崇，祸来倏忽变成空。五年荣贵今何在，不异南柯一梦中。"时以为鬼代作也。（《三水小牍》卷下《陈璠临刑赋诗》）

二、西京咸宜观女道士鱼玄机，字幼微，长安倡家女也。色既倾国，思乃入神。喜读书属文，尤致意于一吟一咏。破瓜之岁，志慕清虚。咸通初，遂从冠帔于咸宜，而风月赏玩之佳句，往往播于士林。然蕙兰弱质，不能自持，复为豪侠所调，乃从游处焉。于是风流之士争修饰以求狎，或载酒诣之者，必鸣琴赋诗，间以谑浪，懵学辈自视缺然。其诗有"绮陌春望远，瑶徽秋兴多"。又"殷勤不得语，红泪一双流"。又"焚香登玉坛，端简礼金阙"。又云："多情自郁争因梦，仙貌长芳又胜花。"此数联为绝矣。一女僮曰绿翘，亦特明慧有色。忽一日，机为邻院所邀，将行，诫翘曰："无出。若有熟客，但云在某处。"机为女伴所留，迨暮方归院，绿翘迎门曰："适某客来，知炼师不在，不舍辔而去矣。"客乃机素相昵者，意翘与之狎。及夜，张灯扃户，乃命翘入卧内。讯之，翘曰："自执巾盥数年，实自检御，不令有似是之过，致忤尊意。且某客至，款扉，翘隔阖报云：‘炼师不在。’客无言，策马而去，若云情爱，不蓄于胸襟有年矣，幸炼师无疑。”机愈怒，裸而笞百数，但言无之。既委顿，请杯水酹地曰：“炼师欲求三清长生之道，而未能忘解佩荐枕之欢。反以沉猜，厚诬贞正，翘今必死于毒手矣。无天则无所诉。若有，谁能抑我彊魂？誓不蠢蠢于冥莫之中，纵尔淫佚。”言讫，绝于地。机恐，乃坎后庭瘗之，自谓人无知者。时咸通戊子春正月也。有问翘者，则曰：“春雨霁，逃矣。”客有宴于机室者，因溲于后庭，当瘗上，见青蝇数十集于地，驱去复来。详视之，如有血痕，且腥。客既出，窃语其仆。仆归，复语其兄。其兄为府街卒，尝求金于机，机不顾，卒深衔之。闻此，遽至观门觇伺，见偶语者，乃讶不睹绿翘之出入。街卒复呼数卒，携锸共突入玄机院发之，而绿翘貌如生。卒遂录玄机京兆府，吏诘之，辞伏。而朝士多为言者。府乃表列上，至秋，竟戮之。在狱中亦有诗曰：“易求无价宝，难得有心郎。明月照幽隙，清风开短襟。”此其美者也。（《三水小牍》卷下《鱼玄机笞毙绿翘致戮》）

三、安定郡有岘阳峰，峰上有池，若雨则云起池中若车盖然，故其里谚云：“岘山张盖雨滂沱。”（《三水小牍》卷下《岘阳峰池雨征》）

［唐］郑綮《开天传信记》

郑綮，字蕴武，唐荥阳人。登进士第，历监察御史、左司郎中、庐州刺史、右散骑常侍。著有《开天传信记》。《开天传信记》一卷，记开元、天宝间遗闻逸事。有清张德荣青芝山堂抄本、民国十年博古斋影印本、《四库全书》本、《百川学海》本、《类说》本、《唐人说荟》本、《唐代丛书》本、《学津讨原》本等。此据中华书局2012年点校本辑录。

一、苏瑰初未知（苏）颋，常处颋于马厩中，与佣仆杂作。一日，有客诣瑰，候于厅所，颋拥彗趋庭，遗坠文书。客取视之，乃咏昆仑奴诗也。其词曰："指头十挺墨，耳朵两张匙。"客心异之。而瓌出，与客淹留。客笑语之余，因咏其诗，并言形貌，问："何人？非足下宗族庶孽耶？"瓌备言其事，客惊贺之，请瓌加礼收举，必苏氏之令子也。瓌自是稍稍亲之。适有人献瓌兔，悬于廊庑间。瓌乃召颋咏之，立呈诗曰："兔子死阑殚，持来挂竹竿。试将明镜照，何异月中看。"瓌大惊奇，骤加礼敬。颋由是学问日新，文章盖代。及上平内难，一夕间制诏络绎，无非颋出，代称"小许公"也。(《开天传信记》)

二、上(唐玄宗)幸蜀回，车驾次剑门，门左右岩壁峭绝。上谓侍臣曰："剑门天险若此，自古及今，败亡相继，岂非在德不在险耶?"因驻跸题诗曰："剑阁横空峻，銮舆出守回。翠屏千仞合，丹障五丁开。灌木萦旗转，仙云拂马来。乘时方在德，嗟尔勒铭才。"其诗至德二年普安郡太守贾深勒于石壁，今存焉。(《开天传信记》)

三、上(唐玄宗)于弘农古函谷关得宝符，白石篆文，正成"乘"字。识者解之云："乘者，四十八，所以示圣人御历之数也。"及帝幸蜀之来岁，正四十八年，得宝之时，天下歌之曰："得宝耶，弘农耶，弘农耶，得宝耶!"于今唱之得宝之年，遂改元为天宝也。(《开天传信记》)

四、安西衙将刘文树，口辩，善奏对，上每嘉之。文树髭生颔下，貌类猿猴。上令黄幡绰嘲之。文树切恶猿猴之号，乃密赂黄幡绰，祈不言之。幡绰讯而进嘲曰："可怜好个刘文树，髭须共颏颐别住。文树面孔，不似猢狲。猢狲面孔，强似文树。"上知其赂遗，大笑之。(《开天传信记》)

[唐] 李濬《松窗杂录》

李濬，乾符四年自秘书省校书郎入直史馆。著有《松窗杂录》。《松窗杂录》一卷，又名《松窗录》《松窗小录》，记唐初至武宗时轶闻秘事，以玄宗一朝为多。有明嘉靖十年夷白斋刻本、《历代小史》本、《四库全书》本、《奇晋斋丛书》本、《顾氏文房小说》本等。此据中华书局2019年点校本辑录。

一、开元中，禁中初重木芍药，即今牡丹也。得四本，红、紫、浅红、通白者，上因移植于兴庆池东沉香亭前。会花方繁开，上乘照夜白，太真妃以步辇从。诏特选梨园子弟中尤者，得乐十六色。李龟年以歌擅一时之名，手捧檀板，押众乐前，欲歌之。上曰："赏名花，对妃子，焉用旧乐词为？"遂命龟年持金花笺，宣赐翰林学士李白，进《清平调》词三章。白欣承诏旨，犹苦宿酲未解，因援笔赋之："云想衣裳花想容，春风拂晓露华浓。若非群玉山头见，会向瑶台月下逢。""一枝红艳露凝香，云雨巫山枉断肠。借问汉宫谁得似，可怜飞燕倚新妆。""名花倾国两相欢，长得君王带笑看。解释春风无限恨，沉香亭北倚栏干。"龟年遽以词进，上命梨园子弟约略调抚丝竹，遂促龟年以歌。太真妃持颇梨七宝杯，酌西凉州蒲萄酒，笑领歌，意甚厚。上因调玉笛以倚曲，每曲遍将换，则迟其声以媚之。太真饮罢，饰绣巾重拜上意。龟年常话于五王，独忆以歌得自胜者，无出于此，抑亦一时之极致耳。上自是顾李翰林尤异于他学士。会高力士终以脱乌皮六缝为深耻，异日太真妃重吟前词，力士戏曰："始谓妃子怨李白深入骨髓，何拳拳如是？"太真妃因惊曰："何翰林学士能辱人如斯？"力士曰："以飞燕指妃子，是贱之甚矣。"太真颇深然之。上尝欲命李白官，卒为宫中所捍而止。（《松窗杂录》）

［唐］李绰《尚书故实》

李绰，生平见《秦中岁时记》叙录。《尚书故实》，又名《张尚书故实》《尚书谈录》《尚书故事》，记宾护尚书河东张公所谈诸事。有《宝颜堂秘笈》本、《畿辅丛书》本、《百川学海》本、宛委山堂《说郛》本、文渊阁《四库全书》本等。此据中华书局2019年点校本辑录。

一、有李幼奇者，开元中以艺干柳芳，尝对芳念百韵诗。芳已暗记，便题之于壁，不差一字，谓幼奇曰："此吾之诗也。"幼奇大惊异之，有不平色。久之，徐曰："聊相戏，此君所念诗也。"因请幼奇更诵所著文章，皆一遍便能写录。(《尚书故实》)

二、兵部李员外约，汧公之子也。识度清旷，迥出尘表。与主客张员外谂同弃官，并韦征君况墙东遁世，不婚娶，不治生业。李尤厚于张，每与张匡床静言，达旦不寝，人莫得知。赠张诗曰："我有心中事，不向韦二说。秋夜洛阳城，明月照张八。"(《尚书故实》)

三、世言牡丹花近有，盖以国朝文士集中无牡丹歌诗。张公尝言，杨子华有画牡丹处极分明。子华，北齐人，则知牡丹花亦已久矣。(《尚书故实》)

四、杜紫微顷于宰执求小仪不遂，请小秋又不遂。尝梦人谓曰："辞春不及秋，昆脚与皆头。"后果得比部员外。(《尚书故实》)

五、杨祭酒敬之爱才，公心尝知江表之士项斯，赠诗曰："处处见诗诗总好，及观标格过于诗。平生不解藏人善，到处相逢说项斯。"项斯因此名振，遂登高科也。(《尚书故实》)

[唐]尉迟枢《南楚新闻》

尉迟枢，五代人，生平不详。著有《南楚新闻》。《南楚新闻》三卷，记唐文宗宝历至昭宗天祐时事，原书已佚。今有涵芬楼《说郛》本、宛委山堂《说郛》本、《五朝小说》本、《唐人说荟》本、《唐代丛书》本等。此据三秦出版社2000年版《中华野史》辑录。

一、魏公崔相铉，元略之子也。为童儿时，随父访于韩公滉，滉见而怜之。父曰："此子尔来诗道颇长。"滉乃指驾上鹰令咏焉，遂命笺笔，略无伫思，于是进曰："天边心性架头身，欲拟飞腾未有因。万里碧霄终一去，不知谁是解绦人。”滉益奇之，叹曰：“此儿可谓前程万里也。”大历三年，侍郎崔郾下及第，果久居廊庙，三拥节旄。大中咸通之中，时推清名重德。宣宗皇帝常朝罢。谓侍臣曰：“崔铉真贵人，裴休真措大。”初李石镇江陵，辟为戎卒。一旦拂袖而去，既入京，登上第。俄升翰苑。李未离荆渚，崔既秉钧衡，李乃驰笺贺之曰：“某早拜光尘，叨承眷与，深蒙异分，屡接清言。幸曾顾于厚恩，俯见循于末契，去载分麾南楚，拜节西秦，思贤方咏于嘉鱼，栖止实惭于威凤。宾筵初启，曾陪樽俎之欢。将幕未移，已存陶镕之下。光生邻部，喜溢辕门，岂惟九土获安，斯亦一方之幸。”乃掌记李鹭之词也，于今播于众口。（《太平广记》卷一七五）（《南楚新闻·崔铉》）

二、唐宰相张浚，常与朝士于万寿寺阅牡丹而饮。俄有雨降，抵暮不息，群公饮酣未阑，左右伶人皆御前供奉第一部者，恃宠肆狂，无所畏惮。其间一辈曰张隐，忽跃出，扬声引词曰：“位乖燮理致伤残，四面墙匡不忍看，正是花时堪下泪，相公何必更追欢。”告讫遂去，阖席愕然，相眄失色，一时供散，张但惭恨而已。（《太平广记》卷二五七）（《南楚新闻·张浚伶人》）

三、关图有一妹甚聪惠，文学书札，罔不动人。图常语同僚曰：“某家有一进士，所恨不栉耳。”后寓居江陵，有鹾贾常某者，囊畜千金，三峡人也，亦家于江陵，深结托图，图亦以长者待之。数载，常公殂，有一子，状貌颇有儒雅之风纪，而略晓文墨，图竟以其妹妻之，则常修也。关氏乃与修读书，习二十余年，才学优博，越绝流辈，咸通六年登科，座主司空李公蔚也。初江东罗隐下第东归，有诗别修云：“六载辛勤九陌中，却寻歧路五湖东。名惭桂苑一枝绿，绘忆松江满棹红。浮世到头须适性，男儿何必尽成功。惟应鲍叔深知我，他日蒲帆百尺风。”又广陵秋夜读修所赋三篇，复吟寄修云：“入蜀还吴三首诗，藏于箧笥重于师。剑关夜读相如听，瓜步秋吟炀帝悲。物景也知输健笔，时情谁不许高枝。明年二月东风里，江岛闲人慰所思。”修名望若此，关氏亦有助焉。后修卒，关氏自为文祭之，时人竟相传写。（《太平广记》卷二七一）（《南楚新闻·关图妹》）

四、薛昭纬经巢贼之乱，流离道途，往来绝粮。遇一旧识银工，邀昭纬饮食甚丰，以诗谢之曰：“一楪毡羹数十根，盘中犹更有红鳞。早知文字多辛苦，悔不当初学冶银。”（《类说》卷四五、《绀珠集》卷二、《说郛》卷七三）（《南楚新闻·冶银》）

［五代］王仁裕《开元天宝遗事》

王仁裕(880—956)，字德辇，后周天水人。唐末为秦州节度判官，入蜀为中书舍人、翰林学士，入汉复为翰林学士承旨，累迁户部尚书，霸为兵部尚书、太子少保。有《西江集》《开元天宝遗事》《玉堂闲话》《王氏见闻录》等。《开元天宝遗事》，记唐开元天宝年间遗闻逸事。有明建业张氏铜活字印本、清嘉庆六年黄廷鉴抄本、清末民国初西泠社木活字印本、《顾氏文房小说》本、《四库全书》本、《续百川学海》本、宛委山堂《说郛》本、《唐人说荟》本等。此据中华书局 2006 年点校本辑录。

一、卢奂为陕州刺史，严毅之声闻于关内。玄宗幸京师，次陕城顿，知奂有神政，御赞笔于厅事曰："专城之重，分陕之雄。人遇惠爱，性实谦冲。亦既利物，存乎匪躬。斯为国宝，不坠家风。"寻除兵部侍郎。陕州之民多有淫祀者，州之士民相语曰："不须赛神明，不必求巫祝，尔莫犯卢公，立便有祸福。"(《开元天宝遗事》卷上《立有祸福》)

二、长安豪民郭行先，有女子绍兰，适巨商任宗，为贾于湘中，数年不归，复音信不达。绍兰目睹堂中有双燕戏于梁间，兰长吁而语于燕曰："我闻燕子自海东来，往复必经由于湘中。我婿离家不归数岁，蔑有音耗，生死存亡弗可知也，欲凭尔附书授于我婿。"言讫泪下，燕子飞鸣上下，似有所诺。兰复问曰："尔若相允，当泊我怀中。"燕遂飞于膝上。兰遂吟诗一首云："我婿去重湖，临窗泣血书。殷勤凭燕翼，寄与薄情夫。"兰遂小书其字，系于足上，燕遂飞鸣而去。任宗时在荆州，忽见一燕飞鸣于厅上，宗讶视之，燕遂泊于肩上，见有一小封书系在足上。宗解而视之，乃妻所寄之诗。宗感而泣下，燕复飞鸣而去。宗次年归，首出诗示兰。后文士张说传其事，而好事者写之。(《开元天宝遗事》卷下《传书燕》)

[五代] 何光远《鉴诫录》

何光远，字辉夫，后蜀东海人。广政初官普州军事判官。著有《广政杂录》《宾仙录》《鉴诫录》等。《鉴诫录》十卷，记晚唐五代逸史琐闻，多为蜀地人事。有宋麻纱坊刻本、清抄本、清嘉庆十年虞山张氏照旷阁刻本、《四库全书》本、《崇文书局汇刻书》本、《知不足斋丛书》本、《学海类编》本、《学津讨原》本等。此据巴蜀书社2011年校注本辑录。

一、长兴初，孟蜀高祖与东川董太尉璋初为睦邻之知，后结姻亲之国。兵车不间，玉帛交驰。纵有是非，未至深信。因请节度副使赵仆射持礼至彼，探其机宜。董与赵有寄托之知，怀魏都之旧。及节副诈陈衷素，董公尽罄血诚。既而西归，备得其事。高祖问曰："公度董公作略毕竟如何？"节副对曰："董公为人，豺狼之声，狗鼠之行，横征暴敛，好杀恶生。其志刚强，不量人事。用兵好胜，不达天时。余闻豺狼常有野心，狗鼠亦无定度。横征暴敛，事急则逃；好杀恶生，物极则返。故曰'强良者不得其死，好胜者必遇其敌'，此之是也。而且朝令夕改，坐喜立嗔。兵有斗心，将无战意。方今以小谋大，弊民惠奸。有窥四海之心，终作西川之患。而又宫中取事，语下失机。料其训练兵师，完葺城垒，招我将健，挫我使臣，必行雷电之机，不顾山河之誓。"高祖闻所敷陈，深纳其言。

至长兴三年四月二十八日，果兴狂孽，直犯汉川。是时，高祖亲统全师，合战于踪桥之野。董璋大败，我将军赵廷隐擒其将元瓒、董光演等八十余员，夺甲马五百余匹，斩首一万，获其九城，梓、绵、龙、剑、普、果、阆、蓬、渠是也。梓帅与其子光嗣拊膺而哭，欲坚故垒。贼将王晖献其首级，遂定方隅。明宗遣供奉官李仆射驰骑入川赐高祖，诏曰："朕知卿近与逆贼董璋小闲交兵，已敕军前，俾其掎角。"高祖复请记室李昊修其章奏，备陈本末，事闻上听，宣示百僚。

中外咸知，莫不惊骇。

其奏状曰：伏以故东川节度使董璋与臣为邻，从初不睦，常厚诬于表疏，每深间于朝廷。欲窃兵权，来并土宇。及审圣听不惑，物论难从。臣合此时奋激骁雄，驱除奸宄。寻属陛下，翠华外驻，黄屋未安，舍亦何伤，克之不武。于是益劳宵旰，因议寝停。虽隐忍以累年，且参商而终日。其后毫不自诲，恃承君宠，恣弄国权。窥剑外之有萌，示寰中之无畏。因而窃料圣君之意，必推亡以固存。其如幸臣之言，恐怒甲而迁乙。由是与董璋爱以暂合，和而不同。虽玉帛交驰，岂心貌之相类。诚知蕴蓄，且务包容。傥敢飞扬，必当扫殄。

其董璋至今年四月二十八日，暴兴兵甲，五月一日，骤入汉川。臣其日先差昭武军节度兵马留后、兼左厢步军都指挥使赵廷隐总领三万人骑，发次新都。臣自统领衙内亲军二万人骑继之，俱列营于弥牟镇。北至三日，诘旦，结其大阵，俟剿元凶。其董璋至午时，敢领妖徒来当锋锐。臣则亲驱戈甲，赵廷隐手奋鼓旗。一击而鱼溃鸟离，四合而豕分蛇断。斩首一万余级，执俘八千余人。生擒贼中都指挥使元瓒、衙内副都指挥使董光演及已下都头八十余员，夺下甲马五百余匹，收获衣甲器械十万余事。其余逆漏之徒，寻令搜捉并尽。

其董璋只与亲男衙内都指挥使董光嗣并从骑二人，罄马而奔，弃甲而遁。抚只轮而掩泣，视乱辙以咸哀。乌江之死所不遥，赤壁之惭颜更厚。臣幸以疾雷之势，破其急电之机。臣便统领大军，压背追袭。其董璋至四日巳时走入东川。至午时，有前陵州刺史王晖，知窠巢之已倾，验城池之不守。枭斩董璋父子首级，相次迎献军门。径进师徒，收下城垒。平定一方之众，止于四日之间。莫不遐仗皇威，戡除邻患。臣方以自违君命，未达臣诚。捷音虽审其风驰，奏疏未遑于羽插。岂谓皇帝陛下才聆动静，遽轸忧劳。遄降使臣，特颁明诏。谕董璋之奸罪，勉微臣以削平。仍敕军前，俾施犄角。并得暗合睿略，显应神机。更无唇齿之虞，永荷股肱之寄。所以举子勾龙逢献《贺捷诗》曰，“唇齿论交岁月长，岂期率意忽颠狂。元戎统领三军战，巨孽奔冲一阵亡。莫讶潼江刚入寇，都缘锦浦合兴王。武功盖世光前后，堪向青编万古扬”。（《鉴诫录》卷一《知机对》）

二、僖宗乾符中，靖陵雨血三日。丹凤楼前赤蚁、黄蚁聚斗七日，扫尽复生。己亥岁，天泻血流，大地俱赤。是夜长虹贯斗星，奔西南。明年，黄寇犯阙，翠华奔幸之兆也。辛丑年，黄巢在京，尚让为相，改乾符之号为金统元年。

见在百司，并令仍旧。忽一日，有人潜书七言四韵，帖在都堂南门，讥讽颇深。伪相大怒，应堂门子及省院官并令剜眼倒悬，以令三省。又奏请宣下诸军，大队内收得文官会吟诗者，宜令就营屏除。如只是识字者，宜令将内役使。是时，京城内外，杀戮三千余人。百司惊惶，皆悉逃窜。其七言《四韵诗》曰："自从大驾去奔西，贵落深坑贱出泥。邑号尽封元谅母，郡君变作士和妻。扶犁黑手翻持笏，食肉朱唇却吃齑。唯有一般平不得，南山依旧与天齐。"（《鉴诫录》卷一《金统事》）

三、昭宗之代，岐王茂贞、华州韩建、邠州王行瑜等始为乱阶，焚爇宫闱，动摇四海，斩刈百官。是时，驾幸三峰，抛离九庙，诸侯悉罢职贡，各养强兵。天复初，车驾走幸石门，绝粮数日，左街沙门怀宝进荞面烧饼，奉宣赐紫宫人。杨舞头进浥泪手帕子，奉宣加楚国夫人。二年，岐州天雨荞麦，人收食之，悉遭疫疠。是岁雷劈牛马，频扰宫城，拔出街西古槐，扬下殿东鸱吻。故昭宗御制诗曰："只解劈牛兼劈树，不能诛恶复诛凶。"

三年，梁太祖将迎大驾之前，岐山二菩萨身中自然有箭，老聃庙土人移步，神马夜嘶。后昭宗有困，守岐阳，迫迁东洛之兆也。初，拾遗张道古贡《五危二乱表》，黜居于蜀。后闻驾走西岐，又迁东洛，皆契五危之事，悉归二乱之源。因吟一章《上蜀王八丈》，诗曰："封章才达冕旒前，黜诏俄离玉座端。二乱岂由明主用，五危终被佞臣弹。西巡凤府非为固，东播銮舆卒未安。谏疏至今如可在，谁能更与读书看。"（《鉴诫录》卷一《走车驾》）

四、天复中，昭宗播岐时，梁太祖与秦王茂真羽檄交驰，欲迎车驾。何皇后东川人，恃其深宠，不顾阽危，酷好畋游，放弃于两舍之外，践踏苗稼，百里飞埃。有成州同谷山逸人，戴一巨笠，跨一青牛，琴袋酒壶俱在牛上，因称同谷子，不显姓名，直诣行朝，上书两卷，论十代兴亡之事，叙四方理乱之源。帝览其书，数日减膳，宣王骠骑存赐之酒食，审彼贤愚。同谷子唯吟太康失政之诗，又说褒姒惑君之事。何皇后虑失恩旨，潜令秦王诛之，其事未行，预已奔去。后梁太祖举四镇之众，迫胁岐城，大驾无依，遂迁东洛。议者以君王失政，妃后禽荒，逸士上书采而不用，时将尽矣，天使其然。

同谷子《咏五子之歌》诗曰："邦惟固本自安宁，临下常须驭朽惊。何事十旬游不返，祸胎从此构殷兵。"又曰："酒色声禽号四荒，那堪峻宇又雕墙。静思今古为君者，未或因兹不灭亡。"又曰："唯彼陶唐有冀方，少年都不解思量。如今算得当时事，首为盘游乱纪纲。”又曰：“明明我祖万邦君，典则贻将示子孙。惆怅太康荒坠后，覆宗绝祀灭其门。”又曰：“仇雠万姓遂无依，颜厚何曾解忸怩。五子既歌邦已失，一场前事悔难追。”（《鉴诫录》卷二《逸士谏》）

五、西山八国，夐古已来为中国西南之患也。自蜀武侯擒纵之后，方通诚款。唐鲜于仲通将领博海等军六万众，殁于鬼主之谋，遂致姚蜑生心，数侵黎巂，量由非才也。近又李福尚书镇西川，牛丛为贰车日，南蛮直犯梓潼，役陶匠二十万烧砖，欲塞剑门。蜀有五丈天王者，宝历中所置也。是时，见大僧形于锦成之隅，蛮人百万之众，悉皆奔窜。后高相公统临益部，兼号征南，蛮陬闻名，预自屏迹矣。然时飞一木夹，其中惟夸兵革犀象，欲借绵锦之江饮马濯足而已。高相公于是经营版筑，置防城勇士八千，命胡记室曾以檄破之，仍判回木夹。故胡曾破之数聊，天下称为奇绝。

其辞云：“欲慕平交，妄希抗礼，何异持衡秤地，举尺量天。”又答云：“越巂新州牂牁故地，不在周封之内，非居禹迹之中。曩日边将邀勋，妄图吞并，得之如手加骈拇，失之若颔去赘瘤，九牛之落一毛，六马之亡半毳，何足喻哉？”是以南蛮议曰：“成都近有良将，未可图焉。”于是烽燧无虞，诚款继至。高公稍恃功业，以致骄矜。凡创规模，有刘焉李特之志。朝廷议奏遂除江陵，复自江陵迁于淮海，首冠诸侯，有唐已来，可谓英雄者矣。

判木夹云：辞天出塞阵云空，雾卷霞开万里通。亲受虎符安宇宙，誓将龙剑定英雄。残霜敢冒高悬日，秋叶争禁大段风。为报南蛮须屏迹，不同蜀将武侯公。

破木夹云：牒前件木夹，万里离南，一朝至北。开缄捧读，辞藻焕然。奖饰过多，欣慰何极。实以乍回边镇，才到藩篱，且按此朝之旧仪，未委彼国之新制。不知鹤拓，唯认苴咩，尚呼南诏之佳名，岂见大朝之美号。要从微耗，且是所宜。伏承骠信王化风行，君德云被。雕题屈膝，鴃舌折腰。卉服来庭，毳裘入贡。盖以深明豹略，精究龙韬，波伏西天，草偃南土者。然侵轶我华夏，无乃不可乎。将为我皇帝有所负于彼邦，边臣有所负于彼国。虑彼直我曲、获罪于天，是陈木夹申怀，用贮荣报，及披回示，已见事根。止于囚系，使人放归彼国。始乎小怨，终此深仇，吞噬我朗宁，虔刘我交趾，取我越巂，犯我益州。若报东门，何乃再四。（《鉴诫录》卷二《判木夹》）

六、西川高相公骈版筑罗城，日遣诸指挥分擘地界，开掘古冢，取砖甃城。独沧州守御指挥使姜知古卓旗，占得西南肖波其块即赵畚相公坟也，年代深远，碑文磨灭，走脚损缺，肖字存焉。姜君号令将健，俟晓开之。是夜二更以来，忽闻墓上清啸数声，良久有人云："冥司赵相公遣使送书。"姜君惊曰："既是圣者送书，容某穿靴祗候。"鬼使曰："冥司小鬼，何敢当之。"姜君呼其仆，使铺排净席，焚香于庭，匍匐拜迎，虔心祝曰："某负何罪，圣者降临？"鬼使出曰："虽显晦有殊，奉命差遣，欲陈之恳，容面咨祈。"乃持出一缄，展开数幅，并无文字。鬼使曰："但挑灯半灭，灯影看之，即可见也。"

既而细视之，果见文翰流美，征古述今，词旨感伤，书尽复有一篇，比讽凄恻，因召鬼使就席，谈吐分明。自云姓何，名灭没。黄衣束带，骨瘦喙长，与姜君对饮数巡，对食数味。乃赠钱十千，退让再三，曰："人间重钱，阴府何用，希皂钱一帖，即敢捧当。"姜君遣仆立买皂钱，仍修回状。鬼使倏然不见，酒食并已存焉。姜君至晓，持神鬼使所送到书并诗，面闻元戎，遽绝诸军开斸古冢，仍差大将往彼祭焉。其诗与慕容垂所吟事皆相似。王蜀韦文靖庄尝与著作。房鹗悲叹此诗，历观史书，未之闻也。

其书曰："冥司赵畚，谨以幽昧致书于守御指挥端公阁下，切以赵氏之冤，搏膺入梦，良夫之枉，披发叫天。是以有怨必仇，无道则见，此则流于柱史，载自前文。如畚者一介游魂，九泉罔象。德不胜享，祷不胜人。无庙貌于世间，遂堙沉于泉壤。自蒙天谴，使掌冥司。虽叨正直之官，未达聪明之理。未尝以威伏众，唯知以礼依人。顷在本朝，叨为上相。不无滥德，敢有害盈。今者伏审渤海高公令君毁畚坟阙。况畚谪居幽府，天赐佳城。平生无战伐之仇，邂逅起诛夷之衅。得不抚铭旌而愤志，托觚染以申怀。伏希端公俯念无依，迥垂有鉴，特于方雉，免此一坏。傥全马鬣之封，敢忘龙头之庇。谨吟绝句，后幅上闻，不胜望德之至。谨白。"其诗曰："我昔胜君昔，君今胜我今。人生一世事，何用苦相侵。"（《鉴诫录》卷二《鬼传书》）

七、裴休相公性慕禅林，往往挂衲，所生儿女多名师女僧儿，潜令嬖妾承事禅师，留其圣种，当时士族无不恶之。李德裕相公惟好玄门，往往冠褐，修彭祖房中之术，求茅君点化之功，沙汰缁徒，超升术士，但无所就，身死朱崖。议者以裴、李二公累代台铉，不守诸儒之行，各迷二教之宗，翻成点污空门，妖淫玄教。自庄老之后，彭黄已来，未有因少女以长生，皆向阴丹而损寿矣。盖心之难制，气之难防者也。至若心中造业，身外求真，梁武帝为寺家奴，岂禳囚死。长孙后号观音婢，难忏产亡。所谓善不可不修，则不可不舍，惑之与党者，非也。近以二公之行，识者笑焉。所以时人讥晋公曰："赵氏女皆尼氏女，师翁见即晋公儿。却教术士难推算，胎月分张与阿谁。"（《鉴诫录》卷二《耽释道》）

八、户部李侍郎如实者，本梁朝清直之士也。均王在东宫时，李以笔砚佐之，及均王即位，不得居密司焉，李常深恨之。及见帝黜剥贤良，见用奸诈，每俟间方欲折槛谏之。或一日，李侍帝祭，帝问李曰："卿知天子见谁补服？"李奏曰："人臣所补。"帝曰："朕地据三川，位尊九有，若非天意所补，人臣又何补焉？"李曰："太祖出身行伍，历职卑微，万战千征，九生十死，方得节居四镇，位处一人。陛下生在深宫，长居富贵，披承余荫，嗣守万方，岂知王业艰难，人臣共致，固须理不忘乱，居安思危，临泉履冰，责躬省过。况吴门强盛，蜀国繁华，太原有杀兄之仇，秦庭怀负国之怨，得失顷刻，岂是天补者哉？若是天补为君，只合自天降下，吃天人之食，受天人之衣，方今血使三军，脓食万姓，自喜天补，岂不非耶？陛下如此发言，为覆悚之祸耳。"上曰："憨老汉不足与语耳。"

李即日有郑州之拜。再宿，贬汝州副使。至汝州，置一卧车子，常于车子中安酒一瓢、琴一张、书数策，遣小童十余辈，载而入谒，长街朗咏，观者笑焉。李恨朝廷久无牵复之命，裁《落韵诗》以讥之。后入蜀，遇孟高祖之知。及开霸初，拜户部侍郎而卒。《落韵诗》曰："路傍伤羸牛，羸牛身已老。两眼不能开，四蹄行欲倒。牛曾少壮时，岁岁耕田早。耕却春秋田，驾车长安道。今日领头穿，无人饲水草。喘也不能喘，问也没人问。"又曰："炎蒸不可度，倏尔生凉风。在物诚非器，于人还有功。殷勤九夏内，寂寞三秋中。想君应有语，弃我如秋扇。"（《鉴诫录》卷三《落韵贬》）

九、宾贡李珣，字德润，本蜀中土生波斯也。少小苦心，屡称宾贡，所吟诗句往往动人。尹校书鹗者，锦城烟月之士。与李生常为善友，遽因戏遇嘲之，李生文章扫地而尽。诗曰："异域从来不乱常，李波斯强学文章。假饶折得东堂桂，胡臭熏来也不香。"（《鉴诫录》卷四《斥乱常》）

十、前蜀冯大夫涓恃其学富，所为轻薄。然于清苦直谏，比讽箴规，章奏悉于教化，所著文章迥超群品，诸儒称之为大手笔矣。王蜀太祖问击棆之戏，创自谁人？大夫对曰：丘八所置。上为大笑。又与相座王司空锴等小酌，巡"故"字令。锴举一字三呼，两物相似。锴令曰："乐乐乐，冷淘似馎饦。"涓曰："已已已，驴粪似马屎。"合座大咍。涓独不笑。但仰视长啸而已。凡所举措，讥诮多如此焉。太祖为蜀王时，方构大业，莫不赋舆增益，转运烦苛，百姓困穷，无敢言者。因太祖生辰，大夫独献一歌。先纪王功，后陈生聚。太祖曰："如卿忠谠，寡人王业何忧。"遂赐黄金十斤，以旌礼谏。于是徭役稍减矣。

议者以君臣道合，黎庶泰来。苟非明王，何以采纳。《生日歌》略云："百姓富，军食足，百姓足，军民欢。争那生灵饥且寒，吾王有术应不难。但令一斗征一斗，自然百姓富于官。"大夫又著《檄龙文》、《大虫榜》、《崄竿歌》，无非比讽，为世所称。文字繁云，不复尽录。《崄竿歌》云："山险惊摧车，水崄怕覆舟。奈何平地不肯立，沿上百尺高竿头。我不知尔是人耶猿耶复猱耶？教我见尔为尔长叹嗟。我闻孝子不许国，我闻忠臣不忧家。尔即轻命重黄金，忠孝全亏徒尔夸。常将险艺悦君目，终日贪心媚君禄。百尺高竿百度沿，一足参差一家哭。崄竿儿，听我语，更有崄竿崄于汝。解从上处失君恩，落向天涯海边去。崄竿儿，尔须知，崄处欲往宜尔思。上得欲下下不得，我谓此辈崄于崄竿儿。"(《鉴诫录》卷四《轻薄鉴》)

十一、昭宗之代，张拾遗道古因贡《五危二乱表》，叙兴废之事，遂黜于蜀。时王太祖辟为安抚判官，张所为古僻，不徇时情，遂在导江卖卜遣日。及太祖登极，每思其贤，遣使诏之，屡征不起。复上章疏，词旨是非。帝遂诛之，瘗于五墓之地。郑云叟在华山闻之，吟诗哭曰："曾陈章疏忤昭皇，扑落西南事可伤。岂使谏臣终屈辱，直疑天道恶忠良。生前卖卜居三蜀，死后驰名遍大唐。谁是乱来修史者，说君须到笔头忙。"又西岳僧贯休哭之曰："清河逝水太匆匆，东观无人失至公。天上君恩三载隔，镜中鸾影一时空。尘生苦雾苍茫外，门掩诸孤寂寞中。惆怅斯人又如此，一声羌笛满江风。"(《鉴诫录》卷四《危乱黜》)

十二、王太祖自利阆兵，以至益州为帝。唐太师道袭，阆苑人也，美眉目，足机智，自童年亲事太祖，及太祖得蜀，遂主枢衡，勋业既高，恩宠弥厚。是时，太祖与秦庭李大王茂贞方结姻好，遽因小间交兵，遂选腹心以安梁汉，唐公于是出镇焉。帝御大安楼亲送，及见唐公将别，帝颇动容，侍从宫娥无不弹泪。太祖御制赠别以赐唐公，议者以鱼水之欢，无出于此。诗曰："丱岁便将为肘腋，二纪何曾离一日。更深犹尚立案前，敷奏柔和不伤物。今朝荣贵慰我心，双旌引向重城出。褒斜旧地委勋贤，从此生灵永泰息。"(《鉴诫录》卷五《帝赠别》)

十三、前蜀许太尉宗宪镇宁江日，刘员外隐辞为节度掌书记。许公发迹军戎，所为吾我，不思为理，但务诛求。刘数谏，许不存宾客之礼，对将吏咄责之。刘求退职，许又不从。刘遂咏白盐山、滟滪堆刺之，许闻而愤怒。忽一日，于江干饮酣，仰视白盐，斜睨滟滪曰："刚有破措大欲于此死。"遂令壮士拽刘离席，囚缚于砂石上，烈日晒之。护军宾幕将校恳救，悉遭凌骂。顾谓左右曰："候吾饮散，投入水中。"刘厉声曰："昔鹦鹉洲致溺祢处士，今滟滪堆欲害刘隐辞。某虽不及祢衡，足下争同黄祖。岂有不存夫子，涂炭贤良。但得留名，死亦宜矣。"元戎闻之，怒意渐解，及同幕再谏，良久舍之。来日，军府弥缝，请许召刘惭谢，刘虑遭毒手，托疾而归。

议者以刘不择主而事，因多言而失，强捋虎须，几不脱虎口耳。《咏白盐山诗》曰："占断瞿唐一峡烟，危峰迥出众峰前。都缘顽硬揎浮世，著莫峥嵘倚半天。有树只知栖鸟雀，无云不易驻神仙。假饶突屼高千丈，争及平平数亩田。"《咏滟滪堆》云："滟滪崔嵬百万秋，年年出没几时休。未容寸土生纤草，能向当途覆巨舟。无事便腾千尺浪，与人长作一堆愁。都缘不似磻溪石，难使渔翁下钓钩。"（《鉴诫录》卷五《因诗辱》）

十四、王蜀光天元年，太祖寝疾经旬，文州进白鹰，茂州贡白兔。群臣议曰："圣上本命是兔，鹰兔至甚相刑，贡二禽，非以为瑞，退鹰留兔，帝疾必痊。"敕命不从，是岁晏驾。又通正年，有大秃鹫鸟飏于摩诃池上。顾太尉敻时为小臣直于内庭，遂潜吟二十八字咏之。近臣与顾有隙者上闻，诏顾责之，将行黜辱，顾亦善对，上遂舍之。至光天元年帝崩，乃秃鹫之征也。诗曰："昔日曾看瑞应图，万般祥异不如无。摩诃池上分明见，子细看来是那胡。"

又有杨秘书义方者，执性强良，所为狂简，亦西南少俊之士也。曾以笔砚见用于宋枢密光嗣。因题九头鸟，宋疑杨见咏，遂奏谴沈黎。至咸康元年，后主失位，宋亦遭诛，乃九头鸟之应也。诗曰："三百禽中尔最灵，就中恶尔九头名。数年云外藏凶影，此夜天边发差声。好惜羽毛还鬼窟，莫留灾害与苍生。况当社稷延洪日，不合鸣时莫乱鸣。"（《鉴诫录》卷六《怪鸟应》）

十五、释道二门，各宗教本，虽分内外，意晓筌蹄。前蜀佑圣国师光业有过人之辩，为僧门一瑞也。威仪杨德辉有出人之才，为道门之一俊也。至于问答论难，无不双美。武成中，东川昌明县玄士李怀杲聚盗构逆，寻亦受诛。普通山青州长老录二尼道姑、道媪，亲事巾瓶。时左街使集王宗翰奏闻收勘，决递遐方。僧道俱有乖张，嘲论各兴乱谤，非独取笑，理在其中。

光业《征李怀杲嘲道门》云："云锁涪江水似天，又闻怀杲已升仙。强思齐见应摧胆，张茂卿闻必耸肩。三尺霜刀充绛节，两条朱棒替香烟。报伊广德先生道，社稷威灵不偶然。山上擒来镇里收，天然模样已成囚。妄占气色为征兆，更引文章说御楼。长榜数张悬市内，短刀一队送江头。旋驱旋斩教随水，只此名为正道流。”杨德辉《征青州长老嘲僧门》曰：“堪笑青州学坐禅，不供父母不耕田。口中虽道无诸相，心里元来有外缘。行者趁教门里卧，尼师留在脚头眠。高标不使观音救，徒说三千与大千。出家比要离生缘，争是争名更在先。说法谩称师子吼，魅人多使野狐涎。行婆饷送新童子，居士抄条施利钱。蚕食万民何所用，转教海内有荒田。”

又太祖降诞日，僧门祝辟支佛牙，道门进武成混元图。光业诏图以嘲之，德辉诏佛牙以答之。议者以光业先兴北郭之师，德辉报尽东门之役。光业《嘲进图》云：“夜深灯火满坛铺，拔剑挥空乱叫呼。黑撒半筐兵甲豆，朱书一道厌人符。重臣喂饲刚教活，圣主慈悲未忍诛。佛说毗卢三界了，如何更有混元图。”德辉《嘲佛牙》云：“比来降诞为官家，堪笑群胡赞佛牙。手软阿师持磬钹，面甜童子执幡花。纵饶黎庶无知识，不可公王尽信邪。捧拥一函枯骨立，如何延得寿无涯。”

后举子刘隐辞咏之曰：“为僧为道两悠悠，若个能分圣主忧。各斗轮蹄朝紫殿，竞称卿监满皇州。相嘲相咏何时了，争利争名早晚休。闲想边庭荷戈将，功成犹自不封侯。”所以牛秘监峤评之诗曰：“玄门清净等空门，虔奉天尊与世尊。金口说经十二部，玉皇留教五千言。鳌头宫殿波涛阔，鹫岭香花梦想存。莫向人间争胜负，须知三教本同源。”(《鉴诫录》卷六《旌论衡》)

十六、南蛮所都之地，号曰“长和国”，呼宰相为“布燮”。王蜀后主乾德中，南蛮选布燮段义宗、判官赞卫、姚吟等为使入蜀。义宗不欲朝拜，遂秃削为僧，号曰“大长和国左街崇圣寺赐紫沙门银钵”。既而届蜀，群臣议奏：“僧有胡法，宜令礼拜。”义宗于是失节焉。至于谈论，敷奏道理，一歌一咏，捷应如流。有《题大慈寺芍药》云：“浮花不与众花同，为感高僧护法功。繁影夜铺方丈月，异香朝散讲筵风。寻真自得心源静，观色非贪眼界空。好是芳馨堪供养，天教生在释门中。”

又《题三学院经楼》云：“鹫岭鸡园不可俦，叨倍龙象喜登游。玉排复道珊瑚殿，金错危栏翡翠楼。尚欲归心求四谛，敢辞旋绕满三周。羲和鞭挞金乌疾，俗网无由肯驻留。”又题曰：“当今积善竞修崇，七宝庄严作梵宫。佛日明时齐舜日，皇风清处接慈风。一乘妙理应难测，万劫良缘岂易穷。共恨尘劳非法侣，掉鞭归去夕阳中。”又《题判官赞卫有听歌妓洞云歌》略云：“嵇叔夜，嵇叔夜，鼓琴饮酒无闲暇。若使当时闻此歌，抛掷广陵浑不藉。刘伯伦，刘伯伦，虚生浪死过青春。一饮一硕独自醉，无人为尔下梁尘。”

又《思乡》云：“虏北行人绝，云南信未还。庭前花不扫，门外柳谁攀。坐久消银烛，愁多减玉颜。悬心秋夜月，万里照关山。”似此制作，实为高手。义宗生居蛮貊，蔑有汉朝。章表□□，颇生轻易。国师常莹、辩广、光业等酬酢偈句，皆失机宜。□□□还，遇鸩而卒。议者以南康王韦皋于沈黎大兴黉序，□□□□，遂至夷乱华风，文流异域。自有唐蛮子朝觐，罕有□□□□，□俗之间，无不缮写《洞云歌行》者也。(《鉴诫录》卷六《布燮朝》)

十七、王后主咸康年昼作鬼神，夜为狼虎，潜入诸宫内，惊动嫔妃，老小奔走，往往致卒。或狂游玉垒，书王一于倡楼；或醉幸青城，溺内家于灌口。数涂脂粉，频作戎装。又内臣严凝月等竞唱《后庭花》、《思越人》。及搜求名公艳丽绝句，隐为《柳枝词》，君臣同座，悉去朝衣，以昼连宵，弦管喉舌相应。酒酣则嫔御执卮，后妃填辞，令手相招，醉眼相盼，以至履舄交错，狼藉杯盘。是时淫风大行，遂亡其国。

《后庭花》者，亡陈之曲，故杜牧舍人《宿秦淮》有诗曰：“烟笼寒水月笼沙，夜泊秦淮傍酒家。商女不知亡国恨，隔江犹唱《后庭花》。”又胡曾《咏史》诗曰：“邻国机权未可涯，如何后主恣骄奢。不知即入宫前井，犹自听歌《玉树花》。”《思越人》者，亡吴之曲，故胡曾《咏史》诗曰：“吴王恃霸弃雄才，贪向姑苏醉渌醅。不觉钱塘江上月，一宵西送越兵来。”《柳枝》者，亡隋之曲，炀帝将幸江都，开汴河种柳，至今号曰隋堤，有是曲也。胡曾《咏史》诗曰：“万里长江一旦开，岸边杨柳几千栽。锦帆未落干戈起，惆怅龙舟更不回。”又韩舍人《咏柳》诗曰：“梁苑隋堤事已空，万条犹舞旧春风。那堪更想千年后，谁见杨花入汉宫。”

又贺秘监知章、罗给事隐咏柳轻巧风艳，无以加焉。贺君诗曰：“碧玉妆成一树高，万条垂下绿丝绦。不知细叶谁裁出，二月春风似剪刀。”罗诗曰：“袅袅和烟映玉楼，半垂桥上半垂流。今年渐见枝条密，恼乱春风卒未休。”又李博士涉有《题锦浦垂柳》曰：“锦池江口柳垂桥，风引蝉声送寂寥。不必如丝千万树，只禁离恨两三条。”(《鉴诫录》卷七《亡国音》)

十八、王蜀咸康年，后主将幸天水，群臣列疏恳谏，上意不从。前秦州节度掌书记蒲禹卿独上一表，云：“秦皇之銮驾不回，炀帝之龙舟不返。”至今传为忠臣。及后主降唐，至雍州受死蒲君随例赴洛，亦在长安，痛后主遭诛，朝廷失信，于驿门大恸，仍书五十六字而归。雍守捕之，蒲已还蜀。其诗曰：“我王衔璧远称臣，何事全家并杀身。汉舍子婴名尚在，魏封刘禅事犹新。非干大国浑无识，都是中原未有人。独向长安尽惆怅，力微何路报君亲。”（《鉴诫录》卷七《陪臣谏》）

十九、长庆中，元微之、刘梦得、韦楚客同会白乐天之居，论南朝兴废之事。乐天曰：“古者言之不足，故嗟叹之。嗟叹之不足，故咏歌之。今群公毕集，不可徒然。请各赋《金陵怀古》一篇，韵则任意择用。”时梦得方在郎署，元公已在翰林。刘骋其俊才，略无逊让，满斟一巨杯，遂为首唱。饮讫，不劳思忖，一笔而成。白公览诗曰：“四人探骊，吾子先获其珠。所余鳞甲何用？”三公于是罢唱，但取刘诗吟味，竟日沉醉而散。刘诗曰：“王浚楼船下益州，金陵王气黯然收。千寻铁锁沉江底，一片降幡出石头。荒苑至今生茂草，古城依旧枕寒流。而今四海归王化，两岸萧萧芦荻秋。”

长安慈恩寺浮图，起开元至大和之岁，举子前来登游题纪者众矣。文宗朝，元稹、白居易、刘禹锡唱和千百首，传于京师，诵者称美。凡所至寺观台阁林亭，或歌或咏之处，向来名公诗板潜自撤之，盖有愧于数公之咏也。会元、白因传香于慈恩寺塔下，忽睹章先辈八元所留之句。命僧抹去埃尘，二公移时吟咏，尽日不厌。悉令除去诸家之诗，惟留章公一首而已。乐天曰：“不谓严维出此弟子。”由是二公竟不为之，诗流自此慈恩息笔矣。章公诗曰：“十层突兀在虚空，四十门开面面风。却怪鸟飞平地上，自惊人语半天中。回梯暗踏如穿洞，绝顶初攀似出笼。落日凤城佳气合，满城春树雨濛濛。”（《鉴诫录》卷七《四公会》）

二十、李相公吉甫其先初修进之日，献卷于维扬护军宋甄大夫。甄寡于博识，不哀王孙。连上数启，都不动念。李于馆舍栖旅之甚，去住无依，遂吟一绝句赞之，宋以微茫礼遗而已。李后上第，生吉甫。吉甫继历台省，自信州刺史节判青州，待士稍薄。举子吴武陵诣府投掷，相国似无见重之意。吴不存忌讳，遂书相国先君旧谒宋大夫陈情一章，密献相国。相国大惭追悔，俟暝召吴，执手惆怅，厚赂于吴，请为寝默。诗曰：十处投人九处违，家乡万里又空归。严霜昨夜侵人骨，谁念尊堂未授衣。”（《鉴诫录》卷七《赞旧诗》）

二十一、会昌四年，李相公绅节镇淮南日，所为尊贵，薄于布衣，若非皇族、卿相嘱致，无有面者。张祜与崔涯同寄府下，前后廉使闻张祜诗名，悉蒙礼重，独李到镇不得见焉。祐遂修刺谒之，诗题《衔钓鳌客》，将俟便呈之。相国遂令延入，怒其狂诞，欲以言下挫之。及见祐，不候从容及问曰："秀才既解钓鳌，以何物为竿？"祐对曰："用长虹为竿。"又问曰："以何物为钩？"曰："以初月为钩。"又问曰："以何物为饵？"曰："用唐朝李相公为饵。"相公良久思之，曰："用予为饵，钓亦不难致。"遂命酒对斟，言笑竟日，怜祐触物善对，遂为诗酒之知。议者以祐矫谕异端，相国悦其取媚，故史不称之，恶其伪也。（《鉴诫录》卷七《钓巨鳌》）

二十二、段相国文昌本广都县人，父以油柞为业。生而有致，长亦多才。物业荡空，文章迴振。洎跨卫行卷，乡里笑之。历三十年间，衣锦还蜀。蜀人有诗赠曰："昔日骑驴学忍饥，今朝忽著锦衣归。等闲画虎驱红旆，可畏登龙入紫微。富贵不由簪组解，文章生得羽毛飞。广都再去应惆怅，犹有江边旧钓矶。"又罗使君珦，本庐州人。不事巨产而慕大名，以至困穷，竟无退倦。常投福泉寺僧房寄足，每旦随僧一食，学业而已。历二十年间，持节归郡。洎入境，专游福泉寺，驻旌戟信宿，书其壁曰："二十年前此布衣，鹿鸣西上虎符归。行时宾从过前事，到处杉松长旧围。野老共遮官路拜，沙鸥遥避隼旟飞。春风一宿琉璃殿，惟有泉声惬素机。"（《鉴诫录》卷八《衣锦归》）

二十三、陈太师敬瑄任西川日，有爱姬徐氏甚有美色，即徐令长女也。其父自郫城宰欲求彭牧，以红绡数寸，书二十八字，遣其妻私示其女。议者以徐冒进而乖父子之道。其诗曰："深宫富贵事风流，莫忘生身老骨头。因共太师欢笑处，为吾方便觅彭州。"又合州石镜宰马彦珪者，本遂州长江县富庶之子也。晚亲文笔，未识风骚，谬学滑稽，语多讥诮，因聘女自为内相，醉酬新郎催妆之诗，诗意风艳之甚，亲族闻者莫不笑之。其诗曰："莫飞篇翰苦相煎，款款容人帖翠钿。不是到来梳洗晚，却忧玉体未禁怜。"唐末卢拾遗议与郑中舍延休作赘，三年不归陕下，其兄诰以诗让之，诗意甚乖昆仲之礼，卢议呈其太山，中舍并女遣之。诰寄弟诗曰："三年作赘在京城，著个绯衫倚势行。夜夜贪怜红粉女，朝朝浑忘白头兄。亲情别后饥寒死，仆使归来气宇生。世上可能容此事，算来天道不分明。"（《鉴诫录》卷八《非告勤》）

二十四、雍使君陶典阳安日简州地名，送客至桥，离情未已，揖让既久，欲更前车。客将曰："此处呼为'情尽桥'，向来送迎至此礼毕。"陶下马命笔，题其桥楹，改为"折柳"。自兹送别，咸吟是诗。简郡风情，不革义路矣。诗曰："从

来只有情难尽，何事名为情尽桥？自此改名为折柳，从他离恨一条条。”（《鉴诫录》卷八《改桥名》）

二十五、汉贾谊昔在长沙为《鹏鸟赋》，史书称之为屈矣。贾岛字浪仙忤旨，授长江主簿，卑则至卑，名流海内矣。岛初赴名场，日常轻于先辈，以八百举子所业，悉不如己。自是往往独语，旁若无人，或闹市高吟，或长衢啸傲。忽一日，于驴上吟得“鸟宿池中树，僧敲月下门”，初欲著“推”字，或欲著“敲”字。炼之未定，遂于驴上作推字手势，又作敲字手势。不觉行半坊，观者讶之，岛似不见。

时韩吏部愈权京尹，意气清严，威振紫陌，经第三对呵唱，岛但手势未已。俄为官者推下驴，拥至尹前，岛方觉悟。顾问欲责之，岛具对：“偶得一联，吟安一字未定，神游诗府，致冲大官，非敢取尤，希垂至鉴。”韩立马良久思之，谓岛曰：“作‘敲’字佳矣。”遂与岛并辔语笑，同入府署，共论诗道，数日不厌，因与岛为布衣之交。故愈有赠二十八字，岛因此名出寰海。诗曰：“孟郊死葬北邙山，日月风云顿觉闲。天恐文章声断绝，再生贾岛向人间。”

贾又吟病蝉之句，以刺公卿。公卿恶之，与礼闱议之，奏岛与平曾等风狂，挠扰贡院。是时逐出关外，号为“十恶”。议者以浪仙自认病蝉，是无抟风之分。诗曰：“病蝉飞不得，向我掌中行。折翼犹能薄，酸吟尚极清。露华疑在腹，尘点误侵睛。黄雀并乌鸟，俱怀害尔情。”岛后为僧，改名无本，入京投蜀僧悟达国师知玄院中，或去法乾寺。返初了，潜于钟楼安下，日与师觉辉、无可上人、姚殿中合衷私唱和。虑卿相所闻，专俟宣宗微行，欲见帝，希特恩非时及第。

及宣宗微行，值玄不在，上聆钟楼上，有秀才吟咏之声，遂登楼于岛案上取吟次诗欲看。岛不识帝，攘臂睨帝，遽于帝手夺之，曰：“郎君何会耶？”帝惭赧下楼。玄公寻亦归院，岛抚膺追悔，欲投钟楼。帝惜其才，急诏释罪，谓岛曰：“方知卿薄命矣。”遂御札墨制，除岛为遂州长江主簿。帝意令岛继长沙故事。敕曰：“比者礼部奏卿风狂，遂且令关外将息。今既却携卷轴，潜至京城。遇朕微行，闻卿高咏。睹其至业，可谓屈人。是用显我特恩，赐尔墨制，宜从短簿，别俟殊科。可守剑南道遂州长江县主簿，仍便赍敕乘驿赴官。所管藩侯，放上闻奏。”大中八年九月七日制下，岛因授此官，永离贡籍。

初之任届，东川府主冯八座三十里出仪仗以迎之。既至馆舍，见待甚厚，大具肴馔宴设。故岛献感恩诗曰：“匏革奏终非独乐，军城未晓启重门。何时却入三台贵，此日空知八座尊。罗绮舞间收雨点，貔貅阃外卷云根。遂迁属吏随宾列，拨掉扁舟不忘恩。”后有一少年除长江簿，犹豫不赴。张蠙先辈为诗刺之曰：“少年为理但公清，鸿渐行中是去程。莫恨长江为短簿，可能胜得贾先生？”岛自长江迁普州司仓，方干自镜湖寄诗曰：“乱山重复叠，何路访先生。岂料多才者，空垂不第名。闲曹犹得醉，薄俸亦胜耕。莫问吟诗苦，年年芳草平。”

岛至老无子，因啖牛肉得疾，终于传署。后崔锜评事倅岳阳日，为诗悼之。岳阳，普州地名，今因创墓，在岳阳山上。山下有岳阳池。诗曰：“倚恃才难继，昂藏貌不恭。骑驴冲大尹，夺卷忤宣宗。驰誉超先辈，居官下我侬。司仓旧曹署，一见一心忪。”又举子李允恭有诗曰：“一一玄微缥缈成，尽吟方更爽神清。宣宗谪去为闲事，韩愈知来已振名。海底也应搜得净，月轮常被玩教倾。如何未隔四十载，不遇论量向此生。”（《鉴诫录》卷八《贾忤旨》）

二十六、罗秀才隐傲睨于人，体物讽刺。初赴举之日，于钟陵筵上与娼妓云英同席。一纪后下第，又经钟陵，复与云英相见，云英抚掌曰：“罗秀才犹未脱白矣。”隐虽内耻，寻亦嘲之：“钟陵醉别十余春，重见云英掌上身。我未成名君未嫁，可能俱是不如人。”隐常献卷于郑相公畋，郑女妙于篇什，每读隐诗至“张华谩出如丹语，不及刘侯一纸书”，未尝不于父前三复，似慕其才。相国或一日因隐到宅，遂留从容，命女下帘窥之。女见隐为人迂差，永不复吟隐诗矣。

隐又与顾云先辈谒淮南高相公骈。顾为人风雅，时渤海公辟留，隐遂辞归钱塘。高与宾幕小酌，贶隐于海风亭。是时盛暑，有青蝇入座，渤海公命扇驱之。顾谑隐曰：“青蝇被扇扇离座。”隐立酬之曰：“白泽遭钉钉在门。”议者以才调相讥，两俱全美。隐度高公欲继淮王求仙，所为妖乱，潜题后土庙刺之，连夕挂帆而迈。巫者告公，公既悔且怒，急棹追之，已出境矣。诗曰：“四海干戈尚未宁，又于汾水建仪形。九天玄女犹无圣，后土夫人岂有灵。一带野云侵鬓绿，两条宫柳入眉青。韦郎年少如何事，端坐唯看《太白经》。”高后失致，因吕用之等幻惑，为毕师铎所害。隐自钱唐著《妖乱志》以非之，故有《题延和阁》云：“延和高阁势凌云，轻语犹疑太一闻。烧尽降香无一事，开门迎得毕将军。”

昔僖宗在蜀日，隐吟诗数首以刺诸侯，及銮辂还京，为朝贵所嫉，竟不成名。后钱尚父镠为诗酒之侣，继遇中原丧乱，无复所闻。《驾在蜀》诗曰：“白丁攘臂犯长安，翠辇苍惶路屈盘。丹凤有情云外远，玉龙无迹渡头寒。静思贵族谋身易，危惜文皇创业难。不将不侯何计是，钓鱼船上泪阑干。”又《寄咏漫天岭》云：“南去休夸蜀道难，此中危峻已多端。到头不会苍苍意，争得禁佗两度漫。”《驾还京》诗曰：“马嵬杨柳尚依依，又见銮舆幸蜀归。泉下阿蛮应有语，这回休更说杨妃。”隐以讽刺颇深，连年不第。举子刘赞赠之诗曰：“人皆言子屈，我独谓君非。明主既难谒，青山何不归。年虚侵雪鬓，尘枉污麻衣。自古逃名者，至今名岂微。”隐睹之，因起式微之思。遂有《归五湖》诗曰：“江东日暖花又开，江东行客思悠哉。高阳酒徒半凋落，终南山色空崔嵬。圣代也知无弃物，侯门未必用非才。一船明月一竿竹，家住五湖归去来。”（《鉴诫录》卷八《钱唐秀》）

二十七、懿宗之代有处士张孜，本京兆人，耽酒如狂，好诗成癖。然于吟讽终昧风骚，尔来二十余年不成卷轴。孜与李山甫友善，常为诗章，山甫鄙之。张乃图写李白真仪，日夕虔祷。忽梦一人自天降下，飒曳长裾。是夕星月晃然，当庭而坐，与孜对酌，论及歌诗。孜问姓名，自云李白。孜因备得其要，白亦超然上升。孜后所吐篇章，悉干教化，当时诗者稍稍善之。有《遇雪》云：“长安大雪天，鸟雀难相觅。其中豪贵家，捣椒泥四壁。到处生红炉，周回下罗幂。暖手调金丝，蘸甲斟琼液。醉唱玉尘飞，困融香汗滴。岂知饥寒人，脚手生皴劈。”又《庚子年遇赦》云：“时清无大赦，何以安天下。直到赤眉来，始寻黄纸写。草草蠲赋舆，忙忙点兵马。天子自蒙尘，何曾济孤寡。”

又驾在蜀日，孜著杂言数篇，伤时颇切。其一首两联云：“只爱轻与肥，不忧贫与贱。著牙卖朱紫，断钱赊举选。”反驾还京之后，相府遣人捕之，孜乃易名姓，越淮而去。故李山甫昔代孜歌，歌其幻梦曰：“天使翰林生我前，相去殁来二百年。英神杰气归玄天，日月星辰空戚然。我识翰林文，不识翰林面。上天知我忆其人，使向人间梦中见。瑞光闪烁天门开，五云著地长裾来。华山秀作英雄骨，黄河泻作纵横才。巍峨宛似神仙客，一段风雷扶气魄。低头语了却抬头，指点胸前称李白。梦中一面何殷勤，高吟大语喧青云。白言天府偶闲暇，与我握手论高文。一论耳目清，再论心骨惊。豁如混沌初凿破，天地海岳何分明。利若剑戟坚，健如虬龙争。神机圣法说略尽，造化与我新精灵。不问尘埃人，不语尘埃事。樽前酒半空，归云扫筵起。自言天上作先生，许向人间为弟子。梦破青霄春，烟霞无去尘。若夸郭璞五色笔，江淹却是寻常人。”（《鉴诫录》卷九《梦太白》）

二十八、归处讷者，归侍郎融之曾孙也。多游秦陇，言足是非。在事者无不以金帛酒食弥缝之，畏其咏也。或见人衣鲜华，即念诗曰："昂藏骑马出朱门，服色鲜华不可论。尽是杀人方始得，一丝丝上有冤魂。"黄巢犯京后，守亮、守信等悉为杨军容复恭义儿，势夺诸侯，亦一时之威也。归有不平之色，咏《朏汉》以刺之曰："草头灰面恶形仪，尽是军容表里儿。昔日水牛攀角上，而今细马劈腰骑。钱多内藏犹嫌少，位等三公尚厌卑。更有一般堪笑处，镀金牙齿咬银匙。"又咏《奸汉》云："轻唇利舌傍侯门，送谄承颜日日新。爱与大官添弟子，能将小药献夫人。秤头不放分毫过，对酒常如割骨贫。更有一般奸太晒，聚钱唯趁买金银。"又《代村妇咏边将》曰："紫袍金带不须夸，动便经年镇海涯。争似我家田舍婿，朝驱牛去暮还家。"又有石校书钦若，本东川人，文章四六，与王超齐名。天复初应举，值大驾东迁，蜀路不通，干戈继起，遂客寄天水，荏苒一纪有余。后知父亡，方乃举恸，广于寺院追荐忏罪而已。归与石遽因小隙，荼毒咏之，石氏声名因兹减价。诗曰："十二年来匿父丧，三千之罪遣莫当。如今追荐应无益，已被牛头煮几场。"（《鉴诫录》卷十《归生刺》）

二十九、伏牛上人、一钵和尚，皆悟达之士也。一居岩岫，永离嚣尘。著述《三伤》，指谕《一钵》。广开法席，大扇迷徒。聋瞽闻之，往往解悟。王蜀乾德初，有小军使陈失名妻高氏，即高骈相公诸院之孙。先于法门寺受持不杀戒二十余年，后届蜀，因与男娶妇，亲族劝令屠宰，高亦从之。旬日之中得疾，颇异，不录人事，口但荒言。既而三宿还魂，备述幽适之事。初遇黑衣使者追入岐府，城隍庙神峨冠大袖，与一金甲武士对坐。使者领高见神。

武士言语纷纭，诉高破戒，仍扼腕骂高曰："吾护戒鬼将也，为汝二十余年食不受羡，寝不遑安。岂期一起杀心，顿隳戒行。命虽未尽，罪亦颇深。须送冥司，惩其僭犯。"城隍神回问高曰："汝更修何善，赎此过尤？"高平生常念《上生经》，至此蔑然遗忘，只记得《三伤颂》、《一钵歌》，合掌向神厉声而念。神与武士耸尔立听，颜色渐怡，诵至了终，悉皆涕泪，谓高曰："且归人世，宜复善心。"高氏拜辞未终，飒然起生。乃知大善知识所著句义，与佛齐功。今并录其全篇，仍亦书其灵验，采之真识，非取伽谈。

伏牛上人《三伤颂》，其一曰：伤嗟垒巢燕，虽巧无深见。修营一个窠，往复几千转。双飞碧水头，对语虹梁畔。身缘觅食疲，口为衔泥烂。驱驰九夏初，方产巢中卵。停腾怕饥渴，抚养知寒暖。怜惜过于人，衔虫喂皆遍。父为理毛衣，母来将食馇。一旦翅翼成，分飞不相管。世有少智人，悬力忧家眷。男女未成长，颜色已衰变。燕子燕子听吾语，随时且过休辛苦。纵使窠中千个儿，秋风才动终须去。世人世人不要贪，此言是药思量取。饶你平生男女多，谁能伴尔归泉路。

其二曰：伤嗟鵽刀鸟，夜夜啼天晓。坠翼柳攀枝，垂头血沾草。身随露叶低，影逐风枝袅。一种情相生，尔独何枯槁。驱驱饮啄稀，役役飞腾少。不是官所差，都缘业所造。亦似世间人，贪生不觉老。吃着能几多，强自萦烦恼。咄哉无眼人，织络何时了。只为一六迷，遂成十二到。鵽刀鵽刀林里叫，山僧山僧床上笑。有人会意解推寻，不假三只便成道。

其三曰：伤嗟造蜜蜂，忙忙采花蕊。接翼入芳丛，分头傍烟水。抱蕊唼香滋，寻花恋春饵。驱驰如有萦，盘旋若遭魅。蹭蹬遇丝罗，飘零喂蝼蚁。才能翅翼成，方始窠巢备。恶人把火烧，哀鸣树中死。蜜是他人蜜，美自他人美。虚忙百草头，于身有何利。世有少智人，与此恰相似。只缘贪爱牵，几度虚沉坠。百岁处浮生，十年作童稚。一半悲与愁，一半病与悴。除折算将来，能得几多子。更将有漏身，自翳无生理。永不见如来，都缘开眼睡。蜜蜂蜜蜂休役役，空哉终是他人吃。世人世人不要贪，留富他人有何益。

一钵和尚歌曰：阿剌剌，闹聒聒，总是悠悠造末挞。如饥吃盐加得渴，枉却一生头戛戛。究竟不能知本末，抛却死尸何处脱。闲事到头须结撮，火落身上当头拨。莫待临时呼菩萨，大丈夫儿须豁豁，莫学痴人受摩捋。也系裹也摆拨，也学柔和也粗犷。亦解剃头亦披褐，也学凡夫作生活。直言向君君未达，更作长歌歌一钵。多中少，少中多，莫笑野人一钵歌。

缘持此钵度娑娑。青天寥寥月初上，此时境空含万象。几处浮生自是非，一源清净无来往。莫谩将心学水泡，百毛流火无事交。不如静坐真如地，头上从他鹊作巢。万代金轮圣王子，只这真如是灵觉。菩提树下度众生，度尽众生不生死。真丈夫，无形无相大毗卢。尘灭劳尽真如在，一颗圆明无价珠。眼不见，耳不闻，无见无闻无不闻。从来一钵无言说，今日千言强为分。强为分，须谛听，人人总有真如性。恰似黄金在矿中，炼去金砂金体净。真是妄，妄是真，为求真妄更无人。

将心不用生烦恼，衣食随时养色身。好也著，恶也著，一切不贪无染著。亦无恶，亦无好，一际坦然平等道。粗亦餐，细亦餐，莫学凡夫相上看。亦无粗，亦无细，上方香积无根蒂。坐亦行，行亦坐，生死树是菩提果。亦无生，亦无死，三世如来总如此。离即著，著即离，实相门中无实义。不可离，不可著，何处更求治病药。语时默，默时语，语默寻踪无定所。亦无语，亦无默，莫唤东西作南北。嗔时喜，喜时嗔，我自降魔转法轮。亦无嗔，亦无喜，水不离波波是水。悭时舍，舍时悭，不离内外与中间。亦无悭，亦无舍，寂寂寥寥无可把。苦时乐，乐时苦，只个修行断门户。亦无苦，亦无乐，本来自性无缠缚。

垢即净，净即垢，两边恶境无前后。亦无垢，亦无净，大千同一真如性。药是病，病是药，到头两事浑捻却。亦无药，亦无病，正是真如灵觉性。魔是佛，佛是魔，如影随形水上波。亦无魔，亦无佛，三界比来无一物。凡即圣，圣即凡，色里胶清水里咸。亦无凡，亦无圣，万行扫除无一行。真中假，假中真，自是凡夫起恶尘。亦无真，亦无假，若不呼时谁应者。本无姓，本无名，只么腾腾信脚行。有时市廛并屠肆，一叶莲花火上生。也曾策杖游京洛，身似浮云无住著。究竟从来是寄居，他方处处无缠缚。

若觅戒，三毒药病何时瘥。若觅禅，我自纵横大可怜。不是狂，不是颠，在世间中出世间。时人不会此中意，打着南边与北边。若觅法，鸡足山头问迦叶。见说传衣在彼中，无心不用求某甲。若觅修，八万浮图何处求。只知黄叶上啼哭，不觉黑云遮日头。莫怪狂言无次第，筛罗渐入粗中细。只这粗中细也无，即是圆明真实谛。亦无真，但有名闻即是尘。若向尘中解真实，便是当来出世人。无造作，独行独坐空索索。无涅槃，本来生死不相干。直须省，莫谩将身入空井。无去来，也无明镜挂高台，依家见解只如此，不用将心算劫灰。(《鉴诫录》卷十《高僧论》)

三十、天复初，任可芝任戎州刺史日，有鱼人赵阿奴善钓大鱼，常于马湖江垂巨索大钓，号曰“掣拔”，中钓者皆百斤不啻。尝谓人曰：“愿钓千斤之鱼，豁男子平生之志，即改业矣。”人或语曰：“此非江左，焉有此鱼?”对曰：“非我所欲，负命者上钩。”其年秋，忽获一觡子鱼，果重千斤，背上自然有字，其文金色，观者感伤。赵阿奴因此从军，遂改钓业。其大鱼背上字云：“三曾到扬州，五转归马湖。身上千斤肉，今还赵阿奴。”(《鉴诫录》卷十《鱼还肉》)

三十一、天祐中，秦州刘自然主押义军案，因连帅李中令继崇点乡丁而西捍蜀师。有成纪县百姓黄知感诣刘求免，自然许之。自然之妻谓其夫曰：“黄知感之妻美发，傥得为妾之鬄，即与免之。”知感得刘指踪，与妻平议。黄妻可谓贤也，语其夫曰："妾今幸以弱质得附于君，发有再生，人死永别矣。君若南征不返，妾有美发何为？"言讫揽发剪之，知感亦怀痛切。既迫于差点，遂献于刘。刘亦贪残，犹为不足。春获其免，秋复差行。军须急难，莫敢申雪。于是没于金沙之阵，刘亦是岁云亡。黄妻但有灵祠，陈状咒诅。

后黄家牝卫忽生一驹，及堪乘骑，方觉左胁下有"刘自然"之字，多般辩验，字益分明。邑人传之，遂达廉问元戎乃召其妻子识认。刘之长子曰："某父平生惟好酒肉，但能饮酒食肉，是某父也。"驴遂饮酒数升，啖肉数脔，仍以头揩昵其子，泪下如绳。刘子请备百千赎之，黄妻竟为不可。出入鞭打，以报夫仇。刘子耻于姻亲，郁咽而卒。后累经丧乱，无复闻焉。故王梵志曰："欺诳得钱君莫羡，究竟还是输他便。不信但看槽上驴，只是改头不识面。"（《鉴诫录》卷十《见世报》）

三十二、陈裕秀才下第游蜀，誓弃举业，唯事唇喙，睹物便嘲。其中数篇，亦堪采择。虽无教化于当代，诚可取笑于一时。《咏浑家乐》云："晨起梳头午不休，一窠精魅闹啾啾。阿家解舞清平乐，新妇能抛白木球。著绿桃牌吹觱篥，赐绯盟器和梁州。天晴任你浑家乐，两下还须满舍愁。"又："北郡南州处处过，平生家计一驴驮。囊中钱物衣装少，袋里燕脂胡粉多。满子面甜糖脆饼，萧娘身瘦鬼常娥。怪来唤作浑家乐，骨子猫儿尽唱歌。"《过旧居》云："昔日颜回宅，今为裹饭家。不闻吟秀句，只见[食南]油麻豉汁锅中沸，粕糕案上葩。朝朝唯早起，檐从自排衙。"有一秀才忽赎酒家青衣为妇，裕嘲之曰："秀才何事太匆匆，琴瑟无媒便自通。新妇旋裙才离体，外姑托布尚当胸。菜团个个皆钳项，粳米头头尽翦鬃。一自土和逃走后，至今笑却亲家翁。"

又《咏大慈寺斋头鲜于阇梨》云："酒肉终朝没阙时，高堂大舍养肥尸。行婆满院多为妇，童子成行半是儿。面折掇斋穷措大，笑迎搽粉阿尼师。一朝若也无常至，剑树刀山不放伊。"又大慈寺东北有池号曰放生池，蜀人竞以三元日多将鹅鸭放在池中，裕因谒主池僧不遇，当门书一绝句，自此放生稍息矣："鹅鸭同群世所知，蜀人竞送放生池。比来养狗图鸡在，不信阇梨是野狸。"裕后《咏深沙一绝》，因暴疾而终，亦由神折天年，抑又神其灵也。诗曰："瞋眉努目强干嗔，便作阎浮有力神。祸福岂由泥汉担，烧香供养弄蛇人。"（《鉴诫录》卷十《攻杂咏》）

［唐］潘远《纪闻谭》

潘远，五代蜀人。著有《纪闻谭》。《纪闻谭》有一卷、三卷两说，《直斋书录解题》称其书"记隋唐遗事"，然佚文见晋元帝、齐高帝事。原书已佚，今有《类说》本、《绀珠集》本、涵芬楼《说郛》本、宛委山堂《说郛》本等。此据台湾商务印书馆《景印文渊阁四库全书》本《绀珠集》辑录。

一、元白酬和千篇。元守浙东，白牧苏台，置驿递诗筒。及云："有月多同赏，无杯不共持。"其句都是暗合处耳。（《纪闻谭·诗语暗和》）

二、隋炀帝作诗，有押泥字者，群臣皆以为难和。薛道衡后至，诗成，有"空梁落燕泥"之句。帝恶其出己右，因事诛之。临刑，问："道得'空梁落燕泥'否？"（《纪闻谭·空梁落燕泥》）

［五代］金利用《玉溪编事》

金利用，五代后蜀人，仕履不详。著有《玉溪编事》。《玉溪编事》三卷，记蜀地异闻逸事，原书已佚。今有宛委山堂《说郛》本、《龙威秘书》本等。此据中华书局1985年《丛书集成初编》本辑录。

一、南诏以十二月十六日谓之星回节日，游于避风台，命清平官赋诗。骠信诗曰："自我居震旦，翊卫类夔契。元昶同一心，子孙堪贻厥。"清平官赵叔达

曰："下令俚柔洽，献琛弄拣来。"其国谓天下为震旦，词臣为清平官，谓朕曰元，卿曰昶，百姓俚柔也。(《玉溪编事·震旦》)

[宋] 乐史《广卓异记》

乐史，字子正，宋宜黄人。南唐时官秘书郎，入宋进士及第，太宗时上书言事，擢著作佐郎、知陵州，召为三馆编修。有《贡举事》《登科记》《太平寰宇记》《广卓异记》等。《广卓异记》二十卷，记汉魏以下迄五代并唐事。有清康熙间刻本、清道光二十七年黄氏活字印本、清初虞山钱氏述古堂抄本、清乾隆三十八年两淮盐政李质颖进呈抄本、《逊敏堂丛书》本、《笔记小说大观》本等。此据江苏广陵古籍刻印社1983年《笔记小说大观》本辑录。

一、右按《唐纪》：贞元五年，初置中和节，德宗皇帝制诗，朝臣奉和。诏写本赐戴叔伦于容州，天下美之。德宗诗曰："东风变梅柳，万汇生春光。中和纪月令，方与天地长。耽乐岂予尚，懿兹时景良。庶遂亭育恩，同致寰海康。君臣永终始，交泰符阴阳。曲沼水新碧，华林桃稍芳。胜赏信多欢，戒之在无荒。"(《广卓异记》卷三《戴叔伦中和节唱和诗 唐德宗》)

二、右按《唐书》《郭元振家状》：元振为通泉县尉，前后掠买所部千余人，以遗宾客，百姓告之。武后闻之，使籍其家，唯有书数百卷。后令问其资财所在，知皆以济人，于是奇而免之。召见，大惬圣旨，并令口占《古剑歌》进，天后奇之，命缮写赐诸学士。歌曰："君不见昆吾铁冶飞炎烟，红光紫气俱赫然。良工锻炼经几年，铸得宝剑名龙泉。颜色如霜雪，良工咨嗟叹奇绝。琉璃匣里吐莲花，错镂金环生明月。正逢天下无飞尘，幸得周防君子身。精光黯黯青蛇色，文章片片绿龟鳞。非直结交游侠子，亦尝亲得英雄人。何言中路遭弃捐，零落漂沦古狱边。虽复沉埋无所用，犹能夜夜气冲天。"(《广卓异记》卷三《诏

写古剑歌赐诸学士 郭元振》）

三、右按《唐书》：令狐楚自翰林学士、中书舍人拜相，子绹自湖州召入，充翰林学士，间岁拜相。渭南尉赵嘏献诗云："鹗在卿云冰在壶，天将材业奉讦谟。荣同伊陟传朱户，秀比王商入画图。昨夜星辰回剑履，前年风月满江湖。不知机务时多暇，犹许诗家属和无。"（《广卓异记》卷六《令狐楚 四》）

四、右按《五代史》：乾祐元年，户部侍郎王仁裕，放王溥状元及第。溥不数年拜相，仁裕时为太子少保，有诗贺曰："一战文场拔赵旗，便携金鼎赞无为。白麻骤降恩何极，黄发初闻喜可知。跋敕案前人到少，筑沙堤上马行迟。押班长得遥相见，亲狎争如未贵时。"溥依韵和曰："挥毫文阵偶搴旗，待诏金华亦强为。白社幸当宗伯选，赤旋遇圣人知心。九霄得路荣虽极，三接承恩出每迟。职在台司多少暇，亲师不及舞雩时。"时人荣之。（《广卓异记》卷六《座主见门生拜相王仁裕 王溥》）

五、右按《唐书》：元和三年，宣政殿试贤良方正能直言极谏科，一十人登科，其后牛僧孺等四人，相次拜相。先是白居易在翰林为考覆官，其后牛僧孺罢相，出镇扬州，居易在洛中，有诗送曰："北阙止东京，风光十六程。坐移丞相阁，春入广陵城。红旆拥双节，白髭无一茎。万人开路看，百吏立班迎。阃外君弥重，樽前我亦荣。何须身自得，将相是门生。"（《广卓异记》卷七《制科同年四相 牛僧孺 李宗闵 王起 贾竦》）

六、右按《小说》：马植安南都护，与时宰不通，又除黔南，殊不得意，维舟峡中古寺。寺前有长堤，夜月甚明，见人白衣缓步堤上，吟诗曰："截竹为筒作笛吹，凤凰池上凤凰飞。劳君更向黔南去，即是陶钧万类时。"历历可听。遣人邀问，即已失之。后自黔南入为大理卿，迁刑部侍郎，判盐铁拜相。（《广卓异记》卷七《见白衣吟诗 马植》）

七、右按《摭言》：唐贞元十二年，李挚以宏词振名，与李行敏同姓，同年登第，又同甲子。挚尝答行敏诗云："因缘三纪异，契分四般同。"（《广卓异记》卷十二《二人四事相同 李挚 李行敏》）

八、右按《唐书》：吴通微，弟通元，贞元中同时为翰林学士。承德宗顾遇，唱和歌诗，批答表疏，移院舍銮坡下，有逾月不出。时词臣之盛，近无其比。（《广卓异记》卷十三《兄弟同时为翰林学士 吴通微》）

九、右按《唐书》：长庆二年，王起自中书舍人知贡举，放进士周墀及第，其后同在翰林。会昌三年，起自仆射，再放榜时，周墀任华州，因寄诗贺起。诗中叙同在翰林，今故录之。诗曰："文场三化鲁儒生，二十余年振重名。曾忝木鸡夸羽翼，又陪金马入蓬瀛。虽欣月桂居先折，更羡春兰最后荣。欲到龙门看风水，关防不许暂离营。"起答曰："贡院离来二十霜，谁知更忝主文场。杨叶纵能穿旧的，桂枝何必爱新香。九重每忆同仙禁，六义初吟得夜光。莫道相知不相见，莲峰之下欲征黄。"(《广卓异记》卷十三《王起三 周墀》)

十、右按《小说》：韩翃佐李勉夷门之幕，同院韦巡官，一夕扣门见韩曰："员外除驾部郎中、知制诰。"韩愕然，韦曰："留邸状报制诰阙人，中书取旨，德宗批曰，与韩翃。"时有与翃同姓名者，又具二人同进，御笔批曰："春城无处不飞花，寒食东风御柳斜。日暮汉宫传蜡烛，青烟散入五侯家。"又批曰："与此韩翃。"韦曰："此君诗也。"韩曰："是也。"迟明，李与僚属皆至，时建中初也。(《广卓异记》卷十四《德宗批出知制诰官 韩翃》)

十一、右按《唐书》：李峘自户部尚书，弟岘自京兆尹，并拜御史大夫，俱判台事。自唐初以来，兄弟并拜大夫，未有其比。是时长安士庶，皆赋诗以美其事。(《广卓异记》卷十五《兄弟二人并拜御史大夫 李岘》)

十二、右按《唐书》：钱起，吴人。工五言诗。初从乡荐，寄居江湖，尝于客舍月夜独吟，闻人吟于庭中，曰："曲终人不见，江上数峰青。"起愕然，摄衣而视之，无所见矣，以为鬼怪，而志其十字。及就试之年，座主李玮试《湘灵鼓瑟诗》，题有"青"字，起即以鬼谣十字为落句，玮深嘉之，称为绝唱，是岁及第。其省试诗曰："善鼓云和瑟，尝闻帝子灵。冯夷空自舞，楚客不堪听。雅调凄金石，清音发杳冥。苍梧来怨慕，白芷动芳馨。流水传湘浦，悲风过洞庭。曲终人不见，江上数峰青。"(《广卓异记》卷十八《鬼谣 钱起》)

十三、右按《摭言》：宝历年中，杨嗣复相公具庆下，继放两榜时，先仆射自东洛入觐，嗣复率生徒迎于潼关，既而大宴于新昌里第。仆射与所执坐正寝，公镇诸生翼坐于两序。时元、白俱在，皆赋诗于席上，唯刑部侍郎杨汝士诗后成，元、白览之失色。诗曰："隔坐应须赐御屏，尽将仙翰入高冥。文章旧价留鸾掖，桃李新阴在鲤庭。再岁生徒陈贺宴，一时良史尽传馨。当年疏傅虽云盛，讵有兹筵醉绿醽。"汝士其日大醉，归谓子弟曰："我今日压倒元、白。"(《广卓异记》卷十九《携门生迎家君 杨嗣复》)

［宋］钱易《南部新书》

钱易(968—1026)，字希白，宋钱塘人。北宋真宗咸平二年进士，补濠州团练推官，后召试中书，改光禄寺丞，通判蕲州。景德中，举贤良方正科，除秘书丞、通判信州。官至左司郎中、翰林学士。有《金闺集》《瀛洲集》《西垣制集》《南部新书》《洞微志》等。《南部新书》十卷，作于大中祥符年间，记唐至五代朝章国典与轶闻琐语。有清钱遵王校明刻本、《稽古堂丛刻》本、《四库全书》本、宛委山堂《说郛》本、《学津讨原》本、《粤雅堂丛书》本等。此据中华书局2002年点校本辑录。

一、项斯始未为闻人，因以卷谒江西杨敬之。杨甚爱之，赠诗云："几度见诗诗尽好，及观标格过于诗。平生不解藏人善，到处逢人说项斯。"未几诗达长安，斯明年登上第。(《南部新书·甲》)

二、开元御札云："朕之兄弟，惟有五人，比为方伯，岁一朝见。虽载崇藩屏，而有睽谈笑，是以辍牧而各入守京畿。"每听政之后，延入宫中，申友于之志，咏《常棣》之诗。邕邕如，怡怡如，展天伦之爱也。(《南部新书·甲》)

三、秘书省内落星石，薛稷画鹤，贺知章草书，郎令余画凤，相传号为"四绝"。元和中，韩公武为校书郎，挟弹中鹤一眼，时人乃谓之"五绝"。又省之东即右威卫，荒秽摧毁，其大厅逼校正院，南对御史台。有人嘲之曰："门缘御史塞，厅被校书侵。"(《南部新书·甲》)

四、长安中秋望夜，有人闻鬼吟曰："六街鼓歇行人绝，九衢茫茫空有月。"又闻有和者曰："九衢日生何劳劳，长安土尽槐根高。"俗云务本西门是鬼市，或风雨晦冥，皆闻其喧聚之声，怪哉！(《南部新书·甲》)

五、大和中，程修己以书进见，尝举孝廉，故文皇待之弥厚。会春暮，内殿赏牡丹花，上颇好诗，因问修己曰："今京邑人传牡丹诗，谁为首出?"对曰："中书舍人李正封诗：‘天香夜染衣，国色朝酣酒。’”时杨妃侍，上曰：“妆台前宜饮以一紫盏酒，则正封之诗见矣。”（《南部新书·甲》）

六、开元中，将军宋清有神剑，后为瓜州牧李广琛所得。哥舒翰知而求之，广琛不与，因赠诗曰：“刻舟寻已化，弹铗未酬恩。”（《南部新书·乙》）

七、祖咏试《雪霁望终南诗》，限六十字。成至四句纳主司，诘之，对曰：“意尽。”（《南部新书·乙》）

八、诸名族重京官而轻外任，故杨汝士建节后诗云：“抛却弓刀上砌台，上方楼殿窣云开。山僧见我衣裳窄，知道新从战地来。”又云：“如今老大骑官马，羞向关西道姓杨。”（《南部新书·乙》）

九、韩偓，即瞻之子也，兄仪。瞻与李义山同年，集中谓之“韩冬郎”是也。故题偓云：“七岁裁诗走马成。”冬郎，偓小名。偓字致光。（《南部新书·乙》）

十、顾况志尚疏逸，近于方外，时宰招以好官，况以诗答之云：“四海如今已太平，相公何用唤狂生。此身还似笼中鹤，东望瀛洲叫一声。”（《南部新书·乙》）

十一、令狐楚久为太常博士，有诗云：“何日肩三署，终年尾百僚。”（《南部新书·乙》）

十二、天授中，中丞李嗣真等为十道存抚使，合朝有诗送之，名曰《存抚集》，凡十卷。（《南部新书·丙》）

十三、新进士放榜后，翌日排光范门，候过宰相。虽云排建福门，集于四方馆。昔有诗云：“华阳观里钟声集，建福门前鼓动期。”即其日也。（《南部新书·丙》）

十四、李群玉好吹笙，常使家僮奏之。又善《急就章》，性善养白鹅。及授校书郎东归，故卢肇送诗云：“妙吹应谐凤，工书定得鹅。”（《南部新书·丙》）

十五、省中司门、都官、屯田、虞部、主客，皆闲简无事。时谚曰：“司门水部，入省不数。”又角抵之戏，有假作吏部令史及虞部令史相见，忽然俱倒，闷绝良久，云冷热相激。（《南部新书·丁》）

十六、中和初，黄巢将败。有谣云：“黄巢须走泰山东，死在翁家翁。”巢死之处，民家果姓翁。（《南部新书·丁》）

十七、江陵有士子，游于交广间，而爱姬为太守所取，纳于高丽坡底。及归，因寄诗曰：“惆怅高丽坡底宅，春光无复下山来。”守见诗，遂遣还。（《南部

新书·丁》)

十八、李约为兵部员外郎,勉子也。与主客员外郎张谂同官,二人每单床静言,达旦不寐。故约《赠韦征君况诗》曰:"我有中心事,不向韦三说。秋夜洛阳城,明月照张八。"(《南部新书·丁》)

十九、长安三月十五日,两街看牡丹,奔走车马。慈恩寺元果院牡丹,先于诸牡丹半月开;太真院牡丹,后诸牡丹半月开。故裴兵部潾《白牡丹诗》,自题于佛殿东颊唇壁之上。大和中,车驾自夹城出芙蓉园,路幸此寺,见所题诗,吟玩久之,因令宫嫔讽念。及暮归大内,即此诗满六宫矣。其诗曰:"长安豪贵惜春残,争赏先开紫牡丹。别有玉杯承露冷,无人起就月中看。"兵部时任给事。(《南部新书·丁》)

二十、卢家有子弟,年已暮,而犹为校书郎。晚娶崔氏子,崔有词翰,结褵之后,微有慊色。卢因请诗以述怀为戏,崔立成诗曰:"不怨卢郎年纪大,不怨卢郎官职卑。自恨妾身生较晚,不见卢郎年少时。"(《南部新书·丁》)

二十一、大中好文,尝赋诗,上句有"金步摇",未能对。命进士温岐续之,岐以"玉跳脱"应之,宣皇赏焉。令以甲科处之,为令狐绹所沮,遂除方城尉。初绹曾问故事于岐,岐曰:"出《南华真经》,非僻书也。冀相公燮理之暇,时宜览古。"绹怒甚。后岐有诗云:"悔读《南华》第二篇。"(《南部新书·丁》)

二十二、黄巢令皮日休作谶词,云:"欲知圣人姓,田八二十一。欲知圣人名,果头三屈律。"巢大怒。盖巢头丑,掠鬓不尽,疑"三屈律"之言是其讥也,遂及祸。(《南部新书·丁》)

二十三、李山甫,咸通中不第,后流落河朔,为乐彦祯从事。多怨朝廷之执政,尝有诗云:"劝君不用夸头角,梦里输赢总未真。"(《南部新书·丁》)

二十四、杜羔妻刘氏,善为诗。羔累举不第,将至家,妻先寄诗与之曰:"良人的的有奇才,何事年年被放回?如今妾面羞君面,君若来时近夜来。"羔见诗,即时回去。寻登第,妻又寄诗云:"长安此去无多地,郁郁葱葱佳气浮。良人得意正年少,今夜醉眠何处楼?"(《南部新书·丁》)

二十五、严恽字子重,善为诗,与杜牧友善。皮、陆常爱其篇什。有诗云:"春光冉冉归何处?更向花前把一杯。尽日问花花不语,为谁零落为谁开?"七上不第,卒于吴中。(《南部新书·丁》)

二十六、开元初,郑瑶《慈涧题诗》云:"岸与恩同广,波将慈共深。涓涓劳

日夜，长似下流心。”（《南部新书·戊》）

二十七、白乐天任杭州刺史，携妓还洛，后却遣回钱唐。故刘禹锡有诗答曰：“其那钱唐苏小小，忆君泪染石榴裙。”（《南部新书·戊》）

二十八、大中元年，魏扶知礼闱，入贡院，题诗曰：“梧桐叶落满庭阴，锁闭朱门试院深。曾是昔年辛苦地，不将今日负前心。”及榜出，为无名子削为五言以讥之。（《南部新书·戊》）

二十九、滋水驿在长乐驿之东，睿皇在藩日经此厅，厅西壁画一胡头，因题曰：“唤出眼何用苦深藏，缩却鼻何畏不闻香。”（《南部新书·戊》）

三十、陈峤字景山，闽人也。孑然无依，数举不遂，蹉跎辇毂，至于暮年，逮获一名还乡，已耳顺矣。乡里以宦情既薄，身后无依，乃以儒家女妻之，至新婚近八十矣。合卺之夕，文士竞集，悉赋催妆诗，咸有生荑之讽。峤亦自成一章，其末曰：“彭祖尚闻年八百，陈郎犹是小孩儿。”座客皆绝倒。峤颇负诗名，常有《闲居诗》云：“小桥风月年年事，争奈陈郎老去何。”（《南部新书·戊》）

三十一、僖皇朝，左拾遗孟昭图在蜀，上疏极谏，为田令孜之所矫诏，沉蜀江。裴相彻有诗吊之曰：“一章何罪死何名，投水唯君与屈平。从此蜀江烟月夜，杜鹃应作两般声。”（《南部新书·己》）

三十二、贞观中，尚药奏求杜若，敕下度支。有省郎以谢朓诗云“芳州采杜若。”乃委坊州贡之。本州曹官判云：“坊州不出杜若，应由读谢朓诗误。郎官作如此判事，岂不畏二十八宿笑人邪?”太宗闻之大笑，改授雍州司法。（《南部新书·己》）

三十三、李太尉之在崖州也，郡北有亭子，谓之“望阙亭”。太尉每登临，未尝不北睇悲咽。有诗曰：“独上江亭望帝京，鸟飞犹是半年程。青山也恐人归去，百匝千遭绕郡城。”今传太尉崖州之诗，皆仇家所作，只此一首亲作也。昔崖州，今琼州是也。（《南部新书·己》）

三十四、稷山驿吏王全，作吏五十六年，人称有道术。往来多赠篇什，故李义山赠诗，云“过客不劳询甲子，唯书亥字与时人”也。（《南部新书·己》）

三十五、郑颢尝梦中得句，云：“石门雾露白，玉殿莓苔青。”续成长韵，此一联《杜甫集》中诗。（《南部新书·己》）

三十六、令狐相绹，以姓氏少，族人有投者，不吝其力，由是远近皆趋之，

至有姓胡冒令狐者。进士温庭筠戏为词曰："自从元老登庸后，天下诸胡悉带'令'。"（《南部新书·庚》）

三十七、宣皇制《泰边陲曲》，撰其词云："海岳晏咸通。"此符懿皇之号也。（《南部新书·庚》）

三十八、天宝中，哥舒翰为河西节度使，控地数千里，甚著威令。故西鄙人歌曰："北斗七星高，哥舒夜带刀。吐番总杀尽，更筑两重壕。"时差都知兵马使张擢上都奏事，值杨国忠专权好货，擢逗留不返，因纳贿交结。翰续入朝奏，擢知翰至，擢求国忠拔用。国忠乃除擢兼御史大夫充剑南西川节度使。敕下，就第辞翰，翰命部下就执于庭，数其罪而杀之。俄奏闻，帝却赐擢尸，更令翰决一百。（《南部新书·庚》）

三十九、范液有口才，薄命，所向不偶。曾为诗曰："举意三江竭，兴心四海枯。南游李邕死，北望宋珪殂。"（《南部新书·庚》）

四十、近代通谓府廷为公衙，即古之公朝也。字本作"牙"。《诗》曰："祈父，予王之爪牙。"祈父，司马，掌武备。象兽，以牙爪为卫。故军前大旗谓之"牙旗"，出师则有建牙、祃牙之事。军中听号令，必至牙旗之下，与府朝无异。近俗尚武，是以通呼公府、公门为牙门，字称讹变转为"衙"。（《南部新书·庚》）

四十一、薛宜僚，会昌中为左庶子，充新罗册赠使。由青州泛海，船频阻恶风雨，至登州，却漂回青州。邮传一年，节度乌汉贞加待遇。有籍中饮妓段东美者，薛颇属情，连帅置于驿中。是春薛发日，祖筵呜咽流涕，东美亦然。及于席上留诗曰："阿母桃花方似锦，王孙草色正如烟。不须更向沧溟望，惆怅欢娱恰一年。"薛到外国，未行册礼，旌节晓夕有声，旋染疾，谓判官苗田曰："东美何故频见梦中乎？"数日而卒。苗摄大使行礼。薛旅衬还及青州，东美乃请告，至驿素服奠，哀号抚柩，一恸而卒。情缘相感，颇为奇事。（《南部新书·庚》）

四十二、沈询嬖妾有过，私以配内竖归秦，询不能禁。既而妾犹侍内，归秦耻之，乃挟刃伺隙杀询及其夫人于昭义使衙。是夕询尝宴府中宾友，乃更歌着词令曰："莫打南来雁，从他向北飞。打时双打取，莫遣两分离。"及归而夫妇并命，时咸通四年。（《南部新书·庚》）

四十三、王蜀刑部侍郎李仁表，寓居许州，将入贡于春官。时薛能尚书为镇，先缮所业诗五十篇以为贽，濡翰成轴，于小亭凭几阅之。未三五首，有戴胜自檐飞入，立于案几之上，驯狎良久，伸颈鞞翼而舞，向人若将语。久之又转又舞，向人若如是者三，超然飞去。心异之，不以告人。翌日投诗，薛大加礼待。居数日，以其子妻之。(《南部新书·庚》)

四十四、濠州西有高塘馆，附近淮水。御史阎敬爱宿此馆，题诗曰："借问襄王安在哉，山川此地胜阳台。今朝寓宿高塘馆，神女何曾入梦来。"轺轩来往，莫不吟讽，以为警绝。有李和风者至此，又题诗曰："高唐不是这高塘，淮畔江南各一方。若向此中求荐枕，差参笑杀楚襄王。"读者莫不解颜。后因失印求新铸，始添"濠"字。(《南部新书·庚》)

四十五、卢常侍铤牧庐江日，相座嘱一曹生，令署郡职，不免奉之。曹悦营妓名丹霞，卢阻而不许。会饯朝客于短亭，曹献诗云："拜玉亭闲送客忙，此时孤恨感离乡。寻思往岁绝缨事，肯向朱门泣夜长。"卢演为长句，和而勖之曰："桑扈交飞百舌忙，祖亭闻乐倍思乡。樽前有恨惭卑宦，席上无聊爱靓妆。莫为狂花迷眼界，须求真理定心王。游蜂采掇何时已，却恐多言议短长。"令丹霞改令罚曹，霞乃号为《怨胡天》，以曹状貌甚胡。满座欢笑，卢乃目丹霞为《怨胡天》。(《南部新书·辛》)

四十六、南中解毒药，谓之"吉财"。俗云："昔人遇毒，其奴吉财得是药，与其主服，遂解，因名之。"又谚曰："秋收稻，夏收头。"即妇人岁以截发而货，以为常也。(《南部新书·辛》)

四十七、杜荀鹤第十五，字彦之，池州人。大顺二年正月十日，裴贽下第八人。其年放榜日，即荀鹤生日，故王希羽赠诗云："金榜晓悬生世日，玉书潜纪上升时。九华山色高千尺，未必高于第八枝。"后入梁为主客员外郎翰林学士。怀恩思报，未几暴卒。(《南部新书·辛》)

四十八、孟云卿诗，祖述沈千运。(《南部新书·辛》)

四十九、章八元尝于邮亭偶题数言，盖激楚之谓也。会严维至驿，问元曰："汝能从我学诗乎?"曰："能。"少顷遂发，元已辞家。维大异之，乃亲指喻。数年间，元擢第。(《南部新书·辛》)

五十、封抱一任栎王尉，有客过之，既短又患眼及鼻塞。抱一用《千字文》作语嘲之，诗曰："面作天地元，鼻为雁门紫。既无左达丞，何劳罔谈彼。"(《南部新书·辛》)

五十一、李纹者，早年受王涯恩。及为歙州巡官时，涯败，因私为诗以吊之。末句曰：“六合茫茫皆汉土，此身无处哭田横。”乃有人欲告之，因而《纂异记》记中有《喷玉泉幽魂》一篇，即甘露之四相也。玉川先生，卢仝也。仝亦涯客，性僻面黑，常闭于一室中，凿壁穴以送食。大和九年十一月二十日夜，偶宿涯馆，明日左军屠涯家族，随而遭戮。（《南部新书·壬》）

五十二、胡生者，失其名，以钉铰为业，居霅溪而近白蘋洲。去厥居十余步，有古坟，胡生若每茶，必奠酹之。尝梦一人谓之曰：“吾姓柳，平生善为诗而嗜茗。及死，葬室乃子今居之侧。常衔子之惠，无以为报，欲教子为诗。”胡生辞以不能，柳强之曰：“但率子言之，当有致矣。”既寤，试构思，果有冥助者，厥后遂工焉。又一说：列子终于郑，今墓在郊薮，谓贤者之迹，而或禁其樵焉。里有胡生性落魄，家贫。少为洗镜锼钉之业，倏遇甘果名茶美酝，辄祭于列御寇之祠垄，以求聪惠，而思学道。历稔，忽梦一人，刀划其腹开，以一卷之书置于心腑。及睡觉，而吟咏之意，皆甚美之词，所得不由于师友也。既成卷轴，尚不弃于猥贱之业，真隐者之风，远近号为“胡钉铰”。（《南部新书·壬》）

五十三、柳公权尝于佛寺看朱审画山水，手题壁诗曰：“朱审偏能视夕岚，洞边深墨写秋潭。与君一顾西墙画，从此看山不向南。”此句为众歌咏。后公权为李听夏州掌记，因奏事，穆宗召对曰：“我于佛寺见卿笔札，思见卿久矣。”宣出充侍书学士。非时宰所乐，进拟左金吾卫兵曹充职，御笔改右小谏。中外朝臣，皆呼为国珍。（《南部新书·壬》）

五十四、杜仲阳即杜秋也，始为李锜侍人，锜败填宫，亦进帛书，后为漳王养母。大和三年，漳王黜，放归浙西，续诏令观院安置，兼加存恤。故杜牧有《杜秋诗》，称于时。（《南部新书·壬》）

五十五、贞元初，荆南有狂僧，善歌《河满子》。尝遇醉五百，涂中辱令歌。僧即发声，其词皆陈五百平生过恶，五百惊惧，自悔之不暇。（《南部新书·壬》）

五十六、元和之初，薛涛好制小诗，惜其幅大，不欲长剩，乃狭小之。蜀中才子既以为便，后减诸笺亦如是，特名曰“薛涛笺”。（《南部新书·壬》）

五十七、长安盛要，哀家梨最为清珍。谚谓愚者得哀家梨，必蒸吃。今咸阳出水蜜梨，尤佳。鄠杜间亦有之，父老或谓是哀家种。（《南部新书·壬》）

五十八、袁州蒋动处士作《冷淘歌》，词甚恶，投郡守温公受知。（《南部新书·壬》）

五十九、高骈在淮南，有赞歌者，末章云："五色真龙上汉时，愿把霓旌引烟策。"公说，乃辟为从事。及公遇害，有识者多嗤其言过也。（《南部新书·癸》）

六十、荆南旧有五花馆，待宾之上地也。故蒋肱上成汭诗云："不是上台名姓字，五花宾馆敢从容。"（《南部新书·癸》）

六十一、江西客司韩注，多不礼客。有为进士伍唐珪谒苏使君，阍人不通刺，因上诗曰："江西昔日推韩注，袁水今朝数赵祥。纵使文翁能待客，终栽桃李不成行。"（《南部新书·癸》）

六十二、李朱崖，武皇朝为相，势倾朝野。及得罪谴斥，人为作诗云："蒿棘深春卫国门，九年于此盗乾坤。两行密疏倾天下，一夜阴谋达至尊。肉视具僚忘匕箸，气吞同列削寒温。当时谁是承恩者，肯有余波达鬼村。"又一首云："气势凌云威触天，权倾诸夏力排山。三年骥尾有人附，一日龙髯无路攀。画阁不开梁燕去，朱门罢扫乳鸦还。千岩万壑应惆怅，流水斜阳出武关。"此温飞卿诗也。（《南部新书·癸》）

六十三、清泰朝，李专美除北院，甚有舟楫之叹。时韩昭裔已登庸，因赐之诗曰："昭裔登庸汝未登，凤池鸡树冷如冰。如何且作宣徽使，免被人呼粥饭僧。"（《南部新书·癸》）

六十四、葛从周有殊功，镇青社，人语曰："山东一条葛，无事莫撩拨。"（《南部新书·癸》）

六十五、杨尚书昭俭退居华下，自题家园以见志，曰："池莲憔悴无颜色，园竹低垂减翠阴。园竹池莲莫惆怅，相看恰似主人心。"（《南部新书·癸》）

六十六、有米都知者，伶人也。善骚雅，有道之士。故西枢王公朴尝爱其警策云："小旗村店酒，微雨野塘花。"梁补阙亦赠其诗云："供奉三朝四十年，圣时流落发衰残。贪将乐府歌明代，不把清吟换好官。"近有商训者，善吹笙，亦籍教坊，为都知。能别五音，知吉凶。复得画之三昧，山水不下关、李。（《南部新书·癸》）

六十七、王延彬独据建州，称伪号。一旦大设，为伶官作戏辞云："只闻有泗州和尚，不见有五县天子。"（《南部新书·癸》）

［五代］王仁裕《王氏见闻录》

王仁裕，生平见《开元天宝遗事》叙录。《王氏见闻录》三卷，又名《见闻录》《王氏闻见集》等，记前蜀兴亡前后事，原书已佚。今有《旧小说》本。此据杭州出版社2004年版《五代史书汇编》辑录。

一、蜀后主王衍宦官王承休，后主以优笑狎昵见宠，有美色，恒侍少主寝息，久而专房。承休多以邪僻奸秽之事媚其主，主愈宠之。与韩昭为刎颈之交，所谋皆互相表里。承休一日请从诸军拣选官健，得骁勇数千，号龙武军，承休自为统帅，并特加衣粮，日有优给。因乞秦州节度使，且云："愿与陛下于秦州采掇美丽。"且说秦州之风土，多出国色，仍请幸天水。少主甚悦，即遣仗节赴镇，应所选龙武精锐，并充衙队从行。到方镇下车，当日毁拆衙庭，发丁夫采取材石，创立公署使宅，一如宫殿之制。兼以严刑峻法，妇女不免土木之役，又密令强取民间子弟，使教歌舞伎乐。被获者，令画工图真及录名氏，急递中送韩昭。昭又密呈少主，少主睹之，不觉心狂，遂决幸秦之计。因下制曰："朕闻前王巡狩，观土地之惨舒；历代省方，慰黎元之傒望。西秦封域，远在边隅，先皇帝画此山河，历年征讨，虽归王化，未浃惠风。今耕稼既属有年，军民颇闻望幸，用安疆场，聊议省巡。朕选取今年十月三日幸秦州，布告中外，咸使闻知。"由是中外切谏不从，母后泣而止之，以至绝食。前秦州节度判官蒲禹卿叩马泣血，上表谏曰："臣闻尧有敢谏之鼓，舜有诽谤之木，汤有司过之士，周有诫慎之鞀。盖古者明君，克全帝道，欲知己过，要纳谠言……臣愿陛下稍开谏路，微纳臣言，勿违圣后之情，且允国人之望，俯存大计，勿出远边。"后主竟不从之。韩昭谓禹卿曰："我取汝表章，候秦州回日，下狱逐节勘之，勿悔。"至十月三日，发离成都。四日，到汉州，凤州王承捷飞驿骑到秦云："东朝差兴圣令公，统军十余万，取九月到凤州。"少主犹谓臣下设计，要沮其东行，曰："朕恰要亲看相杀，又何患乎！"不顾而进。上梓潼山，少主有诗云："乔岩簇冷烟，幽径上寒天。下瞰峨嵋岭，上窥华岳巅。驱驰非取乐，按幸为忧边。此去将登陟，歌楼路几千。"宣令从官继和。中书舍人王仁裕和曰："采杖拂寒烟，鸣驺在半天。黄云生马足，白日下松巅。盛得安疲俗，仁风扇极边。前程问成纪，此去尚三千。"成都尹韩昭、翰林学士李浩弼、徐光浦并继和，亡其本。至剑州西二十里已来，夜过一碛山，忽闻前后数十里，军人行旅，振革鸣金，连山叫噪，声动溪谷。问人云："将过税人场，惧有鸷兽搏人，是以噪之。"其乘马亦咆哮恐惧，棰之不肯前进。众中有人言曰："适有大驾前，鸷兽自路左丛林间跃出，于万人中攫将一夫而去。"其人衔到溪洞间，尚闻唱"救命"之声。况天色未晓，无人敢捕逐者，路人罔不流汗。迟明，有军人寻之，草上委其余骸矣。少主至行宫，顾问臣僚，皆陈恐惧之事。寻命从臣令各赋诗，王仁裕诗曰："剑牙钉舌血毛腥，窥算劳心岂暂停。不与大朝除患难，惟于当路食生灵。从将户口资馋口，未委三丁税几丁。今日帝王亲出狩，白云岩下好藏形。"翰林学士李浩弼进诗曰："岩下年年自寝讹，生灵餐尽意如何。爪牙众后民随减，溪壑深来骨已多。天子纪纲犹被弄，客人穷独固难过。长途莫怪无人迹，尽被山王税杀他。"少主览此二篇，大笑曰："此二臣之诗，各有旨也。朕亦于马上构思，三十余里，终不就。"于是命各官从臣，翰林学士徐光浦、水部员外王巽亦进诗。至剑门，少主乃题曰："缓辔逾双剑，行行蹑石棱。作千寻壁垒，为万祀依凭。道德虽无取，江山粗可矜。回看成阙路，云叠树层层。"后侍臣继，成都尹翰昭和曰："闭关防外寇，孰敢振威棱。险固疑天设，山河自古凭。三川奚所赖，双剑最堪矜。鸟道微通处，烟霞锁百层。"王仁裕和曰："孟阳曾有语，刊在白云棱。李、杜常挨托，孙、刘亦恃凭。庸才安可守，上德始堪矜。暗指长天路，浓峦蔽几层。"又命制《秦中父老望幸赋》一首进之，今亡其本。过白卫岭，大尹韩昭进诗曰："吾王巡狩为安边，此去秦亭尚数千。夜照路歧山店火，晓通消息戍瓶烟。为云巫峡虽神女，跨凤秦楼是谪仙。八骏似龙人似虎，何愁飞过大漫天。"少主和曰："先朝神武力开边，画断封疆四五千。前望陇山屯剑戟，后凭巫峡锁烽烟。轩皇尚自亲平寇，嬴政徒劳爱学仙。想到隗宫寻胜处，正应莺语暮春天。"王仁裕和曰："龙旆飘飘指极边，到时犹更二三千。登高晓蹋巉岩石，冒冷朝充断续烟。自学汉皇开土宇，不同周穆好神仙。秦民莫遣无恩及，大散关东别有天。"洎至利州，已闻东师下固镇矣。旬日内，又闻金牛败卒，塞硖而至。其时蜀师十余万，自绵、汉至于深渡千余里，首尾相继，皆无心斗敌。遣使臣逼促，则回枪刺之曰："请唤取龙武军相战，不惟勇敢，况且偏请衣粮。我等拣退不堪，何能相杀，实无奈何！"十月二十九日，狼狈而归，于栈阁悬险溪岩壑之中，连夜继昼，却入成都。康延孝与魏王继踵而入，少主于是树降。东军未入前，王宗弼杀韩昭、枢密使宋光嗣、景润澄、宣徽使李周辂、欧阳冕等。王承休握锐兵于天水，兵刃不举，既知东军入蜀，遂拥麾下之师，及妇女孩幼万余口，金银缯帛，于西蕃买路归蜀。沿路为左衽掳夺，并经溪山，冻饿相践而死。迨至蜀，存者百余人，唯与田宗汭等脱身而至。魏王使人诘之曰："亲握锐兵，何得不战？"曰："惮大王神武，不敢当其锋。"曰："何不早降？"曰："盖缘王师不入封部，无门输款。"曰："其初入蕃部，几许人同行？"曰："万余口。""今存者几何？"曰："才及百数。"魏王曰："汝可尝此万人之命。"遂尽斩之。蜀师不战，坐取亡灭者，盖承休、韩昭之所致也，人多不知之。《太平广记》卷二四一。(《王氏闻见录·王承休》)

二、有胡翙者，佐幕大藩，有文学称，善草军书，动皆中意。时大驾西幸，中原宿兵，岐、秦二藩，最为巨屏。其飞书走檄，交骋诸夏，莫不伏其笔舌也。时大帅年幼，生杀之柄，断在贰车张筠，其宣辞假荆州任在张同。张同为察巡。翙常少其帅，蔑视同辈不为礼。帅因藉其才，不甚加责，但令谕之而已，其轻薄自如也。常因公宴，翙被酒呼张筠曰"张十六"。张十六者，筠第行也。数以语言诋筠，因帅故，但衔之。他日，往荆州诣张同，同仆不识。问从者，曰："胡大夫翙。"至厅，已脱衫矣。同闻翙来，欲厚之，因命家人精意具馔。同遽出迎见，忽报曰："大夫已去矣。"同复步至厅，但见双椅间遗不洁而去，卒不留一辞，同亦笑而衔之。张无能加害。时帅请翙聘于大梁，翙门下客陈评事者从行。筠密赂陈，令伺其不法。入梁果恣虚诞，或以所见密闻梁王，皆为陈疏记之。洎归，帅知其狂率，亦优容之。陈于是受教，构成其恶，具以乖僻草藁，袖而白帅。帅方被酒，闻之大怒，遂尽室拥出，坑于平戎谷口，更无噍类。帅醒知之，大惊，痛惜者久之。沉思移时，曰："杀汝者副使，非我为之。"后草军书不称旨，则泣而思之。此过亦非在筠，盖翙自掇尔。王仁裕尝过平戎谷，有诗吊之曰："立马荒郊满目愁，伊人何罪死林丘。风号古木悲长在，雨湿寒莎泪暗流。莫道文章为众嫉，只应轻薄是身仇。不缘魂寄孤山下，此地堪名鹦鹉洲。"《太平广记》卷二六六。(《王氏闻见录·胡翙》)

三、陷河神者，巂州巂县有张翁夫妇，老而无子，翁日往溪谷采薪以自给。无何一日，于岩窦间刃伤其指，其血滂注，滴在一石穴中，以木叶窒之而归。他日复至其所，因抽木叶视之，乃化为一小蛇。翁取于掌中，戏玩移时，此物眷眷然，似有所恋，因截竹贮而怀之。至家则啖以杂肉，如是甚驯扰，经时渐长。一年后，夜盗鸡犬而食。二年后，盗羊豕。邻家颇怪失其所畜，翁妪不言。其后县令失一蜀马，寻其迹，入翁之居，迫而访之，已吞在蛇腹矣。令惊异，因责翁蓄此毒物。翁伏罪，欲杀之。忽一夕，雷电大震，一县并陷巨湫，渺弥无际，唯张翁夫妇独存，其后人蛇俱失。因改为陷河县，曰蛇为张恶子。尔后姚苌游蜀，至梓潼岭上，憩于路旁。有布衣来，谓苌曰："君宜早还秦，秦人将无主，其康济者，在君乎！"请其氏，曰："吾张恶子也，他日勿相忘。"苌还后，果称帝于长安。因命使至蜀，求之弗获，遂立庙于所见之处，今张相公庙是也。僖宗幸蜀日，其神自庙出十余里，列伏迎驾，白雾之中，仿佛见其形。因解佩剑赐之，祝令效顺。指期贼平，驾回，广赠珍玩，人莫敢窥。王铎有诗刊石曰："夜雨龙抛三尺匣，春云凤入九重城。"《太平广记》卷三一二。（《王氏闻见录·陷河神》）

四、王仁裕尝从事于汉中，家于公署。巴山有采捕者，献猿儿焉。怜其小而慧黠，使人养之，名曰野宾。呼之则声声应对，经年则充博壮盛，縻絷稍解，逢人必啮之，颇亦为患。仁裕叱之，则弭伏而不动，余人纵鞭棰亦不畏。其公衙子城缭绕，并是榆槐杂树，汉高庙有长松古柏，上鸟巢不知其数。时中春日，野宾解逸，跃入丛林，飞踔于树梢之间，遂入汉高庙，破鸟巢，掷其雏卵于地。是州衙门有铃架，群鸟遂集架引铃，主使令寻鸟所来，见野宾在林间，即使人投瓦砾弹射，皆莫能中。薄暮腹枵，方馁而就絷。乃遣人送入巴山百余里溪洞中。人方回，询问未毕，野宾已在厨内谋餐矣。又复絷之。忽一日解逸，入主帅厨中，应动用食器之属，并遭掀扑秽污，而后登屋，掷瓦拆砖。主帅大怒，使众箭射之。野宾骑屋脊而毁拆砖瓦，箭发如雨，野宾目不妨视，口不妨呼，手拈足掷，左右避箭，竟不能损其一毫。有使院老将马元章曰："市上有一人，善弄胡狲。"乃使召至，指示之曰："速擒来。"于是大胡狲跃上衙屋，赶之，逾垣蓦巷，擒得至前。野宾流汗体浴而伏罪，主帅亦不甚诟怒，众皆看而笑之。于是颈上系红绡一缕，题诗送之曰："放尔丁宁复故林，旧来行处好追寻。月明巫峡堪怜静，路隔巴山莫厌深。栖宿免劳青嶂梦，跻攀应惬碧云心。三秋果熟松稍健，任抱高枝彻晓吟。”又使人送入孤云两角山，且使縶在山家，旬日后，方解而纵之，不复再来矣。后罢职入蜀，行次嶓冢庙前，汉江之壖，有群猿自峭岩中连臂而下，饮于清流。有巨猿舍群而前，于道畔古木之间垂身下顾，红绡仿佛而在。从者指之曰：“此野宾也。”呼之，声声相应。立马移时，不觉恻然。及耸辔之际，哀叫数声而去。及陟山路，转壑回溪之际，尚闻呜咽之音，疑其肠断矣。遂继之一篇曰：“嶓冢祠边汉水滨，此猿连臂下嶙峋。渐来子细窥行客，认得依稀是野宾。月宿纵劳羁绁梦，松餐非复稻粱身。数声肠断和云叫，识是前年旧主人。”《太平广记》卷四四六。(《王氏见闻录·王仁裕》)

[唐]段成式《酉阳杂俎》

段成式(？—863)，字柯古，唐邹平人。以荫为秘书省校书郎，累迁尚书郎，后出为吉州、江州刺史，终太常少卿。著有《酉阳杂俎》。《酉阳杂俎》二十卷《续集》十卷，内容广博，涉历史、地理、动植、矿产、交通等。有明万历常熟赵琦美等刻本、明毛氏汲古阁刻本、清初抄本、清光绪三年湖北崇文书局刻本、《津逮秘书》本、摛藻堂《四库全书荟要》本、《四部丛书续刊》本、《学津讨原》本、《四库全书》本等。此据中华书局2018年点校本辑录。

一、蜀小将韦少卿，韦表微堂兄也。少不喜书，嗜好劄青。其季父尝令解衣视之，胸上刺一树，树梢集鸟数十，其下悬镜，镜鼻系索，有人止于侧牵之。叔不解，问焉。少卿笑曰：“叔不曾读张燕公诗否？‘挽镜寒鸦集’耳。”(《酉阳杂俎》上《前集卷八·黥》)

二、荆州街子葛清，勇不肤挠，自颈已下，遍刺白居易舍人诗。成式常与荆客陈至，呼观之，令其自解，背上亦能暗记。反手指其劄处，至“不是此花偏爱菊”，则有一人持杯临菊蘗；又“黄夹缬林寒有叶”，则指一树，树上挂缬，缬窠

锁胜绝细。凡刻三十余首，体无完肤，陈至呼为“白舍人行诗图”也。(《酉阳杂俎》上《前集卷八·黥》)

三、魏仆射收临代，七月七日登舜山，徘徊顾眺，谓主簿崔曰：“吾所经多矣，至于山川沃壤，衿带形胜，天下名州，不能过此。唯未审东阳何如?”崔对曰：“青有古名，齐得旧号，二处山川，形胜相似，曾听所论，不能逾越。”公遂命笔为诗，于时新故之际，司存缺然，求笔不得，乃以五伯杖，画堂北壁为诗曰：“述职无风政，复路阻山河。还思麾盖日，留谢此山阿。”(《酉阳杂俎》上《前集卷十二·语资》)

四、历城房家园，齐博陵君豹之山池。其中杂树森竦，泉石崇邃，历中祓禊之胜也。曾有人折其桐枝者，公曰：“何谓伤吾凤条?”自后人不复敢折。公语参军尹孝逸曰：“昔季伦金谷山泉，何必逾此。”孝逸对曰：“曾诣洛西，游其故所，彼此相方，诚如明教。”孝逸常欲还邺，词人饯宿于此。逸为诗曰：“风沦历城水，月倚华山树。”时人以此两句，比谢灵运“池塘”十字焉。(《酉阳杂俎》上《前集卷十二·语资》)

五、李白名播海内，玄宗于便殿召见，神气高朗，轩轩然若霞举。上不觉亡万乘之尊，因命纳履。白遂展足与高力士，曰：“去靴。”力士失势，遽为脱之。及出，上指白谓力士曰：“此人固穷相。”白前后三拟《文选》，不如意，悉焚之，唯留《恨》、《别赋》。及禄山反，制《胡无人》，言：“太白入月敌可摧”。及禄山死，太白蚀月。众言李白，唯戏杜考功“饭颗山头”之句。成式偶见李白《祠亭上宴别杜考功》诗，今录首尾曰：“我觉秋兴逸，谁言秋兴悲。山将落日去，水共晴空宜”，“烟归碧海夕，雁度青天时。相失各万里，茫然空尔思”。(《酉阳杂俎》上《前集卷十二·语资》)

六、大历末，禅师玄览住荆州陟屺寺，道高有风韵，人不可得而亲。张璪常画古松于斋壁，符载赞之，卫象诗之，亦一时三绝，览悉加垩焉。人问其故，曰：“无事疥吾壁也。”僧那即其甥，为寺之患，发瓦探鷇，坏墙薰鼠，览未尝责。有弟子义诠，布衣一食，览亦不称。或怪之，乃题诗于竹曰：“大海从鱼跃，长空任鸟飞。欲知吾道廓，不与物情违。”忽一夕，有梵僧，拨户而进，曰：“和尚速作道场。”览言：“有为之事，吾未尝作。”僧熟视而出，反手阖户，门扃如旧。览笑谓左右：“吾将归欤。”遂遽浴讫，隐几而化。(《酉阳杂俎》上《前集卷十二·语资》)

七、于襄阳頔在镇时，选人刘某人入京，逢一举人，年二十许，言语明晤。同行数里，意甚相得，因藉草，刘有酒，倾数杯。日暮，举人指支径曰："某弊止从此数里，能左顾乎？"刘辞以程期，举人因赋诗曰："流水涓涓芹努牙，织鸟西飞客还家。荒村无人作寒食，殡宫空对棠梨花。"至明旦，刘归襄州，寻访举人，惟有殡宫存焉。（《酉阳杂俎》上《前集卷十三·冥迹》）

八、顾况丧一子，年十七。其子魂游，恍惚如梦，不离其家。顾悲伤不已，因作诗，吟之且哭。诗云："老人丧一子，日暮泣成血。心逐断猿惊，迹随飞鸟灭。老人年七十，不作多时别。"其子听之感恸，因自誓："忽若作人，当再为顾家子。"经日，如被人执至一处，若县吏者，断令托生顾家，复都无所知。忽觉心醒开目，认其屋宇兄弟，亲爱满侧，唯语不得。当其生也，已后又不记。年至七岁，其兄戏批之，忽曰："我是尔兄，何故批我！"一家惊异。方叙前生事，历历不误，弟妹小名，悉遍呼之，抑知羊叔子事非怪也。进士顾非熊，成式常访之，涕泣为成式言。释氏《处胎经》言人之住胎，与此稍差。（《酉阳杂俎》上《前集卷十三·冥迹》）

九、大足初，有士人随新罗使，风吹至一处，人皆长须，语与唐言通，号长须国。人物茂盛，栋宇衣冠，稍异中国地，曰扶桑洲。其署官品，有正长、戢波、目役、岛逻等号。士人历谒数处，其国皆敬之。忽一日，有车马数十，言大王召客。行两日，方至一大城，甲士守门焉。使者导士人入，伏谒，殿宇高敞，仪卫如王者。见士人拜伏，小起。乃拜士人为司风长，兼驸马。其主甚美，有须数十根。士人威势烜赫，富有珠玉，然每归见其妻则不悦。其王多月满夜则大会，后遇会，士人见姬嫔悉有须，因赋诗曰："花无蕊不妍，女无须亦丑。丈人试遣总无，未必不如总有。"王大笑曰："驸马竟未能忘情于小女颐颔间乎？"（《酉阳杂俎》上《前集卷十四·诺皋记上》）

十、郭代公常山居，中夜，有人面如盘，瞬目出于灯下。公了无惧色，徐染翰题其颊曰："久戍人偏老，长征马不肥。"公之警句也。题毕吟之，其物遂灭。数日，公随樵闲步，见巨木上有白耳，大如数斗，所题句在焉。（《酉阳杂俎》上《前集卷十四·诺皋记上》）

十一、元和初，有一士人，失姓字，因醉卧厅中。及醒，见古屏上妇人等，悉于床前踏歌。歌曰："长安女儿踏春阳，无处春阳不断肠。舞袖弓腰浑忘却，蛾眉空带九秋霜。"其中双鬟者问曰："如何是弓腰？"歌者笑曰："汝不见我作弓

腰乎?”乃反首，髻及地，腰势如规焉。士人惊惧，因叱之。忽然上屏，亦无其他。(《酉阳杂俎》上《前集卷十四·诺皋记上》)

十二、东平未用兵，有举人孟不疑，客昭义。夜至一驿，方欲濯足，有称淄青张评事者，仆从数十，孟欲参谒。张被酒，初不顾，孟因退就西间。张连呼驿吏索煎饼，孟默然窥之，且怒其傲。良久，煎饼熟，孟见一黑物如猪，随盘至灯影而立。如此五六返，张竟不察。孟因恐惧无睡，张寻大鼾。至三更后，孟才交睫，忽见一人皂衣，与张角力，久乃相捽入东偏房中，拳声如杵。一饷间，张被发双袒而出，还寝床上。入五更，张乃唤仆，使张烛巾栉，就孟曰:“某昨醉中，都不知秀才同厅。”因命食，谈笑甚欢，时时小声曰:“昨夜甚惭长者，乞不言也。”孟但唯唯。复曰:“某有程，须早发，秀才可先也。”遂摸靴中，得金一挺，授曰:“薄贶，乞密前事。”孟不敢辞，即为前去。行数日，方听捕杀人贼。孟询诸道路，皆曰:“淄青张评事至某驿，早发，迟明，空鞍失所在。驿吏返至驿寻索，驿西阁中有席角，发之，白骨而已，无泊一蝇肉也。地上滴血无余，惟一只履在旁。”相传此驿旧凶，竟不知何怪。举人祝元膺常言:“亲见孟不疑说，每每戒夜食，必须发祭也。”祝又言:“孟素不信释氏，颇能诗，其句云:‘白日故乡远，青山佳句中。’后常持念，溺于游览，不复应举。”(《酉阳杂俎》上《前集卷十五·诺皋记下》)

十三、颠当　成式书斋前，每雨后多颠当窠，深如蚓穴，网丝其中，土盖与地平，大如榆荚。常仰捍其盖，伺蝇蠖过，辄翻盖捕之，才入复闭，与地一色，并无丝隙可寻也。其形似蜘蛛，《尔雅》谓之“王蛈蜴”，《鬼谷子》谓之“蛈母”。秦中儿童戏曰:“颠当颠当牢守门，蠮螉寇汝无处奔。”(《酉阳杂俎》下《前集卷十七·广动植之二》)

十四、瓦松　《博雅》:“在屋曰昔耶，在墙曰垣衣。”《广志》谓之兰香，生于久屋之瓦。魏明帝好之，命长安西载其瓦，于洛阳，以覆屋。前代词人诗中，多用“昔耶”。梁简文帝《咏蔷薇》曰:“绿阶覆碧绮，依檐映昔耶。”或言构木上多松栽，土木气泄，则瓦生松。(《酉阳杂俎》下《前集卷十九·广动植类之四》)

十五、牡丹　前史中无说处，唯《谢康乐集》中，言竹间水际多牡丹。成式检隋朝《种植法》七十卷中，初不记说牡丹，则知隋朝花药中所无也。开元末，裴士淹为郎官，奉使幽冀回，至汾州众香寺，得白牡丹一窠，植于长安私第。天宝中，为都下奇赏。当时名公有《裴给事宅看牡丹》诗，诗寻访未获。一本有诗云：“长安年少惜春残，争认慈恩紫牡丹。别有玉盘承露冷，无人起就月中看。”太常博士张乘，尝见裴通祭酒说。又房相有言：“牡丹之会，琯不预焉。”至德中，马仆射镇太原，又得红紫二色者，移于城中。元和初犹少，今与戎葵角多少矣。

韩愈侍郎有疏从子侄，自江淮来，年甚少，韩令学院中伴子弟，子弟悉为凌辱。韩知之，遂为街西假僧院，令读书。经旬，寺主纲复诉其狂率，韩遽令归，且责曰：“市肆贱类营衣食，尚有一事长处，汝所为如此，竟作何物？”侄拜谢，徐曰：“某有一艺，恨叔不知。”因指阶前牡丹曰：“叔要此花青、紫、黄、赤，唯命也。”韩大奇之，遂给所须试之。乃竖箔曲，尽遮牡丹丛，不令人窥。掘窠四面，深及其根，宽容人座。唯赍紫矿、轻粉、朱红，旦暮治其根。凡七日，乃填坑，白其叔曰：“恨校迟一月。”时冬初也。牡丹本紫，及花，发色白红历绿。每朵有一联诗，字色紫分明，乃是韩出官时诗，一韵曰：“云横秦岭家何在，雪拥蓝关马不前”十四字。韩大惊异。侄且辞归江淮，竟不愿仕。（《酉阳杂俎》下《前集卷十九·广动植类之四》）

十六、茄子　“茄”字本莲茎名，革遐反。今呼“伽”，未知所自。成式因就廊下食伽子数蒂，偶问工部员外郎张周封伽子故事。张云：“一名落苏，事具《食料本草》。”此误作《食疗本草》，元出《拾遗本草》。成式记得隐侯《行园》诗云：“寒瓜方卧垅，秋菰正满陂。紫茄纷烂熳，绿芋郁参差。”又一名昆仑瓜。（《酉阳杂俎》下《前集卷十九·广动植类之四》）

十七、枝江县令张汀，子名省躬，汀亡，因住枝江。有张垂者，举秀才下第，客于蜀，与省躬素未相识。太和八年，省躬昼寝，忽梦一人，自言姓张，名垂，因与之接，欢狎弥日。将去，留赠诗一首曰：“戚戚复戚戚，秋堂百年色。而我独茫茫，荒郊遇寒食。”惊觉，遽录其诗。数日卒。（《酉阳杂俎》下《续集卷二·支诺皋中》）

十八、中书舍人崔嘏弟崔暇，娶李续女。李为曹州刺史，令兵马使国邵南勾当障车。后邵南因睡，忽梦崔女在一厅中，女立于床西，崔暇在床东。女执红笺，题诗一首，笑授暇，暇因朗吟之。诗言：“莫以贞留妾，从他理管弦。容华难久驻，知得几多年？”梦后才一岁，崔暇妻卒。（《酉阳杂俎》下《续集卷三·支诺皋下》）

十九、今人云："借书、还书，等为二痴。"据杜荆州书告贶云："知汝颇欲念学，今因还车致副书，可案录受之。当别置一宅中，勿复以借人，古谚云：'有书借人为嗤，借人书送还为嗤也。'"（《酉阳杂俎》下《续集卷四·贬误》）

二十、东廊之南素和尚院庭，有青桐四株，素之手植。元和中，卿相多游此院。桐至夏有汗，污人衣如輠脂，不可浣。昭国东门郑相，尝与丞郎数人避暑，恶其汗，谓素曰："弟子为和尚伐此树，各植一松也。"及暮，素戏祝树曰："我种汝二十余年，汝以汗为人所恶。来岁若复有汗，我必薪之。"自是无汗。宝历末，予见说已十五余年无汗矣。素公不出院，转《法华经》三万七千部。夜尝有狢子听经，斋时，鸟鹊就掌取食。长庆初，庭前牡丹一朵合欢，有僧玄幽题此院诗，警句云："三万《莲经》三十春，半生不踏院门尘。"今有梵僧㤭陈如难陁，以粉画坛，性狷急，我慢，未甚通中华经。（《酉阳杂俎》下《续集卷五·寺塔记上》）

二十一、故兴元郑公尚书题北壁僧院诗曰："但虑彩色污，无虞臂胛肥。"置寺碑阴，雕饰奇巧，相传郑法士所起样也。初，会觉上人以利施，起宅十余亩，工毕，酿酒百石，列瓶瓮于两庑下，引吴道玄观之。因谓曰："檀越为我画，以是赏之。"吴生嗜酒，且利其多，欣然而许。予以踪迹，似不及景公寺画。中三门内，东门塑神，善继云是吴生弟子王耐儿之工也。其侧一鬼有灵，往往百姓戏犯之者，得病，口目如之。寺之制度，钟楼在东，唯此寺缘李右座林甫宅在东，故建钟楼于西。寺内有郭令玳瑁鞭及郭令王夫人七宝帐。寺主元竟，多识释门故事，云："李右座每至生日，常转请此寺僧，就宅设斋。有僧乙尝叹佛，施鞍一具，卖之，材直七万。又僧广有声名，口经数年，次当叹佛，因极祝右座功德，冀获厚亲。斋毕，帘下出彩篚，香罗帕籍一物，如朽钉，长数寸。僧归，失望，惭惋数日。且意大臣不容欺己，遂携至西市，示于商胡。商胡见之，惊曰：'上人安得此物，必货此，不违价。'僧试求百千，胡人大笑曰：'未也，更极意言之。'加至五百千，胡人曰：'此直一千万。'遂与之。僧访其名，曰：'此宝骨也。'"（《酉阳杂俎》下《续集卷五·寺塔记上》）

二十二、宣阳坊奉慈寺 开元中，虢国夫人宅。安禄山伪署百官，以田乾真为京兆尹，取此宅为府，后为郭暧驸马宅。今上即位之初，太皇太后为升平公主追福，奏置奉慈寺，赐钱二十万，绣帧三车，抽左街十寺僧四十人居之。今有僧惟则，以七宝末摹阿育王舍利塔，自明州负来。寺成后二年，司农少卿杨敬之小女，年十三，以六韵诗题此寺，自称关西孔子二十七代孙，字德邻。警句云："日月金轮动，旃檀碧树秋。塔分鸿雁翅，钟挂凤凰楼。"事因见敕赐衣。(《酉阳杂俎》下《续集卷六·寺塔记下》)

［唐］牛僧儒《玄怪录》

牛僧孺(779—847)，字思黯，唐安定人。贞元二十一年进士及第，元和三年登贤良方正科。授伊阙尉，迁监察御史、考工员外郎、集贤殿直学士。穆宗时，以库部郎中知制诰，改御史中丞。长庆二年拜户部侍郎，明年以本官同平章事。敬宗时，封奇章郡公，拜集贤殿大学士，后出为鄂州刺史、武昌军节度使。文宗大和中，以兵部尚书同平章事，后出为淮南节度副大使。开成中改东都留守，又召拜尚书左仆射，后出任山南东道节度。武宗会昌中，进太子少师，后贬循州长史。宣宗立，徙衢、汝二州，还为太子少师。著有《牛僧孺集》《玄怪录》。《玄怪录》十卷，又名《幽怪录》，今所见为四卷残本，记隋唐神奇鬼异之事。有明书林松溪陈应翔刻本、《唐人说荟》本、《龙威秘书》本、《旧小说》本、《类说》本、《绀珠集》本、宛委山堂《说郛》本等。此据中华书局 2006 年点校本辑录。

一、宝应中，有元无有，尝以仲春末独行维扬郊野。值日晚，风雨大至。时兵荒后，人户逃窜，入路旁空庄。须臾霁止，斜月自出，无有憩北轩，忽闻西廊有人行声。未几至堂中，有四人，衣冠皆异，相与谈谐，吟咏甚畅，乃云："今夕如秋，风月若此，吾党岂不为文，以展平生之事?"其文即曰口号联句也。吟咏既朗，无有听之甚悉。其一衣冠长人曰："齐纨鲁缟如霜雪，寥亮高声为予发。"其二黑衣冠短陋人曰："嘉宾长夜清会时，辉煌灯烛我能持。"其三故弊黄衣冠人，亦短陋，诗曰："清泠之泉俟朝汲，桑绠相牵常出入。"其四黑衣冠，身亦短陋，诗曰："爨薪贮水常煎熬，充他口腹我为劳。"无有亦不以四人为异，四人亦不虞无有之在堂隍也，递相褒赏，虽阮嗣宗《咏怀》亦不能加耳。四人迟明方归旧所，无有就寻之，堂中惟有故杵、烛台、水桶、破铛，乃知四人即此物所为也。(《玄怪录》卷五《元无有》)

二、梁天监元年，顾总为县吏，数被鞭捶，尝郁郁怀愤，因逃墟墓之间，彷徨惆怅，不知所适。忽有二黄衣见顾总曰："刘君，颇忆畴昔周旋否?"总惊曰："弊宗顾氏，先未曾面清颜，何有周旋之问?"二人曰："仆二人，王粲、徐幹也。足下生前是刘桢，为坤明侍中，以纳赂金谪为小吏，公今当不知矣。然公言辞历历，犹有记室音旨。"因出袖中五轴书示总曰："此君集也，当谛视之。"总试省览，乃了然明悟，便觉藻思泉涌。其集人多有本，惟卒后数篇记得一章诗，题目曰《从驾游幽丽宫却忆平生西园文会因寄修文府正郎蔡伯喈》，诗曰："在汉绝纲纪，溟渎多腾湍。煌煌魏英祖，拯溺静波澜。天纪已垂定，邦人亦保完。大开相公府，掇拾尽幽兰。始从众君子，日侍真主欢。文皇在春宫，蒸孝逾问安。监抚多余闲，园囿恣游观。末臣戴簪笔，翊圣从和鸾。月出行殿凉，珍木清露溥。天文信辉丽，铿锵振琅玕。被命仰为和，顾已诚所难。弱质不自持，危脆朽萎残。岂意十余年，陵寝梧楸寒。今朝坤明国，再顾簪蝉冠。侍游于离宫，高蹑浮云端。却忆西园时，生死暂悲酸。君昔汉公卿，未央冠群贤。倘若念平生，览此同怆然。"其余七篇，传者失本。王粲谓总曰："吾本短小，无何取乐进女，似其父，短小尤甚。自别君后，改娶刘荆州女。寻生一子，荆州与名似翁奴，今年十八，长七尺三寸，所恨未得参丈人也。当渠年十一，与余同览镜，余谓之曰：'汝首魁梧于余。'渠立应余曰：'防风骨节专车，当不如白起头小而锐。'余又谓曰：'汝长大当为将。'又应余曰：'仲尼三尺童子，羞言霸道。况某承大人严训，敢措意于相斫刺乎?'余知其了了过人矣。不知足下生来有郎娘否?"良久沉思，稍如相识，因曰："二君子既是总友人，何计可脱小吏之厄?"徐幹曰："君但执前集诉于县宰，则脱矣。"总又问："坤明是何国?"幹曰："魏开国邺地也。公昔为开国侍中，何遽忘也?"公在坤明国家累悉无恙，贤小娘子娇羞娘，有一篇奉忆，昨者已诵似丈人矣，诗曰："忆爷抛女不归家，不作侍中为小吏，就他辛苦弃荣华，愿爷相念早相见，与儿买李市甘瓜。"诵讫，总不觉涕泗交下，为一章寄娇羞娘云："忆儿貌，念儿心，望儿不见泪沾襟。时殊世异难相见，弃谢此生当访寻。"既而王粲、徐幹与总殷勤叙别。乃携刘桢集五卷，并具陈见王粲、徐幹之状，仍说前生是刘桢，县宰因见桢卒后诗，大惊曰："不可使刘公干为小吏。"即解遣以宾礼待之。后不知总所在，集亦寻失矣。时人勖子弟皆曰："死刘桢犹庇得生顾总，可不进修哉！"（《玄怪录》卷五《顾总》）

三、开元十八年正月望夕，帝谓叶仙师曰："四方之盛，陈于此夕，师知何处极丽？"对曰："灯烛华丽，百戏陈设，士女争妍，粉黛相染，天下无逾于广陵矣。"帝曰："何术可使吾一观之？"师曰："侍御皆可，何独陛下乎。"俄而虹桥起于殿前，板阁架虚，阑楯若画。师奏："桥成，请行，但无回顾而已。"于是帝步而上之，太真及侍臣高力士、黄幡绰、乐官数十人从行，步步渐高，若造云中。俄顷之间，已到广陵矣。月色如昼，街陌绳直，寺观陈设之盛，灯火之光，照灼台殿。士女华丽，若行化焉，而皆仰望曰："仙人现于五色云中。"乃蹈舞而拜，阗溢里巷。帝大悦焉，乃曰："此真广陵也？"师曰："请敕乐官奏《霓裳羽衣》一曲，后可验矣。"于是作乐云中，瞻听之人，纷纭相蹈。曲终，帝意将回，有顷之间，已到阙矣。帝极喜。人或谓仙师幻术造微，暂炫耳目。久之未决。后数旬，广陵奏云："正月十五日三更，有仙人乘彩云自西来，临孝感寺道场上，高数十丈。久之，又奏《霓裳羽衣》一曲，曲终西去。官僚士女，无不具瞻。斯盖陛下孝诚感通，玄德昭著，名应仙箓，道冠帝图。不然，何以初元朝礼之晨而庆云现，小臣贱修之地而仙乐陈。则垂衣裳者徒闻帝德，歌南风者才洽人心，岂与盛朝同日而语哉！"上览表，大悦，方信师之不妄也。（《玄怪录》卷十《开元明皇帝幸广陵》）

四、大历九年春，中书侍郎、平章事元载早入朝，有献文章者，令左右收之。此人若欲载读，载云："俟至中书，当为看。"人言："若不能读，请自诵一首。"诵毕不见，方知非人耳。诗曰："城东城西旧居处，城里飞花乱如絮。海燕衔泥欲下来，屋里无人却飞去。"载后竟破家，妻子被杀云。《广记》卷三三七（《玄怪录》补遗《元载》）

五、建州刺史魏朋，辞满后客居南昌，素无诗思。后遇病，迷惑失心，如有人相引接。忽索笔抄诗言："孤坟临清江，每睹白日晚。松影摇长风，蟾光落岩甸。故乡千里余，亲戚罕相见。望望空云山，哀哀泪如霰。恨为泉台客，复此异乡县。愿言敦畴昔，勿以弃疵贱。"诗意如其亡妻以赠朋也。后十余日，朋卒。《广记》卷三四一（《玄怪录》补遗《魏朋》）

［唐］阙名《树萱录》

《树萱录》一卷，撰者阙。是书记尚书荥阳公所谈，原书不传。今见民国十五年上海扫叶山房铅印本、《类说》本、涵芬楼《说郛》本、宛委山堂《说郛》本、《五朝小说》本等。此据三秦出版社 2012 年《全唐五代笔记》本辑录。

一、《湘川记》云："朱陵之灵坛，太虚之宝洞，当翼轸之宿，度应玑衡，故曰衡山。"山有五峰，曰紫盖，曰云密，曰祝融，曰天柱、曰石廪。山多词人，樵夫舟子，往往能诗。尝有广州从事舟行，闻人讽咏曰："野鹊滩西一棹孤，月光遥接洞庭湖。堪憎回雁峰前过，望断家山一字无。"问之，乃其所作也。（《类说》卷一三《树萱录》）

二、张确尝游霅上白萍溪，见二碧衣女子携手吟咏，一篇云："碧水色堪染，白莲香正浓。分飞俱有恨，此别几时逢？藕隐玲珑玉，花藏缥缈容。何当假双翼，声影暂相从？"确逐之，化为翡翠而去。（《类说》卷一三《树萱录》）

三、番禺郑仆射尝游湘中，宿于驿楼，夜遇女子诵诗云："红树送秋色，碧溪弹夜弦。佳期不可再，风雨杳如年。"顷刻不见。（《类说》卷一三《树萱录》）

四、金陵进士姓黄，梦遇台城故妓赋诗云："歌罢玉楼月，舞残金缕衣。匀钿收迸箸，敛黛别重闱。网断蛛犹织，梁空燕不归。那堪回首处，江步野棠飞。"妓自云，今为吴神乐部。（《类说》卷一三《树萱录》）

五、剡人贾传于镜湖泊舟，夜月纵步，于清水芳荷中见二叟立语，一呼碧继翁，一呼篁栖叟，相与吟诗。贾遽叱之，化为白鹭飞去。（《类说》卷一三《树萱录》）

[唐] 李复言《续玄怪录》

李复言，生平不详。著有《续玄怪录》。《续玄怪录》十卷，又名《纂异》《搜古异录》《续幽怪录》，记文宗至武宗朝异闻逸事，原书已佚。今有明隆庆三年姚咨抄本、明书林陈应翔刻本、民国十七年上海涵芬楼石印本、宋临安府太庙前尹家书籍铺刻本、清刻朱印本、清抄本、清末民国初上海锦章图书局石印本、《四部丛刊》本、《四部丛刊续编》本、《琳琅秘室丛书》本、《随盦徐氏丛书》本、宛委山堂《说郛》本等。此据中华书局2006年点校本辑录。

一、凉武公以殊勋之子，将元和之兵，擒蔡破郓，数年攻战，收城下壁，皆以仁恕为先，未尝枉杀一人，诚信遇物，发于深恳。长庆元年秋，自魏博节度使、左仆射、平章事诏征还京师。将入洛，其衙门将石季武先在洛，梦凉公自北登天津桥，季武为导，以宰相行，呵叱动地。有道士八人，乘马持绛节幡幢，从南欲上。导骑呵之，对曰："我迎仙公，安知宰相？"招季武与语，季武骤马而前。持节道士曰："可记我言，闻于相公。"其言曰："耸辔排金阙，乘轩上汉槎。浮名何足恋，高举入烟霞。"季武元不识字，记姓名又少，及随道士言之，再闻已得。道士曰："已记得，可先白相公。"乃惊觉，汗流被体，喜以为相国由当上仙，况俗官乎。后三日，凉公果自北登天津桥，季武为导，因入憩天宫寺，月余而薨。时人以仁恕端悫之心固合于道，安知非谪仙数满而去乎？材行官业著于国史，故不书。（《续玄怪录》卷一《凉国武公李愬》）

二、御史中丞薛存诚，元和末由台丞入给事中。未期，复亚台长，宪阁清严，尘俗罕到。再入之日，浩然有闲旷之思，及厅，吟曰："卷帘疑客到，入户似僧归。"后数月，阍吏因昼寝未熟，仿佛间见僧童数十人，持香花幢盖，作梵唱，次第入台。阍吏呵之曰："此御史台，是何法事，高声入来？"其一僧自称识达，曰："识达是中丞弟子，来迎本师。师在台，可入省迎乎？"阍吏曰："此中丞官亚台，本非僧侣，奈何妖僧，敢入台门！”即欲擒之。识达曰：“中丞元是须弥山东峰静居院罗汉大德，缘误与天下人言，意涉近俗，谪来俗界五十年，年足合归，故来迎耳。非汝辈所知也。”阍吏将驰报，遂惊觉。后数日，薛公自台中遇疾而薨。潜问其年，正五十矣。（《续玄怪录》卷一《薛中丞存诚》）

［唐］胡璩《谭宾录》

胡璩，字子温，唐文宗、武宗时人，生平不详。著有《谭宾录》。《谭宾录》十卷，记唐朝史之所遗，原书已佚。今有清抄本、顾氏小石山房抄本等。此据清抄本辑录。

一、唐诸郎中，不自即员外郎拜者，谓之“土山头果毅”。言便拜崇品，有似长征兵士，便授边远果毅。赵谦光自彭州司马入为大理正，迁户部郎中。户部员外贺遂涉永曰：“员外由来美，郎中望不优。宁知粉署里，翻作土山头。”赵谦光答诗曰：“锦帐随情设，金炉任意薰。唯愁员外置，不应列星文。”人以为奇句。（《谭宾录》卷九）

［五代］严子休《桂苑丛谈》

严子休，号冯翊子，郡望冯翊，唐末五代人。著有《桂苑丛谈》。《桂苑丛谈》一卷，主要记唐懿宗咸通时至唐末逸闻，多怪异游侠事。有明抄本、《四库全书》本、宛委山堂《说郛》本、《五朝小说》本、《唐人说荟》本、《续百川学海》本、《宝颜堂秘笈》本等。此据上海古籍出版社 2012 年点校本辑录。

一、咸通初，有进士张绰者，下第后多游江淮间，颇有道术。常养气绝粒，嗜酒耽棋。又以炉火药术为事。一旦睹天大哂，命笔题云："争奈金乌何，头上飞不住。红炉谩烧药，玉颜安可驻。今年花发枝，明年叶落树。不如且饮酒，莫管流年逝。"人以此异之。不喜装饰，多历旗亭而好酒杯也。或人召饮，若遂合意，则索纸剪蛱蝶三二十枚，以气吹之，成列而飞，如此累刻；以指收之，俄皆在手。见者求之，即以他事为阻。常游盐城，多为酒困。非类辈欲乘酒试之，相竞较力，留系是邑中。醒乃课述德、陈情二首以上狄令。乃立释之。诗所记惟一篇云："门风常有蕙兰馨，鼎族家传霸国名。容貌静悬秋月彩，文章高振海涛声。讼堂无事调琴轸，郡阁何妨醉玉觥。今日东渐桥下水，一条从此镇长清。"自后狄宰多张之才，次求其道，日久延接，欲传其术。张以明府勋贵家流，年少而宰剧邑，多声色狗马之求，未暇志味玄奥，因赠诗以开其意云："何用梯媒向外求，长生只在内中修。莫言大道人难得，自是行心不到头。"他日将欲离去，乃书琴堂而别。后人多云江南上升。初去日乘醉，因求捣网剪纸鹤二只，以水噀之，俄而翔翥，乃曰："汝先去，吾即后来。"时狄公亦醉，不暇拘留，遂得去。其所题云："张绰张绰自不会，天下经书在腹内。身却腾腾处世间，心即逍遥出天外。"至今江淮好事者记绰时事诗极多。（《桂苑丛谈·张绰有道术》）

二、进士崔涯、张祜下第后，多游江淮。常嗜酒，侮谑时辈，或乘饮兴，即自称豪侠。二子好尚既同，相与甚洽。崔因醉作《侠士诗》云："太行岭上三尺雪，崔涯袖中三尺铁。一朝若遇有心人，出门便与妻儿别。"由是往往播在人口。崔、张真侠士也，以此人多设酒馔待之，得以互相推许。一旦张以诗上牢盆使，出其子授漕渠小职，得堰俗号冬瓜。张二子一椿儿，一桂子，有诗曰："椿儿绕树春园里，桂子寻花夜月中。"人或戏之曰："贤郎不宜作此等职。"张曰："冬瓜合出祜子。"戏者相与大哂。后岁余，薄有资力。一夕，有非常人装饰甚武，腰剑手囊，贮一物流血于外，入门谓曰："此非张侠士居也？"曰："然。"张揖客甚谨。既坐，客曰："有一仇人，十年莫得，今夜获之，喜不可已。"指其囊曰："此其首也。"问张曰："有酒否？"张命酒饮之。客曰："此去三数里有一义士，余欲报之，则平生恩仇毕矣。闻公气义，可假余十万缗，立欲酬之，是余愿矣。此后赴汤蹈火，为狗为鸡，无所惮。”张且不吝，深喜其说，乃倾囊烛下，筹其缣素中品之物量而与之。客曰：“快哉！无所恨也。”乃留囊首而去，期以却回。及期不至，五鼓绝声，东曦既驾，杳无踪迹。张虑以囊首彰露，且非己为，客既不来，计将安出？遣家人将欲埋之。开囊出之，乃豕首也。因方悟之而叹曰：“虚其名，无其实，而见欺之若是，可不戒欤！”豪侠之气自此而丧矣。（《桂苑丛谈·崔张自称侠》）

三、咸通中，丞相姑臧公拜端揆日，自大梁移镇淮海，政绩日闻。未期周，荣加水土，移风易俗，甚洽群情。自彭门乱常之后，藩镇疮痍未平，公按辔躬己而治之。补缀颓毁，整葺坏纲，功无虚日。以其郡无胜游之地，且风亭月榭既已荒凉，花圃钓台未惬深旨，一朝命于戏马亭西连玉钩斜道，开辟池沼，构葺亭台。挥斤既毕，萃其所，芳春九旬，都人士女得以游观。一旦闻浙右小校薛阳陶监押度支运米入城，公喜其姓同曩日朱崖左右者，遂令询之，果是其人矣。公愈喜，似获古物。乃命衙庭小将代押，留止别馆。一日，公召陶同游，问及往日芦管之事。陶因献朱崖、陆鬯、元、白所撰歌一曲，公亦喜之，即于兹亭奏之。其管绝微，每于一觱栗管中常容三管也。声如天际自然而来，情思宽闲。公大佳赏之，亦赠其诗，不记终篇。其发端云：“虚心纤质雁衔余，风吹龙吟定不如。”于是赐赉甚丰，出其二子，皆授牢盆倅职。初公构池亭毕，未有名，因名赏心。诸从事以公近讳，盖赏字有尚也。公曰：“宣父言征不言在，言在不称征，且非内官宫妾，何避其疑哉？”遂不改作。其亭自秦、毕陷逆，乃为刍豢之地。叹乎公孙弘之东阁，刘屈氂后为马厩，亦何异哉！（《桂苑丛谈·赏心亭》）

四、有甘露寺僧语愚云：吴王收复浙右之岁明年夏中夜，月莹无云，望江澄澈如昼，诸徒侣悉已禅寂，竟无人踪，禽犬皆息矣。独某默默持课，时亦惜其皎月沉房廊，临江恰幽静。俄有数人自西轩而来，领仆厮辈挈酒壶，直抵望江亭而止。皆话今宵明月江水清澄，得与诸人邂逅相遇，且不辜兹景矣。僧窥之而思曰：中夜禁行，客自何来？必是幽灵异人乎！乃于窗际俯伏而伺之。既至，坐定命酒，罗列果食器皿，随时所有。东向一人南朝之衣，清扬甚美。西坐一人北虏之服，魁梧亹亹。北行一人逢掖之衣，指东向者设礼而坐。南行一人朱衣霜简，清瘦多髯。飞杯之顷，东向者语西坐曰：“项羽重瞳，犹有乌江之败；湘东一目，宁为四海所归。果致如是乎？”虏服乃笑而言曰：“往者贤金昆不竖篱棘见未萌，吾子岂有向来之患乎？”由是二客各低头不乐。南向朱衣曰：“时世命也，知复何为？且某又忽致此，二三君子以为何如?”东向者曰：“朝代虽殊，古今一致。俾公纵无满宫多少承恩者，似有容华，妾也亦恐不脱此难。”北向逢掖衣曰：“此犹可也。大忌者，‘满身珠翠将何用，唯与豪客拂象床’。大患此也。”朱衣欷歔低头而已。东向曰：“今日得恣纵江南之游，皆乏风流矣。仆记云：‘邑人种得西施花，千古春风开不尽。’可谓越古越今矣。”酒至西行，虏服曰：“各征囊日临危一言以代丝竹，自吟自送，可乎?”众曰：“可。”虏服乃执杯而吟曰：“赵壹能为赋，邹阳解献书。可惜西江水，不救辙中鱼。”次至逢掖，举行而歌曰：“伟哉横海鳞，壮矣垂天翼。一旦失风水，翻为蝼蚁食。”巡至东向，曰：“功遂侔昔人，保退无智力。既涉太行险，兹路信难陟。”以至朱衣，乃朗吟曰：“握里龙蛇纸上鸾，逡巡千幅不将难。顾云已往罗隐耄，更有何人逞笔端。”吟罢东楼晨钟遽鸣，僧户轧然而启，欻尔而散，竟无踪矣。僧之聪慧不群，多有道之者，愚故得而录其略焉。(《桂苑丛谈·客饮甘露亭》)

[唐] 丁用晦《芝田录》

丁用晦，晚唐五代人，生平不详。著有《芝田录》。《芝田录》一卷，记隋唐杂事，原书已佚。今有涵芬楼《说郛》本、宛委山堂《说郛》本、《百川学海》本、《类说》本、《五朝小说》本等。此据三秦出版社 2012 年《全唐五代笔记》辑录。

一、刘瞻之先，寒士也。十许岁，在郑细左右主笔砚。十八九，细为御史，巡荆部商山，歇马亭，俯瞰山水。时雨霁，岩峦奇秀，泉石甚佳。细坐久，起行五六里。曰：“此胜概，不能吟咏，便晚何妨?”却返于亭，欲题诗。顾见一绝，染翰尚湿。细大讶其佳绝。时南北无行人。左右曰：“但向来刘景在后行二三里。”公戏之曰：“莫是尔否?”景拜曰：“实见侍御吟赏起予，辄有寓题。”引咎又拜。公咨嗟久之而去。比回京阙，戒子弟涵、瀚已下曰：“刘景他日有奇才，文学必超异。自此可令与汝共处于学院，寝馔一切，无异尔辈。吾亦不复指使。”至三数年，所成文章，皆辞理优壮。凡再举成名，公召辟法寺学省清级。乃生瞻，及第作相。（《太平广记》卷一七〇引《芝田录》）（《芝田录·郑细》）

二、安禄山败，史思明继逆，至东都，遇樱桃熟，其子在河北，欲寄遗之，因作诗同去。诗云：“樱桃一笼子，半已赤，半已黄。一半与怀王，一半与周至。”诗成，左右赞美之，皆曰：“明公此诗大佳，若能言‘一半周至，一半怀王’，即与‘黄’字声势稍稳。”思明大怒曰：“我儿岂可居周至之下！”思明长驱至永宁县，为其子朝义所杀。思明曰：“尔杀我太早。禄山尚得至东都，而尔何亟也？”思明子伪封怀王，周至即其傅也。（《太平广记》卷四九五引《芝田录》）（《芝田录·安禄山》）

［唐］李伉《独异志》

李伉，开成五年（840）前曾为夏州节度掌书记，咸通六年（865）任明州刺史。《独异志》十卷，杂录古事与唐代奇闻异事，原书已佚。有明抄本、清康熙间振鹭堂刻本、《稗海》本、《类说》本、涵芬楼《说郛》本、宛委山堂《说郛》本等。此据中华书局2023年校证本辑录。

一、贺知章，会稽永兴人。进士擢第，太常少卿，秘书监，为太子诸王侍读。性落托放纵，逸思过人。年八十余，因醉赋诗，问左右曰：“纸多少？”对曰：“有十幅。”乃书告老，乞归乡里。皇帝及皇太子、诸王皆赋送行诗，赐越中剡曲以给之。（《独异志》卷上《贺知章告老》）

二、吴隐之为广州，旧有贪泉，人饮之则贪黩，隐之酌而饮之，兼赋诗曰：“古人云此水，一歃怀千金。试使夷齐饮，终当不易心。”又居母丧，过礼，家贫，无以候宵分，常有双鹤至夜半惊唳，隐之起哭，不失其时。（《独异志》卷上《吴

隐之饮贪泉》)

三、窦滔久戍,其妻苏氏能词,织锦为回文诗,叙离间阻隔之意以寄之。其理纵横读之,皆有旨意。(《独异志》卷下《苏氏回文诗》)

四、隋朝徐德言妻陈氏,叔宝妹。因惧乱不能相保,德言乃破一镜分之,以为他年不知存亡,但端午日各持半镜于市内卖之,以图相合。至期适市,果有一破镜,德言乃题其背曰:“镜与人俱去,镜归人不归。无复嫦娥影,空余半月辉。”时陈氏为杨素所爱,见之,乃命德言对饮,三人环坐,令陈氏赋诗一章,即还之。陈氏诗曰:“今日何迁次,新官对旧官。笑啼俱不敢,方验作人难。”素感之,乃还德言。(《独异志》卷下《徐德言妻陈氏》)

[唐] 戴孚《广异记》

戴孚,唐谯郡人。肃宗至德二年(757)进士及第,任校书郎,终饶州录事参军。著有《广异记》。《广异记》二十卷,记奇事怪闻、鬼怪精灵等,原书已佚。有清抄本、《类说》本、涵芬楼《说郛》本、宛委山堂《说郛》本、《龙威秘书》本等。此据中华书局1992年辑校本辑录。

一、监察御史李叔霁者,与兄仲云俱进士擢第,有名当代。大历初,叔霁卒。经岁余,其妹夫与仲云同寝,忽梦叔霁,相见依依然。语及仲云,音容惨怆,曰:“幽明理绝,欢会无由,正当百年之后方得聚耳。我有一诗,可为诵呈大兄。”诗云:“忽作无期别,沉冥恨有余。长安虽不远,无信可传书。”后数年,仲云亦卒。《广记》卷二七九(《广异记·李叔霁》)

二、桐庐女子王法智者,幼事郎子神。大历中,忽闻神作大人语声。法智之父问:“此言非圣贤乎?”曰:“然。我姓滕,名传胤,本京兆万年人,宅在崇贤坊,本与法智有因缘。”与酬对,深得物理,前后州县甚重之。桐庐县令郑锋,好奇之士,常呼法智至舍,令屈滕十二郎。久之方至,其辨对言语,深有士风,锋听之不倦。每见词人，谈经诵诗，欢言终日。常有客僧诣法智乞丐者，神与交言，赠诗云："卓立不求名出家，长怀片志在青霞。今日英雄气冲盖，谁能久坐宝莲花。"又曾为诗赠人云："平生才不足，立身信有余。自叹无大故，君子莫相疏。"六年二月二十五日夜，戴孚与左卫兵曹徐晃，龙泉令崔向，丹阳县丞李从训，邑人韩谓、苏修，集于锋宅。会法智至，令召滕传胤。久之方至，与晃等酬献数百言，因谓："诸贤，请人各诵一章。"诵毕，众求其诗，率然便诵二首，云："浦口潮来初淼漫，莲舟摇飏采花难。春心不惬空归去，会待潮平更折看。"云："众人莫厮笑。"又诵云："忽然湖上片云飞，不觉舟中雨湿衣。折得莲花浑忘却，空将荷叶盖头归。"自云："此作亦颇蹀躞。"又嘱法智弟与锋献酬数百言，乃去。《广记》卷三〇五(《广异记·王法智》)

三、浚仪王氏，士人也。其母葬，女婿裴郎饮酒醉，入冢卧棺后，家人不知，遂掩圹。后经数日不见，裴郎家诬为王氏所杀，遂相讼。王氏实无此，举家思虑，葬日恐在圹中，遂开圹得之。气息奄奄，以粥灌之，数日平复。说云，初葬之夕，酒向醒，无由得出。举目窃视，见人无数，文柏为堂，宅宇甚丽，王氏先亡长幼皆集。众鬼见裴郎，甚惊，其间一鬼曰："何不杀之?"妻母云："小女幼稚仰此，奈何欲杀。"苦争得免。既见长筵美馔，歌乐欢洽，俄闻云："唤裴郎。"某惧，不敢起。又闻群婢连臂踏歌，词曰："柏堂新成乐未央，回来回去绕裴郎。"有一婢名秾华，以纸烛烧其鼻准，成疮，痛不可忍。遂起遍拜，诸鬼等频命裴郎歌舞。饥请食，妻母云："鬼食不堪。"令取瓶中食与之。如此数夜。奴婢皆是明器，不复有本形像。《广记》卷三三五(《广异记·浚仪王氏》)

[前蜀] 杜光庭《录异记》

杜光庭(850—933)，字宾圣，一说字宾至、圣宾，晚唐五代缙云人。僖宗时任麟德殿文章应制、上都太清宫内供奉，王蜀时任金紫光禄大夫、谏议大夫封蔡国公，后迁户部侍郎。《录异记》十卷，现存八卷残本，记神怪之事。有明抄本、清抄本、正统《道藏》本、《秘册汇函》本、《津逮秘书》本、《说库》本、宛委山堂《说郛》本等。此据巴蜀书社2013年辑校本辑录。

一、益阳县在长沙郡界，秦时立此县，至今不改。《地理志》云益水在其阳，今则无闻。北临资水，源出邵陵武岗县界，东北流入洞庭。县治东望，时见长沙城隍，人马形色，悉可审辨。或平旦，或平午，览瞩移晷，仍渐散灭。县去长沙径道三百里，跨越重山，理绝表显，将是山岳炳灵，冥像所传者乎？其土谣曰："长沙益阳，一时相印。"昔光武建武三十二年，封泰山，禅梁父。是日，山灵炳象，构成宫室。昔汉武帝遣方士徐宣，浮海采药，于波中见汉家阶基，楼观参差，宛然备瞩，公侯第宅皆满目。班超在浑耶国，平旦，云霞鲜朗，见天际宫馆严列，侍臣左右，悉汉家也。如斯之类，难可审论。（《录异记》卷七《异水·资水蜃景》）

二、黄万祐，修道于黔南无人之境，累世常在，每三二十年一出成都卖药。言人灾祸，无不神验。蜀王建迎入宫，尽礼事之。……后坚辞归山，建泣留不住，问其后事，皆不言之。既去，于所居壁间，见题处曰："莫交牵动青猪足，动即炎炎不可扑。鸷兽不欲两头黄，黄即其年天下哭。"智者不能详之。

至乙亥年，起师东取秦、凤诸州。报捷之际，宫内延火，应是珍宝帑藏，并为煨烬矣。乃知太岁乙亥，是为青猪，为焚爇之期也。后三年，岁在戊寅土而建殂。方知寅为鸷兽，干与纳音俱是土，土黄色，是以言鸷兽两头黄。此言不差毫发。（《录异记》卷九《佚文·黄万祐》）

［唐］张泌《妆楼记》

张泌，晚唐人，生平不详。《妆楼记》一卷，记闺阁脂粉类轶闻琐事。有宛委山堂《说郛》本、《五朝小说》本、《唐人说荟》本、《绿窗女史》本、《龙威秘书》本等。此据中华书局1985年《丛书集成初编》本辑录。

一、红潮，谓桃花癸水也，又名入月。王建诗："密奏君王知入月。"(《妆楼记·红潮》)

二、如意中，有七岁女子能诗。则天召见，令赋送别兄弟云："别路云初起，离亭叶正飞。所嗟人异雁，不作一行归。"(《妆楼记·七岁女子》)

三、相思子即红豆，赤如珊瑚。诗所谓"赠君频采摘，此物最相思"。(《妆楼记·相思子》)

四、沈休文《山阴柳家女诗》云："还家问乡里，讵堪持作夫。"乡里，谓妻也。《南史·张彪传》呼妻为"乡里"，云："我不忍令乡里落它处。"(《妆楼记·乡里》)

[宋]陈纂《葆光录》

陈纂，号袭明子，北宋许州人。著有《葆光录》。《葆光录》三卷，多为神仙僧道怪异之说。有《顾氏文房小说》本、《说林一百三十八种》本、涵芬楼《说郛》本、宛委山堂《说郛》本等。此据中华书局1985年《丛书集成初编》本辑录。

一、婺州有僧，入山见一人，古貌巾褐。骑牛，手执鞭。光铄日色，扣角而歌曰："静居青嶂里，高啸紫烟中。尘世连仙界，琼田前路通。"僧揖之不应，驰步趋之不及，望赤松而去。(《葆光录》卷一)

二、郎中钟安礼，好学多能，著《武成王备载》十卷，选诸家诗，为《资吟集》五卷。然有毕吏部之嗜，谈谐间，未尝不言之。见家人食馔，戒之曰："少吃隔尔酒。"竟大醉卒。(《葆光录》卷一)

三、屈重彦者说：□□□为润州大将，与术士殷七子善，大将之室嫉忌，有一婢遭凌辱不已，投于井，及出之已卒。欲殡次，七子至，大惧有他。闻于廉使，密告活之。七子曰："细事尔。"遂衣带间解药一丸，如麻子，打其婢一齿落，以酒下之。良久口眼旋开，吐水斗余。又以暖灰熨其四肢，食久能言。谓大将曰："此婢不可复指使，宜出之。"乃从其言。又尝春游，酒尽，将水咒之，成浓醪，又将沙挪成盐，又冬中以木札变成笋，又与人会，忽云："今日殊未欢，某有一艺，辄呈之。"指主人屏风上梳头样子，令唱歌，其声清亮，似从屏中出。其歌曰："愁见唱阳春，令人离肠结。郎去未回归，柳自飘轻雪。"如此数曲，屈不尽记之。七子名郰，后游诸国。（《葆光录》卷一）

四、马自然貌丑，齇鼻秃鬓大口。饮酒石余，醉卧即以拳入口。人有疾病告之，折薪草，呵而与食，无不差者。尝吟曰："昔日曾随魏伯阳，无端醉卧紫金床。东君谓我多情赖，罚向人间作酒狂。"后往梓州上升。（《葆光录》卷一）

五、有人夜泊舟于富春间，月色澹然，见一人于沙际吟曰："堕江三十年，潮打形骸朽。家人都不知，何处奠杯酒？"舟人问曰："君是谁？可示姓名否？"又吟曰："莫我问姓名，向君言亦空。潮生沙骨冷，魂魄悲秋风。"舟人上岸揖之，遂失所在。（《葆光录》卷二）

六、陆濛为湖州司法参军，妻蒋氏，即疑之女也。善属文而耽酒，后染邪气，心神不恒。姊妹忧之，劝节饮强餐，应声吟曰："平生偏好酒，劳尔劝吾飧。但得尊中满，时光度不难。"（《葆光录》卷二）

［五代］王仁裕《玉堂闲话》

王仁裕，生平见《开元天宝遗事》叙录。《玉堂闲话》十卷，记晚唐五代事，原书已佚。今有宛委山堂《说郛》本、《类说》本、《绀珠集》本等。此据中国社会出版社 2007 年校注本辑录。

一、熊皦补阙说：顷年，有伊用昌者，不知何许人也。其妻甚少，有殊色，音律女工之事，皆曲尽其妙。夫虽饥寒丐食，终无愧意。或有豪富子弟，以言笑戏调，常有不可犯之色。其夫能饮，多狂逸，时人皆呼为"尹风子"。多游江左庐陵、宜春等诸郡，出语轻忽，多为众所击。爱作《望江南》词，夫妻唱和。或宿于古寺废庙间，遇物即有所咏，其词皆有旨。熊只记得《咏鼓词》云："江南鼓，梭肚两头栾。钉着不知侵骨髓，打来只是没心肝。空腹被人漫。"余多不记。

江南有芒草，贫民采之织屦。缘地上卑湿，此草耐水，而贫民多着之。尹风子至茶陵县门，大题云："茶陵一道好长街，两畔栽柳不栽槐。夜后不闻更漏鼓，只听锤芒织草鞋。"时县官及胥吏大为不可，遭众人乱殴，逐出界。江南人呼轻薄之词为"覆窠"，其妻告曰："常言小处不要覆窠，而君须要覆窠之。譬如骑恶马，落马足穿镫，非理伤堕一等。君不用苦之。"如是夫妻俱有轻薄之态。

……

其镇将姓丁，是江西廉使刘公亲随，一年后得替归府，刘公已薨。忽一旦于北市棚下，见尹风子夫妻，唱《望江南》词乞钱。既相见甚喜，便叙旧事。执丁手上酒楼，三人共饮数斗。丁大醉而睡，尹风子遂索笔题酒楼壁云："此生生在此生先，何事从玄不复玄。已在淮南鸡犬后，而今便到玉皇前。"题毕，夫妻连臂高唱而出城，遂渡江至游帷观，题真君殿后，其衔云："定亿万兆恒沙军国主南方赤龙神王尹用昌。"词云："日日祥云瑞气连，应侬家作大神仙。笔头洒起风雷力，剑下驱驰造化权。更与戎夷添礼乐，永教胡虏绝烽烟。列仙功业只如此，直上三清第一天。"题罢，连臂入西山。时人皆见蹑虚而行，自此更不复出。(出《太平广记》卷五五)(《玉堂闲话》第一辑《尹用昌》)

二、天水之地，迩于边陲，土寒，不产芭蕉。戎帅使人于兴元求之，植二木于亭台间。每至入冬，即连土掘取之，埋藏于地窟。候春暖，即再植之。庚午、辛未之间，有童谣曰："花开来裹，花谢束裹。"而又节气变而不寒，冬即和煦，夏即暑毒，甚于南中，芭蕉于是花开。秦人不识，远近士女来看者，填咽衢路。寻则蜀人犯我封疆，自尔年年一来，不失芭蕉开谢之候。乙亥岁，岐陇援师不至，自陇之西，竟为蜀人所有。暑湿之候，一如巴邛者。盖剑外节气，先布于秦城。童谣之言，不可不察。(出《太平广记》卷一四〇)(《玉堂闲话》第一辑《秦城芭蕉》)

三、陈琡，鸿之子也。鸿与白傅传《长恨词》，文格极高，盖良史也。咸通中，佐廉使郭常侍铨之幕于徐。性尤耿介，非其人不与之交。

同院有小计姓武，亦元衡相国之后，盖汾阳之坦床也。乃心不平之，遂挈家居于茅山。与妻子隔山而居，短褐束绦，焚香习禅而已。或一年半载，与妻子略相面焉。在职之时，唯流沟寺长老与之款接，亦具短褐相见。自述《檀经》三卷，今在藏中。临行，留一章与其僧云："行若独车轮，常畏大道覆。止若圆底器，常恐他物触。行止既如此，安得不离俗。"（出《太平广记》卷二〇二，又见于《类说》卷五四、《唐诗纪事》卷六六）（《玉堂闲话》第二辑《陈琡》）

四、新淦县有真阳观者，即许真君弟子曾真人得道之所。其常住有庄田，颇为邑民侵据。

唐僖宗朝，南平王钟传据江西八州之地。时观内因修元斋，忽有一香炉自天而下。其炉高三尺，下有一盘。盘内出莲花一枝，花有十二叶。叶间隐出一物，即十二属也。炉顶上有一仙人，戴远游之冠，着云霞之衣，相仪端妙。左手稽颐，右手垂膝，坐一小盘石。石上有花竹流水松桧之状，雕刊奇怪，非人工所及也。其初降时，凡有邑民侵据本观庄田，即蜚于田所，放大光明。邑民惊惧，即以其田还观，莫敢逗留。南平王闻其灵异，遣使取炉，至江西供养。

忽一日失炉，寻之却至旧观。道俗目之为瑞炉。故丞相乐安公孙偓南迁，路经此观留题。末句云："好是步虚明月夜，瑞炉蜚下醮坛前。"其瑞炉比如金色，轻重不定。寻常举之，只可及六七斤。曾有一盗者窃之，虽数人亦不能举。

至今犹在本观，而不能复蜚矣。（出《太平广记》卷二三二）（《玉堂闲话》第二辑《真阳观》）

五、有不调子，恒以滑稽为事。辈流间有慧黠过人，性识机警者，皆被诱而玩之。尝与一秀士同舟，泛江湖中。将欲登路，同船客有驴瘦劣，尾仍偏，不调子坚劝秀士市之。秀士鄙其瘦劣，勉之曰："此驴有异相，不同常等。"不得已，高价市之。既舍楫登途，果尫弱，不堪乘跨，而苦尤之。不调曰："勿悔，此不同他等。"其夕，忽值雪。不调曰："得之矣，请贳酒三五杯，然后奉为话其故事。"秀士又俛俯贳而饮之。及举爵，言之曰："君不闻杜荀鹤诗云：'就船买得驴偏尾，踏雪沽来酒倍香'乎？请君买驴沽酒者，盖为杜诗有之，非无证据。"秀士被买而玩之，殊不知觉，至是方悟焉。（出《太平广记》卷二五二）（《玉堂闲话》第三辑《不调子》）

六、唐营丘有豪民姓陈，藏镪钜万，染大风疾，众目之为陈癞子。……

……

又每年五月，值生辰，颇有破费。召僧道，启斋筵，伶伦百戏毕备。斋罢，伶伦赠钱数万。时有䩞者何岸，高不敏见，既去复入，谓曰："蒙君厚惠，感荷奚言，然某偶忆短李相公诗，落句一联，深言主人盛德也。"陈曰："试诵之。"时陈君处于中堂，坐碧纱帏中，左右侍立，执轻篓白帚者数辈。伶伦曰："诗云：'三十年来陈癞子，如今始得碧纱幪。……'"遭大诟而去。（出《太平广记》卷二五七）（《玉堂闲话》第三辑《陈癞子》）

七、汉州崇圣寺，寒食日，忽有朱衣一人，紫衣一人，气貌甚伟，驱殿仆马极盛。寺僧谓其州官至，奔出迎接，皆非也。与僧展揖甚恭，唯少言语。命笔，各题一绝句于壁。朱衣诗曰："禁烟佳节同游此，正值酴醾夹岸香。缅想十年前往事，强吟风景乱愁肠。"紫衣诗曰："策马暂寻原上路，落花芳草尚依然。家亡国破一场梦，惆怅又逢寒食天。"题罢，上马疾去。出松径，失其所在，但觉异香经月不散。其诗于今见存。（出《太平广记》卷三五四）（《玉堂闲话》第四辑《崇圣寺》）

八、陇城县有东柯僧院，甚有幽致。高槛可以眺远，虚窗可以来风。游人如市。

忽一日，有妖异起。空中掷下瓦砾，扇扬灰尘，人莫敢正立。……

县令杜延范，正直之人也，自往观之，曰："安有此事？"至则箕踞而坐。妖于空中，抛小书帖，纷纷然不知其数，多成绝句，凌谑杜令。记其一二曰："虽共蒿兰伍，南朝有宗祖。莫打绿袍人，空中且歌舞。"又曰："堪怜木边土，非儿不似女。瘦马上高山，登临何自苦！"延范觉之，亦遽还，其不记者，绝句甚多。（出《太平广记》卷三六七）（《玉堂闲话》第四辑《东柯院》）

九、麦积山者，北跨清渭，南渐两当，五百里冈峦，麦积处其半。崛起一石块，高百万寻，望之团团，如民间积麦之状，故有此名。其青云之半，峭壁之间，镌石成佛，万龛千室。虽自人力，疑其鬼功。隋文帝分葬神尼舍利函于东阁之下，石室之中，有庾信铭记，刊于岩中。古记云："六国共修，自平地积薪，至于岩巅，从上镌凿其龛室佛像。功毕，旋旋拆薪而下，然后梯空架险而上。"

其上有散花楼、七佛阁、金蹄银角犊儿。由西阁悬梯而上，其间千房万屋，缘空蹑虚，登之者不敢回顾。将及绝顶，有万菩萨堂，凿石而成，广若今之大殿。其雕梁画栱，绣栋云楣，并就石而成。万躯菩萨，列于一堂。自此室之上，更有一龛，谓之天堂。空中倚一独梯，攀缘而上。至此，则万中无一人敢登者。于此下顾，其群山皆如培塿。

王仁裕时独能登之，乃题诗于天堂西壁上曰："蹑尽悬空万仞梯，等闲身共白云齐。檐前下视群山小，堂上平分落日低。绝顶路危人少到，古岩松健鹤频栖。天边为要留名姓，拂石殷勤手自题。"时前唐末辛未年，登此留题，于今三十九载矣。（出《太平广记》卷三九七）（《玉堂闲话》第四辑《麦积山》）

十、汉乾祐中，翰林学士王仁裕云：兴元有斗山观，自平川内，耸起一山，四面悬绝，其上方于斗底，故号之。薜萝松桧，景象尤奇。上有唐公昉饮李八百仙酒，全家拔宅之迹。其宅基三亩许，陷为坑，此盖连地而上升也。

仁裕辛巳岁，于斯为节度判官，尝以片板题诗于观曰："霞衣欲举醉陶陶（公昉一家饮八百洗疮，一家酒醉而上升），不觉全家住绛霄。拔宅只知鸡犬在，上天谁信路歧遥。三清辽廓抛尘梦，八景云烟事早朝。为有故林苍柏健，露华凉叶锁金飙。"旧说云：斗山一洞，西去二千里，通于青城大面山，又与严真观井相通。仁裕癸未年入蜀，因谒严真观，见斗山诗碑在焉。诘其道流，云："不知所来。"说者无不惊异之。（出《太平广记》卷三九七）（《玉堂闲话》第四辑《斗山观》）

十一、兴元之南，有大竹路，通于巴州。其路则深溪峭岩，扪萝摸石，一上三日，而达于山顶。行人止宿，则以緪蔓系腰，萦树而寝。不然，则堕于深涧，若沉黄泉也。复登措大岭，盖有稍似平处，路人徐步而进，若儒之布武也。其绝顶谓之"孤云两角"，彼中谚云："孤云两角，去天一握。"淮阴侯庙在焉。

昔汉祖不用韩信，信遁归西楚。萧相国追之，及于兹山，故立庙貌。

王仁裕尝佐褒梁师王思同，南伐巴人，往返登陟，亦留题于淮阴祠。诗曰："一握寒天古木深，路人犹说汉淮阴。孤云不掩兴亡策，两角曾悬去住心。不是冕旒轻布素，岂劳丞相远追寻。当时若放还西楚，尺寸中华未可侵。"崎岖险峻之状，未可殚言。（出《太平广记》卷三九七、《类说》卷五四）（《玉堂闲话》第四辑《大竹路》）

十二、梁朝翰林学士任赞，居职数年，犹着朱绂，于案上题诗。梁主知之，命赐紫袍、金章。诗曰："数年叨内署，衫色俨然倾。任赞字希度，知君是火精。"（出《类说》卷五四）（《玉堂闲话》第六辑《火精》）

十三、张杰滑稽，能为假对。尝与三人鼎坐，吟曰："三人铛脚坐，一夜掉头吟。”又曰：“皂角树头悬拍板，葫芦架上吊茶捶。”尝取怒一武弁，杰曰：“大夫既欲行拳，小子不任忧惕。”(出《类说》卷五四)(《玉堂闲话》第六辑《假对》)

十四、秦州城北绝顶之上有隗嚣宫，宫颇宏敞壮丽，今为寿山寺。寺有三门，门限琢青石为之，莹彻如琉璃色。余尝待月纳凉，夕处朝游，不离于是。尔后入蜀，蜀有道士谓余曰：“隗宫石门限下诗记之乎？”余曰：“余为孩童，迨乎壮年，游处于此，未尝见有诗。”道士微哂曰：“子若复游，但于石门限下土际求之。”丙戌岁，蜀破还秦，至则访求之，果得一绝云：“清溪道士人不识，上天下天鹤一只。洞门深锁玉窗闲，滴露研朱点《周易》。”详观此篇，飘飘然有神仙体裁，远近词人竞来讽味，那知道士非控鲤驾鹤之流乎？奇哉！奇哉！(出《竹庄诗话》卷二一)(《玉堂闲话》第六辑《隗嚣宫》)

十五、晋石高祖父事戎王，礼分甚至，此则以罗纨、玉帛、瑞锦、明珠，竭中华之膏血以奉之，彼则以貂皮、兽鞯、瘦马、疲牛为酬酢。庚子岁，遣使献异兽十数头，巨于狙而小于貉，兔头狐尾，猱颡狖掌，其名“耶孤儿”。北方异类，华夏所无。其肉鲜肥，可登鼎俎。晋祖不忍炮燔，敕使置于沙台院，穴而畜之，仍令山僧豢养。自后蕃衍，其数渐多。沙台为其穿穴，迨将半矣。都下往而观者，冠盖相望。司封郎中王仁裕为其不祥之物，因著歌行一篇，题于沙台苑西垣以志之。

其歌曰：“北方有兽生寒碛，怪质奇形状不得。如狙如貉不狚貉，狖指兔头猴颡额。善拿攫，能跳掷，中华有眼未曾识。天矫贵族用充庖，凤髓龙肝何所直？彼中君长重欢盟，藉手将通两国情。方木匣身皮锁颈，万里迢迢归帝城。黄龙殿前初放出，乍对天威争股栗。形躯无复望生全，相顾皆为机上物。惧鼎俎，畏牺牲，天子仁慈不忍烹。送在沙台深穴里，永教闲处放生长。郊外野僧谙物情，朝哺豢养遵明圣。潭广罗疏天地宽，从此不忧伤性命。同华夷，共胡越，粒食陶居何快活！虽感君王有密恩，言语不通无所说。凿垣墙，置陵阙，生子生孙更无歇。如是孳畜岁月多，兼恐中原总为穴。耶孤儿，耶孤儿，语浅义深安得知？”

愚尝窃议之曰：耶者，胡王也。儿者，晋主也。言耶孤儿乃父辜其子也。其后戎王犯阙，劫晋主，据神州，四海百郡皆为犬戎之窟穴。耶孤儿先兆可谓明矣。(出《太平广记详节》卷一〇)(《玉堂闲话》第六辑《耶孤儿》)

［唐］薛用弱《集异记》

薛用弱，字中胜，唐河东人。长庆中任光州刺史。著有《集异记》。《集异记》三卷，记隋唐间奇闻逸事，原书已佚。今有明刻本、明抄本、《顾氏文房小说》本、《稽古堂新镌群书秘简》本、《历代小史》本、《古今逸史》本、《续百川学海》本、《唐宋丛书》本、《合刻三志》本、《四库全书》本、《唐人说荟》本、宛委山堂《说郛》本等。此据中华书局1980年点校本辑录。

一、王维右丞，年未弱冠，文章得名。性闲音律，妙能琵琶，游历诸贵之间，尤为岐王之所眷重。时进士张九皋声称籍甚。客有出入于公主之门者，为其致公主邑司牒京兆试官，令以九皋为解头。维方将应举，具其事言于岐王，仍求庇借。岐王曰："贵主之强，不可力争，吾为子画焉。子之旧诗清越者，可录十篇，琵琶之新声怨切者，可度一曲，后五日当诣此。"维即依命，如期而至。岐王谓曰："子以文士，请谒贵主，何门可见哉！子能如吾之教乎?"维曰："谨奉命。"岐王则出锦绣衣服，鲜华奇异，遣维衣之。仍令赍琵琶，同至公主之第。岐王入曰："承贵主出内，故携酒乐奉宴。"即令张筵，诸伶旅进。维妙年洁白，风姿都美，立于前行，公主顾之，谓岐王曰："斯何人哉?"答曰："知音者也。"即令独奏新曲，声调哀切，满座动容。公主自询曰："此曲何名?"维起曰："号《郁轮袍》。"公主大奇之。岐王曰："此生非止音律，至于词学，无出其右。"公主尤异之，则曰："子有所为文乎?"维即出献怀中诗卷。公主览读，惊骇曰："皆我素所诵习者，常谓古人佳作，乃子之为乎?"因令更衣，升之客右。维风流蕴藉，语言谐戏，大为诸贵之所钦瞩。岐王因曰："若使京兆今年得此生为解头，诚为国华矣。"公主乃曰："何不遣其应举?"岐王曰："此生不得首荐，义不就试，然已承贵主论托张九皋矣。"公主笑曰："何预儿事，本为他人所托。"顾谓维曰："子诚

取解，当为子力。”维起谦谢。公主则召试官至第，遣宫婢传教。维遂作解头，而一举登第。（《集异记》卷二《王维》）

二、开元中，诗人王昌龄、高适、王涣之齐名。时风尘未偶，而游处略同。一日天寒微雪，三诗人共诣旗亭，贳酒小饮。忽有梨园伶官十数人，登楼会宴。三诗人因避席隈映，拥炉火以观焉。俄有妙妓四辈，寻续而至，奢华艳曳，都冶颇极。旋则奏乐，皆当时之名部也。昌龄等私相约曰：“我辈各擅诗名，每不自定其甲乙，今者可以密观诸伶所讴，若诗人歌词之多者，则为优矣。”俄而一伶拊节而唱，乃曰：“寒雨连江夜入吴，平明送客楚山孤。洛阳亲友如相问，一片冰心在玉壶。”昌龄则引手画壁曰：“一绝句。”寻又一伶讴之曰：“开箧泪沾臆，见君前日书。夜台何寂寞，犹是子云居。”适则引手画壁曰：“一绝句。”寻又一伶讴曰：“奉帚平明金殿开，强将团扇共徘徊。玉颜不及寒鸦色，犹带昭阳日影来。”昌龄则又引手画壁曰：“二绝句。”涣之自以得名已久，因谓诸人曰：“此辈皆潦倒乐官，所唱皆《巴人》《下俚》之词耳，岂《阳春》《白雪》之曲，俗物敢近哉！”因指诸妓之中最佳者曰：“待此子所唱，如非我诗，吾即终身不敢与子争衡矣。脱是吾诗，子等当须列拜床下，奉吾为师。”因欢笑而俟之。须臾，次至双鬟发声，则曰：“黄沙远上白云间，一片孤城万仞山。羌笛何须怨杨柳，春风不度玉门关。”涣之即揶揄二子曰：“田舍奴，我岂妄哉？”因大谐笑。诸伶不喻其故，皆起诣曰：“不知诸郎君何此欢噱？”昌龄等因话其事。诸伶竞拜曰：“俗眼不识神仙，乞降清重，俯就筵席。”三子从之，饮醉竟日。（《集异记》卷二《王涣之》）

三、处州小将胡志忠，奉使之越。夜梦一物，犬首人质，告忠曰：“某不食岁余，闻公有会稽之役，必当止吾馆矣。能减所食见沾乎？”忠梦中不诺，明早遂行，夜止山馆。馆吏曰：“此厅常有妖物，或能为祟。不待寝食，请止东序。”忠曰：“吾正直可以御鬼怪，勇力可以排奸邪，何妖物之有！”促令进膳。方下箸次，有异物其状甚伟，当盘而立。侍者慑退，不敢傍顾。志忠彻炙，乃起而击之，异物连有伤痛之声，声如犬，语甚分明，曰：“请止！请止！若不止，未知谁死。”忠运臂愈疾，异物又疾呼曰：“斑儿何在！”续有一物自屏外来，闪然而进。忠又击之，然冠隳带解，力若不胜。仆夫无计能救，乃以彗扑，罗曳入于东阁。颠仆之声，如坏墙然。未久，志忠冠带俨然而出，复就盘命膳。卒无一言，唯顾其阁，时时咨嗟而已。明旦将行，封署其门，嘱馆吏曰：“俟吾回驾而后启之。

尔若潜开，祸必及尔。”言讫遂行。旬余乃还，止于馆，索笔砚，泣题其户曰：“恃勇祸必婴，恃强势必倾。胡为万金子，而与恶物争！休将逝魄趋府庭，止于此馆归冥冥。”题讫，以笔掷地而失所在。执笔者甚怖，觉微风触面而散。吏具状申刺史，乃遣吏启其户，而志忠与斑黑二犬，俱仆于西北隅矣。《广记》卷四三八（《集异记》补编《胡志忠》）

［唐］谷神子《博异志》

谷神子，即郑还古。元和中进士及第，历任河中从事、吉州掾，终国子博士。著有《博异志》。《博异志》三卷，记神怪之事，原书已佚。今有明崇祯六年孙明志抄本、清康熙七年刻本、清宣统三年石印本、《唐宋丛书》本、《合刻三志》本、《顾氏文房小说》本、涵芬楼《说郛》本、宛委山堂《说郛》本、《唐人说荟》本、《龙威秘书》本、《续百川学海》本等。此据中华书局1980年点校本辑录。

一、开元中，琅邪王昌龄自吴抵京国。舟行至马当山，属风便，而舟人云：“贵贱至此，皆合谒庙，以祈风水之安。”昌龄不能驻，亦先有祷神之备。见舟人言，乃命使赍酒脯纸马献于大王，兼有一量草履子上大王夫人，而以一首诗令使者至彼而祷之。诗曰：“青骢一匹昆仑牵，奉上大王不取钱。直为猛风波里骤，莫怪昌龄不下船。”读毕而过。当市草履子时，兼市金错刀子一副，贮在履子内。至祷神时，忘取之，误并履子将往。使者亦不晓焉。昌龄至前程，偶觅错刀子，方知误并将神庙所矣。又行数里，忽有赤鲤鱼，长可三尺，跃入昌龄舟中。昌龄笑曰：“自来之味。”呼侍者烹之。即剖腹，得金错刀子，宛是误送庙中者。昌龄叹息曰：“鬼神之情亦昭然。尝闻葛仙公命鱼送书，古诗有‘剖鲤得素书’，今日亦颇同。”（《博异志·王昌龄》）

二、山人刘方玄，自汉南抵巴陵，夜宿江岸古馆之厅。其西有巴篱，所隔又有一厅，常扃锁，云多有怪物，使客不安，已十数年不开矣。中间为厅廊崩摧，州司完葺至新净，而无人敢入。其夜，方玄都不知之。至二更后，见月色满庭，江山清寂。唯闻厅西有家口语言啸咏之声，殆不多辨。唯一老青衣语声稍重而带秦音者，言曰："往年阿郎贬官时，常令老身骑偏面骟，抱阿荆郎。阿荆郎娇，不肯稳坐，或偏于左，或偏于右，坠损老身左髆。至今天欲阴，使我患酸疼焉。今又发矣，明日必大雨。如今阿荆郎官高也，不知知有老身无?"复闻相应答者。俄而有歌者，歌音清细，若曳绪之不绝。复吟诗者，吟声切切，如含酸和泪之词。幽咽良久，亦不可辨其文，而无所记录也。久而老青衣又云："昔日阿荆郎爱念'青青河畔草'，今日亦颇谓'绵绵思远道'也。"仅四更，方不闻其声。明旦果大雨。呼馆吏讯之，吏云："此西厅空更无人。"方叙此中宾客不曾敢入之由。方玄固请开院视之，则秋草满地，苍苔没阶。中院之西则连山林，无人迹也。启其厅，厅则新净，了无所有。唯前间东面柱上，有诗一首，墨色甚新。其词曰："耶娘送我青枫根，不记青枫几回落。当时手刺衣上花，今日为灰不堪著。"视其书则鬼之诗也。馆吏云："此厅成来，不曾有人，入亦逃，无此题诗处。"乃知夜来人也。复以此访于人，终不能知其来由耳。（《博异志·刘方玄》）

三、弘农杨真伯，幼有文，性耽玩书史，以至忘寝食，父母不能禁止，时或夺其脂烛，匿其诗书，真伯颇以为患，遂逃过洪、饶间，于精舍空院，肄习半年余。中秋夜，习读次，可二更已来，忽有人扣学窗牖间，真伯淫于典籍不知也。俄然有人启扉而入，乃一双鬟青衣。言曰："女郎久栖幽隐，服气茹芝，多往来洞庭云水间，知君子近至此，又骨气清净，志操坚白，愿尽款曲。"真伯殊不应，青衣自反。三更后，闻户外珩璜环珮之声，异香芳馥，俄而青衣报女郎且至。年可二八，冠碧云凤翼冠，衣紫云霞日月衣，精光射人，逡巡就坐。真伯殊不顾问一言，久之，于真伯案取砚，青衣荐笺，女郎书札数行，怏然而去。真伯因起，乃视其所留诗曰："君子竟执逆，无由达诚素。明月海上山，秋风独归去。"其后亦不知女郎是何人也，岂非洞庭诸仙乎？观其诗思，岂人间之言欤！《广记》卷五三(《博异志》补编《杨真伯》)

四、洞庭贾客吕乡筠，常以货殖，贩江西杂货，逐什一之利，利外有羡，即施贫亲戚，次及贫人，更无余贮。善吹笛，每遇好山水，无不维舟探讨，吹笛而去。尝于中春月夜，泊于君山侧，命樽酒独饮，饮一杯而吹笛数曲。忽见波上有渔舟而来者，渐近，乃一老父，鬓眉皤然，去就异常。乡筠置笛起立，迎上舟。老父维渔舟于乡筠舟而上，各问所宜。老父曰："闻君笛声嘹亮，曲调非常，我是以来。"乡筠饮之数杯，老父曰："老人少业笛，子可教乎?"乡筠素所耽味，起拜，愿为末学。老父遂于怀袖间出笛三管，其一大如合拱，其次大如常人之蓄者，其一绝小，如细笔管。乡筠复拜，请老父一吹。老父曰："其大者不可发，次者亦然，其小者为子吹一曲，不知得终否?"乡筠曰："愿闻其不可发者。"老父曰："其第一者在诸天，对诸上帝，或元君，或上元夫人，合天上之乐而吹之。若于人间吹之，人消地拆，日月无光，五星失次，山岳崩圮，不暇言其余也。第二者，对诸洞府仙人，蓬莱姑射，昆丘王母及诸真君等，合仙乐而吹之。若人间吹之，飞沙走石，翔鸟坠地，走兽脑裂，五星内错，稚幼振死，人民缠路，不暇言余也。其小者，是老身与朋侪可乐者，庶类杂而听之。吹的不安，未知可终曲否?"言毕，抽笛吹三声，湖上风动，波涛沆漾，渔鳖跳喷，乡筠及童仆恐耸詟栗。五声六声，君山上鸟兽叫噪，月色昏昧，舟楫大恐，老父遂止。引满数杯，乃吟曰："湘中老人读黄老，手援紫藟坐翠草。春至不知湘水深，日暮忘却巴陵道。"又饮数杯，谓乡筠曰："明年社，与君期于此。"遂棹渔舟而去，隐隐渐没于波间。至明年秋，乡筠十旬于君山伺之，终不复见也。《广记》卷二〇四(《博异志》补编《吕乡筠》)

五、元和四年，寿州霍丘县有李六郎，自称神人御史大夫李序。与人言，不见其形，有王筠者为之役。至霍丘月余，赁宅住，更无余物，惟几案绳床而已。有人请事者皆投状。王筠铺于案侧，文字温润，须臾满纸。能书，字体分明，休咎皆应。时河南长孙郢为镇遏使，初不之信，及见实，时与来往。先是官宅后院空宽，夜后或枭鸣狐叫，小大为畏，乃命李六郎与疏理，遂云诺。每行似风雨霎霎之声，须臾闻笞捶之声，遣之云："更不得来。"自是后院遂安。时御史大夫李湘为州牧，侍御史张宗本为副史。岁余，宗本行县，先知有李序之异而不信，乃长孙郢召之，须臾而至。宗本求一札，欲以呈于牧守。取纸笔而请，序曰："接对诸公，便书可乎?"张曰："可也。"初案上三管笔，俄而忽失一管，旋见文字满纸，后云："御史大夫李序顿首。"宗本心服，归而告湘。湘乃令使邀之，遂往来数日。云："是五岳之神之弟也。第七舍弟在蕲州，某于阴道管此郡。"亦饮酒，语声如女人，言词切要，宛畅笑咏，常作笑巫诗曰："魍魉何曾见，头旋即下神。图他衫子段，诈道大王嗔。"如此极多，亦不全记。后云："暂往蕲州看舍弟。”到蕲乃七月中，仍令王�送新粳米二斗、札一封与长孙，邻近数州人皆请休咎于李序，其批判处犹存。《广记》卷三〇八(《博异志》补编《李序》)

[唐]康骈《剧谈录》

康骈，一作康軿，字驾言，唐池阳人。乾符五年(878)进士及第，六年(879)中博学宏词科，曾为宁国军节度使田頵幕僚，官至崇文馆校书郎。有《剧谈录》《九笔杂编》。《剧谈录》二卷，又名《剧谈闲话录》，记天宝以来新见异闻、史官残事。有明刻本、明抄本、清光绪四年葛元煦刻本、清光绪三十年刘氏刻本、《津逮秘书》本、《稽古堂丛刻》本、《四库全书》本、《学津讨原》本、《贵池先哲遗书》本、《百川学海》本等。此据上海古籍出版社2012年点校本辑录。

一、宣宗皇帝圣政钦明，光宅天下。常欲刑清俗富，有宵衣旰食之怀；仄席伫贤，每如不及。令狐相国自吴兴郡守授司勋郎中，未居内署，初与学士候对，便以为有宰辅之才。一夕，于禁林寓直，忽有中使来召。行百余步，至于便殿，遣内人秉烛候之，引于御榻之前。上自宣令坐，问：“卿来从江表，见彼中甿庶来否？廉察、郡守字人求瘼之道如何？朕常思四海之大，九州之广，虽明君不能自理，常须良弼贤佐。迩来窃窥朝廷，皆未睹其忠赤。”相国降阶俯伏曰：“圣意如此，微臣便合得罪。”上曰：“卿才为翰林学士，所职者，朕之丝纶。向来之言，本不相及。”既而，复宣令坐，俾御以玉杯，斟酒赐之。有小案置于御床，案上有书两卷，指谓相国曰：“朕听政之暇，未尝不披寻史籍。此读者先朝所述《金镜》。一卷则《尚书·大禹谟》。”复问：“卿曾读《金镜》否？”对曰：“文皇帝所著之书，有理国理身之要。披阅诵讽，不离于口。”上曰：“卿试举其要。”相国跪于御前，抗声而诵，至“乱未尝不任不肖，理未尝不任忠贤；任忠贤则享天下之福，任不肖则受天下之祸”，上止之曰：“朕每读至此，未尝不三复后已。《书》又云：‘任贤勿贰，去邪勿疑。’是则欲致升平，当用此言为首。”相公抃舞而称曰：“先臣父每言《金镜》垂裕，可为万古格言。自非聪明文思，无以探其壶奥。况尧舜、禹汤之道，在典谟训诰之间。陛下不以黄屋为尊，每观之于夙夜，将欲择贤举善，使庶绩咸熙，如此则功冠百王，事超三五矣。”上曰：“曩者仰卿材器，今日睹卿词学。”临轩伫立久之，谓中使曰：“持烛送学士归院！”及还禁林，夜漏将半，咸以近臣恩泽，殆无其比。繇是注意益深。居岁余，遂为宰相。自郡守至于台铉，首尾才经二载。尝自郊坛回，渭南尉赵嘏上诗云：“鹗在卿云冰在壶，代天材业奉讦谟。荣同伊陟传朱户，秀比王商入画图。昨夜星辰回剑履，前年风月满江湖。不知机务时多暇，犹许诗家属和无。”（《剧谈录》卷上《宣宗夜召翰林学士》）

二、孟才人善歌，有宠于武宗皇帝，嫔御之中，莫与为比。一旦，龙体不豫，召而问曰：“我若不讳，汝将何之？”对曰：“以微眇之身，受君王之宠，若陛下万岁之后，无复生焉！”是日，俾于御榻前歌《河满子》一曲，声调凄切，闻者莫不涕零。及宫中晏驾，哀恸数日而殒。禁掖近臣以小棺殡于殿侧。山陵之际，梓宫重莫能举，识者曰：“得非候才人乎？”于是舆榇以殉，遂窆于端陵之侧。是岁，攻文之士或为赋题，或为诗，目以为冯媛、班姬无以过也。所知者张祜有诗云：“偶因清唱咏歌频，奏入宫中二十春。却为一声河满子，下泉须吊孟才人。”（《剧谈录》卷上《孟才人善歌》）

三、王侍中智兴，武略英奇，初授徐方节制，雄才磊落，有命世间生之誉。幕府既开，所辟皆是儒者。一旦，从事于使院会饮，与从容赋诗，顷之，达于王公，乃召护军俱至。从事乃屏去翰墨，但以杯盘迎接。良久，问之曰：“适闻判官与诸贤作诗，何得见某而罢！”遽令却取笔砚，复以彩笺数十幅散于座。众宾相顾迟疑。将俟行觞举乐，复曰：“本来欲观制作，非以饮酒为意。”时小吏亦以笺翰置于王公之前，从事礼为揖让，王公曰：“某以韬钤发迹，未尝留心章句。今日陪奉英髦，不免亦陈愚恳。”遂乃引纸援毫，顷刻而就，云：“平生弓剑自相随，刚被郎官遣作诗。江南花柳从君咏，塞北烟尘我自知。”四座览之，惊叹无已。咸云：“忠烈词彩，虽曹景宗、贺若弼，无以加也！”时文人张祜亦预此筵，监军谓之曰：“睹兹盛事，岂得无言？”祜即席为诗以献云：“古来英杰动寰区，武德文经未有余。王氏柱天勋业外，李陵章句右军书。”王公览之笑曰：“褒饰之词，可谓过当矣。”左右或言曰：“书生之徒，务为谄佞。”王公叱之曰：“有人道我恶，汝辈又肯否？张秀才海内知名，篇什岂云易得？天下人闻，且以为王智兴乐善矣。”留驻数旬，临歧赠绢千匹。其后移镇蒲津，子宴平仗节灵武，四远多士，翕然归向。风烈遗芳，迄于今日。（《剧谈录》卷上《王侍中题诗》）

四、大中初，边鄙不宁，吐蕃尤甚，恣其倔强。宣宗欲致讨伐，遂于延英殿先问宰臣，（白令）公首奏兴师，请为统帅沿边藩镇兵士数万，鼓行而前。时犬戎列阵平川，以生骑数千，伏藏山谷。既而得于谍者，遂设奇兵待之。有蕃中酋帅，衣绯茸裘，系宝装带，所乘白马，骏异无比。锋镝未交，扬鞭出于阵面者数四，频召汉军斗将。白公诫兵士无得应之。俄而，驻军指挥背我师百余步而立，有潞州小将骁勇善射，驰快马弯弧而出，连发两矢，皆中其项。跃马而前，抽短剑踣于鞍上，以手扶挟，如斗欧之状。蕃将士卒，但呼噪助之。于是脱绯裘，解金带，夺马而还，师旅无不奋勇。既大战沙漠，虏阵瓦解，乘胜追奔，几及黑山之下。所获驼马辎重，不可胜计，束手而降三四千人。先是河湟郡界在匈奴者，自此悉为内地。宣宗初览捷书，云：“我知敏中必殄凶丑。”白公凯旋，与同列宰相进诗云：“一诏皇城四海颁，丑戎无数束身还。戍楼吹笛人休战，牧野嘶风马自闲。河水九盘收数曲，陇山千里锁诸关。西边北塞今无事，为报东南夷与蛮。”马相植诗云：“舜德尧仁化犬戎，许提河陇款皇风。指挥貔武皆神算，开拓乾坤是圣功。四师有征无汗马，七关虽戍已弢弓。天留此事还英主，不在他年在大中。”魏相扶诗云：“萧关新复旧山川，古戍秦原景象鲜。戎虏乞降归惠化，皇威渐被慑腥膻。穹庐远戍烟尘灭，神武光扬竹帛传。左衽尽知歌帝泽，从兹不更备三边。”崔相铉诗云：“边陲万里注恩波，宇宙群方洽凯歌。右地名王争解辫，远方戎垒尽投戈。烟尘永息三秋戍，瑞气遥清九折河。共偶圣明千载运，更观俗阜与时和。”（《剧谈录》卷上《李朱崖知白令公》）

五、上都安业坊唐昌观旧有玉蕊花。其花每发，若瑶林琼树。元和中，春物方盛，车马寻玩者相继。忽一日，有女子年可十七八，衣绿绣衣，乘马，峨髻双鬟，无簪珥之饰，容色婉约，迥出于众。从以二女冠三女仆，仆者皆丱头黄衫，端丽无比。既下马，以白角扇障面，直造花所，异香芬馥，闻于数十步之外。观者以为出自宫掖，莫敢逼而视之。伫立良久，令小仆取花数枝而出。将乘马回，谓黄冠者曰：“曩者玉峰之约，自此可以行矣。”时观者如堵，咸觉烟霏鹤唳，景物辉焕。举辔百余步，有轻风拥尘，随之而去。须臾尘灭，望之已在半空天，方悟神仙之游。余香不散者经月余日。时严给事休复、元相国、刘宾客、白醉吟，俱有《闻玉蕊院真人降诗》。严给事诗曰："味道斋心祷玉宸，魂消眼冷未逢真。不知满树琼瑶蕊，笑对藏花洞里人。"又云："羽车潜下玉龟山，尘界无由睹蕣颜。唯有无情枝上雪，好风吹缀绿云鬟。"元相国诗曰："弄玉潜过玉树时，不教青鸟出花枝。的应未有诸人觉，只是严郎卜得知。"刘宾客诗云："玉女来看玉树花，异香先引七香车。攀枝弄雪时回首，惊怪人间日易斜。"又云："雪蕊琼丝满院春，羽衣轻步不生尘。君王帘下徒相问，长伴吹箫别有人。"白醉吟诗云："嬴女偷乘凤下时，洞中潜歇弄琼枝。不缘啼鸟春饶舌，青琐仙郎可得知。"(《剧谈录》卷下《玉蕊院真人降》)

六、东都北邙山，有玄元观，南有老君庙，台殿高敞，下瞰伊洛，神仙泥塑之像，皆开元中杨惠之所制，奇巧精严，见者增敬。壁有吴道玄画五圣真容及老子化胡经事，丹青绝妙，古今无比。爱敬寺复有雉尾病龙，莫知画者谁氏。绘事奇巧，皆入神之迹。政平坊安国观，明皇朝玉真公主所建，门楼高九十尺，而柱端无栱枓。殿南有精思院，琢玉为天尊老君之像。叶法善、罗公远、张果先生并图之于壁。院南池沼引御渠水注之，垒石像蓬莱、方丈、瀛洲三山。女冠多上阳退宫嫔御，其东与国学相接。咸通中，有书生云："每清风朗月，即闻山池之内步虚笙磬之音。"卢尚书有诗云："夕照纱窗起暗尘，青松绕殿不知春。君看白首诵经者，半是宫中歌舞人。"(《剧谈录》卷下《老君庙画》)

七、玄宗天宝十五载正月，安禄山反，陷没洛阳。王师败绩，关门不守，车驾幸蜀。途次马嵬驿，六军不发，赐贵妃自尽，然后驾发。行次骆谷，上登高下马，谓力士曰："吾苍惶出狩长安，不辞宗庙。此山绝高，望见秦川，吾今遥辞陵庙。"因下马望东再拜，呜咽流涕。左右皆泣。谓力士曰："吾取九龄之言，不到于此。"乃命中使往韶州以太牢祭之。因上马，遂索长笛吹于曲，曲成，潸然流涕，伫立久之。时有司旋录成谱，及銮驾至成都，乃进此谱，请曲名。上不记之，视左右曰："何曲?"有司具以骆谷望长安，下马后索长笛吹出对。上良久曰："吾省矣。吾因思九龄，亦别有意，可名此曲为《谪仙怨》。"其旨属马嵬之事。厥后以乱离隔绝，有人自西川传得者，无由知，但呼为《剑南神曲》，其音怨切，诸曲莫比。大历中，江南人盛为此曲。随州刺史刘长卿左迁睦州司马，祖筵之内，吹之为曲，长卿遂撰其词，意颇自得，盖亦不知本事。词云："晴川落日初低，惆怅孤舟解携。鸟去平芜远近，人随流水东西。白云千里万里，明月前溪后溪。独恨长沙谪去，江潭春草萋萋。”余在童幼，亦闻长老话谪仙之事颇熟，而长卿之词甚是才丽，与本事意兴不同。余既备知，聊因暇日，辄撰其词，复命乐工唱之，用广不知者。其词曰：“胡尘犯阙冲关，金辂提携玉颜。云雨此时消散，君王何日归还。伤心朝恨暮恨，回首千山万山。独望天边初月，蛾眉犹在弯弯。”骈以为窦史君序《谪仙怨》云刘随州之词，未知本事，及详其意，但以贵妃为怀。盖明皇登骆谷之时，实有思贤之意，窦之所制，殊不述焉。骈因更广其词，盖欲两全其事，虽才情浅拙，不逮二公，而理或可观，贻诸识者。词云：“晴山碍日横天，绿叠君王马前。銮辂西巡蜀国，龙颜东望秦川。曲江魂断芳草，妃子愁凝暮烟。长笛此时吹罢，何言独为婵娟。”（《剧谈录》卷下《广谪仙怨词 台州刺史窦弘余撰》）

［宋］徐铉《稽神录》

徐铉（916—991），字鼎臣，宋广陵人。仕吴为校书郎，仕南唐官至吏部尚书。随李煜归宋，为太子率更令，出为右散骑常侍，迁左常侍。淳化二年坐累谪静难军司马。有《骑省集》《稽神录》《质疑论》等。《稽神录》有六卷本、十卷本，原书已佚。今辑存六卷，又拾遗一卷，记怪神之事。有明嘉靖二十二年姚咨家抄本、《四库全书》本、《类说》本、涵芬楼《说郛》本、宛委山堂《说郛》本、《唐人说荟》本、《津逮秘书》本、《学津讨原》本等。此据中华书局2006年点校本辑录。

一、伪吴春坊吏郭仁表，居冶城北。甲寅岁，因得疾沉痼，忽梦一道士，衣金花紫帔，从一小童，自门入，坐其堂上。仁表初不甚敬，因问：“疾何时可愈？”道士厉色曰：“甚则有之！”既寤，疾甚。数夜，复梦道士至，因叩头逊谢。久之，道士色解，索纸笔。仁表以为将疏方，即跪奉之。道士书而授之，其辞曰：“飘风暴雨可思惟，鹤望巢门敛翅飞，吾道之宗正可依，万物之先数在兹，不能行此欲何为?"梦中不晓其义,将问之,童子摇手曰:"不可!"因拜谢。道士自西北而去。因而疾愈。《广记》卷二百七十八。(《稽神录》卷一《郭仁表》)

二、庐陵有贾人田达诚,富于财业,颇以周给为务。治第新成,有夜扣门者,就视无人,如是再三。因呵问之:"为人耶,鬼耶?"良久答曰:"实非人也。比居龙泉,舍为暴水所漂,求寄君家。治舍毕,乃去耳。"达诚不许,曰:"人岂可与鬼同居耶?"对曰:"暂寄居耳,无害于君。且以君义气闻于乡里,故告耳。"达诚许之,因曰:"当止我何所?"达诚曰:"唯有厅事耳。"即辞谢而去。数日复来,曰:"吾家已至厅中,亦无妨君宾客,然亦严整家中人慎火。万一不虞,或当云吾等所为也。"达诚亦虚其厅以付之。达诚尝为诗,鬼忽空中言曰:"君乃能诗耶? 吾亦尝好之,可唱和耳。"达诚即具酒,置纸笔于前,谈论无所不至。众目视之,酒与纸笔俨然不动。试暂回顾,则酒已尽,字已著纸矣。前后数十篇,皆有意趣。笔迹劲健作柳体。或问其姓字,曰:"吾倘言之,将不益于主人,可诗以寄言也。"乃赋诗云:"天然与我亦灵通,还与人间事不同。要识吾家真姓字,大字南头一段红。"众不喻也。一日,复告曰:"吾有少子婚樟树神女,以某日成礼,复欲借君后堂三日,以终君大惠,可乎?"达诚亦虚其堂,以幕帷之。三日,复谢曰:"吾事讫矣,还君此堂。主人之恩可谓至矣,然君家老婢某可笞一百也。"达诚辞谢,即召婢笞数下。鬼曰:"使之知过,可止矣。"达诚徐问其婢,云:"曾穴幕窃视,见宾客男女,厨膳花烛,与人间不殊。"后岁余,乃辞谢而去。达诚以事至广陵,久之不归。其家忧之。鬼复至,曰:"君家忧主人耶? 吾将省之。"翌日,乃还,曰:"主政在扬州,甚无恙,行当归矣。新纳一妾,与之同寝,吾烧其帐后幅以戏之耳。"大笑而去。达诚归,问其事皆同。后至龙泉访其居,亦竟不获。《广记》卷三百五十四。(《稽神录》卷二《田达诚》)

三、周显德乙卯岁,伪涟水军使秦进崇修城。发一古冢,棺椁皆腐,得古钱破铜镜数枚。复得一瓶,中更有一瓶,黄质黑文,隶字云:"一双青鸟子,飞来五两头;借问船轻重,寄信到扬州。"其明年,周师伐吴,进崇死之。《广记》卷三百九十。(《稽神录补遗》之《秦进崇》)

四、鄱阳山中有木客,自言秦时造阿房宫采木者也。食木实,遂得不死,时就民间酤酒酣饮。为诗一章云:"酒尽君莫酤,壶倾我当发。城市多嚣尘,还山拜明月。"(《稽神录再补》之《木客》)

［唐］杜光庭《道教灵验记》

杜光庭，生平见《录异记》叙录。《道教灵验记》原书二十卷，今存十五卷，记魏晋南北朝至唐道教灵验之事。有正统《道藏》本、《云笈七签》本等。此据中华书局《杜光庭记传十种辑校》本辑录。

一、广州菖蒲观，安期先生修真之所，药灶、丹井、灵溪、古松为州中游赏之最。古有观宇，岁久为僧所侵，以置禅院。虽人众同居，常多惊恐之事。不然，则论讼殴击，亦时有杀伤。有老人过之，谓僧曰："此仙官所居，道家灵迹，僧虽护持，且非类，若不移去，当有虎狼为灾，遭其啖食矣。"殊不信，旬月而虎暴尤甚，损伤者十余辈。掩蔽不敢言，稍稍逃去。

时进士许三畏，偶题七言长句于壁上，曰："本是安期烧药处，今为达么坐禅宫。数僧梵响满楼月，深谷猿声半夜风。金磬韵停松阁迥，浮云散尽海山空。我来不见修真客，却得真如问远公。"节度使郑公愚因游兹院，僧徒寂寥，复闻有挚兽之事，及老叟之言，顾见此诗，喟然曰："此亦志之所之也，能无感动乎？"遂表奏改置菖蒲观焉。（《道教灵验记》卷之二《宫观灵验·广州菖蒲观验》）

［唐］杜光庭《广成集》

杜光庭，生平见《录异记》叙录。《广成集》原书五十四卷，今存十七卷，卷一至卷三为表，卷四至卷十七为斋醮词。有明抄本、清彭氏知圣道斋抄本、雍正正间抄本、正统《道藏》本、文渊阁《四库全书》本、《四部丛刊》本等。此据中华书局2011年点校本辑录。

一、臣某伏睹鸿胪卿赵温珪奏：今月二十三日，皇帝驾幸得贤楼看阅将士，皇太子自城南阅马帐头回入城，至酉时城上有黄云两片，状如华盖，逡巡变为紫色者。

臣谨按：尧之诞生，常有黄云垂覆；舜之御宇，常有黄云凝空。又汉宣帝幸甘泉宫，紫云入殿；宋世祖践祚，紫云见于端门。黄帝有瑞云，以云纪官。今者德动天休，瑞呈云物，华夷共仰，海岳同劝。臣某中贺。

伏惟陛下，体道握符，惟天纵圣，仁周动植，惠普寰瀛。柔远俗以文明，慑凶奴以武略。盖以中原未泰，品物未宁，将申戢静之机，用拯生灵之弊。授律则南摧丑蜓，凿门则北扫烟埃。铁轴牙樯，水耀龙骧之旅；霜戈雪戟，陆陈隼击之师。振动山川，奔驱雷电，伫闻恢拓，以廓乾坤。爰命皇太子，训整六军，申明三令。蒙轮挟辀之士，壮气凌空；拔山扛鼎之夫，雄心贯日。皆坚金石，咸励忠贞。允合天心，果昭灵贶。轮囷对起，萧索齐凝。成金柯玉叶之奇，高浮帝座；变紫盖如葩之状，低接皇城。初呈荫鼎之姿，渐结临关之色，有以见圆穹赞祐，皇德升闻。越唐尧、虞舜之征，超宋祖、汉宣之感。自此率宾八极，文轨万方，增圣寿于亿千，固宏基于隆永。臣躬深睿奖，叠睹殊祥，敢谣咏以抒情诚，效讴歌而颂圣德，诗一首陈进。（《广成集》卷一《贺黄云表》）

二、伏睹严道县多功团崇善里百姓李彦韬，于楠树上获白鹊进献者。五行表瑞，见金运之隆昌；百辟同瞻，贺玉京之贶贶。臣某中贺。

臣闻王者正名立训，体乎天意，胜残去杀，慰此人心，则有异木珍禽，来仪朝阙。霜毛动色，绀趾标奇。敛羽呈姿，应见徒夸于汉魏；传声送喜，翱翔显奉于皇明。

伏惟陛下，瑞冠百王，功超三古。协序而风调禹律，烛昏而镜满轩台。亭毒万方，再树乾坤之本；照临下土，重悬日月之光。鄙炎汉之息肩，迈唐尧之鼓腹。人歌岁稔，物赖时康。况乃万旅貔貅，千营铠甲，擒凶剪弊，抚弱字孤。雷掀钲鼓之行，云黯旌旗之举。发令而雄豪踊跃，申恩而疲瘵昭苏。五星运度以垂休，八海承风而寝浪。遂至山河效祉，禽羽呈祥，远离海上之巢，来对云中之阙。观其玉笼乍启，雪姿不惊，望圣苑以回翔，对天慈而鼓舞。往来瑶陛，栖泊珠帘。认素羽以难分，听新声而已熟。不是成桥之侣，殊非绕树之群。既彰团雪之容，实焕来金之盛。伫见干戈载止，奸邪屏除。荡疆场之烟烽，永归北极；静寰区之榛梗，自我西方。信超魏德之雄，更掩汉成之代。

臣获逢昌运，累睹殊祥，辄陈歌颂之词，上渎圣明之鉴。臣谨课颂圣德纪瑞诗一首陈进，干渎冕旒，无任之至。（《广成集》卷一《贺雅川进白鹊表》）

三、臣某伏睹天贞军留后崔善进射洪县百姓王友田上《嘉禾合穗图》者。圣德遐通，祥符叠至，文武瞻睹，中外欢呼。

臣某谨按《瑞图》云：嘉禾者，美瑞也；稔，岁精。王者德至于土，则二苗同秀。昔者唐叔得禾，异亩同颖。成王问周公曰：二禾一穗，意天下和同乎？王命唐叔作《嘉禾篇》。由是九土会同，八纮归化，旅獒西贡，越雉南来，三十世之宏基，七百年之大业，辉前映古，逾夏掩商。今在圣明，复彰斯瑞。

伏惟陛下绍轩皇之圣绪，承周帝之洪源，应历数以配天，总华夷而类帝。惟恭惟俭，绝嗜音酗酒之娱；乃圣乃神，有明目达聪之美。弘武德而先惩不轨，电扫奸妖；播文风而旋抚戎羌，云奔琛赆。忧勤黎献，轸悯耕农。岁致丰穰，田无炎潦。德通于地，见共秀于二苗；应达乎天，果异亩而同颖。契圣祖兴周之瑞，表吾君拓土之征。昔则和天地为一同，今则包万方为一统。况属王师薄伐，誓农吊民，雄棱已慑于彼方，祯异先呈于近境。伫观收克，永荡氛霾。开九天日月之光，显符周卜；合四海生灵之望，同比唐禾。

臣窃仰瑞图，赓歌圣感，愿预采诗之录，思陪唐叔之篇，谨课颂圣德嘉禾合穗诗一首进。（《广成集》卷一《贺天贞军进嘉禾表》）

四、臣某言：伏睹今日赵匡业所进合州江上得神剑一口宣示中外者。伏以将启升平，祥符必降；欲清凶孽，神剑斯呈。助圣明斩断之功，表天地匡扶之力。

伏惟陛下，功超三五，威肃寰瀛，仁格幽明，道均天地。故得山川林谷，吐金焰于层崖；风雨雷霆，见霜锋于万里。一条秋水，初观出地之姿；数尺练光，宛耀倚天之势。仍彰变化，显著神奇。昔嬴帝得之于水心，果吞六合；今陛下获之于江上，即统万方。剸钟切玉者，讵可比伦；斩马断蛇者，那堪俦拟。

臣荣逢昌运，获睹殊祥，辄贡咏歌，愿扬睿感。谨课颂圣德七言四韵诗一

首陈进，干冗宸严，无任之至。（《广成集》卷二《贺获神剑进诗表》）

五、臣某伏睹邛州团练使张敬周奏，大邑县鹤鸣化玄一大师郭昭美申当化有古柏树，内有七株枯多年，今再生枝叶，郁茂异常，州司差人覆验有实者。仙山表贶，嘉树呈祥，符睿德之感通，彰神功之茂育。臣某诚欢诚抃，顿首顿首。

臣按《瑞图》云：帝王德及草木，政致升平，则松柏常生，木有祯异。

伏惟陛下，膺图启运，握纪承天。修文化而服遐荒，擢武威而平九有。恩周草木，惠及蚳蝝。穷蕃解辫以归仁，犷俗梯山而纳赆。由是涵濡异类，感动殊伦。雪兔霜禽栖翔接影，应龙神蔡表见为常。今者玉洞云峰，灵墟古化，当炎汉理平之际，乃天师修道之乡。林麓森疏，烟霞熻赩。苍崖藓织，凌空之辙迹犹存；翠墠莎封，化鹤之坛基尚在。而岩前古柏，枯朽多年，沾雨露以重荣，吐黄芽而再茂。乔柯袅翠，密叶凝阴。彼王廙之豫章，难偕繁盛；虽濑乡之仙桧，莫继祯祥。惟七柏之兴荣，契卜年之遐永。祥编瑞谍，古昔无伦。

臣获奉昌期，频聆嘉瑞。敢陈谣咏，愿播寰瀛。谨课颂圣德七言四韵诗一首陈进，称贺以闻。（《广成集》卷二《贺鹤鸣化枯树再生表》）

六、臣某伏睹西天三满多到阙朝对者。伏以北通玉塞，西渡金河，路出重关，程逾万里。班定远之经历，才及乌孙；张博望之访寻，只过青海。或蛇州魅碛，人迹莫穷；或飞雪流沙，马蹄难至。由是声教或异，职贡少修。昆峤白环，首标瑞典；钟山火玉，显谓祥珍。况身毒居葱岭之阴，于阗隔雪峰之外。天竺辽夐，跋涉辛勤。慕中华亿兆之尊，向大蜀圣明之主，专申朝觐，实美简编。

伏惟陛下，纵圣体乾，膺图启运，德逾羲顼，仁冠尧汤，修文德而御要荒，耀武功而安寰海。故得西夷率服，万宇知归。南通交趾之乡，北聚穹庐之俗。献琛奉贽，无旷岁时。窃惟听政之余，每降自天之泽，兴弘玄释，劝奖崇修。梵刹精严，道宫焕丽，一心齐致，二教俱荣。紫霞洞之仙客效祥，天竺国之胡僧入贡，咸归睿感，共福皇图。率土臣寮，同深抃蹈。臣某芝田末学，蓬岫孤踪，获奉天慈，俯宣明命。谨课颂圣德七言诗二十韵一首陈进，冒黩宸严，无任兢惧战越之至。（《广成集》卷三《宣进天竺僧二十韵诗表》）

［唐］张志和《玄真子外篇》

张志和，字子同，唐金华人，始名龟龄。年十六擢明经第，以策干肃宗，命待诏翰林，授左金吾卫录事参军。后坐事贬南浦尉，赦还，居江湖。著有《太易》《玄真子外篇》。《玄真子外篇》原书十二卷，今存三卷。有明天启五年孟胤泰刻本、明正德嘉靖间刻本、《知不足斋丛书》本、《金华丛书》本、《诸子汇函》、正统《道藏》本、《道藏辑要》本、文渊阁《四库全书》本等。此据华夏出版社2014年《中华道藏》本辑录。

一、红霞子问乎碧虚子曰：夫造化之端，自然之元，其体若何？霄愿游夫子之域而观之，岂得闻邪？于是碧虚子沉然有间，豁然情容，而晓颜咏乎太寥之上，为空洞之歌，谓之曰：无自而然，自然之无。无造而化，造化之端。廓然悫然其形团，阖尔之视，绝尔之思可以观。（《玄真子》卷上《碧虚》）

二、是以昔之登太寥观化元者，知其运乎工而未央，作太寥之歌曰：化元灵哉，碧虚清哉，红霞明哉。冥哉茫哉，惟化之工无疆哉。非夫同万形之殊，殊万形之同，一万心之异，异万心之一，驰不想而届乎冥茫之端倪者，则何以环游太无，观造化之无矣。（《玄真子外篇》卷上《碧虚》）

［唐］颜真卿《颜鲁公文集》

颜真卿(708—784)，子清臣，唐长安人。开元二十二年(734)进士及第，又擢制科，累迁侍御史，后出为平原太守。禄山叛，与从父兄杲卿等起兵讨贼，河朔诸郡共推为盟主，拜户部侍郎，加河北招讨使。谒肃宗，授宪部尚书，迁御史大夫，后出为冯翊太守，坐谗屡贬。代宗朝再迁至尚书右丞，封鲁郡公。德宗立，改太子太师。有《颜鲁公文集》。《颜鲁公文集》十五卷，补遗一卷，附录一卷。卷一为奏议，卷二卷三为表，卷四至卷九为碑，卷十为墓碣墓志、祭文，卷十一为书帖、赞、题名，卷十二为序，卷十三至十四为记，卷十五为诗。有明万历间颜欲章刻本、明嘉靖二年锡山安氏馆刻本、明嘉靖间锡山安氏馆铜活字印本、明万历十七年刘思诚刻本、明万历二十四年颜真卿二十五世孙颜胤祚刻本、清嘉庆七年颜崇椝刻本、文渊阁《四库全书》本、《四部丛刊》本、《四部备要》本、《颜氏传书》本等。此据上海商务印书馆《四部丛刊初编》本辑录。

一、乙丑岁，元宗东封知顿使，奏课第一，赐绢二百匹。岳下观礼，献《庆云颂》，又赐绢一百匹。明年，入朝，分掌十铨。（崔孝）公与王丘，为选人所歌曰："沔人澄明澈底清，丘山介直连天峻。"时人韪之。还州，以理有异绩。御史大夫崔隐甫、中丞宇文融，朝服表荐，玺书宠慰。无何，征拜左散骑常侍。上以六宫亲蚕丝赐近臣，公献《御丝赋》。又侍宴别殿，赋《端午诗》，屡蒙锡以缣帛彩罗。兼判国子祭酒，俄充东都副留守。十七年，有事陵庙，追赠安平公及太君，曰安平郡夫人。驾还，罢留守。二十年春，奉敕撰《龙门公宴诗序》，赐绢百匹。延入集贤院，修《老子道德经疏》，行于天下。（《颜鲁公文集》卷十四《通议大夫守太子宾客东都副留守云骑尉赠尚书左仆射博陵崔孝公宅陋室铭记》）

［唐］元结《元次山集》

元结（719—772），字次山，唐河南人。天宝十二年（753）进士及第，肃宗时累迁水部员外郎，代宗时以亲老归樊上，晚拜道州刺史，进授容管经略使。有《元子》《猗玕子》《元次山集》。《元次山集》十卷，卷一至卷三为诗，卷四至卷十为文。有明吴震元、王时敏刻本、明末刻德藻堂印本、明崇祯八年刻本、明天启崇祯间刻本、清抄本、清上海曹氏碧鲜斋抄本、清两间书屋刻本、清陈氏向山阁抄本、摛藻堂《四库全书荟要》本、《四库全书》本、《四部丛刊》本、《四部备要》本等。此据中华书局1960年点校本辑录。

一、樊水东尽，其南乃樊山，北鲜津吏欲于鲜上以为候舍。漫叟家于樊上，不醉则闲，乃相其地形，验之图记，实吴故宴游之处。县大夫马公登之，叹曰："谢公赠伏武昌诗云：'樊山开广宴'，非此地耶？吾欲因而修之，命曰"广宴亭"，何如？"漫叟颂之曰："古人将修废遗尤异之事，为君子之道。于戏！天下有废遗尤异之事如此亭者，谁能修而旌之，天将厌悔往乎？使公方壮而有是心也，吾当裁畜简札，待为之颂，故作《广宴亭记》，以先意云。"（《元次山集》卷八《广宴亭记》）

［唐］李德裕《李卫公会昌一品集》

李德裕，生平见《平泉山居记》叙录。《李卫公会昌一品集》，又名《会昌一品集》《李文饶文集》《李卫公文集》《李文饶公文集》等，正集二十卷，别集十卷，外集四卷。有明刻万历间郑惇典重修本、明天启四年茅师山刻本、清光绪十六年常慊慊斋刻本、《畿辅丛书》本、摛藻堂《四库全书荟要》本、文渊阁《四库全书》本、《四部丛刊》本等。此据中华书局1985年《丛书集成初编》本辑录。

一、伏以六合清和，四夷慕义，芳春令节，锡宴群臣。见膏露之晞阳，喜薰风之解愠，万心欢乐，累日忘疲。伏惟陛下睿德日新，文章天纵，词高黄竹，思缛白云，含毫而瑞景扬光，摛藻而非烟动色。臣早司纶綍，尝忝内庭，雕虫薄技，实感宪宗、穆宗、文宗知奖，不揆浅薄，辄进诗一首。轻黩扆严，伏增惶惕，谨随状奉进。（《李卫公会昌一品集》卷十八《进侍宴诗一首状》）

二、四月二十三日，奉宣令状臣进来者。伏以扬雄云："童子雕虫篆刻，壮夫不为。”臣往在弱龄，即好词赋，性情所得，衰老不忘。属吏职岁深，文业多废，意之所感，时乃成章。岂谓击壤庸音，谬入帝尧之听。巴渝末曲，猥蒙汉祖之知。踢蹐惭惶，神魂飞越。谨录新旧文十卷进上，轻黩宸严，无任兢惕。（《李卫公会昌一品集》卷十八《进新旧文十卷状》）

［唐］韩愈《顺宗实录》

韩愈(768—824)，字退之，唐河阳人。德宗贞元八年(792)进士及第，张建封辟为府推官，调四门博士，迁监察御史，上书极论宫市，贬阳山令。元和中复为博士，累进中书舍人。裴度讨淮西，请为行军司马，以功迁刑部侍郎。谏迎佛骨，贬潮州刺史，后终吏部侍郎。《顺宗实录》五卷，记顺宗史实，存于《韩昌黎文外集》。此据上海古籍出版社 2014 年校注本辑录。

一、上(顺宗)疾久不瘳，内外皆欲上早定太子位，叔文默不发议。已立太子，天下喜，而叔文独有忧色。常吟杜甫《题诸葛亮庙》诗末句云：“出师未用身先死，长使英雄泪满襟。”因歔欷流涕，闻者咸窃笑之。(《韩昌黎文集·文外集》下卷《顺宗实录》卷五)

［唐］李商隐《李商隐文集》

李商隐，字义山，唐河内人。开成二年(837)进士及第，累官工部员外郎。著有《玉溪生诗》三卷，《樊南四六甲乙集》四十卷，赋一卷，文一卷。

明代诗三卷尚存，文集已佚。今有徐树穀、徐炯《李义山文集笺注》十卷，冯浩《樊南文集补编》十二卷等。此据中华书局2002年《李商隐文编年校注》辑录。

一、（李）长吉细瘦，通眉，长指爪，能苦吟疾书，最先为昌黎韩愈所知。所与游者，王参元、杨敬之、权璩、崔植为密。每旦日出，与诸公游，未尝得题然后为诗，如他人思量牵合以及程限为意。恒从小奚奴骑距驴，背一古破锦囊，遇有所得，即书投囊中。及暮归，太夫人使婢受囊，出之，见所书多，辄曰："是儿要当呕出心始已耳。"上灯与食，长吉从婢取书，研墨叠纸足成之，投他囊中。非大醉及吊丧日，率如此。过亦不复省。王、杨辈时复来探取写去。长吉往往独骑往还京洛，所至或时有著，随弃之。故沈子明家所余四卷而已。（《李商隐文集编年校注·未编年文》之《李贺小传》）

二、（刘叉）闻韩愈善接天下士，步行归之。既至，赋《冰柱》、《雪车》二诗，一旦居卢仝、孟郊之上；樊宗师以文自任，见叉拜之。（《李商隐文集编年校注·未编年文》之《齐鲁二生·刘叉》）

诠释类诗话

［后晋］刘昫等《旧唐书》

（见“本事类”）

一、隋末有谣云：“桃李子，洪水绕杨山。”炀帝疑李氏有受命之符，故诛李金才。后李密据洛口仓以应其谶。（《旧唐书》卷三十七《志第十七·五行》）

二、调露中，高宗欲封嵩山，累草仪注，有事不行。有谣曰：“不畏登不得，但恐不得登。三度征兵马，旁道打腾腾。”高宗至山下遘疾，还宫而崩。（《旧唐书》卷三十七《志第十七·五行》）

三、龙朔中，俗中饮酒令，曰“子母去离，连台拗倒”。俗谓杯盘为子母，又名盘为台，即中宗废于房州之应也。时里歌有《突厥盐》，及则天遣尚书阎知微送武延秀，立知微为可汗，挟之入寇。（《旧唐书》卷三十七《志第十七·五行》）

四、如意初，里歌云：“黄獐黄獐草里藏，弯弓射尔伤。”后契丹李万荣叛，陷营州，则天令总管曹仁师、王孝杰等将兵百万讨之，大败于黄獐谷，契丹乘胜至赵郡。（《旧唐书》卷三十七《志第十七·五行》）

五、垂拱已后，东都有《契苾儿歌》，皆淫艳之词。后张易之兄弟有内嬖，易之小字契苾。（《旧唐书》卷三十七《志第十七·五行》）

六、元和小儿谣云：“打麦打麦三三三”，乃转身曰：“舞了也。”及武元衡为盗所害，是元和十年六月三日。（《旧唐书》卷三十七《志第十七·五行》）

七、永徽元年，薛大鼎为沧州刺史，界内有无棣河，隋末填废。大鼎奏开之，引鱼盐于海。百姓歌之曰：“新河得通舟楫利，直达沧海鱼盐至。昔日徒行今骋驷，美哉薛公德滂被！”（《旧唐书》卷四十九《志第二十九·食货下》）

八、宝历元年十一月，(裴)度疏请入觐京师。明年正月，度至，帝礼遇隆厚，数日，宣制复知政事。而逢吉党有左拾遗张权舆者，尤出死力。度自兴元请入朝也，权舆上疏曰："度名应图谶，宅据冈原，不召自来，其心可见。"先是奸党忌度，作谣辞云："非衣小儿坦其腹，天上有口被驱逐。""天口"言度尝平吴元济也。又帝城东西，横亘六岗，合《易象·乾》卦之数。度平乐里第，偶当第五岗，故权舆取为语辞。昭愍虽少年，深明其诬谤，奖度之意不衰，奸邪无能措言。(《旧唐书》卷一百七十《列传第一百二十·裴度》)

[宋]欧阳修等《新唐书》

(见"本事类")

一、调露初，京城民谣有"侧堂堂，桡堂堂"之言。太常丞李嗣真曰："侧者，不正；桡者，不安。自隋以来，乐府有《堂堂曲》，再言堂堂者，唐再受命之象。"(《新唐书》卷三十五《志第二十五·五行二》)

二、赞曰：《小雅》曰："赫赫宗周，褒姒灭之。"此周幽王之诗也。是时，幽王虽亡，而太子宜臼立，是为平王。而诗人乃言灭之者，以为文、武之业于是荡尽，东周虽在，不能复兴矣。其曰灭者，甚疾之之辞也。武氏之乱，唐之宗室戕杀殆尽，其贤士大夫不免者十八九。以太宗之治，其遗德余烈在人者未远，而几于遂绝，其为恶岂一褒姒之比邪？以太宗之明，昧于知子，废立之际，不能自决，卒用昏童。高宗溺爱衽席，不戒履霜之渐，而毒流天下，贻祸邦家。呜呼，父子夫妇之间，可谓难哉！可不慎哉？(《新唐书》卷三《本纪第三·高宗》)

三、龙朔中，时人饮酒令曰："子母相去离，连台拗倒。"俗谓杯盘为子母，又名盘为台。又里歌有《突厥盐》。(《新唐书》卷三十五《志第二十五·五

行二》)

四、垂拱后,东都有《契苾儿歌》,皆淫艳之词。契苾,张易之小字也。(《新唐书》卷三十五《志第二十五·五行二》)

五、如意初,里歌曰:“黄獐黄獐草里藏,弯弓射尔伤。”其后,王孝杰败于黄獐谷。(《新唐书》卷三十五《志第二十五·五行二》)

六、神龙以后,民谣曰:“山南乌鹊窠,山北金骆驼,镰柯不凿孔,斧子不施柯。”山南,唐也,乌鹊窠者,人居寡也;山北,胡也,金骆驼者,虏获而重载也。安乐公主于洛州造安乐寺,童谣曰:“可怜安乐寺,了了树头悬。”(《新唐书》卷三十五《志第二十五·五行二》)

七、天宝中,有术士李遐周于玄都观院庑间为诗曰:“燕市人皆去,函关马不归,人逢山下鬼,环上系罗衣。”而人皆不悟,近诗妖也。又禄山未反时,童谣曰:“燕燕飞上天,天上女儿铺白毡,毡上有千钱。”时幽州又有谣曰:“旧来夸戴竿,今日不堪看,但看五月里,清水河边见契丹。”(《新唐书》卷三十五《志第二十五·五行二》)

八、德宗时,或为诗曰:“此水连泾水,双眸血满川,青牛逐朱虎,方号太平年。”近诗妖也。朱泚未败前两月,有童谣曰:“一只箸,两头朱,五六月,化为蛆。”(《新唐书》卷三十五《志第二十五·五行二》)

九、咸通七年,童谣曰:“草青青,被严霜,鹊始后,看颠狂。”十四年,成都童谣曰:“咸通癸巳,出无所之,蛇去马来,道路稍开,头无片瓦,地有残灰。”是岁,岁阴在巳,明年在午。巳,蛇也;午,马也。(《新唐书》卷三十五《志第二十五·五行二》)

十、永隆元年,长安获女魃,长尺有二寸,其状怪异。《诗》曰:“旱魃为虐,如炎如焚。”是岁秋,不雨,至于明年正月。(《新唐书》卷三十六《志第二十六·五行三》)

十一、(李石)俄进中书侍郎。帝(文宗)尝曰:“朕观晋君臣以夷旷致倾覆,当时卿大夫过邪?”石曰:“然。古诗有之:‘人生不满百,常怀千岁忧。’畏不逢也;‘昼短苦夜长’,暗时多也;‘何不秉烛游’,劝之照也。臣愿捐躯命济国家,惟陛下鉴照不惑,则安人强国其庶乎。”(《新唐书》卷一百三十一《列传第五十六·宗室宰相 李石》)

[宋]陶岳《五代史补》

（见“本事类”）

一、李昪，本为徐温所养，温杀张颢，权出于己，自称大丞相、中书令、都统。及出居金陵，以嫡子知训为丞相，昪为润州节度。昪始为宣州，忽得润州，甚怏怏，将白温辞之。宋齐丘素与昪善，因谓昪曰：“知训骄倨，不可大用，殆必有损足焚巢之患。宣州去江都远，难为应，润州方隔一水尔，有急则可以立功，慎勿辞也。”昪闻之释然，遂行，至润州，未几，知训果为朱瑾所杀。是夜，江都乱，火光亘天，昪望之曰：“宋公之言中矣。”遂引军渡江，尽诛朱瑾之党。后解甲去备，以待徐温。温至，且喜且怒，谓昪曰：“犹幸汝在润州，不然吾家大事将去矣。汝于兄弟中有大功者耶。”即日用昪为左仆射，知政事，以代知训。昪善于抚御，内外之心翕然而归之，故徐温卒未几而江南遂为昪所有。

先是，江南童谣云：“东海鲤鱼飞上天。”东海即徐之望也，李者鲤也，盖言李昪一旦自温家起而为君尔。初，昪既畜异志，且欲讽动僚属。雪天大会，酒酣，出一令，须借雪取古人名，仍词理通贯。时齐丘、徐融在座，昪举杯为令曰：“雪下纷纷，便是白起。”齐丘曰：“著屐过街，必须雍齿。”融意欲挫昪等，遽曰：“明朝日出，争奈萧何。”昪大怒，是夜收融投于江，自是与谋者惟齐丘而已。（《五代史补卷三·晋·李昪得江南》）

二、高祖尝在晋祖麾下，晋祖既起太原，因高祖遂有天下。先是，豫章有僧号上蓝者，精于术数，自唐末著谶云：“石榴花发石榴开。”议者以“石榴”则晋、汉之谓也，再言“石榴”者，明享祚俱不过二世矣。（《五代史补卷四·汉·上蓝寺石榴谶》）

三、廖氏，虔州赣县人。有子三人，伯曰图，仲曰偃，季曰凝。图、凝皆有诗名，偃跞勇绝伦，由是豪横，遂为乡里所惮。……凝为人不羁，好诙谐，尝览裴说《经杜工部墓》诗曰："拟凿孤坟破，重教大雅生。"因曰："如此，裴说乃劫坟贼耳！"闻者大笑。（《五代史补》卷四《汉·廖氏世胄》）

［宋］佚名《五国故事》

（见"本事类"）

一、（杨）渥，（杨行）密长子。既袭父位，遂举兵克江西，虏钟氏而归。先是谣言云："杨老抽嫩鬓，堪作打钟槌。"声犹未卒，不堪嗣父事，乃同谋害之，而立其弟渭。槌折之言，盖冥符也。（《五国故事》卷上）

二、（李）景在位，尝构一小殿，谓之龟头，居常处之以视事。人有侦其所在，必问曰："大家何在？""在龟头里。"及后有内附之事，人始悟焉。景即位，改元保大。壬子、癸丑间，有狂人遍扬州市，诟骂市人："待显德三年，总杀之。"又曰："不得韩、白二人，杀之无噍类。"时朝廷广顺年也，人皆莫测显德之号。俄而周太祖南郊改元显德，世宗袭位，因仍其号，至三年丙辰，王师遂入淮南，时韩侍卫令坤、白太师重遇并为戎帅。王师既入，将屠其城，而二公戢兵，淮人得过江而南者尤众，悉如狂人之言。周师未南征，而淮南市井小儿普唱曰："檀来也。"众颇怪之。及扬州建春门有鼍，出于水次，众以为应矣。未几，王师入，先锋骑兵皆唱蕃歌，其首句曰"檀来也"，方明其兆。（《五国故事》卷上）

三、闽忠懿王讳审知，光州固始人也。长兄潮，次兄圭，及审知，军中号为"三龙"，皆以唐末起兵，为黄巢部伍。巢败，乃领其众入泉州，旋自泉州复入福州。初，碎石僧为谶辞曰："岩高潮水没，潮退矢口出。"盖言潮破福州陈岩，而审知终嗣其地也。潮尝使日者视己兄弟，曰："一个胜一个。"审知方侍其侧，沾汗而退。审知性俭约，尝衣䌷，一日裤败，乃取酒库醡袋而补之。又尝使南方回者，以玻璃瓶献之，审知看玩久之，因掷于地，谓左右曰："好奇尚异，乃奢侈之本。今沮之，贵后代无为渐也。"或云延钧僭立，以御服被于审知之庙，审知寓梦于延钧，责之，不肯服。(《五国故事》卷下)

［宋］龙衮《江南野史》

(见"本事类")

一、初，(先主)有禅代之志，忽夜半寺僧撞钟，满城皆惊。逮旦召问，将斩之，云："夜来偶得月诗。"先主令白，乃曰："徐徐东海出，渐渐入天衢。此夕一轮满，清光何处无。"先主闻之，私喜而释之。又天祐中诸郡童谣云："东海鲤鱼飞上天。"东海，徐氏之望，鲤，姓也。天时人事，冥符有如此者。(《江南野史》卷一《先主》)

［唐］陆龟蒙《小名录》

(见"本事类")

一、晋愍太子名遹，字熙祖，惠帝长子。娉王衍小女，字惠风。其将废也，有童谣曰："南风烈烈吹白沙，南望鲁国郁嵬峨，千岁髑髅上齿牙。"南风，贾后小字也。白晋行沙门，太子小字。鲁贾谧国，言太子遭贾后与谧相危之酷也。(《小名录》卷上)

［宋］耿焕《野人闲话》

（见“本事类”）

一、彭州天台禅院，前致仕焦将军彦宾所创也，天台僧行灯掌之。刺史安思谦男守范，与宾客游，联句以纪其来。守范出首句曰：“偶到天台院，因逢物外僧。”定武军推官杨鼎夫继曰：“忘机同一祖，出语离三乘。”前怀远军巡官周述曰：“古德玄意远，外窗虚景澄。”前眉州判官李仁肇尾联曰：“片时松影下，联续百千灯。”遂请闲僧教大师羲西八分书于牌。翌日，有贫子乞食于院，见而高声读之曰：“人道有初无尾，此则有尾无初。后五年，首颔俱碎，洎不如尾句者乎！”院僧驱逐，贫子曳杖四顾曰：“此后主人不远千里，即欲到来。”人以为狂言。果五年，诛思谦，守范伏法，鼎夫暴亡，此则“首颔俱碎”之义也。周与李累授官资，此“不如尾句”之义也。行灯归寂，寺僧蜀王尽遣出之，后主持院僧适自兴元归，则是“不远千里”之义也。贫子之说，一无谬焉。杨鼎夫，成都人，尝游青城山，过皂江，溺而又出。登岸，遽有老人以杖接引，且笑曰：“元是盐里人，本非水中物。”旋失老人所在。因作诗以纪之曰：“青城山峭江水寒，欲渡当时值急湍。棹急狂风趋远岸，舟逢怪石碎前湾。手攀弱杖仓皇处，命在洪涛顷刻间。今日深恩无以报，令人羞说雀衔环。”至成都，与知己言，竟莫究盐里人之义。后为居安思谦幕，判成都榷盐院，感疾暴亡，以盐裹其尸归于蜀。《诗话总龟》卷四九。又《太平广记》卷一四五、《说郛》卷三五《续释常谈》(《野人闲话·安守范》)

［唐］封演《封氏闻见记》

（见“本事类”）

一、其后河间王孝琬为尚书令，先是有谣言，“河南种谷河北生，白杨树头金鸡鸣”；祖孝征与和士开谮孝琬曰：“河南河北，河间也；金鸡，言孝琬为天子建金鸡也。”齐王信之而杀孝琬。（《封氏闻见记》卷四《金鸡》）

二、齐州城东，有孤石平地耸出，俗谓之历山；以北有泉号“舜井”。东隔小街，又有石井，汲之不绝，云“是舜东家之井”。乾元中，有魏炎者，于此题诗曰：“齐州城东舜子郡，邑人虽移井不改。时闻汹汹动渌波，犹谓重华井中在。”又曰：“西家今为定戒寺，东家今为练戒寺。一边井中投一瓶，两井相摇响泙濞。”又曰：“济南郡里多沮洳，娥皇、女英汲引处。窃向池中潜睄来，浇茆畦上平流去。”炎虽文士，其意如是，则诚以为舜之所居也。（《封氏闻见记》卷八《历山》）

三、天宝初，协律郎郑虔，采集异闻，著书八十余卷。人有窃窥其草藁，告虔私修国史。虔闻而遽焚之。由是贬谪十余年，方从调选，授广文馆博士。

虔所焚书，既无别本，后更纂录，率多遗忘，犹成四十余卷，书未有名。及为广文博士，询于国子司业苏源明，源明请名《会粹》，取《尔雅序》“会粹旧说”也。

西河太守卢象赠虔诗云：“书名《会粹》才偏逸，酒号屠苏味更醇。”即此之谓也。（《封氏闻见记》卷十《赞成》）

[唐] 刘肃《大唐新语》

（见“本事类”）

一、则天朝，诸蕃客上封事，多获官赏，有为右台御史者。则天尝问张元一曰：“近日在外有何可笑事？”元一对曰：“朱前宜着绿，录仁杰着朱。闾知微骑马，马吉甫骑驴。将名作姓李千里，将姓作名吴扬吾。左台胡御史，右台御史胡。”胡御史，元礼也。御史胡，蕃人为御史者。寻授别敕。（《大唐新语》卷十三《谐谑第二十八》）

[唐] 韦绚《刘宾客嘉话录》

（见“本事类”）

一、逆胡将乱于中原，梁朝志公大师有语曰：“两角女子绿衣裳，却背太行邀君王，一止之月必消亡。”两角女子，“安”字；绿者，“禄”字也；一止，正月也，果正月败亡。圣矣，符志公之寓言也。（《刘宾客嘉话录·志公语》）

二、刘禹锡云：予尝与柳八、韩十八诣施士匄听《毛诗》，说“维鹈在梁”：“梁，人取鱼之梁也。言鹈自合求鱼，不合于人梁上取其鱼，譬之人自无善事，攘人之美者，如鹈在人之梁。毛注失之矣。”又说：“山无草木曰岵，所以言‘陟彼岵兮’，言无可怙也。以岵之无草木，故以譬之。”因言“罘罳”者，复思也，今之板障、屏墙也。天子有外屏，人臣将见，至此复思其所对扬、去就、避忌也。“魏”，大；“阙”，楼观也。人臣将入，至此则思其遗阙。“桓楹”者，即今之华表也。桓、华声讹，因呼为桓。桓，亦丸丸然柱之形状也。又说：“古碑有孔，今野外见碑有孔，古者于此孔中穿棺以下于墓中耳。”又说：“《甘棠》之诗，‘勿拜，召伯所憩’。拜，言如人身之拜，小低屈也。上言‘勿翦’，终言‘勿拜’，明召伯渐远，人思不得见也。毛注‘拜犹伐’，非也。”又言：“维北有斗，不可挹酒浆。”言不得其人也。毛、郑不注。(《唐语林》卷二“文学”)(《刘宾客嘉话录·佚文·施士匄说毛诗》)

三、《诗》曰“我思肥泉”者，源同而分之曰“肥”也，言我今卫女嫁于曹，如肥泉之分也。(《唐语林》卷二“文学”)(《刘宾客嘉话录·佚文·肥泉》)

四、丈人曰：魏文帝诗云，“画舸覆缇油”，即今江淮间艑船篷子上帷幕耳。《唐书》卢藩传言“船子著油”，比惑之，及见魏文诗，方悟。(《唐语林》卷二“文学”，又《永乐大典》卷八八四一引《嘉话录》)(《刘宾客嘉话录·佚文·画舸覆缇油》)

五、陆畅常谒韦皋，作《蜀道易》一，首句曰：“蜀道易，易于履平地。”皋大喜，赠罗八百匹。皋薨，朝廷欲绳其既往之事，复阅先所进兵器，其上皆刻“定秦”二字，不相与者欲窘成罪名。畅上疏理之云：“臣在蜀日，见造所进兵器，‘定秦’者，匠之名也。”由是得释。《蜀道难》，李白罪严武作也，畅感韦之遇，遂反其词焉。(《刘宾客嘉话录·备考·陆畅蜀道易》)

［五代］王定保《唐摭言》

(见“本事类”)

一、张处士《忆柘枝》诗曰：“鸳鸯钿带抛何处，孔雀罗衫属阿谁？”白乐天呼为“问头”。祜矛楯之，曰：“鄙薄‘问头’之诮，所不敢逃。然明公亦有《目连变》，《长恨辞》云：‘上穷碧落下黄泉，两处茫茫都不见。’此岂不是目连访母耶？”(《唐摭言》卷一三《矛楯》)

[五代] 孙光宪《北梦琐言》

(见“本事类”)

一、唐薛尚书能，以文章自负，累出戎镇，常郁郁叹息。因有诗谢淮南寄天柱茶，其落句云：“粗官乞与真抛却，赖有诗名合得尝。”意以节将为粗官也。镇许昌日，幕吏咸集，令其子具櫜鞬，参诸幕客。幕客怪惊，八座曰：“俾渠消灾。”时人以为轻薄也。盖不得本分官，矫此以见志，非轻薄乎？(《北梦琐言》卷第四《薛氏子具军仪》)

二、唐韩定辞为镇州王镕书记，聘燕帅刘仁恭，舍于宾馆，命试幕客马彧延接。马有诗赠韩曰：“燧林芳草绵绵思，尽日相携陟丽谯。别后巏嵍山上望，羡君时复见王乔。”彧诗虽清秀，然意在征其学问。韩亦于座上酬之曰：“崇霞台上神仙客，学辨痴龙艺最多。盛德好将银笔述，丽词堪与雪儿歌。”座内诸宾，靡不钦讶称妙句，然亦疑其银笔之僻也。他日，彧复持燕帅之命，答聘常山，亦命定辞接于公馆。时有妓转转者，韩之所眷也，每当酒席，彧频目之，韩曰：“昔爱晋文公分季隗于赵衰，孙伯符辍小乔于公瑾。盖以色可奉名人，但虑倡姬不胜贤者之顾，愿垂一咏，俾得奉之。”彧援笔，文不停缀，作转转之赋，其文甚美，咸钦其敏妙，遂传于远近。彧从容问韩以“雪儿”、“银笔”之事，韩曰：“昔梁元帝为湘东王时，好学著书，常记录忠臣义士及文章之美者。笔有三品，或以金银雕饰，或用斑竹为管。忠孝全者用金管书之，德行清粹者用银笔书之，文章赡丽者以斑竹书之。故湘东之誉，振于江表。雪儿者，李密之爱姬，能歌舞，每见宾僚文章有奇丽入意者，即付雪儿叶音律以歌之。”又问“痴龙”出自何处？定辞曰：“洛下有洞穴，曾有人误堕于穴中，因行数里，渐见明旷，见有宫殿人物凡九处，又见有大羊，羊髯有珠，人取而食之，不知何所，后出以问张华，曰：‘此地仙九馆也。大羊者，名曰痴龙耳。’”定辞复问彧：“巏嵍之山，当在何处?”或曰:“此隋君之故事,何谦光而下问?”由是两相悦服,结交而去。《广记》二百。(《北梦琐言逸文》卷第二《韩定辞诗中僻典》)

[宋]王谠《唐语林》

(见“本事类”)

一、于司空以乐曲有《想夫怜》,其名不雅,将改之,客笑曰:“南朝相府曾有瑞莲,故歌曰‘相府莲’,自是后人语讹。”乃不改。古解题曰:“《相府莲》者,王俭为南齐相,一时所辟皆才名之士,时人以入俭府为入莲花池,谓如红莲映绿水,今号‘莲幕’者自俭始。其后语讹为《想夫怜》,亦名之丑尔。”又有《簇拍相府莲》。《乐苑》曰:“《想夫怜》,羽调曲也。”白居易诗曰:“玉管朱弦莫急催,客听歌送十分杯;长爱《夫怜》第二句,倩君重唱夕阳开。”王维右丞词云“秦川一半夕阳开”是也。“夜闻邻妇泣,切切有余哀。即问缘何事,征人战未回。”《簇拍相府莲》:“莫以今时宠,宁忘旧日恩。看花满眼泪,不共楚王言。”“闺烛无人影,罗屏有梦魂。近来音耗绝,终日望应门”。(《唐语林》卷六《补遗起德宗,至文宗》)

[五代]王仁裕《王氏见闻录》

(见“本事类”)

一、竹貀者,食竹之鼠也,生于深山溪谷竹林之中无人之境,非竹不食,巨如野狸，其肉肥脆。山民重之，每发地取之甚艰。岐梁睚眦之年，秦陇之地，无远近岩谷之间，此物争出，投城隍及所在民家，或穿墉坏城，或自门阈而入，犬食不尽，则并入人家房内，秦民之口腹饫焉。忽有童谣曰："貀貀引黑牛，天差不自由。但看戊寅岁，扬骨蜀江头。"智者不能议之。庚午岁，大梁同州节度使刘知俊叛梁入秦，家于天水，天水破，流入蜀。居数年间，蜀人又谣曰："黑牛无系绊，棕绳一时断。"伪蜀先主闻之，惧曰："黑牛者，刘之小字。棕绳者，吾子孙之名也。盖前辈连宗字，后辈连承字为名，棕绳与宗承音同。吾老矣，得不为子孙之患乎？"于是害刘公以厌之。明年，岁在戊寅，先主不豫，合眼刘公在目前。蜀人惧之，遂粉刘之骨，扬入于蜀江。先主寻崩。议者方知貀者，刘也，黑牛者，刘之小字，戊寅岁扬骨入于蜀江之应。《太平广记》卷一六三。《分门古今类事》卷一三引出《益部耆旧传》。（《王氏闻见录·竹貀》）

［唐］段成式《酉阳杂俎》

（见"本事类"）

一、俗好剧语者云："昔有某氏，破产贳酒，少有醒时。其友题其门阖云：'今日饮酒醉，明日饮酒醉。'邻人读之不解，曰：'今日饮酒醉，是何等语！'于今青衿之子无不记者。"《谈薮》云："北齐高祖常宴群臣，酒酣，各令歌。武卫斛律丰乐歌曰：'朝亦饮酒醉，暮亦饮酒醉。日日饮酒醉，国计无取次。'帝曰：'丰乐不谄，是好人也。'"（《酉阳杂俎》下《续集卷四·贬误》）

[五代] 严子休《桂苑丛谈》

（见“本事类”）

一、乾符末，有客寓止广陵开元寺，因友会语愚云：顷年在京权寄青龙寺日，见有客尝访寺僧，届宾署，属主者匆遽，不暇留连。翌日复至，又遇要地朝客，不得展敬。别时又来，亦阻他事。客怒色取笔题门而去。词曰：“龛龙东去海，時日隐西斜。敬文今不在，碎石入流沙。”僧众皆不能详，独有沙弥能解之。众问其由，则曰：“龛龙去矣，乃合字；時日隐西，乃寺字也；敬文不在，苟字也；碎石入沙，卒字也。此不逊之言，辱我曹矣。”僧人大悟，追前人杳无踪由。客云沙弥乃懿皇朝文皓供奉。（《桂苑丛谈·沙弥辩诗意》）

[五代] 王仁裕《玉堂闲话》

（见“本事类”）

一、唐诗多用吴钩，刀名也，刀弯。今南蛮名之曰：“葛党刀。”（《海录碎事》卷一四）（《玉堂闲话》第六辑《葛党刀》）

[唐] 宇文士及《妆台记》

宇文士及，字仁人，唐长安人。高祖时，封郢国公，太宗时拜中书令、凉州都督，改蒲州刺史，终殿中监。著有《妆台记》。《妆台记》，记唐代及以前宫廷与民间女子妆发。有明末刻心远堂《绿窗女史》本、宛委山堂《说郛》本。此据新文丰出版公司 1989 年《丛书集成续编》本辑录。

一、梁简文诗："同安鬟里拨，异作额间黄。"拨者，捩开也。妇女理鬟用拨，以木为之，形如枣核，两头尖，尖可二寸长，以漆光泽，用以松鬓，名曰鬓枣。竞作万妥鬟，如古之蝉翼鬓也。（《妆台记》）

考辨类诗话

［唐］颜师古《匡谬正俗》

颜师古(581—645)，名籀，唐万年人。高祖时授朝散大夫，累迁中书舍人，太宗时拜中书侍郎，封琅琊县男，晋秘书少监，终秘书监、弘文馆学士。有《汉书注》《急就章注》《匡谬正俗》等。《匡谬正俗》八卷，前四卷论诸经训诂、音释，后四卷论诸书字义、字音及俗语相承之异。有明刻本、清乾隆间钞本、《小学汇函》本、《崇文书局汇刻书》本、《雅雨堂藏书》本、文渊阁《四库全书》本、《艺海珠尘》本、《古经解汇函》本等。此据中华书局2019年疏证本辑录。

一、【风】《毛诗序》云："《关雎》，后妃之德也。《风》之始也，所以风天下而正夫妇也。"今人读"风"为"讽天下"。案：《序》释云："上以风化下，下以讽刺上。"此当言"所以风天下"，不宜读为"讽"。又云："风，风也，教也。风以动之，教以化之。"今人读云"风以动之"，不作"讽"音。案：此盖《序》释"风"者训讽、训教，讽刺谓自下而上，教化谓自上而下。今当读云"讽以动之"，不宜直作"风"也。(《匡谬正俗》卷第一)

二、【架】《诗》郑氏笺云："鹊之有巢，冬至加功，至春乃成。"此言始起冬至加功力作巢，盖直语耳。而刘昌宗、周续等音"加"为"架"。若以构架为义，则不应为"架功"也。(《匡谬正俗》卷第一)

三、【夹】又《诗传》曰："山夹水曰涧。"此引《尔雅》正文，言两山夹水，名之为涧，居然可晓。而刘、周之徒又音"夹"为"颊"，于义无取，亦为专辄。(《匡谬正俗》卷第一)

四、【籀】问曰：《鄘诗·墙有茨》篇云："中冓之言，不可读也。"《毛诗传》云："读，抽也。""抽"是何义？答曰："读"止谓道读之读。更训为抽，翻成难晓。按：许〔氏〕《说文解字》曰："籀，读也。从竹擂声。""擂"即古"抽"字，是以"籀"

或作"籀"。〔此〕盖毛公以"籒"解"读",传写字省。故止为"抽"。此当言"读,籒也",不得为抽引之义。又《左氏传》云"其繇曰:'专之渝'"、"其繇曰:'士刲羊'"之类,字虽为"繇",音、训皆作"籒",并(未)〔谓〕读卜筮卦繇之辞也。(《匡谬正俗》卷第一)

五、【甲】《卫诗·芄兰》篇云:"能不我甲。"《毛诗传》曰:"甲,狎也。"毛公此释,盖依《尔雅》本训。而徐仙遂音"甲"为"狎"。案:"甲"虽训狎,自有本音,不当便读为"狎"。譬犹"斁"字训厌,《葛覃》篇云:"服之无斁。"岂得读云"服之无厌"乎?若以"甲"有"狎"音,假借为字音,不应方待训诂,始通其义也。(《匡谬正俗》卷第一)

六、【背】《伯兮》篇云:"焉得谖草,言树之背。"毛传云:"背,北堂也。"谓于堂北种之以忘忧耳。而陆士衡诗云:"焉得忘忧草,言树背与襟。"便谓身体前后种之。此亦误也。(《匡谬正俗》卷第一)

七、【漙】《郑诗·野有蔓草》篇云:"野有蔓草,零露漙兮。有美一人,清扬婉兮。"《诗》古本有"水"旁作"專"字者,亦有单作"專"字者,后人辄改为之"(漙)〔团〕"字,读为团圆之"(漙)〔团〕"。作辞赋篇什用之,递相因袭,曾无疑者。按:吕氏《字林》"雨"下作"专",训云"露貌",音"上兖反"。此字本作"𩃬",或作"溥"耳。单作"專"者,古字从省。又"上兖"之音,与"婉"相类,益知吕氏之说可依,本非团义矣。下云"零露瀼瀼"者,岂复亦论其纵横之貌乎?(《匡谬正俗》卷第一)

八、【衡】《齐诗·南山》篇云:"艺麻如之何?衡从其亩。"《礼》云:"古之冠缩缝,今也衡缝。""衡"即"横"也,不劳借音。而徐氏并音为"横",皆失之矣。(《匡谬正俗》卷第一)

九、【忉】《甫田》篇云:"劳心忉忉。"《尔雅音》:"切切,忧也。"后之赋者叙忧惨之情,多为"忉怛"。王仲宣《登楼赋》云:"心凄怆以感发,意忉怛而(潜)〔憯〕恻。"诸如此类,皆当音"切",字与"忉"字相类。"切"字从刀(匕)〔七〕声,传写误乱,或变为"忉"。今之学者讽诵辞赋,皆为"忉怛",不复言"切",失之远矣。(《匡谬正俗》卷第一)

十、【矜】《小雅·鸿雁》篇序云:"至于矜寡,无不得其所焉。"徐仙音"矜"为"古顽反"。案:此诗当章言"爰及矜人,哀此鳏寡",故郑笺云:"当及此可怜之人,谓贫穷者欲令赒饩之,鳏寡则哀之,其孤独则收敛之,使有依也。"寻序及诗意,盖云可矜怜之人及鳏寡者,皆被劳来安集。郑笺释之,正得其理。而徐

氏读“矜”为“鳏”，既无所凭，大失本旨。（《匡谬正俗》卷第一）

十一、【央】《庭燎》篇云：“夜未央。”传云：“央，旦也。”郑笺云：“夜未央，犹言未渠央也。”按：《秦诗·蒹葭》篇云“宛在水中央”，《礼·月令》云“中央”，并是中义。许氏《说文解字》云：“央，中央也。一曰久。”是则“夜未央”者，言其未中也、未久也。今关中俗呼二更、三更为“夜央”、“夜半”，此盖古之遗言，谓夜之中耳。毛公训“央”为旦，亦未知出于何典。而郑君直释云“未渠央”，不解“未渠”何义。按：俗语云“未渠央”，亦言“未遽央”，“遽”与“渠”同，言未遽中耳。古诗云“调弦未遽央”，即是其事。康成不能指明其义，而更曲引“未渠”云，复加以“犹言”，如博依之说，适令学者不晓其意。（《匡谬正俗》卷第一）

十二、【号】《北山》篇云：“或燕燕居息，或尽瘁事国。或息偃在床，或不已于行。或不知叫号，或惨惨劬劳。或栖迟偃仰，或王事鞅掌。或湛乐饮酒，或惨惨畏咎。”从上及下，句句相韵。“叫号”者，犹言喧呼自恣耳，非必要谓号咷之“号”。毛传云：“叫，呼。号，召也。”而徐仙乃音“号”为“呼到反”。今读者遵之，亦甚非也。（《匡谬正俗》卷第一）

十三、【享】《楚茨》篇云：“以享以祀，以介景福。”郑笺云：“享，献也。”又《信南山》篇云：“享于祖考。”《大田》诗亦云：“以享以祀。”其义并同，此自可晓。而徐仙并音“享”为“许亮反”，未审其意。（《匡谬正俗》卷第一）

十四、【赉】《楚茨》又云：“徂赉孝孙。”毛传云：“赉，予也。”徐仙音“赉”为“来”，亦所未详。（《匡谬正俗》卷第一）

十五、【莫】《大雅·皇矣》篇云：“皇矣上帝，临下有赫。监观四方，求民之莫。”毛传云：“莫，定也。”郑笺云：“求民之定，谓所归就也。”又《桑柔》篇云：“菀彼桑柔，其下侯旬。捋采其刘，瘼此下民。”捋采之，则叶爆烁而疏，人息其下，则病于爆烁。喻群臣恣放，损王之德也。而末代文士，引“求民之莫”以属辞者，改“莫”为“瘼”，从而释之云：“求瘼”谓其疾苦耳。至乃呼刺举宰牧为“求瘼”，既易本字，妄为臆说，安施失所，比喻乖方，相承用之，曾无觉悟。虽采酌经诂，而大违厥旨，亦为巨谬。（《匡谬正俗》卷第一）

十六、【乌呼】“呜呼”，叹辞也。或嘉其美，或伤其悲。其语备在《诗》《书》，不可具载。但古文《尚书》悉为《于戏》字，今文《尚书》悉为“呜呼”字，而《诗》皆云“于乎”字，中古以来文籍皆为“呜呼”字。文有古文之变，义无美恶之别。末代文字，辄为体例，若哀诔祭文，即为“呜呼”；其封拜册命，即为“于戏”。

"于"读如字,"戏"读为"羲"。谓"呜呼"为哀伤,"于戏"为叹美,非止新有属缀,设此二端,乃亦讽读旧文,分为两义。妄为穿凿,不究根本。按:《大雅》云:"于乎小子!未知臧否。"岂非伤王不知善否乎?《周颂》云:"于乎!前王不忘。"非美先王之见称颂乎?《五子之歌》云:"呜呼曷归!予怀之悲。"此即哀伤之语。《(允)〔胤〕征》云:"呜呼!威克厥爱允济。"此即褒美之辞。何以各别为字也?且汉武册命三王文,皆曰"呜呼",此岂哀伤之义?举其大意,断可知矣。且许氏《说文解字》及李登《声类》并云,"于"即古"乌"字耳。(《匡谬正俗》卷第二)

十七、【禹宇丘区】或问曰:《曲礼》云:"礼不讳嫌名。"郑注云:"嫌名,谓'禹'与'宇'、'丘'与'区'。"其义何也?答曰:康成郑君此释,盖举异字同音,不须讳耳。"区"、"(字)〔宇〕"既是,故引为例。"禹"、"宇"二字,其音不别。"丘"之与"区",今读则异,然寻按古语,其声亦同。何以知之?陆士衡《元康四年从皇太子祖会东堂诗》云:"巍巍皇代,奄宅九围。帝在在洛,克配紫微。普厥丘宇,时罔不绥。"又《晋宫阁名》所载"某舍若干区"者,列为"丘"字,则知"区"、"丘"音不别矣。且今江淮田野之人,犹谓"区"为"丘",亦古之遗音也。今之儒者,不晓其意,竞为解释:或云"禹"、"宇"是同声,"丘"、"区"是声相近,二者并不须讳;(并为诡妄)或云"宇""禹"、"区""丘"并是别音相近,乃读"禹"为"于举反",故不须讳。并为诡妄,不诣其理。(《匡谬正俗》卷第三)

十八、【予】郑(元)〔康成〕注《曲礼下》篇:"予,古'余'字。"因郑此说,近代学者遂皆读"予"为"余"。案:《尔雅》云:"卬、吾、台、予、朕、身、甫、余、言,我也。"此则"予"之与"余",义皆训我,明非同字。许慎《说文》:"予,相推予也。""余,词之舒也。"既各有音义,本非古今字别。《诗》云:"迨天之未阴雨,彻彼桑土,绸缪牖户。今女下民,或敢侮予。"又曰:"终其永怀,又窘阴雨。其车既载,乃弃尔辅。载输尔载,将伯助予。"又曰:"习习谷风,维风及雨。将恐将惧,维予与女。将安将乐,女转弃予。"又《云汉》篇云:"群公先正,则不我助。父母先祖,胡宁忍予。"《楚辞》云:"帝子降兮北渚,目眇眇兮愁予。袅袅兮秋风,洞庭波兮木叶下。"又曰:"君回翔兮来下,逾空桑兮从女。纷总总兮九州,何寿夭兮在予。"又曰:"秋兰兮蘼芜,罗生兮堂下。绿叶兮素枝,芳菲菲兮袭予。夫人自有兮美子,荪何以兮愁苦。"历观词赋,"予"无"余"音。若以《书》云"予一人",《礼》云"余一人",便欲通之以古今字,至如《夏书》云"非台小子,敢行称乱",岂得便言"台"、"余"古今字耶?《邶诗》云"人涉卬否,卬须我友",岂得又言"卬"、

“我”古今字乎？（《匡谬正俗》卷第三）

十九、【寺人】寺人者，内小臣在壶闱庭寺之中，谓阉人耳，《诗》云“寺人孟子”，《左传》云“寺人披”、“寺人貂”之类是也。侍人者，谓当时侍卫于君，不限内外，犹言“侍者”耳，《左传》云“侍人贾举”、“侍人僚柤”之类是也。近代学者，不详其义，皆读“寺人”同为“侍人”，斯则失矣。至如“仲尼居，曾子侍”、“平公饮酒，师旷、李调侍”，岂得谓阉竖乎？（《匡谬正俗》卷第四）

二十、【鹬】僖二十四年，“郑子华之弟子臧出奔宋，好聚鹬冠”。杜预注云：“聚鹬羽以为冠，非法之服也。”“郑伯闻而恶之。”杜预注云：恶其非法之服也。使盗诱而杀之于陈、宋之间。“君子曰：‘服之不衷，身之灾也。’《诗》云：‘彼己之子，不称其服。’子臧之服，不称也夫！”按：鹬，水鸟，天将雨即鸣，即《战国策》所称鹬蚌相谓者也。古人以其知天时，乃为冠象此鸟之形，使掌天文者冠之。故《逸礼记》曰：“知天文者冠鹬。”此其证也。“鹬”字音“聿”，亦有“术”音，故《礼》之《衣服图》及蔡邕《独断》谓为《术氏冠》，亦因“鹬”音转为“术”字耳，非道术之谓也。盖子臧是子华之弟，以兄见杀，怨而出奔，有白公之志，故与知天文者游聚，有所图议。是以郑伯恐其返国作乱，令诱杀之。若直以鹬羽饰冠，自为不正之服，何须畏恶而遣杀之？若直谓出见杀，又不应云“服之不衷”。且《传》言楚子“翠被”，益知“聚”字非属冠也。或者自“君子曰”以下非丘明本《传》，后人不晓鹬冠之(议)〔义〕，妄增加之。而杜氏之释从而僻其义也。（《匡谬正俗》卷第四）

二十一、【游衣】《叔孙通传》曰：“高帝寝衣〔冠〕，月出游高庙。”言高寝之衣冠，一月一备法驾，出游于高庙耳。随越国公杨素《行经汉高陵》诗云：“芳春无献果，明月不游衣。”观其此意，谓月出之夕，乃游衣冠。此大谬。（《匡谬正俗》卷第五）

二十二、【葬】《酷吏传》长安中歌云：“安所求子死？桓东少年场。生时谅不谨，枯骨复何葬。”荀卿《礼赋》云：“非丝非帛，文理成章。非日非月，为天下明。生者以寿，死者以葬。城郭已固，三军已强。”《说苑》云：“吾尝见稠林之无木，平原之为谷，君子无侍仆。江河(干)〔乾〕为坑，正冬采榆桑，仲夏雨雪霜。千乘之君，万乘之王，死而不葬。”据韵而言，则“葬”字有“臧”音矣。（《匡谬正俗》卷第五）

二十三、【蒿艾】《齐书》又云：“纪僧真梦蒿艾生满江，惊而白之。太祖曰：

'诗人采萧，萧即艾也。萧生断流，卿勿广言。'"按：《尔雅》云萧一名萩，此萧自是香蒿，古之祭礼（祈）〔所〕用，合脂爇之以飨神者。艾一名冰台，此则今之用灸病者。二草名既不同，称类区别，本非一物，较然易了。设使齐高谬谈，取会一时之应，子显不当著于史籍，以误将来学者。《诗》云："彼采葛兮，一日不见，如三月兮。彼采萧兮，一日不见，如三秋兮。彼采艾兮，一日不见，如三岁兮。"此之三章，盖诗人历言葛也、萧也、艾也，以为兴喻。故毛传云："葛，所以为絺绤。萧，所以供祭祀。艾，所以疗疾。"岂得又言葛与萧、艾总为一物乎？未闻以艾飨神、用萧灸病，断可知矣。（《匡谬正俗》卷第五）

二十四、【副】"副贰"之字，"副"字本为"褔"字，从衣畐声。今俗呼一袭为一褔衣，盖取其充备之意，非以覆蔽形体为名也。然而史书假借，遂以"副"字代之。"副"本音"普力反"，义训剖劈，字或作"疈"。《诗》云"不坼不副"，《周礼》有"疈辜"，并其正义也。后之学者，不知有"褔"字，翻以"副贰"为正体，"副坼"为假借。读《诗》"不坼不副"，乃以朱点发"副"字，已乖本音。又张平子《西京赋》云"仰福帝居"，《东京赋》云"顺时服而设（福）〔副〕"，并为副贰。传写讹舛，"衣"转为"示"，读者便呼为福禄之"福"，失之远矣。（《匡谬正俗》卷第六）

二十五、【猱】或问曰：今之戎兽，皮可为褥者，古号何兽？何以谓之"戎"？答曰：按：许氏《说文解字》曰："夒，贪兽也。"李登《声类》音"人周反"，字或作"猱"。《诗》云："无教猱升木。"毛传云："猿属也。"笺云："猱之性善登木。"《尔雅》云："猱猿善援。"郭景纯注曰："便攀援也。"《尔雅》又云："蒙颂，猱状。"郭注云："即'蒙贵'也。状似蜼而小，紫黑色。猱亦猕猴类耳。"按郭此说，盖"蒙颂"为兽，状似猱。又《上林赋》云："蜼玃飞𤢺，蛭蜩玃猱。"左思《吴都赋》云："射猱𤟹。"刘逵注云："猱似猴而长尾。"寻据诸说，验其形状，"戎"即"猱"也。此字既有"柔"音，俗语变讹，谓之"戎"耳，犹今之香葇谓之"香戎"。今（谓）〔为〕猱别造"狨"字，盖穿凿不经，于义无取。（《匡谬正俗》卷第六）

二十六、【绹】或问曰：蒲州盛酒缸谓"蒲绹"，何也？答曰：此缸既从远来，运致非易，恐其破损，故以蒲索缠之。按：《尔雅》云："绹，绞也。"《诗》云："宵尔索绹。"即是其义。此缸为加蒲索，故谓之"蒲绹"尔。（《匡谬正俗》卷第六）

二十七、【貤】或问曰：今俗重沓布物一两次，谓之"一曳"、"两曳"，何也？答曰：许氏《说文解字》云："貤，重次第物也。"《字林》音"弋豉反"。此则与今所道相当。又《诗》云"葛之覃兮，施于中谷"，"莫莫葛藟，施于条枚"，义兼训移，音亦为“貤”，盖为延福其上，亦重次第之意焉，盖假借“施”字为之耳。司马相如《上林赋》曰：“貤丘陵。”亦其义也。俗音讹舛，故转为“曳”，亦犹轻易之“易”，鄙俗或为“曳”音。究其根本，当言“一貤”、“两貤”。今语亦有此作俗音者。（《匡谬正俗》卷第六）

二十八、【俾】问曰：俗谓听之使去为“不使”，何也？答曰：按：《尔雅》云：“俾，使也。”《书》云“有能俾乂”、《诗》云“俾尔戬谷”之类是也。故俗云“俾使”，疾之(□)〔曰〕音讹，若云“不使”尔。（《匡谬正俗》卷第六）

二十九、【底】问曰：俗谓何物为“底”，“底”义何训？答曰：此本言“何等物”，其后遂省，但言直云“等物”耳。“等”字本音“都在反”，又转音“丁儿反”。左太冲《吴都赋》云：“畛畷无数，膏腴兼倍。原隰殊品，窊隆异等。”盖其证也。今吴越之人呼齐等皆为“丁儿反”。应(瑗)〔璩〕诗云：“文章不经国，筐篚无尺书。用等称才学，往往见叹誉。”此言讥其用何等才学，见叹誉而为官乎？以是知去“何”而直言“等”，其言已旧。今人不详其本，乃作“底”字，非也。（《匡谬正俗》卷第六）

三十、【怠】又云：“坚冰作于履霜，寻木起于蘖栽。昧旦丕显，后世犹怠。况初制于甚泰，服者焉能改裁。”汉帝《柏梁诗》云：“日月星辰和四时。”梁王云：“骖驾四马从梁来。”自斯已下，同用一韵。而执金吾云：“徼道宫中禁堕怠。”又曹朔作后汉《敬隐后颂》，述宋氏之先云：“实先契而佐唐，汤受命而创基。二宗俨以久飨，盘庚俭而弗怠。”是怠懈之字通有“苔”音矣。（《匡谬正俗》卷第七）

三十一、【奚斯】《诗·鲁颂》云：“新庙奕奕，奚斯所作。”盖言奚斯置造此庙。而王延寿《灵光殿赋》云：“诗人之赋，感物而作。故奚斯颂僖，歌其露寝。”陈思王《承露盘铭序》云：“奚斯颂鲁。”谓此诗为奚斯所作，既无所据，与本义乖矣。（《匡谬正俗》卷第七）

三十二、【渚】《尔雅》云：“小洲曰渚，小渚曰沚。”此盖水中之高处可居者耳。《诗》云：“鸿飞遵渚。”言傍洲渚之间。而刘孝标《辨命论》云：“三闾沉骸湘渚。”按：屈原赴汨罗而死，谓深水处，非洲渚也。（《匡谬正俗》卷第七）

三十三、【中】《古艳歌》曰：“兰草自生香，生于大道傍。十月钩帘起，并在(束)〔束〕薪中。”中，之当反，音“张”，谓中央也，犹呼音入耳。今山东俗犹有此言，盖所由来远矣。（《匡谬正俗》卷第七）

三十四、【兔】张正见《韩信诗》曰：“所悲云梦泽，偏伤狡兔情。”按：淮

阴侯被执，叹云："狡兔死，良犬烹。"今云"伤狡兔情"，斯不当矣。(《匡谬正俗》卷第七)

三十五、【斡筦】斡，蠡柄也，义亦训转。《声类》及《字林》并音"管"。贾谊《鹏鸟赋》云"斡流而迁"，张华《励志诗》云"大仪斡运"，皆〔为〕转也。《楚词》云："筦维焉系？天极焉加？"此亦义与"斡"同，字则为"筦"，故知"斡"、"(管)〔筦〕"二音不殊。而近代流俗辄改为"捾"，"捾"音"乌活反"，实为(腐)〔萤〕陋。按：陆士衡《愍思赋》云："悲夫天地之骤迈，运二仪以相斡。遗朱光于浚谷，靡倾盖于歧坂。时方至其倏忽，岁既去而畹晚。"以此验之，非"捾"明矣。(《匡谬正俗》卷第七)

三十六、【池毡】或问云：今之卧毡著里施缘者，何以呼为"池毡"？答曰：《礼》云："鱼跃拂池。""池"者，缘饰之名，谓其形象水池也。左太冲《娇女诗》云："衣被皆重池。"即其证也。今人被头别施帛为缘者，犹谓之"被池"。此毡亦有缘，故得"池"名耳。俗间不知根本，竟为异说，或作"(褫)〔褫〕"、"持"字，皆非也。(《匡谬正俗》卷第七)

三十七、【怒】"怒"字古读有二音。《诗》云："君子如怒，乱庶遄沮。君子如祉，乱庶遄已。""忧心殷殷，念我土宇。我生不辰，逢天僤怒。"《离骚》云："忽奔走以先后，及先王之踵武。荃不察余之中情，反信谗而齐怒。"此则读为上声也。《诗》云："亦有兄弟，不可以据。薄言往愬，逢彼之怒。""念彼共人，眷眷怀顾。岂不怀归，畏此谴怒。"此则读为去声也。略举数条，其例非一。今山东、河北人读书，但知"怒"有去声，不言本有二读，曾不寻究，失其真矣。(《匡谬正俗》卷第七)

三十八、【差】或问曰：今官曹文书科发士马，谓之为"差"，"差"者何也？答曰：《诗》云："既差我马。"毛传云："差，择也。"盖谓拣择取强壮者。今云"差科"，取此义，亦言拣择取应行役者尔。(《匡谬正俗》卷第七)

三十九、【两量】或问曰：今人呼履舄屐屩之属，一具为"一量"，于义何耶？答曰：字当作"两"。《诗》云"葛屦五两"者，相偶之名。屦之属，二乃成具，故谓之"两"。"两"音转变，故为"量"耳。古者谓车一乘亦曰"一(量)〔两〕"，《诗》云"百两御之"是也。今俗音讹，往往呼为车若干量。(《匡谬正俗》卷第七)

四十、【受授】或问曰：年寿之字，北人读作"受"音，南人则作"授"音，何者为是？答曰：两音并通。按：《诗》云："南山有栲，北山有杻。乐只君子，遐

不眉寿。”此即音“受”。嵇康诗云：“颐神养寿，散发岩岫。”此即音“授”也。（《匡谬正俗》卷第八）

四十一、【鄙人】或问曰：愚陋之人，谓之“鄙人”，何也？答曰：本字作“否”。“否”者，蔽固不通之称尔，音与“鄙”同。《诗》云：“呜呼小子，未知臧否……匪面命之，言提其耳。”臧者，善也；否者，恶也，故以相对。《书》云：“否德忝帝位。”而司马子长撰《史记》，改“否”为“鄙”，以其言同，故用“鄙”字。自尔已来，因曰“鄙人”。又问曰：“鄙”非边鄙之谓邪？美好者谓之“都”，言习京华之典则；丑陋者谓之“鄙”，谓守下邑之愚蔽，不其然欤？答曰：非也。“都”者，自是闲美之称。《诗》曰：“不见子都，乃见狂且。”又云：“洵美且都。”《楚辞》云：“此德好闲习以都。”皆非上京之谓也。曹刿云：“肉食者鄙。”孔子曰：“鄙夫可以事君也与哉！”“出辞气，斯远鄙倍矣。”汉武帝诏贤良曰：“性命之情，或夭或寿，或仁或鄙。”董仲舒对策曰：“尧、舜行德，则民仁寿。桀、纣行暴，则民鄙夭。”杨恽云：“昆戎旧壤，子弟贪鄙。”班孟坚云：“周勃为布衣时，鄙朴庸人。”曹大家《女诫序》云：“鄙人愚暗，受性不敏。”皆非田野之谓也。至如《诗》有《都人士》篇者，此自别指都邑尔。后文士论叙观游，皆云“都人士女”，直述其殷盛，亦无系于贤愚也。蹈道则为君子，违义则为小人，岂必都邑之人皆能贤智，边鄙之士悉皆顽劣？详而言之，则不通矣。（《匡谬正俗》卷第八）

四十二、【历底】问曰：谚云：“贼无历底中道回。”谓内应导引为“历底”，何也？答曰：按：《周礼》有狄鞮氏，掌译蛮夷之言。《礼》云：“五方之民，言语不通，嗜欲不同。达其志，道其欲，东方曰寄，南方曰象，西方曰狄鞮，北方曰译。”此盖谓译导相因耳。今言外人未相练悉，不能来为贼盗，因(籍)〔藉〕当家有人导引，依其冲要孤虚，故谓之“狄鞮”也。俗语音讹，变言“历底”耳。（《匡谬正俗》卷第八）

四十三、【享】或问曰：俗呼某人处为某“享”，其义何也？答曰：此是“乡”声之转耳。乡者，居也。州乡之乡，取此为义，故子产有云“毁于西乡”。又向对之“向”，古文典籍，卒无“向”字。寻其旨趣，本因“乡”字始有“向”音。今之“向”字若于六书，自是北牖耳，《诗》云“塞向墐户”是也。（《匡谬正俗》卷第八）

四十四、【愈】愈，胜也，故病差者言“愈”。《诗》云：“政事愈蹙。”《楚辞》云：“不侵兮愈疏。”此“愈”并言渐就耳。文史用之者，皆取此意，与病愈义同。而江南近俗，读“愈”皆变为“逾”，关内学者，递相放习，亦为难解。（《匡谬正

俗》卷第八）

四十五、【关雎】蔡南问："《诗》'关雎'、'尸鸠'，于今何鸟？"董勋答曰："旧说云：关雎，白鹭。尸鸠，鹏鸶。未之审。"按：关关，和声。雎鸠，王雎。《诗序》总撮句内二字以为篇名耳，不得即呼雎鸠为"关雎"也。譬犹"交交桑扈"，岂可便谓桑扈为"交桑"乎？"于嗟乎驺虞"，岂可谓"于驺"耶？问者混糅，答又不析，俱失之矣。（《匡谬正俗》卷第八）

四十六、【无恙】又释"无恙"云："上古之时，草居露宿。恙，噬人虫也，善食人心，人每患苦之。凡相问，曰：'无恙乎？'非谓疾也。"按：《尔雅》云："恙，忧心也。"《楚辞·九辨》云："还及君之无恙。"此言"及君之无忧"，岂谓不被虫噬乎？汉元帝诏贡禹曰："今生有疾，何恙不已，乃上疏乞骸骨。"此言病何忧不差，而乞骸骨，岂又被虫食心耶？凡言"无恙"，谓无忧耳，安得食人之虫总名"恙"乎？（《匡谬正俗》卷第八）

［唐］李涪《刊误》

李涪，唐宗室，太子太傅李福之子。开元礼及第，咸通末至乾符初，任金部郎中、河南少尹，乾宁二年，任宗正卿，因事贬岭南，后诏任太仆卿，光化初迁国子祭酒，钱珝时为中书舍人、知制诰撰授太仆卿赐紫李涪国子祭酒制。著有《刊误》。《刊误》二卷，是书考究书传、订正名物、辨证讹谬等。有明刻本、清抄本、《百川学海》本、宛委山堂《说郛》本、《学津讨原》本、《古今逸史》本、《四库全书》本、《格致丛书》本等。此据中华书局2012年点校本辑录。

一、自周隋已降，师资道废，既号传授，遂凭精音。切韵始于后魏，校书令李启撰《声韵》十卷，夏侯咏撰《四声韵略》十二卷。撰集非一，不可具载。至陆法言，采诸家纂述而为已有，原其著述之初，士人尚多专业，经史精练，罕有不述之文，故《切韵》未为时人之所急。后代学问日浅，尤少专经，或舍四声，则秉笔多碍。自尔已后，乃为要切之具。然吴音乖舛，不亦甚乎。上声为去，去声为上。又有字同一声，分为两韵，且国家诚未得术，又于声律求人，一何乖阔。然有司以一诗一赋而定否臧，言匪本音，韵非中律，于此考核，以定去留。以是法言之为行于当代。法言平声，以东农非韵，以东崇为切。上声，以董勇非韵，以董动为切。去声，以送种非韵，以送众为切。入声，以屋烛非韵，以屋宿为切。又恨怨之恨，则在去声。很戾之很，则在上声。又言辩之辩，则在上声。冠弁之弁，则在去声。又舅甥之舅，则在上声，故旧之旧，则在去声。又皓白之皓，则在上声。号令之号，则在去声。又以恐字、苦字俱去声。今士君子于上声呼恨，去声呼恐，得不为有知之所笑乎？又旧书曰："嘉谟嘉猷。"法言曰："嘉予嘉猷。"《诗》曰："载沉载浮。"法言曰："载沉载浮。"夫吴民之言，如病喑风而噤，每启其口，则语泪呙呐，随声下笔，竟不自悟。凡中华音切，莫过东都。盖居天地之中，禀气特正。予尝以其音证之，必大哂而异焉。且《国风·杕杜》篇云："有杕之杜，其叶湑湑。独行踽踽，岂无他人？不如我同姓。"又《雅·大东》篇曰："周道如砥，其直如矢。君子所履，小人所视。"此则不切声律，足为验矣。何须东冬、中终，妄别声律。诗颂以声韵流靡，贵其易熟人口，能遵古韵，足以咏歌。如法言之非，疑其怪矣。予今别白去、上，各归本音，详较重轻，以符古义，理尽于此，岂无知音，其间乖舛，既多载述，难尽申之，后序尚愧周详。（《刊误》卷下《切韵》）

［唐］封演《封氏闻见记》

（见"本事类"）

一、近代通谓府廷为公衙，公衙即古之公朝也。字本作"牙"。《诗》曰："祈父予王之爪牙。"祈父，司马，掌武备，象猛兽以爪牙为卫。故军前大旗谓之

"牙旗",出师则有建牙祃牙之事,军中听号令必至牙旗之下,称与府朝无异。近俗尚武,是以通呼公府为公牙,府门为牙门。字称讹变,转而为"衙"也。《汉书·地理志》:冯翊有衙县,春秋时彭衙之地,非公府之名。(《封氏闻见记》卷五《公牙》)

二、宋之问台州作诗云:"桂子月中下,天香云外飘。"文士尚奇,非事实也。(《封氏闻见记》卷七《月桂子》)

三、濠州西有高塘馆,附近淮水。御史阎敬爱宿此馆,题诗曰:"借问襄王安在哉?山川此地胜阳台。今朝寓宿高塘馆,神女何曾入梦来!"轺轩来往,无不吟讽,以为警绝。

有李和风者至此,又题诗曰:"高唐不是这高塘,淮畔荆南各异方。若向此中求荐枕,参差笑煞楚襄王。"读者方解。(《封氏闻见记》卷七《高唐馆》)

[唐] 赵璘《因话录》

(见"本事类")

一、《汉书》载张骞穷河源,言其奉使之远,实无天河之说。惟张茂先《博物志》,说近世有人居海上,每年八月,见海槎来不违时。赍一年粮,乘之到天河,见妇人织,丈夫饮牛。遣问严君平,云:某年某月某日,客星犯牛斗,即此人也。后人相传云:得织女支机石,持以问君平。都是凭虚之说。今成都严真观有一石,俗呼为支机石,皆目云:当时君平留之。宝历中,余下第还家,于京洛途中,逢官差递夫舁张骞槎。先在东都禁中,今准诏索有司取进,不知是何物也。前辈诗往往有用张骞槎者,相袭谬误矣。纵出杂书,亦不足据。(《因话录》卷五《徵部》)

［唐］李匡文《资暇集》

李匡文，字济翁，唐宗室。初仕洛阳主簿、图谱官，后任贺州刺史、房州刺史，中和元年(881)任太子宾客。昭宗时，官宗正少卿。有《李氏房从谱》《圣唐偕日谱》《天潢源流谱统》《幸蜀记》《资暇集》等。《资暇集》三卷，一名《资暇录》，上篇正误，中篇谭元，下篇本物。有明刻本、清嘉庆谢氏授经图屋抄本、《续百川学海》本、《唐宋丛书》本、《顾氏文房小说》本、《格致丛书》本、《四库全书》本、《墨海金壶》本、《学海类编》本、《续知不足斋丛书》本、涵芬楼《说郛》本、宛委山堂《说郛》本等。此据中华书局2012年点校本辑录。

一、今见宾旅出主人之门，必曰“客散孟尝门”，但风闻便用，不寻其源，使主人知其源，必恶而不乐矣。实为客去，就不可不知也。此是王右丞维悲府主已没之句，上句云：“秋风正萧索”，盖痛其主人殁后，同僚皆散，其可用乎？(《资暇集》卷上《客散》)

二、饮坐令作，有不悟而饮罚爵者，皆曰“虫伤旱潦”，或云“虫伤水旱”，且以为薄命不偶，万口一音，未尝究四字之意，何也？“虫伤”宜为“虫霜”，盖言田农水旱之外，抑有虫蚀、霜损，此四者田农之大害。《六典》言之数矣。呼曲子名，则“下兵”为“下平”，“阁罗凤”为“合罗凤”。著辞则“河内王”为“何奈王”，“樯竿上”为“长竿上”。如斯之语，岂可殚论。(《资暇集》卷上《虫霜旱潦曲子名并辞》)

三、世人多谓李氏立意注《文选》，过为迂繁，徒自骋学，且不解文意，遂相尚习五臣者，大误也。所广征引，非李氏立意。盖李氏不欲窃人之功，有旧注者，必逐每篇存之，仍题元注人之姓字。或有迂阔乖谬，犹不削去之。苟旧注未备，或兴新意，必于旧注中称“臣善”，以分别之。既存元注，例皆引据，李续之，雅宜殷勤也。代传数本李氏《文选》，有初注成者，覆注者，有三注、四注者，当时旋被传写之。其绝笔之本，皆释音、训义，注解甚多。余家幸而有焉。尝数本并校，不唯注之赡略有异，至于科段，互相不同，无似余家之本该备也。因此而量五臣者，方悟所注尽从李氏注中出。开元中进表，反非斥李氏无乃欺心欤！且李氏未详处，将欲下笔，宜明引凭证，细而观之，无非率尔。今聊各举其一端。至如《西都赋》说游猎云："许少施巧，秦成力折。"李氏云："许少、秦成，未详。"五臣云："昔之捷人壮士，搏格猛兽。施巧力折，固是捷壮。"文中自解矣，岂假更言，况又不知二人所从出乎。又注"作我上都"云："上都，西京也。"何太浅近忽易欤！必欲加李氏所未注，何不云"上都者，君上所居，人所都会"耶！况秦地厥田上上，居天下之上乎？又轻改前贤文旨，若李氏注云："某字或作某字"，便随而改之。其有李氏解而自不晓，辄复移易，今不能繁驳，亦略指其所改字。曹植《乐府》云："寒鳖炙熊蹯。"李氏云："今之腊肉谓之寒，盖韩国事馔尚此法。"复引《盐铁论》"羊淹鸡寒"，刘熙《释名》"韩羊韩鸡"为证，寒与韩同。又李以上句云："脍鲤臇胎鰕。"因注《诗》曰："炰鳖脍鲤。"五臣兼见上句有脍，遂改"寒鳖"为"炰鳖"，以就《毛诗》之句。又曹子建《七启》云："寒芳莲之巢龟，鲙西海之飞鳞。"五臣亦改"寒"为"搴"，搴，取也。何以对下句之"脍"耶？况此篇全说殽事之意，独入此"搴"字，于理甚不安。上句既改"寒"为"搴"，即下句亦宜改"脍"为"取"。纵一联稍通，亦与诸句不相承接。以此言之，明子建故用"寒"字，岂可改为"炰""搴"耶？如斯之类，篇篇有之，学者幸留意。乃知李氏绝笔之本，悬诸日月焉。方之五臣，犹虎狗凤鸡耳。其改字也，至有"翩翻"对"恍惚"，则独改"翩翻"为"翩翩"，与下句不相收。又李氏依旧本不避国朝庙讳。五臣易而避之，宜矣。其有李本本作泉及年代字，五臣贵有异同，改其字却犯国讳，岂唯矛盾而已哉。(《资暇集》卷上《非五臣》)

四、《初学记·月门》中以吴牛对魏鹊。吴牛以不耐热，见月亦喘。然魏鹊者，引魏武帝歌行："月明星稀，乌鹊南飞"为据，斯甚疏阔。如此则盍言"魏乌"乎？汉武帝《秋风词》云："秋风起兮白云飞，草木黄落兮雁南归。"今《月门》既云"魏鹊"，则风事亦用"汉雁"矣！若是采掇文字，何所不可？东海徐公，硕儒也，何乖之甚？(《资暇集》卷上《初学记对》)

五、陈思王七步之捷，用事者移于常人，宜矣。若褒今朝诸王，则大不佳，何者？七步所成诗，即然萁煮豆之二十字也。细而思之，其可当诸王所用哉？梁代任昉褒竟陵王行状云："淮南取贵于食时，陈思见称于《七步》。"虽梁人褒王，固无忌讳，然欠审尔。若以诸王为捷，幸有十步事相当而新，何不采于后魏

耶？(《资暇集》卷上《七步》)

六、征舅氏事，必用“渭阳”，前辈名公往往亦然。兹失于识，岂可轻相承耶？审诗文当悟，皆不可征用矣。是以齐杨愔幼时，其舅源子恭问读诗至“渭阳”未，愔便号泣，子恭亦对之欷歔。又有“思恋”二字，亦不可轻用，其义类此，故附说之，亦见诗矣。(《资暇集》卷上《渭阳》)

七、《诗·卫·淇澳》篇云：“绿竹猗猗。”按：陆玑《草木疏》称：“郭璞云：‘绿竹，王刍也。今呼为白脚莝。’或云：‘即鹿蓐草。’又云：‘萹竹，似小藜，赤茎节。’《韩诗》作‘薄音笃’，亦云‘薄，萹竹’。则明知非笋竹矣。今为辞赋，皆引‘猗猗’入竹事，大误也。”当时谢庄《竹赞》云：“瞻彼中唐，绿竹猗猗。”便袭其谬，殊乖尔。按：谢《赞》若佳，何不预《文选》，所以为昭明之弃也。故尽引陆、郭之注疏云。陆玑字从玉旁，非士衡也。愚宗人大著作祝尝有显论，今秘阁西南廊新碑，古人姓名，若此参误多矣。故愚撰《十四代斶疑史目》，以别白也。(《资暇集》卷上《绿竹猗猗》)

八、新官并宿本署，曰“爆直”，佥作“爆迸”之字。余常膺闷，莫究其端。近见惠郎中实云：“合作武豹字，曾有得处，偶忘之，言豹性洁，善服气，虽雪雨霜雾，伏而不出，虑污其身。”自聆所闻，每嗟所未见，因览《列女传》，见陶答子妻所云：“南山有文豹，雾雨七日不下食者，欲以泽其毛衣而成文章。”乃知惠说自此尔。小谢诗云：“虽无元豹姿，终隐南山雾”是也。《南华》亦云：“豹栖于山林，伏于岩穴，静也。”则并宿公署，雅是豹伏之义，宜作豹直，固不疑也。(《资暇集》卷中《豹直》)

九、代云：《挽歌》始自田横门人，非也。《左传》曰：鲁哀公会吴伐齐，将战，齐将公孙夏令歌《虞殡》。杜注：“《虞殡》，送葬歌也。”如是，则已有久矣。(《资暇集》卷中《挽歌》)

十、谚云：“千里井，不反唾。”盖由南朝宋之计吏，泻锉残草于公馆井中，且自言：“相去千里，岂当重来。”及其复至，热渴汲水遽饮，不忆前所弃草，草结于喉而毙。俗因相戒曰“千里井，不反锉”，复讹为“唾”尔。(《资暇集》卷下《不反剉》)

十一、今之催酒，有十拍促曲，名“三台”，何也？或曰：昔邺中有三台，石季伦常为游宴之地，乐工倦怠，造此以促饮也。一说蔡邕自治书御史累迁尚书，三日之间，周历三台。乐府以邕晓音律，制此曲，动邕心，抑希其厚遗，亦近之。(《资暇集》卷下《三台》)

十二、借借书籍，俗曰：借一痴，借二痴，索三痴，还四痴。又案：王府《新书》杜元凯遗其子书曰：书勿借人。古人云："古谚：借书一嗤，还书二嗤。"后人更生其词至三四，因讹为痴。(《资暇集》卷下《借书》)

十三、今人每嚏，必自祝所祈云云。案：《邶·终风》篇注："愿，犹思也。言，犹我也。盖他人思我，我则嚏之也。"郑又称："古遗语，每嚏，云人道我。"以为他人说我，我则嚏，此正得其愿言者，非咒愿之愿，非语言之言。今则自祝，乃由误解诗句尔。(《资暇集》卷下《嚏咒》)

十四、俚语以车顿前为质者，乃由不识"轾"字故也。《诗》云："如轾如轩。"前重为轾，后重为轩。俚见"轾"字似"桎"字，便以支乙音呼。(《资暇集》卷下《车轾》)

十五、呼奴为邦者，盖旧谓僮仆之未冠者，曰"竖人"，不能直言其奴，因号奴为"竖"。高欢东魏用事时，相府法曹卒子炎，误犯欢奴，杖之。欢讳"树"，而威权倾于邺下，当是郡寮以"竖"同音，因目奴为邦，义取"邦君树塞门"，以句内有"树"字，假"竖"为"树"，故歇后为言。今兼删去"君"字呼之。一说"邦"字类"拜"字，言奴非唯郎主，是宾则拜。(《资暇集》卷下《奴为邦》)

［五代］丘光庭《兼明书》

丘光庭，晚唐乌程人。唐末进士及第，官太学博士。著有《兼明书》《海潮论》。《兼明书》五卷，卷一至卷三考辨经史诸书中的文字、训诂、传说、故实、名物等，卷四驳五臣《文选注》，卷五为杂说。有《宝颜堂秘笈》本、文渊阁《四库全书》本、《真意堂丛书三种》本。此据中华书局1985年《丛书集成初编》本辑录。

一、先儒言《诗序》并《小序》子夏所作，或云毛苌所作。明曰："非毛苌作也。"何以知之？按《郑风·出其东门序》云："民人思保其室家。"《经》曰："缟衣綦巾，聊乐我员。”《毛传》曰：“愿其室家，得相乐也。”据此《传》意，与《序》不同，是自又一取义也。何者？以“有女如云”者，皆男女相弃，不能保其室家。即“缟衣綦巾”，是作诗者之妻也，既不能保其妻，乃思念之，言愿更得聊且与我为乐也，如此则与《序》合。今毛以“缟衣綦巾”为他人之女，愿为室家得以相乐，此与《序》意相违，故知《序》非毛作也。此类实繁，不可具举。或曰：“既非毛作，毛为传之时，何不解其序也？”答曰：“以序文明白，无烦解也。”（《兼明书》卷之二《毛诗·序》）

二、大中年中，毛诗博士沈朗《进新添〈毛诗〉四篇表》云：“《关雎》后妃之德，不可为三百篇之首，盖先儒编次不当耳。今别撰二篇为尧舜诗，取虞人之箴为禹诗，取大雅文王之篇为文王诗，请以此四诗置《关雎》之前。所以先帝王而后后妃，尊卑之义也。朝廷嘉之。”明曰：“沈朗论《诗》，一何狂谬。虽诗之篇次今古或殊，其以《关雎》居先，不可易也。古人为文语事，莫不从微至著，自家形国。故《序》曰：‘《关雎》，后妃之德也，风之始也，所以风天下而正夫妇也。故用之乡人焉，用之邦国焉。’《经》曰：‘刑于寡妻，至于兄弟，以御于家邦。’由此而论，则《关雎》居三百篇之首不亦宜乎？《语》曰：‘师挚之始，《关雎》之乱，洋洋乎盈耳哉。’则孔子以《关雎》为首训。子曰：‘人而不为《周南》《召南》，其犹正墙面而立也欤。’则《关雎》居《周南》先矣。且诗有四始：一曰风，二曰小雅，三曰大雅，四曰颂。《周南》实国风，而以帝王之事冠之，则失四始之伦也，甚矣。不知沈朗自谓新添四篇，为风乎？为雅乎？为风也则不宜歌帝王之道，为雅也则不可置《关雎》之前。非惟首尾乖张，实谓自相矛盾，其为妄作，无乃甚乎。”（《兼明书》卷之二《毛诗·沈朗新添》）

三、颜氏《匡谬》云：“雎鸠，白鹰。”明曰：“按《左传》云：‘雎鸠氏，司马也。’《尔雅》云：‘雎鸠王雎。’郭璞曰：‘今江东呼为鹗。’毛苌云：‘雎鸠挚而有别，然则雎鸠之为鹗，不可易也。’《尔雅》：‘又扬鸟白鹰。’是白鹰一名扬鸟，则雎鸠非白鹰明矣。”（《兼明书》卷之二《毛诗·雎鸠》）

四、《齐风·猗嗟》篇云：“美目扬兮。”《毛传》曰：“好目，扬眉也。”孔颖达曰：“眉毛扬起，故名眉为扬。”明曰：“经无眉文，毛何得以为扬眉？孔又以为眉毛扬起，是其不顾经文，妄为臆说。盖扬者，目之开大之貌。《礼记》云：‘扬其目而视之。’是也。”（《兼明书》卷之二《毛诗·美目扬兮》）

五、又曰：“猗嗟名兮，美目清兮。”《毛传》曰：“目上为明，目下为清。”明曰：“亦非也。清者目中黑白分明，如水之清也。《卫风》云：‘美目盼兮。’若以

目下为清，盼当复在何所。”(《兼明书》卷之二《毛诗·美目清兮》)

六、《齐风·南山》，刺襄公鸟兽之行也。《经》云：“既曰庸止，曷又从止。”孔颖达曰：“以意从送，与之淫耳，非谓从至鲁也。”明曰：“按《左传》桓三年，公子翚如齐，送姜氏于讙鲁地。然则《诗》言‘曷又从止’，是谓从送至讙，入于鲁地，则颖达之言失也。”(《兼明书》卷之二《毛诗·曷又从止》)

七、《魏风·硕鼠》，刺重敛也。孔颖达曰：“硕，大也。其鼠头似兔，尾黄色。”又引许慎云：“硕鼠有五伎，皆不长。”陆玑《虫鱼疏》云：“今河东有大鼠，亦有五伎，或谓之雀鼠。”明曰：“经文坦然，义理无隐，何为广引他物，自取混淆?”《序》云：“贪而畏人，若大鼠也。”《左传》曰：“鼠昼伏夜动，畏人故也。”但言畏人，则此寻常鼠也，言其贪食以致肥大，取之以比其君，故以大言之耳，犹如封豕长蛇之类焉。亦如《硕人》闵庄姜也，人即寻常人，以其指斥庄姜，故云《硕人》。斯类甚明，不烦多说。诸儒所见，别是一般，不可引以解此耳。(《兼明书》卷之二《毛诗·硕鼠》)

八、《唐风》：“有杕之杜，生于道左。”《笺》云：“道，东也。日之热常在日中之后，道东之杜人所宜休息也。今人不休息者，以其特生阴寡故也。”明曰：“日中之后，树阴过东。杜生道左，阴更过东。人不可得休息也。诗意言武公既已寡特，而惠泽不及人，故君子不肯适我也。亦如树既寡特，而阴更过东，无休息之所，故人不来也。郑言人所宜休息，于义何安?”(《兼明书》卷之二《毛诗·生于道左》)

九、《曹风·鸤鸠》云：“淑人君子，其带伊丝，其弁伊骐。”《笺》云：“刺不称其服也。”明曰：“按下文云：‘淑人君子，其仪不忒。’《序》云：‘在位无君子，用心之不一，即此刺无君子。’诗人思时，君子以其在位。故上章言君子之心，下章言君子之治。此章言君子之服。皆谓今在位无此君子也，非谓刺不称其服。且《经》云：‘淑人君子。’安得不称其服耶?”(《兼明书》卷之二《毛诗·其带伊丝》)

十、《东山》云：“鹳鸣于垤，妇叹于室。”毛苌云：“垤，蚁冢也，将阴雨则穴处先知之。”明曰：“据《诗》之文势，此垤不得为蚁冢，盖是土之隆耸近水者也。按《左传》云：‘敛及于垤皇。’谓寝门阙也。又云，葬于垤皇，谓墓门阙也。凡阙者聚土为之，故知此垤谓土之隆耸近水者，若坻沚之类也。鹳，水鸟也，天将阴雨则鸣于隆土之上，妇人闻之忧雨思夫，故叹于室。若以于垤是蚁上于冢，则鹳鸣竟于何处，岂文章之体当如是耶？且经无蚁文，何得凿空生义?”(《兼明书》卷之二《毛诗·鹳鸣于垤》)

十一、《豳风》云:“六月莎鸡振羽。”毛苌云:“莎鸡羽成而振讯之。”孔颖达曰:“莎鸡似蝗而色斑,翅正赤,六月中飞而振羽,索索作声。”明曰:“二说皆非也。按诸虫之鸣出于口喙者多矣,有胁鸣者,有脰鸣者,有股鸣者,有羽鸣者。胁鸣者蜩蝉也,脰鸣者蝼蝈也,股鸣者斯螽也,羽鸣者莎鸡也。若以飞而有声为羽鸣者,则蝇蚊之类皆是,何独莎鸡也? 且《豳风》所言,非偶然也。以莎鸡斯螽之事,皆阳虫也。阳气出则此虫鸣,阳气入则此虫尽。著其将寒之有渐,劝人早备于寒也。今验莎鸡状如蚱蜢,头小而身大,色青而有须。其羽昼合不鸣,夜则气从背出。吹其羽振振然,其声有上有下,正似纬车,故今人呼为络纬者是也。如或不信,可取树枝之上候其鸣者把火燃看,即知斯言之不谬。孔云:‘飞而振羽。索索作声。’是其不识莎鸡,妄为臆说。”(《兼明书》卷之二《毛诗·莎鸡》)

十二、《豳风·鸱鸮》序云:“周公救乱也。”《经》曰:“鸱鸮鸱鸮,既取我子,无毁我室。”毛苌云:“鸱鸮,鸋鴂也。”孔颖达曰:“鸱鸮巧妇,似黄雀而小,其喙尖如锥。”明曰:“颖达之妄也。”按郭璞注《尔雅》云:“鸋鴂,鸱之类也。”《鲁颂》云:“翩彼飞鸮,集于泮林。”毛苌传曰:“鸮,恶声鸟也。”又贾谊《鹏鸟赋》序云:“鹏似鸮,不祥鸟也。”又《吊屈赋》曰:“鸾凤伏窜兮,鸱鸮翱翔。”颜师古注曰:“鸱,鸺鹠,怪鸟也。鸮,恶声鸟也。”据毛苌、郭璞、颜师古诸儒之说,则鸱鸮土枭之类,非巧妇矣。“无毁我室”,我,巧妇也。然则此诗之内,有鸱鸮毁室之言。盖周公之意,以鸱鸮比管蔡。巧妇比己,言管叔蔡叔流言,致成王疑我,罪我属党,不可更夺其土地。故云“既取我子,无毁我室”。如此则当是鸱鸮欲毁巧妇之室,巧妇哀鸣于鸱鸮。而康成、颖达直以鸱鸮为巧妇,非也。(《兼明书》卷之二《毛诗·鸱鸮》)

十三、昭二十五年,《左传》叔孙昭子聘于宋,公享之,赋《新宫》,又《燕礼》。升歌《鹿鸣》,下管《新宫》。今《诗序》无此篇,盖孔子返鲁之后,其诗散逸,采之不归故也。三百之篇,孔子既已删定,子夏从而序之,其序不冠诸篇,别为编简。纵其辞寻逸,则厥义犹存。若《南陔》《白华》之类,故束晳得以补之。惟此《新宫》,则辞义俱失,苟非精考,难究根源。按新者有旧之辞也,新作南门,新作延厩是也,宫者居处燕游宗庙之总称也。士芳城绛,以深其宫,梁伯沟其公宫,居处之宫也。楚之章华,晋之虒祁,燕游之宫也。成三年,新宫灾,祢庙之宫也。然则正宫、新宫、居处之宫也。盖文王作丰之时,新建宫室,宫室初成而祭之,因之以燕宾客,谓之为考。考,成也。若宣王斯干考成室之类是也。亦谓之落，落者以酒浇洛之也。若楚子成章华之台，愿与诸侯落之类是也。因此之时，时人歌咏其美以成篇章，故周公采之为燕享歌焉。必知此《新宫》为文王诗者，以《燕礼》云“下管新宫”。下管者，堂下以笙奏诗也。《乡饮酒礼》云：“工升而歌《鹿鸣》《四牡》《皇皇者华》，歌讫，笙入立于堂下，奏《南陔》《白华》《华黍》。笙之所奏，例皆小雅，皆是文王之诗。《新宫》既为下管所奏，正与《南陔》事同，故知为文王诗也。知非天子诗者。以天子之诗，非宋公所赋下管所奏故也。知非诸侯诗者，以诸侯之诗，不得入雅，当在国风故也。知非祢庙诗者，以祢庙之诗，不可享宾故也。知非燕游之宫诗者，以燕游之宫，多不如礼，其诗必当规刺。规刺之作，是为变雅，享宾不用变雅故也。由此而论。则《新宫》为文王之诗，亦已明矣。或问曰：“文王既非天子，又非诸侯，为何事也。”答曰：“周室本为诸侯，文王身有圣德。当殷纣之代，三分天下之众二分归周，而文王犹服事纣。武王克殷之后，谥之曰文，追尊为王。其诗有风焉，周、召南是也。有小雅焉，《鹿鸣》《南陔》之类是也。有大雅焉，《大明》《棫朴》之类是也。有颂焉，《清庙》《我将》之类是也。四始之中，皆有诗者，以其国为诸侯，身行王道，薨后追尊故也。《新宫》既为小雅，今依其体以补之云尔。”(《兼明书》卷之二《毛诗·补新宫并序》)

十四、襄二十八年，《左传》：“齐庆封奔鲁，叔孙穆子食庆封，庆封氾祭，穆子不说，使工为之讽《茅鸱》。”杜元凯曰：“《茅鸱》逸诗，刺不敬也。”凡诗先儒所不见者，皆谓之逸，不分其旧亡与删去也。明以《茅鸱》非旧亡，盖孔子删去耳，何以明之？按襄二十八年，孔子时年八岁。《记》曰：“男子十年出就外傅学书记，十有三年学乐习诗舞。”《论语》曰：“吾十有五，而志于学。”则庆封奔鲁之日，与孔子就学之年，其间相去不远，其诗未至流散。况周礼尽在鲁国，孔子贤于叔孙，岂叔孙尚得见之，而孔子反不得见也。由此而论，《茅鸱》之作不合礼，又为依孔子删去，亦已明矣。或曰：“安知《新宫》不为删去耶？”答曰：“《新宫》为周公所收，燕礼所用，不与《茅鸱》同也。”曰：“《茅鸱》为风乎？为雅乎？”非雅也，风也。何以言之？以叔孙大夫所赋，多是国风故也。今之所补，亦体风焉。(《兼明书》卷之二《毛诗·新宫三章章八句补茅鸱并序》)

十五、唐棣之华，偏其反。而孔安国曰：“唐棣，棣也。”明曰：“《尔雅·释木》云：‘唐棣，栘常黎反。’郭璞注曰：‘白栘，似白杨树，江东呼为扶栘也。’又云：‘常棣，棣。’郭璞曰：‘今山中有棣树，子如樱桃，可啖。’则唐棣是栘，非棣

也，常棣是棣。”(《兼明书》卷之三《论语·唐棣》)

十六、郭璞《游仙诗》曰：“珪璋虽特达，明月难暗投。”臣延济曰：“特达，美貌。”明曰：“按朝聘之礼有珪璋璧琮，璧琮则加束帛然后能达。而珪璋德重，可以独行，故曰特达。《聘礼》云：‘珪璋特达，德也。’此诗之意言君子虽有才德，不假外助，然亦不可仕于乱代。如明月之珠，不可以暗中投人也。”(《兼明书》卷之四《文选·珪璋特达》)

十七、阮籍《咏怀诗》曰：“昔闻东陵瓜，近在青门外。”臣延济曰：“故秦时东陵侯邵平种瓜于青门外，其瓜甚美，以供宾也。”明曰：“按嗣宗此诗，是遭乱代，思深居远害。故以瓜喻之，言邵平种瓜不能深远，近在青门之外，又色妍味美，遂为人所食啖。故下云：‘五色耀朝日，嘉宾四面会。膏火自煎熬，多财为患害。’意言人遭代乱，苟逞才露颖，必为时所害，如美瓜膏火之自丧矣。而延济不喻此义，‘种瓜以供宾客’，何其谬欤。”(《兼明书》卷之四《文选·昔闻东陵瓜》)

十八、其诗又云：“布衣可终身。”臣铣曰：“布衣谓邵平。”明曰：“此诗取瓜喻，不专指邵平。言人当乱代，但服布衣自可终身，何必纡朱拖紫也。”(《兼明书》卷之四《文选·布衣可终身》)

十九、陆士龙大将军宴会被命作诗，其末章云：“施己惟约，于礼斯丰。天锡难老，如岳之崇。”臣向曰：“约，薄。丰，厚也。言我所施用甚薄，遇礼且厚，是天赐我难老之惠如山岳之崇也。”明曰：“观士龙之意是祝王之辞，言王于身俭约，于礼则丰厚，所以天赐王难老，如岳之崇，非士龙自谓也。”(《兼明书》卷之四《文选·施己惟约》)

二十、谢宣远《九日从宋公戏马台送孔令诗》云：“风至授寒服，霜降休百工。”臣延济曰：“季秋凉风至始授衣也，霜降胶漆坚，可以为器，故美百工之功也。”明曰：“按《月令》季秋云霜始降，则百工休。”注曰：“谓胶漆之作停也。”宣远亦用此义，言岁将晏，授寒衣，停百工，人民安，可以谋饮宴饯宾客也。而延济训“休”为“美”，言霜降胶漆坚可为器物。若如此则既兴百工，是其劳苦，何欢宴之有？且时方寒凛，非用胶漆之日。翻覆寻绎，理无所通。(《兼明书》卷之四《文选·霜降休百工》)

二十一、颜延年《皇太子释奠会诗》云：“尚席函杖。”臣周翰曰：“尚席，儒席也。”明曰：“今观此诗文势，非谓儒席也。尚席，谓设席之吏也，设此太子之席，其间相去容杖，以指书讲书也。知尚席为设席之吏者，以其诗云：'尚席函杖，承疑捧帙。侍言称辞，惇史秉笔。'承疑、侍言、惇史三者，皆太子属官。故知尚席亦官吏，如尚衣之事也。"(《兼明书》卷之四《文选·尚席函杖》)

二十二、丘希范《侍宴会乐游苑送徐州应诏诗》云："诘旦阊阖开，驰道闻凤吹。"臣延济曰："凤吹，笙也，笙体象凤，故比之也。"明曰："吹者乐之总称，凤者美言之也，以天子行幸，必奏众乐，岂独吹笙而已哉。故《月令》云：'命乐工习吹，大享帝于明堂。'是为众乐为吹也。"(《兼明书》卷之四《文选·凤吹》)

二十三、其诗又云："轻荑承玉辇，细草藉龙骑。"臣良曰："藉，犹铺也。"明曰："藉，犹荐也。草在马蹄之下，故曰藉也。"(《兼明书》卷之四《文选·细草藉龙骑》)

二十四、陆士衡《赠冯文罴诗》云："借曰未给，亦既三年。"臣铣曰："借日，假日也。给，犹足也。言王事无暇，常假日而游，尚未为足也。"明曰："此本出于《毛诗》，按《大雅》篇云：'借曰未知，亦既抱子。'"郑玄曰："假令人云王尚幼小，未有所知，亦已抱子，长大矣，亦不幼小也。"据《毛诗》之义，则以"曰"为语辞，今臣铣此注以"曰"为日月之"日"，则与《毛诗》之义大乖，士衡之意不合矣。(《兼明书》卷之四《文选·借曰》)

二十五、其诗又曰："之子既命，四牡项领。"臣良曰："项领者，驾木项上也。"明曰："按《毛诗·节南山》篇云：'驾彼四牡，四牡项领。'毛苌曰：'项，大也，言四马之肥，其领大也。'"今士衡取此意以美文罴之行，亦宜训项为大，而云驾木项上非也。(《兼明书》卷之四《文选·项领》)

二十六、陆士衡《赠弟诗》云："寤言涕交缨。"臣铣曰："缨，衣领也。"明曰："缨，带也。"虽文章用字与经稍疏，诂训释名安可臆断。(《兼明书》卷之四《文选·涕交缨》)

二十七、谢惠连《西陵遇风献康乐》，臣良曰："西陵，设所居之西陵也。"明曰："西陵，浙江东之西陵驿名也。何以知之？以其诗云'昨发浦阳汭，今宿浙江湄'知也。"(《兼明书》卷之四《文选·西陵》)

二十八、谢灵运《初发石头城诗》云："虽抱中孚爻，犹劳贝锦诗。"臣铣曰："易中孚卦九五爻也。"明曰："按中孚九五云：'有孚挛如，无咎。'其义言九五居尊，为中孚之主，为信不可暂舍，而挛击不绝，故得无咎。此为主者之事，非臣下之所指用，且其辞义不当。今寻灵运之意，乃指九二爻耳。按，九二云：'鸣鹤在阴，其子和之。我有好爵，吾与尔靡之。'其义言九二处重阴之下，履不失中。立诚笃志，虽在暗昧，物亦应焉，故曰'鸣鹤在阴，其子和之'。不私权利，惟德是与，故曰'我有好爵，吾与尔靡之'。是灵运常抱此道，尚为孟觊诬奏，故曰'犹劳贝锦诗'。而张铣以为九五爻，何义也?"(《兼明书》卷之四《文选·中孚爻》)

二十九、《古诗》云："君子防未然，不处嫌疑间。瓜田不纳履，李下不整冠。"明曰："'履'当为'屦'字之误也。文章之体，不应两句之内。二字同音，又诸经传无纳履之语。按《曲礼》曰：'俯而纳屦。'义曰：'俯，低头也。纳，犹著也。'低头著屦，则似取瓜，故为人之所疑也。履且无带，著时不必低头，故知履当为屦，传写误也。"(《兼明书》卷之四《文选·瓜田不纳履》)

三十、柳文畅《江南》云："汀洲采白苹，日落江南春。洞庭有归客，潇湘逢故人。"近代词人皆以为二人旧是生人，忽于潇湘之上相逢遇也。明曰："据其题称《江南曲》，是乐府闺情之诗也。诗述妇人夫婿出行之后，于春月采苹次，见洞庭湖上有人为客而归，妇人因问其夫，其人答言于潇湘之上，逢见汝之夫，更前去也。故此妇人言'故人去不返，春华复将晚'，言己之年貌渐衰也。'不道新知乐，只言行路远'者，此妇人忆其夫在外恋新人而不归，托言行路远耳。妇人谓夫为故人，非谓生人逢遇也。或问曰：'今湖州有白苹洲，题此诗于庭内，则所言洞庭。得非具区中之洞庭山耶?'答曰：'按其题称《江南曲》，其诗云'潇湘逢故人'，洞庭当与潇湘接，非具区中之洞庭山。又《尔雅》云：'水中可居曰洲。'然则水中洲渚，所在有之，盖文畅曾守吴兴，后人遂题其诗于吴兴之洲，因为名耳。"(《兼明书》卷之五《杂说·潇湘逢故人》)

三十一、明曰："经典言苹者多，先儒罕有解释。《毛诗·草木疏》亦未为分了，而《湖州图经》谓之'不滑之莼'，大谬矣。按《尔雅·释草》云：'苹，大萍。'《左传》云：'苹蘩薀藻之菜。然则苹为萍类，根不植泥，生于水上，今人呼为浮菜者是也。入夏有花，其花正白，故谓之白苹。'或曰：'苹花夏生。'而柳恽诗云：'汀洲采白苹，日落江南春'，何也?答曰：'以苹花色白，故通无之时，亦可呼为白苹也。'"(《兼明书》卷之五《杂说·白苹》)

三十二、近代文人多以杞梓为大材，可为栋梁之用。明曰："杞梓小材木，可为器物之用耳。何以言之?《左传》云：'杞梓皮革，自楚往也。'与皮革同文,故知非大材。《孟子》曰:‘性犹杞柳也,义犹杯棬也。以人性为仁义,犹以杞柳为杯棬。’《释木》云:‘杞,柳欙。’郭璞曰:‘今枸杞也。’《尚书·梓材》云:‘既勤朴斫,惟其涂丹雘。’孔安国曰:‘梓,漆也。’诗云:‘椅桐梓漆。’然则梓非漆之别名,可以为漆器之材耳。是知杞之与梓,皆柔软之木。杞则可为杯棬,梓则可为漆器,其非栋梁之材也明矣。”或曰:“昔秦人伐梓,其中一青牛。梓非大木耶?”答曰:“梓本大木,但其为货之时,析而断之为小材耳。”(《兼明书》卷之五《杂说·杞梓》)

[唐] 刘餗《隋唐嘉话》

(见“本事类”)

一、宋谢朓诗云:“芳洲多杜若。”贞观中,医局求杜若,度支郎乃下坊州令贡。州判司报云:“坊州不出杜若,应由谢朓诗误。”太宗闻之大笑。判司改雍州司法,度支郎免官。(《隋唐嘉话·中》)

[唐] 刘肃《大唐新语》

(见“本事类”)

一、尹伊尝为坊州司户,尚药局牒省索杜若,省符下坊州供送。伊判之曰:“坊州本无杜若,天下共知。省符忽有此科,应由谢朓诗误。华省曹郎如此

判，岂不畏二十八宿向下笑人！”由是知名。改补雍州司法。（《大唐新语》卷九《从善第二十》）

［唐］韦绚《刘宾客嘉话录》

（见“本事类”）

一、世谓牡丹花近有，盖以前朝文士集中无牡丹歌诗。公尝言，杨子华有画牡丹处，极分明。子华北齐人，则知牡丹花亦久矣。（《刘宾客嘉话录·备考·牡丹花诗画》）

二、今谓进士登第为迁莺者久矣。盖自《毛诗·伐木篇》。《诗》云：“伐木丁丁，鸟鸣嘤嘤，出自幽谷，迁于乔木。”又曰：“嘤其鸣矣，求其友声。”并无“莺”字。顷岁试《早莺求友》诗，又《莺出谷》诗，别书固无证据，岂非误欤？（《刘宾客嘉话录·备考·进士登第为迁莺》）

［唐］李绰《尚书故实》

（见“本事类”）

一、今谓进士登第为迁莺者久矣。盖自《伐木》诗：“伐木丁丁，鸟鸣嘤嘤。出自幽谷，迁于乔木。”又曰：“嘤其鸣矣，求其友声。”并无“莺”字。顷岁省试《早莺求友诗》，又《莺出谷诗》，别书固无证据，岂非误欤？（《尚书故实》）

［宋］钱易《南部新书》

（见“本事类”）

一、鲍照字明远。至唐武后，讳减为“昭”，后来皆曰鲍昭。唯李商隐诗云：“嫩割周颙韭，肥烹鲍照葵。”又元稹诗云：“乐章轻鲍照，碑版笑颜竣。”今人家有收得隋末唐初《文选》，并鲍照尔。（《南部新书·壬》）

［唐］段成式《酉阳杂俎》

（见“本事类”）

一、梁遣黄门侍郎明少遐、秣陵令谢藻、信威长史王缵冲、宣城王文学萧恺、兼散骑常侍袁狎、兼通直散骑常侍贺文发，宴魏使李骞、崔劼，温凉毕，少遐咏骞赠其诗曰：“萧萧风帘举，依依然可想。”骞曰：“未若‘灯花寒不结’，最附时事。”少遐报诗中有此语。劼问少遐曰：“今岁奇寒，江淮之间，不乃冰冻？”少遐曰：“在此虽有薄冰，亦不废行，不似河冰一合，便胜车马。”狎曰：“河冰上有狸迹，便堪人渡。”劼曰：“狸当为狐，应是字错。”少遐曰：“是狐性多疑，鼬性多预，狐疑犹预，因此而传耳。”劼曰：“鹊巢避风，雉去恶政，乃是鸟之一长；狐疑鼬预，可谓兽之一短也。”（《酉阳杂俎》上《前集卷十二·语资》）

二、卫公言：“桂花三月开，黄而不白。”《大庾诗》皆称“桂花耐日”。又张曲江诗“桂华秋皎洁”，妄矣。（《酉阳杂俎》下《续集卷九·支植上》）

作法类诗话

［唐］沙门神珙《四声五音九弄反纽图并序》

神珙，唐西域沙门，元和以后人。著《四声五音九弄反纽图并序》。《四声五音九弄反纽图并序》载玉篇末，以图式示反切取音。此据上海书店出版社 2017 年《宋本玉篇》标点整理本辑录。

一、夫文物之国，假以《书》《诗》，七步之才，五音为首。聿兴文字，反切为初，一字有讹，余音皆失。四声之体，与天地而齐生；宫商角徵羽之音，与五岳而同起。且天地生于混沌，不同混沌之初；君子生于婴儿，岂与婴儿同类？夫欲反字，先须纽弄为初。一弄不调，则宫商靡次。昔有梁朝沈约，创立纽字之图，皆以平书，碎寻难见。唐又有阳宁公、南阳释处忠，此二公者，又撰《元和韵谱》，与文约义，词理稍繁；浅劣之徒，寻求难显。犹如匕、七、彡、夂之字，写人会有改张，纽字若不列图，不肖再传皆失。今此列图晓示，义理易彰。为于韵切之枢机，亦是诗人之钤键也。谱曰：平声者，哀而安；上声者，厉而举；去声者，清而远；入声者，直而促。傍纽者，皆是双声。正在一纽之中，傍出四声之外，傍正之目，自此而分清浊也。故列五个园图者，即是五音之图。每图皆从五音，字行皆左转，中有注说之。又列两个方图者，即是九弄之图。图中取一字为头，横列为图首目，题傍正之，文以别之。（《四声五音九弄反纽图并序》）

［宋］欧阳修等《新唐书》

（见“本事类”）

一、（贾）岛字浪仙，范阳人，初为浮屠，名无本。来东都，时洛阳令禁僧午后不得出，岛为诗自伤。愈怜之，因教其为文，遂去浮屠，举进士。当其苦吟，虽逢值公卿贵人，皆不之觉也。一日见京兆尹，跨驴不避，呼诘之，久乃得释。累举，不中第。文宗时，坐飞谤，贬长江主簿。会昌初，以普州司仓参军迁司户，未受命卒，年六十五。（《新唐书》卷一百七十六《列传第一百一·贾岛》）

［宋］陶岳《五代史补》

（见“本事类”）

一、僧齐己，长沙人。长沙有大沩同庆寺，僧多而地广，佃户仅千余家，齐己则佃户胡氏之子也。七岁与诸童子为寺司牧牛，然天性颖悟，于风雅之道日有所得，往往以竹枝画牛背为篇什。众僧奇之，且欲壮其山门，遂劝令出家。时郑谷在袁州，齐己因携所为诗往谒焉，有《早梅》诗曰：“前村深雪里，昨夜数枝开。”谷笑谓曰：“数枝非早，不若一枝则佳。”齐己矍然，不觉兼三衣叩地膜拜，自是士林以谷为齐己一字之师。其后居于长沙道林寺。时湖南幕府中能诗者，有如徐东野、廖凝、刘昭禹之徒，莫不声名藉甚。而徐东野尤好轻忽，虽王公不避也，每见齐己，必悚然，不敢以众人待之。尝谓同列曰："我辈所作皆拘于一途，非所谓通方之士，若齐己，才高思远，无所不通，殆难及矣。"论者以徐东野为知言。东野亦常赠之诗曰："我唐有僧号齐己，未出家时宰相器。爰见梦中逢武丁，毁形自学无生理。骨瘦神清风一襟，松老霜天鹤病深。一言悟得生死海，芙蓉吐出琉璃心。闷见唐风雅容缺，敲破冰天飞白雪。清塞清江却有灵，遗魂泣对荒郊月。格何古，天工未生谁知主，混沌凿开鸡子黄，散作纯风如胆苦。意何新，织女星机挑白云。真宰夜来调暖律，声声吹出嫩青春。调何雅，涧底孤松秋雨洒，嫦娥月里学步虚，桂风吹落玉山下。语何奇，血泼乾坤龙战时，祖龙跨海日方出，一鞭风雨万山飞。己公己公道如此，浩浩寰中如独自。一簟松风冷如水，长伴巢由伸脚睡。"其为名士推重如此。及将游蜀，至江陵，高从诲慕其名，遮留之，命为管内僧正。齐己不获已而受，自是常怏怏，故其友虚中示之诗云："老负蛾眉月，闲看云水心。"盖伤其不得志也，竟卒于江陵。有诗八百首，孙光宪序之，号曰《白莲集》，行于世。（《五代史补卷三·晋·僧齐己》）

［唐］封演《封氏闻见记》

（见"本事类"）

一、永明中，沈约文词精拔，盛解音律，遂撰《四声谱》，文章八病，有平头、上尾、蜂腰、鹤膝，以为自灵均以来，此秘未睹。时王融、刘绘、范云之徒，皆称才子，慕而扇之，由是远近文学转相祖述，而声韵之道大行。以古之为诗，取其宣道情致，激扬政化，但含徵韵商，意非切急，故能包含元气，骨体大全，《诗》、《骚》以降是也。自声病之兴，动有拘制，文章之体格坏矣。

隋朝陆法言与颜、魏诸公定南北音，撰为《切韵》，凡一万二千一百五十八字，以为文楷式；而“先”“仙”“删”“山”之类分为别韵，属文之士共苦其苛细。国初，许敬宗等详议，以其韵窄，奏合而用之，法言所谓“欲广文路，自可清浊皆通”者也。

尔后有孙愐之徒，更以字书中闲字酿于《切韵》，殊不知为文之匪要，是陆之略也。

天宝末，平原太守颜真卿撰《韵海镜源》二百卷；未毕，属胡寇凭陵，拔身济河，遗失五十余卷。广德中为湖州刺史，重加补葺，更于正经之外，加入子、史、释、道诸书，撰成三百六十卷。

其书于陆法言《切韵》外，增出一万四千七百六十一字。先起《说文》为篆字，次作今文隶字，仍具别体为证，然后注以诸家字书，解释既毕，征九经两字以上，取句末字编入本韵；爰及诸书，皆仿此。自有声韵以来，其撰述该备，未有如颜公此书也。（《封氏闻见记》卷二《声韵》）

［唐］张鷟《朝野佥载》

（见“本事类”）

一、国子进士辛弘智诗云：“君为河边草，逢春心剩生。妾如堂上镜，得照始分明。”同房学士常定宗为改“始”字为“转”字，遂争此诗，皆云我作。乃下牒见博士，罗为宗判云：“昔五字定表，以理切称奇；今一言竞诗，取词多为主。诗归弘智，‘转’还定宗。以状牒知，任为公验。”（《朝野佥载》卷二）

[唐] 李肇《唐国史补》

（见“本事类”）

一、王维好释氏，故字摩诘。立性高致，得宋之问辋川别业，山水胜绝，今清源寺是也。维有诗名，然好取人文章嘉句。“行到水穷处，坐看云起时。”《英华集》中诗也。“漠漠水田飞白鹭，阴阴夏木啭黄鹂。”李嘉祐诗也。（《唐国史补卷之上》）

[唐] 韦绚《刘宾客嘉话录》

（见“本事类”）

一、为诗用僻字，须有来处。宋考功诗云：“马上逢寒食，春来不见饧。”尝疑此字。因读《毛诗》，郑笺说“箫”处注云：即今卖饧人家物。六经唯此注中有“饧”。吾缘明日是重阳，欲押一“糕”字，续寻思六经竟未见有“糕”字，不敢为之。尝讶杜员外“巨颡拆老拳”，疑“老拳”无据。及览《石勒传》“卿既遭孤老拳，孤亦饱卿毒手”，岂虚言哉！后辈业诗，即须有据，不可率尔道也。（《刘宾客嘉话录·诗用僻字须有来处》）

二、岛初赴举京师，一日，于驴上得句云：“鸟宿池边树，僧敲月下门。”始欲著“推”字，又欲著“敲”字，练之未定。遂于驴上吟哦，时时引手作推敲之势。

时韩愈吏部权京兆，岛不觉冲至第三节，左右拥至尹前，岛具对所得诗句云云。韩立马良久，谓岛曰："作敲字佳矣。"遂与并辔而归，留连论诗，与为布衣之交。自此名著。后以不第，乃为僧，居法乾寺，号无本。一日，宣宗微行至寺，闻钟楼吟咏声，遂登楼，于岛案上取诗卷览之。岛不识帝，遂攘臂睨帝曰："郎君何会此耶？"遂夺取诗卷，帝惭恧下楼而去。遂除岛为遂州长江簿。（《苕溪渔隐丛话》前集卷一九引《靖康缃素杂记》引《刘公嘉话》）（《刘宾客嘉话录·备考·贾岛推敲》）

［唐］范摅《云溪友议》

（见"本事类"）

一、宣宗十二年，前进士陈玩等三人，应博学宏词选。所司考定名第，及诗、赋、论进讫，上于延英殿诏中书舍人李潘等对。上曰："凡考试之中，重用字如何？"中书对曰："赋忌偏枯丛杂，论即褒贬是非，诗即缘题落韵。只如《白云起封中诗》云"封中白云起"是也。其间重用文字，乃是庶几，亦非常有例也。"又曰："孰诗重用字？"对曰："钱起《湘灵鼓瑟诗》有二'不'字。诗曰：'善抚云和瑟，常闻帝子灵。冯夷空自舞，楚客不堪听。逸韵谐金石，清音发杳冥。苍梧来怨慕，白芷动芳馨。流水传湘浦，悲风过洞庭。曲终人不见，江上数峰青。'"上鉴钱公此年宏词诗曰："且一种重用文字，此诗似不及起。起则今之协律文字也，合于匏革宫商，即变郑卫之奏。虽谢朓云：'洞庭张乐地，潇湘帝子游。云去苍梧野，水还江汉流。'此若比《鼓瑟》一篇，摛藻妍华无以加。其前进宏词诗重字者，登科更待明年考校，起诗便付史选。"（《云溪友议》卷中《贤君鉴》）

［宋］王谠《唐语林》

（见“本事类”）

一、刘禹锡曰：为诗用僻字，须有来处。宋考功云：“马上逢寒食，春来不见饧。”常疑之。因读《毛诗》郑笺说吹箫处，注云：“即今卖饧者所吹。”六经惟此中有“饧”字。吾缘明日重阳，押一“糕”字，续寻思六经竟未见有糕字，不敢为之。尝讶杜员外“巨颡折老拳”无据，及览《石勒传》云：“卿既遭孤老拳，孤亦饱卿毒手。”岂虚言哉！后辈业诗，即须有据，不可率尔道也。（《唐语林》卷二《文学》）

二、王维好佛，故字摩诘。性高致，得宋之问辋川别业，山水胜绝，清源寺是也。维有诗名，然好取人句。“行到水穷处，坐看云起时。”《英华集》中诗也。“漠漠水田飞白鹭，阴阴夏木啭黄鹂。”李嘉祐诗也。（《唐语林》卷二《文学》）

［唐］段成式《酉阳杂俎》

（见“本事类”）

一、庾信作诗用《西京杂记》事，旋自追改，曰：“此吴均语，恐不足用也。”魏肇师曰：“古人托曲者多矣。然《鹦鹉赋》，祢衡、潘尼二集并载；《弈赋》，曹植、左思之言正同。古人用意，何至于此？”君房曰：“词人自是好相采取，一字不异，良是后人莫辩。”魏尉瑾曰：“《九锡》或称王粲，《六代》亦言曹植。”信曰：“我江南才士，今日亦无举世所推。如温子升独擅邺下，常见其词笔，亦足称是远名。近得魏收数卷碑，制作富逸，特是高才也。”（《酉阳杂俎》上《前集卷十二·语资》）

［宋］陈纂《葆光录》

（见“本事类”）

一、李建州与方处士为吟友。频有《题四皓庙诗》，自言奇绝，云：“东西南北人，高迹此相亲。天下已归汉，山中犹避秦。龙楼曾作客，鹤氅不为臣。独有千年后，青青庙木春。”示于干，笑而言：“善则善矣，然内有二字未稳。‘作’字太粗而难换，‘为’字甚不当。干闻‘率土之滨，莫非王臣’，请改作‘称’字。”频降伏而且惭，悔前言之失，乃曰：“圣人以一字褒贬，此其明矣。”遂拜为一字之师，是以罗夕拜题干卷后云：“中间李建州，夏汭偶同游。顾我论佳句，惟君最上游。九霄无鹤驭，双鬓老渔舟。世难方知此，何当浣旅愁。”（《葆光录》卷一）

品评类诗话

[后晋] 刘昫等《旧唐书》

（见“本事类”）

一、（贞元四年九月）癸丑，（德宗）赐百僚宴于曲江亭，仍作《重阳赐宴诗》六韵赐之。群臣毕和，上品其优劣，以刘太真、李纾为上等，鲍防、于邵为次等，张濛、殷亮等二十人又次之，唯李晟、马燧、李泌三宰相之诗不加优劣。（《旧唐书》卷十三《本纪第十三・德宗下》）

二、（李）百药以名臣之子，才行相继，四海名流，莫不宗仰。藻思沉郁，尤长于五言诗，虽樵童牧竖，并皆吟讽。（《旧唐书》卷七十二《列传第二十二・李百药》）

三、（上官仪）本以词彩自达，工于五言诗，好以绮错婉媚为本。仪既贵显，故当时多有效其体者，时人谓为上官体。（《旧唐书》卷八十《列传第三十・上官仪》）

四、高适者，渤海蓨人也。父从文，位终韶州长史。适少濩落，不事生业，家贫，客于梁、宋，以求丐取给。天宝中，海内事干进者注意文词。适年过五十，始留意诗什，数年之间，体格渐变，以气质自高，每吟一篇，已为好事者称诵。（《旧唐书》卷一百一十一《列传第六十一・高适》）

五、顾况者，苏州人。能为歌诗，性诙谐，虽王公之贵与之交者，必戏侮之，然以嘲诮能文，人多狎之。柳浑辅政，以校书郎征。复遇李泌继入，自谓己知秉枢要，当得达官，久之方迁著作郎，况心不乐，求归于吴。而班列群官，咸有侮玩之目，皆恶嫉之。及泌卒，不哭，而有调笑之言，为宪司所劾，贬饶州司户。有文集二十卷。其《赠柳宜城》辞句，率多戏剧，文体皆此类也。（《旧唐书》卷一百三十《列传第八十・顾况》）

六、（刘）太真尤长于诗句，每出一篇，人皆讽诵。德宗文思俊拔，每有御制，即命朝臣毕和。贞元四年九月，赐宴曲江亭，帝为诗，序曰：

> 朕在位仅将十载，实赖忠贤左右，克致小康。是以择三令节，锡兹宴赏，俾大夫、卿士得同欢洽也。夫共其戚者同其休，有其初者贵其终，咨尔群僚，颁朕不暇，乐而能节，职思其忧，咸若时则，庶乎理矣。因重阳之会，聊示所怀。
>
> 早衣对庭燎，躬化勤意诚。时此万枢暇，适与佳节并。曲池洁寒流，芳菊舒金英。乾坤爽气澄，台殿秋光清。朝野庆年丰，高会多欢声。永怀无荒诫，良士同斯情。

因诏曰："卿等重阳会宴，朕想欢洽，欣慰良多，情发于中，因制诗序。今赐卿等一本，可中书门下简定文词士三五十人应制，同用'清'字，明日内于延英门进来。"宰臣李泌等虽奉诏简择，难于取舍，由是百僚皆和。上自考其诗，以太真及李纾等四人为上等，鲍防、于邵等四人为次等，张濛、殷亮等二十三人为下等；而李晟、马燧、李泌三宰相之诗，不加考第。（《旧唐书》卷一百三十七《列传第八十七·刘太真》）

七、李贺字长吉，宗室郑王之后。父名晋肃，以是不应进士，韩愈为之作《讳辨》，贺竟不就试。手笔敏捷，尤长于歌篇。其文思体势，如崇岩峭壁，万仞崛起，当时文士从而效之，无能仿佛者。其乐府词数十篇，至于云韶乐工，无不讽诵。补太常寺协律郎，卒时年二十四。（《旧唐书》卷一百三十七《列传第八十七·李贺》）

八、（杜）牧好读书，工诗为文，尝自负经纬才略。武宗朝诛昆夷、鲜卑，牧上宰相书论兵事，言"胡戎入寇，在秋冬之间，盛夏无备，宜五六月中击胡为便"。李德裕称之。注曹公所定《孙武十三篇》行于代。（《旧唐书》卷一百四十七《列传第九十七·杜牧》）

九、（窦）巩能五言诗，昆仲之间，与牟诗俱为时所赏重。性温雅，多不能持论，士友言议之际，吻动而不发，白居易等目为"嗫嚅翁"。（《旧唐书》卷一百五十五《列传第一百五·窦巩》）

十、（武）元衡工五言诗，好事者传之，往往被于管弦。（《旧唐书》卷一百五十八《列传第一百八·武元衡》）

十一、(路随)父泌字安期,少好学,通《五经》,尤嗜《诗》、《易》、《左氏春秋》,能讽其章句,皆究深旨。博涉史传,工五言诗。性端亮寡言,以孝悌闻于宗族。(《旧唐书》卷一百五十九《列传第一百九·路泌》)

十二、张籍者,贞元中登进士第。性诡激,能为古体诗,有警策之句,传于时。调补太常寺太祝,转国子助教、秘书郎。以诗名当代,公卿裴度、令狐楚,才名如白居易、元稹,皆与之游,而韩愈尤重之。累授国子博士、水部员外郎,转水部郎中,卒。世谓之张水部云。(《旧唐书》卷一百六十《列传第一百一十·张籍》)

十三、(刘)禹锡晚年与少傅白居易友善,诗笔文章,时无在其右者。常与禹锡唱和往来,因集其诗而序之曰:"彭城刘梦得,诗豪者也。其锋森然,少敢当者。予不量力,往往犯之。夫合应者声同,交争者力敌。一往一复,欲罢不能。由是每制一篇,先于视草,视竟则兴作,兴作则文成。一二年来,日寻笔砚,同和赠答,不觉滋多。大和三年春以前,纸墨所存者,凡一百三十八首。其余乘兴仗醉,率然口号者不在此数。因命小侄龟儿编录,勒成两轴。仍写二本,一付龟儿,一授梦得小男仑郎,各令收藏,附两家文集。予顷与元微之唱和颇多,或在人口。尝戏微之云:'仆与足下二十年来为文友诗敌,幸也,亦不幸也。吟咏情性,播扬名声,其适遗形,其乐忘老,幸也。然江南士女语才子者,多云元、白,以子之故,使仆不得独步于吴、越间,此亦不幸也。今垂老复遇梦得,非重不幸耶?'梦得梦得,文之神妙,莫先于诗。若妙与神,则吾岂敢?如梦得'雪里高山头白早,海中仙果子生迟','沉舟侧畔千帆过,病树前头万木春'之句之类,真谓神妙矣。在在处处,应有灵物护持,岂止两家子弟秘藏而已!"其为名流许与如此。梦得尝为《西塞怀古》、《金陵五题》等诗,江南文士称为佳作,虽名位不达,公卿大僚多与之交。(《旧唐书》卷一百六十《列传第一百一十·刘禹锡》)

十四、柳宗元字子厚,河东人。后魏侍中济阴公之系孙。曾伯祖奭,高宗朝宰相。父镇,太常博士,终侍御史。宗元少聪警绝众,尤精西汉《诗》《骚》。下笔构思,与古为侔。精裁密致,璨若珠贝。当时流辈咸推之。登进士第,应举宏辞,授校书郎、蓝田尉。贞元十九年,为监察御史。(《旧唐书》卷一百六十《列传第一百一十·柳宗元》)

十五、初,大历中,诗人李端、钱起、韩翃辈能为五言诗,而辞情捷丽,绐作尤工。至贞元末,钱、李诸公凋落,纶尝为《怀旧诗》五十韵,叙其事曰:“吾与吉侍郎中孚、司空郎中曙、苗员外发、崔补阙峒、耿拾遗沣、李校书端,风尘追游,向三十载。数公皆负当时盛称,荣耀未几,俱沉下泉。伤悼之际,畅当博士追感前事,赋诗五十韵见寄。辄有所酬,以申悲旧,兼寄夏侯审侍御。”其历言诸子云:“侍郎文章宗,杰出淮、楚灵。掌赋若吹籁,司言如建瓴。郎中善庆余,雅韵与琴清。郁郁松带雪,萧萧鸿入冥。员外真贵儒,弱冠被华缨。月香飘桂实,乳溜沥琼英。补阙思冲融,巾拂艺亦精。彩蝶戏芳圃,瑞云滋翠屏。拾遗兴难侔,逸调旷无程。九酝贮弥洁,三花寒转馨。校书才智雄,举世一娉婷。赌墅鬼神变,属辞鸾凤惊。差肩曳长裾,总辔奉和铃。共赋瑶台雪,同观金谷笙。倚天方比剑,沉水忽如瓶。君持玉盘珠,写我怀袖盈。读罢涕交颐,愿言跻百龄。”纶之才思,皆此类也。文宗好文,尤重纶诗,尝问侍臣曰:“《卢纶集》几卷?有子弟否?”李德裕对曰:“纶有四男,皆登进士第,今员外郎简能、侍御史简辞是也。”即遣中使诣其家,令进文集。简能尽以所集五百篇上献,优诏嘉之。(《旧唐书》卷一百六十三《列传第一百一十三·卢简辞》)

十六、(柳)璧,大中九年登进士第。文格高雅。尝为《马嵬诗》,诗人韩琮、李商隐嘉之。(《旧唐书》卷一百六十五《列传第一百一十五·柳璧》)

十七、(元)稹聪警绝人,年少有才名,与太原白居易友善。工为诗,善状咏风态物色,当时言诗者称元、白焉。自衣冠士子,至闾阎下俚,悉传讽之,号为“元和体”。既以俊爽不容于朝,流放荆蛮者仅十年。俄而白居易亦贬江州司马,稹量移通州司马。虽通、江悬邈,而二人来往赠答,凡所为诗,有自三十、五十韵乃至百韵者。江南人士,传道讽诵,流闻阙下,里巷相传,为之纸贵。观其流离放逐之意,靡不凄惋。(《旧唐书》卷一百六十六《列传第一百一十六·元稹》)

十八、(白)居易文辞富艳,尤精于诗笔。自雠校至结绶畿甸,所著歌诗数十百篇,皆意存讽赋,箴时之病,补政之缺,而士君子多之,而往往流闻禁中。章武皇帝纳谏思理,渴闻谠言,二年十一月,召入翰林为学士。三年五月,拜左拾遗。(《旧唐书》卷一百六十六《列传第一百一十六·白居易》)

十九、史臣曰:举才选士之法,尚矣。自汉策贤良,隋加诗赋,罢中正之法,委铨举之司。由是争务雕虫,罕趋函丈,矫首皆希于屈、宋,驾肩并拟于《风》、《骚》。或侔箴阙之篇,或效补亡之句。咸欲锱铢《采葛》,糠秕《怀沙》,较丽藻于碧鸡，斗新奇于白凤。暨编之简牍，播在管弦，未逃季绪之诋诃，孰望《子虚》之称赏？迨今千载，不乏辞人，统论六义之源，较其三变之体，如二班者盖寡，类七子者几何？至潘、陆情致之文，鲍、谢清便之作，迨于徐、庾，踵丽增华，纂组成而耀以珠玑，瑶台构而间之金碧。国初开文馆，高宗礼茂才，虞、许擅价于前，苏、李驰声于后。或位升台鼎，学际天人，润色之文，咸布编集。然而向古者伤于太僻，徇华者或至不经，龌龊者局于宫商，放纵者流于郑、卫。若品调律度，扬榷古今，贤不肖皆赏其文，未如元、白之盛也。昔建安才子，始定霸于曹、刘；永明辞宗，先让功于沈、谢。元和主盟，微之、乐天而已。臣观元之制策，白之奏议，极文章之壶奥，尽治乱之根荄。非徒谣颂之片言，盘盂之小说。就文观行，居易为优，放心于自得之场，置器于必安之地，优游卒岁，不亦贤乎。（《旧唐书》卷一百六十六《列传第一百一十六・元稹 庞严附 白居易 弟行简 敏中附》）

二十、（郑）綮善为诗，多侮剧刺时，故落格调，时号郑五歇后体。初去庐江，与郡人别云："唯有两行公廨泪，一时洒向渡头风。"滑稽皆此类也。（《旧唐书》卷一百七十九《列传第一百二十九・郑綮》）

二十一、孔绍安，越州山阴人，陈吏部尚书奂之子。少与兄绍新俱以文词知名。十三，陈亡入隋，徙居京兆鄠县。闭门读书，诵古文集数十万言，外兄虞世南叹异之。绍新尝谓世南曰："本朝沦陷，分从湮灭，但见此弟，窃谓家族不亡矣。"时有词人孙万寿，与绍安笃忘年之好，时人称为孙、孔。绍安大业末为监察御史，时高祖为隋讨贼于河东，诏绍安监高祖之军，深见接遇。及高祖受禅，绍安自洛阳间行来奔。高祖见之甚悦，拜内史舍人，赐宅一区、良马两匹、钱米绢布等。时夏侯端亦尝为御史，监高祖军，先绍安归朝，授秘书监。绍安因侍宴，应诏咏《石榴诗》曰："只为时来晚，开花不及春。"时人称之。寻诏撰《梁史》，未成而卒。有文集五卷。（《旧唐书》卷一百九十上《列传第一百四十上・文苑上 孔绍安》）

二十二、（袁）朗勤学，好属文。在陈，释褐秘书郎，甚为尚书令江总所重。尝制千字诗，当时以为盛作。陈后主闻而召入禁中，使为《月赋》，朗染翰立成。后主曰："观此赋，谢希逸不能独美于前矣。"又使为《芝草》、《嘉莲》二颂，深见优赏。历太子洗马、德教殿学士，迁秘书丞。陈亡，仕隋为尚书仪曹郎。武德初，授齐王文学、祠部郎中，封汝南县男，再转给事中。贞观初卒官。太宗为之废朝一日，谓高士廉曰："袁朗在任虽近，然其性谨厚，特使人伤惜。"因敕给其丧事，并存问妻子。有文集十四卷。(《旧唐书》卷一百九十上《列传第一百四十上·文苑上 袁朗》)

二十三、时李百药工为五言诗，而(谢)偃善作赋，时人称为李诗谢赋焉。十七年，府废，(谢偃)出为湘潭令，卒。文集十卷。(《旧唐书》卷一百九十上《列传第一百四十上·文苑上 谢偃》)

二十四、(崔)信明颇蹇傲自伐，常赋诗吟啸，自谓过于李百药，时人多不许之。又矜其门族，轻侮四海士望，由是为世所讥。(《旧唐书》卷一百九十上《列传第一百四十上·文苑上 崔信明》)

二十五、开元中，(张)说为集贤大学士十余年，常与学士徐坚论近代文士，悲其凋丧。坚曰："李赵公、崔文公之笔术，擅价一时，其间孰优?"说曰："李峤、崔融、薛稷、宋之问之文，如良金美玉，无施不可。富嘉谟之文，如孤峰绝岸，壁立万仞，浓云郁兴，震雷俱发，诚可畏也，若施于廊庙，则骇矣。阎朝隐之文，如丽服靓妆，燕歌赵舞，观者忘疲，若类之《风》、《雅》，则罪人矣。"问后进词人之优劣，说曰："韩休之文，如太羹旨酒，雅有典则，而薄于滋味。许景先之文，如丰肌腻理，虽秾华可爱，而微少风骨。张九龄之文，如轻缣素练，实济时用，而微窘边幅。王翰之文，如琼怀玉斝，虽烂然可珍，而多有玷缺。"坚以为然。(《旧唐书》卷一百九十上《列传第一百四十上·文苑上 杨炯》)

二十六、骆宾王，婺州义乌人。少善属文，尤妙于五言诗，尝作《帝京篇》，当时以为绝唱。然落魄无行，好与博徒游。高宗末，为长安主簿。坐赃，左迁临海丞，怏怏失志，弃官而去。文明中，与徐敬业于扬州作乱。敬业军中书檄，皆宾王之词也。敬业败，伏诛，文多散失。则天素重其文，遣使求之。有兖州人郄云卿集成十卷，盛传于世。(《旧唐书》卷一百九十上《列传第一百四十上·文苑上 骆宾王》)

二十七、时又有汝州人刘希夷，善为从军闺情之诗，词调哀苦，为时所重，志行不修，为奸人所杀。(《旧唐书》卷一百九十中《列传第一百四十中·文苑中 刘希夷》)

二十八、陈子昂，梓州射洪人。家世富豪，子昂独苦节读书，尤善属文。初为《感遇诗》三十首，京兆司功王适见而惊曰："此子必为天下文宗矣!"由是知名。(《旧唐书》卷一百九十中《列传第一百四十中·文苑中 陈子昂》)

二十九、宋之问，虢州弘农人。父令文，有勇力，而工书，善属文。高宗时，为左骁卫郎将、东台详正学士。之问弱冠知名，尤善五言诗，当时无能出其右者。初征令与杨炯分直内教，俄授洛州参军，累转尚方监丞、左奉宸内供奉。易之兄弟雅爱其才，之问亦倾附焉。预修《三教珠英》，常扈从游宴。则天幸洛阳龙门，令从官赋诗，左史东方虬诗先成，则天以锦袍赐之。及之问诗成，则天称其词愈高，夺虬锦袍以赏之。（《旧唐书》卷一百九十中《列传第一百四十中·文苑中 宋之问》）

三十、李适者，雍州万年人。景龙中，为中书舍人，俄转工部侍郎。睿宗时，天台道士司马承祯被征至京师。及还，适赠诗，序其高尚之致，其词甚美，当时朝廷之士，无不属和，凡三百余人。徐彦伯编而叙之，谓之《白云记》，颇传于代。寻卒。（《旧唐书》卷一百九十中《列传第一百四十中·文苑中 李适》）

三十一、席豫，襄阳人，湖州刺史固七世孙，徙家河南。豫进士及第。开元中，累官至考功员外郎，典举得士，为时所称。三迁中书舍人，与韩休、许景先、徐安贞、孙逖相次掌制诰，皆有能名。转户部侍郎，充江南东道巡抚使，兼郑州刺史。入为吏部侍郎，玄宗谓之曰："卿以前为考功，职事修举，故有此授。"豫典选六年，复有令誉。天宝初，改尚书左丞。寻检校礼部尚书，封襄阳县子。玄宗幸温泉宫，登朝元阁赋诗，群臣属和。帝以豫诗为工，手制褒美曰："览卿所进，实诗人之首出，作者之冠冕也。"（《旧唐书》卷一百九十中《列传第一百四十中·文苑中 席豫》）

三十二、代宗时，（王）缙为宰相，代宗好文，常谓缙曰："卿之伯氏，天宝中诗名冠代，朕尝于诸王座闻其乐章。今有多少文集，卿可进来。"缙曰："臣兄开元中诗百千余篇，天宝事后，十不存一。比于中外亲故间相与编缀，都得四百余篇。"翌日上之，帝优诏褒赏。（《旧唐书》卷一百九十下《列传第一百四十下·文苑下 王维》）

三十三、天宝末诗人，（杜）甫与李白齐名，而白自负文格放达，讥甫龌龊，而有饭颗山之嘲诮。元和中，词人元稹论李、杜之优劣曰：

> 予读诗至杜子美而知小大之有所总萃焉。始尧、舜之时，君臣以赓歌相和。是后诗人继作，历夏、殷、周千余年，仲尼缉拾选拣，取其干预教化之尤者三百，余无所闻。骚人作而怨愤之态繁，然犹去《风》、《雅》

日近，尚相比拟。秦、汉已还，采诗之官既废，天下妖谣民讴、歌颂讽赋、曲度嬉戏之辞，亦随时间作。至汉武赋《柏梁》而七言之体具。苏子卿、李少卿之徒，尤工为五言。虽句读文律各异，雅郑之音亦杂，而辞意简远，指事言情，自非有为而为，则文不妄作。建安之后，天下之士遭罹兵战，曹氏父子鞍马间为文，往往横槊赋诗，故其遒壮抑扬、冤哀悲离之作，尤极于古。晋世风概稍存。宋、齐之间，教失根本，士以简慢翕习舒徐相尚，文章以风容色泽、放旷精清为高，盖吟写性灵、留连光景之文也，意义格力无取焉。陵迟至于梁、陈，淫艳刻饰、佻巧小碎之词剧，又宋、齐之所不取也。

唐兴，官学大振，历世之文，能者互出。而又沈、宋之流，研练精切，稳顺声势，谓之为律诗。由是之后，文体之变极焉。然而莫不好古者遗近，务华者去实，效齐、梁则不逮于魏、晋，工乐府则力屈于五言，律切则骨格不存，闲暇则纤秾莫备。至于子美，盖所谓上薄《风》、《骚》，下该沈、宋，言夺苏、李，气吞曹、刘，掩颜、谢之孤高，杂徐、庾之流丽，尽得古今之体势，而兼人人之所独专矣。使仲尼考锻其旨要，尚不知贵其多乎哉！苟以为能所不能，无可无不可，则诗人已来未有如子美者。

是时山东人李白，亦以文奇取称，时人谓之李、杜。予观其壮浪纵恣，摆去拘束，模写物象，及乐府歌诗，诚亦差肩于子美矣。至若铺陈终始，排比声韵，大或千言，次犹数百，词气豪迈，而风调清深，属对律切，而脱弃凡近，则李尚不能历其藩翰，况堂奥乎！

予尝欲条析其文，体别相附，与来者为之准，特病懒未就尔。

自后属文者，以稹论为是。甫有文集六十卷。（《旧唐书》卷一百九十下《列传第一百四十下·文苑下 杜甫》）

三十四、初，（崔）锐佐李抱真为泽潞从事，有道人自称卢老，曾事隋朝云际寺李先生，预知过往未来之事。属河朔禁游客，锐馆之于家。一旦辞去，且曰："我死，当与君为子。"因指口下黑子，愿以为志。（崔）咸之生也，果有黑子，其形神即卢老也，父即以卢老字之。既冠，栖心高尚，志于林壑，往往独游南山，经时方还。尤长于歌诗，或风景晴明，花朝月夕，朗吟意惬，必凄怆沾襟，旨趣高奇，名流嗟挹。有文集二十卷。（《旧唐书》卷一百九十下《列传第一百四

十下·文苑下 崔咸》)

三十五、(唐持)子彦谦,字茂业,咸通末应进士,才高负气,无所屈降,十余年不第。乾符末,河南盗起,两都覆没,以其家避地汉南。中和中,王重荣镇河中,辟为从事。累奏至河中节度副使,历晋、绛二州刺史。彦谦博学多艺,文词壮丽,至于书画音乐博饮之技,无不出于辈流。尤能七言诗,少时师温庭筠,故文格类之。(《旧唐书》卷一百九十下《列传第一百四十下·文苑下 唐彦谦》)

三十六、(温)庭筠著述颇多,而诗赋韵格清拔,文士称之。(《旧唐书》卷一百九十下《列传第一百四十下·文苑下 温庭筠》)

三十七、(吴筠)尝于天台剡中往来,与诗人李白、孔巢父诗篇酬和,逍遥泉石,人多从之。竟终于越中。文集二十卷。其《玄纲》三篇、《神仙可学论》等,为达识之士所称。筠在翰林时,特承恩顾,由是为群僧之所嫉。骠骑高力士素奉佛,尝短筠于上前,筠不悦,乃求还山。故所著文赋,深诋释氏,亦为通人所讥。然词理宏通,文采焕发,每制一篇,人皆传写。虽李白之放荡,杜甫之壮丽,能兼之者,其唯筠乎!(《旧唐书》卷一百九十二《列传第一百四十二·隐逸 吴筠》)

[宋]欧阳修等《新唐书》

(见“本事类”)

一、(奉)戡字定臣,幼孤。年十岁所即好学,大寒,掇薪自炙。夜无然膏,默念所记。年三十,明《六经》,举进士,就礼部试,吏唱名乃入,戡耻之。明日,径返江东,隐阳羡里。阳羡民有斗争不决,不之官而诣戡以辨。凡论著数百篇。常恶元和有元、白诗,多纤艳不逞,而世竞重之。乃集诗人之类夫古者,断为唐诗,以讥正其失云。(《新唐书》卷七十八《列传第三·宗室 奉戡》)

二、调露中，(李嗣真)为始平令，风化大行。时章怀太子作《宝庆曲》，阅于太清观，嗣真谓道人刘概、辅俨曰："宫不召商，君臣乖也；角与徵戾，父子疑也。死声多且哀，若国家无事，太子任其咎。"俄而太子废，概等奏其言，擢太常丞，知五礼仪，封常山县子。嗣真常曰："隋乐府有《堂堂曲》，明唐再受命，比日有'侧堂堂，桡堂堂'之谣，侧，不正也，桡，危也。皇帝病日侵，事皆决中宫，持权与人，收之不易。宗室虽众，居中制外，势且不敌。诸王殆为后所蹂践，吾见难作不久矣。"太常缺黄钟，铸不能成，嗣真居崇业里，疑土中有之，弗得其所。道上逢一车，有铎声甚厉，嗣真曰："宫声也。"市以归，振于空地，若有应者，掘之得钟，众乐遂和。尝引工展器于廷，后奇其风度应对，召相王府参军阎玄静图之，吏部郎中杨志诚为赞，秘书郎殷仲容书，时以为宠。(《新唐书》卷九十一《列传第十六·李嗣真》)

三、(崔)液字润甫，尤工五言诗，崔湜叹，因字呼曰："海子，我家龟龙也！"官至殿中侍御史。坐湜当流，亡命郢州，作《幽征赋》以见意，词甚典丽。遇赦还，卒。(《新唐书》卷九十九《列传第二十四·崔湜》)

四、(杨)师道善草隶，工诗，每与有名士燕集，歌咏自适。帝见其诗，为擿讽嗟赏。后赐宴，帝曰："闻公每酣赏，捉笔赋诗，如宿构者，试为朕为之。"师道再拜，少选辄成，无所窜定，一坐嗟伏。卒，赠吏部尚书、并州都督，谥曰懿，陪葬昭陵，诏为立碑。(《新唐书》卷一百《列传第二十五·杨师道》)

五、(李)百药，名臣子，才行世显，为天下推重。侍父母丧还乡，徒跣数千里。服虽除，容貌臞瘠者累年。好奖荐后进，得俸禄与亲党共之。翰藻沉郁，诗尤其所长，樵厮皆能讽之。所撰《齐史》行于时。(《新唐书》卷一百二《列传第二十七·李百药》)

六、褚亮字希明，杭州钱塘人。曾祖湮，父玠，皆有名梁、陈间。亮少警敏，博见图史，一经目辄志于心。年十八，诣陈仆射徐陵，陵与语，异之。后主召见，使赋诗，江总诸词人在席，皆服其工。累迁为尚书殿中侍郎。入隋，为东宫学士，迁太常博士。(《新唐书》卷一百二《列传第二十七·褚亮》)

七、初，帝(唐太宗)以武功定天下，晚始向学，多属文赋诗，天格赡丽，意悟冲迈。十三年，(邓)世隆上疏，请加集录，帝谦不许。(《新唐书》卷一百二《列传第二十七·邓世隆》)

八、(上官)仪工诗，其词绮错婉媚。及贵显，人多效之，谓为"上官体"。

(《新唐书》卷一百五《列传第三十·上官仪》)

九、(郭)山恽者,河东人。善治《礼》。景龙中,累迁国子司业。帝昵宴近臣及修文学士,诏遍为伎。工部尚书张锡为《谈容娘舞》,将作大匠宗晋卿为《浑脱舞》,左卫将军张洽为《黄獐舞》,给事中李行言歌《贺车西河曲》,余臣各有所陈,皆鄙黩;而山恽奏:"无所习,惟知诵诗。"乃诵《鹿鸣》、《蟋蟀》二篇,未毕,中书令李峤以其近规讽,止之。帝嘉其直,下诏褒咨,赐服一称。(《新唐书》卷一百九《列传第三十四·郭山恽》)

十、(白)居易于文章精切,然最工诗。初,颇以规讽得失,及其多,更下偶俗好,至数千篇,当时士人争传。鸡林行贾售其国相,率篇易一金,甚伪者,相辄能辩之。初,与元稹酬咏,故号"元白";稹卒,又与刘禹锡齐名,号"刘白"。其始生七月能展书,姆指"之"、"无"两字,虽试百数不差;九岁暗识声律。其笃于才章,盖天禀然。敏中为相,请谥,有司曰文。后履道第卒为佛寺。东都、江州人为立祠焉。(《新唐书》卷一百一十九《列传第四十四·白居易》)

十一、会帝诞日,(崔)日用采《诗》《大》、《小雅》二十篇及司马相如《封禅书》献之,借以讽谕,且劝告成事。有诏赐衣一副、物五十段,以示无言不酬之义。(《新唐书》卷一百二十一《列传第四十六·崔日用》)

十二、(张)说敦气节,立然许,喜推藉后进,于君臣朋友大义甚笃。帝在东宫,所与秘谋密计甚众,后卒为宗臣。朝廷大述作多出其手,帝好文辞,有所为必使视草。善用人之长,多引天下知名士,以佐佑王化,粉泽典章,成一王法。天子尊尚经术,开馆置学士,修太宗之政,皆说倡之。为文属思精壮,长于碑志,世所不逮。既谪岳州,而诗益凄婉,人谓得江山助云。常典集贤图书之任,间虽致仕一岁,亦修史于家。(《新唐书》卷一百二十五《列传第五十·张说》)

十三、帝(唐玄宗)尝登朝元阁赋诗,群臣属和,帝以(席)豫诗最工,诏曰:"诗人之冠冕也。"(《新唐书》卷一百二十八《列传第五十三·席豫》)

十四、(高适)年五十始为诗,即工,以气质自高。每一篇已,好事者辄传布。(《新唐书》卷一百四十三《列传第六十八·高适》)

十五、(鲍)防于诗尤工,有所感发,以讥切世敝,当时称之。与中书舍人谢良弼友善,时号"鲍谢"云。(《新唐书》卷一百五十九《列传第八十

四·鲍防》)

十六、(柳)公权博贯经术,于《诗》、《书》、《左氏春秋》、《国语》、庄周书尤邃,每解一义,必数十百言。通音律,而不喜奏乐,曰:“闻之令人骄怠。”其书法结体劲媚,自成一家。文宗尝召与联句,帝曰:“人皆苦炎热,我爱夏日长。”公权属曰:“熏风自南来,殿阁生余凉。”它学士亦属继,帝独讽公权者,以为词情皆足,命题于殿壁,字率径五寸,帝叹曰:“钟、王无以尚也!”其迁少师,宣宗召至御座前,书纸三番,作真、行、草三体,奇秘,赐以器币,且诏自书谢章,无限真、行。当时大臣家碑志,非其笔,人以子孙为不孝。外夷入贡者,皆别署货贝曰:“此购柳书。”尝书京兆西明寺《金刚经》,有钟、王、欧、虞、褚、陆诸家法,自为得意。凡公卿以书贶遗,盖巨万,而主藏奴或盗用。尝贮杯盂一笥,縢识如故而器皆亡,奴妄言叵测者,公权笑曰:“银杯羽化矣!”不复诘。唯研、笔、图籍,自鐍秘之。(《新唐书》卷一百六十三《列传第八十八·柳公权》)

十七、(权)德舆生三岁,知变四声,四岁能赋诗,积思经术,无不贯综。自始学至老,未曾一日去书不观。尝著论,辨汉所以亡,西京以张禹,东京以胡广,大指有补于世。其文雅正赡缛,当时公卿侯王功德卓异者,皆所铭纪,十常七八。虽动止无外饰,其酝藉风流,自然可慕。贞元、元和间,为搢绅羽仪云。(《新唐书》卷一百六十五《列传第九十·权德舆》)

十八、(杜)牧于诗,情致豪迈,人号为“小杜”,以别杜甫云。(《新唐书》卷一百六十六《列传第九十一·杜牧》)

十九、(刘)禹锡恃才而废,褊心不能无怨望,年益晏,偃蹇寡所合,乃以文章自适。素善诗,晚节尤精,与白居易酬复颇多。居易以诗自名者,尝推为“诗豪”,又言:“其诗在处应有神物护持。”(《新唐书》卷一百六十八《列传第九十三·刘禹锡》)

二十、(元稹)所论著甚多,行于世。在越时,辟窦巩。巩,天下工为诗,与之酬和,故镜湖、秦望之奇益传,时号“兰亭绝唱”。(《新唐书》卷一百七十四《列传第九十九·元稹》)

二十一、孟郊者,字东野,湖州武康人。少隐嵩山,性介,少谐合。愈一见为忘形交。年五十,得进士第,调溧阳尉。县有投金濑、平陵城,林薄蒙翳,下有积水。郊闲往坐水旁,裴回赋诗,而曹务多废。令白府,以假尉代之,分其半奉。郑余庆为东都留守，署水陆转运判官。余庆镇兴元，奏为参谋。卒，年六十四。张籍谥曰贞曜先生。

郊为诗有理致，最为愈所称，然思苦奇涩。李观亦论其诗曰：“高处在古无上，平处下顾二谢”云。（《新唐书》卷一百七十六《列传第一百一·韩愈》）

二十二、（张）籍为诗，长于乐府，多警句。仕终国子司业。（《新唐书》卷一百七十六《列传第一百一·张籍》）

二十三、大顺后，王政微，（郑）綮每以诗谣托讽，中人有诵之天子前者。昭宗意其有所蕴未尽，因有司上班簿，遂署其侧曰：“可礼部侍郎、同中书门下平章事。”綮本善诗，其语多俳谐，故使落调，世共号“郑五歇后体”。至是，省史走其家上谒，綮笑曰：“诸君误矣，人皆不识字，宰相亦不及我。”史言不妄。俄闻制诏下，叹曰：“万一然，笑杀天下人！”既视事，宗戚诣庆，搔首曰：“歇后郑五作宰相，事可知矣。”固让，不听。立朝侃然，无复故态。自以不为人所瞻望，才三月，以疾乞骸，拜太子少保致仕，卒。（《新唐书》卷一百八十三《列传第一百八·郑綮》）

二十四、始，（吴）筠见恶于力士而斥，故文章深诋释氏。筠所善孔巢父、李白，歌诗略相甲乙云。（《新唐书》卷一百九十六《列传第一百二十一·隐逸·吴筠》）

二十五、（秦系）与刘长卿善，以诗相赠答。权德舆曰：“长卿自以为五言长城，系用偏师攻之，虽老益壮。”其后东度秣陵，年八十余卒。（《新唐书》卷一百九十六《列传第一百二十一·隐逸秦系》）

二十六、（张志和）善图山水，酒酣，或击鼓吹笛，舐笔辄成。尝撰《渔歌》，宪宗图真求其歌，不能致。李德裕称志和“隐而有名，显而无事，不穷不达，严光之比”云。（《新唐书》卷一百九十六《列传第一百二十一·隐逸张志和》）

二十七、（杜）甫旷放不自检，好论天下大事，高而不切。少与李白齐名，时号“李杜”。尝从白及高适过汴州，酒酣登吹台，慷慨怀古，人莫测也。数尝寇乱，挺节无所污，为歌诗，伤时桡弱，情不忘君，人怜其忠云。（《新唐书》卷二百一《列传第一百二十六·文艺上杜甫》）

二十八、赞曰：唐兴，诗人承陈、隋风流，浮靡相矜。至宋之问、沈佺期等，研揣声音，浮切不差，而号“律诗”，竞相袭沿。逮开元间，稍裁以雅正，然恃华者质反，好丽者壮违，人得一槩，皆自名所长。至甫，浑涵汪茫，千汇万状，兼古今而有之，它人不足，甫乃厌余，残膏剩馥，沾丐后人多矣。故元稹谓："诗人以来，未有如子美者。"甫又善陈时事，律切精深，至千言不少衰，世号"诗史"。昌黎韩愈于文章慎许可，至歌诗，独推曰："李、杜文章在，光焰万丈长。"诚可信云。(《新唐书》卷二百一《列传第一百二十六·文艺上》)

二十九、宋之问字延清，一名少连，汾州人。父令文，高宗时为东台详正学士。之问伟仪貌，雄于辩。甫冠，武后召与杨炯分直习艺馆。累转尚方监丞、左奉宸内供奉。武后游洛南龙门，诏从臣赋诗，左史东方虬诗先成，后赐锦袍，之问俄顷献，后览之嗟赏，更夺袍以赐。(《新唐书》卷二百二《列传第一百二十七·文艺中宋之问》)

三十、文宗时，诏以李白歌诗、裴旻剑舞、张旭草书为"三绝"。(《新唐书》卷二百二《列传第一百二十七·文艺中李白》)

三十一、(王)昌龄工诗，绪密而思清，时谓王江宁云。(《新唐书》卷二百三《列传第一百二十八·文艺下王昌龄》)

三十二、刘太真，宣州人。善属文，师兰陵萧颖士。举高第进士。淮南陈少游表为掌书记，尝以少游拟桓、文，为义士所訾。兴元初，为河东宣慰赈给使，累迁刑部侍郎。德宗以天下平，贞元四年九月，诏群臣宴曲江，自为诗，敕宰相择文人赓和。李泌等请群臣皆和，帝自第之，以太真、李纾等为上，鲍防、于邵等次之，张濛等为下。与择者四十一人，惟泌、李晟、马燧三宰相无所差次。(《新唐书》卷二百三《列传第一百二十八·文艺下刘太真》)

三十三、李益，故宰相揆族子，于诗尤所长。贞元末，名与宗人贺相埒。每一篇成，乐工争以赂求取之，被声歌，供奉天子。至《征人》、《早行》等篇，天下皆施之图绘。(《新唐书》卷二百三《列传第一百二十八·文艺下李益》)

三十四、(卢)纶与吉中孚、韩翃、钱起、司空曙、苗发、崔峒、耿沣、夏侯审、李端皆能诗齐名，号"大历十才子"。宪宗诏中书舍人张仲素访集遗文。文宗尤爱其诗，问宰相："纶文章几何？亦有子否？"李德裕对："纶四子：简能、简辞、弘止、简求，皆擢进士第，在台阁。"帝遣中人悉索家笥，得诗五百篇以闻。(《新唐书》卷二百三《列传第一百二十八·文艺下卢纶》)

三十五、(卢)端,赵州人。始,郭暧尚升平公主,主贤明有才思,尤招纳士,故端等多从暧游。暧尝进官,大集客,端赋诗最工,钱起曰:“素为之,请赋起姓。”端立献一章,又工于前,客乃服,主赐帛百。后移疾江南,终杭州司马。(《新唐书》卷二百三《列传第一百二十八·文艺下卢端》)

三十六、李贺字长吉,系出郑王后。七岁能辞章,韩愈、皇甫湜始闻未信,过其家,使贺赋诗,援笔辄就如素构,自目曰高轩过,二人大惊,自是有名。为人纤瘦,通眉,长指爪,能疾书。每旦日出,骑弱马,从小奚奴,背古锦囊,遇所得,书投囊中。未始先立题然后为诗,如它人牵合程课者。及暮归,足成之。非大醉、吊丧日率如此。过亦不甚省。母使婢探囊中,见所书多,即怒曰:“是儿要呕出心乃已耳。”以父名晋肃,不肯举进士,愈为作《讳辨》,然卒亦不就举。

辞尚奇诡,所得皆惊迈,绝去翰墨畦径,当时无能效者。乐府数十篇,云韶诸工皆合之弦管。为协律郎,卒,年二十七。与游者权璩、杨敬之、王恭元,每撰著,时为所取去。贺亦早世,故其诗歌世传者鲜焉。(《新唐书》卷二百三《列传第一百二十八·文艺下李贺》)

三十七、李频字德新,睦州寿昌人。少秀悟,逮长,庐西山,多所记览。其属辞,于诗尤长。与里人方干善。给事中姚合名为诗,士多归重,频走千里丐其品,合大加奖挹,以女妻之。(《新唐书》卷二百三《列传第一百二十八·文艺下李频》)

[宋] 薛居正等《旧五代史》

(见“本事类”)

一、张儁,字彦臣。祖、父咸有闻于时。儁少孤,自修饰,善为五言诗,其警句颇为人所称。(《旧五代史》卷二十四《梁书二十四·列传第十四 张儁》)

二、杜荀鹤，池州人。善为诗，辞句切理，为时所许。（《旧五代史》卷二十四《梁书二十四·列传第十四 杜荀鹤》）

三、罗隐，余杭人。诗名于天下，尤长于咏史，然多所讥讽，以故不中第，大为唐宰相郑畋、李蔚所知。隐虽负文称，然貌古而陋。畋女幼有文性，尝览隐诗卷，讽诵不已，畋疑其女有慕才之意。一日，隐至第，郑女垂帘而窥之，自是绝不咏其诗。（《旧五代史》卷二十四《梁书二十四·列传第十四 罗隐》）

四、（秦王）从荣为诗，与从事高辇等更相唱和，自谓章句独步于一时，有诗千余首，号曰《紫府集》。（《旧五代史》卷五十一《唐书二十七·宗室列传第三 秦王从荣》）

五、（冯）道尤长于篇咏，秉笔则成，典丽之外，义含古道，必为远近传写，故渐畏其高深，由是班行肃然，无浇漓之态。（《旧五代史》卷一百二十六《周书十七·列传第六 冯道》）

六、（和）凝性好修整，自释褐至登台辅，车服仆从，必加华楚，进退容止伟如也。又好延纳后进，士无贤不肖，皆虚怀以待之，或致其仕进，故甚有当时之誉。平生为文章，长于短歌艳曲，尤好声誉。有集百卷，自篆于板，模印数百帙，分惠于人焉。（《旧五代史》卷一百二十七《周书十八·列传第七 和凝》）

［宋］马令《南唐书》

（见“本事类”）

一、孙鲂，字伯鱼，性聪敏好学。唐末，都官员外郎郑谷避乱归江淮，鲂从之游，故其所吟诗颇有郑体。及吴武王据有江淮，文雅之士骈集，遂与沈彬、李建勋为诗社。彬好评诗，建勋尝与彬议，时鲂不在席，以鲂诗诘之，彬曰：“此非有风雅制度，但得人间烟火气多尔。”鲂遽出，让彬曰：“非有风雅固然，而谓得人间烟火气，何耶？”彬笑曰：“子《夜坐》句云：‘划多灰杂苍虬迹，坐久烟消宝鸭香’，非炉上作而何？”阖座大笑。金山寺题咏，众因称道唐张祐有“僧归夜船月，龙出晓堂云”之句，欲和，众皆阁笔，鲂复吟云：“山载江心寺，鱼龙是四邻。楼台悬倒影，钟磬隔嚣尘。过橹妨僧定，惊涛溅佛身。谁言题咏处，流响更无人。”时人号为绝唱。有诗百篇行于世。烈祖召见，授宗正郎，卒。（《南唐书》卷十三《儒者传上第八·孙鲂》）

二、（冯延巳）著乐章百余阕，其《鹤冲天》词云：“晓月坠，宿云披，银烛锦屏帏。建章钟动玉绳低，宫漏出花迟。”又《归国谣》词云：“江水碧，江上何人吹玉笛。扁舟远送潇湘客，芦花千里霜月白。伤行色，明朝便是关山隔。”见称于世。元宗《乐府词》云“小楼吹彻玉笙寒”，延巳有“风乍起，吹皱一池春水”之句，皆为警策。元宗尝戏延巳曰：“‘吹皱一池春水’，干卿何事？”延巳曰：“未如陛下‘小楼吹彻玉笙寒’。”元宗悦。（《南唐书》卷二十一《党与传下第十七·冯延巳》）

［宋］陆游《南唐书》

（见“本事类”）

一、（常）梦锡文章典雅，有承平之风，歌诗亦清丽，然绝不喜传于人。（《南唐书·列传卷第四 常梦锡》）

二、陈况，闽人。性夷澹，隐于庐山四十年，衣食乏绝，不以动心。苦思于诗，得句未成章，已播远近。（《南唐书·列传卷第四 陈况》）

三、（冯）延巳工诗，虽贵且老不废，如“宫瓦数行晓日，龙旗百尺春风”，识者谓有元和词人气格。尤喜为乐府词。元宗尝因曲宴内殿，从容谓曰：“‘吹皱一池春水’。何干卿事？”延巳对曰：“安得如陛下‘小楼玉笙寒’之句。”时丧败不支，国几亡，稽首称臣于敌，奉其正朔，以苟岁月，而君臣相语乃如此。（《南唐书·列传卷第八 冯延巳》）

四、刘洞，庐陵人。隐居庐山二十年。能诗，长于五字唐律，自言得贾岛法。后主嗣位，尤属意诗人，或以洞言者，洞遂献诗百篇，卷首《石城篇》，其词曰："石城古渡头，一望思悠悠。几许六朝事，不禁江水流。"后主读之，感怆不怡者久之，因弃不复观，洞亦不复见省。金陵受围，洞犹在城中。国亡，洞过故宫阙，徘徊赋诗，多感慨悲伤，不以不遇故有怨怼语。未几卒。与洞同时有夏宝松者，亦隐庐山，相与为诗友。洞有《夜坐》诗，宝松有《宿江城》诗，皆见称一时，号"刘夜坐"、"夏江城"云。(《南唐书·列传卷第十二 刘洞》)

五、伍乔，庐江人。居庐山国学数年，力于学，诗调寒苦，每有瘦童羸马之叹。山中浮屠，梦仰视见一大星，芒色甚异，旁有人指之曰："此伍乔星也。"既觉，访得乔，乃倾资奉之，使入金陵，举进士。及试《画八卦赋》、《霁后望钟山诗》。故事，中选者，主司必延之升堂置酒。时有宋贞观者，首就坐，张洎续至，主司览其文，揖贞观南坐，引洎坐于西。酒数行，乔始上卷，主司叹其杰作，乃徙贞观处席北，洎处席南，以乔居宾席。及覆考榜出，乔果为首，洎、贞观次之。时称主司精于衡鉴。元宗亦大爱乔程文，命勒石以为永式。仕至考功员外郎。卒。(《南唐书·列传卷第十二 伍乔》)

六、弘茂，字子松，元宗第二子。幼颖异，善歌诗，格调清苦。年十四，为侍卫诸军都虞候，封乐安公。骑射击刺皆精习，又领兵职。然不喜戎事，每与宾客朝士燕游，惟以赋诗为乐。(《南唐书·列传卷第十三 李弘茂》)

[唐]裴庭裕《东观奏记》

(见"本事类")

一、上(唐宣宗)听政之暇，多赋诗，令翰林学士属和。一日，赋诗赐寓直学士萧寘、曹确，令继和。寘手状谢曰："陛下此诗，虽'湘水日千里，因之平生怀’，亦无以加也。”明日，召学士韦澳问此两句。澳奏曰：“齐太子家令沈约诗，寘以睿藻清新，取方沈约尔。”上不悦，曰：“将人臣比我，得否？”恩遇渐薄，执政乘之，出为浙西观察使。（《东观奏记中卷》）

［宋］陶岳《五代史补》

（见“本事类”）

一、僧贯休，婺州兰溪人。有逸才，长于歌诗。尝游荆南，时成汭为荆南节度使，生日有献歌诗颂德者仅百余人，而贯休在焉。汭不能亲览，命幕史郑准定其高下。准害其能，辄以贯休为第三。贯休怒曰：“藻鉴如此，其可久乎！”遂入蜀。及至，值王建称藩，因献之诗云：“一瓶一钵垂垂老，万水千山得得来。”建大悦，遽加礼待。洎僭大号，以国师赐号曰“禅月”。（《五代史补卷一·梁·僧贯休入蜀》）

二、（梁震）末年尤好篇咏，与僧齐己友善，贻之诗曰：“陈琳笔砚甘前席，角里烟霞忆共眠。”盖以写其高尚之趣也。（《五代史补卷四·汉·梁震裨赞》）

三、沈彬，宜春人。能为歌，诗格高逸，应进士不第，遂游长沙。会武穆方霸，彬献颂德诗云：“金翅动身摩日月，银河转浪洗乾坤。”武穆览而壮之，欲辟之在幕府，以其有足疾，遂止。（《五代史补卷四·汉·沈彬石椁》）

四、李知损，官至谏议大夫，好轻薄，时人谓之“李罗隐”。至于亲友间往还简牍，往往引里巷常谈，为之偶对。常有朝士奉使回，以土物为赠，其意犹望却回。知损觉之，且贻书谢之曰：“在小子一时间却拟送去，恐大官两罗里更不将来。”乾祐中，奉使郑州，时宋彦筠为节度。彦筠小字忙儿，因宴会，彦筠酒酣，辄问曰：“众人何为号足下为罗隐？”对曰：“下官平素好为诗，其格致大抵如罗隐，故人为号。”彦筠曰：“不然，盖谓足下轻薄如罗隐耳。”知损大怒，厉声曰：

“只如令公，人皆谓之宋忙儿，未必便能放牛。”满座皆笑。（《五代史补》卷四《汉·李知损轻薄》）

［宋］佚名《钓矶立谈》

（见“本事类”）

一、元宗神彩精粹，词旨清畅，临朝之际，曲尽姿制。湖南尝遣廖法正将聘，既还，语人曰：“汝未识东朝官家，其为人粹若琢玉。南岳真君恐未如也。”是以荆渚孙光宪叙《续通历》云“圣表闻于四邻”，盖谓此也。又其天性雅好古道，被服朴素，宛同儒者。时时作为歌诗，皆出入风骚，士子传以为玩，服其新丽。是时承烈祖勤俭之后，国家富给，群臣操觚管小技，侍从左右，承间纳科说，多自谓国势崇盛，如举太山以压朽壤，荡定之期，指日可俟。会闽荆兄弟争国，有衅可乘，上亦昧于几先，营惑利口。于是连兵十许年，国削民乏，渺然视太平之象，更若捕风系影。初惠昭太子少有远见，力谏上不知息兵养民，不蒙听纳，忽忽自失，以至暴亡。至是上痛自惩艾，复思太子语，往往涕下交颐。自议南迁豫章，百不如意，邑邑无聊，以至捐弃服御。

叟尝读《汉书》，见班固赞元帝“优柔”，大率颇似元宗。古今异世，而乃适同尊号，西都坐是不振，而南国亦复阴阴如日就暮，因感扬雄论鲁不用真儒之说，又《传》称“是仪也，非礼也，唯礼为能定国”。吁，非真儒不足以救国之危削，非明礼不足以权国之安荣。元宗君臣，殆有遗恨于此。（《钓矶立谈》）

［宋］龙衮《江南野史》

（见“本事类”）

一、处士陈贶者，闽中人。少孤贫，好学，出游庐山，刻苦修进，诗书至数千卷，有诗名闻于四方。慵于取仕，隐于山麓，岁时伏腊，庆吊人事，都未暂往，时辈多师事之。有季父为桑门，每赖其给。有诗数百首，骨格强梗，出于常态，颇有阆仙之致，脍于人口。其中有《景阳台怀古》云："景阳太庙地，运极自依依。一会皆同是，到头谁论非？酒秾沉远虑，花好失前机。见此兴亡事，正当家国肥。"嗣主闻之，以币帛征之，乃幞巾绦带，布裘鹿鞟。引见宴语，因授以官，贶不受，苦辞。嗣主见其言语朴野，翔集疏逸，不却其志，因锡以粟帛，放还旧居，十余年卒，时及七十。（《江南野史》卷六《陈贶》）

二、孙鲂，世南昌人。家贫好学。及长，会唐末丧乱，都官郎郑谷亦避乱归宜春，鲂往师之，颇为诱掖。后有能诗名，尝与沈彬及桑门齐己、虚中之徒为倡和俦侣。属吴王行密据有江、淮，遂归，射策授州郡从事。与沈彬尝游于李建勋，为诗社。彬为人口辩，能评较人诗句。时鲂有《夜坐》句，美于时辈，建勋因试之，先匿鲂斋中，候彬至，乃问鲂之为诗何如，彬答曰："人言鲂非有国风、雅、颂之体，实得田舍翁火炉头之作，何足称哉！"鲂闻之怒，突然而出，乃让彬曰："公何诽谤之甚，而比田舍翁言，无乃太过乎？"彬答曰："子《夜坐》句云：'划多灰渐冷，坐久席成痕。'此非田舍翁炉上作而何？"阖座大笑，善彬能近取譬也。及《题金山寺》云："万古波心寺，金山名目新。天多剩得月，地少不生尘。过橹妨僧梦，惊涛溅佛身。谁言张处士，题后更无人？"有集仅百篇，皆此类。先主受禅，累迁正郎，后卒。（《江南野史》卷七《孙鲂》）

［宋］郑文宝《南唐近事》

（见“本事类”）

一、进士黄可，字不可。孤寒朴野，深于雅道。诗句中多用驴字，如《献高侍郎》诗云“天下传将舞马赋，门前迎得跨驴宾”之类。又尝谒舍人潘佑，潘教服槐子，云：“丰肌却老。”明旦潘公趋朝，天阶未曙，见槐树烟雾中有人若猿狙之状，迫而视之，即可也。怪问其故，乃拥条而谢曰：“昨蒙明公教服槐子法，故今日斋戒而掇之。”潘大噱而去。（《南唐近事》）

［唐］武平一《景龙文馆记》

（见“本事类”）

一、是月，以婕妤上官（氏）为昭容。

《唐大诏令集》卷二五《起复上官氏为婕妤制》：“门下：《易》著鸣谦，《礼》称辞贵，称以崇让，退而忌满，推心自得，其道弥光。前昭容上官氏，相门积善，儒宗雅训；文学冠时，柔嘉顺则。内守恬淡，外防奢侈。发于少长，持以周旋。乐无靡曼，衣必浣濯。珠玑不珍，坟籍为宝。故能诚切一室，功宣两朝。谠议日闻，屡援楚笔；忠规岁纳，方轻汉辇。惟此邦媛，郁为宫师。遂能德综十伦，孝高百行。顷罹创钜，爰命权夺。秩茂左嫔，思被光宠；志齐班女，恳陈扮挹。而贤明之业，经济之才，素风逾迈，清辉益远。不成厥美，将蔽斯言。今依表奏，以宪图史。可起复婕妤。主者施行。景龙三年十一月二十九日。”（《景龙文馆记》卷一《景龙二年·十一月婕妤上官氏为昭容》）

二、晦日，幸昆明池，宋之问诗“自有夜珠来”之句，至今传之。中宗正月晦日幸昆明池赋诗，群臣应制百余篇。帐殿前结彩楼，命昭容选一首为新翻御制曲，从臣悉集其下。须臾，纸落如飞，各认其名而怀之。既进，唯沈、宋二诗不下。又移时，一纸飞坠，竞取而观，乃沈诗也。及闻其评曰：“二诗工力悉敌。沈诗落句云：‘微臣凋朽质，羞睹豫章材。’盖词气已竭。宋诗云：‘不愁明月尽，自有夜珠来。’犹涉健举。”沈乃伏，不敢复争。宋之问诗曰（此略，诗见后），沈佺期诗（此略，诗见后）。（《景龙文馆记》卷二《景龙三年·晦日幸昆明池应制》）

［唐］陆广微《吴地记》

（见“本事类”）

一、咸和二年，舍山宅为东西二寺，立祠于山。寺侧有贞娘墓，吴国之佳丽也。行客才子多题诗墓上。有举子谭铢作诗一绝，其后人稍稍息笔。（《吴地记》）

［唐］张彦远《历代名画记》

（见“本事类”）

一、秘书省薛稷画鹤，贺知章题诗，在东秘书厅；郎余令画凤，在书阁柱上，都不成画，不堪观。今亦有小山水在画阁上，今已无。（《历代名画记》卷三

《记两京外州寺观画壁·两京寺观等画壁》）

二、李林甫，亦善丹青。高詹事与林甫诗曰："兴中唯《白雪》，身外即丹青。"余曾见其画迹，甚佳。山水小类李中舍也。（《历代名画记》卷九《唐朝上》）

三、郑虔，高士也。苏许公为宰相，申以忘年之契，荐为著作郎。开元二十五年，为广文馆学士。饥穷轗轲，好琴酒篇咏，工山水。进献诗篇及书画，玄宗御笔题曰"郑虔三绝"。与杜甫、李白为诗酒友。禄山授以伪水部员外郎，国家收复，贬台州司户。（《历代名画记》卷九《唐朝上》）

四、韩幹，大梁人。王右丞维见其画，遂推奖之。官至太府寺丞。善写貌人物，尤工鞍马。初师曹霸，后自独擅。杜甫《曹霸画马歌》曰："弟子韩幹早入室，亦能画马穷殊相。幹唯画肉不画骨，忍使骅骝气凋丧。"彦远以杜甫岂知画者，徒以干马肥大，遂有"画肉"之诮。（《历代名画记》卷九《唐朝上》）

五、王维字摩诘，太原人。年十九，进士擢第。与弟缙，并以词学知名。官至尚书右丞。有高致，信佛理，蓝田南置别业，以水木琴书自娱。工画山水，体涉今古。人家所蓄，多是右丞指挥工人布色，原野簇成远树，过于朴拙，复务细巧，翻更失真。清源寺壁上画《辋川》，笔力雄壮。常自制诗曰："当世谬词客，前身应画师。不能舍余习，偶被时人知。"诚哉是言也。余曾见破墨山水，笔迹劲爽。（《历代名画记》卷十《唐朝下》）

六、张諲，官至刑部员外郎。明《易》象，善草隶，工丹青，与王维、李颀为诗酒丹青之友。尤善画山水，王维答诗曰："屏风误点惑孙郎，团扇草书轻内史。"李颀诗曰："小王破体闲文策，落日梨花照空壁。书堪记室妒风流，画与将军作劲敌。"（《历代名画记》卷十《唐朝下》）

［唐］朱景玄《唐朝名画录》

朱景玄，唐吴郡人，历任亲王府谘议参军、翰林学士、太子谕德。著《唐朝名画录》。《唐朝名画录》，原名《唐画断》，又名《唐贤画录》《名贤画录》《唐贤明画录》，记唐画家一百二十余人事，分神、妙、能、逸四品，其中神、妙、能三品又分上、中、下三等。有明刻本、清刻本、明嘉靖刻本、《王氏书画苑》本、文渊阁《四库全书》本、《类书》本等。此据黄山书社2016年校注本辑录。

一、王维字摩诘，官至尚书右丞，家于蓝田辋川。兄弟并以科名文学，冠绝当时，故时称"朝廷左相笔，天下右丞诗"也。其画山水松石，踪似吴生，而风致标格特出。今京都千福寺西塔院有掩障一合，画青枫树一图。又尝写《诗人襄阳孟浩然马上吟诗图》，见传于世。复画《辋川图》，山谷郁郁盘盘；云水飞动，意出尘外，怪生笔端。尝自题诗云："当世谬词客，前身应画师。"其自负也如此。慈恩寺东院与毕庶子、郑广文各画一小壁，时号三绝。故庾右丞宅有壁画山水兼题记，亦当时之妙。故山水、松石，并居妙上品。（《唐朝名画录·妙品上八人》）

二、程修己，其先冀州人，祖大历中任越州医博士，父伯仪，少有文学。时周昉任越州长史，遂令修己师事，凡二十年中师其画。至六十，画中有数十病，既皆一一口授，以传其妙诀。宝历中，修己应明经擢第，大和中，文宗好古重道，以晋明帝朝卫协画《毛诗图》，草木、鸟兽、古贤、君臣之像，不得其真，遂召修己图之。皆据经定名，任意采掇，由是冠冕之制，生植之姿，远无不详，幽无不显矣。又尝画竹障于文思殿，文皇有歌云："良工运精思，巧极似有神。临窗时乍睹，繁阴合再明。"当时在朝学士等皆奉诏继和。自贞元后，以画艺进身，累承恩称旨，京都一人而已。尤精山水、竹石、花鸟、人物、古贤、功德、异兽等，首冠于时，可居妙品也。（《唐朝名画录校注·妙品中五人》）

［唐］封演《封氏闻见记》

（见"本事类"）

一、郑虔亦工山水，名亚于维，劝善坊吏部尚书王方庆宅院有虔山水之

迹，为时所重。虔工书画，又工诗，故有“三绝”之目；而宦途屯蹇，终于台州司户焉。（《封氏闻见记》卷五《图画》）

［唐］赵璘《因话录》

（见“本事类”）

一、张弘靖三世掌书命，在台座，前代未有。杨巨源赠公诗云：“伊陟无闻祖，韦贤不到孙。”时称其能与张家说家门。巨源在元和中，诗韵不为新语，体律务实，功夫颇深。自旦至暮，吟咏不辍。（《因话录》卷二《商部上》）

二、韩文公与孟东野友善。韩公文至高，孟长于五言，时号孟诗韩笔。元和中，后进师匠韩公，文体大变。又柳柳州宗元、李尚书翱、皇甫郎中湜、冯詹事定、祭酒杨公、余座主李公，皆以高文为诸生所宗，而韩、柳、皇甫、李公皆以引接后学为务。杨公尤深于奖善，遇得一句，终日在口，人以为癖，终不易初心。长庆以来，李封州甘为文至精，奖拔公心，亦类数公。甘出于李相国武都公门下，时以为得人。惜其命运迍厄，不得在抡鉴之地。又元和以来，词翰兼奇者，有柳柳州宗元、刘尚书禹锡及杨公。刘、杨二人，词翰之外，别精篇什。又张司业籍善歌行，李贺能为新乐府，当时言歌篇者，宗此二人。李相国程、王仆射起、白少傅居易兄弟、张舍人仲素为场中词赋之最，言程式者，宗此五人。伯仲昆弟，以史笔继业，家藏书最多者，苏少常景澈、堂弟尚书涤，诸家无比，而皆以清标雅范，为后来所重。少卿登第，与堂兄特并时，亦士林之美。（《因话录》卷三《商部下》）

三、进士李为作泪赋，及轻、薄、暗、小四赋。李贺作乐府，多属意花草蜂蝶之间，二子竟不远大。文字之作，可以定相命之优劣矣。（《因话录》卷三《商部下》）

四、吴兴僧昼，字皎然，工律诗。尝谒韦苏州，恐诗体不合，乃于舟中抒思，作古体十数篇为贽。韦公全不称赏，昼极失望。明日写其旧制献之，韦公吟讽，大加叹咏。因语昼云："师几失声名，何不但以所工见投，而猥希老夫之意。人各有所得，非卒能致。"昼大伏其鉴别之精。（《因话录》卷四《角部》）

［唐］刘餗《隋唐嘉话》

（见"本事类"）

一、薛道衡聘陈，为人日诗云："入春才七日，离家已二年。"南人嗤之曰："是底言？谁谓此虏解作诗！"及云："人归落雁后，思发在花前。"乃喜曰："名下固无虚士。"（《隋唐嘉话·上》）

二、沈佺期以工诗著名，燕公张说尝谓之曰："沈三兄诗，直须还他第一。"（《隋唐嘉话·下》）

三、武后游龙门，命群官赋诗，先成者赏锦袍。左史东方虬既拜赐，坐未安，宋之问诗复成，文理兼美，左右莫不称善，乃就夺袍衣之。（《隋唐嘉话·下》）

［唐］张鷟《朝野佥载》

（见"本事类"）

一、冀州参军麹崇裕送司功入京诗云："崇裕有幸会，得遇明流行。司士向京去，旷野哭声哀。"司功曰："大才士。先生其谁？"曰："吴儿博士教此声

韵。”司功曰：“师明弟子哲。”(《朝野佥载》卷二)

二、卢照邻字升之，范阳人。弱冠拜邓王府典签，王府书记一以委之。王有书十二车，照邻总披览，略能记忆。后为益州新都县尉，秩满，婆娑于蜀中，放旷诗酒，故世称“王杨卢骆”。照邻闻之曰：“喜居王后，耻在骆前。”时杨之为文，好以古人姓名连用，如张平子之略谈，陆士衡之所记，潘安仁宜其陋矣，仲长统何足知之。号为“点鬼簿”。骆宾王文好以数对，“如秦地重关一百二，汉家离宫三十六”。时人号为“算博士”。如卢生之文，时人莫能评其得失矣。惜哉，不幸有冉耕之疾，著《幽忧子》以释愤焉。文集二十卷。(《朝野佥载》卷六)

［唐］李肇《唐国史补》

(见“本事类”)

一、吴人顾况，词句清绝，杂之以诙谐，尤多轻薄。为著作郎，傲毁朝列，贬死江南。(《唐国史补卷之中》)

二、杜太保在淮南，进崔叔清诗百篇。德宗谓使者曰：“此恶诗，焉用进。”时呼为“准敕恶诗”。(《唐国史补卷之中》)

三、楚僧灵一，律行高洁，而能为文。吴僧皎然，亦名昼，盛工篇什，著《诗评》三卷，及卒，德宗降使取其遗文。近代文僧，二人首出。(《唐国史补卷之下》)

四、韦应物立性高洁，鲜食寡欲，所坐焚香扫地而坐。其为诗驰骤建安以还，各得其风韵。(《唐国史补卷之下》)

五、张登长于小赋，气宏而密，间不容发，有织成隐起往往蹙金之状。(《唐国史补卷之下》)

六、近代有造谤而著书，鸡眼、苗登二文；有传蚁穴而称，李公佐《南柯太守》；有乐妓而工篇什者，成都薛涛；有家僮而善章句者，郭氏奴。皆文之妖也。(《唐国史补卷之下》)

［唐］刘肃《大唐新语》

（见“本事类”）

一、李百药，德林之子，才行相继，海内名流莫不宗仰。藻思沉蔚，尤工五言。太宗常制《帝京篇》，命其和作，叹其精妙，手诏曰：“卿何身之老而才之壮？何齿之宿而意之新？”及悬车告老，怡然自得，穿地筑山，以诗酒自适，尽平生之意。高宗承贞观之后，天下无事，上官仪独为宰相，尝凌晨入朝，循洛水堤步月徐辔，咏诗曰：“脉脉大川流，驱马历长洲。鹊飞山月曙，蝉噪野云秋。”音韵凄响，群公望之如神仙焉。（《大唐新语》卷八《文章第十八》）

二、华阴杨炯与绛州王勃、范阳卢照邻、东阳骆宾王，皆以文词知名海内，称为“王杨卢骆”。炯与照邻则可全，而盈川之言为不信矣。张说谓人曰：“杨盈川之文，如悬河注水，酌之不竭，既优于卢，亦不减王。耻居王后则信然，愧在卢前则为误矣。”（《大唐新语》卷八《文章第十八》）

三、张宣明有胆气，富词翰，赏山行见孤松，赏玩久之，乃赋诗曰：“孤松郁山椒，肃爽凌平霄。既挺千丈干，亦生百尺条。青青恒一色，落落非一朝。大庭今已构，惜哉无人招。寒霜十二月，枝叶独不凋。”凤阁舍人梁载言赏之曰：“文之气质，不减于长松也。”宣明为郭振判官，使至三姓咽面，因赋诗曰：“昔闻班家子，笔砚忽然投。一朝抚长剑，万里入荒陬。岂不厌艰险，只思清国仇。出川去何岁，霜露几逢秋。玉塞已遐廓，铁关方阻修。东都日窅窅，西海此悠悠。卒使功名建，长封万里侯。”时人称为绝唱。（《大唐新语》卷八《文章第十八》）

四、李峤少负才华，代传儒学，累官成均祭酒、吏部尚书，三知政事，封郑国公。长寿三年，则天征天下铜五十万余斤，铁三百三十余万，钱两万七千贯，于定鼎门内铸八棱铜柱，高九十尺，径一丈二尺，题曰“大周万国述德天枢”，纪革命之功，贬皇家之德。天枢下置铁山，铜龙负载，狮子、麒麟围绕，上有云盖，盖上施盘龙以托火珠，珠高一丈，围三丈，金彩荧煌，光侔日月。武三思为其文，朝士献诗者不可胜纪。唯峤诗冠绝当时，其诗曰："辙迹光西崦，勋名纪北燕。何如万国会，讽德九门前。灼灼临黄道，迢迢入紫烟。仙盘正下露，高柱欲承天。山类丛云起，珠疑大火悬。声流尘作劫，业固海成田。圣泽倾尧酒，熏风入舜弦。欣逢下生日，还偶上皇年。"后宪司发峤附会韦庶人，左授滁州别驾而终。开元初，诏毁天枢，发卒销烁，弥月不尽。洛阳尉李休烈赋诗以咏之曰："天门街里倒天枢，火急先须卸火珠。计合一条丝线挽，何劳两县索人夫。"先有讹言云："一条线挽天枢。"言其不经久也。故休烈诗及之。士庶莫不讽咏。天枢之北，韦庶人继造一台，先此毁拆。（《大唐新语》卷八《文章第十八》）

五、陆余庆孙海，长于五言诗，甚为诗人所重。性峻不附权要，出牧潮州，但以诗酒自适，不以远谪介意。题奉国寺诗曰："新秋夜何爽，露下风转凄。一声竹林里，千灯花塔西。"题龙门寺诗曰："窗灯林霭里，闻磬水声中。更筹半有会，炉烟满夕风。"人推其警策。（《大唐新语》卷八《文章第十八》）

六、神龙之际，京城正月望日，盛饰灯影之会。金吾弛禁，特许夜行。贵游戚属，及下隶工贾，无不夜游。车马骈阗，人不得顾。王主之家，马上作乐以相夸竞。文士皆赋诗一章，以纪其事。作者数百人，惟中书侍郎苏味道、吏部员外郭利贞、殿中侍御史崔液三人为绝唱。味道诗曰："火树银花合，星桥铁锁开。暗尘随马去，明月逐人来。游妓皆秾李，行歌尽落梅。金吾不禁夜，玉漏莫相催。"利贞曰："九陌连灯影，千门度月华。倾城出宝骑，匝路转香车。烂熳唯愁晓，周旋不问家。更逢清管发，处处落梅花。"液曰："今年春色胜常年，此夜风光正可怜。鸡鹊楼前新月满，凤凰台上宝灯燃。"文多不尽载。（《大唐新语》卷八《文章第十八》）

七、刘希夷一名挺之，汝州人。少有文华，好为宫体，词旨悲苦，不为时所重。善搊琵琶，尝为《白头翁咏》曰："今年花落颜色改，明年花开复谁在？"既而自悔曰："我此诗似忏，与石崇'白首同所归'何异也？"乃更作一句云："年年岁岁花相似，岁岁年年人不同。"既而叹曰："此句复似向谶矣，然死生有命，岂复由此。"乃两存之。诗成未周，为奸所杀。或云宋之问害之。后孙翌撰《正声集》，以希夷为集中之最。由是稍为时人所称。（《大唐新语》卷八《文章第十八》）

八、魏求己自御史左授山阳丞，为诗曰："朝升照日槛，夕次下乌台。风竿一眇邈，月树几徘徊。翼向高标敛，声随下调哀。怀燕首自白，非是为年催。”郑繇少工五言，开元初，山范为岐州刺史，繇为长史，范失白鹰，深所爱惜，因为《失白鹰》诗以致意焉。其诗曰：“白昼文章乱，丹霄羽翮齐。云间呼暂下，雪里放还迷。梁苑惊池鹜，陈仓拂野鸡。不知辽廓外，何处别依栖？”甚为时所讽咏。子审，亦以文章知名。（《大唐新语》卷八《文章第十八》）

九、张说、徐坚同为集贤学士十余年，好尚颇同，情契相得。时诸学士凋落者众，唯说、坚二人存焉。说手疏诸人名，与坚同观之。坚谓说曰：“诸公昔年皆擅一时之美，敢问孰为先后？”说曰：“李峤、崔融、薛稷、宋之问，皆如良金美玉，无施不可。富嘉谟之文，如孤峰绝岸，壁立万仞，丛云郁兴，震雷俱发，诚可畏乎！若施于廊庙，则为骇矣。阎朝隐之文，则如丽色靓妆，衣之绮绣，燕歌赵舞，观者忘忧。然类之《风》《雅》，则为俳矣。”坚又曰：“今之后进，文词孰贤？”说曰：“韩休之文，有如太羹玄酒，虽雅有典则，而薄于滋味。许景先之文，有如丰肌腻体，虽秾华可爱，而乏风骨。张九龄之文，有如轻缣素练，虽济时适用，而窘于边幅。王翰之文，有如琼林玉斝，虽烂然可珍，而多有玷缺。若能箴其所阙，济其所长，亦一时之秀也。”（《大唐新语》卷八《文章第十八》）

十、李义府尝赋诗曰：“镂月成歌扇，裁云作舞衣。自怜回雪影，好取洛川归。”有枣强尉张怀庆，好偷名士文章，乃为诗曰：“生情镂月成歌扇，出意裁云作舞衣。照镜自怜回雪影，时来好取洛川归。”人谓之谚曰：“活剥王昌龄，生吞郭正一。”（《大唐新语》卷十三《谐谑第二十八》）

［唐］韦绚《刘宾客嘉话录》

（见“本事类”）

一、刘禹锡曰：茱萸二字，经三诗人用，亦有能否。杜甫言“醉把茱萸子细看”，王右丞云“遍插茱萸少一人”，朱放云“学他年少插茱萸”，杜公最优也。

(《唐语林》卷二“文学”；又见《绀珠集》卷五引《嘉话录》、《唐宋名贤分门诗话》卷一、《诗话总龟》前集卷五、《容斋随笔》卷四)(《刘宾客嘉话录·佚文·三诗用茱萸工拙》)

二、刘禹锡曰：牛丞相奇章公初为诗，务奇特之语，至有“地瘦草丛短”之句。明年秋，卷成，呈之，乃有“求人气色沮，凭酒意乃伸”，益加能矣。明年乃上第。(《唐语林》卷二“文学”；又见《诗话总龟》卷一四引《刘禹锡佳话录》)(《刘宾客嘉话录·佚文·牛僧孺诗》)

三、杨茂卿云：“河势昆仑远，山形菡萏秋。”此诗题云《过华山下作》，初用莲峰作菡萏，极的当而暗尽矣。又皇甫博士湜《鹤处鸡群赋》云：“若李君之在胡，但见异类；如屈原之相楚，唯我独醒。”然二君矜炫，俱为朝野之绝伦。余亦昔时直气，难以为制。因作一口号赠歌人米嘉荣曰：“唱得梁州意外声，旧人唯有米嘉荣。近来年少轻前辈，好染髭须事后生。”(《唐语林》卷二“文学”；又见《云溪友议》卷中“中山诲”；又见《诗话总龟》卷一四，引作《刘禹锡佳话录》)(《刘宾客嘉话录·杨茂卿诗 皇甫湜文》)

四、刘禹锡曰：韩《碑》柳《雅》，予为诗云：“城中晨鸡喔喔鸣，城头鼓角声和平。”美李尚书愬之入蔡城也，须臾之间，贼都不觉。又诗落句言：“始知元和十二载，四海重见升平时。”所以言“十二载”者，因以记淮西平之年。(见《唐语林》卷二“文学”；又见《唐宋分门名贤诗话》卷一、《诗话总龟》前集卷五、《唐诗纪事》卷三九)(《刘宾客嘉话录·佚文·平蔡州诗》)

五、郑广文学书而病无纸，知慈恩寺有柿叶数间屋，遂借僧房居止，日取红叶学书，岁久殆遍。后自写所制诗并画，同为一卷，封进，玄宗御笔书其尾曰：“郑虔三绝。”(《刘宾客嘉话录·备考·郑虔三绝》)

六、郑□□云：“张燕公文逸而学奥，苏许公文似古，学少简而密。张有《河朔刺史冉府君碑》，序金城郡君云：‘蕣华前落，蒿瘗城隅。天使马悲，启滕公之室；人看鹤舞，闭王母之坟。’亦其比也。”公又云：“张巧于才，近世罕比。《端午三殿侍宴诗》云：‘甘露垂天酒，芝盘捧御书。含丹同蝘蜓，灰骨慕蟾蜍。’上亲解紫拂袜带以赐焉。苏尝梦书壁云：‘元老见逐，谗人孔多。既诛群凶，方宣大化。’后十三年视草禁中，拜刘幽求左仆射制，上亲授其意，及进本，上自益前四句，乃梦中之词也。”又云：“杜工部诗如爽鹘摩霄，骏马绝地。其《八哀诗》，时人比之大谢《拟魏太子邺中八篇》。杜曰：‘公知其一，不知其二。吾诗曰：“汝阳让帝子，眉宇真天人。虬髯似太宗，色映塞外春。”

八篇中有此句不?'或曰:'"百川赴巨海,众星拱北辰。"所谓世有其人。'杜曰:'使昭明再生,吾当出刘、曹、二谢上。'杜善郑广文,尝以《花卿》及《姜楚公画鹰歌》示郑,郑曰:'足下此诗可以疗疾。'他日郑妻病,杜曰:'尔但言:"子章髑髅血模糊,手提掷还崔大夫。"如不瘥,即云:"观者徒惊帖壁飞,画师不是无心学。"未间,更有:"太宗拳毛騧,郭家师子花。"如又不瘥,虽和、扁不能为也。'其自得如此。"(《唐语林》卷二"文学")(《刘宾客嘉话录·备考·燕许文工部诗》)

[唐] 范摅《云溪友议》

(见"本事类")

一、秭归县繁知一,闻白乐天将过巫山,先于神女祠粉壁,大署之曰:"苏州刺史今才子,行到巫山必有诗。为报高唐神女道,速排云雨候清词。"白公睹题处怅然,邀知一至,曰:"历阳刘郎中禹锡,三年理白帝,欲作一诗于此,怯而不为。罢郡经过,悉去千余首诗,但留四章而已。此四章者,乃古今之绝唱也,而人造次不合为之。"沈佺期诗曰:"巫山高不极,合沓奇状新。暗谷疑风雨,幽崖若鬼神。月明三峡曙,潮满九江春。为问阳台客,应知入梦人。"王无竞诗曰:"神女向高唐,巫山下夕阳。徘徊作行雨,婉娈逐荆王。电影江前落,雷声峡外长。霁云无处所,台馆晓苍苍。"李端诗曰:"巫山十二重,皆在碧虚中。回合云藏日,霏微雨带风。猿声寒渡水,树色暮连空。愁向高唐去,千秋见楚宫。"皇甫冉诗曰:"巫峡见巴东,迢迢出半空。云藏神女馆,雨到楚王宫。朝暮泉声落,寒暄树色同。清猿不可听,偏在九秋中。"白公但吟四篇,与繁生同济,竟而不为。

故太尉李德裕镇渚宫,尝谓宾侣曰:"余偶欲遥赋巫山神女一诗,下句云'自从一梦高唐后,可是无人胜楚王'。昼梦宵征,巫山似欲降者,如何?"段记室成式曰："屈平流放湘沅，椒兰友而不争，卒葬江鱼之腹，为旷代之悲。宋玉则招屈之魂，明君之失，恐祸及身，遂假高唐之梦以惑襄王，非真梦也。我公作神女之诗，思神女之会，唯虑成梦，亦恐非真。"李公退惭，其文不编集于卷也。(《云溪友议》卷上《巫咏难》)

二、刘长卿郎中，皆谓前有沈、宋、王、杜，后有钱、郎、刘、李。刘君曰："李嘉祐、郎士元，焉得与予齐称也！"每题诗，不言其姓，但长卿而已，以海内合知之乎。士林或之讥也。宋雍初无令誉，及婴瞽疾，其诗名始彰。卢员外纶作拟僧之诗，僧清江作《七夕》之咏，刘随州有眼作无眼之句，宋雍无眼作有眼之诗，诗流以为"四背"，或云"四倒"，然辞意悉为佳致乎。卢公诗曰："愿得远公知姓字，焚香洗钵过余生。"清江上人诗曰："唯愁更漏促，离别在明朝。"刘随州诗曰："细雨湿衣看不见，闲花落地听无声。"宋君诗曰："黄鸟不堪愁里听，绿杨宜向雨中看。"(《云溪友议》卷上《四背篇》)

三、致仕尚书白舍人，初到钱塘，令访牡丹花，独开元寺僧惠澄，近于京师得此花栽，始植于庭，栏圈甚密，他处未之有也。时春景方深，惠澄设油幕覆其上，牡丹自此东越分而种之也。会徐凝自富春来，未识白公，先题诗曰："此花南地知难种，惭愧僧闲用意栽。海燕解怜频睥睨，胡蜂未识更徘徊。虚生芍药徒劳妒，羞杀玫瑰不敢开。唯有数苞红幞在，含芳只待舍人来。"白寻到寺看花，乃命徐生同醉而归。时张祜榜舟而至，甚若疏诞。然张、徐二生未之习隐，各希首荐焉。中舍曰："二君论文，若廉、白之斗鼠穴，胜负在于一战也。"遂试《长剑倚天外》赋、《余霞散成绮》诗。试讫解送，以凝为元，祜其次耳。张曰："祜诗有'地势遥尊岳，河流侧让关'。多士以陈后主'日月光天德，山河壮帝居'。此徒有前名矣。又祜《题金山寺》诗曰：'树影中流见，钟声两岸闻。'虽綦毋潜云'塔影挂青汉，钟声和白云'此句未为佳也。"祜《观猎》四句及《宫词》，白公曰："张三作《猎》诗，以较王右丞，予则未敢优劣也。"王维诗曰："风劲角弓鸣，将军猎渭城。草枯鹰眼疾，雪尽马蹄轻。忽过新丰戍，还归细柳营。回看失雁处，千里暮云平。"张祜诗曰："晓出禁城东，分围浅草中。红旗开向日，白马骤临风。背手抽金镞，翻身控角弓。万人齐指处，一雁落寒空。"白公又以"《宫词》四句中皆数对，何足奇乎。然无徐生云'今古长如白练飞，一条界破青山色'。"徐凝赋曰："谯周室里，定游、夏于立、虔；马守帷中，分《易》、《礼》于卢、郑。如我明公荐，岂唯偏党乎？"张祜曰："虞《韶》九奏，非瑞马之至音；荆玉三投，伫良工之必鉴。且鸿钟运击，瓦缶雷鸣，荣辱纠绳，复何定分？”祜遂行歌而迈，凝亦鼓枻而归。自是二生终身偃仰，不随乡赋者乎。先是，李补阙林宗、杜殿中牧，与白公辇下较文，具言元、白诗体舛杂，而为清苦者见嗤，因兹有恨也。白为河南尹，李为河南令，道上相遇，尹乃乘马，令则肩舆，似乖趋事之礼。尝谓乐天为“嗫嚅公”，闻者皆笑，乐天之名稍减矣。白尹曰：“李直木，吾之犹子也，其锋不可当。”后杜舍人之守秋浦，与张生为诗酒之交，酷吟祜《宫词》，亦知钱塘之岁，白有非祜之论，怀不平之色，为诗二首以高之曰：“谁人得似张公子，千首诗轻万户侯。”又曰：“如何故国三千里，虚唱歌词满六宫。”张君诗曰：“故国三千里，深宫二十年。一声《何满子》，双泪落君前。”此歌宫娥讽念思乡，而起长门之思也。祜复游甘露寺，观前卢肇先辈题处曰：“不谓三吴经此诗人也。”祜曰：“日月光先到，山川势尽来。”卢曰：“地从京口断，山到海门回。”因而仰伏，愿交于此士矣。（《云溪友议》卷中《钱塘论》）

四、真娘者，吴国之佳人也，时人比于苏小小，死葬吴宫之侧。行客感其华丽，竞为诗题于墓树，栉比鳞臻。有举子谭铢者，吴门秀逸之士也，因书绝句，以贻后之来者。睹其题处，经游之者稍息笔矣。诗曰：“武丘山下塚垒垒，松柏萧条尽可悲。何事世人偏重色，真娘墓上独题诗。”（《云溪友议》卷中《谭生刺》）

五、宪宗皇帝朝，以北狄频侵边境，大臣奏议：古者和亲之有五利，而日无千金之费。上曰：“比闻有一卿能为诗，而姓氏稍僻，是谁？”宰相对曰：“恐是包子虚、冷朝阳。”皆不是也。上遂吟曰：“山上青松陌上尘，云泥岂合得相亲？世路尽嫌良马瘦，惟君不弃卧龙贫。千金未必能移姓，一诺从来许杀身。莫道书生无感激，寸心还是报恩人。”侍臣对曰：“此是戎昱诗也。京兆尹李銮拟以女嫁昱，令其改姓，昱固辞焉。”上悦曰：“朕又记得《咏史》一篇，此人若在，便与朗州刺史。武陵桃源，足称诗人之兴咏。”圣旨如此稠叠，士林之荣也。其《咏史》诗云：“汉家青史内，计拙是和亲。社稷依明主，安危托妇人。岂能将玉貌，便欲静胡尘。地下千年骨，谁为辅佐臣？”上笑曰：“魏绛之功。何其懦也！”大臣公卿，遂息和戎之论矣。文宗、武宗之代，举子亦有斯咏，果毅者佳焉。有项斯者，《长安退将诗》曰：“塞外冲沙损眼明，归来养疾卧秦城。上高楼阁看星坐，着白衣裳把剑行。常说老身思斗将，最怜无事削藩营。翠蛾红脸和回鹘，惆怅中原不用兵。”苏郁曰：“关月夜悬青塚镜，塞云秋薄汉宫罗。君王莫信和亲策，

生得胡雏转更多。”(《云溪友议》卷下《和戎讽》)

六、裴郎中诚，晋国公次子也，足情调，善谈谐，举子温歧为友，好作歌曲，迄今饮席，多是其词焉。裴君既入台，而为三院所谑曰：“能为淫艳之歌，有异清洁之士也。”裴君《南歌子》词云：“不是厨中串，争知炙里心。井边银钏落，展转恨还深。”又曰：“不信长相忆，抬头问取天。风吹荷叶动，无夜不摇莲。”又曰：“簳蜡为红烛，情知不自由。细丝斜结网，争奈眼相钩。”二人又为《新添声杨柳枝》词，饮筵竞唱其词而打令也。词云：“思量大是恶因缘，只得相看不得怜。愿作琵琶槽那畔，美人长抱在胸前。”又曰：“独房莲子没人看，偷折莲时命也拚。若有所由来借问，但道偷莲是下官。”温歧曰：“一尺深红朦麴尘，旧物天生如此新。合欢桃核终堪恨，里许元来别有人。”又曰：“井底点灯深烛伊，共郎长行莫围棋。玲珑骰子安红豆，入骨相思知不知?”湖州崔郎中刍言，初为越副戎，宴席中有周德华。德华者，乃刘采春女也。虽《罗唝》之歌不及其母，而《杨柳枝》词采春难及。崔副车宠爱之异，将至京洛，后豪门女弟子从其学者众矣。温裴所称歌曲，请德华一陈音韵，以为浮艳之美，德华终不取焉，二君深有愧色。所唱者七八篇，乃近日名流之咏也。滕迈郎中一首：“三条陌上拂金羁，万里桥边映酒旗。此日令人肠欲断，不堪将入笛中吹。”贺知章秘监一首：“碧玉装成一树高，万条垂下绿丝绦。不知细叶谁裁出，二月春风是剪刀。”杨巨源员外一首：“江边杨柳麴尘丝，立马凭君折一枝。惟有春风最应惜，殷勤更向手中吹。”刘禹锡尚书一首：“春江一曲柳千条，二十年前旧板桥。曾与美人桥上别，恨无消息至今朝。”韩琮舍人二首：“枝斗芳腰叶斗眉，春来无处不如丝。灞陵原上多离别，少有长条拂地垂。”又曰：“梁苑隋堤事已空，万条犹舞旧春风。那堪更想千年后，谁见杨花入汉宫。”

云溪子曰：“汉署有《艳歌行》，匪为桑间濮上之音也。皆以雪月松竹，杂咏《杨柳枝》词，作者虽多，鲜睹其妙。”杜牧舍人云：“巫娥庙里低含雨，宋玉堂前斜带风。”滕郎中又云：“陶令门前罥接离，亚夫营里拂朱旗。”但不言“杨柳”二字，最为妙也。是以姚合郎中《苦吟道傍亭子》诗云：“南陌游人回首去，东林道者杖藜归。”不谓“亭”字，称奇矣。(《云溪友议》卷下《温裴黜》)

七、近日举场为诗清切，而鄙元和风格，用高往式乎，然由工用之不同矣。章正字孝标《对月》落句云：“长安一夜千家月，几处笙歌几处愁。”有类乎交泰云：“一种蛾眉明月夜，南宫歌吹北宫愁。”章君章题之中，颇得声称也。元和十三年下第，时辈多为诗以刺主司，独章君为《归燕诗》留献庾侍郎承宣。小宗伯得诗，展转吟讽，诚恨遗才，仍候秋期，必当荐引。庾果重秉礼闱，孝标来年擢第。群议以为二十八字而致大科，则名路可遵，递相砻砺也。诗曰："旧累危巢泥已落，今年故向社前归。连云大厦无栖处，更望谁家门户飞。"孝标及第，正字东归，《题杭州樟亭驿》云："樟亭驿上题诗客，一半寻为山下尘。世事日随流水去，红花还似白头人。"初成落句云"红花真笑白头人"，改为"还似白头人"，言我将老成名，似花芳艳，讵能久乎。及还乡而逝。前有章八元，后有章孝标，皆桐庐人，名虽远而还不达矣。

后五十年来，有闽川欧阳澥者，四门詹之孙也，澥娶妇经旬而辞赴举，抗节不还。诗云："黄菊离家十四年。"又云："离家已是梦松年。"又云："落日望乡处，何人知客情！"自怜十八年之帝乡，未遇知己也。亦为《燕诗》以献主司郑愚侍郎，其词虽为朝贤称叹，尚未第焉。澥诗曰："翩翩双燕画堂开，送古迎今几万回。长向春秋社前后，为谁归去为谁来？"（《云溪友议》卷下《巢燕辞》）

八、云溪子昔遁西霞峰，厥气方壮，尝遇玄朗上人者，乃南泉禅宗普愿大师之嗣孙也。南泉之德业，诸佛之支体。《维三经》云："即心是佛，非心是道；非心非道，非道非心；离佛离道，即是一真。"大师句云："心不是佛，智不是道。"言其心有善恶，智有利钝。心智两非，名为究竟。南泉既逝，崔行俭员外为之铭曰："百骸俱散，一物常灵。"释学徒服其简妙也。朗公或遇高才亡智者，则论六度迷津，三明启道，此灭彼往，无荣绝辱也。或有愚士昧学之流，欲其开悟，则吟以王梵志诗。梵志者，生于西域林木之上，因以"梵志"为名，其言虽鄙，其理归真，所谓归真悟道，徇俗乖真也。诗云："欺诳得钱君莫羡，得了却是输他便。来往报答甚分明，只是换头不识面。"又曰："天公未生我，冥冥无所知。天公忽生我，生我复何为？无衣遣我寒，无食令我饥。还尔天公我，还我未生时。"又曰："我肉众生肉，形殊性不殊。元同一性命，只是别形躯。苦痛教他死，将来作已须，莫教阎老断，自想意何如。"又曰："多置庄田广修宅，四邻买尽犹嫌窄。雕墙峻宇无歇时，几日能为宅中客？造作庄田犹未已，堂上哭声身已死。哭人尽是分钱人，口哭元来心里喜。"又曰："粗行出家儿，心中未平实。贫斋行则迟，富斋行则疾。贪他油煮饳，爱若波罗蜜。饱食不知惭，受罪无休日。"又曰："不愿大大富，不愿大大贫。昨日了今日，今日了明晨。此之大大愿，此之大大因。所愿只如此，真成上上人。”又曰：“良田收百顷，兄弟犹工商。却是成忧恼，珠金虚满堂。满堂何所用，妻儿日夜忙。行坐闻人死，不解暂思量。”“贫儿二亩地，乾枯十树桑。桑下种粟麦，四时供父娘。图谋未入手，只是顾饥荒。结得百家怨，此身终受殃。”又曰：“本是尿屎袋，强将脂粉涂。凡人无所识，唤作一团花。相牵入地狱，此最是冤家。”又曰：“生时不共作荣华，死后随车强叫唤。齐头送到墓门回，分你钱财各头散。”又曰：“众生头兀兀，常住无明窟。心里唯欺谩，口中佯念佛。世无百年人，拟作千年调。打铁作门闬，鬼见拍手笑。家有梵志诗，生死免入狱。不论有益事，且得耳根熟。白纸书屏风，客来即与读。空饭手捻盐，亦胜设酒肉。劝君莫杀命，背面被生嗔。吃他他吃汝，轮环作主人。”又曰：“照面不用镜，布施不须财。端坐念真相，此便是如来。”“大皮裹大树，小皮裹小木。生儿不用多，了事一个足。省得分田宅，无人横煎蹙。但行平等心，天亦念孤独。”“我身虽孤独，未死先怀虑。家有五男儿，哭我无所据。哭我我不闻，不哭我亦去。无常忽到来，知身在何处！”又曰：“世间何物贵，无价是书诗。了了说仁义，愚夫都不知。深房禁婢妾，对客夸妻儿。青石甃行路，未知身死时！”（《云溪友议》卷下《蜀僧喻》）

［五代］王定保《唐摭言》

（见“本事类”）

一、白乐天典杭州，江东进士多奔杭取解。时张祜自负诗名，以首冠为己任。既而，徐凝后至。会郡中有宴，乐天讽二子矛楯。祜曰：“仆为解元，宜矣。”凝曰：“君有何嘉句？”祜曰：“《甘露寺》诗有‘日月光先到，山河势尽来’。又《金山寺》诗有‘树影中流见，钟声两岸闻’。”凝曰：“善则善矣，奈无野人句云‘千古长如白练飞，一条界破青山色’。”祜愕然不对。于是一座尽倾，凝夺之

矣。(《唐摭言》卷二《争解元 叩贡院门求试后到附》)

二、王勃著《滕王阁序》,时年十四。都督阎公不之信,勃虽在座,而阎公意属子婿孟学士者为之,已宿构矣。及以纸笔延让宾客,勃不辞让。公大怒,拂衣而起,专令人伺其下笔。第一报云:"南昌故郡,洪都新府。"公曰:"亦是老生常谈!"又报云:"星分翼轸,地接衡、庐。"公闻之,沉吟不言。又云:"落霞与孤鹜齐飞,秋水共长天一色。"公矍然而起,曰:"此真天才,当垂不朽矣!"遂亟请宴所,极欢而罢。(《唐摭言》卷五《以其人不称才试而后惊》)

三、兹有平昌孟郊,贞士也,伏闻阁下旧知之。郊为五言诗,自前汉李都尉、苏属国及建安诸子、南朝二谢,郊能兼其体而有之。李观《荐郊于梁肃补阙书》曰:"郊之五言,其有高处,在古无上;其有平处,下顾二谢。"韩愈送郊诗曰:"作诗三百首,杳默咸池音。"彼二子皆知言者,岂欺天下之人哉!郊穷饿,不得安养其亲,周天下无所遇,作诗曰:"食荠肠亦苦,强歌声无欢。出门即有碍,谁谓天地宽?"其穷也甚矣!又有张籍、李景俭者,皆奇才也,未闻阁下知之。凡贤士奇人,皆有所负,不苟合于世,是以虽见之,难得而知也;见而不能知,如勿见而已矣;知其贤而不能用,如勿知其贤而已矣;用而不能尽其才,如勿用而已矣;能尽其才而容谗人之所间者,如勿尽其才而已矣。故见贤而能知,知而能用,用而能尽其才,而不容谗人之所间者,天下一人而已矣。兹有二人焉皆来:其一,贤士也,其一,常常之人也。待之礼貌不加隆焉,则贤者往,而常常之人日来矣。况其待常常之人加厚,则善人何求而来哉?(《唐摭言》卷六《公荐 门生荐坐主师友相荐附》)

四、李华著《含元殿赋》,萧颖士见之,曰:"《景福》之上,《灵光》之下。"(《唐摭言》卷七《知己》)

五、白乐天初举,名未振,以歌诗谒顾况。况谑之曰:"长安百物贵,居大不易。"及读至《赋得原上草送友人》,诗曰:"野火烧不尽,春风吹又生。"况叹之曰:"有句如此,居天下有甚难!老夫前言戏之耳。"(《唐摭言》卷七《知己》)

六、李太白始自西蜀至京,名未甚振,因以所业贽谒贺知章。知章览《蜀道难》一篇,扬眉谓之曰:"公非人世之人,可不是太白星精耶?"(《唐摭言》卷七《知己》)

七、蒋凝，江东人，工于八韵，然其形不称名。随计途次襄阳，谒徐相。公疑其假手，因试《岘山怀古》一篇。凝于客次赋成，尤得意。时温飞卿居幕下，大加称誉。（《唐摭言》卷七《知己》）

八、李洞，唐诸王孙也。尝游两川，慕贾阆仙为诗，铸铜像其仪，事之如神。洞为《终南山》诗二十韵，句有："残阳高照蜀，败叶远浮泾。"复曰："斸竹烟岚冻，偷秋雨雹腥。远平丹凤阙，冷射五侯厅。"大约全篇得唱。又《赠司空侍郎》云："马饥餐落叶，鹤病晒残阳。"又曰："卷箔清溪月，敲松紫阁书。"又《送僧》云："越讲迎骑象，蕃斋忏射雕。"复《赠高仆射》曰："征南破虏汉功臣，提剑归来万里身。闲倚陵云金柱看，形容消瘦老于真。"复曰："药杵声中捣残梦，茶铛影里煮孤灯。"复《送人归日本》云："岛屿分诸国，星河共一天。"时人但诮其僻涩，而不能贵其奇峭，惟吴子华深知。子华才力浩大，八面受敌，以八韵著称。游刃颇攻《骚》、《雅》，尝以百篇示洞，洞曰："大兄所示，百篇中有一联绝唱，《西昌新亭》曰：'暖漾鱼遗子，晴游鹿引麛。'"子华不怨所鄙，而喜所许。洞，三榜裴公第二榜，策夜，帘献曰："公道此时如不得，昭陵恸哭一生休。"寻卒蜀中。裴公无子，人谓屈洞之致也。（《唐摭言》卷一〇《海叙不遇》）

九、赵牧，不知何许人。大中、咸通中，学李长吉为短歌，可谓蹙金结绣而无痕迹。《对酒》诗曰："云翁耕扶桑，种黍养日乌。手挼六十甲子，循环落落如弄珠。长绳系日未是愚，有翁临镜捋白须。饥魂吊骨吟古书，冯唐八十无高车。人生如疟在须臾，何乃自苦八尺躯！裂衣换酒且为娱，劝君日饮一瓢，夜饮一壶。杞天崩，雷腾腾，纣非舜是何足凭？桐君桂父岂欺我，醉里骑龙多上升。菖蒲花开鱼尾定，金丹始可延君命。"其余尤上轻巧，辞多不载。（《唐摭言》卷一〇《海叙不遇》）

十、崔橹慕杜紫微为诗，而橹才情丽而近荡。有《无机集》三百篇，尤能咏物，《梅花》诗曰："强半瘦因前夜雪，数枝愁向晚来天。"复曰："初开已入雕梁画，未落先愁玉笛吹。"《山鹊》诗曰："云生柱础降龙地，露洗林峦放鹤天。"如此数篇，可谓丽矣。若《莲花》诗曰："无人解把无尘袖，盛取残香尽日怜。"此颇形迹。复能为应用四六之文，辞亦深侔章句。（《唐摭言》卷一〇《海叙不遇》）

十一、周贺，少从浮图，法名清塞，遇姚合而反初。诗格清雅，与贾长江、无可上人齐名。岛《哭柏岩禅师》诗籍甚，及贺赋一篇，与岛不相上下。岛曰：“苔覆石床新，师曾占几春。写留行道影，焚却坐禅身。塔院关松雪，房廊露隙尘。自嫌双泪下，不是解空人。”贺曰：“林径西风急，松枝讲法余。冻须亡夜剃，遗偈病时书。地燥焚身后，堂空著影初。此时频下泪，曾省到吾庐。”（《唐摭言》卷一〇《海叙不遇》）

十二、缪岛云，少从浮图，才力浩大，有李、杜之风。其诗尤重奇险，至如：“四五片霞生绝壁，两三行雁过疏松。”复曰：“抛芥子降颠狒狒，折杨枝洒醉猩猩。”《庐山瀑布》曰：“白鸟远行树，玉虹孤饮潭。”皆敻出前辈。开成中，尝游豫章。武宗朝准敕反初，名甚喧然。（《唐摭言》卷一〇《海叙不遇》）

十三、剧燕，蒲阪人也，工为雅正诗。王重荣镇河中，燕投赠王曰：“只向国门安四海，不离乡井拜三公。”重荣甚礼重。为人多纵，陵轹诸从事，竟为正平之祸。（《唐摭言》卷一〇《海叙不遇》）

十四、李涛，长沙人也。篇咏甚著，如“水声长在耳，山色不离门”。又：“扫地树留影，拂床琴有声。”又：“落日长安道，秋槐满地花。”皆脍炙人口。温飞卿任太学博士，主秋试，涛与卫丹、张郃等诗赋，皆榜于都堂。（《唐摭言》卷一〇《海叙不遇》）

十五、任涛，豫章筠州人也，诗名早著，有“露团沙鹤起，人卧钓船流”，他皆仿此。数举，败于垂成。李常侍骘廉察江西，时与放乡里之役，盲俗互有论列，骘判曰：“江西境内，凡为诗得及涛者，即与放色役，不止一任涛耳。”（《唐摭言》卷一〇《海叙不遇》）

十六、何涓，湘南人也。业辞，尝为《潇湘赋》，天下传写。少游国学，同时潘纬者，以《古镜》诗著名。或曰：“潘纬十年吟《古镜》，何涓一夜赋《潇湘》。”（《唐摭言》卷一〇《海叙不遇》）

十七、章碣，不知何许人，或曰孝标之子。咸通末，以篇什著名。乾符中，高侍郎湘自长沙携邵安石至京及第，碣赋《东都望幸》以刺之。复为《焚书坑》诗曰：“竹帛烟销帝业虚，昔年曾是祖龙居。坑灰未冷关东乱，刘项从来不读书。”（《唐摭言》卷一〇《海叙不遇》）

十八、张乔，池州九华人也。诗句清雅，敻无与伦。咸通末，京兆府解，李建州时为京兆参军主试，同时有许棠与乔，及俞坦之。剧燕、任涛、吴罕、张蠙、周繇、郑谷、李栖远、温宪、李昌符，谓之“十哲”。其年府试《月中桂》诗，乔擅场，诗曰："与月长洪濛，扶疏万古同。根非生下土，叶不坠秋风。每以圆时足，还随缺处空。影高群木外，香满一轮中。未种青霄日，应虚白兔宫。何当因羽化，细得问神功。"其年，频以许棠在场席多年，以为首荐。乔与俞坦之复受许下薛能尚书深知，因以诗唁二子曰："何事尽参差，惜哉吾子诗。日令销此道，天亦负明时。有路当重振，无门即不知。何曾见尧日，相与啜浇漓。"(《唐摭言》卷一〇《海叙不遇》)

十九、孟郊，字东野，工古风，诗名播天下，与李观、韩退之为友。贞元十二年及第，佐徐州张建封幕卒，使下廷评，韩文公作《东野志》，谥曰"贞曜先生"。贾岛诗曰："身殁声名在，多应万古传。寡妻无子息，破宅带林泉。冢近登山道，诗随过海船。故人相吊处，斜日下寒天。"庄云不及第，误也。(《唐摭言》卷一〇《韦庄奏请追赠不及第人近代者》)

二十、李群玉，不知何许人，诗篇妍丽，才力遒健。咸通中，丞相修行杨公为奥主，进诗三百篇，授麟台雠校。(《唐摭言》卷一〇《韦庄奏请追赠不及第人近代者》)

二十一、罗邺，余杭人也，家富于财。父则，为盐铁小吏。有子二人，俱以文学干进，邺尤长七言诗。时宗人隐亦以律韵著称。然隐才雄而粗疏，邺才清而绵致。咸通中，崔安潜侍郎廉问江西，志在弓旌，竟为幕吏所沮。既而俯就督邮，因兹举事阑珊，无成而卒。(《唐摭言》卷一〇《韦庄奏请追赠不及第人近代者》)

二十二、贾岛、字阆仙。元和中，元、白尚轻浅，岛独变格入僻，以矫浮艳。虽行坐寝食，吟味不辍。尝跨驴张盖，横截天衢。时秋风正厉，黄叶可扫，岛忽吟曰："落叶满长安"，志重其冲口直致，求之一联，杳不可得，不知身之所从也，因之唐突大京兆刘栖楚，被系一夕而释之。又尝遇武宗皇帝于定水精舍，岛尤肆侮，上讶之。他日有中旨令与一官，谪去，乃受长江县尉。稍迁普州司仓而卒。(《唐摭言》卷一一《无官受黜》)

二十三、蜀路有飞泉亭，亭中诗板百余，然非作者所为。后薛能佐李福于蜀，道过此，题云："贾掾曾空去，题诗岂易哉！"悉打去诸板，唯留李端《巫山高》一篇而已。(《唐摭言》卷一三《惜名》)

［南唐］刘崇远《金华子杂编》

（见“本事类”）

一、陆翱字楚臣，进士擢第。诗不甚高，而才调宛丽，有子弟之标格。未成名时，甚贫素。其《闲居即事》云：“衰柳皲闲苑，白门啼暮鸦。茅厨烟不动，书牖日空斜。老忆东山石，贫看南阮家。沉忧损神虑，萱草自开花。”《宴赵氏北楼》云：“殷勤赵公子，良夜竟相留。明月生东海，仙娥在北楼。酒阑珠露滴，歌迥石城秋。本为愁人设，愁人到晓愁。”题品物类亦绮美，鹦鹉、早莺、柳絮、燕子，当时甚播于人口。及第累年，无人召。一游东诸侯，获镪仅百万而已。竟无所成，卒于江南。长子希声，好学多艺，勤于读史，非寝食未尝释卷。中朝诸侯之子弟好读史者，无及希声。昭宗朝登庸，辞疾不就，出游江外，获全危难。（《金华子杂编》卷上）

［五代］孙光宪《北梦琐言》

（见“本事类”）

一、咸通中，礼部侍郎高湜知举。榜内孤贫者公乘亿，赋诗三一作“二”。百首，人多书于屋壁。许棠有《洞庭》诗尤工，诗人谓之“许洞庭”。最奇者有聂夷中，河南中都人，少贫苦，精于古体，有《公子家》诗云：“种花于西园，花发青楼道。花下一禾生，去之为恶草。”又《咏田家》诗云：“父耕原上田，子劚山下荒。六月禾未秀，官家已修仓。”又云：“锄禾当日午，汗滴禾下土。谁念盘中餐，粒粒皆辛苦！”又云：“二月卖新丝，五月粜新谷。医得眼前疮，剜却心头肉。我愿君王心，化为光明烛。不照绮罗筵，只照逃亡屋。”所谓言近意远，合三百篇之旨也。盛得三人，见湜之公道也。（《北梦琐言》卷第二《放孤寒三人及第 科松荫花事附》）

二、葆光子尝有同僚，示我调举时诗卷，内一句云：“科松为荫花。”因讥之曰：“贾浪仙云：‘空庭唯有竹，闲地拟栽松。’吾子与贾生，春兰秋菊也。”他日赴达官牡丹宴，栏中有两松对植，立命斧斫之，以其荫花。此侯席上，于愚有得色，默不敢答，亦可知也。《北梦琐言》卷第二《放孤寒三人及第 科松荫花事附》

三、大中年，洪州处士陈陶者，有逸才，歌诗中似负神仙之术，或露王霸之说，虽文章之士，亦未足凭，而以诗见志，乃宣父之遗训也。其诗句云：“江湖水深浅，不足掉鲸尾。”又云：“饮冰狼子瘦，思日鹧鸪寒。”又云：“中原不是无麟凤，自是皇家结网疏。”又云：“一鼎雄雌金液火，十年寒暑鹿霓衣。寄与东流任斑鬓，向隅终守铁梭飞。”诸如此例，不可殚记。著《癖书》十卷，闻其名而未尝见之。（《北梦琐言》卷第五《陈陶癖书》）

四、薛许州能，以诗道为己任，还刘德仁卷有诗云：“百首如一首，卷初如卷终。”讥刘不能变态，乃陆之比也。（《北梦琐言》卷第六《陆龟蒙追赠 薛许州附》）

五、司空图侍郎撰李公磎行状，以公有出伦之才，为时辈妒忌，罹于非横。其平生著文，有《百家著诸心要文集》三十卷，《品流志》五卷，《易之心要》三卷，《注论语》一部，《明无为》上下二篇，《义说》一篇。仓卒之辰，焚于贼火，时人无所闻也，惜哉！《阳春白雪》，世人寡和，岂虚言也！

葆光子曰：“唐代韩愈、柳宗元，洎李翱、李观、皇甫湜数君子之文，陵轹荀、孟，糠秕颜、谢。其所宗仰者，唯梁浩补阙而已，乃诸人之龟鉴。而梁之声采寂寂，岂《阳春白雪》之流乎！是知俗誉喧喧者，宜鉴其滥吹也。”（《北梦琐言》卷第六《李磎行状 梁补阙附》）

六、唐进士来鹏，诗思清丽，福建韦尚书岫爱其才，曾欲以子妻之，而后不果。尔后游蜀，夏课卷中有诗云：“一夜绿荷风剪破，赚他秋雨不成珠。”识者以

为不祥，是岁不随秋赋，而卒于通议郎。(《北梦琐言》卷第七《来鹏诗 沈光杨敬之附》)

七、唐荥阳郑准，以文笔依荆州成中令。常欲比肩陈、阮。自集其所作为三卷，号《刘表军书》。虽有胸襟，而辞体不雅。至祝朝贵书，云中书令舍人曰“草麻”，通事舍人曰“奏可”。又贺襄州赵令嗣袭，其书云：“不沐浴佩玉，而石祁兆；不登山取符，而无恤封。”是于庆贺中显言其庶贱也，邻道之敬，其若是乎！应举日，诗卷《题水牛》曰：“护犊横身立，逢人揭尾跳。”朝士以为大笑。(《北梦琐言》卷第七《郑准集军书》)

八、湘江北流至岳阳，达蜀江。夏潦后，蜀涨势高，遏住湘波，让而退溢为洞庭湖，凡阔数百里。而君山宛在水中，秋水归壑，此山复居于陆，唯一条湘川而已。海为桑田，于斯验也。前辈许棠《过洞庭诗》，最为首出，尔后无继斯作。诗僧齐己驻锡巴陵，欲吟一诗，竟未得意。有都押衙者，蔡姓而忘其名，戏谓己公曰：“题洞庭者，某诗绝矣，诸人幸忽措词。”己公坚请口札，押衙抑扬朗吟曰：“可怜洞庭湖，恰到三冬无髭须。”以其不成湖也。诸僧大笑之。(《北梦琐言》卷第七《洞庭湖诗 李洞包贺卢延让顾况附》)

九、进士李洞慕贾岛，欲铸而顶戴，尝念“贾岛佛”，而其诗体又僻于贾。(《北梦琐言》卷第七《洞庭湖诗 李洞包贺卢延让顾况附》)

十、复有包贺者，多为粗鄙之句，至于“苦竹笋抽青橛子，石榴树挂小瓶儿”。又云“雾是山巾子，船为水靸鞋”。又云“棹摇船掠鬓，风动竹捶胸”。虽好事托以成之，亦空穴来风之义也。(《北梦琐言》卷第七《洞庭湖诗 李洞包贺卢延让顾况附》)

十一、卢延让哭边将诗曰：“自是硇砂发，非干砲石伤。牒多身上职，碗大背边疮。”人谓此是“打脊诗”也。世传逸诗云：“窗下有时留客宿，室中无事伴僧眠。”号曰“自落便宜诗”。(《北梦琐言》卷第七《洞庭湖诗 李洞包贺卢延让顾况附》)

十二、顾况著作披道服在茅山，有一秀才行吟曰：“驻马上山阿。”久思不得，顾曰：“何不道‘风来屎气多’？”秀才云：“贤莫无礼。”顾曰：“是况。”其人惭惕而退。仆早岁尝和南越诗云：“晓厨烹淡菜，春杼织橦花。”牛翰林览而绝倒，莫喻其旨。牛公曰：“吾子只知名，安知淡菜非雅物也。”后方晓之。学吟之流，得不以斯为戒也。(《北梦琐言》卷第七《洞庭湖诗 李洞包贺卢延让顾况附》)

十三、进士高蟾，诗思虽清，务为奇险，意疏理寡，实风雅之罪人。薛许州谓人曰：“倘见此公，欲赠其掌。”然而落第诗曰：“天上碧桃和露种，日边红杏倚云栽。芙蓉生在秋江上，不向春风怨未开。”盖守寒素之分，无躁竞之心，公卿间许之。（《北梦琐言》卷第七《高蟾以诗策名 胡曾罗隐附》）

十四、先是胡曾有诗曰：“翰苑何时休嫁女，文章早晚罢生儿。上林新桂年年发，不许平人折一枝。”罗隐亦多怨刺，当路子弟忌之，由是渤海策名也。愚尝览李贺《歌诗篇》，慕其才逸奇险，虽然尝疑其无理，未敢言于时辈。或于《奇章公集》中，见杜紫薇牧有言，长吉若使“稍加其理，即奴仆命骚人可也”。是知通论合符，不相远也。（《北梦琐言》卷第七《高蟾以诗策名 胡曾罗隐附》）

十五、杜荀鹤曾得一联诗云：“旧衣灰絮絮，新酒竹篘篘。”时韦相国说右司员外郎，寄寓荆州，或语于韦公，曰：“我道‘印将金锁锁，帘用玉钩钩’。”即京兆大拜气概，诗中已见之矣。（《北梦琐言》卷第七《韦杜气概 李频附》）

十六、或有述李频诗于钱尚父曰：“只将五字句，用破一生心。”尚父曰：“可惜此心，何所不用，而破于诗句，苦哉！”（《北梦琐言》卷第七《韦杜气概 李频附》）

十七、唐南蛮侵轶西川，苦无亭障，自咸通已后，剑南苦之。牛丛尚书作镇，为蛮寇凭陵，无以抗拒。高公自东平移镇成都，蛮酋犹傅蜀城。掌武先选骁锐救急，人背神符一道，蛮觇知之，望风而遁。尔后僖宗幸蜀，深疑作梗，乃许降公主。蛮王以连姻大国，喜幸逾常，因命宰相赵隆眉、杨奇鲲、段义宗来朝行在，且迎公主。高太尉自淮海飞章云：“南蛮心膂，唯此数人，请止而鸩之。”迄僖宗还京，南方无虞，用高公之策也。杨奇鲲辈皆有词藻，途中诗云：“风里浪花吹又白，雨中岚色洗还青。江鸥聚处窗前见，林狖啼时枕上听。此际自然无限趣，王程不敢暂留停。”词甚清美也。（《北梦琐言》卷第十一《高太尉骈请留蛮宰相事》）

十八、唐张林，本士子，擢进士第，官至台侍御。为诗小巧，多采景于园林亭沼间，至如“菱叶乍翻人采后，荇花初没舸行时”。他皆此类。受眷于崔相昭纬，或谒相庭，崔公曰：“何以久不拜见？”林曰：“为饭瓮子热发。”崔讶饭瓮不康之语，林曰：“数日来水米不入，非不康耶？”又寒月遗以衣襦，问其所需，乃曰：“一衫向下，便是张林。”相国大笑，终始优遇也。葆光子曰：“东方朔以恢谐自容，娄君卿以唇舌取适，非徒然也，皆有意焉。今世希酒炙之徒，托公侯之势，取容苟媚，过于优旃，自非厚德严正之人，未有不为此辈调笑也。”（《北梦琐言》卷第十二《张林多戏》）

十九、蜀沙门僧鸾，慕李白歌，鄙贾岛蹇涩，乃自讽其词云：“鲸目光烧半海红，鳌头浪蹙掀天白。”而云：“我不能致思于藩篱蹄涔之间。”人咸服之。仍精于《周易》、佛经，为歌行掩之。贾岛尝为僧，洛阳令不许僧午后出寺，贾有诗云：“不如牛与羊，犹得自暮归。”诗思迟涩，杼轴方得。如“鸟从井口出，人自岳阳来”。乃经年方遂偶句。宋阮阅《诗话总龟》卷八《评论门》四。（《北梦琐言逸文补遗·僧鸾诗》）

二十、唐求、刘郇伯有诗句。唐求《临池洗砚》诗云：“恰似有龙深处卧，被人惊起黑云生。”又：“渐寒沙上路，欲暝水边村。”《早行》云：“沙上鸟犹睡，渡头人已行。”诗思不出二百里间。刘郇伯为范郑郎中诗友，范得句云“岁尽天涯雨”，久而难对，以问于刘郇伯，曰：“何不道‘人生分外愁’。”范赏之。然老于新津之东渡，非隐非吏。二子亦可凌厉名场，而死丘樊，所谓蜀人无志怀土，正此也。宋阮阅《诗话总龟》卷十四《警句门》下。（《北梦琐言逸文补遗·唐求刘郇伯有诗名》）

［宋］王谠《唐语林》

（见“本事类”）

一、宣宗坐朝，次对官趋至，必待气息平均，然后问事。令狐绹进李远为杭州，上曰：“我闻李远诗云‘长日惟消一局棋’，何以临郡？”对曰：“诗人言，不足有实也。”仍荐廉察可任，乃许之。（《唐语林》卷二《政事下》）

二、长安春时，盛于游赏。苏颋《应制》诗云：“飞埃结红雾，游盖飘青云。”玄宗览之嘉赏，遂以御花亲插颋巾上。（《唐语林》卷二《文学》）

三、韦应物诗云：“书后欲题三百颗，洞庭须待满林霜。”后人多说率尔成章，不知江左尝有人于纸尾“寄洞庭霜三百颗”。（《唐语林》卷二《文学》）

四、刘禹锡曰：茱萸二字，经二诗人用，亦有能否。杜甫言“醉把茱萸子细

看”，王右丞“遍插茱萸少一人”，最优也。（《唐语林》卷二《文学》）

五、刘禹锡曰：牛丞相奇章公初为诗，务奇特之语，至有“地瘦草丛短”之句。明年秋卷成，呈之，乃有“求人气色沮，凭酒意乃伸”。益加能矣。明年乃上第。（《唐语林》卷二《文学》）

六、杨茂卿云：“河势昆仑远，山形菡萏秋。”此诗题云“过华山下作”，而用莲蓬之菡萏，极的当而暗静矣。（《唐语林》卷二《文学》）

七、刘禹锡曰：韩《碑》柳《雅》，予诗云：“城中晨鸡喔喔鸣，城头鼓角声和平。”美李尚书诉之入蔡城也，须臾之间，贼都不觉。又诗落句言：“始知元和十二载，四海重见升平时。”所以言十二载者，因以记淮西平之年。（《唐语林》卷二《文学》）

八、张弘靖十二世掌书命，至丞相。杨巨源赠公诗云：“伊陟无闻祖，韦贤不到孙。”当时称其能与张氏说家门。巨源在元和，诗韵不为新语，体律务实，功夫颇深。自旦至暮，吟咏不辍。年老头数摇，人言吟诗多致。（《唐语林》卷二《文学》）

九、韩文公与孟东野友善。韩公文至高，孟长于五言，时号“孟诗韩笔”。元和中，后进师匠韩公，文体大变。又柳柳州宗元、李尚书翱、皇甫郎中湜、冯詹事定、祭酒杨公、李公皆以高文为诸生所宗，而韩、柳、皇甫、李公皆以引接后学为务。杨公尤深于奖善，遇得一句，终日在口，人以为癖。长庆以来，李封州甘为文至精，奖拔公心，亦类数公。甘出于李相国宗闵下，时以为得人，然终不显。又元和以来，词翰兼奇者，有柳柳州宗元、刘尚书禹锡及杨公。刘、杨二人，词翰之外，别精篇什。又张司业籍善歌行，李贺能为新乐府，当时言歌篇者，宗此二人。李相国程、王仆射起、白少傅居易兄弟、张舍人仲素为场中词赋之最，言程试者宗此五人。伯仲以史学继业。藏书最多者，苏少常景风、堂弟尚书涤，诸家无比，而皆以清望为后来所重。景风登第，与堂兄特并时，世以为美。（《唐语林》卷二《文学》）

十、文宗皇帝曾制诗以示郑覃，覃奏曰：“且乞留圣虑于万几，天下仰望。”文宗不悦。覃出，复示李宗闵，叹伏不已，一句一拜，受而出之。上笑谓之曰：“勿令适来阿父子见之。”（《唐语林》卷二《文学》）

十一、文宗好五言诗，品格与肃、代、宪宗同，而古调尤清峻。尝欲置诗学士七十二员，学士中有荐人姓名者，宰相杨嗣复曰：“今之能诗，无若宾客分司刘禹锡。”上无言。李珏奏曰：“当今起置诗学士，名稍不嘉。况诗人多穷薄之士，昧于识理。今翰林学士皆有文词，陛下得以览古今作者，可怡悦其间；有疑，顾问学士可也。陛下昔者命王起、许康佐为侍讲，天下谓陛下好古宗儒，敦扬朴厚。臣闻宪宗为诗，格合前古，当时轻薄之徒，摛章绘句，聱牙崛奇，讥讽时事，尔后鼓扇名声，谓之‘元和体’，实非圣意好尚如此。今陛下更置诗学士，臣深虑轻薄小人，竞为嘲咏之词，属意于云山草木，亦不谓之‘开成体’乎？玷黯皇化，实非小事。”(《唐语林》卷二《文学》)

十二、进士李为作《泪赋》及《轻》、《薄》、《暗》、《小》四赋，李贺作乐府，多属意花草蜂蝶之间，二子竟不远大。世言文字可以见分命之优劣。(《唐语林》卷二《文学》)

十三、李华，字遐叔，以文与自名，与萧颖士、贾幼几为友。华作赋云：“星锤电交于万绪，霜锯冰解于千寻。拥梯成山，攒杵为林。”颖士读之，谓华曰：“可使孟坚瓦解，平子土崩矣。”幼几曰：“未若‘天光流于紫庭，测景入于朱户。腾祥灵于黯霭，映旭日之葱茏。’”华曰：“某所自得，惟：‘括万象以为尊，特巍巍于上京。分命征般石之匠，下荆、扬之材，操斧执斤者万人，涉碛砾而登崔嵬。’不让《东》、《西》二都也。”时人以华不可居萧、贾之间。(《唐语林》卷二《文学》)

十四、郑云：“张燕公文逸而学奥；苏许公文似古，学少简而密。张有《河朔刺史冉府君碑》，序金城郡君云：‘舜华前落，藁瘗城隅。天使马悲，启滕公之室；人看鹤舞，闭王母之坟。’亦其比也。”公又云：“张巧于才，近世罕比。《端午三殿侍宴诗》云：‘甘露垂天酒，芝盘捧御书。含丹同蝘蜓，灰骨慕蟾蜍。’上亲解紫拂菻带以赐焉。苏尝梦书壁云：‘元老见逐，谗人孔多。既诛群凶，方宣大化。’后十三年视草禁中，拜刘幽求左仆射制，上亲授其意，及进本，上自益前四句，乃梦中之词也。”又闻杜工部诗如爽鹘摩霄，骏马绝地。其《八哀诗》，诗人比之大谢《拟魏太子邺中八篇》。杜曰：“公知其一，不知其二。吾诗曰：‘汝阳让帝子，眉宇真天人；虬髯似太宗，色映塞外春。’八篇中有此句不?”或曰：“‘百川赴巨海，众星拱北辰。’所谓世有其人。”杜曰：“使昭明再生，吾当出刘、曹、二谢上。”杜善郑广文，尝以《花卿》及《姜楚公画鹰歌》示郑，郑曰：“足下此诗可以疗疾。”他日郑妻病，杜曰：“尔但言‘子章髑髅血模糊，手提掷还崔大夫’。如不瘥，即云‘观者徒惊帖壁飞，画师不是无心学’。未间，更有‘太宗拳毛騧，郭家师子花’。如又不瘥，虽和、扁不能为也。”其自得如此。(《唐语林》

卷二《文学》）

十五、沈佺期以诗著名。燕公张说尝谓人曰："沈三兄诗，须还他第一。"（《唐语林》卷二《文学》）

十六、楚僧灵一，律行高洁而能为诗。吴僧皎然，一名昼一，工篇什，著《诗评》三卷。及卒，德宗遣使取其遗文。中世文僧，二人首出。（《唐语林》卷二《文学》）

十七、韦应物立性高洁，鲜食寡欲，所居焚香扫地而坐。其为诗，驰骤建安已还，各得其风韵。（《唐语林》卷二《文学》）

十八、吴兴僧昼一，字皎然，工律诗。尝谒韦苏州，恐诗体不合，乃于舟抒思，作古体十数篇为献，韦皆不称赏，昼一极失望；明日写其旧制献之，韦吟讽，大加叹赏。因语昼一云："几致失声名。何不但以所工见投，而猥希老夫之意？人各有所得，非卒能致。"昼一服其能鉴。（《唐语林》卷三《识鉴》）

十九、元稹在鄂州，周复为从事。稹尝赋诗，命院中属和，周簪笏见稹曰："某偶以大人往还高门，谬获一第，其实诗赋皆不能。"稹曰："遽以实告，贤于能诗者。"（《唐语林》卷三《赞誉》）

二十、尚书白舍人初到钱塘，令访牡丹。独开元寺僧惠澄近于京得此花，始栽植于庭，栏围甚密，他亦未知有也。时春景方深，惠澄设油幕覆其上。牡丹自东越分而种之也，会稽徐凝自富春来，未识白公，先题诗曰："此花南地知谁种，惭愧僧门用意栽。海燕解怜频睥睨，胡蜂未识更徘徊。虚生芍药徒劳妒，羞杀玫瑰不敢开；唯有数苞红萼在，含芳只待舍人来。"白寻到寺看花，乃命徐生同醉而归。时张祜榜舟而至，甚若疏诞，然张、徐二生未之习稔，各希首荐焉。中舍曰："二君论文，若廉、白之斗鼠穴，较胜负于一战也。"遂试《长剑倚天赋》、《余霞散成绮》诗。既解送，以凝为先，祜其次耳。张祜诗有："地势遥尊岳，河流侧让关。"多士以陈后主"日月光天德，山河壮帝居"比，徒有前名矣。祜题《金山寺》诗曰："树影中流见，钟声两岸闻"，虽綦毋潜云"塔影挂青汉，钟声和白云"，此二句未为佳也。祜又有《观猎》四句及《宫词》，白公曰："张三作猎诗以拟王右丞，予则未敢优劣也。"王维诗曰："风劲角弓鸣，将军猎渭城。草枯鹰眼疾，雪尽马蹄轻；忽过新丰市，还归细柳营。回看落雁处，千里暮云平。"张祜诗曰："晚出禁城东，分围浅草中，红旗开向日，白马骤临风。背手抽金镞，翻身控角弓，万人齐指处，一雁落寒空。"白公又以《宫词》四句之中皆偶对，何足奇乎？不如徐生云："今古常如白练飞，一条界破青山色。"徐凝赋曰："谯周室里，定游、夏于邱、虔；马守帷中，分《易》、《礼》于卢、郑。如我明公荐拔，岂惟偏党乎？"张祜亦曰："《虞韶》九奏，非瑞马之至音；荆玉三投，伫良工之必鉴。且洪钟《韶》击，瓦缶雷鸣；荣辱纠绳，复何定分！"祜遂行歌而迈，凝亦鼓枻而归。自是二生终身偃仰，不随乡试矣。先是李补阙林宗、杜殿中牧与白公辇下较文，具言元白体舛杂，而为清苦者见嗤，因兹有恨也。白为河南尹，李为河阳令，道上相遇，尹乃乘马，令则肩舆，似乖趋事之礼。尝谓乐天为"嗫嚅公"，闻者皆笑，乐天之名稍减。白曰："李直木，吾之猘子也，其锋不可当。"后杜舍人之守秋浦，与张生为诗文交，酷爱祜宫词，亦知钱塘之岁自有是非之论，怀不平之色，为诗二首以高之，曰："谁人得似张公子，千首诗轻万户侯。"又云："如何故国三千里，虚唱歌辞满六宫。"(《唐语林》卷三《品藻》)

二十一、杜太保在淮南，进崔叔清诗百篇，上谓使者曰："此恶诗，焉用进？"时人呼为"准敕恶诗"。(《唐语林》卷三《品藻》)

二十二、卢肇、黄颇，同游李卫公门下。王起再知贡举，访二人之能。或曰："卢有文学，黄能诗。"起遂以卢为状头，黄第三人。(《唐语林》卷三《品藻》)

二十三、苏味道词亚于李峤，时称苏、李。崔融尝戏苏曰："我词不如公有'银花合'也。"苏即答："犹不及公'金铜钉'。"谓"今同丁令威"也。(《唐语林》卷五《补遗起高祖至代宗》)

[唐]郑綮《开天传信记》

(见"本事类")

一、西凉州俗好音乐，制新曲曰《凉州》，开元中列上献。上召诸王便殿同观。曲终，诸王贺，舞蹈称善，独宁王不拜。上顾问之，宁王进曰："此曲虽嘉，臣有闻焉，夫音者，始于宫，散于商，成于角、徵、羽，莫不根柢囊橐于宫、商也。斯曲也，宫离而少徵，商乱而加暴。臣闻宫，君也；商，臣也。宫不胜则君势卑，商有余则臣事僭，卑则畏下，僭则犯上。发于忽微，形于音声，播于歌咏，见之于人事。臣恐一日有播越之祸，悖逼之患，莫不兆于斯曲也。”上闻之默然。及安史作乱，华夏鼎沸，所以见宁王审音之妙也。（《开天传信记》）

［唐］李濬《松窗杂录》

（见“本事类”）

一、大和、开成中，有程修己者，以善画得进谒。修己始以孝廉召入籍，故上不甚以画者流视之。会春暮，内殿赏牡丹花，上颇好诗，因问修己曰：“今京邑传唱牡丹花诗，谁为首出？”修己对曰：“臣尝闻公卿间多吟赏中书舍人李正封诗，曰：‘天香夜染衣，国色朝酣酒。’”上闻之，嗟赏移时。杨妃方恃恩宠，上笑谓贤妃曰：“妆镜台前宜饮以一紫金盏酒，则正封之诗见矣。”（《松窗杂录》）

［唐］李绰《尚书故实》

（见“本事类”）

一、郑广文学书而病无纸，知慈恩寺有柿叶数间屋，遂借僧房居止，日取

红叶学书，岁久殆遍。后自写所制诗并画，同为一卷封进。玄宗御笔书其尾，曰“郑虔三绝”。（《尚书故实》）

［五代］王仁裕《开元天宝遗事》

（见“本事类”）

一、长安春时盛于游赏，园林树木无闲地，故学士苏颋《应制》云：“飞埃结红雾，游盖飘青云。”帝览之嘉赏焉，遂以御花亲插颋之巾上，时人荣之。（《开元天宝遗事》卷下《游盖飘青云》）

［五代］何光远《鉴诫录》

（见“本事类”）

一、蒋贻恭，本江淮人，无媚世之谄，有咏人之才，全蜀士流莫不畏惮。初见则言词清楚，不称是非，后来则唇吻张皇，便分丑美。干忤时相，数遭流遣，亦慷慨之士也。自孟祖霸蜀，搜访遗材，蒋亦遇时，数蒙见用。故言者无罪，闻者自防。录之数篇，用知鼎味。《咏蚕》诗曰：“辛勤得茧不盈筐，灯下缫丝怨恨长。著处不知来处苦，但贪衣上绣鸳鸯。”又《咏金刚》：“扬眉斗目恶精神，捏合将来恰似真。刚被时流借拳势，不知身自是泥人。”《咏伛背子》曰：“出得门来背拄天，同行难可与差肩。若教倚向闲窗下，恰似箜篌不著弦。”

又《咏安仁宰捣蒜》:“安仁县令好诛求,百姓脂膏满面流。半破磁缸成醋酒,死牛肠肚作馒头。长生岁取餐三顿,乡老盘庚犯五瓯。半醉半醒齐出县,共伤涂炭不胜愁。”又《五门街望有题》曰:“我皇开国十余年,一辈超升炙手欢。闲向五门楼下望,衙官骑马使衙官。”又《谢郎中惠茶》曰:“三斤绿茗赐贻恭,一种颁沾事不同。料想肺怀无答处,披毛戴角谢郎中。”《咏虾蟆》曰:“坐卧兼行总一般,向人努眼太无端。欲知自己形骸小,试就涔蹄照影看。”又《贻恭住名山日陈情上府主高太保知柔诗》曰:“名山主簿实堪愁,难咬他家大骨头。米纳功曹钱纳府,只看江面水东流。”

又蜀有郑秀才云从《咏人祀圣君》诗曰:“祸福从来岂自由,俗情淫祀也堪愁。拜时何用频偷眼,未必泥人解点头。”又行军司马向仆射瓒《咏乘烟观蒋炼师》——蒋甚伟,非妇人之状:“怪得蹒跚不上升,白云蹋绽紫云崩。龙腰凤背犹嫌软,须问麻姑借大鹏。”又令狐秘书峤匪唯善礼,兼有卒才,小小篇章,亦多讥调。《因明庆节散后赠左右西街命服僧玄》诗曰:“却羡僧门与道门,元年今日紫衣新。可怜州县祁评事,尽向荷衣老却身。”又《咏有年官健》曰:“六十休论少壮时,尉迟功业拟奚为。高声念佛寻街者,尽是拘停老健儿。”(《鉴诫录》卷四《蜀门讽》)

二、王蜀卢侍郎延让,吟诗多著寻常容易言语,时辈称之为高格。至如《送周太保赴浙西》云:“臂鹰健卒悬毡帽,骑马佳人着画衫。”又《寄友人》云:“每过私第邀看鹤,长着公裳送上驴。”此容易之甚矣。然于数篇见境尤妙,有《松门寺》云:“山寺取凉当夏夜,共僧蹲坐石阶前。两三条电欲为雨,七八个星犹在天。衣汗稍停床上扇,茶香时泼涧中泉。通宵听论莲华义,不藉松窗半觉眠。”又《苦吟》云:“莫话诗中事,诗中难更无。吟安一个字,捻断数茎须。险觅天应闷,狂搜海亦枯。不同文赋易,为著者之乎。”又《赠僧》云:“浮世浮华一段空,偶抛烦恼到莲宫。高僧解语牙无水,老鹤能飞骨有风。野色吟余生竹外,山阴坐久入池中。禅师莫问求名苦,滋味过于食蓼虫。”

卢曾献太祖卷中有“栗爆烧毡破,猫跳触鼎翻”。后太祖冬夜与潘枢密峭在内殿平章边事,旋令宫人于火炉中煨栗子。俄有数栗爆出,烧损绣褥子。时太祖多疑,常于炉中烧金鼎子,命徐妃二姊妹亲侍茶汤而已。是夜,宫猫相戏,误触鼎翻。太祖良久曰:“‘栗爆烧毡破,猫跳触鼎翻。’忆得卢延让卷有此一联。”乃知先辈裁诗，信无虚境。来日遂有六行之拜，自给事拜工部。议者以傅说栖岩自应武丁之梦，太公钓渭俄遇周文之知。君子穷通，实由命分。如卢所吟容易之句，发境于一人之前，可谓道合矣。（《鉴诫录》卷五《容易格》）

三、王蜀广德杜先生光庭，学海千浔，词林万叶，凡所著述与乐天齐肩。僖宗朝，与华山郑征君云叟同应百篇，两战不胜，遂各挂羽服。郑则后唐三诏不起，杜则王蜀九命不从。可谓高尚隐逸之士也。郑征君为诗皆祛淫靡，迥绝嚣尘。如《富贵曲》云：“美人梳洗时，满头间珠翠。岂知两片云，戴却两乡税。”又《咏西施》云：“素面已云妖，更著花钿饰。脸横一寸波，浸破吴王国。”又七言《伤时》：“帆力劈开沧海浪，马蹄踏破乱山青。浮名浮利过于酒，醉得人心死不醒。”又《题霍山秦尊师》：“老鹤玄猿伴采芝，有时长叹独移时。翠娥红粉婵娟剑，杀尽世人人不知。”

又《偶题》：“似鹤如云一个身，不忧家国不忧贫。拟将枕上日高睡，卖与世间荣贵人。”又《思山咏》：“因卖丹砂下白云，鹿裘惧惹九衢尘。不如将耳入山去，万是千非愁杀人。”又《景福中作》：“闷见戈铤匝四溟，恨无奇策救生灵。如何饮酒得长醉，直到太平时节醒。”又《招友人游春》：“难把长绳系日乌，芳时偷取醉功夫。任堆金璧摩星斗，买得花枝不老无？”又《山居》云：“闷见有人寻，移庵更入深。落花流涧水，明月照松林。醉劝头陀酒，闲教孺子吟。身同云外鹤，断得世尘侵。”又诗：“冥心栖太室，散发浸流泉。采柏时逢麝，看云忽见仙。夏狂冲雨戏，春醉戴花眠。绝顶登云望，东都一点烟。”又诗：“不求朝野知，卧看岁华移。采药归侵夜，听松饭过时。荷竿寻水钓，背局上岩棋。祭庙人来说，中原正乱离。”

杜先生为诗悉去浮游，迥为标准，区分理本，实契真筌。如《山居百韵》云：“丹灶河车休矻矻，蚌胎龟息且绵绵。驭景必能趋日域，骑箕终拟蹑星躔。”又“返朴还淳皆至理，遗形忘性尽真诠。”玄妙之门，实为奇句。又吟一言至十五言《纪道德》、《怀古今》两篇，不唯体依风雅，抑且言征典谟，名公之中，可谓大制者也。

《纪道德》云：“道，德。清虚，玄默。生帝先，为圣则。听之不闻，搏之不得。至德本无为，人中多自惑。在洗心而息虑，亦知白而守黑。百姓日用而不知，上士勤行而必克。既鼓铸于乾坤品物，信充仞乎东西南北。三皇高拱兮任以自然，五帝垂衣兮修之不忒。以心体之者为四海之主，以身案之者为万夫之特。有皓齿青娥者为伐命之斧，蕴奇谋广智者为盗国之贼。曾未若轩后顺风兮清静自化，曾未若皋陶迈种兮温恭允塞。故可以越圆清方浊兮不始不终，何止乎居九流五常兮理家理国。岂不闻乎天地于道德也无以清宁，岂不闻乎天地于道德也有逾绳墨。语不云乎仲尼有言'朝闻道夕死可矣'，所以垂万古历百王不敢离之于顷刻。"

《怀古今》云："古，今。感事，伤心。惊得丧，叹浮沉。风驰寒暑，川注光阴。始炫朱颜丽，俄悲白发侵。嗟四豪之不返，痛七贵以难寻。夸父兴怀于落照，田文起怨于鸣琴。雁足凄凉兮传恨绪，凤台寂寞兮有遗音。朔漠幽囚兮天长地久，潇湘隔别兮水阔烟深。谁能绝胜韬贤餐芝饵术，谁能含光遁世炼石烧金。君不见屈大夫纫兰而发谏，君不见贾太傅忌鹏而愁吟。君不见四皓避秦峨峨恋商岭，君不见二疏辞汉飘飘归故林。胡为乎冒进贪名践危途与倾辙，胡为乎护权恃宠顾华饰与雕簪。我所以思抗迹忘机用虚无为师范，吾所以思去奢灭欲保道德为规箴。不能劳神效苏子张生兮干时而纵辩，不能劳神效杨朱墨翟兮挥涕以沾襟。"（《鉴诫录》卷五《高尚士》）

四、唐有《十僧诗选》，在诸集中，唯禅月大师贯休所吟千首，吴融侍郎序之，号曰《西岳集》。多为古体，穷尽物情。议者称白乐天为"广大教化主"，禅月次焉。上人天复中，自楚游蜀，有《上王蜀太祖陈情诗》云："一瓶一钵垂垂老，万水千山得得来。"太祖曰："寡人高筑金台，以师名士；广修宝刹，用接高僧。千山万水之言何以当此。"于是，恩锡甚厚，上人遂居蜀焉。如《公子行》云："锦衣鲜华手擎鹘，闲行气貌多轻忽。稼穑艰难总不知，五帝三皇是何物。"又曰："自拳五色球，迸入他人宅。却捉苍头奴，玉鞭打一百。"又曰："面白如削玉，猖狂曲江曲。马上黄金鞍，适来新赌得。"

又《咏古剑盆池》："秋水莲花三四枝，我来慷慨步迟迟。不抉浮云斩邪佞，直成龙去拟奚为。"又《赠别》："离别如旨酒，古今饮皆醉。我恐长江水，尽是女儿泪。伊余非此辈，送人空把臂。他日再相逢，清风动天地。"又《富贵曲》："有金章族，骄奢相续。琼厨玉堂，雕墙绣毂。美人如白牡丹花，半日只舞得一曲。乐不乐，足不足，争教他爱山青水绿。"又曰："绣林锦野，春态相压。谁家少年，马蹄蹋蹋。斗鸡走狗夜不归，一掷赌却如花妾。"唯云不颠不狂，其名不彰，悲夫！初，上人诗名未振时，南楚才人竞以诗送轩辕先生归罗浮山，计百余首矣。

上人因吟一章，群公于是息笔："玉房花洞接三清，漫指罗浮是去程。龙马便拢筇竹杖，山童常使茯苓精。曾教庄子抛卑吏，却唤轩皇作老兄。再见先生又何日，只应频梦紫金城。"(《鉴诫录》卷五《禅月吟》)

五、天成初，明宗临朝，宣亡蜀旧宰臣王锴、张格、庾传素、许寂、御史中丞牛希济等各赐一韵，试蜀主降臣唐诗，限五十六字。诗成，王锴等皆讽蜀主僭号，荒淫失国。独牛希济得川字，所赋诗意但述数尽，不谤君亲。明宗览诗曰："如牛希济，才思敏捷，不伤两国，迥存忠孝者，罕矣！"当日有雍州亚事之拜，至今京洛无不称之。诗曰："满城文物欲朝天，不觉邻师犯塞烟。唐主再悬新日月，蜀王还却旧山川。非干将相扶持拙，自是吾君数尽年。古往今来亦如此，几曾欢笑几潸然。"(《鉴诫录》卷七《雪废主》)

六、刘尚书禹锡有《望洞庭》之句，雍使君陶有《咏君山》之诗，其如作者之才，往往暗合。刘《望洞庭》诗曰："湖光秋月两相和，潭面无风镜未磨。遥望洞庭山翠水，白银盘里一青螺。"雍《咏君山》诗曰："烟波不动影沉沉，碧色全无翠色深。疑是水仙梳洗处，一螺青黛镜中心。"李山甫有《咏贫女》，天下称奇。秦侍郎韬玉继之，意转殊绝。李君诗曰："平生不识绣衣裳，闲把荆簪益自伤。镜里只应谙素貌，人间多是信红妆。当年未嫁还忧老，终日求媒即道狂。两意定知无说处，暗垂珠泪滴蚕筐。"秦侍郎继曰："蓬门未识绮罗香，拟托良媒益自伤。谁爱风流高格调，共怜时世俭梳妆。敢将十指夸纤巧，不把双眉斗画长。最恨年年压金线，为他人作嫁衣裳。"

李君又有石头故事，韦庄有咏南国英雄，较量其才，意同语别。李君诗曰："南朝天子爱风流，尽守江山不到头。总是战争收拾得，却因歌舞破除休。尧将道德终无敌，秦把金汤可自由。试问繁华何处有，雨苔烟草石城秋。"韦庄诗曰："南朝三十六英雄，角逐兴亡尽此中。有国有家皆是梦，为龙为虎亦成空。残花旧宅悲江令，落日青山吊谢公。止竟霸图何物在，石鳞埋没卧秋风。"王右丞维有《题云母障子》，胡令能有《题绣障子》，虽异代殊名，而才调相继。右丞诗曰："君家云母障，持向野庭开。自有山泉入，非关彩画来。"胡生诗曰："日暮堂前花蕊娇，争拈小笔上床描。绣成按向春园里，引得黄莺下柳条。"

又许浑有《过台州李郎中旧居》，卢延让有《哭李郢端公终越州从事》，至今吟者无不怆然。许君诗曰："政成身没共兴哀，乡路兵戈旅榇回。城上暮云凝鼓角，海边春草闭池台。经年未葬佳人散，昨日因斋故吏来。南北相逢皆掩泣，白苹洲暖一花开。”卢公诗曰：“军门半掩槐花宅，每过犹闻哭临声。北固暴亡兼在路，东京权葬未归茔。渐穷老仆慵看马，著惨佳人暗理笙。诗侣酒徒销散尽，一场春梦越州城。”又李相公绅有伤农之什，郑征君云叟继之，名公不敢优劣。李公诗曰：“锄禾日当午，汗滴禾下土。岂知盘中餐，粒粒皆辛苦。”郑君诗曰：“一粒红稻饭，几滴牛领血。珊瑚树下人，衔杯吐不歇。”（《鉴诫录》卷八《作者同》）

七、唐末宰臣张文蔚、中书舍人封舜卿等奏：“前有名儒屈者十有五人，请赐孤魂及第。”方干秀才是其数矣。每见人设三拜而已，谓礼数有三，识者呼为“方三拜”，亦曰“方十四郎”。干为人唇缺，连应十余举。有司议干：“才则才矣，不可与缺唇人科名。四夷所闻，为中原鲜士矣。”干潜知所论，遂归镜湖。后十数年，遇医补得，年已老矣，遂举足不出镜湖，时人号曰“补唇先生”。弟子李频等皆中殊科，干可谓屈人矣。故有《镜湖西岛闲居》诗曰：“寒山压镜心，此处是家林。梁燕欺春醉，岩猿学夜吟。云连平地起，月向白波沉。犹自闻钟角，栖身可在深。”又诗：“世人如不容，吾自纵天慵。落叶凭风扫，秋粳任水舂。花朝连郭雾，雪夜隔湖钟。身在能无事，头宜白此峰。”又感怀云：“至业不得力，至今犹苦吟。吟成五字句，使破一生心。世路屈声满，云溪冤气深。前贤多晚达，莫怕鬓霜侵。”李频上第后，干寄诗曰：“弟子已攀桂，先生犹卧云。”此恨之深矣。

干为诗炼句，字字无失。如《寄友人》云：“鹤盘远势投孤屿，蝉曳残声过别枝。”齐梁已来，未有此句。《咏击瓯》则体绝物理，诗人罢唱。诗曰：“白器敲来曲调成，腕头匀细自轻清。随风摇曳有余韵，侧水浅深多泛声。春漏丁当相次发，寒蝉计会一时鸣。从今已得佳声出，众乐无由更得名。”干与杭州于郎中为砚席之知，因求举粮远游。杭郡牧姚合疑干为诗无卒才，因夜宴与“飞”字韵，请赋一章。干半酣，书成，合筵惊骇。于赠二百千充润五十六字，于可谓奖士矣。诗曰：“闲世星郎夜宴时，丁丁寒漏滴声微。琵琶弦促千般调，鹦鹉杯深四散飞。遍请玉容歌白雪，高烧红蜡照朱衣。人间有此荣华事，争遣渔翁恋钓矶。”

又李先辈宣古《于澧阳陪杜悰司空宅宴席上赋得“桃”字》诗曰：“红灯初上月轮高，照见堂前万朵桃。觱篥调清银字管，琵琶声亮紫檀槽。能歌姹女颜如玉，解饮萧郎眼似刀。争禁夜深抛要令，舞来挼去使人劳。”又杜公镇荆渚日，夜宴出歌姬送酒，李群玉校书于烛下飞笔献杜诗曰：“裙拖六幅潇湘水，鬓耸巫山一尺云。态貌只应天上有，歌声岂合世间闻。胸前瑞雪灯斜照，眼底桃花酒半醺。不是相如怜赋客，肯教容易见文君。”又卢延让《冬夜宴柳驸马陟宅得“更”字》诗曰：“兰堂夜宴在秦城，座下荷衣倍觉荣。金鼎烹炮过百味，铜壶刻漏转三更。红妆伎出催添烛，白雪歌迟待暖笙。犹自何郎欢不足，桂华未谢玉峰倾。”

昔章先辈孝标《于李使君筵赠歌人刘小小得“娘”字》，当时名公无不赏俊。诗曰：“诸侯帐下惯新妆，皆怯刘家薄媚娘。宝髻巧梳金翡翠，罗裙宜着绣鸳鸯。轻轻舞汗初沾袖，细细歌声欲绕梁。何事不归巫峡去，故来人世断人肠。”已上五公之诗，虽绮靡香艳，而含蓄情思皆不及施肩吾《夜宴曲》云：“兰釭如昼买不眠，玉炉夜起沉香烟。青娥一行十二仙，欲笑不笑桃花然。碧窗弄娇梳洗懒，户外不知银汉转。被郎嗔罚涂苏盏，酒入四肢红玉软。”（《鉴诫录》卷八《屈名儒》）

八、施肩吾先辈为诗奇丽，冠于当时。著《百韵山居》，才情富赡，如“荷翻紫盖摇波面，蒲莹青刀插水湄”，又“烟黏薜荔龙须软，雨压芭蕉凤翅垂”，又《赠边将》诗曰：“轻生奉国不为难，苦战身多旧箭瘢。玉匣锁龙鳞甲冷，金铃衬鹘羽毛寒。皂貂拥出花当背，白马骑来月在鞍。犹恐犬戎临虏塞，柳营时把阵图看。”又《上礼部侍郎陈情》云：“九重城里无亲识，八百人中独姓施。弱羽飞时攒箭险，蹇驴行处薄冰危。晴天欲照盆难反，贫女如花镜不知。却向从来受恩地，再求青律变寒枝。”又《赠友人下第闲居》云：“花眼绽红斟酒看，药心抽绿带烟锄。”如是之类，皆轻巧之极。及第后，游南楚，楚多山魈为患，俗号圣者。是时亦来馆谷搅扰施君，施君当风一咏，于是屏迹。诗曰：“山魈本是伍家奴，何事今为圣者呼。小鬼不须乖去就，国家才子号肩吾。”（《鉴诫录》卷八《走山魈》）

九、梁朝杜舍人荀鹤为诗愁苦，悉干教化，每于吟讽，得其至理。如《赠僧》云：“安禅不必须山水，灭得心头火自凉。”又“利门名路两何凭，百岁风前短焰灯。只恐为僧心未了，为僧心了总输僧”。南宗睹之，传为心印。杜在梁朝，献朱太祖《时世行》十首，欲令太祖省徭役，薄赋敛。是时方当征伐，不洽上意，遂不见遇。旅寄寺中，敬相公翔谓杜曰：“希先辈稍削古风，即可进身，不然者，虚老矣。”杜遂课《颂德诗》三十章，以悦太祖。议者以杜虽有玉堂之拜，顿移教化之词，壮志清名，中道而废。

《时世行》聊纪两首，《颂德诗》不复录之：“夫因兵死守蓬茅，麻纻裙衫鬓发焦。桑柘废来犹纳税，田园荒尽尚征苗。时挑野菜和根煮，旋斫生柴带叶烧。任是深山更深处，也应无计避征徭。”“八十老翁住破村，村中牢落不堪论。因供寨木无桑柘，为点乡兵绝子孙。还似平宁征赋税，未曾州县略安存。至今鸡犬皆星散，日落西山哭倚门。”（《鉴诫录》卷九《削古风》）

十、陈羽秀才题破吴王夫差庙，汪遵先辈咏绝万里长城，程贺员外因《咏君山》得名，时人呼为“程君山”，刘象郎中因《咏仙掌》得名，时人呼为“刘仙掌”。已上名公称为卓绝，千百集中无以加此。陈秀才《题夫差庙》云：“姑苏台上千年木，刻作夫差庙里神。幢盖寂寥尘土满，不知箫鼓乐何人。”汪先辈《咏史诗》曰：“秦筑长城比铁牢，蕃戎不敢过临洮。虽然万里连云际，不及尧阶三尺高。”程员外《咏君山》曰：“曾游方外见麻姑，说到君山此本无。云是昆仑山顶石，海风飘落洞庭湖。”刘郎中《咏仙掌》曰：“万古亭亭倚碧霄，不成奇克不成招。何如掬取莲池水，洒向人间救旱苗。”（《鉴诫录》卷九《卓绝篇》）

十一、吴越饶营妓，燕赵多美姝，宋产歌姬，蜀出才妇。薛涛者，容姿既丽，才调尤佳，言谑之间，立有酬对。大凡营妓，比无校书之称。自韦南康镇成都日，欲奏之而罢，至今呼之。故进士胡曾有赠涛诗曰：“万里桥边女校书，枇杷花下闭门居。扫眉才子知多少，管领春风总不如。”涛每承连帅宠念，或相唱和，出入车舆，诗达四方。中朝一应衔命使车，每届蜀求见涛者甚众。而涛性亦狂逸不□□□□遗金帛往往上纳。韦公既知且怒，于是不许从官。涛乃呈十离诗，情意感人，遂复宠召。当时见重如此。

《犬离主》：“出入朱门四五年，熟知人性足人怜。近缘咬着亲情客，不得红丝毯上眠。”《鱼离池》：“戏跃池中四五秋，常摇朱尾玩银钩。近缘戏触红莲折，不得随波自在游。”《鹦鹉离笼》曰：“惯向侯门养此身，飞来飞去羽毛新。近缘出语无方便，不得笼中再唤人。”又《竹离丛》曰：“蓊郁栽成四五行，常持坚节覆秋霜。近缘春笋钻阶破，不得垂枝对画堂。”又《珠离掌》曰：“一颗明珠内外通，分明皎洁水精宫。近缘一点瑕相累，不得朝朝在掌中。”

又女郎张窈窕，少年居蜀，下笔成章，当时诗人雅相推重，有《上成都在事》

诗曰："昨日卖衣裳，今朝卖衣裳。衣裳浑卖尽，羞见嫁时箱。有卖愁仍缓，无时心转伤。故园胡虏隔，何处是蚕桑。"□□兜寺近有尼海印，才思清竣，不让名流，有《舟夜》一章，颇佳。诗曰："水色连天色，风声益浪声。旅人归思苦，鱼叟梦魂惊。举棹云先到，移舟月逐行。旅吟诗句罢，犹见远山横。"（《鉴诫录》卷十《蜀才妇》）

［宋］乐史《广卓异记》

（见"本事类"）

一、右按《唐书》：文宗夏日与学士联句，帝曰："人皆苦炎热，我爱夏日长。"公权续曰："薰风自南来，殿阁生微凉。"时丁、袁五学士皆属继，帝独讽公权两句："辞清意足，不可多得。"乃令公权题于殿壁，字方圆五寸，帝视之叹曰："钟、王复生，无以加焉。"（《广卓异记》卷三《翰林学士联句诗好 柳公权》）

二、右按《唐书》：冯定为太常少卿，统乐立于庭，文宗以其端凝若植，问其姓氏，翰林李珏奏以定之名。帝喜，问曰："岂非能为古章句者耶?"遂召升陛，帝自吟定《送客西江诗》，吟罢益喜，因赐以禁中瑞锦，仍令大录所著古体诗以进。寻迁谏议大夫。（《广卓异记》卷三《送客西江诗好赐瑞锦 冯定》）

三、右按《小说》：武后游龙门，命群官赋诗，先成者赏以锦袍。左史东方虬诗成，设拜赐坐未安。宋之问诗后成，文理兼美，左右莫不称善，乃就夺锦袍衣之。其词曰："宿雨霁氛埃，流云度城阙。河堤柳新翠，苑树花先发。洛阳花柳此时浓，山水楼台映几重。群公拂雾朝翔凤，天子乘春幸鳌龙。鳌龙近出王城外，羽从琳琅拥轩盖。云罕才临御水桥，天衣已入看山会。山壁崭岩断复连，清流澄澈俯伊川。雁塔遥遥绿波上，星龛奕奕翠微边。层峦旧长千寻木，春壑初飞百丈泉。彩仗虹旌绕香阁，下辇登高望河洛。东城宫阙拟招回，南陌沟塍殊绮错。林下天香七宝台，山中春酒万年杯。微风一起祥花落，仙乐初鸣瑞鸟来。鸟来花落纷无已，称觞献寿烟霞里。歌舞淹留景欲斜，石间犹驻五云车。鸟旗翼翼留春草，龙骑骎骎映晚花。千乘万骑銮舆出，水静山空严警跸。郊外喧喧引看人，倾都南然属车尘。嚣声引飏闻黄道，王气周回入紫宸。先王定鼎三河固，宝命乘周万物新。吾皇不事瑶池乐，时雨来观农扈春。”(《广卓异记》卷三《夺锦袍 宋之问》)

四、右按《唐书》：贺公自太常少卿迁礼部侍郎，兼集贤学士，一日并谢二恩。源乾曜与张说同秉政，乾曜曰：“贺公久著盛名，今日一时两恩，足为学者光辉。然学士与侍郎，何者为美?”说对曰：“侍郎自皇朝已来为衣冠之华选，自非实望具美，无以居之，然终具员之吏，又非往贤所慕。学士者怀先王之道，为缙绅轨仪，蕴杨、班之词采，兼游、夏之文学，始可处之无愧。二美之中，此为其最美。”(《广卓异记》卷八《一日二恩 贺知章》)

［宋］钱易《南部新书》

(见“本事类”)

一、海内温汤甚众，有新丰骊山汤、蓝田石门汤、岐州凤泉汤、同州北山汤、河南陆浑汤、汝州广城汤、兖州乾封汤、荆州沙河汤，此等诸汤，皆知名之汤也，并能愈疾。骊山汤甫尔京邑，帝王时所游幸。玄皇于骊山置华清宫，每年十月舆驾自京而出，至春乃还。百官羽卫，并诸方朝集，商贾繁会，里闾阗咽焉。山上起朝元阁，上常登眺，命群臣赋诗，正字刘飞诗最清拔，蒙赏之。右相李林甫怒飞不先呈己，出为一尉，竟不入而卒，士子冤之。丧乱以来，汤所馆殿鞠为茂草。《博物志》云：“水源有石硫黄，其泉则温。”天下山泉，由土石滋润，蓄而成泉耳。如硫黄煎铄，久久理当焦竭。汤之处皆不出硫黄，有硫黄之所，

不闻有汤，事可明矣。（《南部新书·辛》）

［唐］胡璩《谭宾录》

（见“本事类”）

一、则天幸龙门，令从官赋诗。左史东方虬诗先成，则天以锦袍赐之。及宋之问诗成，则天称词更高，夺袍以赐之。（《谭宾录》卷六）

［宋］陈纂《葆光录》

（见“本事类”）

一、越僧䛒光，善草书，自言授法于陆相希声，其飘逸有张旭之妙。吴翰林以歌奖之，言多不载。罗给事赠诗云：“圣主赐衣称绝艺，侍臣摛藻许高踪。”又有亚栖，书骨气不及䛒，而趋媚过之。二人俱应制，其踪海内皆盛。（《葆光录》卷一）

二、皮光禹业五七言诗，自言贾浪仙之俦也。句有“烧平樵路出，潮落海山高”。作者多许之。（《葆光录》卷二）

[唐] 康骈《剧谈录》

(见“本事类”)

一、元和中,进士李贺善为歌篇。韩文公深所知重,于缙绅之间每加延誉,由此声华藉甚。时元相国稹年老,以明经擢第,亦攻篇什,常愿交结于贺。一日,执贽造门。贺览刺不容,遽令仆者谓曰:“明经擢第,何事来看李贺?”相国无复致情,惭愤而退。其后左拾遗制策登科,日当要路。及为礼部郎中,因议贺父名晋,不合应进士举。贺亦以轻薄为时辈所排,遂成轗轲。文公惜其才,为著《讳辩录》明之,然竟不成事。

自大中咸通之后,每岁试春官者千余人。其间章句有闻,亹亹不绝。如何植、李玫、皇甫松、李孺犀、梁望、毛涛、贝庥、来鹄、贾随,以文章著美;温庭筠、郑渎、何涓、周铃、宋耘、沈驾、周繁,以词赋标名;贾岛、平曾、李陶、刘得仁、喻坦之、张乔、剧燕、许琳、陈觉,以律诗流传;张维、皇甫川、郭郛、刘延晖,以古风擅价:皆苦心文华,厄于一第。然其间数公,丽藻英词,播于海内。其虚薄叨联名级者,又不可同年而语矣。(《剧谈录》卷下《元相国谒李贺》)

理论类诗话

[唐] 韩愈、李翱《论语笔解》

韩愈，生平见《顺宗实录》叙录。李翱，生平见《卓异记》叙录。《论语笔解》二卷，诠释经义，有清抄本、清乾隆四十二年吴翌凤抄本、《百陵学山》本、《唐宋丛书》本、《说郛》本、《清芬堂丛书》本、《范氏奇书》本、文渊阁《四库全书》本、文津阁《四库全书》本、《墨海金壶》本、《古经解汇函》本、《唐宋论语解》本、《艺海珠尘》本等。此据中华书局1991年《丛书集成初编》本辑录。

一、子曰："诗三百，一言以蔽之。曰：'思无邪。'"包曰："蔽犹当也。"又曰："归于正也。"

韩曰："蔽，犹断也。包以蔽为当，非也。按'思无邪'，是《鲁颂》之辞。仲尼言诗最深义，而包释之略矣。"

李曰："诗三百篇，断在一言，终于颂而已。子夏曰：'发乎情，民之性也。'故诗始于风，止乎礼义，先王之泽也，故终"无邪"一言。诗之断也，虑门人学诗，徒诵三百之多，而不知一言之断，故云然尔。"(《论语笔解·为政第二》)

二、子曰："兴于诗，立于礼，成于乐。"包曰："兴，起也。礼所以立身，乐以成性。"

韩曰："三者皆起于诗而已，先儒略之，遂惑于二矣。"

李曰："诗者，起于吟咏情性者也。发乎情，是起于诗也。止乎礼义，是立于礼也。删诗而正雅颂，是成于乐也。三经一原也，退之得之矣，包氏无取焉。"(《论语笔解·泰伯第八》)

［后晋］刘昫等《旧唐书》

（见“本事类”）

一、史臣韩愈曰：顺宗之为太子也，留心艺术，善隶书。德宗工为诗，每赐大臣方镇诗制，必命书之。性宽仁有断，礼重师傅，必先致拜。从幸奉天，贼泚逼迫，常身先禁旅，乘城拒战，督励将士，无不奋激。德宗在位岁久，稍不假权宰相。左右幸臣如裴延龄、李齐运、韦渠牟等，因间用事，刻下取功，而排陷陆贽、张滂辈，人不敢言，太子从容论争，故卒不任延龄、渠牟为相。尝侍宴鱼藻宫，张水嬉，彩舰雕靡，宫人引舟为棹歌，丝竹间发，德宗欢甚，太子引诗人“好乐无荒”为对。每于敷奏，未尝以颜色假借宦官。居储位二十年，天下阴受其赐。惜乎寝疾践祚，近习弄权；而能传政元良，克昌运祚，贤哉！（《旧唐书》卷十四《本纪第十四·顺宗》）

二、隋开皇末，（李纲）为太子洗马。皇太子勇尝以岁首宴宫臣，左庶子唐令则自请奏琵琶，又歌《武媚娘》之曲。纲白勇曰：“令则身任宫卿，职当调护，乃于宴座自比倡优，进淫声，秽视听。事若上闻，令则罪在不测，岂不累于殿下？臣请遽正其罪。”勇曰：“我欲为乐耳，君勿多事。”纲趋而出。（《旧唐书》卷六十二《列传第十二·李纲》）

三、（李）景伯，景龙中为给事中，又迁谏议大夫。中宗尝宴侍臣及朝集使，酒酣，令各为《回波辞》。众皆为谄佞之辞，及自要荣位。次至景伯，曰：“回波尔时酒卮，微臣职在箴规。侍宴既过三爵，喧哗窃恐非仪。”中宗不悦，中书令萧至忠称之曰：“此真谏官也。”景云中，累迁右散骑常侍，寻以老疾致仕。开元中卒。子彭年。（《旧唐书》卷九十《列传第四十·李景伯》）

四、先天元年冬，（魏知古）从上畋猎于渭川，因献诗讽曰：“尝闻夏太康，五弟训禽荒。我后来冬狩，三驱盛礼张。顺时鹰隼击，讲事武功扬。奔走未及去，翾飞岂暇翔。非熊从渭水，瑞雀想陈仓。此欲诚难纵，兹游不可常。子云陈《羽猎》，僖伯谏渔棠。得失鉴齐、楚，仁恩念禹、汤。邕熙谅在宥，亭毒匪多伤。《辛甲》今为史，《虞箴》遂孔彰。”手制褒之曰：“夫诗者，志之所以，写其心怀，实可讽谕君主。是故扬雄陈《羽猎》，马卿赋《上林》，爰自《风》《雅》，率由兹道。予顷向温泉，观省风俗，时因暇景，掩渭而畋，方开一面之罗，式展三驱之礼，躬亲校猎，聊以从禽。岂意卿有箴规，辅予不逮，自非款诚夙著，其孰能继于此耶？今赐卿物五十段，用申劝奖。”（《旧唐书》卷九十八《列传第四十八·魏知古》）

五、（崔）日用尝采《毛诗·大雅》、《小雅》二十篇及司马相如《封禅书》，因上生日表上之，以申规讽，并述告成之事。手诏答曰：“夫诗者，动天地，感鬼神，厚于人，美于教矣。朕志之所尚，思与之齐，庶乎采诗之官，补朕之阙。且古者封禅，升中告成，朕以菲德，未明于至道。竦然以听，颇壮相如之词；惕然载怀，复惭夷吾之语。卿洽闻殚见，温故知新，逮此发挥，益彰忠恳。岂非讨蓬山之籍，心不忘于起予；因兰殿之祥，言固深于启沃。朕循环览讽，用慰于怀。今赐卿衣裳一副、物五十段，以示无言不酬之信也。”（《旧唐书》卷九十九《列传第四十九·崔日用》）

六、（高）锴，元和九年登进士第，升宏辞科，累迁吏部员外。大和三年，准敕试别头进士明经郑齐之等十八人。榜出之后，语辞纷竞，监察御史姚中立以闻，诏锴审定，乃升李景、王淑等，人以为公。六年二月，自司勋郎中转谏议大夫。七年，迁中书舍人。九年十月，以本官权知礼部贡举。开成元年春，试毕，进呈及第人名，文宗谓侍臣曰：“从前文格非佳，昨出进士题目，是朕出之，所试似胜去年。”郑覃曰：“陛下改诗赋格调，以正颓俗，然高锴亦能励精选士，仰副圣旨。”帝又曰：“近日诸侯章奏，语太浮华，有乖典实，宜罚掌书记，以诫其流。”李石曰：“古人因事为文，今人以文害事，惩弊抑末，实在盛时。”乃以锴为礼部侍郎。凡掌贡部三年，每岁登第者四十人。三年榜出后，敕曰：“进士每岁四十人，其数过多，则乖精选。宦途填委，要窒其源，宜改每年限放三十人，如不登其数，亦听。”然锴选擢虽多，颇得实才，抑豪华，擢孤进，至今称之。寻转吏部侍郎。其年九月，出为鄂州刺史、御史大夫、鄂岳观察使，卒。（《旧唐书》卷一百六十八《列传第一百一十八·高锴》）

七、时太学勒石经，（郑）覃奏起居郎周墀、水部员外郎崔球、监察御史张次宗、礼部员外郎温业等校定《九经》文字，旋令上石。加门下侍郎、弘文馆大学士、监修国史。上尝于延英论古今诗句工拙，覃曰："孔子所删，三百篇是也。降此五言七言，辞非雅正，不足帝王赏咏。夫《诗》之《雅》《颂》，皆下刺上所为，非上化下而作。王者采诗，以考风俗得失。仲尼删定，以为世规。近代陈后主、隋炀帝皆能章句，不知王者大端，终有季年之失。章句小道，愿陛下不取也。"覃以宰相兼判国子祭酒，奏太学置五经博士各一人，缘无职田，请依王府官例，赐禄粟，从之。又进《石壁九经》一百六十卷。（《旧唐书》卷一百七十三《列传第一百二十三·郑覃》）

八、帝（敬宗）手诏答（李德裕）曰："卿文雅大臣，方隅重寄。表率诸部，肃清全吴。化洽行春，风澄坐啸。眷言善政，想叹在怀。卿之宗门，累著声绩，冠内廷者两代，袭侯伯者六朝。果能激爱君之诚，喻诗人之旨，在远而不忘忠告，讽上而常深虑微。博我以端躬，约予以循礼。三复规谏，累夕称嗟。置之座隅，用比韦弦之益；铭诸心腑，何啻药石之功？卿既以投诚，朕每怀开谏，苟有过举，无忘密陈。山川既遐，眷属何已，必当克己，以副乃诚。"（《旧唐书》卷一百七十四《列传第一百二十四·李德裕》）

九、臣观前代秉笔论文者多矣。莫不宪章《谟》、《诰》，祖述《诗》、《骚》，远宗毛、郑之训论，近鄙班、扬之述作。谓"采采芣苢"，独高比兴之源；"湛湛江枫"，长擅咏歌之体。殊不知世代有文质，风俗有淳醨，学识有浅深，才性有工拙。昔仲尼演三代之《易》，删诸国之《诗》，非求胜于昔贤，要取名于今代。实以淳朴之时伤质，民俗之语不经，故饰以文言，考之弦诵。然后致远不泥，永代作程，即知是古非今，未为通论。夫执鉴写形，持衡品物，非伯乐不能分驽骥之状，非延陵不能别《雅》、《郑》之音。若空混吹竽之人，即异闻《韶》之叹。近代唯沈隐侯斟酌《二南》，剖陈三变，摅云、渊之抑郁，振潘、陆之风徽。俾律吕和谐，宫商辑洽，不独子建总建安之霸，客儿擅江左之雄。爰及我朝，挺生贤俊，文皇帝解戎衣而开学校，饰贲帛而礼儒生，门罗吐凤之才，人擅握蛇之价。靡不发言为论，下笔成文，足以纬俗经邦，岂止雕章缛句。韵谐金奏，词炳丹青，故贞观之风，同乎三代。高宗、天后，尤重详延，天子赋横汾之诗，臣下继柏梁之奏，巍巍济济，辉烁古今。如燕、许之润色王言，吴、陆之铺扬鸿业，元稹、刘蕡之对策，王维、杜甫之雕虫，并非肄业使然，自是天机秀绝。若隋珠色泽，无假淬磨，孔玑翠羽，自成华彩，置之文苑，实焕缃图。其间爵位崇高，别为之传。

今采孔绍安已下，为《文苑》三篇，觊怀才憔悴之徒，千古见知于作者。(《旧唐书》卷一百九十上《列传第一百四十上·文苑上》)

[宋]欧阳修等《新唐书》

(见“本事类”)

一、会之明日，考制度。太常卿采诗陈之，以观风俗。命市纳贾，以观民之好恶。典礼者考时定日，同律，礼、乐、制度、衣服正之。(《新唐书》卷十四《志第四·礼乐四》)

二、先是，进士试诗、赋及时务策五道，明经策三道。建中二年，中书舍人赵赞权知贡举，乃以箴、论、表、赞代诗、赋，而皆试策三道。大和八年，礼部复罢进士议论，而试诗、赋。文宗从内出题以试进士，谓侍臣曰：“吾患文格浮薄，昨自出题，所试差胜。”乃诏礼部岁取登第者三十人，苟无其人，不必充其数。是时，文宗好学嗜古，郑覃以经术位宰相，深嫉进士浮薄，屡请罢之。文宗曰：“敦厚浮薄，色色有之，进士科取人二百年矣，不可遽废。”因得不罢。(《新唐书》卷四十四《志第三十四·选举志上》)

三、(李纲)事隋为太子洗马。太子勇宴宫臣，左庶子唐令则奏琵琶，又歌《武媚娘曲》。纲曰：“令则官调护，乃自比倡优，进淫声，惑视听，诚使上闻之，岂不为殿下累乎？臣请正其罪。”勇曰：“置之，我欲为乐耳！”后勇废，文帝切让，官属无敢对，纲独曰：“陛下不素教，故太子至此。太子资中人，得贤者辅而善，得不肖导而恶，奈何歌舞鹰犬纤儿使日侍侧？何特太子罪邪？”帝曰：“以汝为洗马，何不择人？”纲曰：“臣非东宫得言者。”帝曰：“朕过矣！”擢尚书右丞。(《新唐书》卷九十九《列传第二十四·李纲》)

四、帝(唐太宗)尝作宫体诗，使赓和。(虞)世南曰：“圣作诚工，然体非雅正。上之所好，下必有甚者，臣恐此诗一传，天下风靡。不敢奉诏。”帝曰：“朕试卿耳!”赐帛五十匹。帝数出畋猎,世南以为言,皆蒙嘉纳。尝命写《列女传》于屏风,于时无本,世南暗疏之,无一字谬。帝每称其五绝:一曰德行,二曰忠直,三曰博学,四曰文词,五曰书翰。世南始学书于浮屠智永,究其法,为世秘爱。

十二年,致仕,授银青光禄大夫,弘文馆学士如故,禄赐防合视京官职事者。卒,年八十一,诏陪葬昭陵,赠礼部尚书,谥曰文懿。帝手诏魏王泰曰:“世南于我犹一体,拾遗补阙,无日忘之,盖当代名臣,人伦准的。今其云亡,石渠、东观中无复人矣!”后帝为诗一篇,述古兴亡,既而叹曰:“钟子期死,伯牙不复鼓琴。朕此诗将何所示邪?”敕起居郎褚遂良即其灵坐焚之。后数岁,梦进谠言若平生,翌日,下制厚恤其家。(《新唐书》卷一百二《列传第二十七·虞世南》)

五、唐兴,文章承徐、庾余风,天下祖尚,子昂始变雅正。初,为《感遇诗》三十八章,王适曰:“是必为海内文宗。”乃请交。子昂所论著,当世以为法。大历中,东川节度使李叔明为立旌德碑于梓州,而学堂至今犹存。(《新唐书》卷一百七《列传第三十二·陈子昂》)

六、后宴两仪殿,帝命后兄光禄少卿婴监酒,婴滑稽敏给,诏学士嘲之,婴能抗数人。酒酣,胡人袜子、何懿等唱“合生”,歌言浅秽,因倨肆,欲夺司农少卿宋廷瑜赐鱼。平一上书谏曰:“乐,天之和,礼,地之序;礼配地,乐应天。故音动于心,声形于物,因心哀乐,感物应变。乐正则风化正,乐邪则政教邪,先王所以达废兴也。伏见胡乐施于声律,本备四夷之数,比来日益流宕,异曲新声,哀思淫溺。始自王公,稍及闾巷,妖伎胡人、街童市子,或言妃主情貌,或列王公名质,咏歌蹈舞,号曰‘合生’。昔齐衰,有《行伴侣》,陈灭,有《玉树后庭花》,趋数骜僻,皆亡国之音。夫礼慊而不进即销,乐流而不反则放。臣愿屏流僻,崇肃雍,凡胡乐,备四夷外,一皆罢遣。况两仪、承庆殿者,陛下受朝听讼之所,比大飨群臣,不容以倡优媟狎亏污邦典。若听政之暇,苟玩耳目,自当奏之后廷可也。”不纳。

玄宗立,贬苏州参军,徙金坛令。平一见宠中宗,时虽宴豫,尝因诗颂规诫,然不能卓然自引去,故被谪。既谪而名不衰。开元末,卒。孙元衡、儒衡别传。(《新唐书》卷一百一十九《列传第四十四·武平一》)

七、赞曰:居易在元和、长庆时,与元稹俱有名,最长于诗,它文未能称是也,多至数千篇,唐以来所未有。其自叙言:“关美刺者,谓之讽谕;咏性情者,谓之闲适;触事而发,谓之感伤;其它为杂律。”又讥“世人所爱惟杂律诗,彼所重，我所轻。至讽谕意激而言质，闲适思澹而辞迂，以质合迂，宜人之不爱也”。今视其文，信然。而杜牧谓：“纤艳不逞，非庄士雅人所为。流传人间，子父女母交口教授，淫言媟语人人肌骨不可去。”盖救所失不得不云。（《新唐书》卷一百一十九《列传第四十四·白居易》）

八、帝（唐文宗）坐延英论诗工否，（郑）覃曰：“孔子所删，三百篇是已，其非雅正者，乌足为天子道哉？夫《风》、《大》《小雅》，皆下刺上之变，非上化下为之。故王者采诗，以考风俗得失。若陈后主、隋炀帝特能诗之章解，而不知王术，故卒归于乱。章什諓諓，愿陛下不取也。”（《新唐书》卷一百六十五《列传第九十·郑覃》）

九、（元）稹尤长于诗，与白居易名相埒，天下传讽，号“元和体”，往往播乐府。穆宗在东宫，妃嫔近习皆诵之，宫中呼元才子。稹之谪江陵，善监军崔潭峻。长庆初，潭峻方亲幸，以稹歌词数十百篇奏御，帝大悦。问稹今安在，曰：“为南宫散郎。”即擢祠部郎中，知制诰。变诏书体，务纯厚明切，盛传一时。然其进非公议，为士类訾薄。稹内不平，因《诫风俗诏》历诋群有司以逞其憾。（《新唐书》卷一百七十四《列传第九十九·元稹》）

十、赞曰：诗人斥谮人最甚，投之豺虎、有北，不置也。如群、栖楚辈则然，肆讦以示公，构党以植私，其言缅缅若可听，卒而入于败乱也。孔子所谓“顺非而泽”者欤，“利口覆邦家”者欤！耆掩众取功，自速其死，哀哉！（《新唐书》卷一百七十五《列传第一百·柏耆》）

十一、唐有天下三百年，文章无虑三变。高祖、太宗，大难始夷，沿江左余风，絺句绘章，揣合低卬，故王、杨为之伯。玄宗好经术，群臣稍厌雕瑑，索理致，崇雅黜浮，气益雄浑，则燕、许擅其宗。是时，唐兴已百年，诸儒争自名家。大历、贞元间，美才辈出，擩哜道真，涵泳圣涯，于是韩愈倡之，柳宗元、李翱、皇甫湜等和之，排逐百家，法度森严，抵轹晋、魏，上轧汉、周，唐之文完然为一王法，此其极也。若侍从酬奉则李峤、宋之问、沈佺期、王维，制册则常衮、杨炎、陆贽、权德舆、王仲舒、李德裕，言诗则杜甫、李白、元稹、白居易、刘禹锡，谲怪则李贺、杜牧、李商隐，皆卓然以所长为一世冠，其可尚已。（《新唐书》卷二百一《列传第一百二十六·文艺上》）

十二、魏建安后讫江左，诗律屡变，至沈约、庾信，以音韵相婉附，属对精密。及之问、沈佺期，又加靡丽，回忌声病，约句准篇，如锦绣成文。学者宗之，号为“沈、宋”，语曰“苏、李居前，沈、宋比肩”，谓苏武、李陵也。（《新唐书》卷二百二《列传第一百二十七·文艺中宋之问》）

［宋］欧阳修《新五代史》

（见“本事类”）

一、（李）从璟死，从荣于诸皇子次最长，又握兵柄。然其为人轻隽而鹰视，颇喜儒，学为歌诗，多招文学之士，赋诗饮酒，故后生浮薄之徒，日进谀佞以骄其心。自将相大臣皆患之，明宗颇知其非而不能裁制。从荣尝侍侧，明宗问曰：“尔军政之余，习何事业？”对曰：“有暇读书，与诸儒讲论经义尔。”明宗曰：“经有君臣父子之道，然须硕儒端士，乃可亲之。吾见先帝好作歌诗，甚无谓也。汝将家子，文章非素习，必不能工，传于人口，徒取笑也。吾老矣，于经义虽不能晓，然尚喜屡闻之，其余不足学也。”（《新五代史》卷十五《唐明宗家人传第三·明宗子 秦王从荣》）

［唐］武平一《景龙文馆记》

（见“本事类”）

一、内殿奏“合笙”歌，其言浅秽，武平一谏曰：“妖巫娼妓，街童市女，谈妃主之情貌，列王公之名质，咏歌蹈舞，号曰‘合笙’。不可《类说》作合施于宫禁也。”

《新唐书·武平一传》:“后宴两仪殿,帝命后兄光禄少卿婴监酒,婴滑稽敏给,诏学士嘲之,婴能抗数人。酒酣,胡人袜子、何懿等唱‘合生’,歌言浅秽,因倨肆,欲夺司农少卿宋廷瑜赐鱼。平一上书谏曰:‘乐,天之和;礼,地之序。礼配地,乐应天。故音动于心,声形于物,因心哀乐,感物应变。乐正则风化正,乐邪则政教邪,先王所以达废兴也。伏见胡乐施于声律,本备四夷之数,比来日益流宕,异曲新声,哀思淫溺。始自王公,稍及闾巷。妖伎胡人,街童市子,或言妃主情貌,或列王公名质,咏歌蹈舞,号曰“合生”。昔齐衰,有《行伴侣》,陈灭,有《玉树后庭花》,趋数骜僻,皆亡国之音。夫礼慊而不进即销,乐流而不反则放。臣愿屏流僻,崇肃雍,凡胡乐,备四夷外,一皆罢遣。况两仪、承庆殿者,陛下受朝听讼之所,比大飨群臣,不容以倡优媟狎亏污邦典。若听政之暇,苟玩耳目,自当奏之后廷可也。’不纳。”(《景龙文馆记》卷一《景龙二年·十一月武平一谏奏合笙》)

[唐] 李淳风《乙巳占》

李淳风(602—670),唐雍人。贞观初以将仕郎直太史局,除太常博士,累迁太史令,以劳封昌乐县男。有《周易玄义》《周易薪冥轨》《典章文物志》《乙巳占》《玉历通政》等。《乙巳占》十卷,杂采黄帝、巫咸、甘氏、石氏、郗萌、韩杨、祖暅、孙僧作、刘表、天镜、白虎、海中、列宿、玉官诸占及刘向《洪范》、张衡《灵宪》《五经图纬》,参以经传,排比成书,分序文、星占、气占、风占四部分。有明抄本、清抄本、清嘉庆二十四年刘氏嘉荫簃抄本、《十万卷楼丛书》本等。此据中央编译出版社 2012 年点校本辑录。

一、其律声有清浊,吹之以听其音,以知世之和与不和。是故西戎犹解听律音，以辨国中。国有圣人，有圣人则东风应乎律矣。又《诗序》称："声成文谓之音。"世有治乱，音有哀乐。人君宰相，须深察之。律应早晚，和与不和，乃史官之要事也，皆系之于日行，故录附于此，以示一隅。今史官傅仁均、薛颐等，并不考用影律，尸素之流也。（《乙巳占》卷第一《日占第四》）

［唐］张彦远《法书要录》

（见"本事类"）

一、昔苍颉造书，天雨粟，鬼夜哭，亦有感矣。盖德成而上，谓仁、义、礼、智；艺成而下，谓射、御、书、数。吾作诗品，犹希闻偶合神交、自然冥契者，是才难也。及其作《画评》，而登逸品数者四人。故知艺之为末，信矣。（《法书要录》卷第三《唐李嗣真书品后》）

［唐］张彦远《历代名画记》

（见"本事类"）

一、开元中，将军裴旻善舞剑道，玄观旻舞剑，见出没神怪，既毕，挥毫益进。时又有公孙大娘，亦善舞剑器，张旭见之，因为草书，杜甫歌行述其事。是知书画之艺，皆须意气而成，亦非懦夫所能作也。（《历代名画记》卷九《唐朝上》）

［唐］李涪《刊误》

（见“品评类”）

一、贞观十七年，太宗文皇帝与太常少卿祖孝孙论乐。太宗曰：“治政善恶，岂此之因？”御史大夫杜淹曰：“陈之将亡也，为《玉树后庭花》；隋之将亡也，为《伴侣》、《行路难》。闻之莫不悲泣，所谓亡国之音。以是观之，实自于乐。”帝曰：“不然。夫音声岂能感人？欢者闻之则悦，忧者听之则悲，悲悦在人，非因乐也。今《玉树》、《伴侣》其声具存，今为公奏之，知公必不悲矣。”予曰：“圣君有所未悟耳，《礼》云：国家将兴，必有祯祥；国家将亡，必有妖孽。见乎蓍龟，动乎四体。斯曲者，陈、隋二主之所作也。二主荒淫自娱，不知将亡之音形于曲折矣。是知休征咎征皆见其兆，岂止于歌乐也哉。如文皇君人之道，与舜禹比隆，耆幼欣欣然得其所也。虽闻桑间、濮上，如闻韶濩之音，何《后庭花》、《伴侣行》能感其心哉？哀也，乐也，系于时君。《记》不云乎：‘治世之音安以乐，其政和；乱世之音怨以怒，其政乖；亡国之音哀以思，其民困。’斯之谓也。”（《刊误》卷下《乐论》）

［唐］李肇《唐国史补》

（见“本事类”）

一、元和已后，为文笔则学奇诡于韩愈，学苦涩于樊宗师。歌行则学流荡于张籍。诗章则学矫激于孟郊，学浅切于白居易，学淫靡于元稹。俱名为“元和体”。大抵天宝之风尚党，大历之风尚浮，贞元之风尚荡，元和之风尚怪也。（《唐国史补卷之下》）

［唐］刘肃《大唐新语》

（见“本事类”）

一、太宗谓侍臣曰：“朕戏作艳诗。”虞世南便谏曰：“圣作虽工，体制非雅。上之所好，下必随之。此文一行，恐致风靡。而今而后，请不奉诏。”太宗曰：“卿恳诚如此，朕用嘉之。群臣皆若世南，天下何忧不理。”乃赐绢五十匹。先是，梁简文帝为太子，好作艳诗，境内化之，浸以成俗，谓之宫体。晚年改作，追之不及，乃令徐陵撰《玉台集》，以大其体。永兴之谏，颇因故事。（《大唐新语》卷三《公直第五》）

二、玄宗朝，张说为丽正殿学士，常献诗曰：“东壁图书府，西垣翰墨林。讽诗关国体，讲《易》见天心。”玄宗深佳赏之，优诏答曰：“得所进诗，甚为佳妙。风雅之道，斯焉可观。并据才能，略为赞述，具如别纸，宜各领之。”玄宗自于彩笺上八分书说赞曰：“德重和鼎，功逾济川。词林秀发，翰苑光鲜。”其徐坚已下，并有赞述，文多不尽载。（《大唐新语》卷八《文章第十八》）

三、贞观中，纪国寺僧慧静撰《续英华诗》十卷，行于代。慧静尝言曰：“作之非难，鉴之为贵。吾所搜拣，亦《诗》三百篇之次矣。”慧静俗姓房，有藻识。今复有诗篇十卷，与《英华》相似，起自梁代，迄于今朝，以类相从，多于慧静所集，而不题撰集人名氏。（《大唐新语》卷九《著述第十九》）

［唐］范摅《云溪友议》

（见“本事类”）

一、开成元年秋，诏礼部高侍郎锴复司贡籍，曰：“夫宗子维城，本枝百代，封爵便宜，无令废绝。常年宗正寺解送人，恐有浮薄，以忝科名，在卿精拣艺能，勿妨贤路。其所试赋则准常规，诗则依齐梁体格。”乃试《琴瑟合奏赋》、《霓裳羽衣曲》诗。主司先进五人诗，其最佳者，其李肱乎。次则王收《日斜见赋》，则《文选》中《雪赋》、《月赋》也。况肱宗室，德行素明，人才俱美，敢不公心，以辜圣教！乃以榜元及第。《霓裳羽衣曲》诗，李肱：“开元太平时，万国贺丰岁。梨园献旧曲，玉座流新制。凤管递参差，霞衣竞摇曳。宴罢水殿空，辇余春草细。蓬壶事已久，仙乐功无替。讵肯听遗音，圣明知善继。”上披文曰：“近属如肱者，其不忝乎。有刘安之识，可令著书；执马孚之正，可以为传。秦嬴统天下，子弟同匹夫，根本之不深固，曹冏曷不非也。”

评曰：“李君文章精练，行义昭详，策名于睿哲之朝，得路于韦、萧之室。然止于岳、齐二牧，未登大任，其有命焉！”（《云溪友议》卷上《古制兴》）

［五代］王定保《唐摭言》

（见“本事类”）

一、有唐以来，无数才子，至于崔融、李峤、宋之问、沈佺期、富嘉谟、徐彦伯、杜审言、陈子昂者，与公连飞并驱，更唱迭和。此数公者，真可谓五百年后挺生矣。天丧斯文，凋零向尽，唯相公日新厥德，长守富贵，甚善，甚善。是知天赞明主而福相公。当此之时，亦宜应天之休，报主之宠，弥缝其阙，匡救其灾。若尸禄备员，则焉用彼相矣！仆闻位称燮理者，则道合阴阳，四时不愆，则百姓无怨。岂有冬初不雪，春尽不雨，麦苗继日而青死，桑叶未秋而黄落，蠢蠢迷愚，嗷嗷愁怨，而相公温眠甲第，饱食庙堂。仆则天地之一生人，亦同人而怨相公也。京房《易传》曰："欲德不用兹谓张。言人君欲贤者而不用，徒张此意。厥灾荒，云大旱也，阴阳不雨。"复曰："师出过时兹谓旷，其旱不生。"夫天道远，人道迩，仆多言者也，安知天道？请以人事言之，主上开张翰林，引纳才子，公以傲物而富贵骄人，为相以来，竟不能进一贤，拔一善。汉高祖云："当今之贤士，岂独异于古人乎？"有而不知，是彰相公之暗；知而不用，是彰相公之短。故自十月不雨，至于五月，云才积而便散，雨垂落而复收，此欲德不用之罚也。仍闻六胡为孽，日寇边陲，邦家连兵，来往塞下，巴西诸将，必不出师，过时之咎也。四郊之多垒，卿大夫之辱也。不知庙堂肉食者何以谋之？相公在外十余年而复相国，险阻艰难，备尝之矣，民之情伪，尽知之矣。今人室如悬罄，野无青草，何恃而不恐？天则不雨，公将若之何？昨五月有恩，百官受赐，相公官既大，物亦多，有金银器及锦衣等，闻公受之，面有喜色。今岁大旱，黎民阻饥，公何不固辞金银，请赈仓廪？怀宝衣锦，于相公安乎？百姓饿欲死，公何不举贤自代，让位请归？公三为相，而天下之人皆以公为亢极矣。夫物极则反，人盛必衰，日中则昃，月满则亏。老子曰："功成、名遂、身退，天之道也。"今公富贵功成，文章名遂，唯身未退耳。（《唐摭言》卷六《公荐 门生荐坐主师友相荐附》）

二、张祜，元和、长庆中，深为令狐文公所知。公镇天平日，自草荐表，令以新旧格诗三百篇表进献。辞略曰："凡制五言，苞含六义。近多放诞，靡有宗师。前件人久在江湖，早工篇什。研机甚苦，搜象颇深。辈流所推，风格罕及。谨令录新旧格诗三百首，自光顺门进献，望请宣付中书门下。"祜至京师，方属元江夏偃仰内庭，上因召问祜之辞藻上下，稹对曰："张祜雕虫小巧，壮夫耻而不为者。或奖激之，恐变陛下风教。"上颔之，由是寂寞而归。祜以诗自悼，略曰："贺知章口徒劳说，孟浩然身更不疑。"（《唐摭言》卷一一《荐举不捷》）

［五代］孙光宪《北梦琐言》

（见“本事类”）

一、唐乐安孙氏，进士孟昌期之内子，善为诗。一旦并焚其集，以为才思非妇人之事，自是专以妇道内治。孙有代夫《赠人白蜡烛诗》曰：“景胜银釭香比兰，一条白玉逼人寒。他时紫禁春风夜，醉草天书仔细看。”又《闻琴诗》曰：“玉指朱弦轧后清，湘妃愁怨最难听。初疑飒飒凉风动，又似萧萧暮雨零。近若流泉来碧嶂，远如玄鹤下青冥。夜深弹罢堪惆怅，雾湿丛兰月满庭。”又《代谢崔家郎君酒诗》曰：“谢将清酒寄愁人，澄澈甘香气味真。好是绿窗明月夜，一杯摇荡满怀春。”又台州盘嶮村有一妇人萧惟香，有才思，未嫁。于所居窗下与进士王玄宴相对，因奔琅琊。复淫冶不禁，王舍于于逆旅而去。遂私接行客，托身无所，自经而死，店有数百首诗。所谓才思非妇人之事，诚然也哉！闻于刘山甫。（《北梦琐言》卷第六《孙内子萧惟香附》）

二、明宗戒秦王从荣曰：“吾少钟丧乱，马上取功名，不暇留心经籍。在藩邸时，见判官论说经义，虽不深达其旨，大约令人开悟。今朝廷有正人端士，可亲附之，庶几有益。吾见先皇在藩时，爱自作歌诗。将家子文非素习，未能尽妙，讽于人口，恐被诸儒窃笑。吾老矣，不能勉强于此，唯书义尚欲耳里频闻。”时从荣方聚杂进士浮薄之子，以歌诗吟咏为事，上道此言规讽之。或一日，秦王进时，上说于俳优敬新磨，敬新磨赞美，而曰：“勿讶秦王诗好，他阿爷平生爱作诗。”上大笑。（《北梦琐言》卷第十九《明宗戒秦王》）

三、李义山《杂纂》云：“妇人识字即乱情，尤不可作诗，诗思不出二百里。”〔宋〕曾慥《类说》卷四十三。（《北梦琐言逸文补遗·识字乱情》）

［宋］王谠《唐语林》

（见“本事类”）

一、元和已后，文笔学奇于韩愈，学涩于樊宗师。歌行则学流荡于张籍，诗章则学矫激于孟郊，学浅切于白居易，学淫靡于元稹，俱名“元和体”。大抵天宝之风尚党，大历之风尚浮，贞元之风尚荡，元和之风尚怪也。（《唐语林》卷二《文学》）

二、贞观二十年，王师旦为员外郎。冀州进士张昌龄、王公瑾并有文辞，声振京邑，师旦考其策为下等，举朝不知所以。及奏等第，太宗怪问无昌龄等名，师旦对曰：“此辈诚有词华，然其体轻薄，文章浮艳，必不成令器。臣擢之，恐后生仿效，有变陛下风俗。”上深然之。后昌龄为长安尉，坐赃解，而公瑾亦无所成。（《唐语林》卷三《识鉴》）

［五代］何光远《鉴诫录》

（见“本事类”）

一、《左传·昭公二十八年》：叔向之母曰：“子灵之妻杀三大夫、一君、一子，而亡一国、两卿矣，可无征乎？吾闻之：‘甚美，必有甚恶。’”此《春秋》为深诫矣。前蜀徐公耕二女美而奇艳，初，太祖搜求国色，亦不知徐公有女焉。徐写其女真以惑太祖。太祖遂纳之，各有子焉。长曰翊圣太妃，生彭王；次曰顺圣太后，生后主。后主性多狂率，不守宗祧，频岁省方。政归国母，多行教令，淫戮重臣。顷者，姊妹以巡游圣境为名，恣风月烟花之性，驾辎軿于绿野，拥金翠于青山，倍役生灵，颇销经费。凡经过之所，宴寝之宫，悉有篇章刊于玉石。自秦汉以来，妃后省巡，未有富贵如兹之盛者也。

顺圣皇太后《题青城丈人观》云："早与元妃慕至玄，同跻灵岳访真仙。当时信有壶中境，此日亲来洞里天。仪仗影交寥廓外，金丝声揭翠微巅。唯惭未致华胥理，徒祝升平卜万年。"翊圣皇太妃继曰："获陪翠辇喜殊常，同陟仙程岂厌长。不羡乘鸾入烟雾，此中便是五云乡。"顺圣又《题谒丈人观先帝圣容》云："舜帝归梧野，躬来谒圣颜。旋登三境路，似陟九疑山。日照堆岚迥，云横积翠闲。期修封禅礼，方俟再跻攀。"翊圣继曰："共谒御容仪，还同在禁闱。笙篁喧宝殿，彩仗耀金徽。清泪沾罗袂，红霞拂绣衣。九疑山水远，无路继湘妃。"

顺圣又《题玄都观》云："千寻绿嶂夹流溪，登眺因知众岳低。瀑布迸春青石碎，轮茵横翦翠峰齐。步黏苔藓龙桥滑，目闪烟岚鸟径迷。莫道穹天无路到，此山便是碧云梯。"翊圣和："登寻丹壑到玄都，接日红霞照座隅。即向周回岩上看，似开曾进画图无。"顺圣又《题金华宫》云："再到金华顶，玄都访道回。云披分景象，黛敛显楼台。雨涤前山净，风吹去路开。翠屏夹流水，何必羡蓬莱。"翊圣继曰："苍烟红雾扑人衣，宿露沾苔石径危。风巧解吹松上蝶，体娇频采脸边脂。同寻僻境思携手，暗指遥山学画眉。好把身心清净处，角冠霞帔事希夷。"

顺圣又《题丹景山至德寺》云："周回云水游丹景，因与真妃眺上方。晴日晓升金照耀，寒泉夜落玉丁当。松梢月转禽栖影，柏径风牵麝食香。虔揲六铢冥祷祝，唯期祚历保遐昌。"翊圣继曰："丹景山头宿梵宫，玉轩金辂驻遥空。军持无水注寒碧，兰若有花开晚红。武士尽排青嶂下，内人皆在讲筵中。我家帝子专王业，积善终期四海同。"顺圣又《题彭州阳平化》云："寻真游胜境，巡礼到阳平。水远波澜碧，山高气象清。殿严孙氏号，碑暗祖师名。夜醮古坛月，松风森磬声。"翊圣继曰："云浮翠辇届阳平，直似骖鸾至上清。风起半崖闻虎啸，雨来当面见龙行。晚寻水涧听松韵，夜上星坛看月明。长恐前身居此境，玉皇教向锦城生。"

顺圣又《题汉州三学山夜看圣灯》云："虔祷游灵境，元妃夙志同。玉香焚静夜，银烛炫辽空。泉漱云根月，钟敲桧杪风。印金标圣迹，飞石显神功。满望天涯极，平临日脚穷。猿来斋室上，僧集讲筵中。顿觉超三界，浑疑证六通。愿成修偃化，社稷保延洪。”翊圣继曰：“圣灯千万炬，旋向碧空生。细雨湿不暗，好风吹更明。磬敲金地响，僧唱梵天声。若说无心法，此光如有情。”顺圣《又题天回驿》云：“周游灵境散幽情，千里江山暂得行。所恨烟光看未足，却驱金翠入龟城。”翊圣继曰：“翠驿红亭近玉京，梦魂犹自在青城。比来出看江山境，尽被江山看出行。”

议者以翰墨文章之能，非妇人女子之事，所以谢女无长城之志，空振才名；班姬有团扇之词，亦彰淫思。今徐氏逞乎妖志，饰自倖臣，假以风骚，庇其游佚，取女史一时之美，为游人旷代之嗤。唐朝兴吊伐之师，遇蜀国有荒淫之主，三军不战，束手而降，良由子母盘游，君臣凌替之所致也。于是亡一君，破一国，杀九子殄灭万家，流移百辟，其次六宫嫔御，挫红绿于征途，十宅公王，碎金珠于逆旅。子灵之室，何以比方？故兴圣太子随军王承旨失名有《咏后主出降》诗曰：“蜀朝昏主出降时，衔璧牵羊倒系旗。二十万军齐拱手，更无一个是男儿。”又蜀僧远公有《伤废国》诗曰：“乐极悲来数有涯，歌声才歇便兴嗟。牵羊废主寻倾国，指鹿奸臣尽丧家。丹禁夜凉空锁月，后庭春老漫开花。两朝帝业都成梦。陵树苍苍噪暮鸦。”（《鉴诫录》卷五《徐后事》）

二、咸通中，王建侍御，吟诗寒碎，竟不显荣。乾符末，李洞秀才出意穷愁，不登名第。是知诗者陶人情性，定乎穷通。故韦庄补阙有《长安感怀》云：“大道不将炉冶去，有心重筑太平基。”此则苞括生成，果为台辅。长兴末，何仆射瓒有《蜀城书事》云：“到头须卜林泉隐，自愧无能继卧龙。”诗后十旬，得疾而卒。今录四公全什，用明将来。王建侍郎寄贾岛诗曰：“尽日吟诗坐忍饥，万人中觅似君稀。僮眠冷榻朝犹卧，驴放秋田夜不归。傍暖旋收新红叶，觉寒重著旧生衣。曲江池畔时时到，为爱鸬鹚雨里飞。”

李洞秀才《上崇贤曹郎中》云：“闲坊宅枕穿宫水，听水分衾盖蜀僧。药杵声中捣残梦，茶铛影里煮孤灯。刑曹树荫千年井，华岳楼开万仞冰。诗句变风官渐紧，夜涛春尽海边藤。”韦补阙《感怀》曰：“长年方悟少年非，人道新诗胜旧诗。十亩野塘留客钓，一轩春雨对僧棋。花间醉任黄鹂语，亭上吟从白鹭窥。大道不将炉冶去，有心重筑太平基。”何仆射《书事》云：“果决生涯向洛中，西投知己误恩容。云遮剑阁三千里，水隔瞿塘十二峰。闷步文翁坊里

月，闲寻杜甫宅前松。到头须卜林泉隐，自愧无能继卧龙。”（《鉴诫录》卷九《分命录》）

［宋］钱易《南部新书》

（见“本事类”）

一、贞观中，纪国僧慧静撰《续英华诗苑》，行于代。慧静常言曰：“作之非难，鉴之为贵。吾所搜拣，亦《诗》三百篇之次。”慧静俗姓房，有操识。今复有诗篇十卷，与《英华》相似，起自梁代，迄于今朝，以类相从，多于慧静所集，而不题撰集人名氏。（《南部新书・乙》）

［五代］王仁裕《玉堂闲话》

（见“本事类”）

一、李秀兰以女子有才名。初五六岁时，其父抱于庭，作诗《咏蔷薇》，其末句云：“经时未架脚，心绪乱纵横。”父恚曰：“此女子将来富有文章，然必为失行妇人矣。”竟如其言。（出《太平广记》卷二七三、《类说》卷五四、《永乐大典》卷五八三九）（《玉堂闲话》第三辑《李秀兰》）

二、李季兰女，年六岁，作《蔷薇》诗，云：“经时不架却，心绪乱纵横。”父曰：“此女必为失行妇人。”果如其言。（出《类说》卷五四）（《玉堂闲话》第六辑《蔷薇诗》）

［唐］杜光庭《广成集》

（见“本事类”）

一、臣某伏奉圣旨，宣示东北面军前所奏，得凤翔出归官健王彦刘等分析贼中事宜，并有谣言“泰边垂，曲子待来年”者。

臣某言：伏以天道玄微，潜司兆眹；神功幽晦，实主福祥。必凭谣咏之言，以告休祯之旨。昔吴时青童谣于广陌，寻验吴亡；陈时异乌下于高台，果彰陈灭。五星飞落，为虞舜受国之期；一马化龙，乃元帝兴王之应。斯皆发于天意，感契人心。详考嘉言，允归圣德。

伏惟陛下，继天诞睿，应运启图。徇亿兆之乐推，抚临海岳；承昊穹之眷命，拯救生灵。国宝珍符，不求自至；夷琛塞赆，望日争来。而犹北境负恩，孤城背义。坐积薪之上，即致焚烧；巢折苇之端，立期齑粉。果见明神示谶，里巷传谣。窃闻所告之词，便生克平之义。所言“边垂”者，乃国家散关之外，即是国之时雨之师，神道言祥，光陈徯后之咏。成功克敌，翘足可期。即当荡定三秦，统临万国。瑶图宝历，地久天长。臣获奉天慈，躬聆吉语，辄陈浅见，干渎宸严，不任之至。（《广成集》卷二《宣示解泰边垂谢恩表》）

［唐］白居易《白居易集》

白居易（772—846），字乐天。贞元中擢进士拔萃，元和初入翰林为学士，迁左拾遗，后罢拜左赞善大夫，出为江州司马，累迁杭苏二州刺史。文宗立，迁刑部侍郎。二李党事兴，乃移病分司东都，以太子少傅进冯翊侯。会昌初以刑部尚书致仕。现存最早白居易诗文集的刻本为宋绍兴刻七十一卷本《白氏长庆集》。中华书局 1979 年出版的《白居易集》以绍兴本作底本，参校宋明清各本进行校勘和标点。并将佚诗佚文编为外集两卷，并附白居易传记与白集序跋，及重编的白居易年谱简编。此据中华书局 1979 年校点本辑录。

一、　　僧问

义林法师所问：《毛诗》称六义，《论语》列四科。何者为四科？何者为六义？其名与数，请为备陈者。

对

孔门之徒三千，其贤者列为四科。《毛诗》之篇三百，其要者分为六义。六义者：一曰风，二曰赋，三曰比，四曰兴，五曰雅，六曰颂。此六义之数也。四科者：一曰德行，二曰言语，三曰政事，四曰文学。此四科之目也。在四科内，列十哲名：德行科，则有颜渊、闵子骞、冉伯牛、仲弓。言语科，则有宰我、子贡。政事科，则有冉有、季路。文学科，则有子游、子夏。此十哲之名也。四科六义之名数，今已区别；四科六义之旨意，今合辨明。请以法师本教佛法中比方，即言下晓然可见。何者？即如《毛诗》有六义，亦犹佛法之义例，有十二部分也。佛经千万卷，其义例不出十二部中。《毛诗》三百篇，其旨要亦不出六义内。故以六义，可比十二部经。又如孔门之有四科，亦犹释门之有六度。六度者，六波罗蜜。六波罗蜜者，即檀波罗蜜、尸波罗蜜、羼提波罗蜜、毗梨耶波罗蜜、禅定波罗蜜、般若波罗蜜。以唐言译之，即布施、持戒、忍辱、精进、禅定、智慧是也。故以四科，可比六度。又如仲尼之有十哲，亦犹如来之有十大弟子，即迦叶、阿难、须菩提、舍利弗、迦旃延、目乾连、阿那律、优波离、罗睺罗、〔富楼那〕是也。故以十哲，可比十大弟子。夫儒门、释教，虽名数则有异同；约义立宗，彼此亦无差别。所谓同出而异名，殊途而同归者也。所对若此，以为何如？更有所疑，即请重难。（《白居易集》卷第六十八《碑志序记表赞论衡书·三教论衡》）

征引书目

《匡谬正俗疏证》	[唐] 颜师古撰 严旭疏证	中华书局二〇一九年疏证本
《论语笔解》	[唐] 韩愈、李翱注	中华书局一九九一年《丛书集成初编》本
《四声五音九弄反纽图并序》	[唐] 沙门神珙撰 王平、刘元春、李建廷编著	上海书店二〇一七年版《〈宋本玉篇〉标点整理本：附分类检索》
《旧唐书》	[后晋] 刘昫等撰 中华书局编辑部点校	中华书局一九七五年点校本
《新唐书》	[宋] 欧阳修、宋祁撰 中华书局编辑部点校	中华书局一九七五年点校本
《旧五代史》	[宋] 薛居正等撰 中华书局编辑部点校	中华书局一九七六年点校本
《新五代史》	[宋] 欧阳修撰 [宋] 徐无党注 中华书局编辑部点校	中华书局一九七四年点校本
《南唐书》	[宋] 马令撰 濮小南点校	南京出版社二〇二〇年点校本
《南唐书》	[宋] 陆游撰 胡阿祥、胡箫白点校	南京出版社二〇二〇年点校本
《奉天录》	[唐] 赵元一撰 夏婧点校	中华书局二〇一四年点校本
《大中遗事》	[宋] 令狐澄撰 中国野史集编委会、四川大学图书馆编	巴蜀书社一九九三年版《中国野史集成》影印本
《广陵妖乱志》	[唐] 罗隐撰 潘慧惠校注	浙江古籍出版社二〇一一年版《罗隐集校注》(修订本)

《东观奏记》	［唐］裴庭裕撰 田廷柱点校	中华书局一九九四年点校本
《五代史补》	［宋］陶岳 江西省高校古籍整理领导小组整理	江西教育出版社二〇〇〇年《豫章丛书》本
《五国故事》	［宋］佚名撰	清乾隆三十七年至道光三年长塘鲍氏刻清《知不足斋丛书》本
《钓矶立谈》	［宋］史温撰	清乾隆三十七年至道光三年长塘鲍氏刻清《知不足斋丛书》本
《江南野史》	［宋］龙衮撰 江西省高校古籍整理领导小组整理	江西教育出版社二〇〇〇年《豫章丛书》本
《南唐近事》	［宋］郑文宝撰 徐时仪校点	上海古籍出版社二〇一二年《归田录(外五种)》点校本
《江表志》	［宋］郑文宝撰	清道光十一年六安晁氏木活字印《学海类编》本
《江南余载》	［宋］郑文宝撰	台湾商务印书馆《景印文渊阁四库全书》本
《蜀梼杌校笺》	［宋］张唐英撰 王文才、王炎校笺	巴蜀书社一九九九年校笺本
《吴越备史》	［宋］钱俨撰 李最欣校点 傅璇琮、徐海荣、徐吉军主编	杭州出版社二〇〇四年版《五代史书汇编》
《景龙文馆记》	［唐］武平一撰 陶敏辑校	中华书局二〇一五年辑校本
《衣冠盛事》	［唐］苏特撰	上海古籍出版社一九八八年版《说郛三种》
《卓异记》	［唐］李翱撰	中华书局一九八五年《丛书集成初编》本
《邺侯家传》	［唐］李繁撰	台湾商务印书馆《景印文渊阁四库全书》本
《高力士传》	［唐］郭湜撰 ［明］陶宗仪等编	上海古籍出版社一九八八年版《说郛三种》
《续仙传》	［南唐］沈汾撰	华夏出版社二〇一四年《中华道藏》本

《大慈恩寺三藏法师传》	[唐] 慧立、彦悰著 孙毓棠、谢方点校	中华书局二〇〇〇年点校本
《安禄山事迹》	[唐] 姚汝能撰 曾贻芬点校	中华书局二〇〇六年点校本
《〈御史台记〉辑注》	[唐] 韩琬撰 霍志军辑校	人民出版社二〇二一年辑注本
《小名录》	[唐] 陆龟蒙撰	中华书局一九八五年《丛书集成初编》本
《梁载言十道志二卷》	[唐] 梁载言撰 李威参,王谟辑	中华书局一九六一年《汉唐地理书钞》本
《岭表录异校补》	[唐] 刘恂撰 商壁、潘博校补	广西民族出版社一九八八年校注本
《桂林风土记》	[唐] 莫休符撰	中华书局一九八五年《丛书集成初编》本
《秦中岁时记》	[唐] 李绰 陶敏主编	三秦出版社二〇〇八年《全唐五代笔记》
《终南十志》	[唐] 卢鸿撰	上海古籍出版社一九八八年版《说郛三种》
《平泉山居戒子孙记》	[唐] 李德裕撰	中华书局二〇一八年版《李德裕文集校笺》
《南岳小录》	[唐] 李冲昭撰	台湾商务印书馆《景印文渊阁四库全书》本
《吴地记》	[唐] 陆广微撰 曹林娣校注	江苏古籍出版社一九八六年校注本
《峡程记》	[唐] 韦庄撰	上海古籍出版社一九八八年版《说郛三种》
《蛮书校注》	[唐] 樊绰撰 向达校注	中华书局二〇一八年校注本
《野人闲话》	[宋] 耿焕撰 陈尚君辑校 傅璇琮、徐海荣、徐吉军主编	杭州出版社二〇〇四年版《五代史书汇编》
《乙巳占》	[唐] 李淳风著 栾贵明校	中央编译出版社二〇一二年版《李淳风集》
《法书要录校理》	[唐] 张彦远纂辑 刘石校理	中华书局二〇二一年校理本

《历代名画记校笺》	[唐] 张彦远撰 许逸民校笺	中华书局二〇二一年校笺本
《唐朝名画录校注》	[唐] 朱景玄著 吴企明校注	黄山书社二〇一六年校注本
《乐府杂录校注》	[唐] 段安节撰 亓娟莉校注	上海古籍出版社二〇一五年校注本
《茶经译注》	[唐] 陆羽等著 宋一明译注	上海古籍出版社二〇一四年译注本
《刊误》	[唐] 李涪撰 吴企明点校	中华书局二〇一二年《苏氏演义(外三种)》点校本
《封氏闻见记校注》	[唐] 封演撰 赵贞信校注	中华书局二〇〇五年校注本
《灌畦暇语》	[唐] 阙名撰	中华书局一九九一年《丛书集成初编》本
《谗书》	[唐] 罗隐著 潘慧惠校注	浙江古籍出版社二〇一一年《罗隐集校注》本
《因话录》	[唐] 赵璘撰	上海古籍出版社一九七九年点校本
《中华古今注》	[五代] 马缟撰 吴企明点校	中华书局二〇一二年《苏氏演义(外三种)》点校本
《资暇集》	[唐] 李匡文撰 吴企明点校	中华书局二〇一二年《苏氏演义(外三种)》点校本
《兼明书》	[宋] 丘光庭撰	中华书局一九八五年《丛书集成初编》本
《隋唐嘉话》	[唐] 刘餗撰 程毅中点校	中华书局一九七九年点校本
《朝野佥载》	[唐] 张鷟撰 赵守俨点校	中华书局一九七九年点校本
《唐国史补校注》	[唐] 李肇撰 聂清风校注	中华书局二〇二一年校注本
《次柳氏旧闻》	[唐] 李德裕撰 吴企明点校	中华书局二〇一二年《教坊记：外三种》点校本
《明皇杂录》	[唐] 郑处诲撰 田廷柱点校	中华书局一九九四年点校本

《大唐新语》	[唐] 刘肃撰 许德楠、李鼎霞点校	中华书局一九八四年点校本
《刘宾客嘉话录》	[唐] 韦绚撰 陶敏、陶红雨校注	中华书局二〇一九年校注本
《大唐传载》	[唐] 佚名撰 罗宁点校	中华书局二〇一九年点校本
《教坊记笺订》	[唐] 崔令钦撰 任中敏笺订 喻意志、吴安宇校理	凤凰出版社二〇一三年笺订本
《幽闲鼓吹》	[唐] 张固撰 罗宁点校	中华书局二〇一九年《大唐传载：外三种》点校本
《云溪友议校笺》	[唐] 范摅撰 唐雯校笺	中华书局二〇一七年校笺本
《杜阳杂编》	[唐] 苏鹗撰 阳羡生校点	上海古籍出版社二〇一二年《开元天宝遗事(外七种)》点校本
《北里志》	[唐] 孙棨撰 曹中孚校点	上海古籍出版社二〇一二年《教坊记(外七种)》点校本
《新辑玉泉子》	[唐] 佚名撰 夏婧点校	中华书局二〇一四年《奉天录：外三种》点校本
《唐摭言校证》	[五代] 王定保撰 陶绍清校证	中华书局二〇二一年校证本
《中朝故事》	[南唐] 尉迟偓撰 夏婧点校	中华书局二〇一四年《奉天录：外三种》点校本
《金华子杂编》	[南唐] 刘崇远撰 夏婧点校	中华书局二〇一四年《奉天录：外三种》点校本
《北梦琐言》	[五代] 孙光宪撰 贾二强校点	中华书局二〇〇二年点校本
《贾氏谭录》	[宋] 张洎撰 孔一校点	上海古籍出版社二〇一二年点校本
《〈洛阳搢绅旧闻记〉校注》	[宋] 张齐贤撰 丁喜霞校注	中国社会科学出版社二〇一三年校注本
《唐语林校证》	[宋] 王谠撰 周勋初校证	中华书局一九八七年校证本
《苏氏演义》	[唐] 苏鹗撰 吴企明点校	中华书局二〇一二年《苏氏演义(外三种)》点校本

《三水小牍》	[唐] 皇甫枚撰 中华书局上海编辑所编辑	中华书局一九五八年点校本
《开天传信记》	[唐] 郑綮撰 吴企明点校	中华书局二〇一二年《教坊记：外三种》点校本
《松窗杂录》	[唐] 李濬撰 罗宁点校	中华书局二〇一九年《大唐传载：外三种》点校本
《尚书故实》	[唐] 李绰撰 罗宁点校	中华书局二〇一九年《大唐传载：外三种》点校本
《南楚新闻》	[唐] 尉迟枢撰 陈尚君辑录、党芳莉整理	三秦出版社二〇〇〇年版《中华野史》
《开元天宝遗事》	[五代] 王仁裕撰 曾贻芬点校	中华书局二〇〇六年点校本
《鉴诫录校注》	[五代] 何光远撰 邓星亮、邬宗玲、杨梅校注	巴蜀书社二〇一一年校注本
《纪闻谭》	[唐] 潘远	台湾商务印书馆《景印文渊阁四库全书》本《绀珠集》
《玉溪编事》	[后蜀] 佚名撰	中华书局一九八五年《丛书集成初编》本
《广卓异记》	[宋] 乐史著	江苏广陵古籍刻印社一九八三年版《笔记小说大观》
《南部新书》	[宋] 钱易撰 黄寿成点校	中华书局二〇〇二年点校本
《王氏见闻录》	[五代] 王仁裕撰 陈尚君辑校	杭州出版社二〇〇四年版《五代史书汇编》
《酉阳杂俎》	[唐] 段成式撰 许逸民、许桁点校	中华书局二〇一八年点校本
《玄怪录》	[唐] 牛僧儒撰 程毅中点校	中华书局二〇〇六年点校本
《树萱录》	[唐] 阙名撰 陶敏整理	三秦出版社二〇一二年版《全唐五代笔记》
《续玄怪录》	[唐] 李复言撰 程毅中点校	中华书局二〇〇六年点校本

《谭宾录》	[唐] 胡璩撰	清钞本
《桂苑丛谈》	[五代] 严子休撰 阳羡生校点	上海古籍出版社《开元天宝遗事（外七种）》二〇一二年点校本
《芝田录》	[唐] 丁用晦	三秦出版社二〇一二年版《全唐五代笔记》
《独异志》	[唐] 李伉撰 李剑国校注	中华书局二〇二三年校证本
《广异记》	[唐] 戴孚撰 方诗铭辑校	中华书局一九九二年辑校本
《录异记辑校》	[前蜀] 杜光庭撰 王斌、崔凯、朱怀清校注	巴蜀书社二〇一三年辑校本
《妆楼记》	[唐] 张泌撰	中华书局一九八五年《丛书集成初编》本
《葆光录》	[五代] 陈纂撰	中华书局一九八五年《丛书集成初编》本
《玉堂闲话评注》	[五代] 王仁裕撰 蒲向明评注	中国社会出版社二〇〇七年评注本
《妆台记》	[唐] 宇文士及撰	新文丰出版公司一九八九年《丛书集成续编》本
《集异记》	[唐] 薛用弱撰	中华书局一九八〇年点校本
《博异志》	[唐] 谷神子撰	中华书局一九八〇年点校本
《剧谈录》	[唐] 康骈撰 萧逸校点	上海古籍出版社《开元天宝遗事（外七种）》二〇一二年点校本
《稽神录》	[宋] 徐铉撰 白化文点校	中华书局二〇〇六年点校本
《道教灵验记》	[唐] 杜光庭撰 罗争鸣辑校	中华书局二〇一三年《杜光庭记传十种辑校》本
《广成集》	[唐] 杜光庭撰 董恩林点校	中华书局二〇一一年点校本
《玄真子外篇》	[唐] 张志和撰 李大华点校	华夏出版社二〇一四年《中华道藏》点校本
《颜鲁公文集》	[唐] 颜真卿撰	上海商务印书馆《四部丛刊初编》本
《元次山集》	[唐] 元结著 孙望校	中华书局二〇二二年点校本

《三教论衡》	[唐] 白居易著 顾学颉校点	中华书局一九九九年版《白居易集》
《李卫公会昌一品集》	[唐] 李德裕撰	中华书局一九八五年《丛书集成初编》本
《顺宗实录》	[唐] 韩愈著 马其昶校注、马茂元整理	上海古籍出版社二〇一四年版《韩昌黎文集校注》
《李商隐文编年校注》	[唐] 李商隐撰 刘学锴、余恕诚校注	中华书局二〇〇二年校注本

后　记

因撰写博士学位论文《隋唐五代诗话研究》所需，我曾在 2010 年辑录、整理出一本较为粗陋的“隋唐五代诗话材料集”。2018 年，我计划重新修订博士学位论文，并拟以《唐五代诗话研究》为名申请出版。在修订书稿之前，我重新普查了现存唐代典籍，并参照先宋诗话、唐诗话的界定与辑录标准，重新整理、编撰了《唐五代诗话类编》一书，作为唐五代诗话研究的基础材料。

由于唐代典籍数量较多，文献普查任务较重，加之个人学识稍有欠缺，在唐五代诗话概念界定，辑录标准的确定，诗话材料辑录的完整性、分类的准确性等方面均存在不足，敬请读者批评指正。

《唐五代诗话类编》一书在编撰过程中，受到四川师范大学吴明贤教授、钟仕伦教授，四川大学郭齐教授的指导与帮助；研究生张玥莹、牟相全、康晓萱、程鑫、左惊喜、李佳玲、胡馨尹、杨丹等在书稿的文献校对、格式调整等方面亦提供了很大的帮助与支持；四川师范大学科研处、四川师范大学文学院为本书出版提供了资助；上海古籍出版社编辑曾晓红女士、袁乐琼女士为本书的出版付出了很多心血，在此一并表示感谢！

最后，特别感谢多年来对我的学习和工作给予支持的家人！

肖砚凌

2024 年 2 月 28 日